圣师孔子像

（创作者：君艺豪）

教法卷 **上**

鲁学教育辑要

君艺豪　焦玉华　主编

民主与建设出版社

图书在版编目（CIP）数据

国学教育辑要 . 教法 / 君艺豪，焦玉华主编 . —北京：民主与建设出版社，2015.9

ISBN 978-7-5139-0695-1

Ⅰ . ①国⋯　Ⅱ . ①君⋯　②焦⋯　Ⅲ . ①教育史—中国—古代　Ⅳ . ① G529.2

中国版本图书馆 CIP 数据核字（2015）第 214456 号

国学教育辑要 . 教法

出　版　人	许久文
主　　　编	君艺豪　焦玉华
责任编辑	韩振宇
封面设计	白　力
出版发行	民主与建设出版社有限责任公司
电　　话	（010）59417747　59419778
社　　址	北京市朝阳区阜通东大街融科望京中心 B 座 601 室
邮　　编	100102
印　　刷	北京明月印务有限责任公司
版　　次	2015 年 12 月第 1 版　2015 年 12 月第 1 次印刷
开　　本	710×1000mm　1/16
印　　张	48.25
字　　数	626 千字
书　　号	ISBN 978-7-5139-0695-1
定　　价	130.00 元（上中下册）

注：如有印、装质量问题，请与出版社联系。

本书编委会

顾　　问：陶西平　顾明远

主　　编：君艺豪　焦玉华

编　　委：君艺豪　焦玉华　贾　伟　曹普选　李　鸿
　　　　　单守勤　张　聪　孟庆敏　黄　波　陈复尘
　　　　　李素香　刘殊芳　苏国华　张忠萍　苏　鹏
　　　　　申玉荣　谢仁利　赵卫国　杨卫兵　杨　铭
　　　　　郭聪聪　杨　勐　赵春凤　方洁玲

华颂雕塑：君艺豪

图文设计：郭聪聪　杨　铭

插　　图：朱志奇

书名题写：吴亦青　黄　波

摄　　影：君政达

封面设计：白　力

人文化成　行之久远

　　文而不化，行之不远。在我们这个古老的国度里之所以能够形成一个多民族共存互融的大家庭，归根结底还是得益于中华文化这一无形的统合力量。世界各民族的文化史表明，中华文化当属是一个伟大而早熟的文化，其历史近可上溯至春秋战国时期，远了虽然难从考证，但无论是从传说中的"三坟"、"五典"上古之书，还是于存世典籍中不难发现，中华民族的文明史和文化史远远超越五千年。

　　《易经》言："观乎人文，以化成天下。"文化的形成与流布，不仅仅是一个时间久远的问题，而且还涉及一个传承与创新的问题。在中华民族的形成和发展史中，就文化传承而言，我们既可看到在上层社会中"授之以书，与之以言，示之以范"的规范化师承教学，还可以感受到下层社会中"百姓日用而不知"、"润物细无声"的言传身教。所以，不论是中国的教育史，还是中国的文字学，皆早早地认识到了教育的属性，"教也者，上有所施，下有所效也。""育，养子使之作善也。"可见，教育的本质是解决一个人的发展问题，并由此实现一个人存身于社会的价值和意义。

　　文化影响人和塑造人，但需要依靠从事教与学的人来实施。"学而优则仕，仕而优则学。"这个命题不但左右着古代每一个学子的从业抉择，至今也依然影响着中国人的思维逻辑。出仕做官，当利及家国。可深究起来，能够出"仕"为官，首先还是要成为一个"士"。何谓"士"？《说文解字》曰："士，事也。数始于一，终于十，从一从十。"孔子曰："推十合一为士。"《白虎通·爵》言："通古今，辩然否，谓之士。"《汉书·食货志》言："学以居位曰士。"《后汉书·仲长统传》言："以才智用者谓之士。"可见，"士"作为"四民"之首，当是有能力的人。在古代中国，儒者皆出身于"士"，又以教育和培养"士"为己任。故而，《论语》言："士不可以不弘毅，任重而道远。仁以为己任，不亦重乎？死而后已，不亦远乎？"若以中国当下的知识分子对应古代中国的士，那么知识分子承继文化的历史使命和自我担当精神是责无旁贷的。

"为天地立心，为生民立命，为往圣继绝学，为万世开太平。"于今可以说，当代的中国正处在中华民族最为鼎盛的历史时期，在创造着极大丰富物质的进程中，对精神财富的渴求和创造也被觉知着和强烈地呼唤着。庆幸的是，中华文化的传承并没有在民间中断，一批有着国家民族责任感的传统文化研习者和实践家正充当着中华文化复兴的急先锋，他们在现代教育占据着主流的情势下，还是在民间中华传统文化教育中掀起了一次次涟漪，于今终于迎来了中华文化的滚滚热潮，推动了官方教育部门和现行体制内学校传统文化教育课程的开设。更令人振奋的是，自党的十八大以来，中华优秀传统文化传承与教育正式纳入到了国家战略议事日程。文化是软实力，文化创意是巧实力，业已成为国家战略发展的核心竞争力。

教育是一个沉重和大有作为的事业，绝不可以把其作为一项讲究科学的工作来做。诚然，我们讲"科学"，但绝不可以堕入对科学的盲目膜拜与迷信。因为"科学"二字本身就是一把双刃剑，"科学技术是第一生产力"这一论断，就工业发展和社会进步而言是不容质疑的，但从另一角度看，科学技术又是第一破坏力。为什么？

纵观人类的战争史，不难发现，人类几次大规模的屠杀，科学技术却充当着最为危险的帮凶，因为最先进的科学技术往往多是首先应用于军事。所以，只有科学技术与人文结合起来应用，方可如鸟展两翼飞得高远，因为科学技术只有在人文的指导下才能真正造福于人类和社会。

我们提倡教育的科学化，但绝不是为了完全地西化。就此而言，教育科学与科学教育是两码事，教育科学若要离不开深度的人文指导和厚重的人文基础就会变得不科学，而科学教育则是科学的基本知识和基本技能的教育。中华文化悠久的人文体系是我们汲取教育思想和创新实践的宝藏，抛弃了它便无从参合中西教育而形成真正属于我们中国人自己的教育思想体系和实践价值。近百年来，我们开办新学不可谓不多，虽然为国家培养出的学子有亿万之众，可又有几个大师级的人物出现呢？这个现象很值得我们国人反思和省悟。"为什么我们的学校总是培养不出杰出人才？"著名的"钱学森之问"当时刻警醒着我们，尤其是主管教育和从事教育的人们。

科学教育有余，人文教育不足，是中国教育问题和国家创新能力不强的最大症结。不善于思考，不能进行创新思考，就很难有独步世界的"高大上"成果涌现，表象上看是一个有没有文化思想和创新思维的问题，本质上则是一个人文建构和哲学思辨的基础性问题。中国的教育再不反思和"朝内看"，并沉下心来向古圣先贤求道问学，怕是自己的脑袋终究还是他国异族文化思想的"跑马场"。应该声明的是，我是从不反对国人学习西方文化、科技的，因为先进的文化与科学从来都是无国界的，只要是有利于人类进化和发展的，无论何时都应归全人类共享。可是，需要提醒的是，国人绝不可以在学习其他国家和民族优秀文化和科学的同时，对自身优秀传统文化成果视而不见，于混然不知中丢失固有民族文化而成为一只"跛脚的鸭子"。此方面国人当猛醒，更值得中国教育界深思和奋起力行。

　　国学，是中华民族固有之学问，是古往今来中国人安身立命的根本，更是中华民族屹立于世界民族之林的法宝利器。民族的才是世界的。于今大力弘扬中华优秀传统文化，加强中华传统文化教育，已经被提升到国家战略发展的高度，此为国家之幸，民族之幸！学国学，用国学，必需要营造一个全民性的"读经典，见行动"读书氛围。可是，若要经营书香社会、书香校园、书香家庭，则是需要我们成年人发起和切身力行示范，这不但需要乐为经久的热情，更需要切实的行为去带动。

　　中华文化之所以从未间断过，归根结底在于典籍递传和口传心授的结合。如今古代书院、学堂、私塾等教育机构已消失百年有余，虽然近年民间传统文化教育大有回归的瑞祥吉象，但承古一来的传承和教育方法尚需法古和探寻，更待有此见识之人早日探骊采珠，弘法布道。《国学教育辑要》的推出，实在是意外的惊喜之举，想必发起人和参与者也是经过一番研学实践和创新思考的。因为该套书的推出，无论是从选题立意上，还是分卷选编上，皆可看出编者"道器合一"的思想脉络和家国共育的承古初衷！

　　付梓之机，诚邀作序，欣然为文，共学互励！

2015 年 9 月 19 日

传承国学当师古纳新

中华民族历经内攻伐、外侵掠，分割统合更迭不断，然开国运、谋胜强之大趋势从未改变。看似人力所致，实则文化使然。《易经》言："文而不化，行之不远。"历经数千年，中华民族之所以生生不息，于今其文化流布海外，蔚然形成全球"中国风"、中华文化热，岂独赖科学发展之机巧？文化乃潜在伟力，不需要在武力征服下强行推广，只需要让接触者用生命体悟和思想感知。故而文化不分肤色、不分种族，优秀之文化一旦被认知和接受，必然成为渗入血脉和骨髓里之精神信仰和创造力量，其受益者自然会膜拜和传化。

在信息全球化之当下，中华优秀传统文化传承被提升到国家发展战略之高度，实则是民族幸甚，国家幸甚。"仓廪实而知礼节，衣食足而知荣辱"，中国目前正站在这个转换节点上，"耕读传家久，诗书继世长"，过去被实践而证明之家国共识，今日依然可以承古纳新。物质文明之极大发展了，精神文化必然会跟上，幸运的是中华文化复兴已经全面启动，民族自尊、民族自信、民族自强正生发于国人心中。

文而化之，行之久远。中华文化乃中华民族屹立于世界民族之林的根本，是中华民族之魂。中华优秀文化若要传承好，依靠今天所谓现代西方科学教育一套之思维和方法值得商榷，因为现代人文教育参照西方或照搬西欧那套思维和方法，已经历经一个多世纪，其成效和结果有目共睹。原因在于东西方人文历史形成基础不同、时间不一，且符号化文字与图型化汉字在承载文化信息上差异巨大，故而东西方自成体系之教育思想和方法只可相互参照，惟不可以相互取代或照搬。殊不知，中华文化之所以绵绵不绝，历经数千年而不衰退，且在当今信息化社会愈发彰显出其厚重和独特魄力，皆因其传承教习方法为家国共担。

中华文化典籍于流传中虽历经浩劫，可其精华和主干犹在，且脉络清晰，子史经集分类虽简，但其类别和容量依然若瀚海漠沙。其流布于世之实无须讨论，可如何传承，或传承的更好更有效，却值得世人，尤其是从教者和家长思考。庆幸的是，国学教育思想理论、实践方法被精选汇集成册，其"道器合一"的设计编纂思想让人睹之欣喜不已，既有"师道"之"传道、授业、解惑"，又有"家道"之"君子不出家而教于国"，兼之"教法"之参合历代教育名家大家之教学心得、体会、教案等，真正成系统地疏理和总结了中华文化教育传承之精要。

于此可见，中华文化复兴不但需要认知和热情，更需要弘扬之思想理论和实践方法，《国学教育辑要》选编工作可谓正当其时。窃以为，中华文化传承历来都有一套固有的思想方法，而且这个思想方法已经被有效实践了几千年。正如中医一样，拿西医的一套来教习，不但不合时宜，而且不伦不类，终究注定是会失败的。原因就是根植之文化厚土不一样，思维方式方法也不一样，否则就会水土不服，教出一个满脑子都是西医思想的中医怪物来。

《国学教育辑要》三卷《师道》《家道》《教法》的系统编写，切实做到了为国学教育传承正本清源之作用，该书系不但让国学热成为风尚，更易使国学教育普及变得可执行。在这个大谈创新的年代，国学教育怎么搞？很值得思考。窃之独见，国学教育与其谈创新，不若好好地先向古圣先贤学习，中华文化之所以如此灿烂，其个中原因就是因为传承得好，教习之思想和方法对路子。如今若是真想"重续弦歌"，那就首先必须了解中华文化是如何传承的，《国学教育辑要》之推出，势将为文化复兴起到推陈出新之功效。

　　值此书系付梓之机，我乐得为之写几句话，更乐见其早日推出，让热爱国学教育传承的众多人士受益，助力中华文化复兴！是为序。

2015 年 7 月 31 日

推动民族文化复兴
呼唤传统教育回归

　　文化，是一个国家和民族思想意识和精神信仰的标志，更是一种内化和外化的力量。文化虽然可以超越国家和民族，但一个国家和民族所固有的主体文化却不可以被外来文化所取代，否则必然是民族的消失和国家意识的泯灭，故而在中国历史上从来就有"灭种先灭文"、"灭国先灭史"的说法。但凡国家自信、民族自信，一切皆源于文化自信。优秀的文化不怕被一时否定，反而会因遭遇过否定之否定而愈显伟大。"千淘万漉虽辛苦，吹尽黄沙始到金"，毋庸置疑，中华优秀传统文化正是被一再证实的历史和未来存在。

一

　　十九世纪是东西文明碰撞的世纪，列强入侵让中华民族饱受欺凌，西学东渐让我们于国门洞开的错乱中迷失了文化承继的本位；二十世纪是西方文明风行全球的世纪，科技的膜拜与技术的臣服，使泱泱中华丧失了自主创新的意识和内在发展动力；二十一世纪是东西文明争锋的世纪，西方文明在占尽发展先机的同时，继续在全球强势流布，日渐衰微的中华文化的潜在价值和现实意义开始被认知和逐渐实施回归。

　　历史与现实并存，机遇与挑战同在。从我国三十多年的改革开放历程来看，中国人在追求西方带给全球现代物质文明的同时，也感受到了西方文化暗藏其间的强大力量。于是在东西方文化交汇相融中，文化的比较与切身的感受中，渐然唤醒了国人对民族固有文化的追问和反思。历史上，中华民族是从来不乏创新的民族，人类所创造的文明唯有中华文明是最久远的、最具有生命力的。可是为什么中华民族在近代却变得衰微了、缺少创造力了？难道仅仅是因为科技的落后，而被西方列强打败过，就无从重拾文化自信和发展自新了吗？事实表明，一个大国和民族的崛起，仅仅靠科技强国、经济强国是远远不够的，还需要切实落实文化强国和教育强国，这才是国家真正走向强大的根本之道！

当然，如今倡导文化强国的紧迫感也非一时的权宜之计，而是需要一个国家和民族慢慢经历一个感知的过程，或许还会存在着被国际发展大势倒逼的无奈和阵痛。值得提及的是，在1995年的第八届全国政协会议上，由赵朴初、叶至善、冰心、曹禺、启功、张志公、夏衍、陈荒煤、吴冷西九位老人提交了《建立幼年古典学校的紧急呼吁》提案。自此中华文化经典诵读开始在民间渐渐兴起，并经海内外有识之士力倡和推动，此现象可视为文化复兴的第一次浪潮，属民间的破冰之旅；以2001年百家讲坛开播为标志，中华文化在央视媒体加入的宣讲下，尤其是以经典文化为主题的讲坛开播，使传统文化经典书籍变得热销，当是中华文化复兴的第二次浪潮，可归结为媒体推动下的预热之期；更令崇尚传统文化人士和广大学习传统文化青少年欣喜不已的是，党的十八大以来，中华文化正式在党和政府的主推下，形成了中华文化复兴的第三次浪潮，从此中华文化复兴真正步入进了一个春天的时节。如今，国内已有数百万青少年儿童参与民间研读中华文化经典，经典诵读活动，复古式的教育形式早已传播全国；教育部对此也开始有所行动，于近年陆续出台了中华优秀传统文化进校园活动的意见，并以正式文件的形式明确在全国教育系统深入开展传统文化教育。

文化的传承，不但需要热情，更需要传承教育的思想理论和实践方法，而这一理论和方法就在中华民族的故纸堆里，只需要重拾并遵从应用之。遗憾的是，世人离真正的中国式教育渐远，甚至给予遗忘和漠视，这对于如今文化复兴之佳机，着实给人以无计可施之慌乱。当下无论是检视"自废武功"的固有文化近当代史，还是从文化自觉和自强能力上考量，中华文化的回归和复兴都需要多方面力量的参与和助力。弱势无法对抗强势，文化亦然。新中国建立以来，虽然实施了文字改革，实施了普及教育，仅从文字繁简之争上就从来没有间断过，因为参与繁改简的文化政策的制定者和实施者在弱化了汉字的音形义的同时，从来没有顾及到海内外同宗同族同文之华人之间交流和阅读上的文字障碍，不但异化了大中华文化圈，而且还导致了今人因畏惧繁体字而不敢读古书，至今让一些有识之士诟病不已。单从这一点看，文字的转繁为简，就给中华文化传承造成了一条断层，加之当前仿效来的欧美化式母语教学，严格意义上讲，是西方所谓科学化指导下的文字教学、语言教学，不适应于汉语教学，更不适用于传承中华文化之教学。

究本查源，民族与民族之间文化的最大区别，根本上而言当首推文字。中华民族虽然文字繁多，但主体汉字是音形义的统一，是本质区别于众多符号文字的图形文字。由此可知，汉字是中华文明的密码，当今将图形文字等同于符号文字的教学，其本身就脱离了厚重传统文化传承经验的教学，也只能是舍本逐末和事倍功半的教学，终致学子疲于应付课业而无有学业，甚至难以写出有思想、有创见的文章来。传统文化被边缘化，是母语教学思想方向性地错误，只能让教学目标"南辕北辙"，欲速则不达，此也是当前我国对外汉语教学存在问题的症结所在，其收效和影响可想而知，兼之教学思想方向性的错误和无有真正民族人文素养教学师资力量，于是代之以民间手工艺视为文化"送出去"的思路和做法，更是一种本末倒置的文化荒诞。故而，纵然国内一些教育机构面向世界设校办学，或将国外留学生、海外华人子女"迎进来"学习中华文化，当必在招生信息、课程设置和教学思想上要首先赢得其认同和神往，否则定然是一厢情愿的徒劳。

二

文化是软实力，且已成为公认的第一核心竞争力。文化的自觉和自强，当属于一个国家和民族崛起的源动力，故而中华文化的回归与复兴于今得到了党和国家的重视，总体而言是国家和民族发展的大势所致，并已被适时提升到了国家战略发展的高度上来。此乃国家幸甚，民族幸甚！可是，如何快速实现中华文化的全面回归和复兴，这是推动者和践行者需要首先解决和所应思考的问题。毕竟文化复兴不是口号式的，也不是运动式，其虽然需要全民参与，但更多的需要是耐心涵育，而不是盲动式的急功近利。

中华文化之所以历经数千年而无有中断，皆因其自成体系的承继方法使然，也是最值得今人重视和研究的不二法门。对于国家而言，当下文化走出去的发展战略其提法从根本上固然无有问题，可如何走出去却需要反思，因为这不仅仅是勇气和时间的问题，而是需要实实在在的内在能量积聚和具备超凡的影响力。孔子言："修己以安人"，孟子亦言："行有不得皆反求诸己，其身正而天下归之"。用之于一个国家与民族的文化传承，若不能很好地"求正自我"，又怎能如何去影响和改变世界呢？文化只有被高度认同和深度地运用，并业已产生内聚力和外张力，才是传承和发展的"王道"，至于能不能走出去，相信不是根本性问题，因为优秀的文化从来是不需要喊口号式或搞运动式地强行推销，在这个世界上有占人口五分之一的人们发自内心地信奉和传习中华文化，还不足够产生号召力和影响力吗？若此，在一切皆全球化的今天，中华民族的足迹遍布海内外，中华文化自然就会带到世界的各个角落，于潜移默化中实现文化的交流与融合一定会加速实现。

文化传承，教育责无旁贷。中华民族固有之文化的回归与复兴，究其方法还当老老实实地回头深入地研究中华文化传习的思想与方法，全面回归到传统教育的道路上来方是正途，毕竟中华文化的教育思想和实践方法惟能从古圣先贤那里方能取得"真经"。可纵观当今民间家塾、学堂、书院林立，学子脱离应试教育体制而学习中华文化经典，然于文化传承和教学方法上，却在各行其是，难以做到承古相传之教务，这对于从教者自身和受教的儿童、青少年皆为不利，轻则费时费力，重则断人慧命。故而，在古之塾师、山长、院长不存，文脉渐断、传承教学之法失传的现实情况下，有必要让成年人重新认识和研修一番古代教育之理论和方法，并从中得到启发和实践经验。

特别是在近年来，在呼唤传统文化教育、倡导重建家风的现实环境下，的确需要系统地为中华文化崇尚者和在家在校的施教者提供一套古来有之的传统教育类编，以求达到为中华文化教育正本清源之目的。基于此设想，本书系最终将选编目标确定在"三教合一"的思路上，即是为从事学校教育、家庭教育的成人和受教学子提供一套系统的"教范"、"教学法"和"教材"。针对成人"教范"和"教学法"定位教研读本，力争将其编成中国古代教育的总结之作，故而在选编过程中力求分类精当、体例谨严，兼蓄并包，使之成为一套传统文化进校园、进家庭必不可少的师德师范、教学方法的参考用书，亦是创建家风、经营书香门第不可或缺的齐家备览。

三

在"国学热"的大潮中，国人不但需要求得文化上的自信，更需要求得承古以久教育上的自信，惟此民族固有教育思想和方法之回归，方是中华文化真正回归的前提和基础，亦是中华文化传承富有实效之根本所在。本书系中虽所辑文字多出名家、大家之手，但亦见民间教育家或轶名之教育实践者之作，总之皆为中华传统文化教育之本真，很是值得当下之国学推广者和实践者参学，并于实践中加以创造性地运用。

本书系在选编过程中始终秉承了"道器合一"的思想，力争择其精要地将中华文化教育传承的认识论和方法论汇集一体。初衷的"教范"后被升级拆分成《师道》《家道》两卷，于是本书系便形成现在的《师道》《家道》《教法》三卷，具体辑要类别和纲要内容是：

《师道》分"教理哲思、明德师范、圣贤论学、诲人师训、启智传心"五部分，集纳了中国历代古圣先贤，书院山长／院长、私塾／学堂塾师对教育的思想认知、实践方法和切身体悟等，可作为从教者的教研参考书。

《家道》分"世则家范、名门家训、族约家规、诫子弟书、治家格言"五部分，精选了历代以来家范、家训、族约、家规、诫子书、齐家劝学格言等内容，可作为具备从教能力，尤其是家长的必读之书；且其具体内容实为经营家风的内在因素，少此便无家风经营呈现之可能。

《教法》分"授业传薪、礼教仪规、敦勉劝学、教约学规、读书心法"五部分，主要是以中国传统文化教学研究、教学规范、教学方法为核心的教研参考资料，亦是师法古人传承民族固有文化的教学纲要、教习方法和备课参考。

三卷书在章节顺序编排上，原则上遵循年代顺序，清以后不标注年代。选文时代有所考、佚名类，或年代基本可推测的，亦遵循年代顺序编排；年代、作者佚名皆无所考的，则皆放于分类章节之后。

值得说明的是，本书系无有加注和现代译文，可能于今人看来读古文经典、古白话文还是有点吃力或繁难，但值得珍视的是，此类文字严格区别于当下之快餐式文字，平添了无限的厚重，"书是懂了才读？还是不懂才读？"相信这个问题不难回答，求学问形同爬山，虽然吃力点，但只要内心追求上进，相信坚持为之，自然会到达一个新的高度。试想一个连古文字都没有读过或不愿意读的人，让其大谈中华文化，或从事中华文化教学，那该是多么地不堪重负。事实上，但凡倡导学习中华文化之有识之士，皆以"直探文化本源"之理念推崇阅读原文经典为心法。故而在本书系排版设计上，亦充分考虑到受众群体，于文字大小、字行间距上虑及阅读心理，力求给人以唯美轻快阅读之感受。当然，更深信一个有志于向古人问道求学之人，不会因为文字之晦涩或陌生而放弃与古圣先贤对话，况且古人早已告之以"旧书不厌百回读，熟读深思子自知"和"书读百遍，其义自现"的道理。

本书系在选编工作中，虽然有众多风行图书可供参照，亦有网络公开资料来源之便捷，但终究是卷帙浩繁，且尚有一些古籍珍本、孤本需要首次录排点校。在点校中，除部分对照原始影印本进行二次点校外，还有些许孤本、珍本无从找到参合之作，但视其发掘价值，惟凭编者发挥自身的主观能动性，强勉而为之，目的誓在为成人，特别是为学校和家庭施教者提供一个较为精当的现代读本。尤其值得挂怀的是，在本书系选编过程中，一些学兄道友还给予了部分资料检索上的支持，并于系统编写中提出了富有学识的创见，是他们的支持和帮助，方使本书系日臻完善和及时推出。值此付梓之机，一并致谢，是你们的无私与热忱得以让本书在资料收集整理和选编中走了捷径，真可谓是为助推中华文化回归与复兴添薪加火之义举！

焦玉华

2015 年 9 月 18 日

总目

师道卷

家道卷

教法卷

目 录

上 册

中册

下 册

五、读书心法

一、授业传薪

读书分年日程

元·程端礼

【题解】 程端礼（1271～1345），字敬叔、敬礼，号畏斋，元庆元（今浙江省鄞县）人。著有《读书日程》、《春秋本义》、《畏斋集》等。《读书日程》一书按照朱熹"明理达用"思想，纠正"失序无本，欲速不达"之弊，详载读经、学习史文等程序；注意教学程序，重视功底训练，强调经常复习、考查，成为家塾详细教学计划。时国子监颁此书于郡邑学校，明代诸儒也奉为读书准绳，清代陆陇其刊刻流播，对当时及后来家塾、书院、儒学均有影响。本文选自《程氏家塾读书分年日程》（商务印书馆出版）。

序

今父兄之爱其子弟，非不知教，要其有成，十不能二三，此岂特子弟与其师之过？为父兄者，自无一定可久之见，曾未读书明理，遽使之学文。为师者，虽明知其未可，亦欲以文墨自见，不免于阿意曲徇，失序无本，欲速不达。不特文不足以言文，而书无一种精熟，坐失岁月，悔则已老。且始学既差，先入为主，终身陷于务外，为人而不自知，弊宜然也。

孔子之教序，志道、据德、依仁居游艺之先。《周礼·大司徒》

列六艺居六德六行之后。本末之序，有不可紊者。今制取士，以德行为首，经术为先，词章次之，盖因之也。况今明经一主朱子说，使理学与举业毕贯于一，以便志道之士。汉唐宋科目所未有也，诚千载学者之大幸，尚不自知而忍紊之邪？嗟夫！今士之读经，虽知主朱子说，不知读之固自有法也。读之无法，故犹不免以语言文字求之，而为程试资也。昔胡文定公于程学盛行之时，有不绝如线之叹。窃恐此叹将复见今日也。

余不自揆，用敢辑为《读书分年日程》，与朋友共读，以救斯弊。盖一本辅汉卿所粹《朱子读书法》修之，而先儒之论有裨于此者，亦间取一二焉。嗟夫！欲经之无不治，理之无不明，治道之无不通，制度之无不考，古今之无不知，文词之无不达，得诸身心者，无不可推而为天下国家用。窃意守是，庶乎本末不遗，而工夫有序，已得不忘而未能日增，玩索精熟而心与理相浃，静存动察而身与道为一，德形于言辞而可法可传于后，较其所就，岂世俗偏长一曲之学所可同日语哉。延祐二年八月鄞程端礼书于池之建德学。

日程节目，主朱子教人读书法六条修。其分年，主朱子宽著期限、紧著课程之说修。

八岁未入学之前：读《性理字训》。程逢源增广者。

日读《字训》纲三五段，此乃朱子以孙芝老能言，作性理绝句百首教之之意，以此代世俗《蒙求》《千字文》最佳。又以朱于《童子须知》贴壁，于饭后，行饭时使之记说一段。

自八岁入学以后：读《小学》书正文。

日止读一书，自幼至长皆然。此朱子苦口教人之语。随日力、性资，自一二百字，渐增至六七百字。日永年长，可近千字而已。每大段内，必分作细段，每细段，必看读百遍，倍读百遍，又通倍读二三十遍。后凡读经书仿此。自此说《小学》书，即严幼仪。大抵小儿终日读诵，不惟困其精神，且致其习为悠缓，以待日暮。法当才完遍数，即暂歇少时，复令入学。如此，可免二者之患。

日程

小学大学：小学读经三日，习字演文一日，所分节目，详见印空眼薄。必待做次卷工程，方许学文。

○每夙兴，即先自倍读已读册首书，至昨日所读书一遍。内一日看读，内一日倍读。生处、误处、记号以待夜间补正遍数。其闲日看读书，为童幼文理未通、误不自知者设。年十四五以上者，只倍读，师标起止于日程空眼簿。凡册首书烂熟，无一句生误，方是工夫已到。方可他日退在夜间与平日已读书轮流倍温，乃得力。如未精熟，日程节目，主朱子教人读书法六条修。其分年，主朱子宽著期限、紧著课程之说修。遽然退混诸书中，则温倍渐疏，不得力矣，宜谨之。凡倍读熟书，逐字逐句，要读之缓而又缓，思而又思，使理与心浃。朱子所谓精思、所谓虚心涵泳；孔子所谓温故知新，以异于记问之学者，在乎此也。

○师试倍读昨日书。

师授本日正书。假令授读《大学》正文、《章句》《或问》，共约六七百字或一千字，须多授一二十行，以备次日或有故及生徒众不得即授书，可先自读，免致妨功。先计字数，画定大段。师记号起止于簿，预令其套端礼所参馆阁校勘法，黄勉斋、何北山、王鲁斋、张导江及诸先生所点抹《四书》例，及故王鲁斋《正始音》等书点定本，点定句读，圈发假借字音，令面读，子细正过，于内分作细段，随文义可断处，多不过十句，少约五六句。大段约千字，分作十段，或十一二段，用朱点记于簿。《四书》本，惟有梅溪书院新刊《纂疏》字大、少误、有疏文。可参考《集注》，最便初学读诵。每行二十字，五十行则千字，细段约四五行则得矣。还案每细段读二百遍，内一百遍看读，内一百遍倍读。句句字字要分明，不可太快，读须声实，如讲说然。句尽字重道则句完，不可添虚声，致句读不明，且难足遍数。他日信口难举，须用数珠或记数板子记数。每细段二百遍足，即以墨销朱点，即换读如前。尽一日之力，须足六七百字。日永年长，可近一千字。宁誊段数，不可省遍数。仍通大段，倍读二三十遍，或止通倍读全章正经并《注》《或问》，所尽亦可。必待一书毕，然后方换一书，并不得兼读他书，及省遍数。此以《朱子读书法》、《小学书》及所订程董《学则》修。

○师试说昨日已说书。

○师授说平日已读书不必多，先说《小学书》，毕；次《大学》，毕；次《论语》。假如说《小学书》，先令每句说通朱于本注，及熊氏解，及熊氏标题。已通，方令依傍所解字训句意、说正文。字求其训，注中无者，使简《韵会》求之，不可杜撰以误人，宁以俗说粗解却不妨。既通，说每句大义。又通，说每段大意。即令自反覆，而试覆说果通，乃已，久之，才觉文义粗通，能自说，即使自看注，沉潜玩索。使来试说，更诘难之，以使之明透。如说《大学》《论语》，亦先令说注透，然后依傍注意说正文。

○小学习写字，必于四日内，以一日令影写智永千文楷字。如童稚初写者，先以子昂所展千文大字为格，影写一遍过，却用智永如钱真字影写。每字本一纸，影写十纸。止令影写，不得惜纸于空处令自写，以致走样，宁令翻纸，以空处再影写。如此影写千文足后，歇读书一二月，以全日之力，通影写一千五百字，添至二千、三千、四千字，以全日之力如此写一二月乃止。必如此写，方能他日写多，运笔如飞，永不走样。又使自看写一遍。其所以用千文，用智永楷字，皆有深意，此不暇论，待他年有余力，自为充广可也。盖儒者别项工夫多，故习字止如此用笔之法。双钩悬腕，让左侧右，虚掌实指，意前笔后。此口诀也。欲考字，看《说文》《字林》《六书略》《切韵指掌图》《正始音》《韵会》等书，以求音义偏傍点画六书之正。每考三五字或十数字，择切用之字先考。凡抄书之字，偏傍须依《说文》翻楷之体，骨肉间架气象用智永，非写诗帖，不得全用智永也。

〇小学不得令日日作诗作对，虚费日力。今世俗之教，十五岁前，不能读记《九经》正文，皆是此弊。但令习字演文之日，将已说《小学书》作口义，以学演文。每句先逐字训之，然后通解一句之意，又通结一章之意。相接续作去，明理、演文，一举两得。更令记对类单字，使知虚实死活字。更记类首长天永日字，但临放学时，面属一对便行，使略知对偶轻重虚实足矣。此正为己为人、务内务外、君子儒小人儒之所由分。此心先入者为主，终此身不可夺，不惟妨工，最是夺志，朱子谆谆言之，切戒！

只日之夜，令玩索《大学》。已读《大学》，字求其训，句求其义，章求其旨。每一节，十数次涵泳思索，以求其通。又须虚心，以为之本。每正文一节，先考索《章句》明透，然后摭《章句》之旨，以说上正文，每句要说得精确成文。抄记旨要，又考索《或问》明透，以参《章句》。如遍说性理深奥精微处，不计数看，直要晓得，记得烂熟乃止。仍参看黄勉斋、真西山《集义》《通释》《讲义》，饶双峰《纂述》《辑讲》《语录》，金仁山《大学疏义》《语孟考证》，何北山、王鲁斋、张达善《句读》，《批抹画截表》，《注音考》，胡云峰《四书通证》，赵氏《纂疏》《集成》《发明》等书。诸说有异处，标贴以待思问。如引用经史先儒语，及性理、制度、治道、故事相关处，必须检寻看过。凡玩索一字一句一章，分看合看，要析之极其精，合之无不贯。去了本子，信口分说得出，合说得出，于身心体认得出，方为烂熟。朱子谆谆之训，"先要熟读，须是正看背看、左看右看，看得是了，未可便道是，更须反覆玩味"，此之谓也。不必多，《论语》止看得一章二章三章足矣，只要自得。凡先说者，要极其精通，其后未说者，一节易一节，工夫不难矣。只要记得《大学》毕，次《论语》，次《孟子》，次《中庸》。小学止令玩索。小学灯火，起中秋，止端午。或生徒多，参考之书难遍及，则参差双、只夜以便之。

　　○双日之夜，倍读凡平日已读书一遍。倍读一二卷，或三四卷，随力所至。记号起止，以待后夜续读。倍读熟书，必缓而又缓，思而又思。详见"读册首书"条。凡温书，必要倍读，才放看读，永无可再倍之日，前功废矣，切戒！如防误处，宁以书安于案，疑处正之，再倍读，倍读熟书时，必须先倍读本章正文，毕，以目视本章正文，倍读尽本章注文。就思玩涵泳本章理趣。凡倍读训诂时，视此字正文。凡倍读通解时，视此节正文。此法不惟得所以释此章之深意，且免经文注文混记无别之患。如倍读忘处，急用遍数补之。凡已读书，一一整放在案，周而复始，以日程并书目揭之于壁。夏夜浴后，露坐无灯，自可倍读。

　　○随双、只日之夜，附读看玩索性理书。性理毕，次治道，次制度。如大学失时失序，当补《小学书》者，先读《小学书》数段，仍详看解，字字句句，自要说得通透，乃止。《小学书》毕，读程氏《增广字训纲》。此书铨定性理，语约而义备，如医家脉诀，最便初学。次看《北溪字义》《续字义》；次读《太极图》《通书》《西铭》，并看朱子解，及有何北山《发挥》；次读《近思录》，看叶氏解。《续近思录》蔡氏编，见《性理群书》。次看《读书记》《大学衍义》《程子遗书》《外书》《经说》《文集》、《周子文集》张子《正蒙》《朱子大全集》《语类》等书。或看或读，必详玩潜思，以求透彻融会，切己体察，以求自得性理紧切。书目通载于此，读看者自循轻重先后之序。有合记者，仍分类节抄。若治道，亦见西山《读书记》《大学衍义》。

　　○以前日程，依序分日，定其节目，写作空眼，刊定印板，使生徒每人各置一簿，以凭用工。次日早，于师前试验，亲笔勾销。师复亲标所授起止于簿。庶日有常守，心力整暇，积日而月，积月而岁，师生两尽，皆可自见。施之学校公教，尤便有司钩钤考察。小学读经、习字、演文，必须分日。读经必用三日，习字、演文止

007

用一日。本末欲以此间读书之日，缘小学习字、习演、口义、小文词，欲使其学开笔路，有不可后者故也。假如小学簿纸百张，以七十五张印读书日程，以二十五张印习字、演文日程，可用二百日。至如大学，惟印读经日程。待《四书》本经传注既毕，作次卷工程时，方印分日读看史日程毕，印分日读看文日程毕，印分日作文日程。其先后次序，分日轻重，决不可紊。人若依法读得十余个簿，则为大儒也，孰御？他年亦须自填，以自检束，则岁月不虚掷矣。今将已刊定空眼式连于次卷，学者诚能刊印，置簿日填，功效自见也。

《小学书》毕。

次读《大学》经传正文。

读书、倍温书、说书，习字、演文，如前法。

次读《论语》正文。

次读《孟子》正文。

次读《中庸》正文。

次读《孝经刊误》。

读书、倍温书、说书，习字、演文，并如前法。

次读《易》正文。

六经正义依程子、朱子、胡氏、蔡氏句读，参廖氏及古注、陆氏《音义》、贾氏《音辩》、牟氏《音考》。

读书、倍温书、说书，习字、演文，如前法。

次读《书》正文。

次读《诗》正文。

次读《仪礼》并《礼记》正文。

次读《周礼》正文。

次读《春秋》经并《三传》正文。

前自八岁，约用六七年之功，则十五岁前，《小学书》《四书》诸经正文，可以尽毕。既每细段看读百遍，倍读百遍，又通倍大段，早倍温册首书，夜以序通倍温已读书，守此，决无不熟之理。

自十五志学之年，即当尚志。为学以道为志，为人以圣为志。自此依朱子法读《四书注》。或十五岁前用工失时失序者，止从此起，便读《大学章句》《或问》，仍兼补《小学书》。

读《大学章句》《或问》：

〇读书、倍温书，所读字数分段，看读百遍，倍读百遍，并如前法。

〇夜间玩索倍读已读书，玩索读看性理书，并如前法。

必确守《朱子读书法》六条：

居敬持志、循序渐进、熟读精思、虚心涵泳、切己体察、著紧用力。

必以身任道，静存动察，敬义夹持，知行并进，始可言学。不然，则不诚无物，虽勤无益也。朱子谕学者曰："学者书不记，熟读可记；义不精，细思可精。惟有志不立，真是无著力处。只如今人，贪利禄而不贪道义，要作贵人而不要作好人，皆是志不立之病。直须反覆思量，究其病痛起处，勇猛奋跃，不复作此等人，一跃跃出，见得圣贤千言万语，都无一字不是实语，方始立得此志。就此积累工夫，迤逦向上去，大有事在，诸君勉旃，不是小事。"又如程子《四箴》，朱子《敬斋箴》、西山《夜气箴》，当熟玩体察外，有天台南塘陈先生名栢字茂卿《夙兴夜寐箴》曰："鸡鸣而寤，思虑渐驰，盍于其间，澹以整之。或省旧愆，或紬新得，次第条理，瞭然默识。本既立矣，昧爽乃兴，盥栉衣冠，端坐敛形。提掇此心，皓如出日，严肃整齐，虚明静一。乃启方册，对越圣贤，夫子在坐，颜曾后先。圣师所言，亲切敬听，弟子问辨，反复参订。事至斯应，则验子为，明令赫然，常目在之。事应既已，我则如故，方寸湛然，凝神息虑。动静循环，惟心是监，静存动察，勿二勿三。读书之余，间以游泳，发舒精神，体养情性。日暮人倦，昏气易乘，斋庄正齐，振拔精明。夜久斯寝，齐手敛足，不作思维，心神归宿。养以夜气，贞则复元，念兹在兹，日夕乾乾！"昔金华鲁斋王先生名栢字会之以为此箴甚切，得受用，以教上蔡书院诸生，使之人写一本，置坐右。又云："养以夜气，足以证西山之误。"

《大学章句》《或问》毕。

次读《论语集注》。

次读《孟子集注》。

次读《中庸章句》《或问》。

次抄读《论语或问》之合于《集注》者。

次抄读《孟子或问》之合于《集注》者。

次读本经。

治《周易》：抄法，一依《古易》十二篇。勿抄《象传》、《象传》附每段经文之后。先手抄四圣经传正文，依《古易》读之。别用纸依次抄每段正文。次低正文一字，节抄所兼用古注疏。次低正文二字，附节抄陆氏《音义》。次节抄胡庭芳所附朱子《语录》《文集》，何北山《启蒙》《系辞发挥》，朱子孙鉴所集《易遗说》，去其重者。次低正文二字，节抄董氏所附程子《语录》《文集》。次低正文三字，节抄胡庭芳所纂朱子解及胡云峰《易通》及诸说精确而有裨朱子《本义》者。其正文分段，以朱子《本义》为主。每段正文既抄诸说，仍空余纸，使可续抄。其读《易》纲领、及先儒诸图及说，抄于卷首。图在《启蒙》者，不可移。读法，其朱子《本义》、程子《传》所节古注疏，并依读《四书》例，尽填读经空眼簿如前法。须令先读《五赞》《启蒙》及《发挥》；次《本义》，毕；然后读程子《传》，毕；然后读所节古注疏。其所附抄，亦玩读其所当读者，余止熟看参考。其程子《传》、古注疏与朱子《本义》训诂，指义同异，以玩索精熟为度。异者以异色笔批抹。每卦作一册。

治《尚书》：抄法，先手抄全篇正文读之。别用纸抄正文一段。次低每段正文一字，抄所主蔡氏《传》。次低正文一字，节抄所兼用古注疏。次低正文二字，附节抄陆氏《音义》。次低正文二字，节抄朱子《语录》《文集》之及此段者。次低正文三字，节抄金氏《表注》、董氏所纂诸儒之说，及诸说精确而有裨蔡氏《传》者。其正文分段，以蔡氏《传》为主。每段正文，既抄诸说，仍空余纸，使可续抄。其《书序》及朱子所辩，附抄每篇之末。其读《书》纲领及先儒诸图，抄于首卷。读法，其蔡氏《传》及所节古注疏，并依读《四书》例，尽填读经空眼簿如前法。其所附抄，亦玩读其所当读者，余止熟看参考。须令先读蔡氏《传》，毕；然后读古注疏。其古注疏与蔡氏《传》训诂，指义同异，以玩索精熟为度。异者以异色笔批抹。每篇作一册。

治《诗》：抄法，先手抄《诗》全篇正文读之。别用纸抄《诗》正文一章，音义协音，并依朱子。次低正文一字，抄所主朱子《传》。次低正文一字，节抄所兼用古注疏。次低正文二字，附节抄陆氏《音义》。次低正文二字，节抄朱子《语录》《文集》之及此章者。次低正文三字，节抄辅氏《童子问》，及鲁斋王氏《诗疑辩》，及诸说精确而有裨朱子《传》者。每段正文，既抄诸说，仍空余纸，使可续抄。其《诗小序》及朱子所辩，附抄每篇之末。其读《诗》纲领及先儒诸图，抄于首卷。读法，其朱子《传》及所节古注疏，并依读《四书》例，尽填读经空眼簿如前法。其所附抄，亦玩读其所当读者，余止熟看参考。须令先读朱子《传》毕，然后读古注疏。其古注疏及朱子《传》训诂，指义同异，以玩索精熟为度。异者以异色笔批抹。每篇作一册。

治《礼记》：抄法，先手抄每篇正文读之。别用纸抄正文一段。次低正文一字，节抄所用古注。次低正文一字，节抄疏。次低正文一字，附节抄陆氏《音义》。次低正文一字，节抄朱子《仪礼经传通解》之相关者。次节抄朱子《语录》《文集》之及此段者。次低正文二字，节抄黄氏《日钞》、陈氏栎《详解》、卫氏《集解》精确而有裨正经古注疏者。其正文分段，以古注为主。每段正文，既抄诸说，仍空余纸，使可续抄。盖治礼必先读《仪礼》经。其读《礼记》纲领及先儒诸图及杨氏《仪礼图》，抄于首卷。读法，其所节古注并疏，依读《四书》例，尽填读经空眼簿如前法。其所附抄，亦玩读其所当读者，余止熟看参考。其古注疏之所以合于经与否，以玩索精熟为度。其未合者，以异色笔批抹。每篇作一册或二三册。

治《春秋》：抄法，先手抄正经，每一年作一段读之。读全经毕，别用纸抄当年经文一段。次低经文一字，节抄所节用《三传》、胡氏《传》诸说之合于经之本义者。次低经文一字，节抄《三传》、胡氏《传》诸说之未合者。次低经文二字，附节抄陆氏《音义》。次低经文二字，抄程端学所著《辩疑》《或问》。凡诸说之有裨正经、《三传》、胡氏《传》者，已详见成书。每段正文，既抄诸说，仍空余纸，使可续抄。其读《春秋》纲领及先儒诸图，抄于首卷。读法，凡所节《三传》、胡氏《传》，并依读《四书》例，尽填读经空眼簿如前法。其所附抄，亦玩读其所当读者，余止熟看参考。其《三传》、胡氏之所以合于经与否，以玩索精熟为度。其未合者，以异色笔批抹。每年作一卷，每公作一册或二三册。

前自十五岁，读《四书》经注、《或问》、本经传注、性理诸书。确守读书法六条约，用三四年之功，昼夜专治，无非为己之实学，而不以一毫计功谋利之心乱之，则敬义立，而存养省察之功密，学者终身之大本植矣。

《四书》本经既明之后，自此日看史，仍五日内专分二日倍温玩索《四书》经注、《或问》、本经传注，倍温诸经正文，夜间读看玩索温看性理书，并如前法。为学之法，自合接续明经。今以其学文不可过迟，遂次读史，次读韩文，次读《离骚》，次学作文，然后以序明诸经，览音详焉。

看《通鉴》：看《通鉴》及参《纲目》。两汉以上，参看《史记》《汉书》，唐参《唐书》、范氏《唐鉴》。看取一卷或半卷，随宜增减。《四书》既明，胸中已有权度，自此何书不可看？虽不必如读经之遍数，亦虚心反复熟看。至于一事之始末，一人之姓名、爵里、谥号、世系，皆当子细考求强记。又须分项详看。如当时君臣心德之明暗，治道之得失，纪纲之修废，制度之因革，国本之虚实，天命人心之离合，君子小人之进退，刑赏之当滥，国用之奢俭，税敛之轻重，兵力之强弱，外戚宦官之崇抑，民生之休戚，风俗之厚薄，外夷之叛服，如此等类，以项目写贴眼前，以备逐项思玩当时之得失。如当日所读项目无者，亦须通照前后思之，如我亲立其朝、身任其事，每事以我得于《四书》者照之，思其得失，合如何论断，合如何区处。有所得与合记者，用册随抄。然后参诸儒论断、管见、《纲目》、《凡例》，尹氏《发明》、金仁山《通鉴前编》、胡庭芳《古今通要》之类，以验学识之浅深。不可先看他人议论，如矮人看场无益。然亦不可先立主意，不虚心也。诸儒好议论亦须记。仍看《通鉴》释文，正其音读。看毕，又通三五日前者看一遍。

○分日倍温玩索《四书》经注、《或问》、本经传注及诸经正文，夜间读看玩索温看性理书，并如前法。

《通鉴》毕，次读韩文：读韩文，文法原于孟子经史，但韩文成幅尺间架耳。先抄读西山《文章正宗》内韩文议论、叙事两休华实兼者七十余篇，要认此两休分明后，最得力。正以朱子《考异》，表以所广谢叠山批点，篇法、章法、句法、字法备见。自熟读一篇或两篇，亦须百遍成诵，缘一生靠此为作文骨子故也。既读之后，须反复详看。每篇先者主意，以识一篇之纲领；次看其叙述裨扬、轻重、运意、转换、演证、开阖、关键、首腹、结末、详略、浅深次序。既于大段中看篇法，又于大段中分小段看章法，又于章法中看句法，句法中看字法，则作者之心，不能逃矣。譬之于树，通看则由根至表，干生枝，枝生华叶，大小次第相生而为树。又折一干一枝看，则又皆各自有枝干华叶，犹一树然，未尝毫发杂乱，此可以识文法矣。看他文皆当如此看，久之自会得法。今日学文能如此看，则他日作文能如此作，亦自能如此改矣。然又当知有法而无法，无法而有法。有法者，篇篇皆有法也；无法者，篇篇法各不同也。所以然者，如化工赋物，皆自然而然，非区区模拟所致。有意于为文，已落第二义。在我经史熟、析理精，有学有识有才，又能集义以养气，是皆有以为文章之根本矣。不作则已，作则沛然矣。第以欲求其言语之工，不得不如此读看耳，非曰止步骤此而能作文也。果能如此工程读书，将见突过退之，何止肩之而已！且如朱子《或问》及集中文字，皆是用欧曾法，试看欧曾，曾有朱子议论否？此非妄言。若能如此读书，则是学天下第一等学，作天下第一等文，为天下第一等人。在我而已，未易与俗子言也。自此看他文，欲识文体有许多样耳。此至末事，一看足矣，不必读也。其学作文次第，详见于后。

○六日内分三日倍温玩索《四书》经注，《或问》、本经传注、诸经正文及温看史，夜间读看玩索温看性理书，如前法。

韩文毕，次读《楚辞》。读《楚辞》，正以朱子《集注》，详其音读训义，须令成诵，缘靠此作古赋骨子故也。自此他赋止看，不必读也。其学赋次第详见于后。

○分日倍温玩索《四书》经注、《或问》、本经传注、诸经正文，温看史，夜间读看玩温性理书，如前法。性理毕，次考制度。制度书多兼治道，有不可分者，详见诸经注疏、诸史志书、《通典》、《续通典》、《文献通考》、郑夹漈《通志略》、甄氏《五经算术》、《玉海》、《山堂考索》、《尚书中星闰法详说》、林勋《本政书》，朱子《井田谱》、夏氏《井田谱》、苏氏《地理指掌图》、程氏《禹贡图》、郦道元《水经注》、张主一《地理沿革》、《汉官考职源》、陆农师《礼书》、《礼图》、陈祥道《礼书》、陈旸《乐书》、蔡氏《律吕新书》及《辩证律准》、《禋典郊庙奉祀礼文》、吕氏《两汉菁华》、唐氏《汉精义》、《唐精义》、陈氏《汉博议》、《唐律注疏》、《宋刑统》、《大元通制》、《成宪纲要》、《说文》、《五音韵谱》、《字林》、《五经文字》、《九经字样》、戴氏《六书考》、王氏《正始音》、陆氏

《音义》、牟氏《音考》、贾氏《群经音辨》、丁度《集韵》、司马公《类篇》、《切韵指掌图》、吴氏《诗补音》及《韵补》、《四声等子》、杨氏《韵谱》。先择制度之大者，如律历、礼乐、兵刑、天文、地理、官职、赋役、郊祀，井田，学校、贡举等，分类如《山堂考索》所载历代沿革，考核本末得失之后，断以朱子之意，及后世大儒议论，如朱子《经济文衡》、吕成公《制度详说》。每事类抄，仍留余纸，使可续添，又自为之著论。此皆学者所当穷格之事。以夫子之圣，犹必问礼问乐而后能知，岂可委之以为名物度数之细而略之！平日诚能沉潜参伍，以求其故，一旦在朝，庶免礼官不识礼、乐官不识乐之诮，而和胡、阮、李、范、马、刘、杨不能相一之论可决，禘袷庙制可自我而定如韩子、朱子矣，岂特可仿源流。至论及吕成公、钱学士百段锦，作成策段，为举业资而已。

　　《通鉴》、韩文、《楚辞》既看既读之后，约才二十岁，或二十一二岁，仍以每日早饭前循环倍温玩索《四书》经注、《或问》、本经传注、诸经正文，温看史，温读韩文、《楚辞》之外，以二三年之工，专力学文。既有学识，又知文体，何文不可作？

　　学作文：学文之法，读韩文法已见前。既知篇法、章法、句法、字法之正体矣，然后更看全集，有谢叠山批点及选看欧阳公（有陈同父选者佳）、曾南丰（《类稿》）、王临川三家文体，然后知展开间架之法。缘此三家，俱是步骤。韩文明畅平实，学之则文体纯一，庶可望其成一大家数文字。欧、曾比韩更开阖分明，运意缜密，易学而耐点检；然其句法则渐不若韩之古。朱子学之，句又长矣；真西山虽亦主于明理，句法还短，不可不知。他如柳子厚文，先看西山所选叙事、议论，次看全集。苏明允文，皆不可不看。其余诸家之文，不须杂看。此是自韩学下来渐要展开之法，看此要识文体之佳耳。其短于理处极多，亦可以为理不明而不幸能文之戒。如欲叙事雄深雅健，可以当史笔之任，当直学《史记》《西汉书》。先读真西山《文章正宗》，及汤东涧所选者，然后熟看班、马全史。

此乃作纪载垂世之文，不可不学。后生学文，先能展开滂沛，后欲收敛简古甚易。若一下便学简古，后欲展开作大篇，难矣。若未忘场屋，欲学策，以我平日得于《四书》者为本，更守平日所学文法，更略看汉唐策、陆宣公奏议、朱子封事书疏、宋名臣奏议、范文正公、王临川、苏东坡万言书、策略、策别等，学陈利害则得矣。况性理、治道、制度三者已下工夫，亦不患于无以答所问矣。虽今日时务得失，亦须详究。欲学经问，直以《大学》《中庸或问》为法，平日既读《四书注》，及读看性理文字，又不患于无本矣。欲学经义，亦仿《或问》文体，用朱子《贡举私议》之说，接《贡举私议》云"令应举人各占两家以上"，"将来答意，则以本说为主，而旁通他说以辨其是非，则治经者不敢妄牵己意，而必有据依矣"。又云"使治经者必守家法，命题者必依章句，答义者必通贡经文，条举众说，而断以己意，当更写卷之式，明著问目之文，而疏其上下文，通约三十字以上，次列所治之说，而论其意，次又旁引他说，而以己意反复辨析，以求至当之归。但令直论圣贤本意，与其施用之实，不必如今日分段破题。对偶敷衍之体，每道只限五六百字以上。至于旧例经义，禁引史传，乃王氏末流之弊，皆当有以正之。"此《私议》之说也。窃谓今之试中经义，既用张庭坚体，亦不得不略仿之也。考试者是亦不思之甚也。张庭坚体已具冒原讲证结，特未如宋末所谓文妖经贼之弊耳，致使累举所取程文，未尝有一篇能尽依今制，明举所主所用所兼用之说者。此皆考官不能推明设科初意，预防末流轻浅虚衍之弊，致使举举相承，以中为式。今日乡试经义，欲如初举方希愿《礼记》义者，不可得矣。科制明白，不拘格律，盖欲学者直写胸中所学耳，奈何阴用冒原讲证结格律，死守而不变？安得上务实学，得实材为国家用，而为科目增重哉！因著私论于此，以待能陈于上者取焉。如自朝廷议修学校教法，以辅宾兴之制，则此弊息矣。假如《书》义仿张体，以蔡《传》之说为终篇主意，如论破然。如《传》辞已精紧而括尽题意，则就用之为起；

或略而泛，则以其意自做，次略衍开；次入题发明以结之；次原题题下再提起前纲主意，历提上下经文而归重此题；次反覆敷演，或正演，或反演，或正引事证，或反引事证，缴归主意；次结，或入讲腹提问逐节所主之说，所以释此章之意，如孔颖达疏文释注之体，逐节发明其说，援引以证之，缴归主意，后节如前，又总论以结之。如《易》，又旁通所主，次一家说，又发明其异者而论断之，又援引以证之结之，次兼用注疏，论其得失而断之证之结之。平日既熟读经传，又不患于无本矣，此亦姑言其大略耳，在作者自有活法，直写平日所得经旨，无不可者。元设科条制，既云作义不拘格律，则自可依《贡举私议》法，此则最妙。如不得已，用张庭坚体，亦须守传注，议论确实，不凿不浮可也。欲学古赋，读《离骚》（已见前），更看读《楚辞》（后语），并韩、柳所作句法韵度，则已得之。欲得著题命意间架，辞语缜密而有议论，为科举用，则当择《文选》中汉、魏诸赋、《七发》及《晋问》熟看。大率近世文章视古渐弱，其运意则缜密于前，但于《文选》《文粹》《文鉴》观之便见。欲学古体制、诰、章、表，读《文章正宗·辞命类》，及选看王临川、曾南丰、苏东坡、汪龙溪、周平园《宏辞总类》等体。四六章表以王临川、邓润甫、曾南丰、苏求坡、汪龙溪、周平园、陆放翁、刘后村及《宏辞总类》为式。其四六表体，今纵未能尽见诸家全集，选抄亦须得旧本翰苑新书观之，则见诸家之体，且并得其编定事科，为用作科举文字之法。用西山法。

读看近经问文字九日，作一日。

读看近经义文字九日，作一日。

读看古赋九日，作一日。

读看策九日，作一日。

作他文皆然。文体既熟，旋增作文日数。大抵作文办料识格，在于平日。此用剡源戴氏法。及作文之日，得题即放胆，此用叠山谢氏法。立定主意，便布置间架，以平日所见，一笔扫就，却旋改可也。如此则笔力不馁。作文以主意为将军，转换开阖，如行军之必由将军号令。句则其裨将，字则其兵卒，事料则其器械。当使兵随将转，所以东坡答江阴葛延之万里徒步至儋耳求作文秘诀曰："意而已。作文事料，散在经史子集，惟意足以摄之。"正此之谓。如通篇主意间架未定，临期逐旋摹拟，用尽心力，不成文矣。切戒！

〇仍以每日早饭前倍温《四书》经注、《或问》、本经传注、诸经正文，温史。夜间考索制度书，温看性理书，如前法。

专以二三年工学文之后，才二十二三岁，或二十四五岁，自此可以应举矣。三场既成，却旋明余经，及作古文。余经合读合看诸书，已见于前。窃谓明《四书》本经，必用朱子读法，必专用三年之功，夜止兼看性理书，并不得杂以他书，必以读经空眼簿日填以自程。看史及学文，必在三年之外，所作经义，必尽依科制条举所主所用所兼用之说而推明之。又必择友举行蓝田吕氏《乡约》之目，使德业相劝，过失相规，则学者平日皆知敦尚行实，惟恐得罪于多评，则读书不为空言，而士习厚矣。必若此，然后可以仰称科制经明行修、乡党称其孝弟、朋友服其信义之实，庶乎其贤材盛而治教兴也，岂曰小补！古者大司徒以乡三物教万民而宾兴之，未有不教而可以宾兴者。方今圣朝科制明经，一主程朱之说，使经术、理学、举业三者合一，以开志道之士，此诚今日学者之大幸，岂汉、唐、宋科目所能企其万一。第因方今学校教法未立，不过随其师之所知所能，以之为教为学。凡读书才挟册开卷，已准拟作程文；用则是未明道已计功，未正谊已谋利。其始不过因循苟且，失先后本末之宜而已。岂知此实儒之君子小人所由以分，其有害士习，乃如此之大。呜呼！先贤教人格言大训，何乃置之无用之地哉！敢私著于此，以待职教养者取焉。

右分年日程，一用朱子之意修之。如此读书、学文皆办，才二十二三岁，或二十四五岁。若紧著课程，又未必至此时也。虽前所云失时失序者，不过更增二三年耳，大抵亦在三十岁前皆办也。

世之欲速好径，失先后本末之序，虽曰读书作文而白首无成者，可以观矣。此法似乎迂阔，而收可必之功，如种之获云。

前所云学文之后，方再明一经，出于不得已。才能作文之后，便补一经，不可迟，须是手自抄读。其诸经抄法读法并已见前。

其余经史子集音义旁证等书，别见书目，今不备载。惟取旁证一二，日当观省者，于末卷。

读经之后当看全史一过。看张子、邵子、三胡、张南轩、吕东莱、真西山、魏鹤山、程朱门人之书一过。

读经日程

　　　　　　　　　　　年　月　日某人

——早令倍读册首已读书，至昨日书一遍太长则分。

起　止

——面试倍读昨日书。

——面授本日书，计字数以约大段面，以大段分细段，令朱计段数每细段面，令读正过句读字音面说正过文义。

——令每细段先看读百遍，即又倍读百遍，数足挑试倍读倍说过而墨销朱记后段，如前段足令通作大段倍读试过。

起　止

——挑试夜间已玩索书。

起　止

——面授说已读书，就令反复说大义面试过。

起　止

——只日之夜玩索已读书，起？止又玩索性理书。

起　止

——双日之夜以序倍读，凡平日已读书一遍起止，又倍读性理书起止。

——令暇日仿定本点句读圈发字音。

凡书忘记处，朱记即补，熟墨销。

读看史日程

年　月　日某人

五日一周详见工程。

一日　以序倍读四书经注或问一遍。

以序倍读经正文。

夜读看性理书并温。

一日　以序倍读本经传注一遍。

以序倍读经正文。

夜读看性理书并温。

一日　看读说记通鉴。

参合看史。

夜仿点史考释文。

一日　看读说记通鉴。

参合看史。

夜温记史。

一日　看读说记通鉴。

参合看史。

夜温记史。

日填起止。

小学习字演文日程

年　月　日某人

读经四日内分一日详见工程

——早令倍读册首已读书，至昨日书一遍太长则分。

——令影写智永千文楷书，约一二十纸写五七一易样。

——以已读说小学书作口义。呈改上簿

——说认记字门类，平反虚实动静等。

——渐长学切韵考字始，音偏傍音义假借等。

——夜以序倍读已读书一遍。

日填起止，及所看所作。

训蒙法

宋·王虚中

【题解】 王虚中（？～1173），名日休，宋代龙舒（庐州）人，宋高宗时，举国学进士，弃官不就。本文选自张伯行《养正类编》卷五。

○叉手

小儿六岁入学，先教叉手。以左手紧把右手，其左手小指则向右手腕，右手皆直。其四指以左手大指向上，如以右手掩其胸，不得着胸，须令稍离方寸，为叉手法也。

○着衣

衣袖，不得揎，出手腕以上，则为傲；过手腕以外，则为慢；正当腕中，谓之礼。又外衣袖不许露出内衣袖，若衫袖不得露出上盖袖，上盖袖不得露出汗衫袖也。

○祗揖

凡揖人时，则稍阔其足，其立则稳。揖时，须是曲其身，以眼看自己鞋头，威仪方美观。揖时，亦须直其膝，不得曲了，当低其头，使手至膝畔，又不入膝内，则手随时起，而又于胸前。揖时，须全出手，不得只出一指，谓之鲜礼。揖尊位，则手过膝下，亦以手随身起，又手于胸前也。

○入学

六岁，且令早晨上学，食后不上学，勿困其精神。读书须是且从《开宗明义章》第一起，不可便读《蒙求》《孝经》序，为字太难。且令每日见小字经三两次，每日常见，则识得牢固，不可贪多，且读三两句。半岁之后，食后亦上学。

○小儿读书

若初授四句，不必多教遍数，且以教识字为上，既识字，则可令其自读。若未能尽读，且读两句，其两句识得字，又读得稍熟，则令识后两句字。读后两句，又稍熟，然后令通读四句，既读得四句尽熟，则放归。似此数日，则可又添一两句。须是熟，即便放归，小儿贪其归，则用心读，而渐可添也。若其后授得字多，其初则分为三两授读，俟其口熟，则通读。若其中有甚难读者，则特读数十遍，如甚易者，则分读时不须读。直待通一授读，然后读其易者，此亦读书省力省功之良法也。

○温书

若读书，当时虽极熟，久而不读，亦必忘。予尝诵一真言二十万遍，久而不诵，皆忘之，故读过书不可不温。其温书之法，且若初读过书一卷，则一日温此一卷；其后读过二卷，则二日温一遍；三卷，则三日温一遍；二百卷，则二百日能温一遍，亦永不忘。如长成者，读过《语》《孟》六经，一放下之后，则周年未必能温，此所以不能记也。此乃杨子吴秘之家传温书之法。如此，则初读时不须四授，以一日之工温之，亦不须一卷了，又分为两授，温之既省工，又永永不忘之妙法也。

○记训释字

可令日记所读书上训释字三两个，如"不亦说乎"，"说"，喜也。"不亦乐乎"，"乐"，甚喜也。若不能晓得甚喜，则以方言教之，如云"大故欢喜"，"人不知而不愠"，"愠"，怒也，若不能晓得怒字，则以方言教之云；"怒，是恶发也"。如此记时，则读过《论语》，记得《论语》上训释了，七岁便可说书。

○写字

写字，不得惜纸，须令大写，长后写得大字。若写小字，则拘定手腕，长后稍大字，则写不得。予亲有此病也。写字时，先写上大，二三日，不得过两字，两字端正，方可换字。若贪字多，必笔画老草，写得不好。写得好时，便放归，午后亦可上学。

○说书

小儿止可说句语义理，又须分明直说，不可言语多。如说"仲尼居"，则言仲尼者，孔子字也，字，是表德也；居，坐也。"曾子侍"者，曾子，乃孔子弟子也；侍，谓侍奉也，叉手立于其侧也。"子曰"者，子，谓孔子，乃弟子称师曰子也，曰，说也。此言孔子坐，曾子侍奉，而孔子说也。如此，则分明，而稚子易晓也。又须说易者，其难者且未可说。故先说《孟子》为上，《孟子》中若有难说者，亦且放过，直待晓得易者都了，然后与说难者。如此，则其进有渐，而亦不苦其难也。

○改文字

若改小儿文字，纵做得未是，亦须留少许，不得尽改，若尽改，则沮挫其才思，不敢道也。直待做得十分是了，方可尽改作十分，若只随他立意而改，亦是一法。

○作诗

小儿填诗时，便教他做工夫。如杜工部、韩昌黎之诗，选长篇一韵，读一篇；上下平声，止有三十韵，是三十长篇，足矣。若举此韵，则此一韵中，诸韵皆可以记矣。非惟作省，题诗止于六韵而易成，是虽长篇，亦何难哉？又其次如前以三十版匡纸标三十韵头，不问是何省题诗皆编韵于其中，每一版编一韵。若作诗时，用此一韵，则揭开策子一观，则皆可见矣。作诗甚易、甚简之大法者也。

教学之道

宋·朱熹　吕祖谦

【题解】　本文选自朱熹、吕祖谦辑《近思录》卷十一，凡二十一条，主要摘录了北宋四子有关教育思想、教学方法及原则等论述。

○濂溪先生曰：刚善，为义，为直，为断，为严毅，为乾固；恶，为猛，为隘，为强梁。柔善，为慈，为顺，为巽；恶，为懦弱，为无断，为邪佞。惟中也者，和也，中节也，天下之达道也，圣人之事也。故圣人立教，俾人自易其恶，自至其中而止矣。（周敦颐：《通书·师》）

○伊川先生曰：古人生子，能食能言而教之。大学之法，以豫为先。人之幼也，知思未有所主，便当以格言至论日陈于前，虽未晓知，且当薰聒，使盈耳充腹，久自安习，若固有之。虽以他说惑之，不能入也。若为之不豫，及乎稍长，私意偏好生于内，众口辩言铄于外，欲其纯完，不可得也。（《二程文集》卷六《上太皇太后书》）

○《观》之上九曰："观其生，君子无咎。"《象》曰："观其生，志未平也。"《传》曰：君子虽不在位，然以人观其德，用为仪法，故当自慎省，观其所生，常不失于君子，则人不失所望而化之矣。

不可以不在于位故，安然放意，无所事也。(《伊川易传·观传》)

〇伊川曰：圣人之道如天然，与众人之识甚殊邈也。门人弟子既亲炙，而后益知其高远。既若不可以及，则趋望之心怠矣，故圣人之教，常俯而就之。事上临丧，不敢不勉，君子之常行。不困于酒，尤其近也。而以己处之者，不独使夫资之下者勉思企及，而才之高者亦不敢易乎近矣。(《程氏经说》)

〇明道曰：忧子弟之轻俊者，只教以经学念书，不得令作文字。子弟凡百玩好皆夺志；至于书札，于儒者事最近，然一向好著，亦自丧志。如王、虞、颜、柳辈，诚为好人则有之，曾见有善书者知道否？平生精力，一用于此，非惟徒废时日，于道便有妨处，足知丧志也。(《程氏遗书》卷一)

〇明道曰：胡安定在湖州，置治道斋，学者有欲明治道者，讲之于中，如治民、治兵、水利、算数之类。尝言刘彝善治水利，后累为政，皆兴水利有功。(《二程遗书》卷二)

〇明道曰：凡立言，欲涵蓄意思，不使知德者厌，无德者惑。(《二程遗书》卷二)

〇明道曰：教人未见意趣，必不乐学。欲且教之歌舞，如古《诗》三百篇，皆古人作之。如《关雎》之类，正家之始，故用之乡人，用之邦国，日使人闻之。此等诗，其言简奥，今人未易晓。别欲作诗，略言教童子洒扫应对事长之节，令朝夕歌之，似当有助。(《二程遗书》卷二)

〇明道曰：子厚以礼教学者，最善，使学者先有所据守。(《二程遗书》卷二)

〇明道曰：语学者以所见未到之理，不惟所闻不深彻，反将理低看了。(《二程遗书》卷一)

〇明道曰：舞射便见人诚。古之教人，莫非使之成己。自洒扫应对上，便可到圣人事。(《二程遗书》卷五)

〇明道曰：自幼子常视毋诳以上，便是教以圣人事。(《二程遗

书》卷六）

○先传后倦，君子教人有序：先传以小者近者，而后教以大者远者；非是先传以近小，而后不教以远大也。（《二程遗书》卷八）

○伊川曰：说书必非古意，转使人薄。学者须是潜心积虑，优游涵养，使之自得。今一日说尽，只是教得薄。至如汉时说下帷讲诵，犹未必说书。（《二程遗书》卷十五）

○伊川曰：古者八岁入小学，十五入大学，择其才可教者聚之，不肖者复之农亩。盖士农不易业，既入学，则不治农，然后士农判。在学之养，若士大夫之子，则不虑无养；虽庶人之子，既入学，则亦必有养。古之士者，自十五入学，至四十方仕，中间自有二十五年学，又无利可趋，则所志可知，须去趋善，便自此成德。后之人，自童稚间已有汲汲趋利之意，何由得向善？故古人必使四十而仕，然后志定。（《二程遗书》卷十五）

○伊川曰：只营衣食却无害，惟利禄之诱最害人。（人有养，便方定志于学。）天下有多少才！只为道不明于天下，故不得有所成就。且古者"兴于《诗》，立于礼，成于乐"。如今人怎生会得？古人于《诗》，如今人歌曲一般，虽闾巷童稚，皆习闻其说而晓其义，故能兴起于《诗》。后世老师宿儒，尚不能晓其义，怎生责得学者，是不得兴于《诗》也。古礼既废，人伦不明，以至治家皆无法度，是不得立于礼也。古人有歌咏以养其性情，声音以养其耳目，舞蹈以养其血脉，今皆无之，是不得成于乐也。古之成材也易，今之成材也难。（《二程遗书》卷十八）

○伊川曰：孔子教人，"不愤不启，不悱不发"。盖不待愤悱而发，则知之不固；待愤悱而后发，则沛然矣。学者须是深思之，思而不得，然后为他说便好。初学者，须是且为他说，不然，非独他不晓，亦止人好问之心也。（《二程遗书》卷十八）

○横渠曰："恭敬撙节退让以明礼"，仁之至也，爱道之极也。己不勉明，则人无从倡，道无从弘，教无从成矣。（张载：《正蒙·

至当》)

○横渠曰：《学记》曰："进而不顾其安，使人不由其诚，教人不尽其材。"人未安之，又进之；未喻之，又告之，徒使人生此节目。不尽材，不顾安，不由诚，皆是施之妄也。教人至难，必尽人之材，乃不误人；观可及处，然后告之。圣人之明，直若庖丁之解牛，皆知其隙，刃投馀地，无全牛矣。人之材足以有为，但以其不由于诚，则不尽其材。若曰勉率而为之，则岂有由诚哉？（张载：《礼记说》卷十二）

○横渠曰：古之小儿，便能敬事。长者与之提携，则两手奉长者之手；问之，掩口而对。盖稍不敬事，便不忠信。故教小儿，且先安详恭敬。（张载：《礼记说》）

○孟子曰："人不足与适也，政不足与间也，唯大人为能格君心之非。"非惟君心，至于朋游学者之际，彼虽议论异同，未欲深较。惟整理其心，使归之正，岂小补哉！（张载：《孟子说》）

社学要略

明·吕坤

【题解】 作者简介同前。本文选自《五种遗规·养正遗规》。

宏谋按：社学之设，最有关于教化，故历代皆重其事。自后以文词科第为学，所谓社学，不过聚徒诵读，遂谓作养美举。其子弟日习于浮薄。师长徒尚夫矜饰。名实不副，上下相蒙。不但不能成就子弟，且令乡里子弟，淳庞之性，由此而丧，良可叹也。吕新吾先生，凡有政教，莫不切中时弊。社学要略，不因科第而后读书，不必作文而后为学，因人立教，即知即行，何其恳切而精要也。其选择社师，不以才名为鹜，而以端良为先。可为近日延师者法，更可为近日为师者戒。

自教化陵夷之后，举世不知读书为何事，师弟相督，父子相传，不过取科甲、求富贵而已。今选社师，务取年四十以上，良心未丧，（有良心，才不忍误坏人子弟，才肯去成就人子弟，四字可为训蒙者唤醒。）志向颇端之士，不拘已未入学者，二十余人。掌印官群之文庙，饩以日食。先教以讲解小学孝经，及字学反切。一年之后，如果见识近正，音韵不差，文理粗通，讲解亦是者，掌印官下学考试。择其堪以教人，查有社学，挨次拨发。

子弟读书，大则名就功成，小则识字明理，世间第一好事。有等昏愚父母，有子不教读书。邪心野性，竟成恶人。做盗贼，犯刑宪，皆由于此。几曾见明理识字之人，肯为盗贼者乎。掌印官晓谕百姓，今后子弟，可读书之年，即送社学读书。纵使穷忙，也须十月以后在学，三月以后回家。如此三年，果其材无可望，省令归业。（乡间社学，以广教化。子弟读书，务在明理。非必令农民子弟，人人考取科第也。）

学中以长幼为先。序就齿数，除系相亲，自有称呼外。其余少称长者兄，长呼少者名。行则右行。坐则下坐。长者立则立。长者散则散。一禁成群戏耍。二禁彼此相骂。三禁毁人笔墨书籍。四禁搬唆倾害。五禁有恃凌人。此处人五禁。犯者，比读书加倍重责。

学者立身，行检为重。一戒说谎。二戒口馋。三戒村语媟言。四戒爱人财物。五戒讲人长短。六戒看人妇女。七戒交结邪人。八戒衣服华美。九戒捏写是非。十戒性暴气高。犯者，比读书加倍重责。

童子每日早起，向父母前一揖，问曰，今夜安否。早饭午饭回家，见父母，揖。问曰，父母饮食多少。晚上看父母卧处，待父母睡毕而后退。父母怒骂，跪而低头，不许劲声强辩。父母勤劳，即来待作。父母久立，忙取坐物。父母唤人，高声代唤。父母疾病，煎尝汤药。此虽人子末节，少年先须日习。至于一家尊长，俱要恭敬。家中凡事忍默。如有违犯，父兄即告先生，加倍重责。

行步要安详稳重。不许跳跃奔趋。说话要从容高朗。不要含糊促迫。作揖要舒徐深圆，不可浅遽。侍立要庄严静定，不可跛欹。起拜要身手相随，不可失节。衣履要留心爱惜，不可邋遢。瞻视要静正安闲，不可流乱。抄手要著衣齐心，不可怠惰。在坐要端严持重，不可箕开股岸跷足。有违犯者，罚跪；再三犯者，重责。

每讲书，就教童子向自家身上体贴，这句话与你相干不相干；这章书，你能学不能学。仍将可法可戒故事，说与两条，令之省惕。他日违犯，即以所讲之书责之，庶几有益身心。

（此法最为切近，即如弟子一章，先就本义讲毕，再将现在如何方为孝弟、谨信、爱众、亲仁、力行、学文，详切指点，再将如何便为不孝弟、不谨信、不亲爱、不力行、不学文，反复警戒。嗣后遇学徒行事，有合于孝弟等项者，则指其合于书中某句，而对众称之。如有所犯，则指其不合于书中某句，而对众责之。如此，则讲一章书，即受一章书之益，即知即行，始基于此。）

每日遇童子倦怠懒散之时，歌诗一章。择古今极浅、极切、极痛快、极感发、极关系者，集为一书，令之歌咏，与之讲说，责之体认。古诗如《陟岵》《蓼莪》《凯风》（以上父母。）《棠棣》《小明》《杕杜》，（以上兄弟。）《江汉》《出东门》（以上男女。）《鸡鸣》《雄雉》（以上夫妇。）《燕燕》（嫡妾。）《伐木》（朋友。）《芄兰》（童子。）《葛藟》（民穷。）《相鼠》（教礼。）《伐檀》（训义，《采苓》《青蝇》（戒谗。）《蟋蟀》《匏叶》（示俭。）《采苹》（重祀。）《白驹》（悦贤。）至于汉魏以来乐府古诗、近世教民俗语，凡切于纲常伦理、道义身心者，日讲一章。其新声艳语，但有习学者，访知重责。（训蒙约后，附集诗歌，即此意也。）

初入社学，八岁以下者，先读《三字经》，以习见闻。《百家姓》，以便日用。《千字文》，亦有义理。有司先将此书，令善书人写姜字体，刊布社学师弟，令之习学。盖姜字虽吃力，而点画分毫不苟。作字之时，能令此心不放，此心不粗。佻达纵横者厌之，以为欠苍劲，欠自然，而不知有益于性灵也。（把笔写字，亦取有益性灵，其为童子计者切矣。）

教童子，先学爽洁。砚无积垢，笔无宿墨。蘸墨只著水皮。干笔先要水润。书须离身三寸，休令拳揉。手须日洗两番，休污书籍。案上书，休乱堆斜放；书中句，休乱点胡批。学堂日日扫除，桌凳时时擦抹。

念书初要数字。（即认字之法，）次要联句。次要一句紧一句。眼定，则字不差。心不走，则书易入。句渐紧，则书易熟。遍数多，则久不忘。（详见分年日程。）

看书不可就讲。先令童子将注贴经，贴过一番，令之回讲，然后一一细说。巧比再看。复回不知，再讲。庶几有得。

作文，出极明浅、易于发挥题目。作不得题，细讲一遍，仍作此题。一题三作，其思必尽，其理自通，胜于日易一题也。（十分深奥不能作之题，则且缓出。）

记文，须选前辈老程文，极简、极浅、极切、极清者，每体读两篇。作文之日模仿读过文法者出题，庶易引触。读书以勤为先。童子不分远近，俱令平明到学。背书完，读新书。吃饭后，略令出门松散一二刻，然后看书作文。写仿毕，仍读书。午饭后，再令出门松散一二刻，仍读书。日落后，分班对立。出对一个，破题一个，即与讲改，然后放学。盖少年脾弱，饭后不可遽用心力，恐食不消化也。

举业蓓蕾

明·董其昌

【题解】 董其昌（1555～1636），字玄宰，号思白、香光居士，松江华亭（今上海市）人，明代书画家。万历十七年进士，授翰林院编修，官至南京礼部尚书，卒后谥文敏。擅画山水，为"华亭画派"杰出代表。其画及画论对明末清初画坛影响甚大。书法出入晋唐，兼有"颜骨赵姿"之美自成一格，能诗文。本文选自《醒世钟》。

石成金按：洗心八道，以取理之新；虚心观变，以养文之候；沉心发机，以采时之华。总之，心者人之天也，文者心之天机也。天机内溢，自成第一稀有。其不说得法而说得窍，盖法从心生。得窍者，神明于法之中，变化于法之外也。试观射者之巧力，可以悟矣。董玄宰传有《举业蓓蕾》一帙，予不惮愚昧，取而评订刊布。学者心悟于此，则文窍精通，进道有经，诚初学至妙之心法。蓓蕾青佩垒，谓花之初绽而始华也。须各玩悟发机，勿泛泛视之。

举子业妙在得窍。得窍，则事半功倍；不得窍，徒日夜疲神，无补尺寸。操觚之士，先须洗涤此心，树一基址，然后将此心求之四书本经，以寻其意脉，是谓栋梁。又将此心求之诸经性理等书，以寻其梗概，是谓结构。又将此心求之于子史百家等书，以采其色润，是谓涂垩。墨卷是个匠人，程文是个工师，动必禀奉遵依，而我方寸一点灵光，还是真主人翁。谚云"三分匠人，七分主人"是也。

○洗心是无上丹头

心要放得开，多少伶俐汉，只被那卑琐局曲情态担搁一生。若要做个出头人，直须放开此心若游九天，眼界凡，局面大：一切厚我薄我、顺我、逆我等状，尽行容纳，不著色相，是何等度世！放开此心，若坐堂上，高拱临莅；若登豪华，高绝尘埃。高乃明，明乃见，见境即觉，话到即解。不被他欺瞒，不被他遮塞，是何等识见！放开此心，令之军虚，若天空，若海阔。虚乃受、精受、粗受、大受、小受，断不自满，断为自封，是何等器宇！放开此心，令人极乐，若曾点游春，若茂叔观莲，直是洒落。一切过去相、现在相、未来相，绝不挂念，是何等襟怀！到此大有人处.便是担当宇宙之人，何论雕虫末技不工不好？

按王阳明曰："吾生平于货利嗜欲，鲜有旁及，虽经岁不课，文无生涩之若。"可以互参，又要收得密。丈人承蜩，用志不分；庖丁解牛，五官知止。唯净可以为学，可以束心，可以习举子业。若对圣贤，只此精神打叠专一，直是纷华不染，应酬不牵，只此净中包却多少春意，现出多少品光。倘切身念、家念、见闻念、交接念、游戏念从中夹杂，从中扰乱，便属妄念，便落坑穴，何缘长进？撮心一处，无事不办。

心要操得锐。若果无意，莫向痴人说梦；若果有意，何用迟疑等待。只从今日为持，便可用力，如讥思食、渴思饮，如撑上水船，如赴军中点期。抖擞精神，跃跃出前途，自诐今若出一般议论，且从容，且等着，成就一个懒惰。又说从前不曾做得，又怕迟晚又怕那个难，又怕性格钝，都是闲话。浮浮沉沉，半上半下，到底是旧时伎俩一物。学者只为因循二字，耽误一生又要养得舒。怠忽随功，进锐退速。倘来启端而极探其终，未究此而忽志在彼，意绪匆匆，若有所奔趋、有所追逐，苦无涵咏之趣，倏得倏失。夫今且舒徐容与，未得，迎之、候之；已得，留之、反复之、顾恋之。如江河之浸、如膏泽之润，涣然冰释，怡然理顺，才可以称自得。

昔人读书有诗曰："静中检一篇，熟后再三读。如风拂花，风过香还续。"殆深得此理。

○看书是大半工夫

一要信心。只从他赤心片片流出，原只先得我心；我这心却神、却灵，就是圣贤的心更尤分别，只被人看得自己低了，终身靠人，所以千差万隔。今且提醒此心，捧作一个真主人、活菩萨。抛却先人之说，莫横胸中；抛却师友，且莫靠他。抛却眼前乱杂讲书，抛却集注，只看本文，从容默会于幽闲净一中，超然自得于意言象数外。到那妙境，仍抛却本文，于有字处，且悟那无字处。总之，不靠本文，且问吾心信否？先教自己心里分明利落，如对圣贤；如心相许可，直是居之安，直是令人喜，直是不知足蹈手舞，才是个中趣味人。黄鲁直云："读书颂一言一句自求己事，方见古人用心处。"即谓此也。

一要说约。圣贤说话，原是完全，何曾缺一起头，何曾缺一过文，何曾缺一缴语等？待今人注脚，原是浑融，何曾分截断落，何曾安顿某事同异，何曾缠绵等？待今人剖析，识得奠妄费心情，只寻他意脉，只将一粒真种生出无限颗粒，或一章数语堪绎，或句一字可绎，岂不易简，岂不轻捷？只想象他那光景，只揣摩他担斥两去处，更不别寻蹊径，比之画蛇添足者，气象自别。根本妙论。

○记诵是些小过渡

莫乱记，人若靠得自己性灵，便不须靠别人，此可与觉者道。今人头场记那腐烂时文去改窜成篇，二三场记那程墨旧语去套写，亦曾举网得鱼。若是别人罗网已陈，刍狗何所用之。且见近时场中，最厌弃此品，恐不是实靠得的。莫若只靠自己性灵，靠看书功夫做主也。难道不记？第莫乱记那腐烂时文，莫记那怪诞书。五经、周礼、性理诸书，是圣贤意思所寓，资我理路的，不可不记。诸子诸史等书，是资我才华的，不可不记。程文理逮，学博难学，他却不可不记。墨卷神气完密，才力优赡、正是前程一个真样子，不可不记。曾见名家蹈袭时文否？蹈袭程墨旧话否？人若乱记，卒无益也。莫多记。不记些怕枯索了，多记又怕塞我真灵。今人苦无记性，又苦记不得许多，终日闷闷，灵机自塞。今且无多记，理学编集若干，时时涵咏；史子编集若干，问常模拟；程文拣录数十篇，墨卷拣录百余篇，二三场亦只拣择上上程墨共谓数十篇，时常温习，时常玩想。久之，自有解处。是谓回觉，是谓上乘。读书不求多，惟求贯串，此黄山谷极妙心法。

○作笔是自己受用

一要养精神。人之一身，只靠这精神干事，精神不旺，昏沉到老。只是这个人须要养起精神，戒浩饮，浩饮伤神；戒贪色，贪色减神；戒厚味，厚味昏神；戒饱食，炮食闷神；戒多动，多动乱神；戒多言，多言损神；戒多忧，多忧劳神；戒多思，多思挠神；戒久睡，久睡倦神；戒久读，久读苦神。人若调养得精神完固，不怕文字无解悟、无神气，自迫矢口动人。此是举业最上乘。唐荆川云："作文不论工拙，只要真精神透露，如皆说理，皆用意，必是真实也。"总而言之，人若养得精神充壮，不惟举业文章出人头地，且又深得保命妙法，却病延年应如操券。或有秉气虚弱者，重当留意，凡一生富贵福寿，俱看其人之精神明暗主，一切世事之成否皆在于此未可忽也。

二要得解悟。时文不在学，只在悟。平日须有体认一番，自有妙悟妙悟。只在题目腔子里思之，思之又重思之，思之不已，鬼神将通之。到此将通时，才唤做解悟了。解时直是信手拈来，头头是道；自是文中有神，动人心窍。理义原脱人心，我合着他，自是含着人心。杨真复曰："最上一乘，须从悟人。"其次，极思亦夺天巧。譬如治米者，磨以去其壳，舂以去其衣，又加之研以去其膜，然后精露焉。所以临文初思，是治理壳，不可用也；又思之，始及理衣，亦未可用也；又重思之，始及理膜，膜去精见，乃可用也。人有读左经右史而搦管无书喜气者，亦有得一意一诵而调遣不竭者，得心与不得心之目也。善悟则合，不善悟则分。

三要得神气。且试看死人、活人，生花、剪花，活鸡、木鸡，若何形状，若何神气？识得真、勘得破，可与论文矣。杨真复曰："前瞻后顾，琢句炼字，文人之文也。精神一翕，警款千言，非文人之文也。"此说却主神流机畅，无义于工而文自工者。此为神器，非初学可到。其次，却要笔端飞舞，不可捉摸，一气呵成，绝无阻滞，宁空无塞，宁淡无郁，宁明无窒，宁舒无壅，亦属名家。试敛我心神，细阅时艺。阅时，令我毛竦色动，便是他神气逼人处；阅时似然似不然，欲丢欲不丢，欲读又不喜读，便是他神索处。是以窗稿不如考卷之神，考卷之神薄，不如墨卷之神厚；魁之神露，不如元之神藏。知此可与谈矣。行乎不得不行，止乎不得不止者，非权势之谓，而神气之谓也。

四要知取舍。杨真复曰："脱套去陈，乃文家之要诀。韩公为文也，人笑之，则以为喜；人赏之，则以为戚，以为犹有人之悦存也。是以剖洗磨炼而精光透露，有由然也。虽然有意于斯，犹非其至也。夫我心犹规矩也，规以圆之而不圆者去矣，矩以方之而不方者去矣。斯理亦然。我以我心度之，不当我心者亦去矣。所以无意于文而文自至者，天下之至文也。"此属玄品，非韧学可到。又曰："众人密者，我独疏之；众人巧者，我独拙之；众人华者，我独朴之。譬如珍馐，虽列而座客茹蔬，岂芳香之不足哉？厌饫之为然也。然疏也、拙也、朴也，足以胜密者、巧者、华者，必有道矣。岂率尔而为之哉！"此亦非初学可到。今且定一取舍，取人所未用之辞，舍人所已用之辞；取人所未谈之理，舍人所已谈之理；取人所未布之格，舍人所已布之格。取其新，舍其旧，不废辞却不用陈词，不越理却不用皮肤理，不思格却不用卑琐格。得此，思过半矣。前所言者，神笔也。次所言者，老笔也，末所言者，推陈出新之妙笔也。

论小学

清·陆世仪

【题解】 作者简介同前。本文选自《五种遗规·养正遗规》。

弘谋按：古人之论小学详矣，此特提其要而切言之。见人材之成，未有不自幼时始者，诸凡正本清源，防微杜渐，以至随时引掖，俾习与智长，化与心成，胥可见之施行，而不为迂远阔情之论。故特载之终篇，以当是书总汇。至其论读书法，以三十年计，条分三节，自童子始，因并附载焉。

古者八岁入小学，十五入大学，此自是正理。然古者人心质朴，风俗淳厚，孩提至七八岁时，知识尚未开。今则人心风俗远不如古，人家子弟，至五六岁已多知诱物化矣。又二年而始入小学，即使父教师严，已费一番手脚，况父兄之教，又未必尽如古法乎？故愚谓今之教子弟入小学者，决当自五六岁始。

小学之书，文公所集备矣。然予以为，古人之意，小学之设，是教人由之；大学之道，乃使人知之。今文公所集，多穷理之事，近于大学。又所集之语，多出四书五经，读者以为重复。且类引多古礼，不谐今俗；开卷多难字，不便童子。此小学所以多废也。愚意小儿五六岁时，语音未朗，未能便读长句。窃欲仿明道之意，采择《礼经》中《曲礼》《幼仪》，参以近礼，斟酌古今，择其可通行者编成一书。或三字，或五字，节为韵语，务令易晓，名曰《节韵幼仪》，俾之即读即教。如"头容直"，即教之端正头项。"手容恭"，即教之整齐手足。合下便教他知行并进，似于造就人材之法，更为容易。

礼乐不可斯须去身。古人教人，自幼便教他礼乐，所以德性气质易于成就。今人自读书外一无所事，不知礼乐为何物，身子从幼便骄惰坏了。愚意自《节韵幼仪》外，更欲参酌古今之制，辑冠、婚、祭及乡饮、乡射诸礼为礼书。文庙乐舞及宴饮、升歌诸仪为乐书。俾童子十数岁时仍读四书，兼习书数。暇日则序一处，教升歌、习礼，如古人舞勺、舞象之类，务使之郁郁彬彬。则涵养气质，熏陶德性，或可不劳而致。

凡人有记性、有悟性。自十五以前，物欲未染、知识未开，多记性。十五后，知识既开、物欲渐染，则多悟性，少记性。故凡所当读书，皆当自十五前使之熟读。不但四书五经，即如天文、地理、史学、算学之类，皆有歌诀，皆须熟读。若年稍长，不惟不肯读，且不能读矣！今人村塾中开蒙，多教子弟念诗句，直是无谓。

凡子弟学写仿书，不独教他字好，即可兼识字及记诵之功。

四明程端礼有《家塾分年读书法》。教童子读四书五经，先令读正文既毕，然后却读注，亦可。盖子弟读书，大约十岁前有记性，以后渐否。若令先读正文，虽子弟至愚，未有不于十岁前完过者。此亦读书之一法。文公有言：古有小学，今无小学，须以"敬"字补之。此但可为年长学道者言，若童子，定须教以前法。

古人设社学法最好。欲教童子歌诗习礼，发其志意，肃其威仪。盖恐蒙师唯督句读，则学者苦于简束而无鼓舞入道之乐也。然歌诗近于鼓舞，习礼便有简束的意在。古人十三学乐、诵诗，二十而冠，始学礼。盖人当少年时，虽有童心，然父兄在前，终有畏惮，故法不妨与之以宽。宽者，所以诱其入道也。年力既壮，则智计渐生，此时纯用诱掖，则将有放荡不制之患，故法又当与之以严。严者，所以禁其或放也。二者因其年力各有妙用。故古时成就人多。今之社学，止以句读简束童子，固失鼓舞之意矣！若误认古人纯用鼓舞，又岂成就之法乎？立教者当知所以善其施矣。

　　近日人才之坏，皆由子弟早习时文。盖古人之法，四十始仕。即国初童子试，亦必俟二十后方许进学。进学者，必试经论。养之者深，故其出之者大也。近日人务捷得，聪明者读摘段数叶，便可拾青紫，胸中何尝一毫道理知觉。乃欲责其致君泽民？！故欲人才之端，必先令子弟读书务实。

　　昔人之患在朴，今人之患在文。文翁治蜀，教之以文。今日之势，正与文翁相反，使民能反一分朴，则世界受一分惠。而反朴之道，当自教童子始。有心世道者，慎毋于时文更扬其波哉！

　　教小儿，不但是出就外傅谓之教，凡家庭之教最急。每见人家养子，当其知识乍开时，即戏教以打人、骂人及玩以声色玩好之具。此等气习，沁入心腑，人才何缘得成就？

　　家庭之教，又必原于朝廷之教。朝廷之教以道德，则家庭之教亦以道德；朝廷之教以名利，则家庭之教亦以名利。尝有友人问建文时何多忠义，予曰："此父兄之教严耳。"友人问："何以知之？"曰："以朝廷之教知之。"盖当时朝廷重名节、励清修，其教甚严。苟子弟居官不肖，则累及父母、累及宗族。故孩提之时倘或不肖，则父兄必变色而训之。语曰："少成若天性，习惯如自然。"积累既深，所以居官之时，虽九死而靡悔也。

　　洒扫、应对、进退，此真弟子事。自世俗习于侈靡，一切以仆隶当之，此理不讲久矣。然应对、进退，贫士家犹或有之，至于洒扫，则贫士家亦绝无之矣。偶过友人姚文初家，见其门庭萧然，一切洒扫、应对、进退，皆令次公执役，犹有古风。文初，现闻先生后也，其高风如此，为贫士者，可以愧矣！

　　或问"六艺"，童子十五以内，恐未必能习？曰：玩礼、乐、射、御、书、数之文，"文"字则与"义"字有别。"文"是习其事，"义"是详其理。礼、乐虽精微，然《礼记》云："十三学乐诵诗。"又曰："十三舞勺，成童舞象。"则知由粗及精，自有因年而进之法。射、御虽非童子事，然北人与南人不同。曹丕《典论·论文》

自言八岁即学骑射，是射、御亦非难事也。至于书、数，尤易为力。

古者八岁入小学，《周官》保氏掌养国子，教之六书。汉兴，萧何草律令，太史试学童，能讽九千字以上，乃得为史。又以六体试之，课最者，以为尚书御史史书令史。六体者，古文、奇字、篆书、隶书、缪篆、虫书，皆所以通知古今文字，摹印章、书幡信也。则知古人皆以字学为小学，故人皆识字。今俗崇尚制科，人务捷得，至贵为公卿，而目不识古文奇字，且并音划亦多讹谬者，少此一段工夫也。

人少小时，未有不好歌舞者，盖天籁之发、天机之动。歌舞，即礼乐之渐也。圣人因其歌舞，教以礼乐，所谓因其势而利导之。今人教子，宽者或流于放荡，严者并遏其天机，皆不识圣人礼乐之意。欲蒙养之端，难矣。

朱子蒙卦注曰："去其外诱，全其真纯。"八字最妙。童子时，惟外诱最坏事。如樗蒲博弈，及看搬演故事之类，极易使人流荡忘反。善教子者，只是形格势禁，不使得亲外诱。《乐记》所谓"奸声乱色，不留聪明；淫乐慝礼，不接心术"是也。然其尤要在端本清源，使父兄不为非礼之戏，则子弟自无从得接耳目。

教子良规

佚名

【题解】 此篇作者姓名生平事迹不详，亦不详撰作时代，收录在明人所辑《榖诒汇》中卷端仅题"秣陵梁桂茂重较，滇南陶珙订正"。《榖诒汇》又名《福寿全书》，"水部紫闻陶君所受太翁赞庭先生趋鲤之训，荟而成帙，以授家塾者也。"《彀诒汇》为丛书性质，凡十二卷，收录有近二十种蒙学读物，《教子良规》即出自其第十卷中。此篇较为全面地论述了教育蒙童的方法，清代教育蒙童方法的著作，多有依据沿袭此篇者。

○教子弟其在五六岁时，方离襁褓，未脱孩心，眷眷堂前，依依膝下，乃其天性本真，具足孝道。为父母者须当将顺其美，毋拂其情，即令就学，每日只令习坐习静，识字第一，读书次之。倘或稍有出入，亦当听其自便，不可拘之太严。如其放纵无度，亦当稍示辞色，令其稍改即止，切不可故为呵斥以恐其心，加之扑责以重其畏。盖时方孩幼，筋骨未坚，血气未满，心知未定，其见异物，且不免心悸而神怖，一旦离其父母之爱，而遽当此师训之严，安能不恐惧而畏缩乎？宜其视书馆如陷井，见师长若仇雠，而就学之心，改而为避学之心也。从此逼迫，重违其性，外虽强顺，中实伤神，一旦病发，虽悔何及？吾愿为父母若师者须识此理，当小儿初就学时，教诲固不可缺，而保护尤所当慎。

○教小儿须先令其认识所读之书之字，如读"大学之书，古之大学"二句，即先令其识此十五字，然后教以习读。必令其逐一手指，挨字而读，庶心口相应，耳目不分，久之识字愈多，则习读愈便。始教之时，师生两难，习熟之后，师生俱易。况目能识字而读，读此一句，即心在此一句，习读愈多，心志愈敛，古人所谓眼到、口到、心到也。有此三到，不必用法绳之而心志日敛，则规矩日就矣。不然徒事口耳授受，而不责以心目，纵日加鞭扑，放心难收。甚者读竟《学》《庸》，而问其所读之书之字，十不识一，良可嗟叹。吾愿为师若父兄者，知此要归焉。

○小儿初就学时，固宜以识字为先，而写字尤不可不慎。古云"心正则笔正"，笔之不正则知其心之不正矣。故养蒙者必养之以正，而后圣功从此而始。写字虽非正心之本务，而亦正之之一端。

041

况有字乃有文，文字二者，缺一不可。字而端楷，则主司阅文时，先已动其欢心，即五六分文，便作十分看矣。所以教子弟者，此段工夫，尤不可忽。如今之开蒙者，必先把笔润砵，令其点画撇竖，一一如法不爽。而后作书法，以令其印证，此是常则。然而书法切勿草率，必求善书者作之，俾先端其初始，庶后如苏黄米蔡等家，乃今姜立纲、文太史等刻，自可易而学也。

○教小儿初学时已不论，至如稍长，其或资禀可进者，上等每日授以生书一二十行，或增至二三十行；中等授之以数行，或增至十五六行；下等授以五六行，即减至二三行亦可。其读生书，每首教以二三十遍，或一二十遍，敏捷者即一二遍亦可，教后必须令其面证一二遍，令无一字差错乃已。证后令其就座，每首生书必责其读至百遍，聪颖者五十遍亦可。正书读完，教以探书，令其每首读二十遍，须探以五日，每日每首二十遍，读至五日，每首非百遍乎？并其正日百遍，下等者每首亦将二百遍矣。况今日一读，明日再读，后日复读，读至五日，心口渐顺，自不生涩，生者探后五日，背者探前五日，则每首而读十日，何患书之不熟也？然亦必须兼理熟书，不得一本放空，如《大学》已完，进读《中庸》，是《庸》为生书，《学》为理书。理书第一次理半板，第二次理一板，三次二板，四次三板，必至通背乃已。然亦不可停止，照前原理，或三板、或五板，各随生熟而多寡之。读《中庸》半本后，须将前半从头理起，照理《大学》之法，读上《论》如之。上《论》不必半部，读完二册，即可从前理起，每完二册法照如前。下《论》、上《孟》、下《孟》读理俱如前法。读完《四书》，进而读经，然后可将四书分作四本，《学》《庸》上《论》作一本，下《论》作一本，上《孟》作一本，下《孟》作一本，每本或三板，或五板，各随生熟而多寡焉。读经亦如《四书》法，随读随理，旋转不穷，书之不熟，余殆未之深信也。

○教子弟读完经书后，即令兼读别经。《易》为五经之原，具有三才之道，《书》以道政事，《诗》以理性情，三者皆当摘其至要者讲而读之。《春秋》为孔氏刑书，其旨严，其义正，读之令人心怖而神悚，全读未为不可，即欲简便，选其五分之三，必不可少，亦必兼《左氏传》而夹读之，乃可睹其大全。《礼》为检束身心之书，读之亦不宜少。此在为师者各随子弟之资禀而造就之，慎勿拘于一隅之见也。读完后随令先看性理，即选其至要者而令其抄读，如《太极》《通书》《正蒙》《洪范》《启蒙》《东西二铭》及道统诸儒等类，皆彻上彻下之书，学者不可不晓。读此完后，即如《史记》秦汉、《周礼》《家语》《老》《庄》《淮南》诸子百家及《离骚》等篇，俱不可不选择而牢记于胸次。下而至于唐宋等文，如苏韩杰出者不必论，其他凡有补于理道，资吾识见者，均当旁搜而博采焉。至如纲鉴诸史，下而佛经，不甚与吾儒背叛者，亦宜参考，以广见闻。

○教子弟除六七岁不论外，至八九岁时，其聪明渐开，当随其每日所读之书，即与逐句讲解。资禀最高者一讲可明，即其未敏者日与讲论，久之亦可渐晓。盖心之虚灵知觉不分智愚，本然完具，第患开关启钥者之无人，所以聪明乃蔽。兼以师之不善教者，止事责扑，徒张威势，此适足以锢其灵机，何能开豁其慧见？子弟无成，往往由此。吾今愿为师若父兄者须识此意，当宽假其辞色，紧严立其课程，时用好言劝谕，上之动以圣贤德业，次之动以功名富贵，再次之惕以利害祸福。子弟即至愚者，日聆嘉言，必能警悟，自然寻向上去，甘心愿学。于此不悟，则其为下愚可知，即日用扑责，何补于事也。

○教子弟如资禀最高者，其在八九岁时，经书可以读完。完后每日放学时，即与讲解《四书》一二章，先上下《论》，次上下《孟》，再次《学》《庸》。讲后随其所讲之书，选其最平易明白者，破二个令其抄写，即与讲明记诵。次早进学时，作揖后复令朗背，如不记者稍示呵责，以警将来。如此百日，便通晓破义二百矣。其体格已先备知，而后教以作破，何患难就？作破时即选破承明白便捷者，每日抄记二个，如讲破法。似此百日，承又通晓二百，后令作承，即如破竹之易矣。作承时，即选平易明正程墨或时文大小题绝佳者，日令抄写一篇，每篇明与批注，是何格局，如一句八比格，两句合扇格，两句串做格，两句上下半格，三句一头两脚格，三句三段格，三句两头一脚格，如此等类，一一与之画断细注明白。迤来文体更又参差错落，甚至有十二比、十四比者，文机更活，不可端倪，必须一一与之讲解。似此百日，便读一百篇文字，识得一百篇文义机局矣，已后令其作文，何患正路之难由，文理之难明哉！此予已试之成规，及门弟子多所成就，悉赖于此。今人不晓此义，子弟目不知文，而即令其作文，及其未能，便尔厌弃，殊为可矜。吾愿为父兄若师者，相与共成之。

○教子弟其在六七岁时，不问智愚贤不肖，皆当以爱养为先，教训即次。况能用好言劝谕，使彼知读书之高，勤于教导，使彼不惮读书之苦，乃为善教。若徒事呵斥而扑责，前言已尽，恐不惟无益而反有损也。至八九岁时，年方稍长，或可用威，若遇聪颖者即如前法，自然警悟。其或未觉，略加夏楚以惩之，此在一两三月，或半年一用方可示威，若久用而不止，则彼习以为常，必致耻心尽丧，而终于顽钝不悛无疑也。故余之教子弟，其遇聪颖者，单用善言警悟，往往不苦而事成。即遇愚顽，亦加扑责，扑后仍用好言劝谕，亦每知诲而能新，不然者所谓下愚不移，前谓即扑责之无益也。故余愿为师若父兄者，其教弟，只费自己口舌之烦，讲贯之详，督课之勤，兼以自己持身之庄，出语之正，子弟见之，自然知悚，断不在恐吓扑责间也，此可与智者道。

○父兄之于子弟，其弃而不教，与夫专事姑息而不知约束者，此其弊失之不及，固不足道。即有笃于教诲，而惟事扑责，不顾子弟之所安，不谅子弟之所禀，与其学问之生熟，而惟欲速以求即成，不知功夫有序，克长有时，精神有限，何可一旦而助长？欲速不达，往往由此。孟子所谓勿忘勿助，乃为中道。故余愿为父兄若师者，其教子弟不必躐等，当知循序，不必急性于一时，而在操功于悠久。日复一日，月复一月，年复一年，毫不放空，亦不逼迫，优而游之，使自得之，藏焉修焉，息焉游焉，顺其天真，养其灵觉，自然慧性日开，生机日活。朱子所谓用力之久，而一旦豁然贯通者，盖有试而云然，必非浪语，敢以是勖。

○教子弟作文，须先与他讲明书旨。每出题目，先将通章本意，逐句逐节，从头至尾，何者当重，何者当轻，一一讲明，令其通晓，然后又将所出题目，再与细说一番。如出一句题目，看他何字当挑，何字当剔，或该承上，或该含下。其两句者，或该合扇，或该串讲，或该上下半格。或三句者，或三段，或一头两脚，或两头一脚，或亦该串讲等类。四句五句俱如之。次第与他讲明题意文格，令其各各通晓。以后及于搭题长题，搭题须要照应，长题须要联络，然亦必先从题目显易明白，易于发挥者先教之，而后及于理题，庶令学者不苦难，而便于措手。总之施教者先自明理，勘破题目，而后令学者据理立言，路自不错。不然，如命盲者而促之行，彼将怅怅其何之也？初学文时，子弟不能即晓，必亲自与他代做，何等题目该是何破何承，及开讲行文束结等项，一一与他思索，亲口流出，念一破令学者手写一破，念一承令学者手写一承，随与讲解，至开讲行文束脚，一一亲与思索，一一口念，随令手写，即与讲明。如此施教，子弟自然经心，不敢乱写。盖理会得明，字可无错。字或有差，明知其胸中未晓，随就其差处一一改正，即与讲明。讲贯渐多，则知识渐启，如此细细开导，即学五六十篇文字，便晓此五六十篇文义机局矣。积而至于百篇，未有不能文者，此余已试之规，确有成验，非敢浪谭。有等先生，其教子弟学文，既不与他讲明题理，亦不与他经心思索，止惟抄写坊刻，令学者照前比对后比。学文者亦不自去经思，止惟照天对地、照日月对山川等类，徒事徇迹，不一庸心。所以学文二三年，更不知题中理趣，文中机彀，往往由此。甚有迳将自己所作，或录他人文字，令学者抄誉簿上，手与批点，弄彼子弟，欺彼父兄。不念彼之倚仗我者，何专且重？而天地神明之降鉴我者，何显且赫？而乃若是其相欺也，此其所损阴德甚大，吾愿与为师者共戒之。

○教子弟学文其未能时，为师者每出一题，固当与之代思而代作，面语而口授，必令其手自书写，如前教法，即子弟未敏者，历经半年，当自领会，未有不能文也。及其稍自能文，为师者须当看其资禀所就，意见所及，各顺其性，而委曲以成之。笔清者就其清，见大者就其大，调高者就其高，词丽者就其丽，少有一得，则当取其一得以鼓其进，必不可一于涂抹以阻其机。大都造意要超卓，立格要正大，题旨要明透，笔气要清顺，此为行文者要务，于此不甚背谬，便是可成之机。如艰涩晦溁，杂乱重浊，此等笔路，到底无成。要之，学文之始，择师为上。择其师之善文者，自然形端则表正，渊澄而流自清矣。为父兄者慎之重之！教子弟能文更无他法，其未文时先将书旨讲明，令其心胸开豁，每阅一章书，浑如目见圣贤，当日口语，领会无错，此是根本急务。以后精选新旧程墨，或时义之明白而正大、冠冕而可法者，日令抄写一二篇。每篇必与批点，分定格局，画断股数，随即与之讲解。讲一篇读一篇，读一篇背一篇，必令篇篇精熟乃已。积至一二百篇，或三四百篇，订成二三帙，时令反覆潜玩，毫无一字不明，一意不达，乃为有用。久之笔底自活，生机自邑，而绝无枯涩阻碍之苦矣。及其能文以后，此段工夫，绝不可少。须将每科新出程墨及十八房或时义小题之绝佳者，多选而多记，若能日诵数千言，而时记于胸次，何患文词之不富，而下笔之难就也？临场便易，莫便于此。然要之，此是第二乘法，须先看明书意，领会题旨，乃为上乘。若乃摭拾陈言，袭取套语，有识者见之，只令取厌，何足动目？此又学者不可不戒。

○教子弟读书作文，前法庶或可少补。至如立身根本，孝弟为先，其初学时，必先令其识此义理。如何为孝？善事父母是也；如何为弟？善事兄长是也。凡事亲事长之道，一一与之讲明。即如文公《小学》中所具"鸡初鸣，咸盥漱"等章，逐一指示，令其童而习之，勿使失性。盖孝弟二字，性中原具此理，孟子所谓无不知爱、无不知敬者，自孩提而已然。只因幼而失教，因傲习非，养成骄妒之气，长便不知有父母、有兄弟，而好贷财、私妻子，不顾父母之养者有之。惑于妻言，疏其兄弟，甚至视兄长如仇雠，或因争财而互相告讦，即亡身破家而不知少惜。此皆不明于一本之爱，一体之分，而究其由，皆缘于自幼不读诗书，即读诗书而不知孝弟之为重也。吾愿为师与子弟者并勖之。

幼训

清·崔学古

【题解】 崔学古，生平不详。此篇选自《檀几丛书》，题"姑熟崔学古又尚著"，同一丛书有崔氏的另一著作，题"当涂崔学古又尚著"，可知作者字又尚；姑熟为当涂县治，则又可知作者为清代安徽当涂人。《幼训》以论说儿童教育方法为主，也有儿童必须遵守的规程一类的内容。除了传统蒙学著作极关注的坐立揖让、洒扫应对之外，此篇于敬书、点书、教书、念书、探书、带书、理书、默书、背书、讲书等事项阐发尤详，诸概念的涵义也可以从中得之。

为师难，为蒙师更难。蒙师失，则后日难为功；蒙师得，则后来易为力。甚矣，不可不慎也！

○**爱养**

教训童子，在六七岁时，不问知愚，皆当用好言劝谕，使知读书之高；勤于教导，使不惮读书之苦。若徒事呵斥而扑责，不为无益，且有损也。至八九岁时，年方稍长，或可用威，若遇聪颖者，即如前法，亦足警悟。其或未觉，略用教笞，此在一两月，或半年一用，方可示威。若久用不止，则彼习以为常，必致耻心丧尽，顽钝不悛矣。至十四五岁，尤为邪正关头，正养中养才之候，循循诱掖，自当水到渠成。其要只在收其放心，勿使之稍涉家务外务，专心读书，不责自进。故先辈教子弟，遇聪颖者，单用善言警悟，往往不苦而自成。即遇愚顽，亦加扑责，扑后仍用好言劝谕，亦每知悔而能新。不然者，则下愚不移，虽扑责之，无益也。愿为父师者，教子弟，只费自己口舌之烦，讲贯之详，督课之勤，兼以自己持身之庄，出话之正，子弟见之，自然知悚，断不在恐吓责扑间也。若不得已而用责，数则不威，轻亦致玩，故不责则已，责则须威，或预约人劝解，以留余地。又必有其候，空心毋责，方饭毋责，毋乱责，毋出不意从背后掩责，凡此皆足致疾，慎之慎之！又生徒从前懈驰者，初至时，须缓缓约束，三令五申，俟其心服乃责，切不可性急。

○**量资循序**

为父师者，不量子弟之资禀，不顾学问之生熟，而惟欲速以求成，不知工夫有序，何可一旦助长？故昔谓教子弟，不必躐等，当知循序，不必性急于一时，而在操功于悠久。日复一日，月复一月，年复一年，毫不放空，亦不逼迫，优而游之，使自得之，自然慧性日开，生机日活。

○**分任**

古命将者曰：阃以外，将军制之；阃以内，寡人制之。延师者，亦当曰：馆以内，师傅制之；馆以外，父兄制之。使父兄欲操师傅之权，固令先生短气，即师傅严于馆，而父兄狃于家，亦为曝寒相间。

○不假言笑

夫夏楚扑责，非无威也；手恭足重，非无仪也。而生徒往往不服者，何也？以稍假言笑耳。平日师生间，谈家常事，馆外事，问答嬉然，亵矣。虽复威之仪之，无庸矣。故除讲贯教训外，不交一言，不示一笑，为立教第一。

○鼓舞

极慧者，必摘其短以抑之，则不骄；极钝者，必举其长以扬之，则不退。倦者必加以礼貌（如习仪呼字之类），则不鄙；稍长必砺以蒙工（如理书默书之类），则不佻。

○赏罚

学堂设一册，记诸生功过，逢十会察，除功过相折外，行赏罚例。赏则纸、笔、扇之类，罚则立、跪、责三等，责亦分轻重三等。先是定赏罚例，悬之座隅，务期信赏必罚。

○幼戒

对北及日月神圣师长前，唾溺，及裸露仰卧。

不禀亲命，打骂家人。若骂乳母及老仆，尤宜戒。

擒蝴蝶蜻蜓诸虫，践踏虫蚁，折花枝。

作顽。

置袜履下衣在案，置冠帽在椅座床边。

入禅堂道院，戏弄法场。

秽手翻动经卷。

出位。

讲闲话。

翻弄人书籍文具。

○习揖

生徒习揖，如北向揖师，二生则长者居左，幼者居右；三生则长者居中，次者居左，幼者居右，毋以背向人。凡揖，足跟紧并，足头少开，头毋仰，亦毋大俯，眼视鞋尖为准。耸大臂，先起翼如

（所谓圆如抱斗），次以小臂，及双手提上，与大臂及肩齐，然后鞠躬而下，头垂过膝，膝毋曲，致成蹲势。徐兴，肩与大臂先起，手与小臂垂下缓起，齐肩而止。倘揖如簸箕，双手撞胸，成何体统？

○习立

凡立，必袖手翼如。在尊长前，毋南面，毋倚，毋垂头，勿敧肩，毋先尊长，毋正对尊长。

○习坐

凡坐，必先试坐，毋靠椅背，毋欠伸，毋支颐，毋交颈，毋横肱。

师友临座则起，有问则起，有答则起。

○习饮食

饭时，先淡食数口，然后用腐，添碗然后食荤，晚食用酒，诸生长成者陪之。幼者令先食粥，食必告，或间数日与之饮，饮必告。

假如两人对食，则一簋中分为两面，居左箸毋入右，居右箸毋入左。三人则三面，四人则四面，箸毋妄入，皆然。

毋先，毋后，毋择，毋翻，毋数，毋邻（谓取邻簋食也），毋以箸入口，毋以舌接食，毋归余（谓以食余再入簋中），毋他顾，毋含食与人语，毋遗粒，箸毋过肩（肩谓箸肩也），毋桥（以箸高置簋上也）。嚼无声，咽无疾，啜无流。食毕，敛齐两箸，乃起。

○识字

五六岁时，方离襁褓，未脱孩心，眷眷堂前，依依膝下，乃其天性本真，若令就学，每日先令习坐、习静、识字。第一分纸上识字、书上识字二法。何谓纸上识字？凡训蒙，勿轻易教书。先截纸骨，方广一寸二分，将所读书中字，楷书纸骨上，纸背再书同音，如"文"之与"闻"，"张"之与"章"之类，一一识之。又遇姿敏者，择易讲字面，粗粗解说。识后，用线穿之，每日温理十字，或数十字，周而复始，至千字外，方用后法。教书读至上《论》方去纸骨，大约识完《四书》，总字足矣。凡教字时，勿教以某字某字，如教"大学之道"，只教以"大"，教以"学"，教以"之"，教以"道"，如夹杂一音，便格格不下。何为书上识字？凡教生书，先令本生，就书上字，逐字挨认，遇不识字，用朱笔圈出，又用黑笔写在书头，最为易记。又有辨字一法，如"形"之与"刑"，"扬"之与"杨"，声同而笔画边旁不同；如"巳"之与"已"，"行"之与"行"（杏）与"行"（杭），"焉"之与"焉"（燕），"女"之与"女"（汝），字同而用之不同；又"星"之与"心"，"登"之与"敦"，声近而用舌用齿又不同，诸如此类，必细辨之。

○敬书

儿童读圣贤书，不知敬重，每至墨污指损，糜烂不堪，皆师之过也。故诸生出大小恭，及晨起未栉沐者，先令盥手就座，平日毋以手近书，夏月尤宜痛戒。摊书须去桌边二寸许，凡揭书，以右手大指，侧衬书左边尖角抬起，以食指捻之，毋以指爪乱撮，毋以唾粘。

○点书

凡读书，本生高执书签，逐字挨点。

○句读

书有数字一句者，有一字一句者，又有文虽数句而语气作一句读者，须逐字逐句，点读明白。大约句尽处，侧用大点；句法稍顿处，中用小点。

○教书

书忌口传，或不论生徒敏钝，教至数十遍，甚则师口一停，徒亦默然者。不知儿童止用口耳，不用心目，虽滔滔背读，倘摘指一字，则茫无以应也。如上挨认字数遍后，口授十数遍，或数十遍，数十遍中，每教两三遍，须令自读一遍再教。又如教八句诗，先教四句成诵，后再教四句。又遇资之最钝者，须逐句教读一遍，令本生自读五遍，方教下句。教完一首，又通首教五遍，或十遍，或数十遍，自能成诵。切勿因其资钝，落口传恶套，到成诵后，师须静听，差则提之，此处一宽，后来大为费力。又教书时，缓缓朗诵。勿恃自己书熟，令童子追读不上。又教时，便将书义粗粗训解，难者罕譬曲喻，令彼明白，则后来受用。

○念书

毋增、毋减，毋复、毋高，毋低、毋疾、、毋迟。最可恨者，兴至则如骂詈、如蛙鸣，衰则如蚤吟、如蝇鸣，凡此须痛惩之。究竟声调好丑，属之天成，虽极力挽回，不能全效者甚众，若欲挽回，在教不在读也。

○探书

以五首为率，每日每首读二十遍，读至五日，非百遍乎？然须正日又读百遍，则每首二百遍矣。况今日读，明日后日又读，至五日，心口渐顺，自不涩。生者探至五日，背者带前五日，则每首而读十日，何患书之不熟也？

○带书

额定五首，其差处、生处，全赖此处稽查。若先生苦难，少至三二首，则书不熟矣。生徒若多，挑背亦可，盖师虽偷力，生则全理矣。

○理书

逢十总理十日书文，限午前看完，下午念探书。逢廿理廿日书文，作两日理，限次日午前完，下午念探书。逢月总理一月书文，作三日理，限第三日午前完。逢季总理一季书文，作五日理。凡书念完一本，则通本理一遍。年终将一岁书文，总理一遍。

○默书

背生书后，掩卷模写，忌写变体小字。遇重字，不可用两点，须连写二字。有一节书，分两首念者，须连写前半节。

○兼理

凡课读，必兼理熟书，不得一本放空。如《大学》已完，进读

《中庸》，是《庸》为生书，《学》为熟书。第一次理半板，第二次理一板，三次二板，四次三板，必至通本背乃已。然亦不可止停，照前原理，或三板，或五板，各随生熟而多寡之。读《中庸》半本后，须将先半从头理起，照理《大学》之法，读上《论》如之。上《论》不必半部读完，二册即可从头理起。每完两册，法即如前。下《论》两《孟》读理亦如前法。读完《四书》，进而读经，然后可将《四书》分为四本，《学》《庸》上《论》作一本，下《论》作一本，上《孟》作一本，下《孟》作一本。每本或三板，或五板，各随生熟而多寡焉。读经亦如《四书》法，随读随理，旋转不穷，书无不熟矣。

○背书

师生须口耳相接，生涩差讹，切勿提过。然吃紧在读，不在背，忽于读而慎于背，晚矣。忽于初背，而慎于温理，晚矣。

○讲书

子弟八九岁时，聪明渐开，当随其每日所读之书，即与逐句讲解。姿性高者，一讲即明，其未敏者，日与讲论，久之亦可渐晓。盖心之虚灵知觉，人人完具，第患开关启钥者之无人，聪明乃蔽耳。兼以师之不善教者，止事扑责，徒张威势，适足以锢其灵机，何能开豁其慧性？今愿为父师者，须识得此意，宽假其辞色，紧严其课程，时用好言劝谕，上之动以圣贤德业，次之动以功名富贵，再次之惕以利害祸福。子弟即至愚者，日聆嘉言，必能警悟，自寻向上，甘心愿学矣。

○润字（即把笔）

扶手润字，日久为妙。盖蒙童无知，与讲笔法，懵然未解。口教不如手教，轻重转折，粗粗具体，方脱手自书。

○临仿本

润字稍似，方用墨书。字须方广一寸五分，最忌临小字，致他年有拘促之病。大字稍成，然后于大字下，分列两行小字临之。大小字稍成，后画一无字格式，以油纸临欧阳询《九成宫碑》，择其绝肖者剪下，粘格式上日摹之。初用笔画少者，一实三虚；次用笔画多者，一实一虚，实则临，虚则摹，四角填小字，习至此，必成章矣。然后再用钟王楷法，此由贤入圣法也。

○作对

近来父兄欲速，对偶一项，竟置高阁，不知辨四声、明虚实，为将来对股表启诗联对仗张本，所当究心。

一曰训字。先取对类中要用字眼，训明意义，戒本生勿轻翻《对谱》，须先立意，方以训明字凑成，勿轻改，勿轻代作。

一曰立程。语云：读得古诗千百诗，不会吟诗也会吟。学举业者，必多读先正名文，以为楷模。何童子作对，而止以刻成死字相绳耶？须多选古今名对，如诗话者，细讲熟完，方可教习。

一曰增字。假如出一"虎"字，对以"龙"；"虎"字上增一"猛"字，对亦增一字曰神龙；"猛"字上，再增一"降"字，对亦增一字，曰豢神龙；"降"字上，再增一"威"字，对亦增一字，曰术豢神龙；"威"字上再增一"奇"字，对亦增一字，曰异术豢神龙。从此类推，自一字可增至数字。为通文理捷径，要必姿敏者，方可用之。

一曰句眼。古人以轻风柳絮、明月梨花二句令人补一字，推敲再四，如"吹"如"飘"等字，俱未妥，惟用"扶"字"失"字，方足为"轻"字"明"字传神。从此类推，有眼在首尾者，有眼在中间者，不能尽举。

○余课

天于善恶，必有其报。生徒良知方长，智识初开，宜取古人嘉言美行以涵养之。如《迪吉录》、《善过格》诸书，及史书典实，果报昭然者，闲时与之讲说，足以悚动心目，感发天良。又有为之广训者，假如当饮食问以稼穑艰难，见宾客训以礼貌谦谨。又如看一匾，读一对，训以字出何书，所取何义？又如执一器，用一物，训以造自何人，始于何代？或因一物而旁通他物，或因一事而援引数事，随机利导，可令闻见拓充。更当教以惜字纸米粒，以培教养之原。

少学

清·佚名

【题解】 作者生平不详，此篇选自《檀几丛书》，题"当涂崔学古又尚著"。是篇可以看作是《幼训》的续作。明清时期，由于科举制度的影响，儿童在接受启蒙教育之后，一些准备应科举考试的人，就要开始读经书古文，学做八股文。《少学》论说的正是有关这一阶段的教学方法，而以教导学做八股文为主。这些内容，对于我们今天亦有参考借鉴价值，今录此篇旨在使今人对蒙学阶段之后的教育和八股文的样式有所了解。

○督责初功

少学之功，一在读古。成弘庆历诸大家八股业，俱从古文脱化，尚矣。近来家数，不过读时艺几篇，便侈口谈文，不知文章无本领，开口便村俗气。且不读古文，笔下亦不劲，机局亦不畅。故教子弟者，自四子本经完日，则当读诸旁经及古名家文，即资钝者，亦须读古选数十首。荆川公云："读古文，取其近今者，读今文，取其近古者。"诚课读之要诀欤！

在读时文。读文自一句串下题，二句串下，以及长题。一句对做题，二句对做，以及八句。三句，三段做题。四句，四段以及九句与小搭长搭。一作全章，先短后长，先浅易，后理致。先辈选初学文，定为法趣二字，法则备有规矩，趣则吐纳性灵，不尚骈如，惟宗机法。

凡读文，亦可略仿读书法，探读数篇。篇只求明，不先求熟，明则自然易熟，明后复讲完篇。或正在读时，提一句责令自讲，讲后再读，熟后再温，得趣全在涵咏。

有本领之文，有材料之文。本领之文，贵寻脉理；材料之文，贵善剪裁。寻脉之法，全在讲题，题前题后，细细讲明，方可指点文中脉理。剪裁之法，或用其意者，或用其辞者，或用其机局者，或用几句而改几字，或用一股而改几句者，全在变化由之。

在讲贯。讲者讲其实意，初讲时用之；贯者贯其神理，有贯串之意焉。如一章以一句贯，一句以一字贯，又如一字在《书》如是解，推之《易》《诗》《书》《礼》《春秋》亦如是解，又有缕析之义焉。

生徒长幼同学，讲书必分多寡浅深。本生能质疑问难，固易启发，否则特起一难，责令解析；或持几说，责令拣选折衷。讲时不能即答，宽限一日或二日，或三日，如参禅者，眠思梦想，务期有省而后已。

作文成篇时，分讲题义。假如"时习"一章，全章出题，如何作文；一节出题，如何作文；止出"学而时习之"；如何作文，搭出"不亦悦乎，有朋自远方来"，如何作文。作法既明，结构自易。

与少年讲书，最忌诵述讲章，间引一二语，须讲了再讲，使其方寸豁然。

在覆讲。不覆讲，则不知其胸中消息。故生徒如师所传，句句搬出，如先后颠倒，未明也。即次第不紊，亦必视其增减转换。

在出题目有法。如出理题，连数期俱理题，政事题，连数期俱政事题。即串做、对做、搭截诸题，尽然。

在教作文有法。初做破题，以多为主，只此一题，正破反破，顺破逆破，明破暗破。始则为师者做一破，即讲一格；继则为弟者，领一格，再做一破。即承题、起讲亦然。做起讲须至起比须比出题而至，盖此处是咽喉路，生死关，须一条线索，一气呵成。如两番炉灶，气脉不连，中后虽佳，终非入彀。一作未是，再作；再作未是，三作，然后出名篇印证。

一句串下题会做，方做二句串下题；二句串下题会做，方做两对题；从此渐渐做去，以至长题。切勿轻改，即改时，须说明改之意，圈法亦然。至其理诵经书，一切探带兼理诸法，亦与童蒙相等。

○开示路数

教生徒作文，须先与之讲明书旨。每出题目，先将通章本意，逐句逐节，从头至尾，何者当重，何者当轻，一一讲明，令其通晓。然后又将所出题目，再与细说一番。如出一句题目，看其何字当挑，何字当剔，或该承上，或该含下；其两句者，或该分扇，或该串讲，或该上下半格；三句者，或三段，或一头两脚，两头一脚，或又该串讲等类；四句五句俱如之。次第与之讲明题意文格，令其各各通晓，然后及于搭题上下题。搭题须两下照应，上下题须两下联络，然亦必先从题目显易明白、易于发挥者先教之，而后及于理题，庶令学者不苦难，而便于措手。总之，教者须先看破题理，而后令学者据理立言，路自不错。如此细细开导，即学五六十篇文字，已浅浅晓大义矣；积而至于百篇，未有不能文者。有等先生，既不为之明题理，又不为之经心思索，止惟抄写成刻，令学者照前比对后比。学者亦不自去经思索，只惟照天对地、照日月对山川等类，徒事徇迹，不一庸心。所以学文二三年，更不知题中理趣、文中机彀，往往由此。甚有将自己所作、或录他人文字，令学者抄誊簿上，手与披点，弄彼子弟，欺彼父兄。不念彼之仰仗我者，何专且重？天地神明之降鉴我者，何显且赫？而乃若是其相欺也！吾愿为师者共戒之。

教子弟作文，当屡改。不曾通之时，为师者，当与之代思代作，面语而口授，必令其手自书写，即子弟未敏者，历经半年，当自领会。及其稍自能文，当看其资禀所就、意见所及，各顺其性，而委曲以成之。少有一得，则当取其一得，以鼓其进，必不可一于涂抹，以阻其机。大抵造意要超卓、立格要正大、题旨要明透、笔气要清顺，此为行文要务，于此不甚背谬，便是可成之机。如艰涩晦滞，杂乱重浊，此等笔路，到底无成。

　　教子弟能文，更无他法，每阅一章书，直如亲见圣贤当日口语，领会无错，此是根本急务。以后精选新旧程墨，或时文之明白而正大者，日令抄写一二篇，每篇必与批点，分定格局，画断段落，随即与之讲解。讲一篇，读一篇，读一篇，背一篇，必令篇篇精熟乃已。积至一二百篇，或三四百篇，订成二三帙，时令反复潜玩，毫无一意不明，一意不达，乃为有用。久之笔底自活、生机自畅，而无枯涩阻碍之病矣。即至能文后，此段工夫亦不可少。须将每科新出程墨，房书行书，或时文小题之绝佳者，多选多读，若能日诵数千言，而时时记于胸次，何患文词之不富，而下笔之难就也？其第一着尤在看书，另有神会。

　　〇八法

　　破承：擒题主意处。破要稳，承要醒；逆破则顺承，顺破则逆承，正破则反承，反破则正承。

　　起讲：又名小讲开讲，是文章说起处。要范围大意，虚含不尽；要正反有法，要开阖有章。

　　破承是我断古人的，起讲以下，便替古人说话了。圣贤要像圣贤口气，小人要像小人口气。

　　入题：是承上落下处。醒目为主，高呼虚宕为妙。

　　起股：又名提股，是挂题线索处。要虚笼勿急，大每股以五六句为率，少则四五句。

　　亦有不用股，只单行一段，以代起股者，是起股之变法，亦要清线索，扼要领，振文势。

　　虚股：又名小股，是出点题面处。每股以二句为率，亦有不用股，只作一两句点题者。不然，或顿一二语，方点出题面者，更有不就点题，先只顿一二语者。

中股：是正发题意处。要切实，仍要留有余不尽之意。

后股：是推廓题意处。要另发心思，另开生面。

起股、虚股、中股、后股每股二项，故云八股。前人定为八股者，言之不已而再言之，两两相比，明必如是而后尽也。若合掌则四股足矣，何必八股哉？

束语结句：束语是收拾通篇处。或四句、或二句，亦有不用对句，只散行数语以咏叹题神者，皆为束语。结句是文章结穴处。或换上文，或落下文，或结本题，只一二句为率。

○**五要**

弟子学文，第一要晓得宾主虚实、正反开合。盖文字无实则主不出，无虚则实不透，无反则正不显，无开则合不灵。弟辈，初年先须从此八字入手。

第二要晓得脉理。一题到手，便细想其来踪去路。有上文即跟上文落来，有下文即照下文逆入，如无上文下文，则提题中要紧字眼，掀翻笼起，此前半挂头线处也，头线既明，方可作后半篇文字。中比是正发题面处，起承转合，须一一分晓，后比是展发余意处，须无中坐有，绝处逢生。

第三要知步骤。文之有步骤，如人之有身。破承如眼目，起讲如首领，起股虚股如胸臆，中股如腹，后股束语如四肢。前后有一定不可乱之法，一步步说来，大约前半要虚，后半要实，前半徐徐而来，后半沛乎有余，所谓前不实、后不竭也。若前后倒置，犹如人之一身，足反居上，头反居下，有是理乎？不特一篇，即每股中，亦各前后须按着步骤，渐次讲来，文方不乱。

第四要晓得能转。童年作文，切不可说一层头话。上层是这样说，次层又转一意，第三层又转进一意，此层转法也。切不可说一边的话，前股是这样说，对股又不是这样说。如前辈"邹人与楚人

059

战"题，"天下有一定之邹乎哉？无一定之邹，不妨与楚战也"，对云："天下无一定之邹乎哉？无一定之邹，又不妨与楚战也"，此股转法也。又有句转法，上句是这样说，下句便转了，第三句又转了，一句一转，一转一意，文字自然活泼，自然不穷。盖能转则能通，能通则能变，能变则灵妙不可捉摸矣。

第五要生造。文须有作性，会创辟。八股文字，须股股各出意思，最忌合掌，即至束语结句，亦不可草率雷同。古人云：语不惊人决不休，童年作文，便要知此意，便要生造得几句出，此五者入门第一关也。

○四十字诀

扼顶：扼者，凡一篇章旨，及一题眼目，扼定作主。顶者，顶上，根据上文，使有源委。

提振：提者，提挈之法，题义紧要处，先于前幅提起，所谓高屋建瓴也。振者，恐文势太平，则用笔振起，以鼓其势。

反正：反者，反形题义。正者，承上反意而正之，有反必有正。

宾主：宾者，借宾形主，陪发正意，与反不同，反在题中，而宾在题外也。主者，题之正位，主重宾轻。

开合：开者，拓开一步，使其宽展有势。合者，就开处一笔收转，归到本题。一篇中，有大开大合，一股中，有小开小合，今文每有一层开，一层合，亦有以反作开，正作合，以宾作开，主作合者。

翻跌：翻又与反不同，将题意翻跌，由一层以至数层，如老吏舞文，虽一成铁案，亦可翻转，故谓之翻。跌者，以侧笔跌出题面，有反跌顺跌之不同。

挑代：挑者，将题中字眼，取巧挑剔，起讲便有之，中后亦可用，即起比亦可用。代者，文字中间，或中股，或后股，揣度本人心上，替他说几句，笔意生新。

转折：转者，圆转之谓，一转一境，愈转不穷，乃为灵妙。折者，一气奔腾中，作一折，所谓千里一曲是也。又有一句一折，或一股数折者，要视文势为之。

擒纵：擒者，觑题切要处，用紧笔握住，谓之擒。既擒之后，复用松笔，将题放开，谓之纵，二者相生。

起伏：起者，文之发端，或起一峰，或起一波。伏者，隐笔也，或于未起之先，或于既起之后，伏应数笔，如兵家设伏，待时而动，更添几倍声势也。有起伏，方有照应，亦有前面伏案，至后作应者。

照应：照者，映照下文。应者，照应起处，犹人之有呼必有应也，与映不同。

生发：生者，题义颇枯，而我善生之；或文义已尽，而我复生之。发者，题之正面，尽情阐发，如春花春柳，尽态极妍。

顿宕：顿者，顿挫，文势欲行，故以一笔顿住，如忙里偷闲，急来缓受也。宕者，摇宕一笔，欲吐未吐，神脉宕漾。

点缀：点者，于题脉处点睛。缀者，点染姿色，如画之有丹青，女之有粉黛，布景生情，引人入胜者也。

渡接：渡者，过文也。鹤膝蜂腰，争奇在此，平弱无波，过文最忌，须如惊涛骇浪之中，满泄风帆，截江而过。接者，承接也。接上起下，或接明上意，或接开一层，最要有力。又有前意未毕，中插一意，复以后意接前意者，谓之遥接，古文多用之。

推掉：推者，援引旁意，用一笔推开，以入正意。又推进一层，推远一步，亦谓之推。掉者，掉转一笔，如舟子掉舟，神龙掉尾，转在文中，掉在文末。

省补：省者，省笔也，文恐太繁，则用笔省之，有省文省句省字之不同。如《论语》"舜亦以命禹"，将"亦以"字，省却"执中"等字；如《孟子》"河东凶亦然"，将"亦然"字，省却"移民移粟"等字，是为省笔。补者，补笔也，题中所无，又似题中所有，故用补出，或补上文，或补旁意。又文字于极忙处，两意不能并写，则先写一意，再留一意，于闲处补之，亦谓之补。

拖缴：拖者，拖下，文势未终，特以一笔拖去。或有就上拖者，或有另拖一意者，所谓余音袅袅、不绝如缕也。缴者，缴上，文意已足，特以一笔缴转。或有缴章旨者，或有缴上文者，或有就本题作缴者。缴与掉不同，缴用实而掉用虚，缴用完题而掉系弄笔也。

插带：插者，方讲此句，而即以彼句文意穿插于内，文家之玲珑活变法也。带者，非本题紧要处，不可不写，而又不必正写，只以顺笔带过，文家之息肩法也。

锁结：锁者关锁，文势欲行，恐其太纵，则用一二语略束之。结者结束，或结一股，或结一篇，要收煞精严，题无遗漏。

○行文变化

文诀既定，则变化易知。夫小题有单句者，有双句者，有截上截下者，有短搭长搭者，有旁引曲喻者。理致题，则观其法脉；辨难题，则观其议论；典制题，则以博雅为工；记事题，则以磊落见致。题本枯窘，我出之以波澜；题近粗俗，我运之以风雅；题既虚缩，非顿宕无以宽局势；题既板实，非翻跌无以活文机。映带串插，搭题之胜概也；详略呼应，长题之能事也。若夫题正者利用反，题抑者利用扬，题纤者宜发宏论，题顺者宜用逆势。似此之类，未易悉数，孰谓小题可一概论哉？然而同一操觚，而工拙顿殊者何也？命意同而取径异也。盖小题所最忌者：一曰枯寂，枯木寒鸦，不如千红万绿也；一曰深晦，兰生谷底，不如芝产彤庭也；一曰质实，闾阎扑地，不如海市蜃楼也；一曰涩滞，寒蛩唧唧，不如流莺百啭也；一曰径遂，通衢大路，不如横峰侧岭也；一曰方幅，长枪大剑，不如短兵相接也。是故理欲其正，气欲其醇，意欲其新，词欲其鲜，笔欲其转，机欲其灵，布格欲其紧密，文澜欲其层叠。由是而平奇浓淡，长短整散，各因其性之所近，与其情之所好，又宁一律之拘哉？

○书法（书法宜精，故亦附记于此）

身法

凡作书，肩背宜直，胸宜去桌三寸许，面宜去背三寸许。

手法

要指实掌虚，以大指推出，食指压下，中指钩入，小指衬，无名指抬起，执笔宜紧，竖笔宜直。

把笔四要

虚（手指心不近掌）

圆（作背圆）

正（笔管正）

紧（手指贴笔紧实）

作字四法

横清竖直（横宜细，竖宜粗）

少粗多密（画字少，宜粗；画字多，宜密）

勾短点圆（勾宜短，点宜圆）

空匀横直（空白宜匀，横路宜直）

课儿八法

清·石成金

【题解】 作者简介同前。本文选自石成金辑《传家宝》。

○熟读：子弟读生书，须于清晨令其连续，自百遍至二百遍，熟如流水，乃及别事。盖今日之根本既深，嗣后永不遗忘。及理书时，不烦多读，即通本一气滚下，何等省力！每见乡塾中，不乘其朝气读生书，日午纠督，一句一格。先生挞之而加怒，子弟愈久而气昏。究竟此书甫读，彼书又忘，及后竭力温理，徒苦难熟。

○少授：如念书能念十行，只与之七八行念。一则力省易熟，二则养其精神，讲解字义。或曰："如子教法，能念十行，只与之七八行念，则经书不能早完，奈何？"予曰："如十岁年完，或不能熟透，即或熟而一字不解。但依予法，凡念至某第，即讲至某第，虽迟一二年念完，其收益更深于早一二年也。"

○认字：宜于其未读之书，先将字样依次写出，每日讲解，量资质定其多少。如前一日教以"一"字、"了"字，次日即以"了"字加"一"字，即夫子之"子"，父子之"子"。如此类推，字字识认，字字透解，是书未读，而字已识认，读生书时，最为省事。

○正画：字有一定之式，一点一画，不可造次。如省笔，字重叠用二点之类，竟不可令之见闻。童而习惯，自一一严正矣。

○讲义：如今早读某书已熟矣，午刻认字完，下午写字完，理书完，仍令将生书及十日内书再读百遍，随把所读之书与之讲解。盖字义先已了然，此时惯讲，自然明白，虽读随讲，较之多读不熟而又不解究者，当何如？

○存敬：射者，心内志正外体直，况我辈读书写字时乎？近见诸生偏者侧坐，种种违式，何以变其气质耶？写字时，须令端坐，两手均平，两足齐一；读书时，目无旁视，身无动摇，字句清朗。万一有时气昏，宁令静息片晌，勿草草了事。即平常无事时，坐必如齐，立必如尸，不独儒体原该如是，抑生严敬之思，收拾放心，莫逾此法。

○活机：夏秋昼永，正务易完，不妨令其随师闲步，或问其平日所习字义，当日所讲书理；或见草木鸟兽，俱与志名识义；或古今帝王师相，历代贤儒名佐，俱就便叙论。久之开益神智，积累自富，正不独散其困倦已也！

○问理：尤紧要者，临卧时已离师侧，为父兄者，即于榻前问其今日所读何书，彻底审理一番，所有遗忘者，不拘时候另询之。

又于五更时唤醒仍如前问，经年无间，其益十倍。至于文章机窍，闲即与之讲论，须不令其怠惰为准。

训蒙条例

清·陈芳生

【题解】 陈芳生，字漱六，清康熙时期仁和（今杭州）人，生卒不祥，有《捕蝗考》《疑狱笺》等著作行于世。作者以儒者自命，视教育人才为分内事，从事训课蒙童达十多年之久。作者每每意识到自己教学过程的缺欠，写作此篇的目的，主要是警示自己"勉图守此"，期于寡过。虽然"厚馆谷"是针对东家而言，"时接长者议论"、"学要切己"是针对生徒而言，但从整个条例来看，主要还是为蒙师而设。《条例》前半部举列训蒙之道，后半部论述举业事宜，前后衔接，勾勒出了一幅较为完整的塾中教学图景。本文依据清康熙间《训蒙条例》点校。

儒者不为农工商贾，惟出仕与训蒙而已。出仕不可必得，训蒙乃分内事。果尽其道，则教育人材，亦大有益于天下，已亦藉此代耕，诚兼善之本务也。余处馆十余年来，时时以未尽其道为愧，所以然者，亦诚有不得已焉。今列为条例，勉图守此，期不误人子弟，庶亦或寡过云。

一曰不间断。正月十五日进馆，十二月廿五日散馆，中间祭扫完粮，约共去十日，计每岁坐定十一个月，日课扣足十个月，诸徒亦不得探亲友，赴筵宴。盖童子未有定见，心易放难收，出馆一日，便当数日，心粗所浮，故第一贵不间断也。

一曰年学相等。蒙馆中，不可夹入举业之徒。馆课有别，与壮者所言，自于幼者无与，徒令分其见闻。为师者用两样功夫，既难取精，必致两误。

一曰谢客。客虽正人君子，到馆不得不坐谈，所谈虽天人性命之学，总与蒙童无与。且师与客谈，而欲诸童之耳目无他，及本课之一无所荒，势有甚难。故虽高贤，慎无倒屣，若夫众咻难却，莫若闭门为安。

一曰勤理书。读书惟童时理熟，可终身不忘。每日背生书须带前十首以为常，生书每日读百遍，百遍足，更理以前所读书，自第一本起，依所读次序，限定日理几页，周而复始。书卷前，记理起日月，后记理完月日，逐本登记，以便稽查。其现在所读前一本，当于每日理旧书外，量理几页，理至今日所带前一首止，亦周而复始。待后本读完，方并入旧书数内。盖新书遍数少，虽一时暂熟，略迟即忘，若与旧书挨次渐理，必至生疏矣。故当日逐加遍，勿间断也。更将各徒已读书，开列一单，粘揭座右，每部理过一次，即用朱笔一点，则各徒书之生熟，工夫之浅深，举目可知，自当警策。

一曰渐次简切讲解。童子初入学，每日只讲一字，二月后，讲二字，渐加之，讲过者，朱笔圈记。但取本日书中切实字，讲作家常话。如"学"字，则曰此是看了人的好样，照依他做好人的意思，学读书，学写字，学孝顺爷娘都是。"悦"字，则曰此是心里欣喜快活的光景。如此日逐渐讲，久之授以虚字，自能贯穿会意。当闲居不对书本之时，教以抑扬吟诵之法，则书中全旨自得。

一曰勿混读古文。须选理脉清真，笔致灵动，议论明显，体局正大者读之，六朝排偶四六诸作，一篇不可入目。

一曰习幼仪。洒扫应对进退，无一非齐治平之道，童时习此，便有格致诚正修工夫。孔门富贵子弟多有，而事其师，尝服仆从之役，即是道也。今之富贵者，其子弟几欲吃饭不必亲举箸，况于《曲礼》《内则》等义，师亦安得而语焉？矜傲骄夸，习与性成，学业从可知已。张柔直馆蔡氏，且令子弟学走。今之据师席者，宜衷诸游夏之言。

一曰毋务博。量资授读，期于精熟明透。约而抉其要，贤于荒泛什百。

一曰多藏书。日课固曰无务博矣，古今有用书籍，馆中则宜多聚。师为分类藏之，簿记名目，将各书大意，作小序一段，随注名目之下，使童子自幼即知某书有某用，某事当看某书，少长及能与人言，壮时自有不得不博览之势，而学问自此可渐扩充。

一曰端本澄源。富贵、功名、道德，层累而上。世每误认富贵为功名，于是初做秀才，即曰有功名分矣；及中举，则曰功名成矣；中进士，则为功名无复可加。所见如此，宜乎功名之士，不多见于天下，而道德从可知也。处馆当首与诸徒之父兄亲戚，讲明富贵，功名、道德之别，然后与诸徒渐次详说之，使知吾辈读书，大有作用在，而后可与言学。

一曰厚馆谷。师虽非以营富，延师者则有继粟继肉之道。惟师无内顾之忧，而后吾之子弟，得有专心致志之益也。为师者，当量仰事俯畜，可给与否，以为馆之去就，如曰食之无肉、弃之有味，则恐自误误人，迄于无成也已。

以上数条，训蒙之道略备，授举业者，亦可类推。若专为举业之徒设者，更有数订。

一曰各看讲章。《四书》本经，师徒各备。《大全》原本，未经删改者一部，师先自看，其说是者圈点，非者评抹，雷同者取其最优，每日限看几页，看完藏好，令诸徒亦先自看，各随己意为取舍。午间聚讲，逐人问其所以取舍之故，一一辨论当否，随以己所看者示之，使各对样圈点为定本。其用笔须朱墨互异，令之有别，如此日逐看去，不数日，诸徒自能用心，识见自可渐长矣。

一曰文章各自评选。名选刻文，师徒亦各买一部，师先选定藏起，令诸徒各选阅，对看辨论，如看经书法。此则不可以师之所选为定，何也？见解有浅深，天资有高下，读文者，当取其笔气学力之相近，而未可画为一律也。

一曰时接长者议论。醯鸡眼孔，天大如钱，师之晋接鸿儒，徒亦与间其绪论，则见地不窄，世务可通。

一曰少读时文。文贵精，不贵多，先正大家，随诸徒所宜得，慎择百篇，取其历久弥新，不逐一时之好尚。盖一时所尚者，过时即腐者也。随时读之，日不暇给矣。择之贵严，守之贵约。若夫岁科所采，风气递更，则不妨流览焉，以涉其趣，非泥其迹也。

一曰多看古书，看注疏，见古人用心之苦。看《通鉴》，知兴亡盛衰之迹，以证吾六经之所得。看《近思录》《性理大全》，以日迄于凝静。其他有俾身心家国之道者，皆量力之所及看之。随有所发明，即作小议论存之，则后场工夫，不必更做。且头场精义，无不于此中得，岂徒记诵之学，可同日而语哉？

一曰学要切己。所读书，无一句不是我身上事；所作文，无一句不是我心中语，此才是好举业。若认书文我为三项，都无是处。

以上数则，取富贵之道略备，子弟守此，作举人、进士有余，即不果中，是上等秀才，决亦不致贫贱。从吾游者，相期勉为之。若谓名师别有秘传，不必如此，迂腐时髦，自有捷径，何必如此苦辛，则任诸英俊自为之，非仆之愚所能及也。

家塾教学法

清·唐彪

【题解】 唐彪，号翼修，清浙江人，生卒年月不详。辑著有《父师善诱法》《读书作文谱》《身易》等。唐彪初以《父师善诱法》

名其书，合刻重印后则常称为《家塾教学法》，毛奇龄序中提到"其书旧名《家塾教学法》，吾愿受其书而求其法者"。《父子善诱法》上卷主要介绍"尊师择师之法"和"父兄教子弟之法"，以及各种教法常规。卷末专门讲了那些"不习举业子弟的"学习特点及应采取的对策，还有乡村教童蒙之法等；下卷主要介绍童子入学后应采取的各种教法，诸如认字法、书法、温书法、讹别改正法、读注法、背书法、学字法、讲书法、读古文法、读课文法、改文法等。《读书作文谱》总结了他写八股文的经验，"指点弟子如何作八股文"（李国钧序），"于制举之文尤注意焉"（仇兆鳌序）。这部书总结了历代教学法理论精髓，其内容重在对宋元以来的教学法理论的归纳和提要，著中除了推崇二程、朱熹等理学家的教学观，还博采了许多文章学家、写作学家、书法家、文字学家的精辟言论，辅以一些个人的教学经验和教学调查研究，草创了一种包含教法和学法的指导教学法体系。本文选自《家塾教学法》（华东师范大学出版社）。

仇兆鳌序

古之养士者，习之以《礼》《乐》《诗》《书》，而复娴之于射御书数，盖道德才艺，本末相须，而不可以偏废也。今世竟尚文艺，而于《少仪》《内则》《弟子职》诸条，漫不加意，此人心所以日放而人材所以日降欤。近经部议颁行朱子《小学》，俾童子有所取则，日孳孳于明伦正身、嘉言懿行，诚朝廷育才盛事也。自此家读其书而敦本尚实，可谓得所先务矣。倘于游艺一途犹然荒疏，涉猎不能竟委穷源，又安所得华国文章，振风会于日上哉？此唐子翼《修教法》《书文谱》二书之所由作也。翼修金华名宿，胸罗万卷，而原本于道。向者秉铎武林，课徒讲学，人士蒸蒸蔚起，其所著学规二书，详而有法，自延师受业以还，先令穷究经史，次及秦汉唐宋之文，莫不有条绪可依，而循途易致。且于执笔临池，吟诗作赋，兼

学富五車圖
乙未年
志偉畫

能旁通，曲畅其指。而于制举之文，尤注意焉。盖养其根而俟其实，加其膏而希其光。不汲汲于为文而文愈工，此唐子辑书之大意也。今日学堂中诚得二书，以资教学，则文有根柢，不为一切影响恍惚之谈，其有功于文艺，不已多乎！余谓是书当与《小学》并行，一则砥行饬躬，以养其德性；一则博学多能，以扩其才华，异日立乎庙堂之上，言吐经纶而文垂金石，则唐子之所以造就学者，又岂浅鲜乎哉！

康熙戊寅岁孟夏月甫江年家眷弟仇兆鳌顿首拜题

毛奇龄序

古者教子弟之法，师以三行，保以六艺，未尝专主呫哔课诵及授简橐笔之事，惟天子诸侯及乡大夫元士之适子，则有六书九数典文简策诸务，行于虎门，令其娴习之，以为他日用世之籍也。今世则不然，学校之造士，文衡之选士，全以是物之优劣为进退，则又无分贵贱少长，皆为最急之务矣。潠水唐先生献策长安，出为师氏者若干年，历东西两浙人文荟萃之所，皆座拥皋比，令馆下诸生执经北面，其为三物六德兴起后学者，既已习之有素，且艺文灿然，见诸法则，所至省课诸生皆视效之，此真见诸行事，未尝仅托之空言者尔。乃睥睨之间，拂衣归里，复取平时所为《读书作文谱》、《父师善诱法》二书梓以行世，其间讲求之切，择取之精，一字一注，皆有绳检，所谓哲匠稽器，非法不行者非与！夫弓冶之后，必有箕裘，世家子弟，皆有承授。先生席累世勋贤之裔，守其青箱，传之不坏，今即以其所世嬗者，公诸海内，盖不自私其美，而教化乃广大焉。或疑先生以师保之尊，久历庠序，兴德兴行，归田而复取呫哔课诵之法，谆谆留意，似非要务。尝读伏生《大传》及班掾《食货志》，知乡大夫归田，每出而为闾党师，谓之上老，终日居里门右塾，以掌诰诫。先生之著二书，抑亦乡大夫居塾之遗情也乎？

故其书旧名《家塾教学法》，吾愿受其书而求其法者，由此渐进于诚正修齐，以为治平之本，安见二书不为大学之先资也乎！

康熙己卯季春月年家眷弟毛奇龄顿首拜撰

凡例

一、古人之言，有一篇合发数理者，难以混入一类，愚为之分析隶于各类之中，非敢轻为割裂，盖欲分类发明，不得不如此也。

一、天下之理有归一者，亦有两端者。归一者易见，两端者难明，大舜、孔子每加意焉。是书于古人之议论有不同者，必两存之，更为之分析其理，而斟酌取中，知偏见不可以为法也。

一、凡一人立言，不无遗漏，惟集众美补其欠缺，汇集成编，庶几详备。故二书不欲尽出于己，而多引他人之言也。

一、凡书分类成卷，则事理会于一处，可以比拟而识其理之深浅，言之纯疵，存精去粗，所集之书始能简约。二书初所集古人成语与自己所著共二十五万馀言，类聚一处，比其高下而删汰之，仅存九万馀言。故欲书详备而仍简约，必不可不分类也。

一、凡书虽极明极浅，然初学必不能解，须父师为之讲明，乃能领略。不然，虽列在案头，亦如无有二书。虽不敢云佳，然颇有可采。父师能破除俗见，虚心细阅，择紧要者另作标记，另加圈点，与子弟讲究，则读过经书，一经解说，便能触类推广，悟所未言，可省却数数讲求也。至于文章，则不但易解，而且易做矣。信如此，则讲解似属不可已也。

一、凡古人片言只字，必有所为而发。殚思竭虑，始笔于书，引用其言，安可没其姓氏？近见辑书者，一书之中，无非他人议论，而卷首但列己名，使未见原书者，竟以为是其所著。噫！窃人之长以为己有，盗名诚巧矣，亦思作者精灵不灭之神，岂肯甘心。而冥冥之报密且严乎！管登之曰："名根未尽，慎毋著书，人间之墨迹未干，天上之罪案已定。"盖谓其以穿窬之心，行穿窬之事。盗人学问才名，为上帝所深恶，玄律所不宥也。愚于二书，凡引古人之言，或词晦、或语俚者，每为之润色，间有润色过半者，必仍列其姓名，不敢奄为己有也。

一、世风不古，坊间但见一书既行，即请人将书改头换面，挪东入西，或全偷，或半窃，或剿袭三四，称纂称辑，或称辑补，称纂著，没人之名，冒为己有，刻成庸陋之书，以欺世觅利。不数年间，效尤叠出，原书面目杳然无存。兴言及此，深可痛心。二书不禁人之翻刻，但禁人之盗窃。倘有蹈此者，无论目前后日与年代深远，必以盗窃鸣究，更将其盗名丑态著之于书，遍告四方也。

一、徐伯鲁《文体明辨》，毛西河、朱竹垞二先生俱谓不宜纂入书内，以其言多有未当也。余悉改去之，纂其是者，取其有裨于浅学也。

父师善诱法

073

上卷

（一）父兄教子弟之法

父兄教子弟，非仅六七岁时，延塾师训诲，便于工作谓可以谢己责也。必多方陶淑（诱导之意），于幼稚时，即教以幼仪；稍长，择明师与之斟酌，尽善课程，某书为正课，某书为兼课，某书读毕某书继之（言书文在其中）。通体定其正兼、先后，使确有成规可守，则所学自然允当矣。更择良朋，切磋夹辅。必不使亲近狡仆、损友，导之以色声并诱其嬉游博奕。如此，则子弟之学必有成，庶可谓克尽父兄之职也。

父子之间，不过不责善而已，然致功之法与所读之书，不可不自我授了。故孔子于伯鱼亦有读诗、读礼之训。今恁忽之父兄，不能设立善法教其子弟，又不购觅好书与之诵读，事事皆委之于师，不知我既无谆切教子弟之心，师窥我意淡漠，恐亦不尽心训诲矣。

父兄于子弟课程，必宜详加检点。书文，间时当令其面背；文艺（指写文章的才能），间时当面课之。如己不谙于文，当转质之于人，始知所学之虚实也。

（二）尊师择师之法

富贵之家姑息子弟，必欲他人来家附学，不欲子弟外往；又多存尔我之见，与人稍不相合，明知其家延有明师，不屑令子弟从游，甘心独请先生。不思一人独请，束脩（学生给教师的报酬）未必能厚，应请者未必名师，偶或名师曲意俯就，然终岁所入，不能给其一家之需，虽欲精勤严厉，尽心教迪，不可得矣。故诚心欲教子弟者，必不可姑息子弟，更不多存我见，宜与亲朋联络，虚心延访，同请名师。彼此互相趋就，虽所居少远，往来微艰，不可辞也。古人千里寻师尚不惮远，何况同乡井乎！

人仅知尊敬经师（教人经义的教师），而不知尊敬蒙师（启蒙教师）。经师束脩，犹有加厚者，蒙师则甚薄，更有薄之又薄者。经师犹乐供膳，而蒙师多令自餐，纵膳，亦亵慢而已矣。抑知蒙师教授幼学，其督责之劳，耳无停听，目无停视，唇焦舌敝，其苦甚于经师数倍。且人生平学问，得力全在十年内外：四书与本经，宜熟也；馀经与后场，宜带读也；书法与执笔，宜讲明也；切音与平仄，宜调习了也；经书之注，删读宜有法也。工夫得失，全赖蒙师，非学优而又勤且严者，不克胜任。夫蒙师劳苦如此，关系又如此，岂可以子弟幼小，因而轻视先生也哉！

子曰："温故而知新，可以为师矣。"是师，必以学问优为胜也。今人第谓蒙师贵勤与严，不必学优，皆属偏见矣。惟于三者兼备，乃明师也。人无择师之识，欲为子弟择师，不宜止询一人，恐其人以所亲所友荐，或过揄扬，未必得实；必再加体问，果学优而又严且勤者，方令子弟从游，庶几其可乎。又，毛稚黄（清浙中三毛之一）曰：大抵举之业，求政于先达最善。先达，举业过来人也。若为子弟择师，自己不能别其贤否，以其人之文，质诸先达，先达赞其文，则知其造诣正矣。此亦择师一法也。

（三）学问成就全赖师传

师之关系至重也。有孔子，而后有七十二贤；有二程，而后有三十高弟；有朱、吕讲学于丽泽（书院名），而后金华诸贤哲后先相继，迭出而不已，非得师成就之验乎？古人云："得决归一好读书"，人亦曾细玩引言否也。

（四）明师指点之益

人之为学，第一在得明师。明师不必处一堂讲解经义、改阅文章者也。或经年一晤，片言数语，指点大概，谓某经讲说好，某史评断好；某古文（指散文，区别于骈文）、时文（八股文）佳选也，不可不读；某古文、时文庸选也，不必著眼，则一日指点，受益已在终身。故明师不必堂，犹嫌其晚。乃人或畏其名高而不敢近，或以地远而惮从游，或吝小费而不欲就正，宁甘学术卑陋，老死而无成，呜呼，此岂天之限人乎哉！

（五）经蒙宜分馆

予观少年，未尝无天资胜者，亦未尝无勤学者，然皆学问荒落无所成就。因反复细思而知其弊，由于已冠、童蒙同一馆，而先生兼摄两项学徒也。吾婺（浙江金华）往时，经蒙分馆，经师无童子分功，得尽心力于冠者之课程，故已冠者多受益；蒙师无冠者分功，得尽心力于童蒙之课程，故幼童亦受益。今则不然，经、蒙兼摄取，既要解《四书》，解《小学》，解文章，选时艺，改会课，又要替童子把笔作对，写字样，教读书，听背书，虽有四耳目、四手足者，亦不能矣！况今时有习武一途，馆中或间一二习武者，开增解武经、选策论诸事矣。而犹未尽也，先生与试者，又要自己读书，则虽有八耳目、八手足者，亦不能完诸课程矣。于是，先生尽置大小学生课程于度外，亦势不得不然也。是以学生虽至二三十岁，或已进学，而本经未及解，安望其学有成就乎？至于诸经、

《通鉴》、古文诸要书，学生亦未经目睹可知矣。然则为父兄者，欲教已冠子弟，必多方觅已冠之友为一馆；欲教幼童，当多方觅幼童为一馆。为人师者，亦当以成就学徒为心，倘得子弟课程完全，父兄亦必加厚束修，得名得利，有何不美。而欲苟且从事，使名利两失，且误人子弟哉！

（六）师不宜轻换

毛稚黄曰：凡欲从师，始须加慎，如既得其人，则不可轻换。数换师者，烦而鲜功，盖彼此习业，章程互异，而后师亦多翻前师之案，以自见长。纷更不一，将使学者工夫愈纷错也。古人每一师以终其身，虽千里负笈而不惮远者，良为此也。

（七）学生少则训诲周详

塾师教授生徒，少则工夫有馀，精神足用，自然训诲周详，课程无缺；多则师之精力既疲，而工夫亦有所不及，一切皆苟且简率矣。故生徒以少为贵也。虽然生徒既少，必当厚其束脩，使先生有以仰事俯育，始能尽心教诲，不至他营矣。

（八）教法要务

教法严厉，乃至烦苦之事，实先生所不乐为。然先生欲求称职，则必以严为先务，不然，学问虽优，而教法过于宽恕，使弟子课程有缺，终非师道之至也。

凡书随读随解，则能明晰其理，久久胸中自能额所开悟。若读而不讲，不明其理，虽所读者盈笥，亦与不读者无异矣。故先生教学工夫，必以勤讲解为第一义也。

凡同馆所读之书文，一半相合，则诸人可以同解、同听，先生自然工夫有馀；若所读之书文，人人各异，每人需一番讲解，则不特先生工夫无暇，却力量亦有所不及。然此必先生虚心细察，与有学识者商量，确知何书何文当读、当解，宜先宜后，确有成见，然后使学生课程不甚参差，庶几讲解简省，而学生受益多也。

先生教童子之法，其根基全在正二月间。此时宜屏绝外务，专心致志，开导督责，令学生读书字句分明，课程悉循法度。此后训诲工夫俱易为力矣。又曰：学生前师手中所读之经书，全不成诵者，后师多不令其温习，此甚非教诲之善法，亦非忠厚长者之道也。必也于初入学时，悉令其开明前此读过之书，于每册中，或令学生背半，或令背三分之一，以验其生熟（《四书》本经半日皆可背毕，甚不费工夫，不当以难视之也）。生则先宜令其温习，不必授生书，一则能知学生之底蕴，则教诲易于成功；二则可免不肖子弟避难就易，只温其熟者，竟置其生者，以致长大经书不能成诵；三则经书既熟，可免学生终身之怨；四则我乐补前师之所不足，后日之师亦必乐补吾之所不足，此又感应必然之理也（此项系为师者至要工夫，不可忽视也）。

凡书随读随解，则能明晰其理，久久胸中自能所开悟。若读而不讲，不明其理，虽所读者盈笥，亦与不读者无异矣。故先生教学工夫，必以勤讲解为第一义也。

凡同馆所读之古书文，一半相合，则诸人可以佩解、同听，先生自然工夫有余，若所读之书文，人人各异，每人需一番讲解，则不特先生工夫无暇，却力量亦有所不及。然此必先生虚心细察，与有学识者商量，确知何书何文当读、当解，宜先宜后，确有成见，然后使学生课程不其参差，庶几讲解简省，而学多益也。

夫子云："工欲善其事，必先利其器。"父兄苟不购觅好书与子弟诵读，先生必宜再三开导鼓舞之，令之购觅。无刻本者，必宜令其借抄。不然当读者既无其书，将以何者为资益学问之具？此实先生必不当漠视者也。（《感应篇》云："王文康之父，家素贫，教授为业。来学者皆村童，公尽心训迪，立法精良，读过书，不特问字俱识，且能明逐字大义。中年无嗣，意颇窘迫，晚得文康公，登科拜相。二孙官至学士，曾、玄朱紫，相继不绝。"）

（九）读书分少长又当分月日多寡法

童蒙初入学，先令读《孝经》《小学》，继读《四书》本经。如资钝或父师教无善法，本经读毕，年已长大，不得不读时文，以图进取，馀经俟文艺明通后，补读可也；如资颖，本经读毕，年尚幼冲，则当如古人分月用工之法，以一月读诸经，一月读时艺（读文读经，每日俱当带三进或五进，每进当加读遍数，如幼时带书之法始佳），每日带记表（每日功课纲要）、判（日常应用文体），或记诗，俟时艺读少充，再将经与史分月读之，古文与时艺分日读之。所以宜如此者，以时艺多虚词，经史乃实义，胸中有实义乃能发为虚词。又，古文法详笔健，远过时文。故读经史、古文则学充识广，文必精佳；不读经史、古文，则腹内空虚，文必浅陋。且经史之益，更在身心，读之其用又不止于作文已也。人之不读经与史者，每汩没于多读时文，若不多读时文，自有馀力及诸经史，其理固甚明也。

徐聚五曰：近见习举业者，本经之外，余经皆用删读法：《尚书》删十之二，《诗》《易》删十之三，《礼记》《春秋》删十之五。虽不应如此，然举子以取功名为急，力不能多读，势不得不从乎简乎（简约也）。

子弟七八岁时，正课之馀，宜令读判。其读之法，一判日读十遍，期以十日之后始背，必能成诵。数年，诸判可读毕矣。继此又当读表，一表日读三遍，期以一月后始背，必能成诵。数年，诸表可苟完矣。至于温法，则三日一判，十日一表，循环温习，示有不记者。凡事刻期求熟则难，纡缓渐习则易。且幼时记性优，能永记，乘时早读，至为良法。况读此则平仄明，音调熟，诗赋之理，半在其中矣。策、论读法，亦推此行之。

（十）父师当为子弟择友

人知成人之士，咸赖朋友切磋，而是不知童蒙无知，尤须朋友训诲。如一馆之中，得一勤学学长，先生工夫精力不及之处，学长少佐助之，则诸生多受其益，而每日之课程皆不虚。然此学长，非先生与父兄有心招致之，恐不能得也。

（十一）损友宜远

一堂之中，偶有一极不肖弟子，或博奕纵饮，或暗坏书籍，或离间同堂，或己不肯读书而更多方阻人致功，一堂之中，皆为其扰乱。子曰："毋友不如己者。"不如己者，尚宜远之，况如此之甚者乎？为父兄者，当时加觉察，如有此，必宜求先生辞之。父兄或不知，同堂之士宜会同上白父兄，转求先生辞之。不然，宁避之而他学，盖所害不只一端，不得不远之矣。

（十二）劝学

《迪幼录》曰：凡乘少年鞭功，事半功倍；年过二十，功倍而效止半矣。陈白沙曰："今人姑息自恕，不思进学，乃谓过今日尚有明日，殊不知过一日无一日也，徒至老大而伤悲，岂不晚哉！"

郭开符曰：维昔之人笃志好学，囊萤映雪，何惜阴若此；悬梁刺股，何牢苦若此。今有明窗净几之乐，而无负薪挂角之劳；有朝饔夕飧之供，而无三旬九食之苦。昼则宴游，夜则鼾卧。嗟嗟！白驹过隙，老大徒悲，追悔壮龄，恨无及矣。

《警枕书》曰："有志之士，纵不能日新，犹当月进；不能月进，犹当岁益。"

柳屯田《劝学文》云："父母爱其子而不教，是不爱其子也；虽教而不严，是亦不爱其子也。父母教而不学，是子不爱其身也；学而不勤，是亦不爱其身也。是故养子必教，教则必严，严则必勤，勤则必成。学则庶人之子为公卿，不学则公卿之子为庶人。"

徐白谷曰：骐骥天下之疾走也，一日而千里，若伏枥而不驰，则蝼蚁过之矣。鹍鹏天下之捷飞也，瞬息而千里，若戢翼而不奋，则鹪鹩过之矣。士之当学，何以异是。

诸匡鼎曰：匡衡好学，邑有富民，家多书，衡为之慵作而不取其值，曰愿借主人书读耳，遂得博览群书。袁峻家贫无书，每从人假借抄写，每日自课必五十纸，纸数不足则不止。予谓古人贫而好学，或佣作借读，或假借抄写。每见今之世家子弟，家藏书籍汗牛充栋，而狗马声妓、饮博交游之好，往往从而闻之，四子之书经年不及一披览，真可叹哉！

丁菡生曰：徐广好读书，年八十犹岁读《五经》一遍。若夫少年，经书一岁尚不能周，可愧极矣！

张师云：有家务人，当择古文一册，时艺一册，经书二册，偷闲便读一过。若期拟闭户一月二月，一意读书，如何能得。恐"期拟"二字，瞬息间又了一年也。

丁菡生曰：记性日拙，家事日多，三复斯言，仰天浩叹。

（十三）字画毫厘之辨

字画之辨，介在毫发，形体虽同，音义迥别。揭其相似者并列相形，俾一目了然，庶免鲁鱼之谬矣。

下卷

（一）童子初入学

王虚中曰：六岁且勿令终日在馆以苦其心志而困其精神。书易记、字易识者，乃令读之；其难者，慎勿用也。初，间授书四句，若未能尽读，且先读前两句；稍熟，令读后两句；稍熟，然后通读四句。初时如此，日久则可以不必矣。

（二）童子最重认字并认字法

凡教童蒙，清晨不可即上书，须先令认字；认不清切，须令再认，不必急急上书也。何也？凡书必仅学生自己多读，然后能背。苟字不能认，虽读而不能；读且未能，乌能背也？初入学半年，不令读书，专令认字，尤为妙法。

先生教读书，不过五六遍，至多不过十馀遍止矣。而童蒙心散，不会用心，先生教彼时，彼心已不在书，不过随先生之口，述而念之。资性钝者，既到案头，一句且不记，任先生催促，彼终不读，非不欲读也，不识字也。在童蒙，幼稚无知，但畏书之难读，疾书如仇，而不知由于不识字之故；在先生，更不深思，但咎学谓方枘（榫）圆凿（孔）两不相入也。若先教令认字，字既能认，虽教三遍四遍，彼到案头亦能按字口诵。读至百遍外，虽甚拙者，亦能记能背矣。

余子正心，自六岁入学，因书不能成诵，三岁历三师，至四年无可如何，不复易矣。其岁，则甲寅（1674 年）也。因兵乱，避居山中，适有朱雨生设帐其地，因令就学。从游至五月，所读新书，不减于前三载，且于前三载不成诵之书，无不极熟。彪敬问其故，答曰："吾无他术，惟令认字清切而已。令郎非钝资，止因一二句中，字认不清，不敢放心读去，则此一二句便不熟；因一二句不熟，通体皆不成诵矣。又尝试验之，童蒙苟非先生强令之认字，必不肯认；认过而仍忘者，苟非强令之来问，必不肯问。此皆先生所当知者也。"彪思：读书在认字，甚为浅近，何以前三师见不及此？乃知甚明之理，未经人指出，未易知也。

教童蒙，泛然令之认字，不能记也。凡相似而难辨者，宜拆开分别教之，如'戍戌'、'臣巨'、'微徵'之类。凡见易混淆之字，即当引其相似者证之，曰此宜分别熟记者也。如此始能记忆，无讹误遗忘之患矣，此教认字之法也。更有令彼复认之法：将认过之字难记者，以厚纸钻小隙，露其字，令认之；或写于他处令认之。倘十不能认六者，薄惩以示儆，庶可令其用心记忆云。

（三）教授童子书法

教授童子书，遍数虽少，无害也。但宜极缓，令童蒙听得句句分明，看得字字周到，到案头，未有不能读者。若授之急疾，如自己读书之状，学生不但眼看未到，耳听亦且未明，勉强随声，既不知字句为何物，安望其到案间能自读也？

每见童蒙读书，一句之中，或增一字，或减一字；二段书，或上截连下，或下截连上，此皆先生未曾与之讲明句读（句中的停顿）与界限（段落）道理，以致学生颠倒混乱读之。若先生将句读道理讲明，则自然无增字减字之病；将界限处用朱笔画断，教令作一截读住，则自无上截连下、下截连上之病。又有极长之句，原不可加读点，但学生幼小，念不来，亦须权作读句，加读点，则易念也。一册书中，定有数处至难念者，然能知其中有界限、有差别，则亦易读。苟不能知，纵读多遍亦不能成诵。如"子路问闻斯行诸"一章，每见童蒙读此章，多混乱不清，因不能记。为先生者，遇此等书，教读时，宜细细开示学生：前下夫了教由求之言；次是公西华问夫子之言；后是夫子教公西华之言。第一界限是"闻斯行之"止，宜画断作一截读住；第二界限是"敢问"止，宜画断作一截读住。第三界限，是"故退之"止，宜画断作一截读住。差别者，如两《孟》书中，"五亩之宅"凡三见，而三处字句不同；"尧以天下与舜有诸一"章，万章述问与孟子所说，字多不同；"人有言至于禹而德衰"一章，舜荐禹之辞，与禹荐益之辞，文义大段同，而字多不同。此等不同处，有学识者方能分别，在童蒙则不能，愈读愈乱。不开示之，无由明白；开示之，自然易读易记矣。

（四）童子读书温书法

屠宛陵曰：凡授书不在徒多，但贵精熟。量其资能读二百字者，止可授一百字，常使精神有馀，则无厌苦之患，而有自得之美。

古人读书，必细记遍数；虽已成诵，必须满遍数方已。故朱子云：读一百遍时，自然胜五十遍时；读五十遍时，自然胜三十遍时也。

欲学生书熟，必当设筹以记遍数，每读十遍，令缴一筹。一者，书之遍数得实，不致虚冒；二者，按期令缴筹，迟则便可催促督责之；三者，筹不容不缴，由学生不得不勤读，以早完课程，殆一举而三善备矣。

凡幼学，本日所读书，但随其资之高下，令读之若干遍，必满其数，能背固佳，即不背，亦可次日加读若干遍，均令满数，然后总背。生则示徵。讹别字，以角圈标记之，然后授生书。此读书带理书之法也。凡书倩朋友先背，后送先生背，则纯熟而无讹误生涩矣（资有高下，授书有多寡，故遍数之繁简，宜因人而定，不能尽拘一例。斟酌变通，必使与资相合方善也。）

王中虚曰：凡书中有难读之句，摘出多读数十遍，则通体皆易熟。读书知断续顿挫之法，则书之神情透露，不但易熟，而且易解。

学生读过之书，资钝者以三十行为一首；资颖者以四十行为一首，俱于其行下画断，以为每日温习之定额（三十、四十行之下，画一小画，三百四百行之下，画一曲尺画）。书头之上，以"理"、"温"、"习"、"熟"四字为纲，加圈以记其温过之次数，如第一次书头上记"理"字，二次"理"字上加一圈，三次又加一圈，四次加尖角圈，第五次记"温"辽，六次、七次、八次加圈如前，九次记"习"字，十次与十一、十二次加圈如前，十三次记"熟"字，十四、十五、十六次加圈如前，此温书标记之法也（以上温书，虽也三十、四十行为率，若资性悬绝，犹当因资增减，不宜执定其数也）。

凡学生背书，必使其声高而缓，先生用心细听，则脱落讹误之处，了然于耳，然后可以记其脱误而令其改正。若声轻而且速，则不及察矣。又有书不能背，倩同堂之人哄然读书，以乱师之听闻者；又有书不能背，将所读之书，或书之掌中，或书于片纸偷视而背者。凡此诸弊，为师者亦当时时觉察也。

温过之书，宜作标记。不作标记，或多温，或少温，淆乱无稽，书之不熟，皆由于此。且有不肖弟子，避难就易，反温其熟者，置其生者。故标记不可少也。更宜置课程簿，五日一记，如初一至初五日，读某书起，至某书止，温某书起，至某书止。童蒙不能记者，先生代为记之，庶免混乱无稽之弊。

（五）读书讹别改正有法

书有不识字而读讹别者，亦有识其字而读讹别者。在读者，俱不自知。先生须用心审听，如有之，急令改正。然一人之听闻，恐有不及，宜遍示诸生曰：尔诸生谊属朋友，凡读书有讹别者，正当互相指点。即令其于讹别字旁加一角圈为之标记，庶几读到其处，触目动心，自能改正矣。

童子读《易经》，九三多读六三，六四多读九四，上九多读上六。若先生讲明阳九阴六之故由于每卦卦画而来，则学生胸中了然，自不至于误读矣。

（六）童子读注法

毛稚黄曰：《四子书》定当读注，所谓圣经贤传相辅，而不可阙者也。况功令以遵注为主，岂可妄寻别解。然注苦繁多不能尽读，读之以简要为主。删繁举要，取其必不可去者，而后存焉。大略《学》《庸》注存十之八，《论语》注存十之四，《孟子》注存十之三。注之所重在乎义理，名物训诂非紧要所关，及盘错易误者，则悉删之无碍也。又曰：注有与经文背者，如"慎"字，宋儒因避孝宗讳作"谨"字，《大学》"必慎其独"，而注云"必谨其独"之类；又如《孟子》"可以速而速"四句，本是"速久处仕"，而注云"久速仕止"之类。有倒意者，如《论语》"行人子羽修饰之"，注"增损"二字，"损"本训"修"，"增"本训"饰"，则当云"损增"之类，义虽无差，而虑读者反因注致误，故间加改定，以经正注，非欲与紫阳牴牾也。又有误者，如《孟子》"或劳心"六句，皆古语，而注云四句之类，宜改正。注词有数见者，则存此去彼，如"慎独"注已见于《大学》，则于《中庸》可以删去之类。有见于经文者，如"大夫有赐于士"一段，详《孟子》文，则于《阳货章》注可以删去之类。有阙疑者，如孔子原无朝聘之事，则于《执圭章》注"孔子"二字，可以删之之类。读注之法，虽不尽此，然大概已略具矣。

或问于金正希曰："读书必须读注，此自然之理也。然大文与注字形既大小不伦，兼有删抹，故错综难看，资钝者不能读，奈何？"答曰："此当先读大文，读毕再取注另读，自易记矣。"又问曰："读注不连文本，不几莫辩为何章何节之注欤？"答曰："习举业之人，亦有不读注者，彼于先生讲解之后，将注多番玩索，久久亦能记忆，临作文时，'吾日三省'注，必不混入'导千乘章'，彼独非大文读毕之后加工看熟者欤？彼于读毕，彼第加功多看，尚能熟记，不至混乱。岂读毕之后加功另读，反不能记，必至讹误欤？举此一思，无可疑矣。"

余每闲游诸乡塾，塾师每言资钝者苦于读注，余意于经书读毕之后，将注另自读之。有一友极非余言，谓本文与注必宜连读，始能贯合，不然恐彼此不能无误。余不能决，及观欧阳永叔读经法、程端礼先生分年课程，九经皆先读正文，后读传注；又观金正希本文与注分读法，乃信余非偏见，盖有先我行之者矣。可惜者浅人不知此理，于学生本文既熟之后再读注者，不将注另读，又将大文连注读之，承接之间，处处皆非熟境，乌能使成诵也。又有弟子，大文与注原分读，而师又令之合温者，尤失计矣。

（七）附古人大文与注分读法

程端礼曰：童蒙入学，先读《小学》《大学》《论语》《孟子》，次读《中庸》《孝经》，次读《羲易》《尚书》《毛诗》《仪礼》《礼记》《周礼》《春秋》并三传。以上诸书，先读正文。自六岁入学，约用八九年之功，至十五岁诸经正文皆可读毕。自此当读《四书》之注，次读诸经之注，读毕讲解之后，自此宜看史鉴，读各项古文。

欧阳修曰：立身以力学为先，力学以读书为本。今取《孝经》《论语》《孟子》、《六经》，以字计之，《孝经》一千九百三字，《论语》一万一千七百五字，《孟子》三万四千六百八十五字，《周易》二万四千一百七字，《尚书》二万五千七百字，《诗》三万九千二百三十四字，《礼记》九万九千一十字，《周礼》四万五千八百六字，《春秋左传》一十九万六千八百四十五字。止以中才为准，若日诵三百字，不过四年半可毕。或资钝减中人之半，亦九年可毕。其馀触类而长之，虽书卷浩繁，第能加日积之功，何患不至。谚曰："积丝成缕，积寸成尺，寸尺不已，遂为丈匹。"此言虽小，可以喻大，尔辈勉之。

（八）附《四书》正文大注小注字总数

《大学》正文及大注内外注，共五千四百七十四字，《中庸》正文及大注内外注，共一万二千七百五十七字，二《论》正文及内外注，共七万零六千七百三十六字；二《孟》正文及内外注共二十万零六千七百四十九字。今备载其字数，以便加功有准则也。

（九）觅书宜请教高明

天下书虽至多，而好者极少。朱子《读书歌》云："好书最难逢，好书真难置。"即如四书讲章，何止数百家，其好者能有几家耶！故人欲读一书，宜问有学者何为善本，得其指点书名，方可购求。不然，误觅庸陋之书，卤莽诵读，我之学问反为其所卑隘矣。

（十）背书宜用心细听

凡学生背书，必使其声高而缓，先生用心细听，则脱落讹误之处，了然于耳，然后可以记其脱误而令其改正。若声轻而且带，则不及察矣。又有书不能背，倩同堂之人哄然读书，以乱师之听闻者；又有书不能背，将所读之书，或书于掌中，或书于片纸，偷视而背者。凡此诸弊，为师者亦当时时觉察也。

（十一）读书总要

有当读之书，有当熟读之书；有当看之书，有当再三细看之书；有必当备以资查考之书。书既有正有闲，而正经之中，有精粗高下，有急需不急需之异，故有五等分别也。学者苟不分别当读者何书，当熟读者何书，当看者何书，当熟者何书，则工夫缓急、先后俱误矣。至于当备考究之书，不备则无以查考，学问知识何从而长哉？

（十二）童子学字法

何士明曰：书字乃最切要之务。考试之日，倘字不佳，又兼差错涂抹，纵是锦绣文章，亦不动人爱慕矣。

写字重在执笔，执笔之法全在掌虚指活。今童蒙初学书，势必藉先生运笔，若不将物撑于童子手中，必将五指捏拢，后欲放开，令掌虚指活，难之至矣。为之计者，莫若将小轻圆木，或缝就小布团如鸡子样者，令童蒙握手中，然后先生运笔，庶指与掌俱活动，而年长字易工矣。

王虚中曰：童蒙初入学，止宜写两字，不得过多。两字端正，方可换字。若贪字多，变难成就矣。

余在越中，见童蒙字式正格中书大字，旁缝书小字，此法极佳。盖单学大字，则后日能大书而不能小书；单学小字，则后日能小书而不能大书，均各有病，惟此法则两得之也。又年稍长者，其字式每行大小皆四字，止书一字以为式，其余三字皆令自书。盖写一字为式，则有成法可遵，馀令自书，则不得不用心临摹求肖矣。

书法最难，可为程式者能有几人？若先生字不佳，字式何妨倩人代书。若畏人笑，不请人书，是为自欺。若东家因其请人书字式而轻先生，则大非矣。盖先生优劣不在乎字也，其优劣在教法之善与不善，学生之受益与不受益耳。

书字下笔有次序，不可紊乱，紊乱则字难工。然其法须幼时讲究，方能记忆。童子入学一二年之后，先生将此写成字式，令其取法，习而熟之，则功省而效倍矣。诸法具在，采列于后（略）。

此运笔先后法，字虽无几，法可类推，习而熟之，则心有圆机，手无滞笔，举一可概百矣。

（十三）童子宜歌诗习礼

王阳明曰：教童蒙，宜诱之歌诗以发其志意，导之习礼以肃其威仪。盖童子之情，乐嬉游而惮拘检，如草木之始萌芽，舒畅之，则条达；摧挫之，则衰萎。今教童子，必使其趋向鼓舞，中心喜悦，则其进自不能已。譬之时雨春风，沾被草木，莫不萌动发越，自然日长月化；若冰霜剥落，则生意萧索，日就枯槁矣。故凡诱之歌诗者，非但发其志意而已，亦所以泄其跳号呼啸于咏歌，宣其幽抑结滞于音节也；导之习礼者，非但肃其威仪而已，亦所以周旋揖让而动荡其血脉，拜起屈伸而固束其筋骸也。今人往往以歌诗习礼为不切于时务，此皆末俗庸鄙之见，乌足以知古人立教之意哉！

（十四）童子讲书复书法

童蒙七八岁时，父师即当与之解释其书中字义，但解释宜有法，须极粗浅，不当文雅深晦。年虽幼稚，讲解日久，胸中亦能渐渐开明矣。

子弟年虽年幼，读过书宜及时与之讲解，以开其智慧，然专讲其浅近者。若兼及深微之书，则茫乎不知其意旨，并其易者皆变为难，不能解矣。更有说焉，书虽浅近，若徒空解，犹未有即明其理。惟将所解之书义，尽证之以日用常行之事，彼庶几能领会，能记忆。王虚中曰："宜将《孟子》书中易解者先言之。"

屠宛陵曰：先生讲书，至有关德行伦理者，便说与学生知道，要这等行才是好人；有关修己治人、忠君爱国者，便说道，你他日作官亦要如此。

先生与初学讲书，如讲上论既毕，且不必即讲下认论，宜复将上论重讲。盖年幼资钝者，初讲一周，多未领略；惟经再讲，始知梗概，然后可以令彼复讲。不然，虽解犹不解矣。凡教初学，全在使之胸中开明，真实有得。若泛然仅从眼角耳轮边过，终属茫然，甚无益也。

先生止与学生讲书，而不令其复书，最为无益。然每日既讲书，而又令复书，则工夫过烦，先生之精力亦不能副。惟将前十日所讲书于后五日令复完，复书之日不必讲书。人或嫌其工夫稀少，而不知其得益良多。其间错解者可以改正，不解者可以再解，不用心听全不能复者，可以惩儆之，开导之，功莫善于此。

凡经书文章既解者，必宜令学生复解，始肯用心参究，不然，模糊错误居大半矣。盖子弟少时自欺者多，口云能解，实则不能，不令之复，乌知其实哉。余尝与十五岁童子解文数十首，解且再问之，辄应曰能解，余信之，偶令复数篇，则半是半非，全不得文中神气，毋惑乎拙于作文也。因尽取解过者俱令之复，就其误解者改正之，过月馀更令之复，则领略无误矣。自此，作文渐见条理，甚矣复解之不可已也。文章尚不可不如此，而况经书乎。

（十五）童子读古文法

初学，先读唐宋古文，随读随解，则能扩充才思，流畅笔机。较之时艺，为益更多。若读而不解，不明其义，将焉用之？其周、秦、汉古文，神骨高隽，初学未能跂及，宜姑后之。虽然，秦汉古文少时亦可诵读，惟讲解取法，则宜先以唐宋古文，为易于领略耳。然读不必多，留其馀力，以读周、秦、汉古文可以。

（十六）童子读文课文法

凡事试验者方真，凭臆断者多无当也。如幼童入手莫善于成、弘、正、嘉四朝之文，人谓其与时趋太远，童子不宜读者，皆未试验而臆断者之言也。余至亲二人，一学文五年，一学文六年，而文理皆不能明通。代思其故，何以余少时学文仅一年而即条达，彼何以学五六年而不明通，意必其从近时之文入手也。问之果然。余以宜读先辈之文语二人，并语其师，师与徒皆大笑，以余为妄。余曰："此非余一人之臆见也，前辈熊次侯、陆稼书、仇沧柱、陆雯若、何屺瞻诸先生，皆大赞成、弘、正、嘉之文，皆谓童子必宜读，岂尽无稽之言耶！吾岂欲害汝辈者哉！何不勉强试之！如果无益，弃去未晚也."又再三劝告之，且劝其所作之文，亦如先辈简单短样。乃勉强行之，不半年而文理条畅矣。一友天资高迈，其设教也，虽极幼、初学，亦以高深之文授之，自以为教法尽善，然诸弟子竟无文艺条达者。语人曰："余弟子尽不成才，奈若何？"余闻言，急趋而语之曰："君以高深之文，令初学读，是犹责十馀岁童子而令之肩百斤之担，行五十里之途，此岂易能之事乎"即君少时，天资虽敏，能读此、解此否也？"于是恍然自失曰："吾误矣！且忘己之本来面目矣！"于是急令弟子改读先辈之文，而诸弟子之文艺顿进。他日登堂谢曰："君真余之大恩人也。向微君直言，吾几误杀人子弟矣！"

089

子弟人人皆有可造之资，苟教得其法，一二年，文理必能条达。乃有五六年犹未条达者，皆其父师害之也。父师岂欲害子弟哉，缘其无有远大之识，欲子弟速成，谓先辈之文，与时不合，虽读之，终当弃去，又当更读时文，多费工夫耳。不知此最陋之见也。盖学问工夫，必非一截可到，若不分层次致功，欲其速成，必反至于迟成，资下者，甚且至于终不成。且先辈之文，气体谨严深厚，非浅近不可扩充者；加读时艺以参之，便沛然不可遏抑，如酒母之串水，厚使之薄，少使之多，甚易易也；虽诵读在幼时，而获益在中晚也。此其故，原非无识之人所能知也。

今人最恶者，成、弘先辈之起讲，谓寥寥数句，与时式大不相符。不知虽与时不符，然简短朴直，短则不须曲折，朴则不须词采，易学也。近文讲体长，曲折多，须词采，难学也。幼童一者不能学其曲折，二者未多读时文、古文，胸中空乏，无所取资，不能自撰词华。此幼童所以与之不相宜也。凡童子读文，但取其易学，易学则易条达，不合时式无害也。由条达而再学时式，岂有终不能之理？乌可因一起讲简短之故而弃去之，闭塞其直捷之门路也！今人又厌先辈之承题过长，不知先辈非不知体裁而漫为者也。盖题有宜承领上文者，大半当在承题内。先辈认得体裁真确，多在承题内领上文，所以长也，非无谓也。余已发明其理于《制艺体裁》卷中，参考而细思之，始知其章法之美善矣。

先辈之起讲、起比，多一气贯串，不可截断。童子学文，贵乎二者并作，不宜分开，计其词句之多寡，不过如今人一长起讲也，易为也。童子学破、承，必待其稍知法则，然后要学讲、比；学讲、比亦必待明通后，然后可学全篇。苟不如此，欲速成功，不循次序，文理必不易成就矣。

幼童读文，贵分层次，故必读成、弘、正、嘉之文六七十篇，以为入门之路。此四朝文者，制艺之鼻祖，读此方知体格之源流也。此第一层也。过此宜读近时平易之文百篇，多方选择，不可谓平易中无精佳不朽之文也。此第二层也（上二层，必宜选有用之文，如学问、政事、伦纪、品行等题为妙）。过此，须读精细深厚之文六七十篇，亦须雅俗共赏者，高深过于正则者不相宜也．此第三层也（已上三层，皆宜读一二句短题，长题未能领略，骤读无益也。或疑小题读之太多，不知单句题中，如"为政以德、约之以礼、修已以敬"之类，已是极大之题，多读于此时，即可少读于后日也，可相通也）。过此，可以读搭题矣，约略其数，不过三十馀篇，此第四层也。过此，则可以读长题矣。童子读文，必宜分其层次，先易后难，方有进益；混乱致功，不分先后，是深害之矣。

小题最难得佳，虽大名公之作，亦不能无弊病，发改去之，使归尽善，读之方益制艺。非圣经贤传，改何嫌于乎？

童子开手，宜先读有用之文，如学问、政事、伦纪、品行之类，则有文料可以取资，不然，腹空之至，将以何物撰成文艺？读百篇之后，稍有文料，又当知作文巧妙不尽在于书理，每题各有作法。一类不读数篇，则不能周知题窍，故又贵以作法分类致功，使诸题作法，尽为我知，无有遗漏，则胸中有主，重迭无益之文，可以不多读矣（法已详于《读书作文谱》第八卷中）。

童子其时读某类文，即宜以其类命题课文，最佳法也。

为人师者，于弟子之文，或有未是，无志怠学者，必督责之。其勤学好胜者，但当指示所以不佳之故，不宜深咎之，恐反阻其进机。惟令之如法致功，自有日新月异之益矣。

童子学识疏庸，作文时，题中所有实义，先生宜与之讲明，如"学而时习之"题，内有致知、力行诸义。又，凡题有轻重虚实，我虽明教之，而文终属彼自作，故言之无害也。不然，题义不明，将一日工夫心力，俱付之无用，岂不甚可惜乎？

（十七）改文有法

王虚中曰：阅童子之文，但宜随其立意而改之，通达其气脉字句，极能长发才思。若拘题理而尽改之，则阻挫其才思，已后即不能发出矣。

先生于弟子之文，改亦不佳者，宁置之。如中比不可改，则置中比，他比亦然。盖不可改而强改，徒费精神，终不能亲切条畅，学生阅之，反增隔膜之见。惟可改之处，宜细心笔削，令有点铁成金之妙斯善矣。善学者，于改就之文，或涂抹难阅者，宜将自己原本照旧誊清，先生改者，亦誊于侧，细心推究我之非处何在，先生改之妙处何在。逾数月，又玩索之，玩索再四，则通塞是非之故明而学识进矣。

为人师者，门人既众，评改课艺甚耗精神，疏率则学者不受其益。今设简捷之法，令弟子将文自加细点，提掇、过渡、出比、对比，皆自画断，则阅者可省思索之劳。推之衡文较士者，阅文多卷，神志易昏，遇幽深淡远，或章法奇变，或句调错综之文，恐多误阅。观风季试，依此行之，可以减幕士，速工程，且无误阅也。

（十八）童子宜学切音

人止知四六之文重在平仄，不知散体古文、八股文制艺亦重之也。平仄微有不调，词句必不须适，意虽甚佳，无益矣。梁素治曰：初学属对时，学调平仄，此一件工夫最重而不可忽。盖名言也。夫欲调平仄，宜兼学切音。切音之理，苟有师传，功甚简易。童子正课之外学之月余，即能成就，实无妨于举业。乃父师多不欲教之，致令作文音韵不调，语多涩拗，既不利于功名，甚且读书多讹字，而出语尽别音，又不免为明人所非笑也。

武林胡克生高弟杨可进，甫十龄，三十六母十韵字，无不能背，随举二字即能切一字，而丝毫无误。彪屡赞之。克生曰："无难也。君事烦，无暇教幼子若孙，苟令来就学，余代教之。十日之间，当令如杨子。"切音之学，易至此也。

毛诗者，商周之乐章也，所重在音韵。习诗者惟叶韵读之，始能得其神理，而益我之性情。孔子曰："《诗》可以兴"，盖谓此也。今人平日即不习切音之学，于《诗》中当叶何韵之字，皆不能知，故教弟子诵读，不得不舍韵而从字。噫！圣人以声音能移人之性情而有乐，故以《诗》之有音韵者宣节之，今读《诗》不从韵而从字，韵且未叶，安能令人兴起乎？全昧读《诗》之理矣。然欲知韵，又不可不知切音。

（十九）教学杂务

古人"学"、"问"并称，明均重也。不能问者，学必不进。为师者，当置册子与子弟，令之日记所疑，以便请问。每日有二端注册子者，始称完课；多者，设赏例以旌其勤；一日之间，或全无问，与少一者，即为缺功。积数日，幼者忧楚儆之，长者设罚例以惩之，庶几勤于问难，而学有进益也。

子弟聪明有志者，可以责扑骂詈愧耻之，使之激励精进；愚玩无志者，督责之则彼益自弃而安于下流，无上进之机矣。惟故加奖誉，并立赏格鼓舞之，或踊跃向往之心生，未可知也。观古人为政，必赏罚并行，乃能致治，则知父兄教子弟，神机妙用，亦在奖励鼓舞与督责兼行也。

凡幼时所读不朽之文，慎勿谓已入胶庠（学校），所需皆大题，竟可委而去之也。佳文极难，当其选时，不知去几许心力而后获此，贻之子孙，得见至精之文，不为无益之文所误，甚有裨也。

读书作文，全藉精力。少年伉俪之后，父师宜多令之馆宿，则房帏之事简，精力足而神气精明，所学必成。不然，精力既衰，神明先已昏暗，兼之读书作文不能刻苦用工，乌能深造自得、所学有成！《易》云："七日来复。"古人少时以此为限。宜仿此意行之，庶几可也。

题之大小，不可以字句多寡分也，有句多而题反小者，有句少而题反大者。且长题易做，短题难作，如夫子"温良恭俭让"一句，较夫子"至于是邦"一章，"君子无终日之间违仁"一句，较"富与贵"一章，孰难孰易，当必有能辩之者。惟少时未及读长题之文，故长题到手，殊属艰难，若曾诵习熟悉其体裁法度，虽初学者，亦能为也。初学读小题二百篇后，竟取大题读之，则学充识广、笔捷，文必愈工，后日工夫又可简省无数矣。

（补遗）梁素冶曰：《直解》一书，文义虽浅，然皆一一遵注融会成章，虽敷衍处亦本《大全》诸说。盖幼学之第一津梁也。作者颇具苦心，不可以浅近忽之。《直解》以原本大板为妙，近见坊间小板，竟将本文任意删改，词理错乱，非特江陵之罪人，实后学之蠡贼也。别本讲义多有妄改而谬仍其名者，愿笃学君子起而正之。

附：不习举业子弟工夫

习举业者甚寡，不习举业者甚多，其多寡相去，不啻百倍。愚意不习举业之人，必当教之读诸古文，学作书、简、论、记，以通达其文理。乃有迂阔之人，以文理非习八股不能通，后又以八股为难成就，并不以此教子弟，子弟亦以八股为难，竟不欲学。于是不习举业者，百人之中竟无一人略通文艺者。噫！文理欲求佳则难，若欲大略明通，熟读简易古文数十篇，皆能成就，何必由八股而入？试思：未有八股之前，汉、晋、唐、宋恒多名人，其文章之佳，实远过于有明，又其时百家九流能通文艺者甚多，又何尝皆从八股而入也！

附：村落教童蒙法

穷乡僻壤之人，能识数百字者，十人中无一人；能识而又能书者，数十人中无一人，岂果风水浅薄，资质鲁钝至是哉！只缘蒙师在其地训学者，徒悬空教之读书，而不教之认字与多写字故也。盖穷乡之教子弟者，十人之中，不过一人，此一人之教子弟，久不过一年二年，暂不过期年半载。童蒙读过"天地玄黄，宇宙洪荒"，"大学之道，在明明德"，彼焉知"宇宙"作何解说？"明德"、"新民"何解说？此等书义，于何处用得着也！大书馆，亦有背得数句者，废学之后，"宇宙洪荒"字，"明德"、"新民"字，认不得者甚多，亦何取乎能背书哉？惟教之认字与多书字，则实受其益。或曰："认字要矣，多书何谓乎？"余曰，穷乡之人，亦有能识数百字者，若令之执笔书写，则一钩一直有所不能。盖幼时未曾专心学字，手不惯熟也。为之父兄与师者，每日六时，但令二时认字，二时学书，则虽在馆之日无多，年长之后，亦必能识字而兼能书矣。馀功令学算法，为益甚多。

读书作文谱

卷一

凡书之首卷，不得不将根本工夫言之。正虑初学见之，以为迂阔当也，然不可因此将全书去之不阅，后尽有切近易入目者，请随意从后卷起可也。

（一）学基

涉世处事，"敬"字工夫居多；读书穷理，"静"字工夫最要。然涉世处事，亦不可不静；读书穷理，亦不可不敬。二者原未尝可离。故周子言圣人主静，程子喜人静坐，已包敬字在内。朱子恐人流于禅寂，于是单表敬字，曰："动时循理则静时始能静。"此言最为了彻。大抵执事有恪，动时敬也，戒谨恐惧，静时敬也；时行而行，物来顺应，动时静也，时止而止，私意不生，静时静也，二者本不宜分属。但整齐严肃，于事上见得力，故曰：涉世处事，敬字工夫居多也；澄清静坐，于道理上易融会，故曰：读书穷理，静字工夫最要也。今彪先欲人读书穷理，故专阐发"静"字，因多集古人之言以证之。

心非静不能明，性非静不能养，静之为功大矣哉！灯动则不能照物，水动则不能鉴物，静则万物毕见矣。惟心亦然，动则万理皆昏，静则万理皆彻。古人云：静生明。《大学》曰："静而后能安，安而后能虑。"颜子未三十而闻道，盖静之至也。伊川见其徒有闭户澄心静坐者，则极口称赞。或问于朱子曰：程子每喜人静坐何如？朱子曰：静是学者总要路头也。

每日间取半日静坐，半日读书，行之数年，不患不长进。然世人有终日读书不辍者，竟无片时静坐者，是止知读书之有益，而不知静之为功大也。何不取古之言细思之？《易》云：君子以洗心退藏于密。又曰："收敛归藏，乃见性情之实。"《诗》云："夙夜基命宥密。"诸葛武侯曰："宁静以致远。"司马迁曰，内视之谓明，反听之谓聪。诚以静坐不视，则目光内照；不听，则耳灵内彻；不言，则舌华蕴。故曰：三化反照于内，则万化生焉，全才出焉。虽然，非可以徒然从事也，必宜觅致功之法。昔周濂溪欲人寻孔颜真乐在何处，罗仲素欲人看喜怒哀乐未发时气象如何，柴阳皆两赞其妙。彪亦有一诀，欲人寻认此身本来真面目。三法之中，任用一法，时常寻看，或十年，或二十年，寻看得来，固属上智；寻看不来，心亦有所专主，自然能静。即此，是操存实际功夫也。

心无累能静，勤省察以驱闲念能静，不疾行大声能静，不见可欲能静。

人性多喜流动而恶寂静，坐不数刻，心未起而足先行矣，此学人通病也。昔金仁山以带系足于椅，足行而带绊之，乃转复坐。许白云亦于门阈上加横木，每行至门，为木所格，复转静坐。昔之先哲，皆于禁足一事，极其留意也。

天下至精之理，与至佳之文，皆吾性中所固有。孟子曰："万物皆备于我矣"，陆象山曰："人苟知本，六经皆我注脚"，朱子曰："六经所以明理，理既得，可无事于经"。六经且然，何况文字。进而上之，孔子亦曰："余非多识也，予一以贯之。"大圣大贤，其言同出一辙，然则学者亦必从源本上寻讨实功，以为基地，反求于内，使心定性灵，慧光焕发（此须名师指授，非能自发，故古人云：无师传授枉劳心）；外则取精微书卷，简练揣摩，通其世务，精其文章，斯体立而用始随之。若内无根本工夫，虽博极五车，恐于性命之学，终未能有实得也。

（二）文源

武叔卿曰：石韫玉而山辉，水怀珠而川媚。文字俗浅，皆因蕴藉不深；蕴藉不深，皆因涵养未到。涵养之文，气味自然深厚，丰采自然朗润，理有馀趣，神有馀闲，词尽而意不穷，音绝而韵未尽，所谓渊然之光、苍然之色者是也。程明道谓子长著作微情妙旨寄之笔墨蹊径之外。此无他，惟其涵养到，蕴藉深，故其情致疏远若此。

（三）读书总要

有当读之书，有当熟读之书，有当看之书，有当再三细看之书，有必当备以资查之书。书既有正有闲，而正经之中，有精粗高下，有急需不急需之异，故有五等分别也。学者苟不分别当读何书，当熟读何书，当看者何书，当熟看者何书，则工夫缓急先后俱误矣。至于当备考究之，苟不备之，则无以查学，学问知识何从而长哉！

学人博约工夫，有可合成一串者，有可分为两事者。《孟子》博学详说，似先博而后约也；《中庸》博学审问是博之事；慎思明辨是约之事；颜子博文约礼，皆似同时兼行，不分先后。外更有先约后博者，志道、据德、依仁之后，又有游艺工夫也。此三者，虽有或先或后，或同时之异，然皆可合为一串也。惟科举之学，则宜分而为二，何也？科举之学，除经书外，以时文为先务，次则古文。窃谓所读之时文，贵于极约，不约，则不能熟，不熟，则作文时神、气、机、调皆不为我用也。阅者必宜博，经、史与古文、时文不多阅，则学识浅狭，胸中不富，作文无所取材，文必不能过人。由此推之，科举之学，读者当约，阅者宜博，博约又可分两件也。

朱子云：今人读书，只要去看明日未读的，不曾去细绎前日已读底。又曰："今人读书，未看到这里，心已想后面，未曾有所得，便欲舍去了。"朱子为读经、史者规戒，非为读时文者而言，然已确中少年读文弊病。但此弊病，其来有由，只因内无家学，外无师传，虽读过四书五经，尚未讲解明析，此外所读者，非腐烂不堪之时艺，即怪诞之假高文，其诸经、《通鉴》、古文，全未之见，纵读古文数篇，亦不过是坊间所刻，或寄于坊间所卖十数种古文而已。其中所载佳篇甚少，而又皆删头截脚者也。所读者止于如此（余已指其陋处，于选古文条中，更观后诸古文评，而其陋益可见矣）。故腹中空疏，全无所有，于是未读了此篇，又想他篇。若曾读得好书佳文，而又得父兄师友指点，则玩索有味，自然不肯舍置，又安肯孜孜鹜于未读而反忽略夫现在当务之功哉！

按程子言，科举之学兴，士人致功，宜取两月读经史，一月读文章。此言经史、文章宜分月致功也。朱子又将经、史分功，谓读经难，读史易，宜四十日读经，二十日读史。详观其法，皆取分日致功，岂非以精专则易为力欤！近时读书者，皆以午后及夜间阅《鉴》，以作兼课，此难以责备下资也。每日有馀力兼行固善，苟无馀力兼治，则当如程、朱二公之法，分日读之为善。彪又谓读古文、时艺，亦当分先后多寡，如童子幼时，急需在于时艺，故当先读时艺。至时艺读二百篇后，则当半月读古文，半月读时艺，此日期多寡又不可不分也。

十三经，除《仪礼》《公羊》《穀梁》《尔雅》外，其余九经，共四十七万八千九百九十五字。欧阳永叔言，以中资计之，每日读三百字，则四年半可以读毕，即或下资，加一半工，亦九年可以读毕。此语诚是也。余备载其言于《善诱法》中，然终难概望之于人也。故余又立删读诸经法于后。

士人于本经之外，余经皆畏繁（一本作终）难而竟置，此非也。择取大纲与适用者，就简而读，纲领既熟，馀自易阅，不功省而获益多乎？近见五经删本，凡五六种，有已刻者，有未刻者，然亦各出已裁，不能合一。彪于此亦有陋见，与诸删本不同，欲分当读、当阅为二项，为科举之士筹，为下资设法也。《礼记》取内则

《曲礼》《曾子问》《祭法》《祭义》《祭统》（三篇）读之，馀则阅之。《易》则取乾坤两卦，并系辞传、说卦传读之，而大纲已举，馀阅之自易也。《春秋》精义、条例尽见于杜预《春秋左传序》中，熟读其序，更取《左传》佳文多读之，再阅《春秋》本文，证之以《左传》，则经与传皆明晰矣。至于《书》之宜读者，二典二谟与《稷益》也，《禹贡》与《仲虺之诰》，《伊训》《说命》与《洪范》《周官》也，馀阅之可也。《诗》之宜全读者，二南也，十五国风与二雅，则择紧要者读之，《方中》《淇奥》《鸡鸣》《昧且》《驷驖》《小戎》《鸤鸠》《七月》，宜读也；《棠棣》《伐木》《小弁》《蓼莪》《北山》《楚茨》《莆田》《大田》《宾筵》，宜读也；《文王在上》《大明》《瓜瓞》《思齐》《皇矣》《有声》《生民》《公刘》《抑抑》《奕奕》《江汉》，宜读也；三颂可全读，或删三分之一也。盖不读其紧要者，则我与书毫不相习，突然阅之，恐扞格不能相入；读而后阅，有针以引线，必易解、易记也。已上诸经，除四书已读，《左传》繁多不论外，馀《易》《书》《诗》《礼》四经，总计所读之字，不过万五千余言。以下资计之，每日读百五十字，则三百日可以读毕；中资日读二百字，则不必三百日矣。如此简易也，人何不奋励行之哉！宜将经画七八百字，分作五日读之，每日读四十遍，五日之后，必能熟背。此妙法也，今指出与人共之。

《孝经》系托圣之书，不但列于十三经之内，且列于九经之中，读之即可当一经之数，当读一也；其言整齐而有序，由天子以至于庶人，以包括行孝之人，其义由近而远，由小而大，且推至于精微详悉，以包括行孝之事，后世言孝之书虽多，总不能出其范围，当读二也；孝为百行之原，为生人之首务，不读其书，不知何以为孝，何以为非孝，虽欲尽孝不可得矣，当读三也；文辞至简，字止千有八百，不必周旬满月，可以读毕，当读四也。乃竟不得并于四书以取士，而人亦多不读也，谓之何哉！

先儒有言，礼者，天理之节文，人事之仪则。人不知礼，与禽兽奚异！诗曰："相鼠有体，人而无礼，人而无礼，胡不遄死！"甚言礼之不可须臾离，则《礼记》比诸经尤当急读也。朱子云：须将《礼记》选其切于日用者，与人读之。毛稚黄曰：《礼记》"曲礼""内则"二篇宜另简出，并于《四书》命题考试苤必属之学礼专家也。至哉言乎。

《周礼》一书，相传制自周公，有五人信之，即有十人疑之，余亦疑非周公所作也。但其书传世既久，纵非周公所作，亦必是七国与秦时贤士之所为耳，其去古未远，故言有根据，有合于古先圣王之精意，美善之书也。善读书者，于其言之合于四书五经者从之，其不合者，则从四书五经，而不必从其说。若经书所不言，而彼言及者，苟可行之今日，即非周公之书，亦宜遵也；苟不可施之今日，即真周公之书，亦当置也。凡读书者，一当论世，次当论地。世之纯浇不同，地之风俗各异，古圣人良法美意，不能行于后世，不可行于殊方远域者甚多，后之人何能拂乎时势风俗以求合古也。得此意以读书，则无书不获益矣！

凡书之托名者甚多，苟其书真美善，不必问是其人所著否也。人之有大学识者，其淑世之心，每不能自已，笔之于书，又恐不行于世，故托前世圣贤以名之，无害其善也。后之人，辨而赞美之可也，专指其伪，不言其美，令无知者信吾言而鄙弃其书，则辨之者之过矣。惟真庸陋之书，则辟之自不容已也。

钱懋修问："学者看史鉴当在何时？"余曰："此当因人资力。资胜力优者，年十三四时便可致功；其次则十四五；又其次，或十五六必当披阅。但其初必父师讲解一周，然后令彼自阅，始能因文解义，识其成败是非。或父师不能多解，得解一二百张，略知大意，亦庶几焉。不然，史鉴文义高，叙事古，初学何能自阅也。"

《资治通鉴》固非下资所能阅，然不可不备之以资考核，顾瑞屏《正史约》虽止二十余本，似乎太简，然条例颇整齐，似胜于诸刻，亦中下资之稻粱也。类书极多，不下万本，非中资之家所能尽备；惟《文献通考》《唐类函》《正字通》《五车韵瑞》尤系适用之书，稍有馀之家，必当置之以备考核也。

诸经既读，必期于能解，苟不解其义，读无益也。然贫者欲延师而授，恐力有不能，余再四思维，设为三法：其一，随地就师而听讲，先求得其纲领，如《易》之乾、坤，《诗》之二南，《记》之《曲礼》，皆纲领也。纲领既明，则研求之方，已得其半，其未聆解之书，可以推类自考索矣。其一，宜娴古经之句调，盖典、谟、盘诰，语皆古隽，次则《左传》之辞，峭健而华，熟习二书之句调，则他经之文从字顺者，皆可思索而得其解矣。其一，宜联络邻里之士，或姻族之士，资胜兼好学者，或十人，或八人，为讲经会，每人本经之外，各再究一经，彼此互为讲解，以己之长，易人之胜，人亲地迩，谅无难于行者。是三法也，能行一二，自足明经。子弟患无志实学耳，苟真有志求益，何患乎有不及解之经书乎！

《先天图》者，伏羲之所作，久秘于世之方士，康节邵子，得于李挺之者也。其图圆之则如圈，长之则如画，方之又如棋盘，纵横反复，左旋右转，无非宇宙至精至妙之理，无毫厘之勉强者也，包罗天地，囊括万有。邵子作《皇极经世》，发明其所以然者，广博而详尽也；朱子又体邵子之意，作《易学启蒙》，取皇极之理，而简要显明言之，诚晚年学识已定之书也。吾于此图，而知天地之所以为始终，为动静，为升降，为进退，为消长也；知日月星辰之所以为阴阳太少，水土金火之所以刚柔太少也；知四时之所以推迁，识万物之所以为生长、为化、为收藏也，万事之有生、有克、有制化也；更于图见天地之心即我之心，天地之性即我之性，物物具有一太极也；知人之目能收万物之色，耳能收万物之声，鼻能收万物之气，口能收万物之味也；知人之能以心代天意，口代天言，手代天工，身代天事也。能上识天时，下尽地理，中通人事，洞悉物情，故能弥纶天地，出入造化，进退今古，表里人物也，而皆可于其图悟之也，是以不可不学《易》也。执中、一贯、中和、位育之理，不读二书，乌知其理之所以然哉！

人有言，读古文则文章必过高，知者稀少，反不利于功名。此非当论也。夫士之读古文者，十人之中，偶有一人如其所言；此一人者，功名之不成，是古文害之也；其九人者，不读古文，亦不获科第者，岂亦古文之害之乎！夫功名之得失，命实主之，不系文章也。且吾未见有不读古文而制艺佳者，亦未见制艺佳而反不获第者，则古文不当任过也。若人之需古文者非一事也，古文气骨高，笔力健，与经典词句相类，读之则阅经史必能解，不然，不能解也。况欲立言垂后，欲解前人之书，非读古文不能也。居官者，有启奏、有文移、有告谕，不读古文，不能作也；居家者，有往来简牍、有记事文辞、有寿章祭语，不习古文，不能为也。是人之需乎古文者甚多也，可不读也乎哉！

三代、秦、汉之书，全在注解。无注解及注解不确切者，阅读无益也。集成书者，贵乎分类得宜，若不分类及分类不精详者，阅读无益也。今人所著之书，以材不博，谈理不精，文笔不佳者，阅读无益也。校刻虽不必求精，然讹字落句多者，实能令庸人浅学强解错解，为害滋多，乌可阅读！凡书文之陋劣，能蒙闭我之聪明，卑隘我之学问，吾愿世之购书读者，必请教于高明而后觅也。

从古未有止读《四书》一经之贤士，亦未有止读《四书》一经之名臣，故欲知天下之事理，识古今之典故，欲作经世名文，欲为国家建大功业，则诸子中有不可不阅之书，诸语录中有不可不阅之书，典制、志记中有不可不阅之书，九流杂技中有不可不阅之书。即如制艺，小技耳，唐荆川、归震川、金正希辈，皆读许多书，而后能作此可传之制艺也。虽然，此数项中，书甚繁多，其当阅者，岂浅学所自知哉，非请教于高明不能辨也。

卷二

（一）看书总论

人之看书，先当分可已不可已。其可已之书，虽易解，不必披阅；其不可已之书，虽极难，必宜反复求通。如初看时，竟茫然一无所知，不可生畏难心也；逾时再看，或十中晓其一二，不可生怠倦心也；逾时再看，或十中解其五六，更不可萌可已之心也；逾时复看，工夫既到，不期解而自明矣。《大学》所谓用力久而一旦豁然贯通者，岂虚语欤！人安可一阅未能领会，即置之也。

（二）能记由于能解

读书能记，不尽在记性，在乎能解。何以见之？少时记性胜于壮年，不必言矣。然尽有少年读书不过十余行，而壮年反能读三四十行；或少时读书一二张，犹昏然不记，壮年阅书数十张，竟能记其大略者。无他，少时不能解，故不能记，壮年能解，所以能记也。凡人能透彻大原之后，书即易记。此言先得我心也，惟经历者始知之。

（三）讲书、看书当求实际，不可徒藉讲章

古人传、注、疏、解，竭力发挥经书实义，实义尚有未明彻者。不意今人讲章，将前贤发挥实理处，尽皆删削，仅将作文留虚步，及摹拟闲字、虚字，与联络、衬贴，多方蔓衍。闲说既多，实义安得不略？初学之人，见讲章解说如此，竟以为书之实理已止是也，而书之实理，何尝止是？临文举笔时，但识摹拟虚字、闲字，与夫书之联络、衬贴而已，欲正发书中实义，则胸中全无主宰，于是满纸虚衍，以应故事，而文章肤庸极矣！故近日不说实理之讲章，害最深也。

解书看书者，当细推书之实理，则顺文衬贴，亦自在其中。能明乎此，自可减省葛藤工夫，而临作文时，联络、衬贴，未尝不到笔下也。

（四）看史实并要决

凡观书史，须虚心体认。譬如国家之事，单就此一件看，于理亦是；合前后利弊看，内中却有不是存焉。又国家之事，单就此一件看，似乎不是；合前后利弊看，又有大是处存焉。故凡事之是非，必通体观其前后，得力方足据也。

（五）看书须熟思又须卓识

道理难知。初看书时，格格不相入，且不认其粗浅，焉能得其精微？看至三四次，略有入头，然人无不心高气扬，以为实义已得，而不知实竟未尝得也。惟左思右想，再钻入一层、两层，庶几心领意会，知其实义耳。

凡书有难解处，必是著书者持论原有错误，或下字有未妥贴，或承接有不贯串，不可谓古人之言尽无弊也。故读书贵识。

（六）读书、作文当阙所疑

孔子云："多闻阙疑。"又曰："君子于其所不知，盖阙如也。"又曰："不知为不知，是知也。"然则学者必不能无疑，惟在于有疑而能阙。苟不阙而轻发之于言，或妄笔之于书，既贻有学者之非笑，而又误天下后世无学之人。贻有学者之非笑，犹可言也，误天下后世无学之人，过何如矣！故孔子于阙疑殆者，许其寡尤悔；不知为不知者，许其为知，意甚深也。

凡书中有不解处，非必尽旨意遥深，亦或有讹字、落字为之梗塞，惟在读书者会其全旨及上下文而改正焉。至于会通其旨与文，而分不能得其意义，此必多有讹字、落句者，不当附会穿凿，随文强解，惟当以阙疑之意存之，是之谓善读书。否则，误解之害，岂浅鲜哉！

（七）看书进一层法

朱子曰：读书有疑者，须看到无疑；无疑者，须看得有疑。有疑者看到无疑，其益犹浅；无疑者看有疑，其学方进。横渠云："濯去旧见，以来新意"，此之谓也。

（八）书文标记、圈点、评注法

凡书文有圈点，则读者易于领会而句读无讹，不然，遇古奥之句，不免上字下读而下字上读矣。又，文有奇思妙想，非用密圈，则美境不能显；有界限段落，非画断，则章法与命意之妙不易知；

有年号、国号、地名、官名，非加标记，则披阅者苦于检点，不能一目了然矣。

凡书有纲领，有条目，又有根因，有归重。如《春秋》为纲，三传为目；《大学》圣经首节是纲，明明德两节是目。文章策对有纲领、有条目，其余书文可分纲目者少，宜分根因与归重者多。盖根因者，书与文之所由作；归重者，书与文之主意所在是也。今书文纲领、条目之分，人皆知之，而根因与归重之故，人多昧之。昧之，则不知书文之所以然矣！余特揭根因、归重四字，分别其标记，庶几阅书、阅文有定见，而书文易明悉矣。

（九）看书会通法

《标幽赋》云：取五穴用一穴而必端，取三经用一经而可正。言针灸者合上与下之五穴而于中取一穴，则上下自无差；合左与右之三经而于中取一经，则左右必无失。余尝以其理推之于看书，凡书中有疑义，能将上文理会，更取同类书参究，当无有不明者。此即取五穴、取三经之理也。能推此意以看书，书之不可解者少矣。

（十）看书须分界限、段落、节次

经书将界限分清，则此段某意，彼段某意，虽极长难解之书，其纲领条目，精微曲折，可以玩索而得。譬如列宿在天，纷纷错错，安能识其名字？惟将界限分清，则斗极之东，第一层为某几星，第二层为某几星，次舍井然，无难辨识。南北与西，亦如此也。若无分界审视之法，彼纷纷错错者，岂易识乎！观此，则知经书之当分界限矣。

文章之篇幅，较经书倍长，宜将其界限段落分别清白，而后文之精微变化，始能显露。苟模糊混过，如何知其全篇大旨、逐段细意及结构剪裁之妙？余观孙月峰批评《史》《汉》，毛稚黄自课古文读本，毛西河所著书，每段之下，界画分明，非无谓也。如其可已，诸公何必劳心于此哉！凡书中界限段落处，画最宜长，两旁宜过于字之外。若止用小曲画，画于字下之一隅，初学忽而不察，以为可有可无，则徒废分界限、段落之苦心矣。制艺既名八比，即宜每比不容了界限，用画分开，提掇、过渡，亦宜画断，庶几童子阅之，易于领会。不然，章法错综之文，童子浅识，多有阅之再四而不知其结构者，况欲即得其精微意义乎？

文章界限与段落、节次，三者有分，不可混也。如意与词皆止于此，下文乃另发道理，更生议论，与上无关，是为界限。文章意虽尽于此，而辞与气不能遽止，若似过文，宜谓之段落，以其段末即落下也。界限段落，或绕数节，不可以节次言。节次乃其中之小者耳。故曰：三者有分，不可混也。

（十一）看书分层次法

朱子曰：某自二十时，看道理，便要看到那里面精微处。尝看《上蔡语录》，其初将红笔抹出，后又用蓝笔抹出，得又用黄笔抹出，三番之后，更用黑笔抹出。其精微处，自然瞒我不过，渐渐显露出来。

（十二）看书查考审问，更当虚心体认，不可参入偏见

或问书中众说纷乱，不能归一，何以处之？余曰：此当先查考诸书，如有未得，则当问习专经者（专经者，专习此经者也），曰：某项事理，众说纷错，不能归一，君专习某经，此一项见于经中者，君必深明其理，愿详晰示我。谅彼亦不至吝惜不言也。如少有可疑，仍当就最博学者问之，曰：某项事理，众说纷错，愿先生详细教我。彼必乐于训诲，不至隐秘也。如是而有不明晰者鲜矣！划欧阳永叔谓，读书作文，最贵与有识者多商量。盖虚心下问，即是多商量之实际也。

看书讲书，须照圣贤口吻，虚心体认，搀着意见，便失本旨。圣人之言，如日月中天，四面八方皆能毕照，无所遗漏；非如镜悬一壁，止能见一边，不见三面也。后儒资高明者，解圣贤之书，或过于深；资术鲁者，解圣贤之书，又失之浅。虽由天分使然，其不得书之精意则一也。所以然者，亦缘看书不将圣贤口吻虚心体认，

先主意见，故有斯病矣。学者不可不知也。

（十三）论古人读书同异之故

朱子云，读书之法，要先熟读；熟读之后，又当正看、背看、左看、右看；看得是了，未可便说是，更须反复玩味。乃吴主教吕蒙读书与诸葛孔明读书，皆止观大意，则又何也？彪尝以意推之，大凡书有必宜熟读者，有止宜看而会其大意者；至于读书之人，亦有不同，或年长而且禄仕，事机繁杂，读书止取记其理，不取记其词，所以有观大意之说也；少壮未仕者，记性既优，事复稀少，读书既欲精其理，又欲习其词，所以有熟读、熟看之说也。二者各有所指，学者既知其异，又不可不求其同。盖大意所在，即书之纲领，一篇之中，不过数句，加功记之，乃读书至简捷法。吴主、孔明致如此，即朱子于但当看之书，亦何尝不如此也。故曰，求其异，又不可不知其同。

（十四）成人讲书之法及问难之理

经书皆顺序而讲，至于诚、仁、性、道等难解之书，则宜汇集诸书，一齐合讲，庶几明晰。如欲解"仁"字之书，宜将诸书言仁章句，开集一单，置于讲案，以防遗漏。盖精微之理，有全体全用，有半体半用，有一节一肢立言者，有正指，有反形，有因病救偏，有尚论节取，有描写高深，有赞扬绝诣，理非一轨，语散各书，甚难融贯矣！即注解诸章，皆属皮毛敷衍，安能注此即通彼根源，注彼即兼此精妙？原属零星破碎，若再分讲，则讲至《论》《孟》而《学》《庸》茫然，讲至《学》《庸》而《论》《孟》又茫然矣！凡讲书之法，遇难讲之书，贵于数日暗取诸书四面合拢参详，始能窥其实义，此妙诀也。虽然得诀矣，若讲者欲速贪多，使听者神疲鼾睡，则大无益。故一书可合数日讲之，一日当分二次讲之。盖所讲简少，斯听者易记，易于玩索审问也。必令学生作数日体认，仍令其复解，庶几理从心上过，或能会通，能记忆，未可知矣。此成人讲书之法也。

　　学生复讲书时，全要先生驳回问，层层辩驳，如剥物相似，去尽皮，方见肉，去尽肉，方见骨，去尽骨，方见髓，书理始能透彻。不可略见大意，即谓已是也。虽然，凡书不特弟子复讲时，师宜驳难，即先生讲解时，弟子亦宜驳问。先生所讲未彻处，弟子不妨以己见证之。或弟子所问，先生不能答，先生即宜细思，思之不得，当取书考究，学问之相长，正在此也。切勿掩饰己短，支离其说，并恶学生辨难。盖天下事理无穷，圣贤尚有不知，何况后学？不能解者，不妨明白语学生：我于此犹未曾见到。如此则见地高旷，弟子必愈加敬之；不如此，反不为弟子所重矣。

　　凡读古今人书，有所批评，必宜起草，增减既定，用格誊之。若随意品骘，潦草书写，是谓涂朱简编，非批评也。昔孙月峰读书，凡有所评，必草稿已定，而后用格端整书之，不肯以草率从事。故其所评《国策》《史记》，颇有独见。由此推之，即品骘时艺，亦何可轻率也！

卷三

（一）读书作文总期于熟

　　凡经史之书，惟熟则能透彻其底蕴，时文、古文，熟则听我取材，不熟，安能得力也。然熟亦难言矣，但能背，未必即熟也。故书文于能背之后，量吾资加读几多遍，可以极熟不忘，则必如其数加之，而遍数尤宜记也。最忌者，书读至半熟而置，久而始温。既已遗忘，虽两倍其遍数，亦不熟矣！

　　天下事，未经历者，必不如曾经历者之能稍知其理也；经历一周者，必不如经历四五周者之能详悉其理也；经历四五周者，又不如终身练习其事者之熟知其理而能圆通不滞也。故凡人一切所为，生不如熟，熟不如极熟，极熟则能变化推广，纵横高下，无乎不宜。读书作文之理贵于熟，何待言哉！

　　文入妙来无过熟。朴学士尝问欧公为文之法，公曰：于吾侪岂有吝惜，只是要熟耳。变化姿态，皆从熟处出也。又，毛稚黄曰：

读书作文总妙在一熟，熟则无不得力。或谓文亦有生而佳者，答曰：此必熟后之生也。熟后而生，生必佳，若未熟之生，则生疏而已矣！焉得佳乎！是"熟"一字，为作文第一法也。

（二）课程量力始能永久

学者用心太紧，工夫无节，则疾病生焉（惟立课程，则工夫有节）。余亲见读书过劳而矢者五六人。故父师于子弟，懒于读书者，则督责之，勿令嬉游；其过于读书者，当阻抑之，勿令穷日继夜，此因材立教之法也。

有恒是学人彻始彻终工夫，惟有恒，学业始能成就。然人谁不欲有恒？而每不能实践者，以课程不立，学无定规，初时欠缺，久即废弛。惟立简约课程，易于遵守，不使一日有缺以致怠惰因循，方能有恒。大概十五以内，每日间宜取四五时读书，馀可听其散步（少年之人，血气流动，乐于嬉戏，亦须少适其性，太劳苦拘束之，则厌弃之心生矣）；三十以内，或有事，或无事，读书之外，静坐最要，散步次之；三十以外，事有繁简，应事读书之外，或静坐，或散步，各随其意。作文之日，专意为文，不在斯例。此昔贤课程常式也。至于读书一项，以资有敏钝，不能为一定之式，故又另设日记课程以为准则。吕东莱曰：读书最当准立课程，某时读某书、温某书，某时写某字，如家常茶饭，不先不后，应时而供，自然日计不足、月计有馀矣。

书分月日温读讲解，则先后有定序，多寡有定规，自然精专深入，用力少而得效多。其法见《父师善诱法》上卷第六张，仿而行之，其有益也。

附：记课程式

以年为纲领，另记一行。次行记某月，初一日至初五日，读某书某章起，至某章止，温某书某章起，至某章止。读某文，某文已解、未解，已复、未复。读某判某表，已背未背。此五日一记法也。

此月共读书多少章，温书多少卷，共读文、温文多少篇。解某书某章起，至某章止。共读几表，共读几判。以一月总记法也（或脱落一旬半月肧补亦可，仍当断续记去，不可竟置。积丝成寸，积寸成尺，自有进益）。

（三）为学有优游渐积一法

读书有计日程功之法，有优游渐积之法。盖计日程功之法，固为学之准绳，若夫质弱羸病之人，欲计日程功，每日读几行、背几行，此必不得之数，不如将全书每日读一遍，或二三遍，优游渐积，不求速背，反能记矣！彪十七岁以后，羸病凡十五年，濒死者数回，不可多用心，然心欲读《大宗师》《齐物》二篇，于是将二文分日读之。一日读《大宗师》，一日读《齐物》，每日止读一遍，读至二月馀，二书皆探喉能背矣。于此，知优游渐积之法之妙。

一人剧病十余年，不能读书；病愈，题到竟不能成文。一名宿教之曰：当由渐以引之，三日作一篇，当无不成者。人如其言，日致功不间，至半月后，能二日成一艺；又逾半月，能一日成一艺；又逾半月，能一日成二艺，而文且日进。是法也，不特荒疏者相宜，即钝资推此致功，才思亦渐能开发矣。

（四）学有专功深造之法

作文有深造之法。如文章一次做不佳，迟数月将此题为之，必有胜境出矣；再作复不佳，迟数月又将此题为之，必有胜境出矣。盖作文如攻玉然，今日攻去石一层，而玉微见；明日又攻去石一层，而玉更见；更攻不已，石尽而玉全出矣。作文亦然，改窜旧文，重作旧题，始能深造。每月六课文，止宜四次换题，其二次，必令其改窜旧作之有弊者，重作其旧题之全未得窍者，文必日进也。此与浅尝粗入之功大异也。

（五）深思

微言精义，古人难以明言，而待人自悟者，要将其书熟读成诵，取而思之。今日不彻，明日更思，今岁不彻，明岁复思。数年之后，或得于他书，或触于他物，或通于他事，忽然心窍顿开，从前疑义，透底了彻，有不期解而自解者。故孔子曰："未之思也，夫何远之有？"管子云："思之，思之，又重思之，思之不得，鬼神将告之。"余谓鬼神非他，即吾心之灵也。

或静坐之时，或夜气清明之际，偶尔思维，忽然心窍开通，精思妙理层叠而生。过一二日，心窍复闭，前所得者，又不复记忆矣。故须就其心窍开时，即便登记，不可迟也。昔横渠张夫子亦有是言。

凡欲了彻难解之书，须将其书读之至熟，一举想间，全书首尾历历如见。然后取其疑者反复研究，自然有得。若读得不熟，记得此段，忘却彼段，脉络不能贯通，纵令强思，乌通得解？惟读之至熟，时时取来思索，始易得力也。

一人学曹娥碑数年，而毫发不能相肖，因欲学他书。余曰：他书亦未必易学也。凡学艺者，舍手用目，舍目用心，方称善学。今子所用，不但非心，且非目也，徒任手耳，安能得字之神乎？子何不通体将诸字之上下左右而深思其结构之何若也，通体将其点、钩、直、画而深思其笔法之何若也？其人大悟，曰：善。吾昔未闻此言也，徒劳苦吾之手矣。于是反复思维，半月事，而字已肖其七八。噫！学艺且非深思不能得也，而况于读书与处事之大焉者乎。

（六）下问

学问原相平重，而问尤紧要。夫子尝称舜好问，察迩言矣。孟子称舜"舍己从人"，无非取于人矣。人之善，舍问，何从而取也？无非取，则知其无所不问矣。"禹闻善言则拜。"问而得闻善言乃拜，非空善而拜也，则知禹之能下问也，拜则益非人所能及也。周公以圣人之才，又为圣人之子，圣人之孙，圣人之弟，一堂聚首，皆系圣人，有何不明之理、不明之事？乃一饭三吐哺，一沐三握发，惟恐人有善言不及与闻，己有所疑不及问人，其谦虚好问如此也。孔子，圣人之尤也，亦尝问礼于老聃，问官于剡子矣；入太庙，每事问矣：是孔子亦好问也。曾子称颜回曰：以能问于不能，以多问于寡。颜子复圣也，其好问又如此。余就数圣人所为推之，而得其理，譬如燃灯于一厅之上，灯一二盏，则止能照一二席地，必不能照三四席地；若燃数十余灯于一厅之上，则一厅无不照矣！凡一人之聪明才智，止如一二盏之灯，安能照遍天下之事理？好问而并十人之聪明才智于我，譬如燃十盏之灯；更好问而并数十人之聪明才智于我，犹如燃数十盏之灯，自然于天下之事理无不明矣！凡圣人，生来不过十倍人之聪明才智，必无百倍于人者，及至后而百倍于人者，因其好问，能并多人之聪明才智，而聪明才智始大也。此理显然也。无如愚鲁之甚者，腹中一无所有，而自谓才与学已能过人，诩诩然自负而不屑下问，噫！诚可叹可惜也。

高贤良友之前，我能请问，彼自然将我所问之理，阐明开示。若非我之求教，彼安知我所欠缺者是何学问，所疑惑者是何道理？即欲教我，将从何处指授也？故天下无不问而知之理，更无不问而人自教我之理。无如浅学之人，虽有未知未能，恐有学者笑已，甘心不知，不肯下问，不知天下事理无穷，舜、禹、周公、孔子、颜子尚有不知，尚有疑惑，尚且孜孜下问，何况于我？若以问为屈己尊人，则禹之拜，何其屈辱矣！若谓恐人笑我所问之浅近，则孔子尝问官、问太庙之祭器品物矣，非浅近者乎？若恐人笑我所问之人之庸俗，则舜尝问陶渔耕稼之人矣，非庸俗者乎？凡一切屈己下问之事，皆圣人所不讳。圣人且不讳己之短，我何必畏人之笑而讳己短乎！况高人贤士，必不笑人，其笑人者，必无才、无学、无识之庸人也。

凡书中有疑，不当因有师可问，便不登记。偶遇师数日不到馆中，欲问之事，多至遗忘，当记者一也；又，精微之理，我所疑者，或亦先生所未晰，苟非请教有学大儒，乌能得解？当记者二也；又，古今典故繁多，常人不及考究者，何可计数？若不请问博雅之人，必不知其根据，当记者三也。有此三者当记，苟不专置一册子记之，久而遗忘，不及请问高贤，生平学问，因此欠缺者不少矣！

学人未必皆耻于下问，惟因每日有疑，疏忽不记。过时既久，纵遇有学当明，心虽欲问，而所疑者已多提记不起，因而不及问者多矣。

余资钝且多病，不可过用心，每日限三时读书，诸经史疑义，多不能考订明晰。于惠思一捷法，取平日所疑记于册者，按季灵出一单，以邮寄于有道，求其指示。如毛西河、黄梨洲、毛稚黄、吴志伊诸先生，皆余所数数请问而不吝指示者也。故得稍有所知者以此。因附记之。

（七）请问大儒有法

学人当问之事理无穷，获遇有大学识者当前，细琐之事不必问及也。最要之大端，莫如问其当读者何书、何文，当阅者何书、何文，当置备以资考核者何书、何文也。尤切要者，在问当读、阅、备考之书、文，何刻为善本。凡诸经、诸子、通鉴，每书刻本，不下数十种，而善本不得一二；若古文佳刻，尤未见也。吾所读阅之书得善本，自然见识高，才情长；若所阅读之书非善本，自然见识卑，才情劣矣。譬如霜糖作饼，则味自佳；黄糖作之，则味自减；更以砂糖作之，则味益劣而不堪食矣。又譬之以红花染色，其色必研，苏木染之，其色必丑，无有异也。故请教于英贤，惟此数端为最要。其次宜请问最大之经济，盖国之大事，不出二十馀条，家之大事，不出十条。平日将一二十条开列名目，坚记于心，相见之时，取数条质问之，彼必能沂原竟委，历历指出所以然，吾生平年未闻知者，皆闻知，误解、误传授者，皆可改正矣。此皆益之大者也。若仅以己所作之时、古文与诗词，求其笔削，犹属第三四事也。

（八）良师友切磋之法

余幼时读制艺四百余篇，所作之文，平庸肤浅，毫无过人者。应嗣寅教余阅西山《大学衍义》，王言远先生教余读《皇极经世》《易学启蒙》、子静《阳明语录》文必佳，余皆如其言。当其致功时，似与时艺全无与者，及致功未久，而文较前少进矣。又尝读永叔、子瞻之文，心甚爱之，乃读至三百余篇，学为古文，自以为道在是矣，但执笔为文，艰难殊甚。后以文质之毛稚黄，则曰：秀逸清真，但少精紧老健气，须参读周、秦、《史》《汉》。余乃选《左传》《史记》《国策》、《孟子》之文读之，似难攀跻而无所得。既而以所作之文，再质之稚黄，彼以为大胜于前，而己亦觉出笔少易，不似向日艰难矣。乃知书有理浅易，读之味骤，似有益而益少者，有理深难入，读之味徐，似无益而益多者。此中至理，殊难理会，非明师良友指点，无从晓也。

联会背文，最为佳法，从事于此而成名者极多。如先达凌子文联十人会，而发者大半，张心友亦联十人会，而七人中式。其法读文篇数贵多，背时生涩、讹误字句必标记之，使知改正，兼以志罚。昔者江南几社诸公，背时艺之外，更背诸经古文，故不惟科甲多，而名士亦多也（按，背书会每月一举，各背书文十首，逐月递加，一字误，亦有罚，资贮公所，以行善事。遇乡荐之年，背表一篇，策一篇，各出酒肴，背毕聚饮，过奢亦罚）。

余闻三吴之士，联会讲书，或十人，或二十人，每月一会，人与书皆以签定，得签者讲，亦有驳难，诚盛举也；然似犹有未尽者。夫既联会讲书，当如后讲书条内所云，取书中精微之理，汇集诸章，联类而解（其法详见后讲书条内，参看始明）。法宜于二月之前，预拟其书，推学问优者一二人，以书属之，俾其从容玩索，旁参曲证；二月之后，专讲此书，今日不尽，明日继之，精微难明之理，何患不晰？其平常易讲之书，则以签定，分人而讲，庶为良法。曾子曰："君子以文会友，以友辅仁。"世皆以文即为会友是已，而辅仁安在？惟阐发书义，既增长学问，而又有益身心，乃可云辅仁矣。故会讲之法，必如此始称善也。每会轮一人值会，治理诸务，正讲案。挈讲签与记所讲之书，敛资备供给，皆宜会之事。务宜崇俭，以图永久。

学者少壮之后，不可不与品学兼善之友讲书、背书、课文，不然，则记诵不熟，书史不明，文艺不进。然而，止可与同志者隐隐切磋，必不可夸耀如何得朋，如何考业，尤忌者，雌黄人物，群聚嬉游，使酒漫骂，立社名，刻社稿。苟犯一二，初时启相识者之妒忌，渐且来不相识者之攻击矣。观吴郡同声、慎交二社，及浙之魏里、海昌诸社，水火战斗，抵死不休，兄弟翁婿不同社，则相见不拱揖，同席不交言，其害如此。然则联会切磋必不可已，而诸招尤之事，乌可不切戒乎！

卷四

（一）书法总论

握笔有法，笔管在中指、无名指之间，则两指在上，两指在下，是谓双包双抵，笔始有力。若以单指包之，单指抵之，笔无力矣。又，执笔宜浅，大指宜在上节指面，食指宜在中节之旁，中指宜在指头，无名指宜在首节之侧，庶掌虚指活，转动自由。卢隽云：执笔必使掌中空虚，可以握卵，此要法也。

大指下节用力，则字健劲；大指下节宽松，则字圆秀。食指次节但倚笔，不曲抱笔，则笔圆转如游龙；若弯曲紧抱，则笔不圆转而滞硬，作字不速，亦且难佳。故五指全重大、食二指，而二指尤重在食指也。

执笔乃书法纲领，在童蒙尤为切要。故另见童蒙书法中运腕运指法。欧阳公曰："当使指运而腕不知。"

（二）运腕运指法

小字多运指，大字多运腕。后人不分字之大小，而或单言运指，或专重运腕者，皆偏见也。然运指甚难，必于平日提笔在手，时进操练，令手之五指柔和婉转，屈伸、低昂、左右，无不如意，而字始能过人也。

（三）笔锋

书法偏重藏锋亦非正法，必当藏而藏，当露而露，自然入妙也。董内直曰：侧锋取妍，晋人不传之妙。

《书法》有云，如印泥画少者，言用笔贵乎藏锋也。如折钗股者，言屈角贵圆而有力也；如屋漏痕者，言用笔欲其无起止之迹也；如壁折者，或云言用笔贵有波澜，或言用笔贵无起止。此言之，语虽隐秘，意则平常也。

（四）方圆

方中欲有圆，圆中欲有方。方而不圆，则乏丰神；圆而不方，则无筋骨。融而化之，斯称善矣。

（五）钩

直钩锋贵短。

（六）真、行、草书

学楷字成个学，又须拆开学。成个以学其结构，拆开引以学其笔法，庶乎能入妙也。

或曰：自唐以前，草书不过偶尔相连，后世属十数字而不断，号曰"游丝"。不知古人作草，如今人作真，何尝苟且，其相连处，皆是引带其笔，甚轻，非有意也。

或曰：草书之体，如人坐卧行立，揖逊忿争，乘舟跃马，歌舞擗踊，变态非苟焉者。又，一字之体，率有多变，有起有应，如此起者，当如此应，各有义理。

（七）摹书临书

临摹法帖相似之后，再加工临摹百余遍，则反不肖，且不能自辨其工拙，过时写出，竟相似矣；若临摹相肖之后，不加工多写，后日再书，便不甚相似。

（八）名人书法不一体

古人用笔，皆有意义，虽写真楷而常出入于篆、隶、八分，且时兼用飞白、章草，故其书法能变化不测也。

卷五

（一）文章宜分类读

余欲学者分类读文，非令学者从事细琐，为所不当为也。欲学者不多读闲杂之文，则工夫简约，方有余力读诸经史古文，有裨实学，他日居官，见识高远，可以建功立业。又，分类可将一类之文聚于一处，其理其法亦聚于一处，则易于探讨，易于明晰；且分类则知每类至要紧者某题，至难做者是某题，拣择而熟诵之，所读诸题，便可该括他题。此皆分类之益也。若以为无益不足为，亦未尝细思其理矣。

士人读文，宜分其义类，拣必需之题，各读数篇。不然，将闲杂之题多读，不能割爱，其必需之题，反多遗缺，此其弊最大。何也？譬如吴绫蜀绮，非不甚佳，然有以备服饰之需即足矣。设爱博而多购之，十倍其数，则财力有限，必需之物，反致缺少，害可言乎！故余将题分类，欲学者于必需之题，各读数艺，则学克识广，有所取资，重叠之文，自可以不多读也。

凡人读文，宜分题分部，聚成卷册，如单题、单问答题、长问答题、先答后问题、诘问题……此若干题者，各有作法，宜分部集心求其作法之所在也。更有当从义理分类者，如学问也，政事也，君道也，君德也，伦纪也，言行也，道德也，才艺也，德业品诣也，典制也，物类器用也，历境处事也，观人也，教术也，感慨也，记赞孔子及孔子自叙也，记赞古圣道德、学问、勋业也，皆宜分类者也。其有零余细散难以立名者，则附于其相似之类，一题兼数义者，则从其最重者分类。凡以求义理之所在，而与分题相为表里者也。或曰："依前分题，保以能相表里乎？"曰：或以作法分类为主，其分义理之法，但书其文之首，曰：此为某义理之题也；或以义理分类为主，其分题之法，但书其文之首，曰：此某作法之题也。分题不过欲知其作法，既分题，则必知其作法之所以然；分类欲知其义理，既分类则知其义理之所以然。其间义理广博而题繁者，读文从多；义理简要而题寡者，读文从少，此又自然之理，不待言者也。苟能如法分类，集成卷册，深心推究其理与法，则凡题到手，胸中皆有把握，挥洒而出，自无不中规中矩矣。

学者苟能分类读文，不使此类重叠过多，以至彼类有所欠缺，则三百篇无乎不备矣！然尽美尽善之文不可多得，非多购传文，广亲有学，集众选而加采择，取数百年精粹之文，皆入我腹，则约非真约也。识既不高，法又不悉，吾恐视后来新文无不当读，而穷年没岁读之，犹患其少矣。

（二）读文贵极佳

蜂以采花，故能酿蜜；蚕以食桑，故能成丝。倘蜂蚕之所采食者，非桑与花，则其成就必与凡物无异，乌得丝与蜜乎？乃知士人所读之文精，庶几所作之文美，与此固无异也。

专读应世之文，其弊也，恐思路流于庸浅，笔气流于平弱，操管为文，必不能超越流俗；专读传世之文，其弊也，恐刻意求深而流为暗晦，敷词质朴而失于枯燥，又为功名所深忌，故读文之关系至重也，是必有法焉。于应世文中，选其笔秀神妍者，去其笔过神浊者；于传世文中，选项其机神顺利、辞句鲜润者，弃其机神强拗、辞句粗豪者，即雅俗共赏之文也。虽然，如此佳文，虽名稿中不庸数篇，甚难得也。宜多向古今文中选择之，博中取约，庶得乎沙中之金矣。

应世之文与传世之文，虽当兼读，然又不可不分多寡。盖应世之文易成，可以勉强多艺；传世之文难就，不能假借多篇也。棘闱中以多篇取士，而可以少应之乎？故惟应世之文相宜也，略多读焉可也。

凡以所作之文，请教于人，未尝无益，然其为益无多也。一则阅者未必直言，一则我之所学果浅，彼虽直言，吾亦不能因一二文之指点而即变拙为巧，故无甚益也。惟以吾已读之文与欲读之文请问之，求其去取，更问其当读者何文，或得其指点，则获益无尽。何也？所作之文之工拙，必本于所读之文之工拙，用不离乎体也。譬如颜色之美恶由于靛，未有靛残而色能鲜者；茶之高下系乎地，未有地劣而茶能优者。故以所作之文请教于人，必不如以欲读、已读与当读之文请教于人之为愈也。

（三）读文贵极熟

或问云："先达每言读文篇数欲少，而遍数欲多，亦有说乎？"余曰：文章读之极熟，则与我为化，不知是人之文、我之文也。作文进，吾意所欲言，无不随吾所欲，应笔而出，如泉之涌，滔滔不竭。文成之后，自以为辞意皆己出也，他人视之，则以为句句皆从他脱胎也，非熟之至，能如此乎？是境也，惟亲至者乃知之，能言之也。

凡古文、时艺，读之至熟，阅之至细，则彼之气机，皆我之气机，彼之句调，皆我之句调，笔一举而皆趋赴矣。苟读之不熟，阅之不细，气机不与我浃洽，句调不与我镕化，临文时，不来笔下为我驱使，虽多读何益乎？

（四）读文不可有弊病

吾师姜景白先生，文章超迈，其制艺读本，即门下亦不得见之。余再请其故。曰："吾所读者，皆系名文，每有改窜。汝曹年少，不能谨言，传至于人，谓吾多改名文，人必非笑，故不令汝曹见也。然吾所以此者，盖亦有故，以学人熟读之文，作文时其气机每来笔下而不自觉，佳处来而疵处亦至，如归、金之文，其美处非人可及，故虽有疵，而人不以为病。如吾之文，佳处既不及彼，苟又得其疵，不甚无益乎！故吾于其疵处，可改者改之，所以防其来笔下而不自觉也。"

文章不贯串之弊有二：如一篇之中，有数句先后倒置，或数句辞意少碍，理即不贯矣；承接处字句，或虚实失宜，或反正不合，气即不贯矣。二者之弊，虽名文亦多有之。读文者，不当以名人之文，恕于审察，必细心研究，辩析其毫厘之差，可改则改，不可改，宁弃去之，然后己之作文，可免于不贯之弊。

（五）读文不可一例

学者读文，不可专趋一体，必清浓虚实、长短奇平并取，则虽风气尚此，读文有与之合者，风气尚彼，读文亦有与之合者。取其合者，则揣摩之，其不合者，且姑停之。则少读新文数篇，以新笔机，则风气已得矣，此至妙之法也。若专读一家，焉能符合乎？且人亦知韩、柳、欧、苏之称古文大家者，何谓也？王、唐、归、金之称制艺名家者，何谓也？以其集中清浓虚实、长短奇平，无所不有，故称大家名家也。若止有一体，连阅数十篇，了无所异，则陋之至矣，安得称大家名家乎！彼之以文出于一律一体为到家者，真庸妄之言也。

（六）风气转移，文章新旧

文章风气，倏忽改移，未有十年不变者，何必竭力趋迎，多读新文也！或问曰："然则文章竟不必合时乎？"曰：略随时尚则可，竭力趋时必不可。何也？凡效尤之事，人人相崇相尚，欲求胜人，未有不一往过甚者。一至过中，失其正的，此见可疵，不见可美。物极则反，未有不反而倒转者。故清空之至，势必反乎厚实；幽刻之至，势必反乎平浅，必然之理也。即或不反，未有不另变一途者，文之体段多端，任其所趋，乌能禁止！故学人趋时，风气善，亦止趋其三分；风气偏，止当趋其分许。本色之内，略加时尚，则内体不失乎旧，外用不违乎新，文章既佳，功名亦利。设必逢迎时尚，多读新文，弃去旧文，倏忽之间风气又改，则既忘其得力之旧文，而力又不能再读其未读之新文，此两败之术也，岂胜算欤！

文章尚新，多在小试，棘闱未必尽然也。何以见之？从来名公，其文章杰迈庸众、卓然可传者，明则如王、唐，清则如熊、韩，不但其窗下之文与风气异，即其场中墨卷，亦大与风气相反，而其取巍乎也如拾芥，则棘闱不拘风气之明验矣。且人亦知场中有主之者乎？非文也！命也！合当其所贵，则平日之际文佳而此日之文更美，文美虽不合风气，亦必售也。命不当其所贵，则平日之文虽美而此日之文或不佳，文不佳，虽合风气亦无益也。此固有造物司其权也。以造物司权，生来已定之事，而欲以趋迎风气之文勉强得之，岂不谬妄之甚乎！

（七）读书贵深造，不可贪多

凡读文贪多者，必不能深造，能深造者，必不贪多。此理当深悟也。盖读一篇，能求名人指点，剖悉精微，从而细加审玩，则读十可以当百；若不求名人指点，更不精研细阅，虽平浅之文，尚不能窥其所以，何况精深者，虽读百，不如十也。无如浅人不知深造之益，只务贪多，此篇尚读未竟，又欲更读他篇，究之读过之文，窃妙精微了无所得。噫！吾决其所作之文之不必能胜人也。

（八）文章阅读主流之法

今人读圣经贤传有细心理会者，至时艺则易视之，止于读时玩味而已，不知口既出声，气即飞扬，心即不能入细矣。文章须静坐细审，岂能以一读了其微妙！朱子云，文章要有三熟：读时熟，看时熟，玩味时熟。又曰：大凡读书，且止宜读，不可只管思。口中读取，心中安闲，则义理自出。若阅时当细玩，又不宜读也。观此，分明读自读、看自看，工夫不能一时并营矣。常人但于读时咀嚼其粗浅，不能默坐沉思以求其精深，岂能得文中窃妙乎！虽然，又有专看而不读者，文必不能熟，其弊又与读而不看者等也。

读文宜屏息静坐，先取题中神理详加体认，体认未明，必当取书考究，然后阅文，方有得也。且读文而无评注，即偶能窥其微妙，日后终至茫然，故评注不可已也。如阐发题前，映带题后，发挥某句，发挥某字，及宾主浅深开合顺逆之类，凡合法处皆宜注明，再阅时，可以不烦思索而得其中说悉。读文之时，实有所得，则作文之时，自然有凭藉矣。

（九）文章惟多做始能精熟

谚云：读十篇，不如做一篇。盖常做则机关熟，题虽甚难，为之亦易；不常做则理路生，题虽甚易，为之则难。沈虹野云："文章硬涩，由于不熟；不熟，由不多做。"信哉言乎。

学人只喜多读文章，不喜多做文章，不知多读乃藉人之工夫，

121

多做乃切实求己工夫，其益相去远也。人之不乐多做者，大抵因艰难费力之故，不知艰难费力者，由于手笔不熟也。若荒疏之后，作文艰难，每日即一篇、半篇亦无不可，渐演至熟，自然易矣。又，不可因不佳而懈其心，懒于做也。文章不能一做便佳，须频改之方入妙耳。此意学人必不可不知也。

（十）文章全藉改窜

文章最难落笔便佳。如欧阳永叔为文，既成，书而粘之于壁，朝夕观览，有改而仅存其半者，有改而复改，与原本无一字存者。《曲洧旧闻》云：读欧阳公文，疑其随意写出，不假斫削工夫，及见其草，修饰之后与始落笔有十不存五六者，乃知文章全藉改窜也。欧公尚然，人可以悟矣。文章誊清之后，或有改窜，倘改而又改，则清本必至模糊难阅，当更誊过矣。惟另改于一册，或改于旧草之上，俟斟酌既定，然后誊于清本，由可省更录之劳。

欧阳永叔自言为文，有改至不存原本一字者。因思古名人未必不多如此，但不能如欧公之真笃不矜，肯自言以教人耳。

古人虽云文章多做，则疵病不待人指摘而自能知之。然当其甫做就时，疵病亦不能确见，当改则改之，不然且置之，俟迟数月，取出一观，妍丑了然于心，改之自易，亦惟斯时改之始确耳。

（十一）作文精研一法

佳文最难，毕生岂易多得？即如古称大家名家者，轶群之作，不过数十篇，至多不越百篇，外此则多寻常者也。彼其轶群之作，或系一时而就，或系数日锤炼而就，或系他年改窜而就，非拘定一日所作也。人于一日之间，文或不佳，必不可生退怠心，更不可将所作毁弃，迟数月，仍以其题再作，有一篇未是之文，反触其机，即有一佳文出焉。此中妙境，惟亲阅历者，乃能知也。

（十二）作文上乘工夫

人生作文，须有数月发愤功夫，而后文章始得大进。盖平常作文，非不用力，然未用紧迫工夫从心打透，故其获效自浅。必专一致功，连作文一二月，然后心窍开通，灵明焕发，文机增长，自有不可以常理论者。然须倩明人详阅，方知是非，不然又无益也。昔唐荆川、瞿昆湖、熊次侯三先生致功如是，而袁坤仪、毛稚黄之屡以此法告人，谅非虚语。余更以释氏结制之理思之，似有水乳之合。盖宗门释子，于结制之日，断绝妄想，专提一话头，不即不离，日夜在心，一二七之后，多有豁然大悟，触处灵通，一了百当者。作文连绵不断，至一二月心不走漏，则灵明焕发，奇功异效，有必然者。然必前此有数月静坐工夫，养此心虚灵湛，然无一毫尘俗系于其心，而后致功，方有益也。故当以前卷文源之理参之，始知其详矣。或曰：此工夫宜择时行之，秋冬为主，须预养精神，服药饵，然后得以致功无间；不然，恐又有精神疲惫致病之虞矣。体弱者幸勿轻试焉。

（十三）三先生实事

昔唐荆川于戊子年正月读书，一切纷华杂事，总不撄清，终日想题目，饭时，呼之常不应，阅四月而举业大成矣。瞿昆湖坐五柳堂，终日作文，未及百日，水流风动，草长花开，恍然见文机发见。是年遂登科，明年及第。熊次侯在西山静坐一年，后连作文百日，文章杰迈，遂大魁于天下。

（十四）补遗：改窜法

文章初脱稿时，弊病多不自觉，过数月后，始能改窜。其故何也？凡人作文，心思一时多不能遍到，过数月后，遗漏之义始能见及，故易改也。又，当其时，执着此意，即不能转改他意；异时心意虚平，无所执着，前日所作，有未是处，俱能辨之，所以易改。故欲文之佳者，脱稿时固宜推敲，后此尤不可不修饰润色也。

卷六

（一）临文体认工夫

凡一题到手，必不可轻易落笔，将通章之书，缓缓背过，细想神理，看其总意何在，分意何在，界限节次何在（大为界限，小为节次），某节虚，某节实，某句虚，某句实，某字虚，某字实。虚者，题语虽多而文宜略；实者，题语虽少而文宜详，此最要诀也。又，题中所有意义，宜详该，不宜遗漏；正意当实阐，馀意可带发；章旨当顾者顾之；下意可吸者吸之；可反形者，借以反形；可陪讲者，用以陪讲；应补缺者，必须补缺；应推广者，必须推广。思索已遍，然后定一稳当格局，将所有几层意思宜前者布之于前，宜中者布之于中，宜后与末者布之于后与末，然后举疾书，自然有结构，有剪裁，与他人逐段逐句经营者不同矣。

短题贵分，分则意思多，议论亦多，文未有不优者；长题贵合，合则头绪不纷，说理减省，布置整齐，词彩冠冕，文亦易于见长也。

（二）布格

文章全在布置，"格"即布置之体段也。虽正、变、高、下不同，然作文之时必须定一格，以为布置之准则，而文乃成片段。虽然，难言之矣。不知题理题窍，临文时必无决断，一心欲为此，一心又欲为彼也。不知种种运用法，即为此而机神不随，为彼而词华不应，于是任笔所之，听到其凑成一格，虽勉旨成篇，终至详略失宜，虚实浅深倒置，题理题窍皆不合也。若能知夫题理、题窍与种种运用法，则一题虽有多格，必能辨其孰变孰正、孰下孰高，意欲为此，机亦来随，词亦来应也。夫题之理与窍与法，昔人未肯详言，余今尽发于第四至七卷中，细心体认坚记，当有所得，不患格之不能预定矣。

初间定格，至中而变，固亦常事。但既变之后，亦须将反正、浅深、照应、关锁再斟酌定，然后为之。若不如此，任笔所之，未有佳者。

（三）时文有取用、自撰有端

作文原不必剿袭，自己做得熟时，词调自然辐辏，笔底滔滔不知从何处得来。是何以故？盖文章者，性之化也。性之精华取不穷而用不竭，第无以引之，则亦无由发现。惟多做而熟者，能通其路而引出之。如草木之性，无不含花，气未至则蓄而不发，时至气感，不期然而花开烂漫矣。

人言制艺，宜自经营者十之六，言不妨用于人者，亦十之四。彪细思之，二说皆宜存而不可偏废，一为文章起见，一为功名起见也。凡人应试，风檐（很短的时间内）寸晷（临场应试），刻期七艺（限定时间做好篇文章），自做者劳苦而或有出入，反不如善用者畅停匀，无参差枯竭之病，足以悦主司之目而得功名也。功名既得，则有功业传于后，岂不更胜于文章传后者乎！则能作者诚不如能用者，故曰：为功名起见也。人生读文，多者不过三百余篇，少者不过二百余篇，（疑缺一"难"字）保无有有或遇一二题，所读之文竟无可用，仍须自己经营；更或久久倚傍他人，一旦无所依倚，虽竭力构思，终不能出人头地，则能用者又不如惯作者之有把握也，故曰：为文章起见也。如是，则二说皆有当，不可偏废。彪有折衷之论焉，文章自出机杼，则文品高而传合亦久，既作一题，必宜竭力经营，不当先思剿袭。以用为辅，遇可用者，不妨借用，如兵家之因粮于敌，如此，则并行而不相左矣。

（四）修词

词有宜、有忌。其宜者，曰轻新，曰秀逸，曰明显，曰老健，曰典雅，曰润泽，曰流利，曰长短相间，曰奇偶停匀，曰抑扬合节，曰平仄各调；其忌者，曰板重，曰粗俚，曰暗晦，曰庸熟，曰凿空，曰涩拗，曰重叠。宜者合一地亦佳，忌者必宜全去。捶炼而后精，不锤炼，未必能精也。淘洗而后洁，不淘洗，未必能洁也。落笔之时，与脱稿之后，俱宜润色之。

文章修词一事，不过以凡有文词贵乎出之以轻松秀逸、古雅典确、奇偶相参、虚实长短相间。转掉处，以高老雄键佐之，段止势尽处，以抑扬顿挫参之，使意尽而余韵悠然，更得平仄谐和，句调协适，文采灿然可观矣。古人谓不必修词者，亦止欲词如此也，岂尚浮靡雕绘也。古人谓必宜修词者，亦止欲词如此也，岂尚浮靡雕

125

绘哉！言虽异而意未尝不一矣。程楷曰：修词无他巧，惟要知换字之法。琐碎字，宜以冠冕字换之；庸俗字，宜以文雅字换之，务令自然，毋使杜撰，此即修词之谓也。若以浮靡之言，反掩文之真意，则可鄙之词也，何以修为？知此，可无疑于人言之不一矣。

文章有修词琢句、反复求工而不能尽善，其故何也？以与平仄不相协也。盖平仄乃天然之音节，苟一违之，虽至美之词，亦不佳矣。作文者，苟知其理，凡句调有不顺适者，将上下相连数句或颠倒其文，或增损其字，以调其平仄，平仄一调，而句调无不工矣。

（五）论文疏密、长短、奇正

文章长短，不可拘一律，如司马迁《项羽本纪》长八千八百一十九字，《赵世家》长一万一千一百十三字，《颜渊列传》仅有二百四十字，《仲弓列传》止六十三字，此司马迁文章长短不拘一律也。又如《左传·韩之战》一篇，长二千六百六十三字，《郑人侵卫》一篇，仅有八十字，《考仲子之宫》一篇，仅有六十二字，此《左传》之文长短不拘一律也。故知文章原有不得不长、不得不短之妙。如题无可阐发者，不可强使之长，长则敷衍支蔓矣；题应重阐发者，不可疏率令短，短则意不周详，词不畅达矣。世人乃曰：文贵长短一律。呜呼！二十八宿井木长三十一度，而觜（二十八宿之一）火止一度，非列宿乎？列宿，天之文章也。开之文章尚不拘如此，人之文章不可推类乎？

（六）作文引用经史典故

时艺引用经史，宜典雅显明者如无弊，若用陷僻生涩之言，非但不足以增华，反足为吾文之玷。考试之文，尤当细心拣择，不然语非习见，又不易解，学浅者不知为经史，多致涂抹，安保不绌落乎？何可不加慎也！

（七）论应试文

学人改读自作经文，最为长策，盖士人不患无七篇之才思，患无七篇之精力。场中席舍迫狭，终夕不能成寐，精神发疲，苟欲七篇尽出场内经营，则力量必减，而所作不能过人矣。故场中止宜专心书艺，其经文必当平日做就读之，入场书写，方得文章克满整齐，前后如一，不然，未有不捉襟露肘者，欲求试官入目，难矣！时有一俗师曰："己之文焉可诵读？"余曰："君之见左矣！窗下尽一日之长，但作两艺，又可以今时所作，他时改窜，尚且自谓不佳，不可记诵，则风檐寸晷之下，一日七艺不及推敲润色者，反谓足以慊于心，动主司目，吾不信矣。"其人愧而无言。

（八）临场涵养

余闻诸缙绅先生，其用工进取有二法：一于大比年之正月始，每日作文篇，至临场而止；一于大比前一年之八月始，每三六九作文二艺，限定其时刻，心得尽文成为节，不令少迟。二者，一取其纯熟，一取其速成，然速而至于久，未有不熟者，熟而至于久，未有不速者，是二者用工虽殊，其致一也。如此，神精翕聚，文必精工，既具过人之技，焉有不成名者乎！

卷七

（一）文章诸法

卷内所载文章诸法，其古文、时艺合者，或专就古文者，以该时艺；或专就时艺言，以该古文；至于法不相合者，则提出古文、时艺名目，分阐其理。阅者须知书内所以分合之故也。

□总论

先辈云：文章大法有四：一曰章法，二曰股法，三曰句法，四曰字法。四法明，而文始有规矩矣。四法之中，章法最重，股法次之，句法、字法又次之。重者固宜极意经营，次者亦宜尽心斟酌也。

（股法相当于今天的段落作法。）

□ 深浅虚实

文章非实不足以阐发义理，非虚不足以摇曳神情，故虚实宜相济也。浅以指陈其大概，而深以刻划精微，故深浅不可相离也。又曰：深浅虚实，虽古今文之大纲，然约略其概，不出四端：有由虚入实、由浅入深挨序渐进者；有一实一虚、一浅一深相间成文者。此二者人皆知之。至于变体，则有前幅实义已尽，后幅不得不驾虚行空，或衬贴旁意，或推广馀情者；有前半刻意深入，后半无可复深，不得不轻描淡写，或援引古昔，或附带他事者。此二者，人少知之。然四者结构虽不同，而当理合宜则一也。能悟斯理，即可以尽浅深虚实之致矣。

□ 开阖

人皆以开阖为文之要法，而不知最难知者开阖也。诸家所言，多未明悉，今反复细思，乃得其理，盖开阖者，乃于诸法中而兼抑扬之致，或兼反正之致者是也。如宾主、擒纵、虚实、深浅诸法，皆对待者也。有对待而无抑扬、反正之致，则宾主自宾主也，擒纵自擒纵也，虚实自虚实也，不可云开阖。惟对待中，兼有抑扬反正之致，譬如水之逆风，风之逆水，一往一来，激而成文，而波澜出焉，乃真开阖也。而惜乎其理之久晦也。就时艺论，有本股自为开阖者，有二股共为开阖者，有四股共为开阖者，有通篇大开大阖者，得其法者，文多错综变化，有纵横离合之致焉。故开阖为时艺要法也。

□ 描写

文之有描写，犹画者之描写人容也。容貌毫发不肖，不得谓之工；即容貌肖矣，而神气毫发不肖，亦不得谓之工。故文章最重描写，而最难者亦无如描写也。是以描写宜细，不细即粗陋矣；描写宜详，不详即缺略矣；描写宜文，不文即俚俗矣；描写宜正，不正即邪野矣。本位不可描写，宜描写其对面；中间不可描写，宜描写其两旁。能如此，而文焉有不工者乎！

附：对面描写

凡题有正面，有反面，有旁面，有对面，惟对面人少知之。作文取对面与本位相形，或专描写对面而神情愈出，此理人益少知之。如"有朋自远方来"一节题，言"朋得我，则疑有与析，惑有与解，切磋，勉励，德业日进，朋且甚乐，而况于我乎！"此两面相开法也。又如"诣笑"两字题文，将"贵人因此爱之，贵人因此恶之"作二股，此描写对面一边也。而"其所薄者厚"题文，内有"所薄者将自慰曰：吾本不当望其厚也，彼于所厚者而且然耳，而又何敢妄云其薄！"此又用代法描写对面也。作文能知此理，何患题之枯寂乎！

□ 衬贴

凡文之有衬，如金玉之用雕镂，绫绮之装花锦，虽无益于日用，而光彩陆离，令人贵重，端在于此。文章固有不必用衬者，若当衬者不衬，则匡廓狭小，意味单薄，无华赡之致矣。但衬之理不一，或以目之所见衬，或以耳之所闻衬，或以经史衬；或以古人往事衬；或以对面衬，或以旁观衬；或牵引上文衬，或逆取下意衬，皆衬贴也。作文能知衬贴，则文章充满光彩，何待言哉！他衬贴易知，惟对面衬贴，人知者少，今附见于后。

附：对面衬贴

汪武曹评许子逊《文王视民如伤》文云：有如"伤"，对面即有"真伤"一层；有"文王之视民"，对面即有"民之自视与夫视文王之民"两层。又评李叔元《今吾子以邻国为壑》文云：有"邻国之怨我"，对面即有"吾民之德我"一层；有"吾可以邻国为壑"，对面即有"邻国亦可以吾为壑"一层。此二文者，对面衬贴之榜样也。

□ 跌宕

文章既得情理，必兼有跌宕，然后神情摇曳，姿态横生，不期然而阅者心喜矣。如作乐然，乐之能动人者，非以声也，以音也；又非仅以音，以馀韵也。乐有声而无音，有音而无馀韵，能令人快耳爽心否乎？文章亦然，无馀情馀韵，使丰神摇曳，则一蠢然死板之文耳，安能令人心喜哉！故跌宕为文章最佳境也。

□ 详略

毛稚黄曰：详略者，题入手裁之以识，洞见巨细，巨详细略，尤细者去之，无烦涉笔。又，或略其巨，详其细，琐琐而不厌，恒情熟径，我其舍之，斯神化之境矣。（按，后六句乃古文之别境，不可不知，然制艺则不常用。）

□ 先后

文章当先当后，苟得合宜，虽命意措词不甚过人，而大概已佳；若位置失宜，当先反后，当后反先，虽词采绚烂，思路新奇，亦紊乱不成章矣。且位置失宜，则步步皆成窘境，欲成篇且难，而遑问乎美恶乎？故先后位置，临文不可不细心斟酌也。

□ 宾主

文不以宾形主，多不能醒，且不能畅。如《孟子》"今王鼓乐于此"必借田猎相形，言放良心、伐夜气，而必以牛山之木设喻，非此法欤？以制艺言之，凡借一理、一事、一说，形出本题正意者，无非宾主也。然有单宾单主，又有主中主、宾中宾，更有宾中主、主中宾之分，其理不可不辨。所谓宾中主、主中宾者，如《百里奚章》，百里奚是主，宫之奇是宾；《古之君子仕乎》章，仕是主，诸侯耕助等是宾。……至于古文中之宾中宾，尤不可胜指，观《左传》栾盈出奔楚，《史记》孟尝、平原诸文，即知之。奈何论者之多错误也。

□ 翻论

文章有不假翻论者，有宜于翻论者，借浅以翻深，借非以翻是。不翻，则是者不见，深者不出，故宜于翻也。又有翻古人之成案者，如古人否者我贤之，古人是者我非之。当于理，则圣贤之功臣也，后学之耳目也。不然，以偏蔽之辞，佐其臆见曲说，则人非鬼责，必不免焉。有才者，不可不深戒乎此也。

□ 进退

虚缩题已做到题面，便是进不得处，其用逆接、反接者，即退法之一端也。

□ 转折

文章说到此理已尽，似难再说，拙笔至此技穷矣。巧人一转弯，便又另是一番境界，可以生出许多议论。理境无穷，若欲更进，未尝不可再转也。凡更进一层，另起一论者，皆转之理也。至于折，则微不同。折，则有回环反复之致焉，从东而折西，或又从西折东也。其间有数十句中四五折者，有三四句一句一折者，大都四五折，即不可复折。其往复合离、抑扬高下之致，较之平叙无波者，自然意味不同也。此折之理也。

□ 推原

推原者，或从后面而推原其来历，或因行事而推原其用心，或因疑似而推原其所以然。三者皆理有所不容已也。故文中往往用之。且有通篇用此法者，亦有通篇用此法全借代法以行文者，……人第知其代法也，而岂知其实推原法乎？

□ 推广

文至后幅，正义已尽，难以发挥，可于题外推广一层，苟说得有关系，有根据，则前半文情，得此愈振动也。

□ 反正

柴虎臣曰：文家用意遣辞，必反正相因，无正不切实，无反不醒豁。其间或正在前、反在后，或正在后、反在前，则在随题布置，初非可执定者也。大要反正互用，宾主错综，然后文机灵变出矣。

□ 照应

照应之理，以时艺言之，起讲与一二股俱可用意照后，五六七八与缴股，俱可用意应前，即中幅亦可应前照后，无定式可拘也。时艺近体，有一二股下，先立数柱，后乃逐段应转者，此亦时艺式也。以古文言之，唐宋古文，亦多前半与后半相为照应，宋策亦有前半立柱，而后逐段应转者，然此等处学之者多，则不免落于蹊径。若周、秦、汉古文，其照应有异，多在闲处点染，不即不离之间，超脱变化。虽然，若时艺，又不可以周、秦古文之法律之。

□ 关锁

柴虎臣曰：锁者，文势至此极流，须用关锁，如山翔水走不得一锁，使大气结聚，必不成州县、市镇也。文章若无关锁，则随笔所之，难免散漫之患。又有锁上而复起下者，此又锁而兼联络者也。

□ 代

如圣贤论人贤否，或论事之是非，我作其题，已是代圣贤口吻发论矣。然单代圣贤口气，犹不能描写曲尽，乃更将圣贤口气代其人自说一番，则神气无不毕露。此代法之所由起也。古之制艺皆需之，如记事题，评论在下，一着议论，即犯下文；虚缩题，用我意阐发，多至犯下，二者俱难措手。惟用代法，代其人自言，则俱在题前着笔，方无犯下之病。又，凡文中用推原法者，先辈多假代法出之，则事理愈加明晰，此皆代法之妙也。

□ 咏叹

文章有前半实义已尽，后半再不宜实发理也。然体裁神韵之间，犹似未可骤止，故用咏叹法以尽其余情，则体裁舒展而神韵悠扬，文之动人反不在前半实处，而在此虚处矣。其体裁或长或短，或整或散，则不拘也。

□ 遥接

有遥接法。如一段文章，意虽发挥未尽，而有不得不暂住之势，若复加阐发，气必懈驰，神必散漫矣。惟将他意插发一段，则神气始振动华赡也。发挥之后，复接前意立论，谓之遥接。又，叙事之文，挨年次月者，发挥本身之事或未竟，其时适又有他人相关之事，理宜带叙，则本人未竟之事，不得不接叙于是后，此古文遥接法也。

□ 带叙、附叙

附法者，譬有文于此，将可附之人，与可附之事，附叙于此文之中，而不更立篇章是也。如《史记·季布传》附叙季心，《张释之传》附叙王生，此附法也。带者，或中间，或末后，只将数语带及之是也，比附法又简略矣。然亦必有关系，或他年他事张本者，则带之；或理与事可以相通，见于此则可省于彼者，则带之，非无谓也。时艺少用，凡著书及作经世大文，用此法最多云。

□ 抑扬

凡文欲发扬，先以数语束抑，令其气收敛，笔情屈曲，故谓之抑；抑后随以数语振发，乃谓之扬，使文章有气有势，光焰逼人。此法文中用之极多，最为紧要。太史公诸赞，乃抑扬之一端，非全体也。世人不知，竟以为其法止可用之评论人物，何其小视其法也。其先扬后抑，反此而观。

□ 顿挫

文章无一气直行之理，一气直行，则不但无飞动之致，而且难生发，故必用一二语顿之，以作起势（此"顿"字须作振顿之顿字看），或用一二语挫之，以作止势，而后可施开拓转折之意。此文章所以贵乎顿挫也。若以"顿"作"住"字解，则误矣。按，抑扬者，先抑后扬也；顿挫者，犹先扬后抑之理，以其不可名"扬抑"，而名"顿挫"，其实无二义也。

□ 虚衍

文章最忌敷衍，而文章佳处，又有在虚衍者，其理何居？曰：应实发处不能实发，谓之敷衍；地位不可实发处，虚虚布置，谓之虚衍，二者原不同也。所以然者，以当虚处不留余地，则实处不免消索与重复。又虚缩题，股尾实发，即有犯下之病，故往往用虚衍法以留馀，文乃佳也。

□ 顺逆

制艺代圣贤口吻，发明圣贤道理，宜顺题生发，使先后次序井然，斯佳也。岂知题有宜逆发者在也，何也？凡书后句、后段之意，原有藏于首句、首节之前者，题前既有，则不妨逆发。逆发，则有振衣千仞之势，凡文之宜顺、宜逆，皆因乎题，题当顺发则顺为佳，题当逆发则逆为佳，不可以随吾意偏主也。

□ 预伏

有预伏法。如一篇文中所载不止一事与一意，或此一事一意不

133

能于篇首即见，而见于中幅，或见于后幅，作者恐后突然而出，嫌于无根，则于篇首预伏一二句以为张本，则中后文章皆有脉络。汪武曹论时艺上下两截题，作上句必须预伏下句意，则发下句为力也。其他题应用伏法者，可以类推。

□ 补法

以时艺言之，有补题缺法，有补题前、题后法，有补文情不足法。若夫古文之补法，又自有体，不可不知，如《左传》《史记》诸传中，凡叙一人，必详悉备至，苟与其人有相关之事，虽事在国家，或事属他人，必补出之，以著其是非。又，前数年之事，与后数年之事，苟与其事有相关，必补出之，以著其本末。又，凡文中有两意两事，不能于一处并写者，则留一意一事于闲处补之，皆补法也。

□ 挨讲、穿插

凡作文有挨讲，亦有穿插，挨讲多，穿插少，自有分寸，总贵合宜而用也。但穿插贵于自然，不可勉强。《史记·酷吏传》郅都、宁成、义纵、赵禹、张汤事，皆穿插成文;《蔺廉列传》相如、廉颇、赵奢事，亦多插叙。因其人其事原有关涉，可以交互，故交互成章耳。惟交互，故错综变化，所以其文如蛱蝶穿花，游鱼戏水，令人读之起舞也。《水浒》《西游》《三国》，皆祖其法以为蓝本。

□ 省笔

文恐太繁，宜用省笔以行之，有省文、省句之不同。如"其他仿此""余可类推"之类，乃省文法也。"舜亦以命禹""河东凶亦然"之类，省句法也。作文知省文、省句两法，则文不至繁冗矣。

30. 分总

文章有总有分，则神气清而力量胜。故前总发者，后必分叙；前分叙者，后必总发。又有迭总迭分、错综变化者，此又古文中之化境也。

□ 一意推出三四层

时艺有从一意中推出第二层，又从二层中推出第三层者，此名一层进一层。古文中有一层推出三四层者，苏子瞻之《势论》《王者不治彝翟论》是也。此其法不在能进，而在能留，能一层留一层，斯能一层进一层也。此诀人所不易知，亦能文者所不肯与人言者也。

□ 牵上搭下法、类叙法

王虎文曰：唐荆川立此二法者，所以备长题驾御之用也。盖长题之节次繁多，作文者必一段说完，始再说一段，重起炉灶，气势便缓散不收，不能简劲雄峻矣。故欲文章得势，自不得不用牵上搭下法，以我机神，化题阡陌，所以减去接落之痕，而使归一片也。如《庄子·逍遥游》篇，"蜩与莺鸠"一段，与"朝菌不知"一段，语意不同，乃于上段结一句曰："之二虫其何知？"遂接"小知不及大知"句以牵上，接"小年不及大年"句以搭下，则上下两节不必联络而文情镕成一片矣。此牵上搭下法也。又，作长题，挨讲则无势，惟驾御，始有起伏波澜，但驾御之文，体裁既逆，不免遗漏题面，故用类叙法以佐之。将零星字眼并叙一处，或总叙于前，或连叙于中，或补叙于后，则虽驾御而无挂漏矣。譬如"牵牛章"题，将"泰山折枝"、"缘木求鱼"等与"百钧一羽"，"秋毫舆薪"类叙一处可也。将轻煖、肥甘、采色、便嬖等，与土地秦楚、中国四夷类叙一处可也，所谓类叙也。二者皆长题秘藏，非文章宗匠乌能言此与！

（二）文中用字法

文章句调不佳，总由于平仄未协，与虚字用之未当也。余尝作文极意修词，而词终不能顺适，初时亦不知所以，及细推其故，乃知为平仄未协，一转移之，即音韵铿锵矣。乃知古人所谓文笔佳者，不过平仄调与虚字用之合法也。故文章虽命意极工，谈理极正，而于二者不求尽善，终不能令人击节，其关系文章之重如此。

后诸虚字用法，载在梁素治《学文第一传》中者，或出于素治所自撰，或出于古人所撰，未及详考。但其中解释字义，不确切者十居其四，彪反复改正，稍得无误。甚矣，著书精确之难也！阅者慎勿将著述者苦心轻视焉。

（三）文章诸要

□ 笔姿

文章胜人，全藉笔姿。笔姿胜者，同此看书命意，与人无异，及其拉笔，抑扬顿挫之间，蹁跹飞舞，文雅秀逸，迥异于人，阅之者自不觉心爽神怡矣；笔姿钝者，看书未尝不透，命意未尝不深，及其落笔，或板滞，或平庸，则理虽透而若不透，意虽深而若不深，即不能令人击节。胡正蒙曰"文章有格同、意同，而高下得失异者，其辨只在毫厘之间"，盖指此也。又尝论之，学人所读之文，不专在于理胜，理虽至精而笔不隽异，必不宜读也。学人笔钝者，尤当取笔胜之文沉潜体会，涵濡既久，或能少变化之。此则人定胜天之理矣。

□ 势

文章得势有二：有得势在驭题者，如遇一题，他人皆阐发题位，我独着意题前。又，题义有轻有重，我于其重者详之，轻者略之，则势得矣。有得势在谋篇者，如一篇机局，扼要全在起比或单提，乃文之发源处也。此处若能得势，则后诸比皆有力。至于一股之意，皆从起句领出，一线相承，无容两歧。首句暌，则一股皆暌；首句晦，则一股皆晦，故临文时，虽一股之意，已定于心，而起句必须再三选择也，所以求得势也。又以古文言之，虽与制艺微异，而大概相同，通篇之纲领在首一段，首段得势，则通篇皆佳；每段之筋节，在首一句，首句得势，则一段皆佳。文之重在得势，而势之理莫要于是矣。

□ 气

葛屺瞻曰：气者，贯于人之一身，四肢百骸，皆藉运动。手足之处气不到，则其手足痿痹；肤肉一点气不到，则其肤肉溃烂；至于咽喉处，一线不接，则百骸俱僵而死矣。文有一字不贯，则以死字；一句不贯，则为死句；一段不贯，则为死局；至于关键紧要处，有一丝不贯，则通篇文字皆死，纵使摛词华藻，不过如对木偶人耳，岂能动人心目乎！然气亦非是一直径到底，无有断续、无有曲折者也，其间自有开阖。譬如人之鼻息，必有一呼一吸，迭相循环，若只吸而不呼，或止呼而不吸，不下半晌，气必闷绝矣！文气亦然，必使其一开一阖，呼吸常通，如人一身之气，上自泥丸，下至涌泉，周流旋转，融洽于百骸四肢，而无有痿痹溃烂。是乃气之说也，能知壅与断者，斯可以论文矣。

□ 机

邵芝南曰：夫文有品有机。品譬则圣也，机譬则巧也。机存于手腕之中，行于意想之表，有耆宿不能得而初学得之者，有终日构思不成而仓卒立就者。机一得，则诸妙悉来于笔下，虚灵变化无所不备矣。昔人云：文入妙来无过熟，熟则气机自然流利，生则未有不涩滞者也。机字正义，不过如此，其有以开阖、抑扬、呼吸为机者，皆穿凿无稽之论也。

卷八

诸题作法

□ 口气题

何屺瞻曰：口气题但贵肖题神，不贵肖题貌，拘貌肖题，不免浅露。

□ 暗比题

凡题止就事物上讲，而正意隐然寓于其中者，暗比题也。"骥不称其力""苗而不秀者"之类是也。作此等题，全篇不说出正意可也，或开讲、结尾处说出正意亦可。若将正意夹杂而讲，则失题神矣。

□ 明喻题

明喻题，如"不见宗庙之美"之类，与比题不同。比者，喻以他物他事，比此事此物也，正意竟不必说出。喻者，明以此事此物喻彼事彼物也，原要两者参观，故暗比宜不说出正意，明喻要将正意夹发也。陈法子云：明喻题作法，先说正意，后说喻意者，常也；先提喻意，倒合正意者，变也。若能正喻夹发，合同而化，则更思深力厚矣。

□ 叠句题

叠句题，如"沽之哉"二句，有当然之意，又有确然不易之意。刻文将两意阐发，又将题句分两层见于一股之中，以还叠句神情。若"时哉""水哉"等题，总是赞美流连之意，无甚分别，刻文但于两股之首，分呼题面，以见叠句神情，不复分浅深层次，亦以题情原止于此也。

□ 搭题吊法

搭题佳处，全在提吊，提吊得法，文自精佳。其法难以执一，贵乎圆通。不可吊其意者，可吊其字；不可吊其字者，可吊其意；意与字不可顺吊者，可以反吊；不可正吊者，可以借吊也。王虎文曰：搭题有宜承领上文者，于领上文后，即生情吊起下文，最为便易，如"不亦乐乎"，搭至"不亦君子乎"，便从上文"朋"字带起"君子"；又或以"不亦乐乎"搭至"其为人也"，便从"朋"字带起"为人"，此皆从脉络处生情也。至于虽有上文而必不宜承者，则须起一论生发，莫如从下句之宾位取之。宾位者，下句之同类，或反面、对面亦是也。

□ 代语题

陈法子曰：代语题有二：一则其人有此意，而我代为之语也；一则其人不能为此言，而我代为之语也。既为之代语，则一语中，有两人口气，而两人中自当以代者作主，若只顺其人口吻做去，则乃是一人说话，不为之代矣。

□ 单问答题

或云问答题，总宜以答为主，举答，而所问者在其中矣。故先

138

辈谓不得顺口气，宜以断做施其驾御之法。此大概之理也。而有不尽然者。问答题，大概以断做为体，中间或间用代法，代其问答之意，使文情旺相，不至枯寂，亦未尝不妙也。至圣贤问而时人答者，正意在圣贤，则又不当拘定答意为主，轻过问意。……

□ 长题

凡书必有纲领，纲领不必定在前，且不必定在中，更有在后者。善为文者，相题纲领之所在，而直击之，始能握全题之胜势，所谓直夺险要也。譬如帝王取天下，必取其要会之处，始能握天下之大势，无二理矣。然既有纲，则必有目，又譬之圣主将兴，必多良臣为之辅理，上下相资，方成盛治。作文亦然，未有空举一纲不安顿诸条目而可云佳文者，则纲目相成之法又当讲也。其法维何？曰：有随便插带法，有从类并叙法，有剪裁翻简法。随带插带者，如长章书，起伏转折多，故节次多，倘处处联络，不几繁冗之甚乎？善为文者，化其断痕，视此句可以随便插上者，则竟插上；此句可以随便带下者，则竟带下。得此法，能省无穷针线而自然联络，文且简捷健劲，无软弱之态矣。从类并叙者，将题中闲细之义类集而并叙于一处，则体格整齐而机神震动，与零星分叙而散漫细琐者异矣。剪裁繁简者，或三四节而一二语驾过，或一二语而频呼叠唤，不厌再三是也。或曰：直夺险要，不几令题位有倒置乎？曰：善为文者，必能预伏机关，埋藏脉络，使文有高屋建瓴之势，而穷无题位倒置之嫌，此巧匠之所以不同于拙工也。或曰：题面不几有挂漏乎？曰：既夺险之后，其馀当发挥者，或先做后点，或先点后做，则一章书义，已完大半，至于闲散句，或随文顺点，或补点，或借点、或反点、或暗点，有此数法以控制之，题面安得有挂漏乎？或曰：闻此言，今而后，长题不能难我矣。

□ 记事题

张申伯曰：记事题，以其事为记者所笔，则谓之记事。记事题有三种。陈法子云：连下文论断来者，记事处宜轻点过，于论断处必宜详发，若记事处说得详，则论断处不得不略，便失轻重体裁矣；截去下文论断者，只可还他案而不断体裁，若照下文意发明，多至侵下，竟于题外别立议论，又属支离。先辈于有论断在下之题，往往以代法代其人自言，与下文相照而不相侵，此真得巧避法门也。

□ 引证四种题

引证题有数种，有单引证题，有连上下文引证题，有三四节连引证题。总之，引证语多断章取义，其言或不为此理、此事而发，我引之，则为此理、此事之证佐，故不当以彼之原意为主，当以我引之之意为主，此必不可不知者也。言其作法，单引证小题，解释论断俱在下，则不容妄加议论，巧人每用代法，顺口气作之，盖为避侵下文而然也。作文须前路预埋，至后说出，始不突如也。题先引语而后正说者，引语只宜略叙，以下文解释之义为主也。至于三四引证者，宜以前提后缴、略宾详主、相势点题诸法，控制于其间，庶几文有波澜而无平衍之弊矣。陈法子云：长题内有数引证者，点题最难，若知先点后疏、先疏后点、疏过总点之法，自有变化，不至雷同支蔓矣。

□ 记言题

此乃一句小题，如"颜渊喟然叹"句、"周公谓鲁公曰"句是也。此项题，宜探入下文生发，以见其发言之所以然，如嘉谷初生先结虚房，虚房中便包涵全体生意在内。作者须得此意，文情始不至枯寂。若全节之题，连其所言来者，则又不是记言题，当别有作法矣。

□ 难结构题

凡题分类，必不能遍及，即遍及亦嫌于琐，故立难结构题三类以统之。难者既有法，则易者亦可以意裁度矣。故此三式者，所以济分类之或有未备也。

书中难结构之题有三：如题之先后次序不甚顺者，不易结构；

长题真实之理与闲散之文，错杂说来，难以安顿者，不易结构；长章书，义理多，引证多，而引证之词不一体者，不易结构。此数种题虽难结构，然未尝无法以驭之也。次序不顺，应在前而后者，可以伏插两法逆之使前；应在后而前者，可以挽补两法，置之于后；宾主错杂闲散之文多者，详以击其主脑，而闲散者则以类叙法驭之，此题窍也；长题义理多端，而引证之词不一体者，则详主略客之法当知，化参差为整齐之法可用也。大抵作文总诀，不外短题宜分，分则意多而有发挥；长题贵合，合则不为承接断续所若，而伏、插、挽、补、类叙五法，又为紧要之条目。得此意以通之，虽遇难结构之题，自有经纬出焉，而分类或有缺略无碍也。

卷九

（一）制艺体裁

凡诗文体格，皆随代变易，况云时艺，安得不日新月异乎？苟欲其出于辙，岂不大误！虽然，其结构之优劣亦有分也，惟言其体之优者，令后之宏才实学，知文有真体，能力追而及之固善，即不能，亦使衡文与选文者，遇体裁美善之文，不至反以为未当拙置之，此文体之所以急宜阐明也。若夫势之所趋，不能挽回者，亦付之无可如何已矣。

（二）制艺有六位

前辈制艺之法，尽于六位。六位者，曰顶、曰面、曰心、曰背、曰足、曰影也。顶位者，题前也，题前有一层者，有二层者，有在上文者，有在本题者。知题有顶位，则文有来历，前半不患无生发矣。面位者，题之正面也，知题有正面，故宜还其正面。心位者，题之所以然也，知题有所以然，则当求其所在而搜剔之，斯理境深入，不落肤浮。背位者，题之反面也，从反面挑剔，逆取其势，则正面愈醒。足位者，题之后一层也，知题有后一层，必宜于后幅补之，以完题意。影位者，题之对面与旁面也，影在对面，描写其对面，影在旁面，描写其旁面，知题有影位，则题不患无生发，且有离奇境界矣。凡题不必六位皆全，而四五位则所必有，能于四五位阐发尽神，即有佳境足观矣。

（三）制艺发题面与所以然之分

论时艺，从无分所以然与题面者，分之自陆稼书先生始，此实作时艺之宝筏，初学必不可不知者也。

陆稼书云：成、弘以前之文，叙题面处多，发所以然处少，而题意已显然于题面之中；成、弘以后之文，发所以然处多，叙题面处少，而题面亦跃然于题意之内。彪更谓长题宜多发题面，不多发题面，则眉目不清；单句题，尽力洗发题面，不过十余句，其义已完，惟多发所以然，便有无穷义理、无穷境界也。

有题先之所以然，有题中、题后之所以然，安顿通篇位置，则前者宜发于前，中者宜发于中，后者宜发于后，此先后之不可混乱者也。至于题面与所以然，则不必拘乎先后，先叙题面可也；先发所以然，亦可也；即错综相间发挥，亦可也。就一股论，上截发所以然，下截发题面可也。发挥所以然处，有从正面说入者，有从反面说入者，有从对面、侧面说入者，此至妙之理，人所不易知，先辈亦不欲与人言者也。

卷十

评古文

□《左传》

左氏文章佳处，一曰老健，笔能截铁，句可掷金；二曰风华，云锦天章，灿然炫目；三曰变化，其叙事，或预点于前，或齐列于中，或悬缀于末，不为一律，无非神妙；四曰波澜，或引诗词，或说梦兆，或详卜筮，其最得意者，在追诉旧事中，故作奇峰插天，即平叙者，亦必一唱三叹，淋漓尽致；五曰接渡，山尽逢山，水穷逢水，但见改观，不见承接；六曰双收，或用两人，或用两事，或用两诗；七曰空中预埋，有意无意虚插在前，到后阐明，脉络联贯；八曰闲情照应，用闲情点染，回环照应，别有佳趣；九曰陡然而往，令人神惊，却有余音未绝，又令人神远；十曰详略有方，或于正面处，用略笔点过，而于旁见侧出，闲情闲事，则尽力发挥，露其姿态；十一曰若断若续，可合可分，或其事在数年之后，而端绪预见于数年之前，或论断在本人传中，而伏案已见他人篇内，线索慎密，脉络绵长。开辟以来，不得不推为文章鼻祖也。

《左传》多用从类并叙法。从类并叙者，或将往日零散之事，或将现在零碎之事，或集同类之理，或集同类之言，叙于一处也。如晋杀其大夫三郤，楚公子比自楚归宋，魏献子为政，此并叙于篇之首者也；吴使子札来聘，韩宣子如楚，晋楚战于鄢，此并叙于中幅者也（绝秦篇末段最详，诸小古文皆删去，可恨）；吕相绝秦，中行献子伐齐，此并叙于篇之末者也。

杜预《春秋左传序》所以阐明春秋之义例者，精而能该；所以发明《左传》之意旨者，核而能周。《春秋左传》之理，无馀蕴矣。学人未能全读二书者，固当读之，即全读二书者，读之尤能悉二书之微义也。

□《孟子》

古今文，工言权术而极畅者，无过于《国策》；善言义理而极畅者，无过于《孟子》。彪尝以二文兼读，一则仁义之风可亲，一则机械之行可畏。专读《孟子》，犹未见孟子之贤，及于《国策》并读，而孟子之贤益著；专读《国策》，犹未见仪、衍之恶，及与《孟子》并观，而仪、衍之恶益彰。故以人品论，殆有天壤之不同，若但以文章论，则有可并称者。虽然，文者载道之器，孟子之文，克明乎道，则其胜于《国策》又何待言？但举世之人，谁不读其书者，谁能读之得其神化，而能自成一家言者乎？无他，但求其义理，不于其文辞细加揣摩之功也。若将其至佳者，拣数十篇录为一册，殚心揣摩，则必有以造其微者。昔昌黎、老泉专学《孟子》，故其文最佳。朱子谓孟子之文，不但非欧、苏所及，而且非昌黎所及。人奈何弃其幼所习熟，而反求乎他文之生者哉！

143

□《国策》

《国策》之文，起不用冒，收不作结，单刀直入，脱尽装点，且其气雄力劲，笔秀神清，词腴而不肤，色妍而骨俊，文章至此，可称绝技。又，其于人情事势，揣摩推测，透彻无余，故敷陈利害以倾惑人心，能使勇者怯，智者愚，喜者变怒，忧者忽乐。学者见之，未有不好之深，读之不忍释者。虽然，是书也，当师其文之佳，不当学其意之险，否则，因习其文而丧我天良，所得者小，而所失者大，则宁不读之为愈焉耳（刘更生曰：《战国策》，或曰《国事》，或曰《长短》，或曰《事语》，或曰《国策》，或曰《长书》，或曰《修书》，乃战国时游士各辅所用之国为之策谋，宜谓之《战国策》。其事继春秋以后，迄楚汉之初二百四十五年间之事也）。

□《史记》

司马子长之文，为古今第一者，以其天资高迈，博记群书，又得师传心性之功，常收视反听，使天君湛然，故光明焕发。文章佳境出自性天，其言曰："内视之谓明，反听之谓聪。"非虚语也。又，遍历宇内，凡天地间奇山异水，草木禽兽，人情风俗，可惊、可怪、可喜、可思者，悉取以助吾之生意。又父子相继为史官，有往昔当时之秘书史册，可以资探讨。又与燕赵贤豪交游，有以助耳目闻见所不及。又有藉信、荆、聂、平、尝、无忌诸公，足以供描写，有封禅、开河、征蕃、黩货、严刑诸事足以畅发挥。又，上古地名、官名、服饰、器用、宫殿之名多驯雅，点入文中多可爱。故其发为文章，立例广，寄情深，或分或合，或略或详，随意所发，无不曲当。当大篇包罗众有，则如千岩竞秀，万壑争流；其微辞旁见侧出，寓意于叙事之外，则如天马行空，不可踪迹，可谓化工之巧，非人力所能仿佛矣。虽其纪载往事附会讹误，亦时有之，然以文论，则无美不臻，大成之名不得不归之也。

史迁之文，如本纪、世家、八书、大篇列传，皆累万余言，可谓极长难读矣，然无一非挨年次月、由先而后，条理井然、有界限可寻者。惟其笔端变化，或起或伏，或即或离，纵横出没，不可捉摸。故浅学者读之，如数万散钱，倾之于地，东窜西分，不能收拾；有识者读之，知一索可贯千钱，得贯之具，虽数万散钱，无难瞬息约束之矣。故读《史记》者，总以"挨年次月"四字提为纲领，纵令篇幅广长，端绪纷错，而章法脉理，无不显然可见，又何患其难读也。又曰：《史记》之文，皆有界限段落，一篇可以分为十数篇，而十数篇仍浑成是一篇。故读一篇，即是读十数篇，而读他文数十篇，终不如读《史记》一二篇。知此意者，庶几知《史记》之佳，得读文之法。或曰：《史记》不能全读者，亦有删读法。但欲删之得其当耳。

《左传》每用双收法。如晋赵盾无君，魏献子为政，皆用双收法。《史记》变通其理，移之篇首，如《廉颇蔺相如列传》《张耳陈余列传》皆用双起法。故知善作文者，推类变化，愈出愈奇，若人步亦步，人趋亦趋，则不免庸奴之诮矣。

□ 韩文

昌黎之文，篇篇一体，不能详述，兹略举大概：有若诗之兴体者，《送杨少尹序》《王舍秀才序》《温处士赴河阳军序》诸篇是也；有若诗之比体者，《杂说一》《杂说四》、《应科目与人书》诸篇是也；有若典谟者，《平淮西碑》《祭鳄鱼文》诸篇是也；有似班、马者，《许国公神道碑》《权德舆墓志铭》诸篇是也；有若词赋者，《进学解》《讼风伯》诸篇是也；有如巨浪排空、怒涛卷雪者，《画记》《后二十九日上宰相书》、《上张仆射书》、《圬者王承福传》诸篇是也；有百转百折者，《祭十二郎文》《讳辨》诸篇是也；有错综遥对者，《原毁》《与陈给事书》诸篇是也；有回环重复者，《初上宰相书》《原道》《送廖道士序》《送董邵南序》诸篇是也；有游戏三昧者，《毛颖传》《送穷文》诸篇是也。至于辞句之变幻，长至二三十字者有之。凡说理之文，未有不平实者，惟昌黎能以至平实之理发为至虚灵之文，其平实之理如布帛菽粟，愚智同需；其虚灵之文，如海市蜃楼，千形万态，不可摹拟。兹约一言以赞之曰：百体备具而不落窠臼者，其昌黎之文也乎！

□ 欧文

自归震川、钱牧斋二先生读欧文，且极口称赞，自此诸名公皆争效法，而欧文遂为古学津梁矣。夫欧文胚胎乎《史记》，而变化润泽乎昌黎，议论、叙事参伍错综，而以纡折之笔出之，秀雅之度行之，感慨之情致之，备诸佳境，宜为后人取法不置也。

□ 大苏

大苏之文，汪洋浩瀚，如长江大河，滔滔不竭者，其气也；开阖纵横，屈伸断续，无不如意者，其机也；松爽俊快如哀梨，文雅润泽如蜀锦者，其辞也；至难辨之事理，与至难状之情形，一进阐发，无不了然言下，跃跃欲出者，其笔也；倏而圣贤，倏而仙佛，倏而纵横刑法，杂出无方，惟求其是，不避后人之议者，其心事与文情也。虽文多逞才，或篇幅过长，不能裁以法度，是则有之；若其种种美善，终非后人所能及矣。

□ 总评

古今来佳文虽多，至如《左传》《国策》《孟子》《南华》《史记》《汉书》、相如、昌黎、允叔（疑为永叔）、子瞻诸公之文，则可谓之登峰造极，无以复加者也。学者能熟读精思，则文章已探骊得珠矣。至于永叔、子瞻之文，初学尤宜先读，以为造就之阶，则工夫易于入手。即或资钝，不及再读他文，然亦足以扩充才思，流畅笔机矣。

西京之文，朴茂雄健，远过唐宋，然其中则有等级，未可一概视也，如董、贾之文固佳，然以较之班、马，则殊不相及。欲读西京之文者，不可不知所先后焉。

卷十一

（一）论读古文

文章大忌偏似一家。张文潜云：读《左传》不可不兼读《庄子》，盖取其一实一虚，一高老、一疏宕。对待兼学，读文执两端之法也。两端执，而我之文有真面目出于其间，偏似一家之弊，吾知其必能免矣。（虽然此第举文之悬绝者言之耳，非谓文止宜学二家也，观韩、柳、老苏自言无所不读，即可知矣。）

学人宗大家之文者，所轻视周、秦，《史》《汉》，岂知昌黎之文，出于六经、《庄》《孟》；柳州之文，出于《左》《国》《离骚》；永叔出于司马；昌黎、老泉、东坡、颍滨出于《国策》《南华》、晁、贾；南丰出于班固、刘向。大家之文，既有所自出，而后之读其文者，反轻视其所自出，可乎哉？且作文之理，取法乎上，仅得乎中，读其文，执笔为之，便去其文远甚，安有读八家而即能为八家之文者？故尊八家而忘周、秦，《史》《汉》者，非也。然登高者必自卑，苟躐等为之，不读八家而竟骤希乎周、秦，《史》《汉》，恐不能学其高隽，而且有画虎不成之弊矣。故学古宜以渐入也。

朱子尝言：合昌黎、柳州、永叔、南丰、明允、东坡数家之文，精加选择，可读者不及二百篇，此外便不必读，读之能令人手笔低。此不刊之论也。今人于名人之文，概视为锦绣珠玑，谓可不必选择，乃率意诵读，岂知平常之文，读之能令人手笔低乎？

文章未有无瑕病者，虽以左、史文中之圣，而或详略欠审，或位置失宜，或字句粗率，往往有之，下此者可知矣。学者读其文，先存成见，但求其美，而不辨其瑕，非深造自得者也。惟精加玩索，能辨其美玉微瑕，然后己之所为文，瑕疵亦可免矣。

或云名文偶有微瑕，不宜轻改；或云名文果有瑕疵，读本之内，不妨改窜，以成全璧：此二者，一存敬慎之心，一慊求全之志，均有所见也。读《史记·虞卿列传》，三引《国策》成文，其中先后倒置，姓氏舛讹，人谓不如《国策》之佳。及得宋景濂先生读本，将前后改移，仍从《国策》次序，结构更有天然之妙。又见《屈原列传》，位置亦有失宜，景濂移其"系心怀王"一段于后，移其"人君无智愚贤不肖"一段于前，又删其"楚人既咎子兰劝王入秦"三句，洁净明爽，诚胜原本。又于《左传·吴子使札来聘》篇"美哉其细已甚"去"美哉"二字，《晋侯秦伯战于韩》篇，删其"乱气狡愤"四句，《晋栾盈出奔楚》篇，删其"以范氏为死吾父而专政，吾父死而益富"二句。其他之改易数句与改易数字者甚多，乃知前贤于古名文，有微瑕者见之亲切，改去其疵，以为读本，信乎有其事，不避嫌也。但有景濂之学识则可，无则安可轻改欤！此系必宜删而后删者，不可以近时选古文轻加删削者目之。

（二）论选古文

古人之文，必宜删而后可以删之，如或篇幅太长，意旨重叠，字句有疵，稍为之减节，则美者益美矣。但今日之选古文者则不然，不问文之可删不可删，止取词句可通者则存之，稍不可用者，尽删之，或去其头面，或去其筋节，或去其波澜。不知头面去则由来无可考矣，筋节去则神气不相续矣，波澜去则情境不生动矣，读之何益乎？其所为可用入时文者，正皆糟粕，而无益于人之学识者也。选古文者亦曾思及此乎？

大凡一人所著，有最上之文，有其次之文，有又次之文，三者相较，而高下大悬殊矣。故选古文者，须选最上之文，其次与又次者即可已也。（学人之资性工夫俱有限，最上之文，且不及多读，焉有余力及其次焉者？今所选者，皆其次之文，则上焉之文，反使人皆不及读矣，岂不误人之甚乎？）乃世之选古文者有异焉。《史记》一书，鸿裁钜篇不可悉数，虽其极长者难以登载，然不甚长者，盖亦有之，今皆不登，惟登诸史赞与诸叙而已，是何殊欲观山者不求跻高岱，欲观水者不求沂沧溟也！《国策》、昌黎，大文极多，欧、柳、曾、苏，佳篇孔有，乃所选录者，类皆非其至焉者也。至于《左传》，选既不精，又皆截去其首尾，如《晋公子历游列国》篇，七百七十字，止摘中间一百五十字；《栾盈出奔楚》篇，七百四十一字，止摘中间三百十七字；《吴子使札来聘》篇，八百三十七字，止摘中间五百字，世岂有首尾尽去，而犹成文者乎？《季梁劝修改》《夏四月取郜大鼎于宋》诸篇，则去其首者也，夫文无首，则由来且无可考，何况其他？《晋侯复假道于虞》《吕相绝秦》《晏子和同之对》诸篇，则截去其尾者也，夫文无尾，且无以见其归结，何况波澜余意也？噫！为此者过矣。推其意，盖以世之习举业者，读古文所重不过取移用于时文而已，佳文未必知也。不思天下岂尽庸才，即中人之下，苟见至佳之文，必无不知，必无不读。今也，乃竟以为不能知、不能读而置之，只选其短小之篇，又徒存其浮词，而去其筋节首尾，岂非目天下士尽为不能知文、不能作文而仅能抄文也哉！

孙无已云：师言近时古文诸选所载之多不佳，亦有据乎？余曰：有据。如《左传》六大战，文之至精者也（晋侯秦伯战于韩，晋侯侵曹伐卫，晋救郑与楚战于邲，卫齐战于新筑，晋与三国救卫与齐战于鞌，晋侯郑伯楚子战于鄢陵，吴子楚人战于柏举，此为六大战），其不入选犹可解曰：以其过长，虑习举业者不能读故也。然微短而甚佳者，不可悉数，今略举当选者二十余篇，以见其概，如《晋杀其大夫三郤》、《魏绛论和戎》、《己亥同盟于戏》、《夏午月灭偪阳》、《公孙舍之帅师侵宋》、《晏婴使晋》、《诸侯会于申》《韩宣子如楚》《魏献子为政》《公会诸侯于召陵》《白公胜作乱》，皆尽美之文也，诸选皆不登，偶登一二，如《栾盈出奔楚》《崔杼作乱于齐》《吴子使札来聘》，又皆截去首尾，此皆令人不可解者。至于诸选所首列者，《周郑交质》《石碏谏宠周吁》《公矢鱼于棠》《介之推不言禄》诸篇，乃《左传》之次者，而诸刻必不遗焉，此又令人不可解也。夫《左传》为文之鼻祖，又皆诸刻所首列，今其所选如此，他文可知矣！余岂敢无据而云然乎？

（三）后场体式

1. 策问

初学未知策问体式，入场见题长千余字，俱是设疑问难，露一隐二，便茫然不知旨归何在，于是略拈影响，勉强成篇，郢书燕说，其能免乎？平日须将旧策题集数十道，汇为一册，详细阅之，知其发问之机窍，后日题到手时，胸有成见，不为题所捆缚，因问条对，自有确实议论出于其间矣。

2. 经论体裁

刘勰云："论者，纶也。""弥纶群言，而精研一理者也。"释经宜与注疏合体，辨史宜与评赞一机，诠文当与叙引共轨，陈政应与议说同科，因题立义，而各出体裁者，论之用也。然论史、诠文、陈政之体，见于八家，及明之诸名家者，体裁咸备，不必详言。今惟言其释经之宜如注疏体裁者，论有冒，冒之体，或一段，或两段，长短不拘也。然并无论破、论承，偶有似破者，至于承，则百无一肖。近有著论体者，易去论冒之名，以破、承代之，而论冒之旧名，不能没也。后学无知识者，见其书，对之于破、承而不似，仍谓之论冒而不敢，疑惑满衷，莫知所适，因疑破、承之外，尚有论冒，如制艺之有起讲者。噫！明明是一个论冒，而故设一破、承之名以害人，何为者乎？论冒宜简短隐括，发题之大概而止，纵笔畅言实发，必至与后幅雷同也。论冒之下，即点题。本朝甲辰至丁未书论皆如此，想亦初设典制，士子犹未深造，不敢自异，若行之久，必有变化出焉。何也？制艺尚不点于一处，何况论乎？点题之下，皆有"请申论之"、"请申其旨"句，此套之最陋者，必宜弃去，以他语衬之可也。若能熔化题面不直述题，则衬贴语竟可以不必矣。点题之下，乃论之前半幅也，以一二句短题言之，体裁半虚半实，不必过于实发，惟推原题之来历，以阐发题前，顺笔出之固佳，反笔振之尤美。若多句长题，或总挚题面，或截发上段，若题中有纲领句，则先击纲领，以控全题之势，大都前半用反笔，则文情多振动也。近有著论体者，点题之下，忽立论项之名，就其比拟之意，宜称论胸、项。何足以名之？且前既无论首、论面，此处特出"项"名，于理终未协也，何若以前半幅称之，或者以次段之名称之，始当矣。论之中幅，无论长短诸题，皆宜实发全意，义

150

一二层者，以一二层还之，义三四层者，以三四层还之，不宜遗漏也。宋儒陈止斋云：论之中幅，如四通八达之衢，无有绳墨，宜反复铺叙，尽情畅发，无容阙略。确哉言也。论之后幅，不贵空言，或援引经书以证，或引史断为凭，或借鉴于古人，或取裁于往事。又宜推广补厥：题言善以为法者，此多补言不善，以垂戒；题言不善以为戒者，此多补言善事，以为法。罕譬不嫌于泛也，曲喻不厌其详也，大都指陈条款，令人实可见之施行耳。近有人以腰名后幅者，此更无稽之谈。盖腰在脐与命门之两旁，脐于命门者，乃一身之中位也，古人谓之"呼根吸蒂"，又谓之"黄庭土府"，无非谓其中也。今腰处地位之中，岂可以拟论之下截乎（据其比拟，宜称论股）？此真拟物不以其伦也。且据其所言，又平庸八股之后股耳！高手且不屑为此，岂可移为论式乎？论之结尾，贵乎健也，欲其如神龙之掉尾；又贵乎有韵也，欲其如琴瑟之余音，铿然于弦指之外。此则论之至佳者矣。或曰：今经书论点题，皆在论冒之下，子独言不必拘于一处，何也？曰：东坡之文，以论为最，人称其为千年绝调，今观东坡之文《礼以养人为本论》，点题在第四段之后，《势论》，点题在篇末之第四句，《物不可以苟合论》，则竟点于篇末，《大臣论》，则点于论冒之第二句，《武王论》，则点于论冒之第一句。观此，则知点题不当坐定于一处也。又，时艺点题，不但不拘于一处，且有顺点、反点、借点、补点、暗点诸法，况于论乎？古人云，论贵圆转变化，忌方板雷同，若篇篇一律，则方板雷同之至矣，圆通变化安在乎？此所以谓不必点于一处也。

3. 表

余读永叔、子瞻及明初之表，体裁简径，出入经史，未尝不为之手舞足蹈也。嘉、隆以后，以至于今，拘于俗体，务为冗长，诗、曲、稗史之辞，姿意堆积，芜秽野俗，体裁愈变而文愈下矣。然此体裁，岂功令所颁乎，不过士人自为增饰耳！增饰而适成其陋，何若反其简贵之为善乎？有识之士，取嘉、隆以前之表读之，奉以为式，不特文佳，作之更易，何必临场取至陋之时务而读之哉！

作表惟句法奇偶长短合宜，始能入妙。其最上一格，大抵偶联、奇联，错综间用，自然变化飞舞，悦人心目。苟或不能，用二偶联以一奇联间之，亦称合法。至于句法之长短，不拘是偶是奇，但见前句长，则后句必宜短，前句短，则后句必宜长，长短相间，句调参差，方得离奇变化。近时之表，多为偶联，而奇联绝少，又句法长短多不合宜，所以堆积滞，不堪入目也。"启"、"笺"之法，亦当视此为准矣。

（四）诸文体式

1. 记

或言作记一着议论，即失体裁，此言非也。凡记名胜山水，点缀景物，便成妙观，可以不着议论；若厅堂亭台之记，不着议论，将以何说撰成文字？岂栋若干、梁柱若干、瓦砖若干便足以成文字乎？噫，不思之甚矣！

2. 序、小序

《尔雅》云：发其事理，次第有叙也。有叙事多者，有议论多者，有末后缀以诗者，三者皆通用也。西山真氏，则分无诗者为正体，有诗者为变体。小序者，序其篇章之所由作，对大叙而名之也。古人著书，每自为之叙，然后已意瞭然，无有差误，此小序之所由作也。

3. 碑文

碑文事实多者，止须叙事，若故意搀入议论，便成赘瘤；事实寡者，不参之以议论，必寂寞不成文字。此前辈又谓碑文一着议论，便非体裁，此言过矣，今删去之。

4. 墓志铭

志者，记也；铭者，名也。古之人，有德善功烈可名于世，铸器以铭，故于葬时，述其人世系、名字、爵里、行治、寿言、卒葬日月，与其子孙之大略，勒石加盖，埋于圹前三尺之地，以为异时陵谷变迁之防也。迨为末流，乃有假手文士，以谓可以信今传后，而润饰太过者，亦往往有之。然使正人秉笔，必不肯狗人以情也。其体圆，事实多者，专叙事，事实少者，可参之以议论焉。其题曰墓志铭者，有志有铭者也；并序者，有志有铭而又先有序者也；单曰墓志，则无铭者也；曰墓铭，则无志者也；亦有单云志而却有铭，单云铭而却有志者；有纯用"也"字为节段者，有虚作志文而铭内始序事者，亦变体也。若夫铭之为体，则有三言、四言、七言、杂言散文之异，有中用"兮"字者，有末用"兮"字者，有末用"也"字者。其用韵，有一句用韵者，有两句用韵者，有三句用韵者；有前用韵而末无韵者，有前无韵而末用韵者；有篇中既用韵而章内又各自用韵者；有隔句用韵者；有韵在语词上者；有一字隔句重用自为韵者；有全不用韵者。其更韵，有两句一更者，有四句一更者，有数句一更者，有全篇不更者，不一体也。此外，又有未葬而权厝者，曰"权厝志"；既殡之后，葬而再志者，曰"续志"；又曰"后志"（柳河东有《故连州员外司马陵君墓后志》是也）；殁于他所而归葬者，曰"归祔志"（《河东集》有《先夫人河东县太君归祔志》）葬于他所而后迁者，曰"迁祔志"（《河东集》有《叔妣陆夫人迁祔志》）；刻于盖者，曰"盖石文"；刻于砖者，曰"墓砖记"，又曰"墓砖铭"（《河东集》有《下殇女子小侄女墓砖记》，墓砖铭是也）；书于木版者，曰"坟版文"（《唐文粹》有舒元舆撰《陶母坟版文并序》），曰"墓版文"；又有曰"葬志"（《河东集》有《马室女雷五葬志》）；曰"志文"（有志无铭者，则《江文通集》有《宋故尚书左丞孙缅等墓志文》是也；有志有铭者，《河东集》载《故尚书户部侍郎王君先太夫人河涧刘氏志文》是也）；曰"坟记"（《河东集》有《韦夫人坟记》）；曰"坟志"；曰"圹铭"；曰"椁铭"；曰"埋铭"（《朱文公集》有《女埋铭》是也）。在释氏，则有"塔铭"、"塔记"（《唐文粹》载刘禹锡撰《牛头山第一祖融太师新塔记》）。凡二十题，今备载之。

5. 祭文

祭文之体，有韵语，有俪语，有散文。其用有四：祈祷雨旸，驱逐邪魅，干求福泽，此三者贵乎辞恭而意恳，不亢不浮为得体；若祭奠之辞，贵乎哀切，写其生平之行谊，而哀其死亡之过速，如此而已。

卷十二

（一）惜书

昔之圣贤，不宝珠宝而宝好书，故多方积聚，有借抄者，就其家抄之，不令书出门也。子孙愚鲁者，视书如泥沙瓦砾，不但轻弃平常易得之书，即家传不可得之书，并幼时读过好书，亦且轻贱狼藉，至于散失。此无他，其志气污下，识见卑陋，不知书之有益，所以如此。不思己虽不能读书，他日子孙或有能读书者，欲求好书不可得矣，非财求所能觅也，亦思之乎？

好书极难，如得抄刻善本，当极爱惜之，不可即以此书日常诵习至于毁坏，更恐为人盗窃，既失则不可复得，虽痛惜之，无益矣。故须抄副本与子弟诵习，其原本则深藏之，不当听其可有可无也。

（二）杂论

古人云：贮书厨箧中，欲阅，方取出之，阅竟，始易他种。今阅一二行，便堆几上，久之堆积如山，终年未竟一册，此通弊可鄙也。

一技一能，亦足垂名于后世，况士君子著书立言，苟能尽善，安有不可与金石同寿之理？特患贪多务博，而议论不精，欲速成功而瑕瑜相掩，所以不能传也。劳曾三云：著述不患其不博，而患其难传，古今有撰述等身而不足传世者多矣！若精而可传，岂在多乎？然欲精，在不欲速始，张衡十年而赋二，左思一纪而赋三，故纸贵洛阳，而后世不能废也。是其不欲速之效矣。

文思有得之至敏者，或片时成数艺，如袁宏、刘厂、柳公权之俦其人也。（桓温北征，唤袁宏倚马前作露布，不辍笔立成；刘厂在西掖时，一日追封皇子、宫主九人，厂立马却坐，一挥九制，昌明、典雅，各得其体；柳公权从文宗至未央宫，帝驻辇曰："朕有一喜，边城赐衣久不时，今中秋而衣已给。"公权为数十言称贺。帝曰："当贺我以诗。"宫人迫之，公权应声成文，婉切而丽。诏令再赋，复无停思。天子甚悦，曰："子建七步成一诗，尔乃三焉。"）有得之至迟者，或数月成一艺，如桓谭、王充之俦其人也（桓谭每数日作一文，文成辄病；王充著《论衡》，闭户二十年始成）。大抵士日应试之作，与词臣承命作文，类皆刻期以需，非敏不足以应急。敏者固胜于迟者，然而文未必工也。其欲自为撰述以垂永久，不嫌于迟，迟则能精，精则可传，迟者又胜于敏也。故二者各有所长，取才者不当以此分轩轾焉。

天下之理，不多方阐明，则不能透彻，但阐发既多，又苦书卷浩繁，不能记忆，开卷则了了，掩卷则茫然，不能得其益矣。若阐发详悉之后，更以诗歌约语括之，虽数千百言，可约之于数十字，何其简易也。而著书者恐人鄙其俚俗，每不欲见于书册。噫！一书之中，诗歌约言能有几何？虽俚俗，无害也。若欲尽避之，令阅者不受其益，何赖有此书乎！人何不深思之也（诗歌如《周易·卦序歌》、《历代帝王国号歌》之类；约语如梁七齐、八老之类）。

155

论课蒙学文法

清·章学诚

【题解】 作者简介同前。明清时代，科举考试专重八股取士。因此，时人非常注重教育学生学习八股文体。作为乾嘉时期著名的文史学家，章学诚也对八股文体的教育多有论述。但与时人不同的是，章学诚从博通的角度出发，不局限于八股文体的教育，而是主张通过学习古文来教育学生。这在本文中表现得非常明显。本文是章学诚1785年主讲莲池书院期间发表的。本文选自《章学诚遗书》。

文辞末也，而不可废。童子欲其成章，譬如梓匠轮舆，莫不有绳墨也。乾隆乙巳，主讲保定之莲池书院，诸生多授徒为业。童子之学，端以先入为主，初学为文，使串经史而知体要，庶不误于所趋。因条二十六通以为之法。说甚平易，而高远者亦不外此，宜于古而未尝不利于时，能信而有恒心，斯得之矣。

蒙幼初学为文，最忌轻清圆转，易于结构。若以机心成其机事，其始唯恐不解成章，多方劝诱，期于庶几得之；其后演习成惯，入于俗下时文，将有一言之几于道而不可得者。先入为主，良不可以不慎也。

世俗训课童子，必从时文入手。时文体卑而法密，古文道备而法宽。童幼知识初开，不从宽者入手，而使之略近于道；乃责以密者，而使之从事于卑。无论识趋庸下，即其从入之途，亦已难矣。

时文法密，不能遽责备于童子，则必使之先为破题；破题能属句矣，乃使演为承题；承题能成语矣，则试学为起讲；后乃领题提比，出题中比，以渐而伸；中比既畅，然后足后比而使之成篇。夫文之有前后，犹气之有呼吸，啼笑之有收纵，语言之有起讫。未闻欲运气者，学呼多年，而后学吸；为啼笑者，学纵久之，而后学收；习言语者，学起语几时，而后学讫语。此则理背势逆，不待知者决矣。其不可者一也。

既如一篇位置，前虚后实，前缓后紧，亦势之所不能免。苟胸中无所谓紧与实者，将有所发，则亦安有所谓虚与缓者，先作之势？此亦事之显而易见者也。胸中本无而强作之势，则如无病之呻，非喜之笑，其为之也倍难。蒙师本欲从其易者入手，而先使之

156

难，不可解也；胸中或亦有时而有其意，而强使之截于部位，而不能畅其所欲言，则拘之也更苦。蒙师必欲迎其悦乐而利导之，而反使之苦，不可解也。此不可者二也。

属句为文，犹备体者为人，婴孩不满一尺，而面目手足无一不备，天也。长成至于十尺九尺，即由是而充积，初非外有所加也。如云魁伟丈夫，其先止有面目，后乃渐生肩背，最后乃具手足，此不可以欺小儿矣。

今使孺子属文，虽仅片言数语，必成其章。当取《左氏》论事，君子设辞，使之熟读而仿为之。其三五语为章法者，为破承题者，所易办也。其十数语为章法者，为起讲提比者，所易办也。其三数百字为一章者，初学成篇者，所易办也。由小而大，引短而长，使知语全气足，三五言不为少，而累千百言不为多也。亦如婴儿官骸悉备，充满而为丈夫，岂若学破承起讲者之先有面目，次生肩背，最后乃具手足也哉？

四书文字，必读《春秋左传》，为其知孔子之时事，而后可以得其所言之依据也。孺子能读《左传》者，未必遂能运用，其不能诵读，与读而不能记忆，又无论矣。今使仿传例为文，文即用以论事，是以事实为秋实，而议论为春华矣。华实并进，功不妄施，其便一也。

四书文字，必读《易》《书》《诗》《礼》，为其称说三代而上，不可入后世语也。孺子之于四经，未必尽读，读而不识、识而不知所运用者，又比比也。《左氏春秋》称述《易》《书》《诗》《礼》，无所不备，孺子读经传而不知所用，则分类而习其援经证传之文辞，扩而充之，其文自能出入于经传矣。根柢深厚，得于幼学，他日岂可量其所至也？其便二也。

四书文字，本于经义，与论同出一源，其途径之分，则自演入口气始。盖代圣贤以立言，所贵设身处地，非如论说之惟我欲言也。孺子议论既畅，则使拟为书谏、辞命。《左氏春秋》名卿大夫

157

出使专对，与夫谏君匡友，出辞可谓有章者矣。苟于议论成章，而后使之分类而诵习焉。因事命题，拟为文辞，则知设身处地而立言。既导时文之先路，而他日亦为学古之资矣。其便三也。（如拟臧僖伯谏观鱼，便代臧僖伯口气，必切鲁隐公时势；如展喜受命于展禽，便代展禽口气，必切齐鲁时势。）

初学先为论事，继则论人，事散出而易见，人统举而稍难，故从人之途有先后也。孺子既于论事之文畅茂条达，为之师者，既当导以纂类《春秋》人物，自天子、诸侯、后妃、夫人，以至卿士、大夫、闻人、达士，略仿纪传之史，区分类列，逐段排比，使一人之事，首尾完具，巨细无遗。然后于其篇末，即仿《史记》论赞之文，作为小论。其体与论事之文，亦自不同。论事之文，欲其明畅，论人之文，欲其含蓄。论事之文，疏通知远，本于书教；论人之文，抑扬咏叹，本于《诗》教。孺子学文，但拘一例，则蹊径无多，易于习成。括调体格时变，使之得趣无穷，则天机鼓舞，而文字之长，有不知其然而然者矣。

纂类《春秋》人物，区分略仿纪传体，句析条分，未遽连属为纪传之文也。然而纂类之法，则启牖于幼学者，为不鲜矣。《春秋》为鲁国之书，《左传》称谓，皆主鲁以立例。今既散为列国纪传，则王不加天，而鲁不称我，事实无所改易，而称谓各系主宾，可以知撰辑之不可因袭旧称也。《春秋》为编年之书，《左传》书事，君臣同载。今既各为纪传，则二人共事，当分详略，事有出入，当存互见，可以知行文之剪裁繁复也。传有分合，事有始末，或牵连而并书，或因端而各出，可以知比事属辞之法也。即此举隅立例，俾初学者知所用心，于事不劳而资益者，不但文字之长而已也。

纂类《左传》人物，而学论赞，必读司马迁书。迁书五十万言，不易读也。日取纪传一篇，节其要略而讲说之，遂熟读其论赞之文，不过四五阅月，可以卒其业也。村塾蒙师，授读无用时文，奚止一二百篇？而孺子懵然无所知也。今读百三十篇论赞，不过百余起讲之篇幅也。遂使孺子因论赞而略知纪传之事，因纪传而妙解论赞之文，文之变化，与事之贯串，是亦华实兼收之益也。且以史迁之法而法《左氏春秋》，他日经经纬史之学，不外是矣。而其实裨益于时文，实有事半功倍之明效，较之徒业时文者，不可道里计矣。

史迁论赞之文，变化不拘，或综本篇大纲，或出遗闻轶事，或自标其义理，或杂引夫《诗》《书》，其文利钝杂陈，华朴互见，所以尽文章之能事，为著述之标准也。初学不可有所别择，不特使其胸罗全史，亦可使知文境之无不备也。一自评选文家，删取隽语佳章，劝诱蒙俗，而朴拙平钝，不以工巧见长者，屏而勿录，而子弟遂误学问文章为二事，而所为之文，其不成者，固无论矣。幸而成者，亦皆剽而不留，华而无实，不复可见古人之全也。盖可惜也。夫人之一身耳目聪明，百骸从令，心具虚灵，脏纳滓秽，虽有清浊灵蠢之别，要必相附而后为人也。今欲徒存耳目心知，而去百骸脏腑，安得有是人哉？

论人之功既毕，则于《左氏春秋》之业，思过半矣。子弟文境，亦复稍展拓矣。于是而使之数典，亦驯而易入之功也。盖《左氏》人物事实，既仿纪传而区分矣。兵刑礼乐，典章制度，当仿史迁八书之例而分纂也。其于时文，则典制、经制、题文，为切近矣。纪传仿其论赞，书表仿其序论，文章体制，论赞欲其抑扬咏叹，序论欲其深厚典雅，论事论人，拟书拟谏之后，学为序例，而变迁其境，其体亦几于备矣。更取世家系谱，列国年表，又若晋卿分军，鲁卿执政之属，参稽书传，而仿以为表，序论亦用十表之例，是亦举而措之之事也。

凡此别类分求，华实并进，纵横贯串，其于《左氏》一书，亦既无遗义矣。再取所纂人物事迹，参以《公》、《穀》、《国语》、《礼记》、《史记》、周秦诸子、《新序》、《说苑》、《韩诗外传》、刘向《列女传》、《汉书·五行志》之属，凡及《春秋》时事者，按其人名，增其未备，录其异同，以类相从，以时相次，详悉无遗，则人物事迹，无遗缺矣。（先所作之论赞，与参补之事不相符者，可以随时改正。）其同事异叙，同叙异言，同言异用，或此详而彼略，或彼合而此分，或虚实而实虚，或有去而有取，孺子留意玩索，即可学为叙事之文。向所仿纪传而分别纂辑者，首尾既已完具，即可使之联缀，以为纪传。先其事小而传简者，渐及稍多而差长者，然后乃及长篇纪传，亦如始学论事之积小以高大者也。岂不诚易易哉！

文章以叙事为最难，文章至叙事而能事始尽。而叙事之文，莫备于《左史》。今以史迁之法，而贯左氏之文，神而明之，存乎其人，非尽初学可几也。而初学从入之途，实亦平近而易习，且于时文尤为取则不远也。岂非至奇至平之法欤？

叙事之文，所以难于序论辞命者。序论辞命，先有题目，后有文辞，题约而文以详之，所谓意翻空而易奇也。叙事之文，题目即在文辞之内，题散而文以整之，所谓事征实而难巧也。翻空之文，但观古人所作，可以窥其意匠经营，为其文成而题故在也。征实之文，徒观古人所作，一似其事本自如是，夫人为文，必当如是叙述，无由窥作者之意匠经营，为其题在文辞之内，文成而题已隐也。自非离析其事，无由得其所以为文，此以纪传体例贯串编年之所资也。且非萃合诸家之同事异叙、同叙异言之互见，（其说已详于上章。）无由通其文境之变化，此以《左传》事实，参互子史诸家同异之所资也。故学叙事之文，未有不宗《左史》，而世之读《左史》者，徒求之形貌，而不知分析贯串之推求，无怪读文者多而能文者少也。

序论辞命之文，其数易尽；叙事之文，其变无穷。故今古文人，其才不尽于诸体，而尽于叙事也。盖其为法，则有以顺叙者，以逆叙者，以类叙者，以次叙者，以牵连而叙者，断续叙者，错综叙者，假议论以叙者，夹议论以叙者，先叙后断，先断后叙，且叙且断，以叙作断，预提于前、补缀于后，两事合一，一事两分，对叙插叙，明叙暗叙，颠倒叙，回环叙，离合变化，奇正相生，如孙、吴用兵，扁、仓用药，神妙不测，几于化工。其法莫备于《左氏》，而参考同异之文，亦莫多于《春秋》时事，是固学文章者宜尽心也。

叙事之文，亦既试编为纪传矣。向所仿八书而纂辑典章制度之门类，又当参以《三礼》、《国语》、《公》、《穀》、《管子》、《吕氏春秋》、贾谊《新书》、董子《繁露》、《白虎通义》、马书、班志诸篇，以类纂附，使之熟而习之，即可仿书志而学为考核之文，较其完缺，订其同异，折衷前人成说，自以己意明之，则其为功亦不鲜矣。孺子知识未充，学力未逮，叙事与考订之文，未可求全责备，但随类编辑，循次用功，亦可使之行远自迩，登高自卑，但有途径可寻，自不患其无从措力也。（表亦参取群书，考订世系年代。）

论事之文，疏通致远，《书》教也。传赞之文（即论人之文），抑扬咏叹；辞命之文，长于讽喻，皆《诗》教也。叙例之文，与考订之文，明体达用，辨名正物，皆《礼》教也。叙事之文，比事属辞，《春秋》教也。五经之教，于是得其四矣。若夫《易》之为教，《系辞》尽言，类情体撰，其要归于洁净精微，说理之文，所从出也。论事以下之文（即上所分之六类也。），实而可凭，故初学借以为资。说理之文，虚而难索，故待学问充足，而自以有得于中者，发而为文，乃不入于恍惚也。是知文体虽繁，要不越此六、七类例，其源皆本于六经，而措力莫切于《左传》。学者其可不尽心乎？

时文之体，虽曰卑下，然其文境无所不包，说理、论事、辞命、记叙、纪传、考订，各有得其近似，要皆相题为之，斯为美也。平日既未谙于诸体文字，则遇题之相仿佛者，不过就前辈时文而为摩仿之故事尔。夫取法于上，仅得乎中，今不求谋其本原，而惟求人之近似者以为师，则已不可得其近似矣。

或疑初学试为《左传》论事，以至编纂纪传，贯串考订，文体凡数变易，待其成功而后学为时文，则非十年不为功也；又待时文加工，亦必须三数年，是旷日而持久，不可训也，其说非也。古文时文，同一源也，惟是学者向皆分治，故格而不相入耳。若使孺子初学论事之文，以渐而伸可以联五六百言为一篇矣，即可就四书中，摘其有关《春秋》之时事，命题作论，当与《春秋》论事，无难易也。既而随方命题，不必有关《春秋》之时事者，而并试之，度亦不难于成篇也。既作四书论矣，即当授以成宏、正嘉、单题、制义，孺子即可规仿完篇，不必更限之以破承小讲也。（自作四书论至此工夫，敏者不过三二日，钝者亦不过二年。）于是渐而庆历机法，渐而启正才调，渐而国初气象，渐而近代前辈之精密，与夫穷变通久之次第，（自读庆历至此工夫，敏者一年，钝者亦不过二年。）不过三年之功，时文可以出试，而《左传》之功，亦且贯串博通，十得其五六矣，此固并行而不悖者也。学问与文章并进，古文与时文参营，斯则合之双美，而离之两伤者尔。（每日六课，古体三篇，相间为之。逐日课程，编纂经传半日，诵读时文半日，相间为之，勿疾勿徐。）

善为教者，达其天而不益以人，则生才不枉，而学者易于有成也。《左氏》论事，文短理长，语平指远，故自三语五语，以至三数百言，皆孺子意中之所有，资于《左氏》而顺以导之，故能迎机而无所滞也。其后渐能窥寻首尾，则纂辑人物，而论赞仿焉。稍能充于辞气，则拟为书谏，而辞命敷焉。又能略具辨裁，则规为书表，而叙例著焉。（经此四变，约用三年之功，参学时文，亦当成段矣。）至于习变化而学为叙事，互同异而习为考订，则又识远气充，积久而至贯通之候也。（自为叙例之后，至此约须二三年，参学时文，亦当成大观矣。）是皆孺子自有之天倪，岂有强制束缚而困以所本无哉？或者不察，而以宋人所为博议史论诸篇课童子，以为攻《左氏》者入门之资也。夫博议史论诸篇，皆有意于构文，凡遇寻常之事，务欲推而高之，凿而深之，俱非童儒意中之所有。使之肄而习焉，作其机心，而行其机事，于是孺子始以文字为圆转之具，而习为清利浮剽之习调。其体能轻而不能重，其用宜今而不宜古。成之也易，则其蕴蓄也必不深；趋之也专，则其变通也必不易。是则益之以人，而不达其天之咎也。语云："点铁成金易，反金为铁难。"古人诱启蒙学，不惮委曲繁重，岂不欲有一蹴可几之境哉？为童幼之初，天质未泯，遽强以所本无，而穿凿以人事，揠苗助长，槁固可立而待也。夫凤雏出彀，不必遽能飞也，急以振翼为能事，则藩篱鷃雀，何足喻其多哉！

或疑以史迁之法，贯串《左氏》之书，是以著述成一家言矣。童蒙纵因师授而纂成之，亦只一人之攻取，而他人无庸更架屋下之屋也。此说非也。学问文章，盖天下之公器也，因其资之所习近，而勉其力之所能赴，初非一人为之，而他人不可更为也。无论学者习业，未必遽为不刊之著述，就使名门巨手，蔚成传世之编，人心不同如面，各以其意为之，譬如经书命题，各为文义，虽更千万人手，岂有雷同剿袭之嫌哉？（即如《古史》《路史》《函史》《绎史》之类，皆是纂辑古人成编，何嫌并出。）

或疑如前所言，皆是学成著述之事，不可以为初学攻取之方，其说非也。少小之所攻取，与老大之所成就，截然分途，正近日教学不事根柢之陋习也。其意以为学古趋时，各有界画，不知一以贯之，不惟不可分界，亦且交相资益。古今名世传世之人，大率生平所业，迥异流俗，而其人初非山林枯槁，不取巍科高第之人也。然则编摩经传，所业在是，所以应科举者亦即在是，幼学在是，所以为毕生之业者初不外是。是则逸而有成，孰若截界分疆之劳而寡效者哉？

童孺知识初开，甫学为文，必有天籁自然之妙，非雕琢以后所能及也。譬如小儿初学字画，时或近于篆籀，非工楷以后所能为也。迎其机而善导，固莫如向之所陈矣。然而学识未充，其数易尽，必参之以变化，使之气机日新。故自论事论人以下，诸体迭变，复又使之环转无穷，所谓一尺之棰，日取其半，而终身用之不竭也。（前章言教以论事，论事既畅而后论人，以至辞命、叙例、纪传、考订、莫不皆然。亦就大概而言，其实反复循环，不时变易，乃易长。）为之而善，惧其易尽，变易其体，所以葆其光也；为之不善，惧其厌苦，变易其体，所以养其机也。善教学者，必知文之节候，学之性情，故能使人勤而不苦，得而愈奋，终身愤乐而不能自己也。

教童子法

清·王筠

【题解】 王筠（1783～1854），字贯山，号篆友，山东安丘县（今山东省潍坊市）人，清代语言学家、文字学家。所著《教童子法》是一本专门论述启蒙教育的书，也是中国最早的小学语文教学法著作。书中对识字、写字、读书、属对、作诗、作文方面的基本训练作了系统的论述，对小学教学的一般原理也提出一些独到的见解。本文选自《蒙学要义》。

《礼记》有"心丧三年"，是师与君父同也。乃世之教童子者，只可谓之猎食，而父兄为子弟延师，亦以其幼也，而延无知之师。曾不闻王介甫先入为主之说，是自误也：不敢望子弟为圣贤，亦当望子弟为鼎甲。蒙养之时，识字为先，不必遽读书。先取象形、指事之纯体教之。识"日""月"字，即以天上日月告之；识"上""下"字，即以在上在下之物告之，乃为切实。纯体字既识，乃教以合体字，又须先易讲者，而后及难讲者。讲又不必尽说正义，但须说入童子之耳，不可出之我口，便算了事。如弟子钝，则识千余字后，乃为之讲；能识二千字，乃可读书，读亦必讲。然所识之二千字，前已能解，则此时合为一句讲之；若尚未解，或并未曾讲，只可逐字讲之。八九岁时，神智渐开，则四声、虚实、韵部、双声叠韵，事事都须教，兼当教之属对，且每日教一典故。才高者，全经及《国语》《国策》《文选》尽读之；即才钝，亦《五经》《周礼》《左传》全读之，《礼》《仪》《公》《谷》摘抄读之。才高者十六岁可以学文，钝者二十岁不晚。初学文，先令读唐宋古文之浅显者；即令作论，以写书为主，不许说空话；以放为主，越多越好；但于其虚字不顺者，少改易之，以圈为主；等他知道文法而后，使读隆万文，不难成就也。

学生是人，不是猪狗。读书而不讲，是念藏经也。嚼木札也，钝者或俯首受驱使，敏者必不甘心。人皆寻乐，谁肯寻苦？读书虽不如嬉戏乐，然书中得有乐趣，亦相从矣。读书一两年，即教以属对。初两字，三四月后三字，渐而加至四字，再至五字，便成一句诗矣。每日必使作诗，然要与从前所用之功事事相反。前既教以四声，此则不论平仄；前既教以双声叠韵，此则不论声病；前既教以属对，此则不论对偶，三字句亦可，四字句亦可，五句也算一首，十句也算一首，但教以韵部而已。故初读诗，亦只读汉魏诗。齐梁以下，近律者不使读。吾乡非无高才，然作诗必律，律又多七言，七言又多咏物，通人见之，一开卷便是春草秋花等题目，知其外道也，掩卷不观矣。以放为主，以圈为主。等他数十句一首，而后读五七言律，束之以属对声病不难也。

诗题颇难，必古人集中所有之题，乃可使学子作。忆袁子才《诗话》，言某人集中有《书中干胡蝶》诗，大以为笑。我尝见此集，工夫极好。只是耳目蔽塞，咏物诗本不宜多作，然杜工部《花鸭》、《苦竹》等诗，寓意深远，又何尝不好！吴梅村《莲篷人》、《桃核船》等诗，则不如不作矣。我见何子贞太史教其侄作诗，题目皆自撰，以目前所遇之事为题，是可法也。时下题难得，则教以《文选》咏史诸篇，而所读之书，无往非题矣。咏物题太小，与画折枝草虫一般，枉费气力，如有孝子慈孙，以示操选政者，其人选也仅矣。此亦由师不知是魔道，未尝告之而然。

凡每日属对，必相其本日所读，有可对者，而后出之，可验其敏钝；即或忘之，亦教责之而无词也。

小儿无长精神，必须使有空闲。空闲，即告以典故，但典故有死有活。"死典故"，日日告之。如：《十三经》何名？某经作注者谁？作疏者谁？《二十四史》何名？作之者姓名？日告一事，一年即有三百六十事。师虽枵腹，能使弟子作博学矣。如闻一典，即逢人宣扬，此即有才者，然间三四日，必须告以"活典故"。如问之曰："两邻争一鸡，尔能知确是某家物否？"能知者即大才矣。不能知而后告以《南史》（忘出何人传中）：先问两家饲鸡，各用何物，而后剖嗉验之。弟子大喜者，亦有用人也，自心思长进矣。

今之教者，弟子入学，视为废才；到十三四岁，则又视为天才。何也？书，不取其多、不取其熟、不取其解，但念藏经而已，是废才也；忽然十余岁，便使之作文，岂有生而知作文者乎？是天才也。然其教以文也，仍以废才教之，曰："读二十艺，三十艺。"然以一字不讲之胸，即读俗不可耐之文，庸能解乎？费尽师傅蛮力，使之能解，钝者终身于此，芹不可掇；敏者，别读佳文。夫费数年之功以粪浸灌其心，又费数年之功以洗濯其粪，何如不浸而无庸洗之为愈乎！且此乃俗语"鬼扯腿"之说也：当应读书之时，不多读、不勤讲，而以时文爡乱之，是文扯书之腿也；当应学文之时，又念经书不熟不解，无作料光彩，则又欲温习，此经扯文之腿也。意不两锐，事不并隆，何如分致其功之为愈乎！

作诗文必须放。放之如野马，踶跳咆嗥，不受羁绊，久之必自厌而收束矣。此时加以衔辔，其俯首乐从。且弟子将脱换时，其文必变而不佳，此时必不可督责之，但涵养诱掖，待其自化，则文境必大进。譬如蚕然，其初一卵而已，渐而有首有身，蠕蠕然动，此时胜于卵也；至于作茧而蛹，又复块然，此时不如蚕也；徐俟其化而为蛾，则成矣。作文而不脱换，终是无用才也。屡次脱换，必能成家者也。若遇钝师，当其脱换而夭阏之，则戚矣。诸城王木舟先生（名中孚，乾隆庚辰会元。）十四岁入学，文千余字；十八岁乡魁第四，文七百字；四十岁元文，不足六百字矣。此放极必收之验也。

识字必裁方寸纸，依正体书之，背面写篆独体字，非篆不可识，合体则可略。既背一授，则识此一授之字，三授皆然。合读三授，又总识之。三日温书，亦仿此法。勿惮烦，积至五十字作一包。头一遍温，仍仿此法。可以无不识者矣，即逐字解之。解至三遍，可以无不解者矣，而后令其自解。每日一包。此无上下文，必须逐字解到苗实，异日作文，必能逐字嚼出汁浆，不至滑过。既能解，则为之横解：同此一字，在某句作何解，在某句又作何解，或引伸，或假借，使之分别划然，即使之展转流通也。

教弟子如植木，但培养浇灌之，令其参天蔽日。其大本，可为栋梁，即其小枝，亦可为小器具。今之教者，欲其为几也，即曲折其木以为几，不知器是做成的，不是生成底。迨其生机不遂，而夭阏以至枯槁，乃犹执夏楚而命之，曰："是弃材也，非教之罪也。"呜乎，其果无罪耶？

佳弟子多有说不出口底苦，为父兄者亦曾念及乎？督责以时文、排律，白折红行，捷南宫，入翰苑，父兄泰然以为善教矣！敷奏一事，则时文之法，不能达其所见也，自恨读史之不早也；公燕分体赋诗，则排律嗫嚅之词，不足道其情也，自恨《文选》之未见也。且有不知自恨者，侥幸主持文衡，不知《四书》有《汪氏大全》《陆氏大全》《王氏汇参》也，而调取至愚极陋之体注；遇典故则使房官检查，不知典籍浩如烟海，绝无主名，何处检也？又不知诗、经文，或作赋，或作四六，皆才人之笔，而以为文体不正。遇有知

167

者，一屋为笑矣。不知早教以读书，则古文正有益于时文，至于出丑败坏，屈抑多士，岂非父兄之教不先乎？

截得断，才合得拢。教子者，总要作今年读书、明年废学之见，则步步着实矣。识字时，专心致志于识字，不要打算读经；读经时，专心致志于读经，不要打算作文。然所识之字，经不过积字成句，积句成章也。所读之经，用其义于文，为有本之文；用其词于文，亦炳蔚之文也。如其牵肠挂肚，瞻前顾后，欲其双美，反致两伤矣。

《蒿庵闲话》曰："历城叶奕绳，尝言强记之法，云：某性甚钝，每读一书，遇意所喜好，即札录之，录讫，乃朗诵十余遍，粘之壁间，每日必十余段，少亦六七段；掩卷闲步，即就壁间观所粘录，日三五次以为常，务期精熟，一字不遗；粘壁既满，乃取第一日所粘者收笥中，俟再读有录，补粘其处，随收随补，岁无旷日，一年之内，约得三千段，数年之后，腹笥渐富。每见务为泛览者，略得影响而止，稍经时日，便成枵腹，不如予之约取而实得也。"

又曰："邢懋循尝言：其师教之读书，用'连号法'：初日诵一纸，次日又诵一纸，并初日次日所诵，诵之三日，又并初日次日所诵诵之，如是渐增引至十一日，乃除去初日所诵，每日皆连诵十号，诵至一周，遂成十周，人即中下，亦无不烂熟矣。又拟题目若干道书签上，贮之筒，每日食后，拈十签，讲说思维，令有条贯，逮作文时，遂可不劳余力。"

沂州张先生笃之父执李荆原（名轸映），先生师也。尝言从学时，每日早饭后，辄曰："各自理会去！"弟子皆出，各就陇畔畦间；比反，各道其所理者何经何文，有何疑义，张先生即解说之。吾安丘刘川南先生（名其旋），十余岁时，师为之讲书数行，辄请曰：如此，则举某章反背，师令退思之而复讲，如是者，每日必有之，半年后，师遂不穷于答问，是谓教学相长。然此等高足，那可多得！故为弟子讲授，必时时诘问之，令其善疑，诱以审问，则其作文时，必能标新领异，剥去肤词。

泰安赵仁甫相国（名国麟），作一讲时文书（忘其名，亦未见其书），凡十二卷：泰安刻九卷，济宁知州徐树人（名宗干）补刻三卷。闻泰安人初宗法之，以致数十年无捷南宫者，遂弃之。我以意揣之，必因仁甫先生于每种题，皆录成宏正嘉文以为式，从而学成宏，以至不中也。可谓痴绝。规矩者，巧之从所出也。得规矩而失其巧，于义何居焉？试问仁甫领乡荐、捷南宫之文，岂皆成宏体乎？然必选成宏者，其文无支蔓，规矩易见，故以为式。欲其穷思毕精、驰骋于规矩之中，非欲其憔悴枯槁、窘束于规矩之中也。时文行已五百年，穷极才思，尚怵他人之我先，而乃袭先正之貌，落孙山之外，反咎仁甫之作法于凉，岂不谬乎！今日者，如得其书甚善；不然者，亦必胪列数十种题目，上书其名，下书其题以实之（如顺纲题，吾日三省章；倒纲题，贤贤易色章；横担题，雍也可使南面章；过脉题，上老老三句），使弟子知题有种族，即各有作法，不致临时惶惑。安邱有名解元某，其入学覆题"视思明九句"，遂作九股，几被斥革，再覆试一次而后已，岂非师之过乎？夫门扇题，题之最易知者也，然两扇作两股，三扇之第三股，已有前半股，对上二股，后半股即不必对者，况四扇仍有板作四股者，五扇以下，必不行矣。此之不教，何以为师？

考试不必早。凡功名无论大小，得之必学业长进。若已有二等本领，而后入学，一经长进，则可中矣。若绝无根柢，幸而入学，即长进，亦三等也，三等既久，使甘心以阘冗自居，岂不误一生乎！学字亦不可早，小儿手小骨弱，难教以"拨镫法"，八九岁不晚。学，则学《玄秘塔》《臧公碑》之类，不可学小字。大有三分好，缩小，便五分好也。不可学赵，他字有媚骨，所以受元聘。犹之近人作七言转韵古诗，对偶工整，平仄谐和，不以为病，一韵到底者乃忌之，所藉口者王右丞也。然此人亦有媚骨，进身则以《郁轮袍》，国破即降安禄山。虽唐人不讲节义，然李、杜、高、韦，何家不可学？必学降人乎？我所最爱者，《铁像颂》。苏灵芝字品不高，（其结体似即松雪所从出，惟少媚骨耳！）故其换笔处，易于寻求。既如"无"字，他底三横四直，其换笔之痕迹俱在，于我有益，故喜之也。最不喜者，虞永兴《夫子庙堂碑》，尚出颜柳诸贤之上，其换笔皆在空际，落纸则只是平铺，我若学之必极板作算盘珠矣。近人学之成家者，惟见李春湖先生（名宗瀚）耳。寿陵余子，不可学步邯郸也。初学文者，大题当读小名家，亦是此意。小题则必读大家，省了诸般丑态，又不可用此法也。

又有急救良方：吾乡有秀才，家贫，须躬亲田事，暇即好樗蒲，然其作文则似乎不释卷者。或问其故。则曰："我有二十篇熟文，每日必从心里过一两遍。"（不可出声，若只是从唇边过，则不济事。）

入学后，每科必买直省乡墨，篇篇皆使学子圈之抹之，乃是切实工夫。工夫有进步，不防圈其所抹，抹其所圈。不是圈他抹他，乃是圈我抹我也。即读经书，一有所见，即写之书眉，以便他日涂改；若所读书，都是干干净净，绝无一字，可知是不用心也。

桐城人传其先辈语曰："学生二十岁不狂，没出息；三十岁犹狂，没出息。"

孔子善诱。孟子曰，教亦多术。故遇笨拙执拗之弟子，必多方以诱之。既得其机之所在，即从此鼓舞之，蔑不欢欣而惟命是从矣。若日以夏楚为事，则其弟固苦，其师庸乐乎？故观其弟子欢欣鼓舞，侈谈学问者，即知是良师也。若疾首颦頞，奄奄如死人者，则笨牛也，其师将无同？

人之才不一，有小才而锋颖者，可以取快一时，终无大成就；有大才而汗漫者，须二十年功，学问既博，收拢起来，方能成就，此时则非常人所及矣，须耐烦。

功名、学问、德行，本三事也，今人以功名为学问，几几并以为德行。教子者当别出手眼，应对进退，事事教之；孝弟忠信，时时教之；讲书时，常为之提唱正史中此等事，使之印证，且兼资博洽矣。学问既深，坐待功名，进固可战，退有可守。不可痴想功名，时文排律之外，一切不学。设命中无功名，则所学者无可以自娱，无可以教子，不能使乡里称善人，士友称博学。当此时，回想数十年之功，何学不就？何德不成？今虽悔恨而无及矣！不已晚乎？

律赋以徐、庾为正宗。《醴陵集》不知有注本否？《子山集》注本二，其一佳，我忘其名，检《四库全书简明目录》，即知之。章岂续（名藻功，康熙中翰林，著《思绮堂文集》）论四六文曰：惟唐工丽，得无尚少机神；若宋流通，或且疑于浅率。又曰："吴园次班香宋艳，接但短兵；（吴所著《林蕙堂集》，我甚爱之，与时下风气亦合。）陈其年陆海潘江，穿如末弩。"（陈检讨《四六文集》有注本，所用典故，重复拉杂，我亦不喜。）是章氏于当时名家，皆不许可，然《思绮堂集》亦近日翰林诸老所谓不在行者，以其似有韵之文也。近刻《八家四六文集》，似吴故毂人、袁子才两家为最，而吴尤当行出色，赋固以细腻见长也。朱虹舫先生（名方增）大考第一，《八月其获赋》足与律赋偶。笾中储麟趾《九日登高赋》，媲美老笔也。大约细腻波峭，是今日当行，不宜作长篇也。不要长枪大剑。六朝体，小场不废，翰苑不宜。

我幼年所受之苦，附书于此。读《四书》时，见《大学》《中庸》注，皆题朱某"章句"，《论语》则多用朱某"集注"，不知古人注书，多名"章句"；又不知《学》《庸》是古注粗疏，朱子创为此注，则名"章句"，《论语》则多用前贤说，故名"集注"也；又不知"注"、"讠主"是古今字，转以"讠主"字为正，不敢问之师也。读《诗经》时，见《国风》一，不知下有《小雅》二、《大雅》三、《颂》四；又曰《周南》一之一，不知上"一"字承《国风》一，下"一"字对下《召南》一之二至《豳》一之十五言也，直以为呓语而已，亦不敢问之师也。读《周易》时，见二程子序，当时虽不知朱子乃程子

171

再传弟子，无由为朱子作序，然疑《四书》《诗经》皆朱子自作序，此何以他人作序也？朱注《周易》一段末云："今乃定为经二卷，传十卷。"核其卷数，固不符。不知朱子《本义》，本连书于程子《易传》之后，述而不作，故谦而不再作序。朱子定本，是文王《彖辞》，周公《爻辞》（二者，皆所谓《系辞》也。上画"☰"，下系以"乾，元亨利贞。"乾者，谓此六阳画，名曰乾也。元亨利贞者，占也。初九潜龙勿用者，周公系爻下之辞也。初者，此爻最初也。九者，阳爻名九也。潜龙者，象也。勿用者，占也。父统子业，故文王、周公所系之词，合而序之。而别以上经、下经者，乾、坤、坎、离，皆纯卦对待之象，水火者，天地之大用也；咸、恒、既济、未济，皆合卦流行之象，水火者，人身之大用也，故分两篇。既云初九，不云终九，而云上九者，此云上，则初在下矣，欲人知爻自下而上也。）分两篇居首，孔子自作者，退处于后，不敢搀杂先圣之文，圣人之谦也。（然实不敢搀杂。爻词多有韵，以《小象》搀之，则失其韵，此犹是小事。如"自天祐之，吉，无不利。"此承"厥孚，交如，威如，吉。"而终言之，乃合两爻为一爻。《小象》无一无韵者，其文义亦有衔接者，何可搀杂？）曰《彖上》《彖下》《象上》《象下》《系辞上》《系辞下》《文言》《说卦》《序卦》《杂卦》，谓之《十翼》。（《汉书艺文志》："《易经》十二篇。"颜师古曰："上下经及《十翼》，故十二篇，而《史记》则谓之《易大传》"。案：《大传》《十翼》两名，与上下经同，皆后人所指名。孔子时，谓之《易》，不谓之《易经》；谓之《彖》《象》，不谓之《彖传》《象传》。吕东莱于《十翼》，皆加一"传"字，非古也。彖者，释伏羲之卦画及文王所系之词也，亦多不释卦画者，故曰《彖上》《彖下》，谓此所释者"彖"，非自名所作为彖也。象者，释卦之上下两象及周公所系之爻辞也。通谓之象者，卦有象，六爻亦各有其象也。《系辞》上下，则通释文王周公所系之辞，然释其义，而不释其词，故无所附丽，而自分上下。古人所作本有名，而后人别为之名者，如

《潜夫论》曰:"尹吉甫作'封颂'二篇,其诗曰:'于邑于谢,南国是式。'"此出《崧高篇》,然云二篇,则兼《烝民》言之,是合此二篇,谓之'封颂'也。《说文》引扬雄赋:"响若氏隤",此《解嘲》文也,而谓之赋。故《易经》但当云"象上"云云,不可加"翼"字"传"字)

御纂《周易折中》,即用朱子旧本也。明永乐时,苏州府教授(忘此妄人之名矣),删程《传》,专用《本义》。朱子曰:"程《传》备矣者。"始录《传》于后,而《序卦传》之程《传》,本分冠于各卦之首,他不知合录于本篇,遂致《序卦》无一字注解。我虽疑之,亦不敢问也。惟十一岁从王惺斋师(名朝辂),事事皆讲,遂知用心,以有今日。夫此等可疑之事,皆属皮毛,不关大体,尚无训诲者,令我独感惺斋师。愿天下之为师者,各为其"心丧三年"计也。

我曾看俞氏选《百二名家》,是时胸中尚无泾渭,不能知其根柢所从出,派别所由分,看亦无益,是呆工夫也。王罕皆选《程墨所见集》则当看古人实功。今人不肯用,但看其文,知其路径,得其皮毛,足以标异矣。其中一题数篇者,先看其题,无不解也,看三四遍,始解其制局命意之所在,恍然曰:我今乃解此矣。又看一篇,则又不知所云,看三四遍,而后恍然曰:此题又有此制度也。每看一遍皆然,虽不能学,然亦必无肤泛语矣。

藏法于理者,上也;以法运理者,次也。上不如次,有目共见。法莫巧于隆万,但去其扭捏可厌一种,学其钩心斗角,花攒锦簇,骗得功名到手,何书不可读?必欲以时文名家,则骇矣。时文已被前人做尽,是以顾耕石《会墨》(君子喻于义节),并非题之正解,然今人一看知其于从前此题名作,都已见过,他又别发一义也。盖古人所作,自道其得;今人所作,如随风败叶,不但身心性命国计民生全没交涉,即用为谈资,亦令人欲呕也。

或精团气聚,或鲜花嫩柳,或流利蓬勃,无不售者;古淡艰深,皆自取其祸;乔坐衙者(天地人三股,五经五股,尤王体之类），更无论矣。

　　附录：《四书说略》序

　　道光庚戌，执友陈雪堂书来，欲我说四书数章，以教其次子。此子幼时，我曾见之，今十岁矣。闻其识字灵敏，当有可教，然我老矣。当年所读儒先之说，遗忘殆尽，独存一己之私见。即其不背朱注者，亦皆肤浅，特不欲拂雪堂之意，粗略说之；其有背注者，名曰臆说，别书于后，或待其有定见时而后示之。欲其知读者必当用心，非欲其猖狂枉行也。又撰教童子法一卷，亦附于末。安丘王筠。

宏远谟斋家塾程课条录

清·黄之骥

174

　　【题解】　黄之骥，清嘉庆年间人，生平事迹不详。本文称得塾学总纲，并授业方法与读书法一应俱全。本文依据通行本整理而成。

　　家塾之学视庠序尤切近，盖其责父、兄任之养，中养才始于发蒙，以迄成就，循其本末，较易见功。故人乐有贤父、兄谓此耳。兹所条列者，犹是老生常语，而道迩情亲，弥知言之有味云。

　　〇明德行：德赋于天，行具于人，蒙养之初，何足语此？然非幼渐义训，则性习相远。将有气，拘物蔽之，虞必也。于发蒙时，即举古人坊表之端，日与讲说，俾知立诚去伪，以作圣功。邪僻无自而生，则趋向不离于正。盖习与性成，所以驯致其德行者，固有道耳。

　　〇厉志气：子弟入塾，语以精修，或不能解。若以"第一等人"、"第一等事"为之鼓舞，罔不忻忻然。欲问其途，此时为父母者，宜举古今圣贤、师儒、学问、经济、群分类聚，择精语详，俾知奉为楷模，即思身与之齐，所谓当仁不让是也。志气既有专向，就使才力未到，以视悠悠忽忽、毕生萎靡之辈，不已多乎！

○亲师友：名师益友，自古为难。然父兄欲子弟之成材，其平日所肄业及之者，必使之就正有道，而后是非得失乃不致疑殆相乘。故聘礼襄琴，虽圣人亦有师也。若夫直、谅、多闻，三益是求，即以友辅仁之谓，而家塾中有佳子弟，独无传习、无观摩，恶在其为贤父、兄乎？然则亲师取友，可以进德，可以修业矣。

○储书籍：今人为学，易于古昔什佰。而述作信好，反不如古人者，则以家尠藏书之过也。其在世阀巨族，但侈田宅、车马，衣服争为美观。而贫约自守之家，明知博雅可宗，又苦于无力购览。故虽有二三佳子弟，而于书独少凭借，是奚能为真读书种子耶？假使富者出其素多侈费五分之一，广置经、史、子、集，贫者之父兄亦勤督其子弟借读、抄写，俾日与古人相对，濡染既久，神智自开，名儒名臣，皆由此出，其为天下、国家所利赖，又安见今人必不如古人哉？

○务实学：隐居求志，行义达道，此其人固未易见。然士夫读书，以期经世，使非夙有抱负，何以谓明体达用乎？为父兄者，既能教子弟深通经术，博稽史事，则义理晓畅，利弊周知，不当徒望其弋取科名已也。必使根柢之学，融贯古今。凡有关于国计民生者，出其所蕴，皆能裨补世教。斯为有体有用之实而非迂生俗吏无济之空言，不其伟欤？

○贵早修：昔东方朔年二十二上书，自称"凡臣朔固已诵四十四万言"。盖自十六学《诗》《书》，至十八而毕；又自十九学兵法，至二十一而毕，皆作三年程课。三年诵二十二万言，每年正得七万三千三百余言。以一年之日计之，一日所诵，才得二百三言。实中人稍下之课也。欧阳文忠公亦言：《孝经》《论

语》《孟子》《易》《书》《诗》《礼》《周礼》《春秋左传》九经，凡
二十八万二千一百五十字。准以中人之资，日诵三百字，不
过四年半可毕。钝者减中人之半，亦九年可毕。今加《仪礼》
五万六千六百二十四字，《公羊传》四万四千七十五字，《穀梁传》
四万一千五百十二字，三经凡十四万二千二百十一字。总前九经，
计四十二万四千三百六十一字。除六七岁启蒙外，自八岁入塾，用
功比于东方，六年已毕，只十三岁。即资性鲁钝，九年、十一年亦
毕，犹在十八九岁弱冠以前。或有事迁延，至二十二三时精熟，尚
未为晚也。按日计程，铢寸累积，总在此十五六年中，已成绝大造
诣。过此以往，愿学未能，始悔从前旷误，是真迟矣。窃愿为父兄
者，督其子弟，及时自奋，毋时过后学，则其成也可期，而无老大
自伤之叹。所谓修学务早者，此耳。

○求专致：经史百家，卷帙繁重，卒业不易。子弟肄之，每叹
望洋。然为父兄者，果能循循善诱，为之挈其纲领，析其条流，俾
毋纷驰，以一其业，则读一书自受一书之益，安在不博通乎？夫欲
博通，必先专心致志，"专"则无他向，"致"则无兼营。而其学之
缉熙，皆由心志之纯一，有以精熟其所为耳。不然，贪多骛广，庞
杂于中，其能有得乎哉？

○尚精勤：学问之道，非精心则从违无定，非勤力则作辍相
乘。昌黎曰："学精于勤。"是"勤"，尤学人切要之图也。窃谓精、
勤二字，不特子弟才识未至，宜以此矫轻警惰，正其为学初基；即
造诣有成，亦必择之精、肄之勤，不厌不倦，而后涵泳优游，志趣
弥永。若习于固陋因循，则其所师承者，罔非俗学，难乎有恒也必
矣。夫无恒之人，必不耐勤，而何能致其精也。观于六经所垂训，
虽以文王、周公之圣，犹不自暇逸，勤施四方，况塾中之子弟力学
者乎？为父兄者，当举"勤"之一言，教其终生行之可耳。

○遵学纲：《朱子读书法》六条：曰循序渐进，曰熟读精思，曰
虚心涵泳，曰切己体察，曰著紧用力，曰居敬持志。此六者为读书

纲领，千古不磨。无论中人以上、中人以下，皆必循是以为功。子弟入塾，父兄即为引伸，依次尽心。历少而长，悉无间断，自有成效可稽。

○立程课：元儒程畏斋先生端礼，所定小学簿读书、习字、演文日程、大学簿读经、读史、作文日程（均见《读书分年日程》中），其先后次序，分日轻重，决不可紊。又附抄五经传义及批点经书、韩文法，皆便于学者，允当依仿而变通之，以酌今古之宜。惟所引群书，今不尽见，或部帙繁重，寒素家未易有耳。

右十条为塾学总纲。

以下诸条，自童稚以至成人，别为定课，仿《程氏分年日程》法也。

八岁未入塾前，读《性理字训》。按：程氏《字训纲》，原本今罕见。歙朱氏升会以方蛟峰逢辰《名物蒙求》、陈定宇栎《历代蒙求》、黄成性继善《史学提要》暨程勿斋若庸《性理字训》，合注为《小四书》五卷。当湖陆稼书先生尝欲重梓，以广其传。及门云间赵凤翔慎徽伯仲，承师命校刊，《四书》乃复显、愚谓训蒙之书，未有善于此者也。六七岁时，父兄即以此授之。更削方寸木数万（或用白绢绫夹谷皮纸褾作，必须两面，一律可以书楷），每方楷书《十三经集字》，仍附《说文》篆、籀体于下（无者缺之），背面注明本字音、义，或一字数音数义，亦分别详书。日令识认若干字，解说若干字。识认由少加多，解说由浅至深。汲汲而毋欲速，循循而毋敢懈。蒙养之功，其在是乎（以百方为一包，千方为一箧，十箧即万字矣。周流熟认，固藏勿失）。

读书以识字为本，百字又非徒能识已也。必明其形、声、训诂，以《尔雅》为权舆，而通诸《广雅》《说文》，与夫《广韵》《韵会》之属，复衷以《经典释文》，识字源流，大概已备。有此为根柢，而后读昭代顾氏《音学五书》、邵氏《尔雅正义》、郝氏《尔雅义疏》、段氏《说文解字注》、王氏《广雅疏证》暨阮氏《经籍纂诂》

等书，乃克知其得失所在，而并为读群经之宝筏珠船。才敏子弟，更能参考金石文字，其益尤多。塾师于每日课经之余，必为考证二三十字，录之于册，积久有得，通贯不穷。虽以之读中秘书可矣。

八岁入塾，读小学书，宜先读《孝经》，所以端小学之本也。《小学》内篇四，前三篇述虞、夏、商、周圣贤之言，后一篇撼虞、夏、商、周圣贤之行。外篇二，又以纪汉以来贤人之嘉言善行，所以广其言、实其行，为观摩则效之验也。其于古今入德之门，固已本末赅备，而所恃为坊表者，即因是为权舆。

诵读余闲，当更取《颜氏家训》《宋名臣言行录》，王令《十七史蒙求》（李瀚《蒙求》亦可，二书皆非俗本）等书，日与解说数则，使童岁即知束身于正而有所率由。庶先入为主，他日不致误于匪僻。且俾知列史所纪贤奸大略，亦可为异日读全史之资，胜于村塾杜撰书，不可以道里计矣。

质之利钝，禀受于天，今人或不及古。程氏谓"随日力、性资，自一二百字渐增至六七百字，日永年长，可近千字乃已"。则人或疑其苦以所难。兹拟减：从七八十字渐增至二三百字以上即止，不敢以日诵千字强责。今之童幼，或致畏难苟安也。

至云每大段内必分作细段，每细段必看读百遍，背读百遍，又通背读二三十遍（后凡读经书，仿此），此则熟书之良法，必不可易。又云，才办遍数，即暂歇少时，复令入学。此以惜小儿易困之精神，而化其怠缓待暮之习，宽严相济，俗师所不知也。

每日夙兴将已，读册首书，至昨日所读书，送函丈前背读一遍，生处、误处，师为正之，即用朱点记，以待夜间补正遍数。次晨背读，复有生、误处，仍加点记如前法，必求烂熟，无一句一字生、误，方是功夫已到。大抵生书一道，看读、背读遍数既足，始分之、继合之，又通之、温之，连朝连夕，复接续读之，则亦透熟矣。可以经时不忘，计有半月，乃去册首最先一道，前者日减则后者日加，循环不已，旧闻新得，交尽其功，岂不美哉？凡熟书逐字逐句须缓读，以致其抑扬深思，以昭其涵泳。斯理与心融，乃非记问之学所及。

师授本日正书，初时师为点定句读，圈发假借字音。十三岁后令自为点、发，面读，正过讹误，还按照前看读、背读、分读、合读法，务令句读明、字音清、遍数无欠乃已。凡点、发诸例，皆依程氏勘定本。

师试说昨日已读书毕，授说平日已读书，如《小学》《大学》《论》《孟》等，凡说一书，先通说字义句义，又通说节旨、章旨，乃依本注、外注，递为疏解，久之觉有领受，即令自反复；又久之觉文义融贯，且使自看注，沉潜玩索，益觉豁然，更诘难之，使皆明透，却先令说注，果了晰而无疑滞，然后依注说正文，则畅然声入心通矣。凡说他经皆如此。

小学习字，必于四日之内，以一日令影写颜、柳楷法，先请善书家拓大为格本。每尺方纸作十二格，格书一字。凡格本一张，须影过十次乃更易。影写至百纸后，令自临摹，亦必尽百纸。近时有九宫格式，安顿间架结构，最便初学。于是暂歇读书一月，以全日之力摹写至千字，增至二千、三千、四千，则可运笔如飞而不失模楷，以求精妙，日起有功矣。其用笔口诀若"双钩悬腕，让左侧下；虚掌实指，意先笔后"四语已包括无遗，更得专家指授，神而明之，存乎其人耳。至若点画、偏旁，则《说文》《匡谬正俗》等书，尤宜时时究研，裨益非浅。

世俗童子师，每令日日作对及诗，此最虚费心力，徒弃时光。十五岁前不能记诵九经，皆由于此。古人读书以明经为重，必从训诂、义理入手，乃得实际。程氏以读经、习字、演文分立程课，读经必用三日，习字、演文只用一日。盖不欲以文字间读诵之功也。"演文"者，谓将已说之书，令演作口义，字求其训，句通其意，以发明立言之大旨，但使学开笔路，不至太迟斯可耳。必欲晓以属对之法，莫若举难易、美恶、消长、盈亏，一反一正之字，日为引伸。又字同而音、义异，如难易之"易"，去声；交易，则入声也。消长之"长"，上声；长短，则平声也。相与推寻，俾知字音之虚实、清浊，于行文赋诗，思过半矣。既复从容教其熔铸经义，以浚其心思。撷取经语，比偶成联，日撰数条，触长无尽。熟经、通经之妙法备已，无待他求也。

读书有心得，皆由玩索而来。今拟只日之夜。大学，则令其玩索已读经书字句、章节，先析后合。又须析之极其精，合之无不融，可以当下会心，可以离却本书，优游领悟，所谓"超以象外，得其寰中"也。程氏所举宋、元诸儒家书，今皆罕睹。然如《御纂九经》、陆稼书先生《四书讲义·困勉录》等，未尝不兼采众说、阐发精微，所当标记异同、虚心思问者也。童幼则且令玩索《小学书》可耳。

双日之夜，背读平日已读之书一遍。或二、三卷，或四、五卷，随力所至。标记起止于簿，以待后夜续读，周而复始。凡已读之书皆然。

性理之学极精，宜随只、双日之夜，诵法《近思录》《续近思录》诸书，以植其本。至《宋元儒学案》《明儒学案》，行有余力，必当以次浏览，俾考见其渊源而并辑录其粹言，以精为学之诣。汉、唐人注疏，解经之渊薮也。学者必先通此，再阅宋元以来经说传注，始不坠于俗。程氏所定治经抄法甚善，而群籍有不尽存于今者。兹略举古今人撰述（大凡以著于篇，盖本诸青浦王氏昶教弟子说为多云）。

《易》由辅嗣逮于程、朱，义理畅矣，然秦汉大师之传，皆原孔氏，其略载唐李氏鼎祚《周易集解》、史氏征《周易口诀义》，近世惠氏栋撰《易汉学》、《易述》以发明之，而张氏惠言撰《易虞氏义》、《虞氏消息》，遂以成一家言，是真学古有获者也。

《书》传世宗九峰，而仲达《正义》援引奥博，且郑注多在其中，不得以宗孔氏訾之。自朱子疑古文之伪，其后吴氏澄、梅氏鷟、阎氏百诗为之条分节解，互相矛盾，亦不可不疏通其故，而江氏声《尚书集注音疏》、王氏鸣盛《尚书后案》、孙氏星衍《尚书古今文注疏》，遂独明汉儒之说。

《诗》以毛、郑为宗，孔疏其冢嫡也。嗣如吕氏祖谦《读诗记》、严氏粲《诗缉》、何氏楷《诗世本古义》、陈氏启源《毛诗稽古编》，博洽宏通，尤多裨助。

《礼》必兼《周礼》、《仪礼》，盖《周礼》统王朝之典则，《仪礼》具士庶之节文。条目秩然，较《礼记》更为详整。其孔、贾之传，郑学，亦复独有千古。然郑氏之学，莫精于"三礼"，后人钻研罔尽。今所传宗郑之书，宋人则李氏如圭有《仪礼集释》《释宫》、卫氏湜有《礼记集说》，元人则敖氏继公有《仪礼集说》，国朝则有李氏光坡《三礼述注》、惠氏士奇《礼说》、江氏永《周礼疑义举要》、张氏尔岐《仪礼郑注句读》，皆于注疏有得，切理餍心，所当详览焉。

"春秋三传"，《左氏》最长，杜氏又最宗《左氏》。《公羊》、《穀梁》间有别解，何休、范宁承之，亦皆出自孔门弟子，义深文奥，墙仞难窥。读者精研事理，所贵酌"三传"之平定是非之准，俾不失圣人笔削之微旨，是为得之。大抵《左传》详于事，《公》、《穀》详于理。唐宋以来为"春秋学"者，如陆氏淳、胡氏安国，或攻击"三传"，或借以讽时，不尽符乎经义。然若刘氏敞《春秋权衡》《春秋传》《春秋传说例》，叶氏梦得《春秋传》《春秋考》《春秋谳》，吕氏祖谦《春秋左氏传说》《续说》《东莱博议》，赵氏汸《春秋集传》《春秋师说》，《春秋属辞》《春秋左氏传补注》，要皆以经求经，有裨后学也。

国朝如顾氏炎武《左传杜解补正》、朱氏鹤龄《读左日钞》、毛氏奇龄《春秋毛氏传》、《春秋简书刊误》、《春秋属辞比事记》、惠氏士奇《半农春秋说》、惠氏栋《左传补注》皆是。又若顾氏栋高

《春秋大事表》、程氏延祚《春秋识小录》，亦皆根据经典，精核无比，悉宜取法，以资学识。

经传既毕，次当及史。史学有四：曰纪传，马、班以下二十四正史之属是也。曰编年，荀、袁《汉纪》，温公《通鉴》，文公《通鉴纲目》之属是也。曰纪事，袁氏《纪事本末》、徐氏《三朝北盟会编》之属是也。曰典章，杜氏《通典》、郑氏《通志略》、马氏《文献通考》、王氏《唐会要》、徐氏《两汉会要》是也。各书皆部帙繁重，未易披览，法当择其尤要者，先加循习之功。如正史，则司马、班、范三史为先。编年，则涑水为先，紫阳次之。"三通"亦必须次第研求。惟纪事本末，可从缓看。然如别史、杂史中之《逸周书》、古史《国语》《国策》，传记则有《名臣言行录》《名臣碑传琬琰集》，载记则有《吴越春秋》《十六国春秋》《十国春秋》《南唐书》，史评则有刘子元《史通》诸书，亦必因时诵览，乃足资读史之益。

此其为功，当在十五六岁经书既熟后习之。所习程课，仍依程氏空眼簿，日注起止，五日一周。五日内二日温经，三日专心史学。接续习去，约十年可毕，而且熟于胸臆间矣。古文之学，世所传韩、柳、欧、苏、曾、王八大家外，两晋《文纪》《唐文粹》《宋文鉴》《南宋文选》《元文类》《中州文表》《明文授读》，皆称善本而不能尽学。则莫如专力于韩文。其读法、看法，程氏言之已备，切宜遵循。俟其深造自得，然后参以柳之峭、苏之大，欧、曾之醇懿，而往复兼综条贯，以融其旨趣。乃复举晋《文纪》以下诸编，驯致其变化之方，而古文之能事尽矣。

按：程氏于韩文后，接读"楚辞"，以为作古赋骨子。然近时崇尚选理，则赋学当以《昭明文选》为大宗，汉魏六朝诸名家次之；今别次于后。

《诗》亡而《离骚》作，萧氏《文选》，屈、宋之继别也。或谓所选杂出不伦，然沉博绝丽，实为宇宙间不可少之文，故杜工部、韩文公皆有取焉。契其神理，拟其闳富，约为骈体，自当独步江东。萧《选》之外，近张皋文氏《七十家赋钞》、李申耆氏《骈体文钞》二书，于辞章家言，已略撷其菁华，当肄业及之。唐以后，体裁各别，博观约取，亦足考见正变源流，不必尽读也。

程氏读看文程：六日一周，两日经、一日史、三日文。而诗学则未之及。今亦当以其余暇补之。然诗道之多，正如汉家宫阙，千门万户。世所传若《古诗纪》《乐府解题》《全唐诗》《宋诗钞》《宋诗存》《元诗选》《明诗综》，可谓富矣，惟其择之也（与古文同）。王渔洋《古诗选》、姚惜抱《今体诗选》二本持择最精（近有合刻本，并渔洋《万首绝句诗选》）。又管氏《读雪山房唐诗钞》、沈氏三诗《别裁》，亦尚可观。得此数本，尽足取法。然必以一大家为宗。熟复而深思之，久乃旁推变通，升堂入室矣。

读文、作文，程氏皆以西山《文章正宗》、叠山《文章轨范》为主。今则谢氏书尚有重刊本，真氏书已仅见。盖举世久不知古学，只习八股、时文故也。即论制艺，亦当取名家文，择其理法俱到，清真雅正者，读一二百篇，则题之大小长短、虚实偏全、理学典制格式，无所不有，作法无所不备，岂不甚善？乃并此不之学，而仅以侥幸一第之墨卷，步趋模仿，敝精于中而不知返，无惑乎人才之不古，若而文学之无以振兴也。

今既于读经、读史、读文诸法，端其趋向，得所禀承，有以为文章之根柢矣，则何文不可以作？仍依程氏作科举文字法，九日读、看经、史与文，一日作。初作，以经、史中论辨序事为题，只求构思称物，敷言逮意，言恢弥广思。按：愈深有开展之情，无局促之态，机趣洋溢，议论纵横，文成而法立焉。笔意渐熟，便当增作文日数。久之文理日明，文思日茂，使为"四书"题时艺，必大有异于人者。盖时艺之为体，其义则代古先圣贤之言也，其词则周秦以来立言者之神气、格律，无弗包也。苟非探讨于六经，不足以窥义之奥；非贯穿于史氏百家，不足以尽词之变。观天启、崇祯以逮国初，诸作者如章大力、金正希、项水心、罗文止、陈大士、黄陶荟、章云李、刘克猷、熊钟陵、李石台、马章民、韩慕庐、张素存、方百川、方灵皋、储六雅、王巳山、王耘渠、张晓楼、任钓台、陈句山、管蕴山，其文具在，莫不经经纬史、雅健雄深，可以知其概矣。学者效而得之，文既登峰造极，以应科举，亦不作第二人想。

至于诗、赋、箴、铭、颂赞之类，体有万殊，而理惟一致，视其力之所至而为之，无不惬心者。其平日研索之功，载籍极博，固难究殚，然多闻择善而从，多见而识。虽圣人为学，不外乎是。故曰："我非生而知之者，好古敏以求之者也。"

按：程氏所引稽古之书，除群经注疏、列史书（志）外，其必当从原书讨论者，如《水经注》、礼书、乐书、文字音韵，及推历、地志等学，不胜指名。而《算学九章》，尤不可不潜心究其蕴奥。盖通《九章》以至推步，然后各史之天文、历律诸志，始可得而读。即六经中之言星闰岁差，皆可迎刃而解。汉、唐经师如郑、孔辈，无不明此者。且其法亦今密于古而较简洁。

按：算书之精，若宋秦九韶氏《数学九章》、元李冶氏《测圆海镜》《益古演段》，皆明立天元一法。而国朝宣城梅文穆公《历算全书》六十卷，其说大备。欧罗巴借根方，至为巧妙，亦本诸秦氏，近来传此，学者益盛。中、西士所著，各有成书，而同文馆天文、算学教习、海宁李壬叔善兰，尤多精诣，有《则古昔斋算书》十三种刊行，好学深思之士，弥易为功云。

以上诸条，为父、师者，果能依此程督其子弟，必成通儒。而一切村夫俗子巧速之锢习铲除尽净，悉为有用之学，以立致用之基。困知勉行，明善复初，下学上达之工夫，尽在是矣。

夫研理于经，可以正天下之是非；征事于史，可以鉴古今之成败。自余百氏述作，皆六艺之支流，载道知言，往往畅先哲所未发，资后贤之观摩，亦足与经、史旁参互证，所贵博观而约取，熟读而精思，则其学之成，可计日待也。

昔鄂文端公总制云贵时，征滇士入书院教曰："读书之法，经为主，史副之。四子本经《孝经》，此童而习之者外，此则先之以'五经'，其次如《左传》之淹博，《公》《穀》之精微，《仪礼》之谨严，《周礼》之广大，《尔雅》之辨晰毫芒。大至无外而细入无间。此'十三经'者，缺其一即如手足之不备而不可以成人者也。至于史，则先《史记》，次《汉书》，次《后汉书》。此三史者，亦缺一不可。读本纪可以知一代兴亡盛衰之由；读年表、世家，可以知大臣创业立功之所自；读列传可以知人臣邪正公私，即以关系国家得失、利害之分。读忠孝、节义、隐逸、儒林、文学、方技诸传，可以知各成其德、各精其业，以各造其极而得其或显当时、或传后世之故；读匈奴、大宛、南夷、西域诸传，可以知安内攘外、柔远、绥边、恩威各得之用；读天官、历律、五行诸书（志），可以观天，而并可以知天人相感之原；读河渠、地理、沟洫、郡国诸书（志），可以察地，而并可以知险要之机；读礼乐、郊祀、仪卫、舆服等书（志），可以知典礼、掌故之因革，而有所参订；读艺文、经籍等志，可以知《七略》、九种、四部、六库著作之源流，而有所考稽；读平准、食货诸书（志），可以知出入取予、制节谨度之大体，而有所规鉴；读刑法、兵营等志，可以知赏罚、征伐、惩恶劝善、讨罪立功之大法，而有所折衷，此读史之要也。且善读史者，不仅以史视史，凡诏诰、奏疏、檄谕、论策之属，文之祖也。乐章、歌辞之属，乐府、诗歌之祖也。屈原、贾谊，司马相如、扬雄等传所载骚、赋之属，词赋之祖也。故熟于'三史'，则文人、诗人、骚人一齐俯首矣。况不止三史乎？史有可与经兼读者，如读《左传》而以《史记》副之，读《公羊》《穀梁》《仪礼》《周官》《尔雅》，而以前、后《汉书》副之，则史学不会太迟。"

按：文端以《史》副《左》，以班、范副《公》《穀》等五书，是总核诸书之大体言之。愚意欲分诸书之类，参伍读之，较便贯通。

拟改为读《左传》《公》《穀》，而以《史》、《汉》之本纪、世家、年表、列传副之，并看《通鉴》；读《仪礼》《周官》《尔雅》，而以《史》《汉》之书、志副之，并看《通典》《通志略》《文献通考》。又拟学文法：读《尚书》《仪礼》，为学韩本；读《考工记》《檀弓》《公》《穀》，为学柳本。箴、铭、颂，取诸《易》与《诗》，《太玄》《易林》辅之；赋，取诸屈原、下逮宋玉、贾谊、扬雄之徒。记事莫工于《史记》《五代史》，其继别者旁推交通，兼综条贯，而学文之旨亦全矣。

"十三经与三史既读，外如《家语》《国语》《国策》《离骚》《文选》《老》《庄》《荀》《列》《管》《韩》，以及汉、唐、宋、元人之文集，与《三国志》《晋书》以下诸史参读、参看，择其尤精粹者读之，余则分日记览。天姿绝人，过目成诵者，览即是读；其不及者，原未能尽读、博览、强记。有十三经、三史为根本，他皆一以贯之。读，固为要；看，亦有功。必欲汝曹尽读，非人情不可强也。经，庄重；史，闲雅。庄重者难读，闲雅者易读。读经者，以淑性；读史者，以陶情。朝经暮史，参错互读，则有体有用，内外兼赅，相济而不相妨，相资而不相紊。然后反求其本而约之于至一之地，则本之身，措之世，无所继而不当。出之言为经术之言，行之事为经济之事，建之功业为经天纬地之功业，乃可藉手以报曰：为国家得人矣。

又，王述庵侍郎与门人张远览书曰："夫学文之失，其弊约有三：挟谀闻浅见为自足，不知原本于六经。稍有识者，以《大全》为义宗，而李氏之《易》，毛、郑之《诗》，贾、孔之《礼》，何休、服虔之《春秋》，未尝一涉诸目。于史也，亦以考亭《纲目》为上下千古，不知溯表、志、传、纪于正史。又或奉张凤翼、王世贞之《史记》《汉书》，而裴骃、张守节、司马贞，颜师古、李贤之注，最为近古，缺焉弗省，其失也俗而陋。有其学矣，骋才气之所至，横驾旁鹜，标奇摘异，不知取裁于唐宋大家以为矩矱。而好为名高者，又谓文必两汉、必韩柳，不知穷源溯流。宋、元、明以下，皆古人之苗裔，其失也诞而夸。其或知所以为文与为文之体裁、派别见于言矣，未克有诸躬。甚者为富贵利达所夺，文虽工，必不传，传亦益为世诟厉，其失也畔而诬。夫以为文之难，而其失又多如是，则有志于古人，不可以不知所务也明矣。"

由鄂公之言覗缕周挚，可使人自得其读书乐趣，虽有奇技异能而弗移也。由王公之言，即《论语》所云"盖有不知而作之者是也。"可使人废然思所变计。经史、文章，一法一戒，犁然各当于人心。古今论为学之次第者多矣。求其善诱循循，未有若二公之明切者也。故特备录，以附于家塾程课后。

乡塾正误·幼学篇

清·李江

【题解】 李江（1834～1883），字观澜，号龙泉山人，清直隶蓟县（今属天津）人。清代官员、学者。本文选自其著《龙泉园集》中《乡塾正误》二卷，为其授徒讲学之作。

○不敬蒙师。此误也。吾乡之俗，往往于师之课举业者，谓之教大书先生；于师之课童子者，谓之教小书先生，而礼貌之轻重因之。不知先生岂有大小之分，况子弟幼小之年志向未定，可善可恶，如草木初生，可直可曲。培植后来根基，全在此时。世称读书之家其子弟成就多异人，且成就甚早者，无他，从幼得其教也。人观于蒙师所系之重，为蒙师之不易宜，何如敬之乎。

○子弟鲁钝便不加意培养。此误也。天与人的道理彼此皆同，故人非下愚，无不可造之材，但功深者得其深，功浅者得其浅耳。今见其资质鲁钝，正宜因其性之所近，设法教导，则下等者可变为中等，中等者亦不至流为下等。若听其废弃，何贵有贤父师乎！今人亦知此意，而教之多未得其道，此与不教者相去几何！人甚勿徒责子弟。

○子弟入塾，能上进者所望仅在进学、中举、会进士，不能上进者所望仅在识字。此误也。读书原为明白道理，明白道理原为办日用伦常之事。三代盛时，不但士子知学，即农夫商贾无人不听讲论，无人不知道理，所以风俗醇厚。今则似读书全为求名求利用者，此念在初入学时即差，直差到老。何怪今之读书者无论愚敏，多半无实行可观乎。

○年年更换先生。此误也。师非久于其任，必难见功。况今之为师者教法各异，后之师往往不求其是，徒求异于前师，以为见长之地，前后互换，徒滋纷扰。师既视为传舍，我徒送故迎新，欲子弟从容造就，难矣。即彼此教法皆同，而一送一迎之间，已须多弃时日。少知爱惜子弟者，未尝不悉此病。而不能不年年更换者其故有二：一在不谨之于始，当其延聘之初，未能细心体访，及至教导无状，势不得不勤更换；一则我之待先生者不足以留先生，或馆谷太廉，或敬礼不至，彼先生岂肯枉己以徇我哉。凡此，皆我之道未尽，人能察于二者之间则了然矣。

○不习礼仪。此误也，欲令弟子遵守书理，必先自习礼仪。始乡村子弟未入塾时，喧乱鄙野，无规矩可观。一入塾，则心志收敛，身体顿有检束意。此理甚显，若更得其教之之道，不且更进乎。今粗揭数则，以与同志者共守。始入学，先师位前、师前行跪拜礼毕，次同学友相对行礼如仪；每日早起，先师位前三揖，师前一揖，日暮亦如之；朔望至先师位前、师前行礼，如始入学，次同学友以齿序东西对立，各三揖；寻常出馆，或有故他出，皆一揖，揖毕拱立师侧，命出，然后出，归亦如之；师他出经时归，必起立离坐，经宿必就揖，寻常出入则否；每腊月散馆，俱行跪拜礼，如始入学；会坐、会立、会出、会入，必以齿揖，必屈身低首；至立要直、坐要正、行要稳、视要平、听要专、语言要寡要详缓。皆养德之方，在为师者随时规正，参以朱子《童蒙须知》、屠提学《童子礼》，自无大过。其余居家居乡杂细礼仪，皆随时讲解，而其要在为父兄师长者能以身先之，则为弟子者自不令而从。

○不读《弟子规》《广三字经》《小学》。此误也，《弟子规》《小学》，此两种书皆是作人之基，且浅近易晓，读过即可照办，而《广三字经》所收极为醇备。今俗只读《三字经》《百家经》《名贤集》《幼学须知》等书，不知《三字经》不醇不备，《百家姓》止于识字，《千字文》语涩而意晦，《名贤集》失之鄙俚，《幼学须知》失之驳杂，诚能以读彼者读此，工夫则同，受益则大。今后子弟不能久读书者，只令专力在此三种书与《四书》上用功，不必贪读《易》《书》《诗》《礼》，有工夫则多温多讲，但能于此四种书多讲三两遍，远胜于多读一两部不求解之经书也。又俗于读《四书》朱注，往往于全节中勾去一二句，并某氏曰皆不读，此诚可怪，同志宜反此弊。

○读书贪多，且不多诵遍数。此误也。弟子有十行，聪明者，只宜授五行，使其绰有余功，自不畏难色阻，但使日无旷废。经书虽多，数年可尽。又书须逐段分读，小段看读百遍，背读百遍，然后合读二三十遍。工夫似迂，实则可以终身精熟。程氏《分年日程》之法最为切要，愿取观之。而课读之法之备莫善于《养正遗规》，主人、先生皆当各有一编者也。

○熟书不按一本温习。此误也，书忌纷杂，若每日每本拆读数篇，搭凑温习，枝枝节节，联贯实难。必须就一书之生熟，定篇数之多寡，毕此然后及彼。书少者数日即可一周，书多者不过一月，亦可一周，自不致遗忘矣。

○不随读随讲，即讲亦不拍到弟子身上说。此误也。俗于读经书时始讲书，谓之开讲。不知彼凡读至《四书》即已者，岂非徒费此一番功夫，终身不知书是何物、读书是为何事乎！即谓童稚无知，亦宜随将所读之书粗说大义，懂得一句，胜似多读十行。且讲至某处，即问曰："尔能照办否？"即非其目下之所能，亦宜告以将来全要照此去行，所以今日才读才讲。则其明理作事之根，已基于此矣。又讲书时间，或引而不发，设端问难，一则防其听讲心驰，一则验其见解所至，就其所答，迎机启发，此法得力尤多。

〇每日不就所读之书考察其言动。此误也。每日弟子清晨入学，即宜照弟子所读《弟子规》《小学约略》，问以昨日在家在外所行照此有错误否？照此能实办否？弟子以次实对，先生随加诲谕。又每日将事之有关于孝、弟、忠、信、礼、义、廉、耻者，不拘今古，作俗话讲说，令其牢记，有暇则令试说。如此，则每日不过破一二刻工夫，而彼已渐知实行矣。

〇字画不讲。此误也。字虽末事，然为六艺之一，自不得苟且。初学写字，即宜辨明俗写字，使之一从正写，此亦养正之一术。至认字背写书，吾乡率能行之。但于其违误时，莫如罚令习礼或背诵书数遍，胜似罚跪受责也。书必求其印极清真者，虽少费，受益多矣。又有一写生书法，其法须童子已能离格写字时，每日减写仿一半，写所应读生书一百字，上下写之。第一日照本，即令其成诵，次日则离本，或三日一换、五日一换，夹熟书中温之，积久，获益不少。此亦本大字旁夹小字之法，有志者可酌行之。

〇不拆开笔画判字。此误也，一字之工，全在上下左右搭配得法。若为童蒙判字，只就字之全体囫囵圈点批抹，彼焉知其优劣在某笔乎？须将笔画拆开细判，彼自有所遵循。为师者又宜于童蒙习字时，勤就案头看写，随时指点握笔运腕，即告以心正则笔正之理，则彼亦知习字亦学也。至于乡间多不工书，须购印出仿格用之，十日一易，用忌模糊。迨稍知用笔，即截其字格，另纸分粘以为空格，即俗所谓跳影也。上下相比，临摹更易。

〇立冬散馆。此误也。子弟读书，一年之中本不可无故荒废一日。俗于岁暮正初，例不读书。不知天下岂有一定不读书之时乎！然此弊已深，一时难矫。惟为师者中秋如不预定明年之馆，则立冬必即散馆。使此后子弟数月荒废，则尤俗例之误人者也。且使以前逢节归家之日过多，或更有事回里，则此一年十二月之中，不过读七八个月之书。而此七八个月之中，除去初入学时先温旧书、临散学时先期惰废外，不过有四五个月工夫可以真正读书。而此四五个月之中，或遇子弟患病，或遇主人有事，又去若干旷废之日。此子弟读书所以易于退废，而难于长进也。今愿同志力挽此习，入学定在正月二十日以前，至于散学，无论次年已否定馆，定以腊月二十日为断。中间归家，清明约以三四日，端阳、中秋各约以十日。如另有要事归家，则即酌减端阳、中秋回里之期。为主人者亦概不得于冬间另行延师，即已预辞先生，先生欲援俗例早归，主人不妨酌增冬书之费，留其课至年尽，或更为留心荐馆，则先生亦岂肯汲汲辞归乎。总之，为主人者专为子弟起见，为思所以善处先生；为先生者专为子弟起见，则主人必不至舍此他求，即先生亦不必年年择主而处也。

〇偏于严偏于宽。此误也，过严则弟子身心拘迫，血脉不能疏畅，因而作疾者有之矣；过宽则放纵骄惰，难完功课。必外宽而内严，或外严而内宽，而又必视我与弟子之性情如何。我亲爱不力行，不学文，反复警戒。嗣后遇学徒行事，有合于孝弟等项者，则指其合于书中某句，而对众称之。如有所犯，则指其不合于书中某句，而对众责之。如此，则讲一章书即受一章书之益，即知即行，始基于此。

问青园课程

清·王晋之

【题解】 王晋之（1835～1888），字竹舫，晚号问青山人，蓟州（今天津蓟县）人，清咸丰五年（1955）举人。本文为教习蒙童认知及方法，对于今人课子教生富有借鉴和指导意义。文出其著《问青园集》。

○循规矩

蒙养为作圣之基。古人重胎教于未生之前，矧已束发就学乎。《学中杂仪》务令日日循习，家揖之礼及凡卑幼之所宜行者，亦一并询问考究，一刻不可放松。周规折矩，童幼便如成人，而成人可知。《杂仪》所载不过略示梗概，尚宜参之陈榕门先生《养正遗规》、正宜堂《养正类编》，以尽其曲折而致详焉。如筑室之固其基，培树之沃其根，而可大可久之业胚胎于此矣。

○精诵读

成童读书讲论贵多于诵习，而童蒙则以诵习为主，讲论之功止解大义已足，不可躐等求速。盖童蒙知识未开，多有记性，诵读既熟，便终身可以不忘。读书之道，遍数愈多愈好，量其材力而授之。书能诵百行者授以五十，而以读百行之功力读之，则遍数可以加多。背诵后复读百遍，而日日又兼所授者并读，或五日或十日，再从头逐节抽退，则书无不可熟。读时最要真切安详，宜中声不宜急疾，取其静也；宜重声不宜模糊，取其真也。不可多一字，不可少一字，不可误一字，不可倒一字。心到眼到口到，而又从容精细，自然字字清楚。读熟后再限千遍，使其言皆若出于己之口尤善。而读时记数，宜力戒伪妄，方能踏实。书宜就《广三字经》中所载，循序读之。《小学》《近思录》《四书》《五经》皆宜读注，若限以资力而不能读注者，先读正文，俟后追补。古人云："读书千遍，其义自见。"且义纵有不明，思索亦易。精思由于熟读，以后根基胥筑于此，所关非细，切勿轻视。

　　○勤讲解

　　训蒙之道，讲解最为紧要。昔人云："读得一尺，不如行得一寸。"然读而不讲，讲而不解，则欲行未由也。故善教者不畏烦苦，字解句释，必求其明而后止。而又无书不拍到身上。遇可法者，则曰汝宜依此去行；遇当戒者，则曰汝切莫如此。则知识日开而德可日进。而入学之始，尤在解字有方，宜取《十三经集字》《书成字号》认而解之。纸须宽一寸长二三寸，截一寸画一横线。字用大书，按四声注于四角，横线下用小字先注反切或音某，次注入某韵，以下详注共几解。其解谨依《四书》经书诸儒先之说，一切驳杂不纯者不得搀入。末后兼及篆书，按六书注明，使略识字原，穿凿过甚者亦无庸蔓引。人各一分，日解十数字，或数字。周而复始，字字清解，则凡所读之书自无不可一目了然。音韵之学亦所宜讲，盖深之可以通于乐律，浅亦不至承讹袭谬，误仄为平，则其功又在解字之先。《字典》载其要，《音韵阐微》备其精详，而李氏《音鉴剔弊》《五方元音》二书又入门之捷径也。蒙童有此基本，成童后便可拓博大之规，究精微之蕴，而无烦琐琐于训诂词章之末矣。

　　○习艺能

　　《周礼》三物兴贤并重六艺。成学以礼、乐为要，蒙童则以书、数为先。作书之道，用笔结字，胥有法则，《书法正传》粗具梗概，须细玩之。临帖不可忽彼忽此，无论颜、柳、欧、虞，总宜专习一家，终身不易。写字最能收心，要一笔一画，端端正正，不可潦草。临帖可书帖体，若抄书录文，则依正体及承用者书之。虫书、鸟篆非今时所急，可以不学。篆、隶则宜兼习，即不工可也，却不可不知不能。算法用处甚多，自当童而习之。世传珠盘之法，尚不甚精其奥妙，须从《数理精蕴》求之。子弟聪慧者，可问道于精此者。古礼虽不必尽行于今，然有与今相通者，亦有不行而实不可不知者，必宜讲习。古乐久已失传，音律亦非童幼所能骤知，然有天资相近领悟独易者，兼习亦可。射以观德，御至今时虽属贱役，然可调习牛马，宜于农务。且二者近于武事，武备之道即可从此问津。幼时习此不便，年至十三四时，学之可矣。

幼学分年课程

清·陈惟彦

【题解】 陈惟彦（1856～1925），字劭吾，安徽省石埭县（今安徽省石台县）人。本文选自其著《宦游偶记》，记述了课童子法心得及教习次递方法。

《礼·内则》：六年教数与方名，七年教有别，八年教让，九年教数日，十年学书计、幼仪，肄简谅。十有三年学乐诵诗，成童学射御。古圣人幼学法程，其次第秩然，本末兼具如此。其所望于子弟者，知为人之道，有适世用而已。今之教幼学者则不然，龆龀入塾，虽授以经，有诵无讲。授经之意，非欲其明大义、知体行也，试题所出故耳。稍长，又舍经而授帖括。其授帖括也，则大失先辈阐发义理之意，惟以简炼揣摩，投时好、弋科第相期勉。黄口乳臭，即使利欲中其腑肠，而于为人之道，置不复讲。其不适世用固无问，其心术先大坏矣。讵无豪杰之士，出于其间？然豪杰之出于俗学，非俗学足以出豪杰也。而中材之困于俗学者，达则用非所学，不足治事；穷则学而无用，且不足治生，甚者更至寡廉鲜耻，无所不为。呜呼！非幼学失教种之毒哉！

《易》以蒙养正为圣功，蒙养不正，圣功乃隳；匪惟圣功之隳，抑又下流之所归。古圣人之兢兢于幼学者，盖以此。又观泰西教幼学，若字训、图算、天地学浅理、古今杂事、数国言语、歌谣、音乐、体操诸法，其为教也易入，其学成也有用。数岁之功，而毕世享其效。虽不足与吾古圣人之教，挈其短长，然亦往往相合也。礼失求野，不其然乎？今本《内则》，参西法，间以帖括学，为《幼学课程》。区区之意，亦欲子弟知为人之道，有适世用，而又不废其干禄之具，俾便俗而易行也。

以上所列年限，为中人资说法。性敏者早毕更善，质鲁者二十岁毕之可也。派不分中西，学去其芜妄，大学已起点于是矣。教授得法，则由少而壮，循途知径，极深研几，可以成通儒，成正士；中道废学，改就他业，则既涵濡义理，学皆有用，自不至蹈非辟之行，乏资生之策。由俗学究之法，虽中人以上，不为所误者盖鲜；由此法，则中人以下无弃材，上焉者更无论矣。又《学记》有言：施之悖，求之佛，故隐其学而疾其师，苦其难而不知其益。课程虽善，苟教授不如法，其失均耳。是又觊授学者，认真训诲，勿惮烦琐，随机指点，因势利导，俾乐于信从，各得所成就以去，其造福童孺，夫岂浅哉。

光绪己亥春二月

课分三级，以年为限。

六岁入塾至八岁，为第一级。首识字，用坊行《十三经集字》，前列字纳四千余，以纸为方块，面楷书，背篆书，旁注音、义，一音义识一圈，数音义识数圈。楷、篆并授，解其音，兼释其义，令学童按圝复述。次读韵语书，取易上口也。凡书皆随授随讲，以开其悟。次习心算、记数、加减浅法（算为用最广）。入学之始，即以相授，由浅入深，事半功倍。慎毋鄙为小道不使学，或诧为难能惧使学也。

第一级

应读书：王伯厚《三字经》、罗忠节《小学韵语》、许逸翁《韵史》、朱玉岑《韵史补》、叶清漪《天文歌略》、叶浩吾兄弟《地学歌略》。

应习书：王箓友《文字蒙求》、奴爱士《心算启蒙》（凡西书，仅著译者名，后仿此）。

九岁至十一岁为第二级。首习洒扫、应对、进退之节，孝弟、谨信、亲爱之道。此成人基本，不得以老生常谈迂视之。次读经史、舆地简本。次习字。次学造语。口授俚语，令学童以文言达之。初授粗切事物，渐授浅近议论，由一句、数句以至十数句、数十句。学者不劳，成文亦易有条理，切勿令作破承小讲，支离晦塞，桎其灵明。次习珠算、笔算、加减乘除、开方、比例诸法。次识天地、名物浅理。人参天地，不知天地为何状，极可耻事，宜与讲明。

第二级

应读书：《孝经》《论语》《大学》《中庸》《孟子》《尔雅》《诗经》、杜紫纶《读史论略》、马贵与《文献通考》序、《皇朝舆地略》（李申耆五种之一。有单行本。读"总叙"，余分省入应习）。

应习书：《圣谕广训》、卜舫济《启悟要津》（以问答道天地、名物浅理，训蒙极便）、梅文穆《增删算法统宗》（择浅要者习之）。

狄考文《笔算数学》（首数卷极浅易晓，后数卷第三级再习。无则代以伟烈亚力《数学启蒙》，或华若汀《算法须知》）。

十二岁至十六岁为第三级。首读经，当见大义，不徒背诵。次阅道理书。童子天真未凿，先入为主，当令多识嘉言懿行，以固其本。近人时务书之有切实用者，亦宜涉猎。次阅中外史鉴简本，明治乱兴衰之大纲，不专记故事。次诵古今文，宜熟不宜多。次习文，先作论，俟有成，再兼习帖括学，慎勿令早习帖括，早出应试。张孝达督部《輶轩语》以为消沮英华、增长习气，莫此为甚，曾疾呼而痛诋之。次习外国语言文字，先拉丁文、继英、法等文。五洲互通，交涉事夥，西书迭出，应读者多。欲储肆应之才，诚不可不习。然苟师授无人，只得从缓。次习算，通代数。次习图绘，先习简明总图，渐及京、省、府、县分图，渐及外国各地图，以纸摹写，经纬度数，尤宜切记。次讲格致浅理，为声、光、化、电诸学门径。次讲医学浅理，保身济人之术，不可不知。次习体操，依幼学操身法，或一月、或两月尽一课，调血气、强筋骨，故泰西大、小学堂均列之。

第三级

应读书：《易经》《书经》《礼记》（俟入大学，兼习《周礼》《仪礼》）《春秋》（俟入大学，再习"三传"）、梅伯言《古文辞略》（选读。无则代以曾文正《经史百家简编》。坊行《观止》《释义》《析义》《笔法》等书，甚芜陋，不可读）。洪右臣《课孙夜诵诗录》（无则代以沈文悫《古诗源》、蘅塘退士《唐诗三百首》。坊行《千家诗》、《古唐诗合解》等书，俗谬不可读）。陆清献《一隅集》（选读，所选制艺最简当，读此知路径足矣。坊行《考墨卷》，慎勿浏览，以夺正课。无则选《目耕斋集》二三十首代之。）纪文达《庚辰集》（选读。《馆课试帖》及《青云集》等书，不必读）。李次青《赋学正鹄》（选读）、李濒湖《脉学》、陈修园《医学三字经》。

应习书：朱子《小学》（性敏者兼习《近思录》）、吕新吾《呻吟语摘》、苏厚子《四礼从宜》、《钦定四库全书总目·类叙》、张孝达《劝学篇》、陈次亮《续富国策》、顾瑞屏《纲鉴正史约》（质鲁者以齐次风《历代帝王年表》代之）、慕维廉《地理全志》（性敏者兼习徐松龛《瀛环志略》）、李提摩太《泰西新史揽要》、狄考文《代数备旨》(无则代以傅兰雅《代数须知》)、金楷理《绘地法原》、林乐知《格致启蒙》、嘉约翰《卫身要旨》、庆丕《幼学操身》、《恒星图》、《皇朝分省舆图》(湖北刊本。上海石印本略有所增，亦善)。《平圆地球图》(用地球，更善)。

塾课发蒙·文式五则

清·张行简

【题解】 张行简，字儒三，生卒不详，清代汉阳人，曾为蒙师。明清时期，由于科举制度的影响，在蒙学阶段，人们就要开始学做八股文。八股文的一个重要特征：全篇破承起讲，各有定式，细而至于一句话用什么字开头，又以什么字结尾，这些都是要掌握的。《塾课发蒙·文式五则》讲的正是这一内容，比较其它众多的同一性质的著作，他有简洁精炼、完整集中的特点。本文依据清嘉庆癸酉(1813年)写刻本温承惠选编《塾课古文汇选》点校。

○破题式

破题者，破说题中之字与意也。题整而分析言之，如整物而使之破，故谓之破题。其式不过两句而止，其法不可连上、不可犯下。语带上文，谓之连上；语侵下文，谓之犯下。不可漏题，不可骂题。题意未经破全，谓之漏题；题字整句写出，谓之骂题。破题虽只两句，而两句中，有明破、暗破、顺破、倒破诸法。明破者，明明破出，如"孝弟"字明破孝弟，"务本"字明破务本是也。暗破者，将题字暗暗点换，如"无友不如己者"题，破以择交必慎，代"无友"字；"官事不摄"题，破以专任代"不摄"字是也。顺破者，依题自上而下，如"君子务本"题，上句破"君子务"，下句破"本"字是也。倒破者，逆从题字，自下而上，如"其为人也孝弟"题，上句破"孝弟"，下句破"人"字是也。又有上句破题意、下句破题者，上句破题面、下句破题意者，上句冒章旨、下句破本题者，上句破本题、下句承章旨者，上句含下意、下句破本题者，上句破本题、下句或推开、找上、或直断、或虚托者，各各不同，贵相题而为之耳。然括而言之，要不出破题、面破题意两法。

破题煞脚用虚字，此定式也，然只用正落虚字，如"也"字、"矣"字、"焉"字，"已"字、"而已"字、"者也"字、"者焉"字，其反落虚字，皆不可用。

破题不可直说人名，如孔子破圣人，颜子破复圣，曾子破宗圣，子思破述圣，孟子破亚圣；颜曾思孟，均可破大贤，闵子亦有破大贤者；其余孔子弟子，俱破贤者，两贤并称，破二贤；数贤并举，破诸贤，亦破群贤。子路或破勇士，子贡或破达士，冉有或破艺士，曾皙、琴张等，或破狂士；他如从者、小子、二三子，皆破门人；孟子弟子，亦皆破门人。尧破唐帝，舜破虞帝，尧舜并称，破二帝，或破古帝，神农亦破古帝。禹破夏王，汤破商王，文武破周王，三代并称，破三王。伊周皆破元圣，伯夷叔齐破清圣，柳下惠破和圣，皋陶稷契等，俱破帝佐。春秋战国之国君，破时君，以时字换其国名，如哀公破鲁君、景公破齐君、梁惠王破梁君之类亦可；又齐桓、晋文、秦穆，破霸王。各国大夫，迳破某大夫，如孔文子破卫大夫，子产破郑大夫之类。又管仲百里奚辈，或破霸佐；季氏，王孙贾，或破权臣。至有官爵者破时官，如仪封人、陈司败之类；无官爵者破时人，如林放、微生高、尹士三类；或林放、微生高破鲁人，尹士破齐人亦可。师旷、师挚诸乐伶，可破乐官；微生亩、荷蒉、沮溺之类，破隐士；接舆破狂士，原壤、告子、许行、夷之、杨朱辈，破异端，余以类推也。此外一切鸟兽草木器用，俱用物字破之。皆法之一定不易者，临文宜留心审择焉。

○承题式

承题者，承明破题之意也。破题两句，只可包括大意，承题则承破说明，其格以三句四句为主，间有五六句者。起语用"夫"字、"盖"字、"甚矣"字，亦定式。"夫"者，承破意而指点之辞；"盖"者，承破意而推原之辞；"甚矣"字，承破意而恳切言之。煞脚用"乎"字、"与"字、"哉"字、"耶"字，亦间有用正落虚字煞者。"哉"字直截，"乎"字轻扬，"耶"字轻婉，"与"字疑而未定。大约承题要与破题相关照，就题例用正落虚字煞，承题易而用反拍虚字，方具起伏呼应之势。且正破则反承，反破则正承，顺破则逆承，逆破则顺承，转移变换，切忌平头合脚。破承起语同，为平头；煞语同，为合脚。若题有上文，须本题说起，倒找上文，题界方清。又承题于人名则直言之，如孔子直说夫子，尧舜直称尧舜之类，不复似破题之各用替代字矣。

○起讲式

起讲为一篇开讲处。盖破承仅可解题，其精思妙义，首于起讲开之。妙处全在包笼大势，既能发全题之神，又能养全篇之局，斯为得之。其法有正起反收，反起正收、通体反攻，未用一语兜转正收，或借势领上，及拍题首者。又有旁衬、对衬、烘染题字、引古佐证、翻挑、分引、跟章旨、吸下意诸起法。而其制胜要诀，莫如一反一击，反处拗折题意，击处攻入题旨，仅有一二语而全题关节灵通者，尤须留意。

破题者皆系断，做至开讲则入口气，须要设身处地，各肖神吻。唯记事题，通篇断作，不入口气。然《论语》题，须按孔门时势说；《孟子》题，须按孟子时势说，不得参入后代事实，切记！

讲首用"若曰"、"意谓"、"以为"、"且夫"、"今夫"、"尝思"、"闻之"、"从来"等字，有定式。但"若曰"、"意谓"、"以为"等字，是入口气起法，不可用之记事题，余可通用。

○领题式

领题者，领起全题之义，即以领起全篇之局，总以高唱虚喝为妙。题有上文者领上文，亦分二式，有专领上文，起比承上递入题者；有领上带挑题字，为起比发其端者。若题无上文，或用提笔提醒题字领起，或借小讲尾势拍转领起。总须开门见山，爽心豁目，"若尝思之""试思之"虚引语，虽旧有其式，今不必仿。

○余说

破承起讲领题，皆有定式，入后难以式言矣。今人言制艺，开口辄曰八股文章，其原题之提二股，诠题正义之中二股，阐题余蕴之后二股，尚具大致规模，若论八股，则有于提股后作虚涵题义二股，又有于后股后作总束题义二股，因题行文，因文立格，岂可胶柱鼓瑟耶？自愚言之，初学文章，不碍于股法之繁碎，但其求题次之分明，果分清层次，六股入股文章可，即十股、十二股以至十六股文章，有何不可？至文章法律，散见各篇批评中，据批评以知法律，即据文章以审法律之用，邯郸学步，不愈于悬虚议论，茫无凭依乎？

二、礼教仪规

曲礼

汉·戴圣

【题解】《礼记》主要记载和论述先秦的礼制、礼意，解释仪礼，记录孔子和弟子等的问答，记述修身作人的准则。实际上，这部九万字左右的著作内容广博，门类杂多，涉及到政治、法律、道德、哲学、历史、祭祀、文艺、日常生活、历法、地理等诸多方面，几乎包罗万象，集中体现了先秦儒家的政治、哲学和伦理思想，是研究先秦社会的重要资料。《曲礼》出自《礼记》，曲为细小的杂事，礼为行为的准则规范。"曲礼"是指具体细小的礼仪规范。本文可谓中国古代礼仪的源头，是认识和研修中国古代礼仪最早的理论之作。

曲礼上第一

《曲礼》曰："毋不敬，俨若思，安定辞。"安民哉！

敖不可长，欲不可从，志不可满，乐不可极。

贤者狎而敬之，畏而爱之。爱而知其恶，憎而知其善。积而能散，安安而能迁。临财毋苟得，临难毋苟免。很毋求胜，分毋求多。疑事毋质，直而勿有。

若夫，坐如尸，立如齐。礼从宜，使从俗。

夫礼者，所以定亲疏，决嫌疑，别同异，明是非也。

礼不妄说人，不辞费。礼不逾节，不侵侮，不好狎。

修身践言，谓之善行。行修言道，礼之质也。

礼闻取于人，不闻取人。礼闻来学，不闻往教。

道德仁义，非礼不成。教训正俗，非礼不备。分争辨讼，非礼不决。君臣上下父子兄弟，非礼不定。宦学事师，非礼不亲。班朝治军，莅官行法，非礼威严不行。祷祠祭祀，供给鬼神，非礼不诚不庄。是以君子恭敬撙节退让以明礼。鹦鹉能言，不离飞鸟；猩猩能言，不离禽兽。今人而无礼，虽能言，不亦禽兽之心乎？夫唯禽兽无礼，故父子聚麀。是故圣人作，为礼以教人。使人以有礼，知自别于禽兽。

太上贵德，其次务施报。礼尚往来。往而不来，非礼也；来而不往，亦非礼也。

人有礼则安，无礼则危。故曰：礼者不可不学也。

夫礼者，自卑而尊人。虽负贩者，必有尊也，而况富贵乎？

富贵而知好礼，则不骄不淫；贫贱而知好礼，则志不慑。

人生十年曰幼，学。二十曰弱，冠。三十曰壮，有室。四十曰强，而仕。五十曰艾，服官政。六十曰耆，指使。七十曰老，而传。八十、九十曰耄，七年曰悼，悼与耄虽有罪，不加刑焉。百年曰期颐。大夫七十而致事。若不得谢，则必赐之几杖，行役以妇人。适四方，乘安车。自称曰老夫，于其国则称名；越国而问焉，必告之以其制。

谋于长者，必操几杖以从之。长者问，不辞让而对，非礼也。

凡为人子之礼，冬温而夏清，昏定而晨省，在丑夷不争。

夫为人子者，三赐不及车马。故州闾乡党称其孝也，兄弟亲戚称其慈也，僚友称其弟也，执友称其仁也，交游称其信也。见父之执，不谓之进不敢进，不谓之退不敢退，不问不敢对。此孝子之行也。

　　夫为人子者，出必告，反必面，所游必有常，所习必有业。恒言不称老。年长以倍则父事之，十年以长则兄事之，五年以长则肩随之。群居五人，则长者必异席。

　　为人子者，居不主奥，坐不中席，行不中道，立不中门。食飨不为概，祭祀不为尸。听于无声，视于无形。不登高，不临深。不苟訾，不苟笑。

　　孝子不服暗，不登危，惧辱亲也。父母存，不许友以死。不有私财。

　　为人子者，父母存，冠衣不纯素。孤子当室，冠衣不纯采。

　　幼子常视毋诳，童子不衣裘裳。立必正方。不倾听。长者与之提携，则两手奉长者之手。负剑辟咡诏之，则掩口而对。

　　从于先生，不越路而与人言。遭先生于道，趋而进，正立拱手。先生与之言则对；不与之言则趋而退。从长者而上丘陵，则必乡长者所视。登城不指，城上不呼。将适舍，求毋固。将上堂，声必扬。户外有二屦，言闻则入，言不闻则不入。将入户，视必下。入户奉扃，视瞻毋回；户开亦开，户阖亦阖；有后入者，阖而勿遂。毋践屦，毋踖席，抠衣趋隅。必慎唯诺。

　　大夫士出入君门，由闑右，不践阈。

　　凡与客入者，每门让于客。客至于寝门，则主人请入为席，然后出迎客。客固辞，主人肃客而入。主人入门而右，客入门而左。主人就东阶，客就西阶，客若降等，则就主人之阶。主人固辞，然后客复就西阶。主人与客让登，主人先登，客从之，拾级聚足，连步以上。上于东阶则先右足，上于西阶则先左足。

　　帷薄之外不趋，堂上不趋，执玉不趋。堂上接武，堂下布武。室中不翔，并坐不横肱。授立不跪，授坐不立。

　　凡为长者粪之礼，必加帚于箕上，以袂拘而退；其尘不及长者，以箕自乡而扱之。

　　奉席如桥衡，请席何乡，请衽何趾。席：南乡北乡，以西方为上；东乡西乡，以南方为上。

若非饮食之客，则布席，席间函丈。主人跪正席，客跪抚席而辞。客彻重席，主人固辞。客践席，乃坐。主人不问，客不先举。将即席，容毋怍。两手抠衣去齐尺。衣毋拨，足毋蹶。

先生书策琴瑟在前，坐而迁之，戒勿越。虚坐尽后，食坐尽前。坐必安，执尔颜。长者不及，毋儳言。正尔容，听必恭。毋剿说，毋雷同。必则古昔，称先王。

侍坐于先生：先生问焉，终则对。请业则起，请益则起。父召无诺，先生召无诺，唯而起。

侍坐于所尊敬，毋余席。见同等不起。烛至起，食至起，上客起。烛不见跋。尊客之前不叱狗。让食不唾。

侍坐于君子，君子欠伸，撰杖屦，视日蚤莫，侍坐者请出矣。

侍坐于君子，君子问更端，则起而对。

侍坐于君子，若有告者曰："少间"，愿有复也；则左右屏而待。

毋侧听，毋噭应，毋淫视，毋怠荒。游毋倨，立毋跛，坐毋箕，寝毋伏。敛发毋髢，冠毋免，劳毋袒，暑毋褰裳。

侍坐于长者，屦不上于堂，解屦不敢当阶。就屦，跪而举之，屏于侧。乡长者而屦；跪而迁屦，俯而纳屦。

离坐离立，毋往参焉；离立者，不出中间。

男女不杂坐，不同椸枷，不同巾栉，不亲授。

嫂叔不通问，诸母不漱裳。

外言不入于梱，内言不出于梱。

女子许嫁，缨；非有大故，不入其门。

姑姊妹女子子，已嫁而反，兄弟弗与同席而坐，弗与同器而食。

父子不同席。

男女非有行媒，不相知名；非受币，不交不亲。

故日月以告君，齐戒以告鬼神，为酒食以召乡党僚友，以厚其别也。

取妻不取同姓；故买妾不知其姓则卜之。

寡妇之子，非有见焉，弗与为友。

贺取妻者，曰："某子使某闻子有客，使某羞。"

贫者不以货财为礼，老者不以筋力为礼。

名子者，不以国，不以日月，不以隐疾，不以山川。

男女异长。男子二十，冠而字。父前，子名；君前，臣名。女子许嫁，笄而字。

凡进食之礼，左殽右胾，食居人之左，羹居人之右。脍炙处外，醯酱处内，葱渫处末，酒浆处右。以脯修置者，左朐右末。客若降等执食兴辞，主人兴辞于客，然后客坐。主人延客祭：祭食，祭所先进。殽之序，遍祭之。三饭，主人延客食胾，然后辩殽。主人未辩，客不虚口。

侍食于长者，主人亲馈，则拜而食；主人不亲馈，则不拜而食。

共食不饱，共饭不泽手。毋抟饭，毋放饭，毋流歠，毋咤食，毋啮骨，毋反鱼肉，毋投与狗骨。毋固获，毋扬饭。饭黍毋以箸。毋嚃羹，毋絮羹，毋刺齿，毋歠醢。客絮羹，主人辞不能亨。客歠醢，主人辞以窭。濡肉齿决，干肉不齿决。毋嘬炙。卒食，客自前跪，彻饭齐以授相者，主人兴辞于客，然后客坐。

侍饮于长者，酒进则起，拜受于尊所。长者辞，少者反席而饮。长者举未釂，少者不敢饮。长者赐，少者、贱者不敢辞。

赐果于君前，其有核者怀其核。御食于君，君赐余，器之溉者不写，其余皆写。

馂余不祭。父不祭子，夫不祭妻。

御同于长者，虽贰不辞，偶坐不辞。

羹之有菜者用梜，其无菜者不用梜。

为天子削瓜者副之，巾以絺。为国君者华之，巾以绤。为大夫累之，士疐之，庶人龁之。

父母有疾，冠者不栉，行不翔，言不惰，琴瑟不御，食肉不至变味，饮酒不至变貌，笑不至矧，怒不至詈。疾止复故。

有忧者侧席而坐，有丧者专席而坐。

水潦降，不献鱼鳖，献鸟者拂其首，畜鸟者则勿拂也。献车马者执策绥，献甲者执胄，献杖者执末。献民虏者操右袂。献粟者执右契，献米者操量鼓。献孰食者操酱齐。献田宅者操书致。

凡遗人弓者，张弓尚筋，弛弓尚角。右手执箫，左手承弣。尊卑垂帨。若主人拜，则客还辟，辟拜。主人自受，由客之左接下承弣；乡与客并，然后受。

进剑者左首。进戈者前其鐏，后其刃。进矛戟者前其镦。进几杖者拂之。效马效羊者右牵之；效犬者左牵之。执禽者左首。饰羔雁者以缋。受珠玉者以掬。受弓剑者以袂。饮玉爵者弗挥。凡以弓剑、苞苴、箪笥问人者，操以受命，如使之容。

凡为君使者，已受命，君言不宿于家。君言至，则主人出拜君言之辱；使者归，则必拜送于门外。

若使人于君所，则必朝服而命之；使者反，则必下堂而受命。

博闻强识而让，敦善行而不怠，谓之君子。君子不尽人之欢，不竭人之忠，以全交也。

《礼》曰："君子抱孙不抱子。"此言孙可以为王父尸，子不可以为父尸。为君尸者，大夫士见之，则下之。君知所以为尸者，则自下之，尸必式。乘必以几。齐者不乐不吊。

居丧之礼，毁瘠不形，视听不衰。升降不由阼阶，出入不当门隧。

居丧之礼，头有创则沐，身有疡则浴，有疾则饮酒食肉，疾止复初。不胜丧，乃比于不慈不孝。

五十不致毁，六十不毁，七十唯衰麻在身，饮酒食肉，处于内。生与来日，死与往日。

知生者吊，知死者伤。知生而不知死，吊而不伤；知死而不知生，伤而不吊。

吊丧弗能赙，不问其所费。问疾弗能遗，不问其所欲。见人弗能馆，不问其所舍。赐人者不曰来取。与人者不问其所欲。

适墓不登垄，助葬必执绋。临丧不笑。揖人必违其位。望柩不歌。入临不翔。当食不叹。邻有丧，舂不相。里有殡，不巷歌。适墓不歌。哭日不歌。送丧不由径，送葬不辟涂潦。临丧则必有哀色，执绋不笑，临乐不叹；介胄，则有不可犯之色。故君子戒慎，不失色于人。

国君抚式，大夫下之。大夫抚式，士下之。

礼不下庶人，刑不上大夫。刑人不在君侧。

兵车不式。武车绥旌，德车结旌。史载笔，士载言。前有水，则载青旌。前有尘埃，则载鸣鸢。前有车骑，则载飞鸿。前有士师，则载虎皮。前有挚兽，则载貔貅。行：前朱鸟而后玄武，左青龙而右白虎。招摇在上，急缮其怒。进退有度，左右有局，各司其局。

父之雠，弗与共戴天。兄弟之雠不反兵。交游之雠不同国。

四郊多垒，此卿大夫之辱也。地广大，荒而不治，此亦士之辱也。

临祭不惰。祭服敝则焚之，祭器敝则埋之，龟策敝则埋之，牲死则埋之。凡祭于公者，必自彻其俎。

卒哭乃讳。礼，不讳嫌名。二名不偏讳。逮事父母，则讳王父母；不逮事父母，则不讳王父母。君所无私讳，大夫之所有公讳。《诗》、《书》不讳，临文不讳。庙中不讳。夫人之讳，虽质君之前，臣不讳也；妇讳不出门。大功小功不讳。入竟而问禁，入国而问俗，入门而问讳。

外事以刚日，内事以柔日。凡卜筮日：旬之外曰远某日，旬之内曰近某日。丧事先远日，吉事先近日。曰："为日，假尔泰龟有常，假尔泰筮有常。"卜筮不过三，卜筮不相袭。龟为卜，策为筮，卜筮者，先圣王之所以使民信时日、敬鬼神、畏法令也；所以使民决嫌疑、定犹与也。故曰："疑而筮之，则弗非也；日而行事，则必践之。"

君车将驾，则仆执策立于马前。已驾，仆展軨、效驾，奋衣由右上取贰绥，跪乘，执策分辔，驱之五步而立。君出就车，则仆并辔授绥。左右攘辟，车驱而驺。至于大门，君抚仆之手而顾，命车右就车；门闾沟渠，必步。凡仆人之礼，必授人绥。若仆者降等，则受；不然，则否。若仆者降等，则抚仆之手；不然，则自下拘之。客车不入大门。妇人不立乘。犬马不上于堂。故君子式黄髪，下卿位，入国不驰，入里必式。君命召，虽贱人，大夫士必自御之。介者不拜，为其拜而蓌拜。祥车旷左，乘君之乘车不敢旷左；左必式。仆御、妇人则进左手，后右手；御国君，则进右手、后左手而俯。国君不乘奇车。车上不广咳，不妄指。立视五嶲，式视马尾，顾不过毂。国中以策彗恤勿驱。尘不出轨。国君下齐牛，式宗庙。大夫士下公门，式路马。乘路马，必朝服载鞭策，不敢授绥，左必式。步路马，必中道。以足蹙路马刍，有诛。齿路马，有诛。

曲礼下第二

凡奉者当心，提者当带。执天子之器则上衡，国君则平衡，大夫则绥之，士则提之。凡执主器，执轻如不克。执主器，操币圭璧，则尚左手，行不举足，车轮曳踵。立则磬折垂佩。主佩倚，则臣佩垂。主佩垂，则臣佩委。执玉，其有藉者则裼；无藉者则袭。

国君不名卿老世妇，大夫不名世臣侄娣，士不名家相长妾。君大夫之子，不敢自称曰"余小子"；大夫士之子，不敢自称曰"嗣子某"，不敢与世子同名。

211

君使士射，不能，则辞以疾；言曰："某有负薪之忧。"

侍于君子，不顾望而对，非礼也。

君子行礼，不求变俗。祭祀之礼，居丧之服，哭泣之位，皆如其国之故，谨修其法而审行之。去国三世，爵禄有列于朝，出入有诏于国，若兄弟宗族犹存，则反告于宗后；去国三世，爵禄无列于朝，出入无诏于国，唯兴之日，从新国之法。

君子已孤不更名。已孤暴贵，不为父作谥。

居丧，未葬，读丧礼；既葬，读祭礼；丧复常，读乐章。居丧不言乐，祭事不言凶，公庭不言妇女。

振书、端书于君前，有诛。倒策侧龟于君前，有诛。龟策、几杖、席盖、重素、袗絺绤，不入公门。苴屦、扱衽、厌冠，不入公门。书方、衰、凶器，不以告，不入公门。公事不私议。

君子将营宫室：宗庙为先，厩库为次，居室为后。

凡家造：祭器为先，牺赋为次，养器为后。无田禄者不设祭器；有田禄者，先为祭服。君子虽贫，不粥祭器；虽寒，不衣祭服；为宫室，不斩于丘木。大夫、士去国，祭器不逾竟。大夫寓祭器于大夫，士寓祭器于士。

大夫、士去国：逾竟，为坛位乡国而哭。素衣，素裳，素冠，彻缘，鞮屦，素幂，乘髦马。不蚤鬋。不祭食，不说人以无罪；妇人不当御。三月而复服。

大夫、士见于国君，君若劳之，则还辟，再拜稽首；君若迎拜，则还辟，不敢答拜。大夫、士相见，虽贵贱不敌，主人敬客，则先拜客；客敬主人，则先拜主人。凡非吊丧、非见国君，无不答拜者。大夫见于国君，国君拜其辱。士见于大夫，大夫拜其辱。同国始相见，主人拜其辱。君于士，不答拜也；非其臣，则答拜之。大夫于其臣，虽贱，必答拜之。男女相答拜也。

国君春田不围泽；大夫不掩群，士不取麛卵。

岁凶，年谷不登，君膳不祭肺，马不食谷，驰道不除，祭事不县。大夫不食粱，士饮酒不乐。

君无故，玉不去身；大夫无故不彻县，士无故不彻琴瑟。

士有献于国君，他日，君问之曰："安取彼？"再拜稽首而后对。大夫私行出疆，必请。反，必有献。士私行出疆，必请；反，必告。君劳之，则拜；问其行，拜而后对。

国君去其国，止之曰："奈何去社稷也！"大夫，曰："奈何去宗庙也！"士，曰："奈何去坟墓也！"国君死社稷，大夫死众，士死制。

君天下，曰天子。朝诸侯，分职授政任功，曰予一人。践阼临祭祀：内事曰孝王某，外事曰嗣王某。临诸侯，畛于鬼神，曰有天王某甫。崩，曰天王崩。复，曰天子复矣。告丧，曰天王登假。措之庙，立之主，曰帝。天子未除丧，曰予小子。生名之，死亦名之。

天子有后，有夫人，有世妇，有嫔，有妻，有妾。天子建天官，先六大：曰大宰、大宗、大史、大祝、大士、大卜，典司六典。天子之五官：曰司徒、司马、司空、司士、司寇，典司五众。天子之六府：曰司土、司木、司水、司草、司器、司货，典司六职。天子之六工：曰土工、金工、石工、木工、兽工、草工，典制六材。

五官致贡，曰享。五官之长，曰伯：是职方。其摈于天子也，曰天子之吏。天子同姓，谓之伯父；异姓，谓之伯舅。自称于诸侯，曰天子之老，于外曰公；于其国曰君。

九州之长，入天子之国曰牧。天子同姓，谓之叔父，异姓，谓之叔舅。于外曰侯，于其国曰君，其在东夷、北狄、西戎、南蛮，虽大曰子，于内自称曰不谷，于外自称曰王老。

庶方小侯，入天子之国曰某人。于外曰子，自称曰孤。

天子当依而立，诸侯北面而见天子，曰觐。天子当宁而公，诸公东面，诸侯西面，曰朝。

诸侯未及期相见，曰遇；相见于却地，曰会。诸侯使大夫问于诸侯，曰聘；约信，曰誓；莅牲，曰盟。

诸侯见天子，曰臣某侯某。其与民言，自称曰寡人。其在凶服，曰适子孤。临祭祀、内事，曰孝子某侯某。外事，曰曾孙某侯某。死曰薨，复，曰某甫复矣。既葬，见天子，曰类见，言谥，曰类。诸侯使人使于诸侯，使者自称曰寡君之老。

天子穆穆，诸侯皇皇，大夫济济，士跄跄，庶人僬僬。

天子之妃曰后，诸侯曰夫人，大夫曰孺人，士曰妇人，庶人曰妻。

公侯有夫人，有世妇，有妻，有妾。

夫人自称于天子，曰老妇，自称于诸侯，曰寡小君，自称于其君，曰小童。自世妇以下，自称曰婢子。

子于父母，则自名也。

列国之大夫，入天子之国，曰某士，自称，曰陪臣某，于外曰子，于其国，曰寡君之老。使者自称曰某。

天子不言出，诸侯不生名，君子不亲恶。诸侯失地，名，灭同姓，名。

为人臣之礼，不显谏，三谏而不听，则逃之。子之事亲也，三谏而不听，则号泣而随之。

君有疾饮药，臣先尝之，亲有疾饮药，子先尝之。医不三世，不服其药。

儗人必于其伦。

问天子之年，对曰："闻之始服衣若干尺矣。"问国君之年，长，曰："能从宗庙社稷之事矣。"幼，曰："未能从宗庙社稷之事也。"问大夫之子，长，曰："能御矣。"幼，曰："未能御也。"问士之子，长，曰："能典谒矣。"幼，曰："未能典谒也。"问庶人之子，长，曰："能负薪矣。"幼，曰："未能负薪也。"

问国君之富，数地以对，山泽之所出。问大夫之富，曰：有宰

214

食力，祭器衣服不假。问士之富，以车数对。问庶人之富，数畜以对。

天子祭天地，祭四方，祭山川，祭五祀，岁遍。诸侯方祀，祭山川，祭五祀，岁遍。大夫祭五祀，岁遍。士祭其先。

凡祭，有其废之，莫敢举也，有其举之，莫敢废也。非其所祭而祭之，名曰淫祀。淫祀无福。

天子以牺牛，诸侯以肥牛，大夫以索牛，士以羊豕。支子不祭，祭必告于宗子。

凡祭宗庙之礼，牛曰一元大武，豕曰刚鬣，豚曰腯肥，羊曰柔毛，鸡曰翰音，犬曰羹献，雉曰疏趾，兔曰明视，脯曰尹祭，槁鱼曰商祭，鲜鱼曰脡祭，水曰清涤，酒曰清酌，黍曰芗合，粱曰芗萁，稷曰明粢，稻曰嘉蔬，韭曰丰本，盐曰咸鹾，玉曰嘉玉，币曰量币。

天子死曰崩，诸侯曰薨，大夫曰卒，士曰不禄，庶人曰死。在床曰尸，在棺曰柩。羽鸟曰降，四足曰渍，死寇曰兵。祭王父曰皇祖考，王母曰皇祖妣，父曰皇考，母曰皇妣，夫曰皇辟。生曰父，曰母，曰妻，死曰考，曰妣，曰嫔。寿考曰卒，短折曰不禄。

天子视不上于袷，不下于带，国君绥视，大夫衡视，士视五步。凡视，上于面则敖，下于带则忧，倾则奸。

君命，大夫与士肄，在官言官，在府言府，在库言库，在朝言朝。朝言不及犬马，辍朝而顾，不有异事，必有异虑。故辍朝而顾，君子谓之固。在朝言礼，问礼对以礼。

大飨不问卜，不饶富。

凡挚，天子鬯，诸侯圭，卿羔大夫雁，士雉。庶人之挚匹，童子委挚而退。野外军中无挚，以缨、拾、矢可也。妇人之挚，椇、榛、脯、修、枣、栗。

纳女于天子，曰备百姓，于国君，曰备酒浆，于大夫，曰备埽洒。

215

月旦集会读约之礼

宋·朱熹

【题解】 作者简介同前。北宋蓝田吕氏四兄弟创立《蓝田吕氏乡约》后，乡约得以正式诞生。至南宋浮熙年间，朱熹为之增损，将乡约四条加以注释、细化，又去罚式，而为月旦集会读约之礼。本文选自《朱文公文集》卷七十四，四部丛刊本。

凡预约者，月朔皆会（朔日有故，则前期三日别定一日，直月报会者，所居远者唯赴孟朔，又远者岁一再至可也）。直月率钱具食（每人不过一二百，孟朔具果酒三行，面饭一会，余月则去酒果，或直设钱可也）。会日夙兴，约正、副正、直月本家行礼，若会族罢，皆深衣俟于乡校，设先圣先师之像于北壁下（无乡校，则别择一宽闲处），先以长少叙，拜于东序（凡拜，尊者跪而扶之，长者跪而答其半，稍长者俟其俯伏而答之），同约者如其服而至（有故，则先一日使人告于直月，同约之家子弟，虽未能入籍，亦许随众序拜，未能序拜，亦许侍立观礼，但不与饮食之会，或别率钱略设点心于他处），俟于外次，既集，以齿为序，立于门外，东向北上，约正以下出门，西向南上（约正与齿是尊者正相向），揖迎入门，至庭中，北面，皆再拜，约正升堂上香，降与在位者皆再拜（约正升降皆自阼阶），揖分东西向立（如门外之位），约正三揖，客三让；约正先升，客从之（约正以下升自阼阶，余人升自西阶），皆北面立（约正以下西上，余人东上）。约正少进，西向立，副正、直月次其右，少退直月引尊者东向南上，长者西向南上（皆以约正之年推之，后放此。西向者，其位在约正之右少进，余人如故）。约正再拜，凡在位者皆再拜（此拜尊者）。尊者受礼如仪（唯以约正之年为受礼之节），退北壁下，南向东上立。直月引长者东面，如初礼，退则立于尊者之西东上（此拜长者，拜时惟尊者不拜）。直月又引稍长者东向南上，约正与在位者皆再拜，稍长者答拜，退立于西序，东向北上（此拜稍长者，拜时尊者、长者不拜）。直月又引稍少者东面北上，拜约正，约正答之，稍少者退，立于稍长者之南。直月以次引少者东北向西北上，拜约正，约正受礼如仪，拜者复位。又引幼者，亦如之。既毕，揖各就次（同列未讲礼者，拜于西序如初）。顷之，约正揖就坐（约正坐堂东南向，约中年最尊者坐堂西南向，副正、直月次约正之东南向西上，余人以齿为序，东西相向，以北为上，若有异爵者，则坐于尊者之西南向东上）。直月抗声读约一过，副正推说其意，未达者许其质问。于是约中有善者，众推之；有过者，直月纠之。约正询其实，状于众，无异辞，乃命直月书之，直月遂读记善籍一过；命执事以记过籍，遍呈在坐各默观一过。既毕乃食，食毕少休，复会于堂上，或说书，或习射，讲论从容（讲论须有益之事，不得辄道神怪邪僻悖乱之言，及私议朝廷州县政事得失，乃扬人过恶，违者直月纠而书之），至脯乃退。

217

敬斋箴

宋·朱熹

【题解】 外敬是内静的外在体现，内静是外敬的内在基础。《敬斋箴》的作者是著名理学家朱熹。他是据张栻的《主一箴》而作，用以阐发自己的持敬理论。内静外敬是礼仪的基本规范。

正其衣冠，尊其瞻视；潜心以居，对越上帝。

足容必重，手容必恭；择地而蹈，折旋蚁封。

出门如宾，承事如祭；战战兢兢，罔敢或易。

守口如瓶，防意如城；洞洞属属，毋敢或轻。

不东以西，不南以北；当事而存，靡他其适。

勿贰以二，勿参以三；惟精惟一，万变是监。

从事于斯，是曰持敬；动静弗违，表里交正。

须臾有闲，私欲万端；不火而热，不冰而寒。

毫厘有差，天壤易处；三纲既沦，九法亦斁。

於乎小子，念哉敬哉；墨卿司戒，敢告灵台。

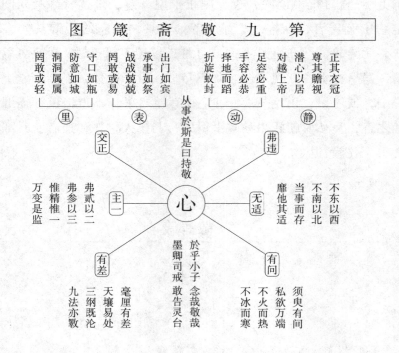

218

附：第九敬斋箴图。

本图作者王柏。王柏（1197～274），字会之，号鲁斋，婺州金华人。从何基学习，是朱熹的三传弟子。景定五年（1264年），王柏任丽泽书院讲席。著有《诗疑》、《书疑》等，已佚。明正统年间六世孙王迪衰为其集为《王文宪公文集》二十卷。

小学诗礼

宋·陈淳

【题解】 陈淳（1159～1223），字安卿，亦称北溪先生，漳州龙溪（今福建龙海）人，南宋理学家，朱熹晚年的得意门生，理学思想的重要继承者和阐发者。《小学诗礼》是陈淳在编辑《曲礼》《少仪》《内则》等书的基础上，选择其中重点和切要的汇集为五字之句，再加上韵脚，使童子常常朗诵而熟悉。歌咏即可怡养性情，又可效法学习，且可熟谙以谨守礼法，而过庭之训也可以兼用。本文选自其著《北溪全集》。

○事亲

其一：凡子事父母，鸡鸣咸盥漱，栉总冠绅履，以适父母所。

其二：及所声气怡，燠寒问其衣，疾痛敬抑搔，出入敬扶持。

其三：将坐请何向，长者执席少者执床，与坐悬衾箧，洒扫室及堂。

其四：长者必奉水，少者必奉槃，进盥请沃盥，盥卒授以巾。

其五：问所欲而进，甘饴滑以滫，柔色以温之，必尝而后退。

其六：养则致其乐，居则致其敬，昏定而晨省，冬温而夏凊。

其七：三日则具沐，五日则请浴，燂潘请靧面，燂汤请濯足。

其八：其有不安节，行不能正履，饮酒不变貌，食肉不变味。

其九：立不敢中门，行不敢中道，坐不敢中席，居不敢主奥。

其十：父召唯无诺，父呼走不趋，食在口则吐，手执业则投。

其十一：父立则视足，父坐则视膝，应对言视面，立视前三尺。

其十二：父母或有过，柔声以谏之，三谏而不听，则号泣而随。

其十三：父在不远游，所游必有常，出不敢易方，复不敢过时。

其十四：舟焉而不游，道焉而不径，身者父母体，行之敢不敬。

○事长

其一：君子容舒迟，见尊者斋遨，足重而手恭，声静而气肃。

其二：始见于君子，辞曰愿闻名，童子曰听事，不敢与并行。

其三：尊年不敢问，长赐不敢辞，燕见不将命，道不请所之。

其四：年倍事以父，年长事以兄，父之齿随行，兄之齿雁行。

其五：见父之执者，不问不敢对，不谓进不进，不谓退不退。

其六：侍坐于长者，必安执而颜，有问让而对，不及毋儳言。

其七：君子问更端，则必起而对，欠伸撰杖屦，侍坐可请退。

其八：侍饮于长者，酒进则拜受，未釂不敢饮，未辩不虚口。

其九：侍燕于君子，先饭而后己，小饭而亟之，毋啮骨刺齿。

其十：从长上邱陵，必向长所视，群居有五人，长者席必异。

○男女

其一：男正位乎外，女正位乎内，男女无相渎，天地之大义。

其二：男十年出外，就傅学书记，学乐学射御，学礼学孝弟。

其三：女十年不出，姆教婉娩从，执麻治丝茧，观祭纳酒浆。

其四：女子不出门，出门必拥蔽，夜行必以烛，无烛则必止。

其五：男女不杂坐，嫂叔不通问，内言不出阃，外言不入阃。

其六：男不言内事，女不言外事，非祭不交爵，非丧不受器。

其七：姑姊妹女子，已嫁而反室，弗与同席坐，弗与同器食。

其八：取妻不同姓，寡子弗与友，主人若不在，不入其门户。

其九：妇人伏于人，无所敢自遂，令不出闺门，惟酒食是议。

其十：迎客不出门，送客不下堂，见卑不逾阈，吊丧不出疆。

其十一：妇人不二斩，烈女不二夫，一与之齐者，终身不改乎。

○杂仪

其一：喜怒必中节，周旋必中礼，淫恶不接心，惰慢不设体。

其二：目不视恶色，耳不听恶声，非法不敢道，非德不敢行。

其三：执虚如执盈，入虚如有人，使民如承祭，出门如见宾。

其四：并坐不横肱，共饭不择手，揖人必违位，尊前不叱狗。

其五：入国不敢驰，入里必致式，入户必奉扃，入门不践阈。

其六：入境必问禁，入国必问俗，入门必问讳，与人不问欲。

其七：临丧则不笑，临祭则不惰，当食则不叹，让食则不唾。

其八：君子正衣冠，俨然尊瞻视，即之容也温，听之言也厉。

家塾常仪

宋·真德秀

【题解】 真德秀（1178～1235），字景元，后更景希，学者称
西山先生。南宋学者、大臣。著作有《大学衍义》《西山文集》等。
家塾常仪将"古今孝悌、忠信、长厚、退让"等德育落实到出入应
对之细小礼仪上。本文选自《西山先生真文忠公文集》。

○常日之仪

早起，直日击板，诸生升堂，北面序立，伺师长正席南向坐，
诸生北面端揖毕，以水洒堂上地，少顷以帚扫地净，以巾拭几案，
乃就席，余令学仆洒扫终事。

曾子避
席圖
二〇一又二手
於右石窻
志於畫

○朔望之仪

是日昧爽，直日一人击板，师生咸起具服。再击，师长帅诸生诣先师像前再拜，焚香读赞，歌诗讫，再拜；师长西南向立，学生东北向再拜，前致辞又再拜，就西席。

○学礼

凡学者要识礼教。家庭事父母兄长，书院事先生，并要恭敬顺从，遵依教训；与之言则应，教事则亟行，毋得舒缓，自任己意。

○学坐

正身直体，齐脚敛手。毋倾倚偃侧，毋交胫摇足，毋靠背箕踞。起勿急缓。

○学行

叉手重跟，徐行必后长者。毋掉臂轻踵，毋践阈曳履。有尊命则肃趋之。

○学立

端身拱手，毋背所尊，毋跛倚欹邪。

○学揖

低头屈腰，出声收手，毋轻率慢易。

○学言

恒持慎默，有事则问，问及则对。致详审，重然诺，肃声气。须和缓分明，勿含糊两端。勿泛勿欺，勿轻勿诞，勿及闲事，勿及传闻事，毋及乡里人物短长，毋及市井鄙俚戏谑无益之谈。

○视听

毋倾视，毋倾听。

○容貌

温恭端重，毋轻易放肆，毋粗狠傲忽，毋妄有喜怒。

○衣冠

毋为诡异华靡，毋致垢敝简率。虽燕处不得袒裸，虽盛暑不得辄去鞋袜。

○饮食

毋求饱，毋贪味，食必以时，毋耻恶食，不得饮酒。

○诵读

专心肃容，记遍数。句句字字分明，每句终字重读则句完，不可添增虚声，使句读不明。遍数未足而已成诵，必足遍数；遍数已足而未成诵，必加数成诵。务要心口眼三到，毋得目视东西，手弄他物。一书已熟，方读一书，毋务泛观，毋务强记。卑俗之诗勿诵，俚近之文勿观。

○读书先务

自胎教，至子能言能食，一一仿古人教子之法。及年七八岁，就小学。蒙昧未知向方，但先收其放心，养其德性，遂时遂处，禁戒奖诱，曲为渐渍汲濡，习成温恭端默气象。时时与言古今孝悌、忠信、长厚、退让等事，使其盈耳充腹，皆性分中道理。至于洒扫应对，爱亲敬长、品节事宜，直须身帅耳提，尽其曲折，俾一一惯熟。间则教之数目与方名，导之咏歌古诗，悠扬三复，以养其性情，使渐兴起。若夫是后读书，量质量年，渐为增益，难以例拘，但授读多少，宜半其资，只期精熟，勿令畏苦，使之优然有余力，而欣然乐从事为善也。

○游艺

艺可适情者，弹琴习射，投壶学算歌诗，倦时则及之。不宜少近博弈词曲。诸凡无益鄙事，家则中已历言深戒之矣。

224

圣师孔子像

（创作者：君艺豪）

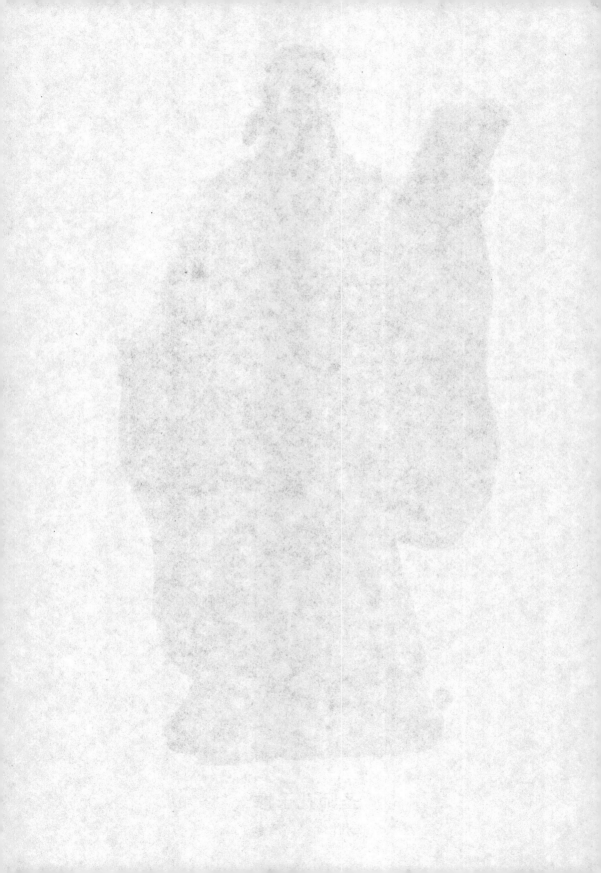

君艺豪　焦玉华·主编

鲜学教育辑要

乙未冬黄版书

教法卷 中

民主与建设出版社

幼仪杂箴

明·方孝孺

【题解】 方孝孺（1357～1402），字希直，一字希古，号逊志，明宁海（浙江省台州市）人，官至侍讲学士，修撰《太祖实录》，靖难之役后，为永乐帝所诛。《幼仪杂箴》共列了坐、立、行、寝、揖、拜、食、饮、言、动、笑、喜、怒、忧、好、恶、取、与、诵、书二十项，前有序。在《幼仪杂箴》二十项中则把理学关于修养心性的内容和具体方法归纳于日常生活的一言一行、一举一动中，可见作者对日常修养的重视。本文选自《逊志斋集》卷一。

道之于事，无乎不在。古之人自少至长，于其所在，皆致谨焉而不敢忽。故行跪，揖拜，饮食，言动，有其则。喜，怒，好，恶，忧乐，取予，有其度。或铭于盘盂，或书于绅笏。所以养其心志，约其形体者，至详密矣。其进于道也，岂不易哉。后世教无其法，学失其本。学者汩于名势之慕，利禄之诱，内无所养，外无所约，而人之成德者难矣。予病乎此也，盖久欲自其近而易行者，学焉而未能。因列所当勉之目为箴。揭于左右，以攻己阙。由乎近而至乎远，盖始诸此，非谓足以尽乎自修之事也。方孝孺序。

坐：维坐容，背欲直，貌端庄，手拱臆。仰为骄，俯为戚。毋箕以踞，欹以侧，坚静若山乃恒德。

立：足之比也如植，手之恭也如翼，其中也敬。而外也直，不为物迁，进退可式，将有立乎圣贤之域。

行：步履欲重，容止欲舒，周旋迟速，与仁义俱。行不畔乎仁义，是为恒途。

寝：形倦于昼，夜以息之。宁心定气，勿妄有思。偃勿如伏，仰勿如尸。安养厥德，万化之基。

揖：张拱而前，肃以纾敬。上手宜徐，视瞻必定。勿游以傲，勿佻以轻。远耻辱于人，动必以正。

拜：古拜有九，今存其一。数之多寡，尊卑以秩。宜多而寡，倨以取祸。宜寡而多，为诣为阿。以礼制事，不爽其宜。

食：珍腴之惭，不若藜藿之甘。万钟之尸居，不若釜庾之有为。苟无待于富贵，夫孰得而贫贱之。噫！

饮：酒之为患，俾谨者荒，俾庄者狂，俾贵者贱，而存者亡。有家有国，尚慎其防。

言：发乎口，为臧为否。加乎人，为喜为嗔。用乎世，为成为败。传乎书，为贤为愚。鸣呼，其发也可不慎乎！

动：吾形也人，吾性也天。不天之祗，而人之随。徇人而忘反，不弃其天，而沦于禽兽也几希。

笑：中之喜笑，勿启齿。见其异，勿侮以戏。内既病乎德，外为祸阶。抵掌绝缨，匪优则俳。

喜：得乎道而喜，其喜曷已。得乎欲而喜，悲可立俟。惟道之务，惟欲之去，颜孟之乐，反身则至。

怒：世人于怒，伤暴与遽。切齿攘袂，不审厥虑。圣贤不然，以道为度。揆道酬物，己则无与。暴遽是惩，圣贤是师。颜之好学，自此而推。

忧：惰学与德，汝日戚戚。忧为有益，名位不光。惟日忧伤，汝志则荒。弃其所当忧，而忧其不必忧。世之人皆然，汝孰忧哉？勉于自修。

好：物有可好，汝勿好之。德有可好，汝则效之。贱物而贵德，孰谓道远，将允蹈之。

恶：见人不善，莫不知恶。己有不善，安之不顾。人之恶恶，心与汝同。汝恶不改，人宁汝容。恶己所可恶，德乃自新。己无不善，斯能恶人。

取：非吾义，锱铢勿视。义之得，千驷无愧。物有多寡，义无不存。畏非义如毒螫，养气之门。

与：有以处己，有以处人。彼受为义，吾施为仁。义之不图，陷人为利。私惠虽劳，非仁者事。当其可与，万金与之。义所不宜，豪发拒之。

诵：诵其言，思其义。存诸心，见乎事。以敬畜德，以静养志。日化岁加，山立川驶。圣德卓然，焉敢不至。

书：德有余者，其艺必精。艺本于德，无为而名。惟艺之务，德则不至。苟极其精，世不之贵。汝书不美，自视不善。德不若人，乃不知忧。先乎其大，后乎其细。大或可传，人不汝弃。

童子礼

明·屠羲时

【题解】 屠羲时，明代安徽宣城人，曾任浙江提学副使，余者不详。本文选自《五种遗规·养正遗规》。

弘谋按：童子之礼，集中前编已载之矣。兹篇自饮食坐卧，以及待人接物，皆有法度。比前诸条，更为切近，童子所不可一日无者也。其所定仪节，悉本诸礼经，非同臆说，童子循而习之，其心安焉。所以检束身心者在此，所以引之于爱亲敬长者，亦即在此矣。

《易》曰："以养正，圣功也。"养正莫先于礼。盖人之自失其正，以自外于圣人之途者，率以童幼之年，不闻礼教。则耳目手足，无所持循；作止语默，无所检束。及其既长，沿习偷安，徇情任气，如已决之水，不可堤防；已放之条，不可盘郁，何所不至哉！是故朱子《小学》，必先洒扫、应对之节。程子谓即此便可达天德，信非诬也。世之父兄，既以姑息为恩，而为之师者，日役役焉以课程为急。故一切礼教，废搁不讲，童蒙何赖焉？兹本《曲礼》《内则》《少仪》《弟子职》诸篇，附诸儒训蒙要语，辑为《童子礼》。

晨兴，即当盥栉以饰容仪。凡盥面，必以巾帨遮护衣领、卷束两袖，勿令沾湿。栉发，必使光整，勿散乱，但须敦尚朴雅，不得为市井浮薄之态。

凡着衣，常加爱护。饮食须照管，勿令点污；行路须看顾，勿令泥渍。遇服役，必去上服，只着短衣，以便作事。有垢、破，必洗浣、补缀，以求完洁。整衣欲直，结束欲紧，毋使偏斜宽缓。上自总髻，下及鞋履，加意修饰，令与"礼容"称。其燕居盛暑时，尤宜矜持，不得袒衣露体。

228

凡叉手之法，以左手紧把右手大拇指，左手小指向右手腕，右手四指皆直。以左手大指向上，以右手掩其胸。手不可太着胸，须令稍离方寸。

凡揖时，稍阔其足，则立稳。须直其膝、曲其身、低其首，眼看自己鞋头，两手圆拱而下。凡与尊者揖，举手至眼而下；与长者揖，举手至口而下；与平交者揖，举手当心而下。手随身起，叉于当胸。

凡下拜之法，一揖少退，再一揖，即俯伏。以两手齐按地，先跪左足，次屈右足，顿首至地，即起。先起右足，以双手齐按膝上，次起左足，仍一揖而后拜。其仪度以详缓为敬，不可急迫。

低头拱手，稳下双膝。腰当直竖，不可蹲踞，以致恭敬。

凡立，须拱手正身，双足相并。必须所立方位，不得歪斜。若身与墙壁相近，虽困倦，不得倚靠。

凡坐，须定身端坐，敛足拱手。不得偃仰倾斜，倚靠几席。如与人同坐，尤当敛身庄肃，毋得横臂，至有妨碍。

凡走，两手笼于袖内，缓步徐行。举足不可太阔，毋得左右摇摆，致动衣裙。目须常顾其足，恐有差误。登高必用双手提衣，以防倾跌。其掉臂跳足，为轻浮，常宜收敛。

凡童子常当缄口静默，不得轻忽出言。或有所言，必须声气低平，不得喧聒。所言之事，须真实有据，不得虚诞。亦不得亢傲訾人，及轻议人物长短。如市井鄙俚、戏谑无益之谈，尤宜禁绝。

凡视听，须收敛精神，常使耳目专一。目看书，则一意在书，不可侧视他所。耳听父母训诫、与先生讲论，则一意承受，不可杂听他言。其非看书、听讲时，亦当凝视收听，毋使此心外驰。

凡饮食，须要敛身离案，毋令太逼。从容举箸，以次着于盘中，毋致急遽，将肴蔬拨乱。咀嚼毋使有声，亦不得恣所嗜好，贪求多食。安放碗箸，俱当加意照顾，毋使失误堕地。非节假及尊长命，不得饮酒；饮，亦不过三爵。

以上初检束身心之礼。

以木盘置水，左手持之，右手以竹木之枝轻洒堂中。先洒远于尊长之所，请尊长就止其地，然后以次遍洒。毕，方取帚于箕上，两手捧之。至当扫之处，一手执帚，一袖遮帚，徐步却行，不使尘及于尊长之侧。扫毕，敛尘于箕，出弃他所。

凡尊长呼召，即当随声而应，不可缓慢。坐，则起；食在口，则吐。地相远，则趋而近其前。有问，则随事实对，且掩其口。然须听尊长所问，辞毕方对，毋先从中错乱。对讫，俟尊长有命，乃复原位。

凡见尊长，不命之进不敢进；不命之退不敢退。进时当鞠躬低首，疾趋而前。其立处，不得逼近尊长，须相离三四尺，然后拜揖。退时亦疾趋而出，须从旁路行，毋背尊长。且当频加回顾，恐更有所命。如与同列共进，尤须以齿为序。进则鱼贯而上，毋得越次紊乱。退则席卷而下，毋得先出偷安。

夏月侍父母，常须挥扇于其侧，以清炎暑及驱逐蝇蚊。冬月，则审察衣被之厚薄，炉火之多寡，时为增益。并候视窗户罅隙，使不为风寒所侵。务期父母安乐方已。

十岁以上，侵晨先父母起。梳洗毕，诣父母榻前，问夜来安否。如父母已起，则就房先作揖，后致问。问毕，仍一揖退。昏时，候父母将寝，则拂席整衾以待。已寝，则下帐闭户而后息。

家庭之间，出入之节最所当谨。如出赴书堂，必向父母兄姊之间肃揖告出。午膳与散学时，入必以次肃揖，然后食息。其在书堂时，或因父母呼唤有所出入，则必请问先生，许出方出，不得自专。至入书堂，虽非作揖常期，亦必肃揖，始可就坐。

凡进馔于尊长，先将几案拂拭，然后双手捧食器置于其上。器具必干洁，肴蔬必序列。视尊长所嗜好而频食者，移近其前。尊长命之息，则退立于傍。食毕，则进而撤之。如命之侍食，则揖而就席。食必随尊长所向，未食不敢先食，将毕则急毕之。俟其置食器于案，亦随置之。

凡侍坐尊长，目则常敬候颜色，耳则常敬听言论，有所命则起立。尊长有倦色，则请退。有请与尊长独语，则屏身于他所。

侍尊长行，必居其后。不可相远，恐有所问。有问，则稍进于左右，以便应对。目之瞻视，必随尊长所向。有所登陟，则先后扶持之。与之携手而行，则以两手捧而就之。遇人于途，一揖即别，不得舍尊长而与之言。

凡遇尊长于道，趋进肃揖。与之言则对，命之退，则揖别而行。如尊长乘车马，则趋避之。或名分相悬，不为已下车马者，则拱立道旁，以俟其过。

凡尊长有所事，不必待其出命，即当趋就其旁，致敬服役。如将坐，则为之正席、拂尘。如侍射与投壶，则为拾矢、授矢。如盥洗，则为之捧盘、持帨。夜有所往，则为之秉烛前导。如此之类，不可尽举，但当正容专志，毋使怠慢差错。

以上入事父兄、出事师尊通行之礼。

受业于师，必让年长者居先，序齿而进。受毕，肃揖而退。其所受业，或未通晓，当先叩之年长，不可遽渎问于师。如欲请问，当整衣敛容，离席前告曰：某于某事未明，某书未通，敢请。先生有答，即宜倾耳听受。答毕，复原位。

端身正坐，书籍笔砚等物，皆令顿放有常。其当读之书、当用之物，随时从容取出，不得信手翻乱。读用已毕，复置原所，毋使参错。其借人书物，当置簿登记，及时取还，毋致遗失。

凡先生有宾客至，弟子以次序立。俟先生与客为礼毕，然后向上肃揖。客退，仍肃揖送之。先生与客命无出门，即各入位凝立，俟先生返。命坐，则坐。若客与诸生中有自欲相见者，亦必俟与先生为礼，乃敢作揖。退亦不得远送。非其类者，勿与亲狎。

凡读书，整容、定心、看字、断句、慢读，务要字字分晓。毋得目视他处，手弄他物。仍须细记遍数。如遍数已足而未成诵，必欲成诵。遍数未足，虽已成诵，必满遍数。犹逐日带温，逐句、逐月通理，以求永久不忘。

凡写字，未问工拙，切要专心把笔，务求字画严整。毋得轻易急惰，致有潦草、欹斜并差落涂注之病。研墨、放笔，毋使有声及溅污于外。其戏书砚面及几案上，最为不雅，切宜戒之。

以上书堂肄业之礼。

小儿语

明·吕得胜

【题解】 吕得胜（？～1568），河南宁陵人。明代学者吕坤之父，自称"近溪渔隐"。嘉靖三十七年（1558年）编成《小儿语》、《女小儿语》各一卷。本文选自《五种遗规·养正遗规》。

弘谋按：沧浪之歌，孺子歌耳，孔子叹为自取，且呼小子听之。当是时，不复计其歌之出自孺子也。近溪先生，思所以语小儿，而因自为小儿语，若规若刺，若讽若嘲，冲口而出，自然成音。小儿闻之，果小儿语也。嗟乎，儿固有不儿时，儿时熟之复之，不儿时思之味之，虽欲终视为小儿语，不可得已。或曰，言之毋乃不文，夫以小儿语语小儿，亦焉用文为哉。

序

儿之有知而能言也，皆有歌谣以遂其乐，群相习，代相传，不知作者所自。如梁宋间，盘脚盘，东屋点灯西屋明之类，学焉而与童子无补，余每笑之。夫蒙以养正，有知识时，便是养正时也。是俚语者固无害，胡为乎习哉？余不愧浅末，乃以立身要务，谐之音声，如其鄙俚，使童子乐闻而易晓焉，名曰小儿语。是謔呼戏笑之间，莫非义理身心之学，一儿习之，可为诸儿流布。童时习之，可为终身体认。庶几有小补云，纵无补也，视所谓盘脚盘者，不犹愈乎！沙随近溪渔隐书。

四言

一切言动，都要安详。十差九错，只为慌张。沉静立身，从容说话。不要轻薄，惹人笑骂。先学耐烦，快休使气。性躁心粗，一生不济。能有几句，见人胡讲。洪钟无声，满瓶不响。自家过失，不消遮掩。遮掩不得，又添一短。无心之失，说开罢手。一差半错，那个没有。宁好认错，休要说谎。教人识破，谁肯作养。要成好人，须寻好友。引醅若酸，那得甜酒。与人讲话，看人面色。意不相投，不须强说。当面证人，惹祸最大。是与不是，尽他说罢。造言起事，谁不怕你。也要提防，王法天理。我打人还，自打几下。我骂人还，换口自骂。既做生人，便有生理。个个安闲，谁养活你。世间生艺，要会一件。有时贫穷，救你患难。饱食足衣，乱说闲要。终日昏昏，不如牛马。担头车尾，穷汉营生。日求升合，休与相争。兄弟分家，含糊相让。子孙争家，厮打告状。强取巧图，只嫌不够。横来之物，要你承受。

六言

儿小任情骄惯，大来负了亲心。费尽千辛万苦，分明养个仇人。世间第一好事，莫如救难怜贫。人若不遭天祸，舍施能费几文？乞儿口干力尽，终日不得一钱；败子羹肉满桌，吃着只恨不甜。蜂蛾也害饥寒，蝼蚁都知疼痛。谁不怕死求活，休要杀人害命。自家认了不是，人可不好说你。自家倒在地下，人再不好跌你。气恼他家富贵，畅快人有灾殃，一些不由自己，可惜坏了心肠。

233

杂言

老子终日浮水，儿子做了溺鬼；老子偷瓜盗果，儿子杀人放火。休着君子下看，休教妇人鄙贱。人生丧家亡身，言语占了八分。任你心术奸险，哄瞒不过天眼。使他不辩不难，要他心上无言。人言未必皆真，听言只听三分。休与小人为仇，小人自有对头。干事休伤天理，防备儿孙辱你。你看人家妇女，眼里偏好；人家看你妇女，你心偏恼。恶名儿难揭，好字儿难得。大嚼多噎，大走多蹶。为人若肯学好，羞甚担柴卖草；为人若不学好，夸甚尚书阁老。慌忙到不得济，安详走在头地。话多不如话少，语少不如语好。小辱不肯放下，惹起大辱倒罢。天来大功，禁不得一句自称；海那深罪，禁不得双膝下跪。一争两丑，一让两有。

女小儿语

明·吕得胜

【题解】 作者简介同前。《女小儿语》为了使儿童乐闻易读，作者刻意去文就俗，尽量适应儿童的水平和兴趣，用方言白话、鄙俚的俗语编出了整齐押韵、朗朗上口的读物，从而为儿童歌谣创立了一种新的类型。由于它的内容浅显易懂、亲切可读，再加上都是关于人情世事的格言警句，所以是很好的儿童启蒙读物。本书是专门写给女孩的，语言浅近直白，以四言、六言、杂言（字数不得等）的语言形式，宣传一些做人的道理。此书问世以来，很受欢迎，比较普遍的流行于民间，所以影响很大，其中有消极的成份须研读者甄别。

女德

少年妇女，最要勤谨，比人先起，比人后寝。剩饭残茶，都要爱惜，看那穷汉，糠土也吃。安分知足，休生抱怨，天不周全，地有缺欠。古分内外，礼别男女，不避嫌疑，招人言语。

孝顺公婆，比如爷娘，随他宽窄，不要怨伤。事无大小，休自主张，公婆禀问，夫主商量。夫是你主，不可欺心，天若塌了，那里安身。相敬如宾，相成如友。渫狎儿戏，夫妇之丑。长者当让，尊者当敬，任他难为，只休使性。

大伯小叔，小姑妯娌，你不让他，那个让你。看养婴儿，切戒饱暖，些须过失，就要束管。水火剪刀，高下跌磕，生冷果肉，小儿毒药。邻里亲戚，都要和气，性情温热，财物周济。手下之人，劳苦饥寒，知他念他，凡事从宽。

门户常关，箱柜常锁，日日紧要，防盗防火。也要仔细，也要宽大，作事刻薄，坏心惹害。三媒二妇，休教入门，倡扬是非，惑乱人心。不积钱财，只积善行，儿孙若好，无钱何病。

女言

笑休高声，说要低语，下气小心，才是妇女。房中说话，常要小心，傍人听去，惹笑生嗔。母家夫前，休学语言，讲不明白，落个不贤。休要搬舌，休要翻嘴，招对出来，又羞又悔。只夸人长，休说人短，人向你说，只听休管。

女容

口要常漱，手要常洗，避人之物，藏在背里。脚手头脸，女人四强，身子不顾，人笑爹娘。妇女妆束，清修雅淡，只在贤德，不在打扮。不良之妇，穿金戴银，不如贤女，荆钗布裙。偷眼瞧人，偷声低唱，又惹是非，又不贵相。衣服整齐，茶饭洁净，污浊邋遢，猪狗之性。

女工

一斗珍珠，不如升米，织金妆花，再难拆洗。刺凤描鸾，要他何用，使的眼花，坐成劳病。争着做活，让着吃饭，身懒口馋，惹人下贱。米面油盐，碗碟匙箸，一切家伙，放在是处。也休心粗，也怕手慢，不痒不疼，忙时莫于。

通论

三从四德，妇人常守，犯了五出，不出也丑。妇人好处，温柔方正，勤俭孝慈，老成庄重。妇人歪处，轻浅风流，性凶心狠，又懒又丢。贤妻孝妇，万古传名；村婆俗女，枉活一生。

义学约

明·沈鲤

236

【题解】　沈鲤（1531～1615），字仲化，号龙江，归德府（今河南商丘）人。嘉靖四十四年进士，官至文渊阁大学士，卒谥文瑞，有《亦玉堂稿》等。此篇出自《文雅社约》附录中。《社约》凡分书札、宴会、称呼、揖让、交际、官服、闲家、御下、田宅、器用、劝义、明微、冠婚、丧祭、身检、心检 16 类 163 则，附录则包括社仓约、义学约、族田约、劝施迁谈、垂涕衷言、乡射约、笃亲会、墓享仪、沈氏祠堂生忌单、女训约言十篇。此篇论列小学仪节，有约束生徒的，也有期望教师的，还有要求东家的，涉及办好义学的各个方面。

蒙养极大事，亦最难事。盖终身事业此为根本，而混沌初开，非可以旦夕取效者。乃世俗不知，反轻视之，不但教学先生自处太轻，即主家礼仪亦甚疏简，谓不过训蒙而已，庸讵知所系之重而用功之难，与讲授大学者，反倍蓰之哉？今将小学仪节，略序于后。

　　○学生入学，仿效古礼，以鲜菜四色，或果匣、或酒肉，为贽见礼。初进门一揖，执贽毕，再揖请拜，先生受两拜，答两拜。拜毕，先生升座，新旧学生分班两拜，旧者居左，新者居右，总两拜。拜毕，授书。授书毕，先生训之曰：古人读书不是要中举、中进士、求富贵、顶当门户，要多读书，晓道理，通达时务成就好人。到他日做官时，便要与朝廷理政事，安百姓，建功立业。所以初学时，就教他走这条门路，教以学诗书，学礼、乐、射、御、书、数，这都是修身养性日用紧要的事件，不是如今但学作科举文字而已。前代劝学文有说"富家不用买良田"等语，都是下等的俗话，切不可听尔。从今便要知道这门路，立定志气，如射箭的一般，发得正，射去的箭，自然不歪，自然中的。其年极幼小，未省人事者，姑不必为此言。

　　○诸生到齐，排班，与先生作揖，仍分班对揖，其早晚放学，亦然。散班，照长幼次序；出门，务行走端庄；遇亲长，躬身施礼；到家，与父母兄长作揖。

　　○授书毕，正字。正字毕，讲《小学》一条。讲毕，将所授书，分三节读，须早间读会一节，才放早饭。

　　○习仿临法帖《千字文》一幅。

　　○写仿毕，调平仄对句，或破题，或破承。作文者，间一日作一篇。

　　○讲书，先说大旨：这一章书，是为甚么说。次：训字，或逐字俗讲。次：收缴。次：分截段落。中间有关紧德行、伦理者，便说与学生知道，要这等行，才是好人。有关系修政理事、治民安邦、忠君爱国者，便说道，你他日做官，亦要如此。

　　○将放晚学，须把当日所授书，俱草草背过，次日早方可熟背。

　　○每日写疑难字，或文藻字二个，在水牌上，悬之壁间，与诸生看，仍训解大意，各令牢记，待次日背书讲《小学》后，一同背讲，有不能应对者，责。

○放晚学，讲贤孝勤学故事一条，吟诗一首。诗，要有关系的，如"二月卖新丝"、"锄禾日当午"、"青青园中葵"、"木之就规矩"等篇。短者一首，长者四句，亦预写牌上，令各生先自抄过。临放学时，先生高声倡云："二月卖新丝"，诸生俱齐声相和，如此三遍才放学，待次日放晚学时背讲。

○古人故事，虽足为后人法，然亦有不可为训者。如苏秦刺股毁伤其父母遗体，何贵勤学？郭巨埋儿，忍绝宗祀，以养亲一时之口体，何足言孝？豫让，则已事二君矣，何又言忠？诸如此类，临讲论时，亦须与分别好歹，使知趋向，勿一概以为美谈也。

○每早，轮一人扫地，自下而上，年长者免。

○笔砚书札，务要安顿整齐，不许杂乱欹斜。

○朔望日考试分等第，行赏罚。

○学生勤学者、有进益者、守学规者，给免帖一纸，遇该责时，姑免一次。

○勤学、守规矩、有进益者，纪录在簿，为功劳一分，积至十分关白东家，给纸笔犒赏一次。

○先生生日，及冬至元旦，拜节，如初上学之仪，但不执贽，有行节礼者随意。

○义学束脩，东家总备，分四次送，每季仲月十五日送一次其诸学生家不必，又具私礼。若节间酒果之仪，或有或无，各随其便。

○每岁腊月望日，义学主人，集四门义学诸生，考试一遍，分等第，行赏罚，以示激劝，随即具匜酒，以劳先生。

○义学诸生有进学充附者，学东备礼奉谢。有改从他师然后入学者，如在一年内，旧师之功，亦不可泯，义学主人，仍量举谢礼。

○子弟读书，有成有废，乃关系门户盛衰，一家祸福。为师者，成就得一个好人，便即是许大阴功；若耽误人家子弟，亦大伤天理，与寻常亏欠者不同，惟幸加意。

以上所述，特其大略，其余在各学先生，随意裁定，兹不能尽，亦不敢僭也。

蒙养礼

明·吕坤

【题解】 作者简介同前。在本文中，作者对蒙童思想品德教育的原则与方法作了深入的研究和探讨，提出了不少富有启发性的主张。这些主张表明了当时对蒙童思想品德教育的目的与内容的观点，具有较大的灵活性和创造性，于今有颇多借鉴之处。本文选自《四礼翼》。

万物之邪正，其几在始；易恶至中，其几在慎始。人之言曰：鸥不生凤，貀不育麟，固也。夫昆虫，人乎哉？而蛤蟆教书、黄雀弈棋，则人造其灵窍，生有于无耳，况以人治人乎？自非大不肖、或小变、或大觉，由教而入者十九，胡可任其自然，令与俗化乎？嗟夫柏为屏，柳为盖，矫童条而使然，干老矣，字折无曲，况束燥薪乎？孟子曰：以正不从，束燥薪也，吁嗟乎噬脐，作《蒙养礼》。

○**知觉**

儿未有知，任其颛蒙，不可诱之使言。啼哭任其啼哭，不必慰之使止，盖啼哭可以泻火，婴童纯火，正欲泻之耳。至于言笑，任其自开，不必引诱，如欲引诱，当令之呼父母尊长而已，余不可妄引。过笑伤肾，慎不可逗之使笑也。

○**运动**

手足能动，不可妄有执持，恐其挞击，令之作揖拱手。若有所求而不得，有所欲而不遂，啼号不休，卧地不起者，必裁抑而宁耐之，万无抚慰，抚之惯必生躁暴。

○儿食

离乳始食淡粥烂饭，勿与腥荤糖蜜、粘浓甘美之物，不止难克易病，且习谗惯，恣其口腹，终身不能食淡茹粗，流为饕餮餍足之人矣。

○儿衣

提抱之时，止是布衣，毋令受热。盖饥寒，小儿安乐法；饱暖，小儿疾病根。至于才能行步，便是花帽锦衣，缀以金珠，不止利其财者有不测之虑，而自小惯习华饰，稍长岂能布衣？且将厌旧喜亲，骄奢暴殄，必以恶终矣。此难与昏愚父母道，爱子者必能知之。

○情窦

抱儿者常令之採打人以为欢，甚者父母引手，令击其面，或动出淫媟语以冒人，此乳婆妈愚父之通病。大凡咒骂笞箠小臧获者，大加诃戒，不使童稚之威，行于卑贱，亦养德性之要道也。

○童学

初学一二以至十百千万、四方四时、五行八卦之类，早起、迟眠、梳头、浴面、整衣、惜履、高拱、深揖、端跪、徐拜、应对、揖让、称呼、定省、视膳、让食、端视、审听、慎动、缓言、徐行、静座、顺亲、敬长、守谦、学俭。

○磨墨

蘸墨无深入砚池，如蜻蜓点水。度用墨几何，则蘸水几次，然后不轻不重之间，徐徐细磨。南人云：磨墨如害病，若且蘸且磨，则引墨入池矣。蘸而深入，或磨罢而墨不远砚，则墨为水滑矣，用少而墨多，则余墨溃砚矣，再磨则新旧相杂，用之则字不清，涤之则墨可惜。又砚不稳而磨之，矶碑有声，亦非静重之体，凡事从容安详，庶可涵养德性。

○膏笔

膏笔当高砚寸许，顺直内向，无横无斜，横斜则毫旋而伤尖。搦管先以水滋之，恐有燥墨在毫，笔刚而骤捺之则折，水足则再濡之则淫，务干湿得宜。用完而不褪宿墨，则胶固成束；露毫而不戴帽，则易摧折。皆是粗心苟且，初学第一当戒。

○简册

缮裁书册，上下比度，不失毫发。裁宁长无短，钉宁广勿狭，壳面整齐，宁从容勿急遽，此亦宁心之一道。

○写字

作字须楷。近世文周两家字，书坊盛行，虽圆活可人，似有软美之态。颜柳一点一画，结构庄严方正，虽不为世所喜，然习之使人不苟。故宁方毋圆，宁拙毋妍，宁迟毋速，宁古毋俗。至于松软无骨，轻佻无体，敧斜险怪，虽举世所尚，决不可学。行草，钟王诸家，择其体近者学之，决不可杜撰。至于减笔潦草，都是苟心，尤当深戒。

○读书

读书须精韵学，要熟反切。一字不真，须遍检查，检查既真，便记在本字之下。莫从俗师读半边字，不辨形声，童而习之，白首舛谬，最为可耻。至于起落余声，好带间字，尤所当戒。今人常言念书，念之一字，最有意味，口诵心维，才谓之念。童训云：读书三要，心口眼到，心一散乱，空劳千遍；若一过入骨，终身不再，才是真读书。彼终岁温习者，亦可怜矣。

○展书

展书无湿指，无撮甲，书常远身六七寸，无卷边，无折角，无污痕，无乱批点。读过之书，如新可卖，亦可以观学者之所养矣。

○看书

看书先要读正文一过，便想此书是甚意思；次将朱注细贴一遍，仰而思之，得一分空窍可人，方听先生讲说。讲毕，退而再思，师说不合，再问，句句字字，都向身心上体帖。今人未理会书，便将坊间讲章主意，摊满案上，眼界一被遮瞒，聪明尽成障蔽，终身离他不得，只是个瞽者，可为痛恨。盖理从心思得，不自耳目入，世间多少聪明才辨之士，都中此毒，从何处与他说起。

○讲书

与初学讲书，教弟子，先将该讲之书，理会一遍，方与讲解。讲解只用俗浅，如闾阎市井说话一般。我尝言讲《中庸》《大学》，须令仆僮炊妇一听，手舞足蹈，方是真讲书。至于深文奥理，天下国家，童子理会不来，强聒反滋其惑，师道岂易言哉？今之教者学者，只是虚套相欺，可哀也已。

○行文

行文要认理真切，自然意思横生。前辈程墨，须要熟读三二百篇，以为绳尺。其词工而泛，意巧而支，险怪暗涩者切戒之。

○书籍

《四书》外，惟有六经及诸史最要。古文，只读《文章正宗》足矣。宋文惟三苏发人才思，长人见识。一切害道丧心之书，死无入目。应世诗文，登临酬和，损心放志，即成名不过李壮，李杜而在，成甚德业，何关有无？盖当时以此应制取士，不得不然，儿曹戒之。

○重书

学者大病，莫大于借人之书，经岁不还，或胡批乱点，或撦裂壳面，或揉曲污浊，甚者转借损失，此是学人第一大恶。苟且轻浮之病，即此一事，则平日之为人可知，儿辈刻骨戒此。

经书中言语，非天地神明，则圣贤父母。僧道于经典，尊敬奉持；秀才于经史，轻贱抛掷，甚者字纸杂于粪秽，略不爱惜。呜呼！尊经重道，更赖何人？士细思之，当如此否。

○群居

古之群居也，敬业乐群，相观而善；今之群居也，任口讥讪，造言是非，此辈不止人非，必有天祸。须是德业相劝勉，过失相箴规，乃为益友。果不得正人君子相与，不如燕居独坐，静默澄心。举世热闹之场，便是坏人坑堑，小子不能不群居，又不能止众，但以掩耳结舌为第一。

○歌舞

歌舞所以养其性情，舞蹈所以养其血脉，此二语遂为读书家之大禁。夫刀日割，则锋芒顽钝，须磨砺而后铦锐；学日劳，则神思衰倦，须舒畅而后精神。至于养和平之气，消暴戾之心，则又不可斯须去乐者也。歌如诗曲，竹如箫笛，丝如琴瑟，舞如干羽，皆足以养性情和血气，皆学者所当知，不则枯淡岑寂，不成学问。但艳冶家语，长欲导淫，切宜深戒，久则流于邪放，只是以理义之心行之便好。

仪小经

明·李因笃

【题解】 李因笃（1632～1692），字天生，一字子德，明末清初陕西富平人。明清之际的思想家、教育家、音韵学家、诗人。《仪小经》是专门讲述日常礼仪和称谓的，书中对13种人际关系的称谓做出明确具体的规定。他认为父子、祖孙、师生、朋友等之间的称谓要等级森严，不可越雷池半步。由于封建社会"天地君亲师"思想的影响，加上老师"传道、授业、解惑"的职业特点，使教师的称谓自然而然地在学生的心中多了些敬畏和神圣。若是用之当今，自幼儿园至大学，都习惯于老师称学生的名字，而学生只能是老师长、教授短的称呼，万不可直呼其名的。这无形中在师生之间划出一条鸿沟，阻碍了师生之间的感情交流。本文出自光绪时贺瑞麟辑《四京清麓丛书》之《蒙养书十三种》。

父母

○总序

五伦首父母，从《家礼》也。由子而子妇，子妇之事舅姑，犹子女事父母也。女虽外嫁，归宁不得略焉，故并附。父之继室，曰继母，前生嫡子庶子皆同。庶子于嫡母曰嫡母，于所之母曰生母。父之妾，嫡子曰庶母，庶子非其生母，曰诸母。女与儿同。子妇于舅姑，曰君舅、君姑。君舅之妾，嫡妇曰庶姑，庶妇于庶子生母曰姑，非庶子生母曰诸姑。

○称呼

子于父母，俗称爹娘，觌面则从俗亦称爹妈。按"妈"即"母"本字也，今人误读为"马"，不可从。雅音则曰父曰大人，曰母曰太夫人。士宦家有称父为老爹，母为妳妳者，非。按"妳"，乳母之称，俗又作"奶"，字书并无"奶"字。称诸人，曰家严，或家君、家大人、家父，母曰家慈，或家母。位尊者直曰老父老母。称人之父母，官场以尊临卑，曰令尊、令堂，或谦曰令尊老先生、令堂老夫人；卑对尊称太老大人、太老夫人，或太母老夫人；有师生之谊，则曰太老师、太老师母。平常人除至戚别论，辈行相等者曰老伯、老伯母，疏则尊公尊堂，再说则令公令堂，或加老先生、老夫人字。虽对仆隶，呼其父母，亦必曰汝父汝母，俗则称你娘你爹，不得直斥其名。子妇与舅姑，从俗与丈夫同，称爹娘，称诸人曰家公、家婆，称人曰令公公、令婆婆。女与儿同。父之妾，觌面则称姨，犹云母之姊妹也。

○书札

下书或男某儿某百叩，或百顿首，或加禀候字。俗于男上用不肖者，非是。提起书父大人膝下，或质言父膝下、爹膝下，母称母膝下，或老母膝下，或加太夫人字，或质言娘膝下，父母膝下。皆先书万福万安，然后入事。中称同。中自称亦或儿或男。封皮：士大夫书太老爷家报，太太家报；平常人下书某男叩寄，提起书父亲母亲家报。子妇，书子妇某某氏端肃百叩，上候，提起书君舅君姑膝下，万福万安，中称同。中自称子妇。女子在家，照行书儿女某百叩，中自称女，余与儿同；既嫁，书适某门儿女端肃百叩，余与儿同。请启有姑让姑，如无姑，大事用全帖，签右有书适某门儿女端肃百拜，签上书谨于某日因某事家集，恭候老母太夫人下光。寻常或全帖，或代全，书某日家集，余同。

○诗文

文章质言之，曰父母。或称父曰庭训，母曰阁教，或统称堂上，或二人。子妇称君舅、君姑或舅姑。女与儿同。子为父母诗题：书时日有怀，父大人，或家大人，或侍大人，或侍家大人，母曰北堂。燕会同宾友，书侍家大人同某某，或从家大人同某某，某某者，客之字也。下俱入事。落款，书时曰有怀，提起书父大人，或慈父大人庭训，仰承锡旨或膝旨，旁下书儿某薰沐具书。

○行礼

凡生辰年节，子妇兄弟同拜，子女以先后同拜，无兄弟者，夫妇同拜、各拜俱可，皆拜于内房。父母坐而受之，或随俗立而受之，或遇坐坐受，遇立立受，总之父不还揖，母不还拜，俗之还者非是。宴会，在家在外，子皆告坐，揖而不拜，父母或坐受立受，不还，子妇与女同。女虽既嫁，以至有子，凡归宁于父母之家，遇生辰年节宴会，跪拜与儿同，父还揖，母还拜，不答跪。礼，嫡子拜有子庶母，与庶母年长者，俱还高拜，仍扶而受之，他庶子则还高拜，或嫡子年长承家者，其庶母虽有子亦还两礼，无子则止令勿拜，于他庶子则还两礼，庶子拜其生母，则还高拜而受之。子妇女子并同。

○奉祀

父母故后曰考妣，称先考先妣，或先严先慈。显者，或曰先公、先太夫人，先大人、先太夫人。文章中亦曰先子、先君子、先夫人。女与子同。子妇称先舅先姑，从俗称先公公、先婆婆告终：父书故父某姓公，系某某相，享年若干岁，于本年某月日，以疾终于正寝；母书故母某母姓夫人，余同，但易正寝为内寝，旁书男某名泣血谨告。

本主：外书显考某公府君神主。按显，大也，古人用皇考，今改显字，非贵显之显，显考下从俗。父本身有爵，先书其爵，或爵小封赠大，并书封赠，无爵只书封赠。下书显考某公府君神主，旁书孝子某奉祀，或孝男，俗作不孝者非。内书某代故某官某公讳某字某号某行几神主，不书考，宜书封赠者，书于某官之下、某公之上，有谥者书某公之上，如本身无官，封赠直书于某代故之下。如子已登仕，未及封赠者，则书待赠，下书某公云云。所谓本身之爵，自公卿至秀才皆是。但已仕者，书本爵，未仕者，进士书赐进士，举人书孝廉，贡士书贡上，监生书太学生，秀才书庠士。武途，武进士书武进士，武举书武科，武秀才书武庠。读书者称文学，有节行才名者称处士，寻常某代故下，直书某翁。两旁左书生于某皇帝某年号某甲子某月日，时享年若干岁，右书卒于某皇帝某年号某月日，时葬于某处。

妣主：书显妣某姓太孺人神主，或从俗先书封赠，如云诰封太夫人，显妣某姓夫人神主，淑人以下仿此，诰赠同。或先受夫封赠，因子进阶者，并书之，如云诰封夫人、进阶太夫人显妣某姓夫人神主；又如诰封淑人，进阶太夫人，某姓夫人神主，余仿此，赠同。如本封赠大，子爵小，不得进阶者，书法，如云诰封夫人待进阶显妣某太夫人神主，余仿此，赠同。旁书同。考内与外同，但加某代故字，内两旁书生年卒葬。父母俱各一主，俗用合主者作。继母主书继妣，庶子于生母只称妣。无子庶母，嫡子奉祀，则书庶姒，旁书冢男某奉祀；或元配无子卒，子以继室生，称父之元配曰前母，己母曰母，木主书前姒，旁书孝男，四时常祭祀。死者忌日，重于生日，皆设祭。祭之日，去主外郭，不去外板。或父母已故而无嗣者，女为之设主，生祭年节，则抱主而往哭于其家，无家者，哭于其坟。又按有丧事，男曰稽颡，女曰敛衽，故寻常讳之，所以别吉凶也。

子女

○**总序**

有父母则有子女，以其事繁，故不得附于父母之下，而别为一纲。曰子、曰子妇、曰女，其得先乎夫妻兄弟者，盖曰虽别为一纲，犹之附于父母也。

○**称呼**

父母于子觌面，幼呼乳名，既冠呼名，通俗或照行呼几官、几哥儿。于子妇则照行呼几姐。呼诸人，子曰小儿、或几小儿、或豚儿，俗有呼犬子者，似不雅驯，勿从。子妇曰儿妇、或几儿妇，女曰小女，或几小女。称人之子，或令郎、或公郎，雅言曰令主器。官场以卑对尊，则照行曰几行公。称人之子妇，长曰令冢妇、或令主妇，以下曰几公几郎、或几公郎夫人。卑对尊则照其行称相公夫人，称人之女曰令爱。

○**书札**

于子书，（父母）示某儿，呼儿或尔或汝，中自称我，同子妇则于札中札尾带出。封皮，书某宅家报。于女书，（父母）示几姐，或照其夫姓，提起平书某门几姐，中呼之亦曰尔汝，自称同上。封皮，则照其夫家，书某宅家报。请启，用单贴称某日家集，专迟提起书几姐妆次，旁书母具，有大事某日下书某事内集，余同，或令帖、或代全，下书，只书一单帖置内行之书单贴，见父母之尊，用全帖代全，夹而行之者，外重其夫家也。俗泛常庄写者非，不可从。

○诗文

文章中，呼子呼其名，或加字，如云某也，或儿某亦可。呼子妇照其本性，曰子妇某氏。呼女，曰女子。

诗题：为子作书，书示某儿，或作此示某儿，或只书示某某，指其名也。大约子之名，一字者书某儿，两字者书某某，或入时序，或入事下，书示某儿、课某儿亦可。或在远者，则书念某儿；或同宾友，则书时日同某某，泊儿某，下入事，如游观；无宾友，则书时日携儿某等，下入事。为女作者，书念女，或念儿女，或不立题，只于书中带出。

落款：为子作者，书时日，书示某儿诵之，或谛览。

散诗：则书某题示某儿。或诵之，或谛览，旁平书时月日书。

○行礼

行礼已具于父母，父母无答礼，故不再见。

○奉祀

子女死者曰亡，称诸人曰亡儿、亡女，儿妇则曰小儿亡妇，或几儿亡妇。如子先亡而子妇在者，称诸人曰亡儿妇。

告终：子死，书某氏男某某名，系某某相，得年若干岁，于本年某月日以疾终于旁寝，旁书父某名告。子妇书某家冢妇，或次妇，或季妇，某氏妇姓，余同上，但旁寝易成旁内寝，旁书舅某告，冢妇长子妇次子妇三子以下，皆书季妇。或子先亡而其妇继死者，则书某氏亡男妇某氏，余同。女未嫁而死，谓之殇，则不告。子先亡而无嗣，不在幼殇者，父母亦为之置主，外照姓书某氏亡男几郎名某神主，旁不书，虽有兄弟，不使奉祀，统于尊也；内书某氏亡男、名某字某几郎神主，两旁书生年卒葬。子妇先亡者，本夫为之置主。女子未嫁而死，非幼殇者，外书某氏亡女几姐神主，内同，两旁记生年卒葬，既嫁则否，或既嫁而死，夫家灭绝无人者，则置主于几姐下，照夫家姓加某孺人字。不满八岁为幼殇，不祭；八岁至十一为下殇，其祭终父母之身；十二至十五为中殇，其祭终兄弟之身；十六至十九为长殇，其祭终兄弟之子之身；成人而无后者，其祭终兄弟之孙之身。中殇、长殇皆谓无后者。

夫妻

○总序

《易》曰："有夫妇然后有父子。"五伦之序，次于父母。叙夫妻，不敢先父母，重伦也。后子女，以子女附于父母，其事相兼也。先兄弟伯叔，正始也。夫之配，在礼大夫曰孺人，士曰妇人，庶人曰妻，亦统谓之妻。元配死，再娶则曰继室，故妻曰至，妾有子曰长妾，余曰诸妾。妾不敢上拟于妻，故妻曰夫，妾曰君，亦曰主君，主君之嫡配曰主母。

○称呼

夫于妻，觌面从俗则曰尔汝，即你我，或娘子。妻于夫，觌面称官人，或相公，从俗亦曰你我。妾于主君，宦家称老爷，于主母称妳妳，妳妳者，通俗尊于母之称也；平常家称主君为爹，主母为大娘。主母于有子之妾呼曰他姨，无子照姓曰某家。夫对人称其妻曰拙荆，或贱内，妻对人称其夫曰夫主、曰夫君、曰家夫子，通俗宦家假奴隶而称之曰他老爷，平常家假子女而称之曰他爹。对人呼其妾曰小妾，妻于有子者，亦曰他姨，无子者曰某氏。妾对人称主君曰主君，主母曰主母，或用家字。称人之妻，官场别论，平常曰令夫人、令正，或令正老夫人。称人之妾曰令宠，或曰如夫人。

○书札

夫与妻，书夫某某姓名拜候，提起平书内子，或孺人、夫人近福，中或称尔汝，或称卿，自称曰予，庶民则称贤妻。中同。妻与夫，书妻某氏端肃拜候，提起书夫子万福，或夫君，中称君，自称或氏、或妾，庶民则称夫主，中同。妾与主君，或附于主母之札，或自书贱妾某氏端肃百拜上候，主君万福万安，或君前万福万安，中称主君曰主，或曰君，自称曰妾；候主母，则自称曰某氏妾，有子之妾，自称侧室。封皮统曰某宅家报。

○诗义

夫与妻，曰内子，或曰妻，或曰吾妻，曰细君，或曰偶。妻与夫，曰夫子。夫与妾，曰侧。妻与夫妾，亦曰侧室，妾仍称主君主母。

诗题：夫于妻，书寄内或答内。妻于夫，寄夫子或寄外，答外。主君为妾，书示某姬，某者，妾姓也，或同某姬云云，入事。妾为主君，书侍主人云云，入事或奉怀主人。

落款：夫为妻书时日为，提起书内子某夫人把咏，或时曲寄怀，提起书内子某夫人即书吟正，某者妻姓也，旁书某，书名不书姓。妻为夫书时曲敬呈，提起书家夫子某翁，以佐高咏，或时曲奉怀家夫子某翁；敬呈吟余尘教，某者，其字也，旁书内子某氏拜稿，某者其姓也。主君为妾，书时日示某氏校韵，或时日忆某姬，寄书正字，某者亦其姓也，旁书某某主人手稿，某某者别号或斋名也。妾为主君，书时日写怀敬呈，提起书执事以破烦襟，旁书内姬某氏敬稿，某者其姓也，或有名者，内姬不书名。

○行礼

生辰夫妻交拜平起，夫辰夫居左，妻辰妻居左，年节夫左拜同起。妾拜主君，还揖，主母还高拜，通俗妾有子者，还两礼。

○奉祀

妻死，夫称亡妻；夫死，妻称先夫子，自称未亡人。妾死曰亡妾，称其主曰先主君、先主母。

告终：妻死无舅，则夫告，书妻某氏，旁夫某泣告。夫死无祖父，又无兄弟子侄者，则以旁亲告终，各照其辈行书之，妻不告。妾死有子，告书侧室某氏，旁书夫君某告，无子则否。余俱见父母之章。妻死有子，则以子奉其主，或妻无嫡子，而群妾有子者，亦以庶子奉之，如无子则夫为之置。主外书某氏故妻某夫人，或孺人神主，上某氏，夫姓也，下某夫人者，妻姓也，旁书夫某夫名立祀，内书某代故、生年卒葬。夫故无子者，妻为置主，外书显辟某公夫子神主，旁书未亡人某氏奉祀，内书某代故，爵讳字行、生年卒葬。妾死有子者，即以子奉其主，或妾身无子，有嫡子众子者，亦奉之，如无子则不置主，遇节忌则呼某氏，而焚楮于大门之外，或清明视其墓。

兄弟

○总序

父母尊亲之至也，父母之下，至亲莫如兄弟，故传曰父兄、曰子弟，明乎其亲同也。女兄曰姊，女弟曰妹。兄弟之妻，长曰先，次曰后，或曰妯娌，雅言之，长妇为姒妇，次妇为娣妇，长妇谓稚妇为娣妇，稚妇谓长妇为姒妇，姒妇谓娣妇之夫曰叔，娣妇谓姒妇之夫曰伯。

○称呼

兄曰兄，兄之妻曰嫂，从俗称哥嫂，觌面则照行称几哥几嫂。弟之妻曰弟妇，或照行呼几弟妇。姊觌面从俗呼几姐姐，或照行称几姐姐。妹照行称几姐。弟妇面称哥嫂，与其夫同。其嫂觌面，则假子而称之曰他几叔他几婶。或兄有群妾者，弟与弟妇妹，统借其子侄仆隶而呼之曰他姨；弟有群妾者，兄嫂姊，统指其姓而呼之曰某家。称诸人，弟曰家兄、家嫂、家姊或家姐，或照行称家几兄、几嫂、几姊、几姐。兄曰舍弟、舍弟妇、舍妹，或家弟、家弟妇、家妹，或又照行加几字。妹妹称其兄弟，姊同于兄，妹同于弟。弟妇称兄嫂于人，通俗则曰家几伯、他几伯母，嫂则曰他几叔、他几婶。称人之兄弟、姊妹、兄弟妇，统曰令，如令兄、令嫂、令弟、令弟女，令姐、令妹，无异文。官场中，卑对尊则不敢加令字，但照行曰几老先生。

○书札

兄与弟，书名，不用顿拜字，在前则平书兄某寄候，提一行平书兄某寄候，提一行平书几弟近福云云，或称弟字，下书几云云。别久地远者，则易寄候为拜候，或照常札完，别一行书兄某具、兄某拜具亦可，不高书，封皮书某宅家报，为几弟手展。弟与兄，在前书弟某顿首百拜上候，提一行高一字，书几兄尊前万福云云，或照常札完，另一行书弟某顿首百拜具，或叩具亦可。封皮，官场书几老爷家报，平常或几哥家报，或几哥赐览。弟候嫂，则于兄书内，并书几哥几嫂尊前万福；兄问弟妇，则于札中札尾带出。兄与妹，书见某拜，提一行高一字，书几妹近福云云。弟与姊，书弟颇首上候，提一行高一字，书几姊夫人尊前万福云云。姊与弟，书适某门姊拜候，提一行平书几弟近福，压写弟妇近福。妹与兄，书适某门妹百拜候，提一行高一字，书几（兄嫂）尊前万福云云。有姊妹人多，两人同适一姓者，则某门之下，照行加几姊几妹。请姊妹无母者，书其妻，请姊照常填写，外自书弟妇某氏端肃拜，所谓某氏者，指妇人本身之姓也。姊妹请嫂请弟妇，仍书适某门姊，适某门妹，余照常。

○诗文

文章中，曰予兄、予弟，或吾兄、吾弟，姊妹亦然。或弟称兄曰伯氏，兄称弟曰仲氏，人多者，只曰兄弟，有兄弟人多，而甫字素著者，则照字而称之曰家某某，兄弟并可相字也。妇人谓夫之兄曰兄公，姊曰女公，谓夫之弟曰叔氏，妹曰女妹，亦曰大姑小姑，权宜用之。先后相谓曰姒妇娣妇。

诗题：兄为弟，书时日怀舍弟，或下著其字；同宾友，则书同某人某人舍弟某某指字～注者），其字下入事，不用及暨字。弟为兄，书时某日怀几兄，或下著其字，长兄如称字，则加先生；遇宾友，则书同某人某人家几兄某某（指字～注者），下入事，或只照字书家兄某某亦可。姊妹则照夫家，书寄某氏姊、某氏妹，或不立题，只于书内带出。姊妹为兄弟诗，亦曰奉怀几兄、怀几舍弟，或奉寄几兄几弟。

落款：书时日怀，提一行书某字几弟，即书印可，或正之。

散诗：则书某题，书似某字几弟，余同，旁书兄某某（指名）稿，或只书兄某。弟为兄，书时日奉怀，提起书几兄，或加某字先生，即请教定，或教正，旁书弟某拜手书。散诗，则书某题敬呈，余同。

○行礼

弟拜兄，还两拜兄，受两拜，或揖而受之亦可。嫂叔平拜。弟拜娣、妹拜兄，如兄弟礼。弟妇拜见，揖而受之，拜娣，扶而受之。妹拜嫂，则止令勿拜。

○奉祀

已故者，弟称兄嫂姊，曰先兄、先嫂、先姊。兄称弟，曰亡弟，弟妇曰舍弟亡妇，或舍几弟亡妇，妹曰亡妹。或弟故而弟妇尚存，则曰亡弟妇。姊妹之称兄嫂弟弟妇，与兄弟同。兄弟之丧，祖父不在，死者又无子，则兄弟告终。书故兄某公，故弟某姓几子，几者，仲叔季之称也。旁书兄某或弟某泣告，余与父同。兄弟之妻死，其上无人则夫告，夫先死，有子则子告，无子则兄弟告，书嫂某氏，亡弟妇某氏，旁书兄某或弟某告。兄弟死父先，而本身无名者，有嗣子，则以嗣子奉其主，或并无嗣子者，兄故，弟为之置主，外书几兄某公神主，旁书弟某奉祀，内书某氏故某爵、某公、讳某、字某、行几、生年卒葬。弟故，兄为置主，外书故弟某、某字、某姓、几行子神主，所谓某行者，伯仲叔季，自三以下，皆季也，旁书兄某立祀，内书同兄。兄弟之妻死，虽无嗣为置主，则以侄奉之。姊妹成人未嫁而死，外书故几姊几妹神主，内书生年卒葬；已嫁者，照夫家姓，而加某孺人于几姊几妹之下，内书同，旁书与兄弟同。或姊妹夫家尚有旁亲者，不必置主，遇大节，则往奠于其墓。

伯叔

○总序

家庭之间，莫尊于父母，次则伯叔，皆父行也。父之兄曰世父，弟曰叔父，伯妻曰伯母，叔妻曰叔母。伯叔于兄弟之子女统曰侄，侄之妻曰侄妇，侄从女，俗作"侄"，非。

○称呼

伯叔于侄呼其名，通俗亦照行呼几官，呼侄妇曰几侄妇。伯叔母呼侄，曰几官，或小哥几，呼侄妇，则借其子而呼之曰他嫂子，呼侄女，则照行曰几姐。侄称伯，照行曰几伯父，俗称几伯伯，母曰几伯母。称叔曰几叔父，母曰几叔母，俗称几婶。侄妇侄女同侄。呼诸人曰舍侄、舍侄妇、舍侄女，或舍几侄、舍几侄妇、几舍儿侄女。称伯叔于人，曰家几伯、家几伯母，家几叔、家几叔母，或家几婶。称人之伯叔，曰令伯、令伯母，令叔、令叔母，或令婶，或令伯父、令叔父亦可。称人之侄，曰令侄、令侄妇、令侄女。

○书札

伯叔与侄，书伯父叔父示侄其云云。压写中呼侄，或尔或汝、或侄。问侄妇，则于札中札尾带出，自称其妻曰汝伯母、汝婶母。封皮书几侄手开。与侄女，书伯父叔父寄候，提起平写几姐还福云云，封皮照夫家姓书某宅家报。侄与伯，书侄某顿首百拜上候，伯（父母）尊前成安，叔父同，自呼其妻曰侄妇，封皮书几伯父，几叔父尊前家报，侄女书适某门侄女端肃拜上候，余与侄同。

○诗义

伯曰世父，叔曰仲父、季父，自三以下，皆谓之季也。伯母曰世母，叔母曰仲母、季母。呼侄则曰几郎，呼侄女，则曰兄之子、弟之子。诗题：伯叔为侄，书怀某侄，或寄某侄，或加作字，某者，其名也，或示某侄，作此示某侄，或即事书事下，书示某侄，或同宾友，先书同某人某人及某侄。侄为伯叔，书奉怀或世父或叔父、季父，奉怀之上，书时日，或同宾友，先书伯父、或叔父，召同某某云云，或从（伯叔）父同某某云云。或侄自为主，则书时日邀某某小集，侍（伯叔）父分韵，落款为侄，于某侄下，或加之作字，或不用，下书即书印可，或正字，或 ＿ 示。如书散诗与侄，则书某题之作示某侄，或正字、印可，远用寄示，旁平书伯父，或仲父、或季父，某号手书。为伯叔，书时日奉怀世父，或仲父季父大人，即请教示，或指教，旁下书侄某，或犹子某，沐手稿或拜手书。散诗，则书某题作，敬呈，余同。

○**行礼**

生食年节，侄拜伯叔，揖而受之，侄妇侄女同，伯叔母还高拜。宴会告坐，伯叔还半揖，伯叔母还高拜，庶伯叔母如庶母，斟酌行。

255

○**奉祀**

已故者，伯叔，伯叔母，皆曰先；侄，侄妇、侄女，皆曰亡，或加几字，但于侄妇，则曰舍侄亡妇。伯叔死无后，其上又无人者，侄告终，书伯父叔父某公，旁书侄某泣拜告；伯叔母，书伯母、叔母，余俱与父母同。侄死无后，其祖父又先死者，伯叔告终，书某氏几侄，旁书伯某或叔某告，余与子同。侄妇死，其夫告之，如其夫又先死，则伯叔告之，书某家亡侄妇某氏，旁书伯舅某或叔舅某告，余与子妇同。伯叔无嗣者，侄为之设主，外书伯考或叔考云云，旁书侄某奉祀，内书某代故，爵、讳、字、号，生年卒葬。侄死无后，其父母又告卒，则伯叔为之置主，外书某氏亡侄，几郎名某神主，旁不书，内书同上。如侄虽死，而自有嫡亲兄弟，则伯叔不更立主，但往哭而已。置主者从伯叔，虽有从兄弟，亦不得从，统于尊也。侄妇继死者置主，书亡几侄妇某氏神主，余同前。侄女已死，而内外俱绝者，伯叔或置主，或不置主，只临时写纸位，或遣其子弟往省其坟墓，俱可。侄女之于伯叔，或不能置主，则往省其墓。

祖孙

○总序

父之父为王父，亦曰祖，或曰大父；父之母为王母，亦曰祖母，或曰大母。祖之父为曾祖王父，亦曰曾王父，曰曾祖；祖之母为曾祖王母，亦曰曾祖父。曾祖之父为高祖王父，亦曰高祖；曾祖之母为高祖王母，亦曰高祖母。高祖以上，则曰远祖，或几世祖。子之子为孙，孙之子为曾孙，曾孙之子为玄孙，玄孙之子为来孙，来孙之子为晜孙，晜孙之子为仍孙，仍孙之子为云孙。孙女孙妇，义同于孙。

○称呼

孙于祖，觌面从俗称爷，于祖母称婆婆，或称奶奶。按爷，亦父之称也；婆，老妇之称；奶，乳母之称，义俱未安，但相沿已久，骤改反觉骇听，只得舍义而从俗。孙女孙妇同孙。祖呼其孙、孙女、孙妇，与父之呼子女者同。曾祖从俗而称老爷，曾祖母或称老婆婆、老奶奶。高祖称老老爷，或祖爷，高祖母，或祖婆婆、祖奶奶，妇女同。曾高祖下呼其后人，亦与父之称子女者同。祖以上，称诸人，统曰家；祖以上呼其孙于人，统曰小，如小孙、小曾孙，余仿此。称人皆曰令。

○书札

孙为祖书，自书孙某，余与父书同。提起书祖大人膝下，余与父同。为祖母，书祖母膝下，或加太夫人字，余与母书同。封皮：官场书祖太父家报，平常家书孙某叩寄，提起书祖父或祖母家报。

曾高以上，加曾高字，自书加曾玄字。祖与孙，如父与子，但起头换父祖同。孙女如孙，但加孙女字；孙妇如子妇，但易子妇为孙妇，称祖舅祖姑。

○诗文

文章中，孙上称其祖、祖母、曾高祖、曾高祖母，此诸人之下，称并与总序同。但下称者兼其名，如曰孙某、曾孙某，斟酌用之；孙妇曰孙妇某氏、孙女曰孙女。孙妇于夫之祖曰祖舅，夫之祖母曰祖姑，曾高以上，加曾高字，女与儿同。孙为祖，诗题：时日有怀王父，或时日怀祖、侍祖，祖母曰祖母，曾高加曾高字。宴会同宾友，书法与父同，但换大人字为祖字，曾高加曾高字，或父在座，则书从父侍祖前，同某某或从父侍祖往某家某地，下入事。或伯叔并在座，序伯于父前，序叔于父后，伯曰世父，叔曰仲父、季父或叔父。如人多者，约略言之，如云从诸父侍祖前，余同上。曾高祖，则曰从父侍曾祖前，从父侍高祖曾祖前，余同上。祖为孙，书示某孙或念某孙，或入时序入事，同宾友，则书时日同某某泊孙某，或子孙俱在，书同某某泊几某孙某，下入事。曾玄以下，加曾玄字。祖为孙女，书念孙女，或念几孙女，或寄。曾玄以下，加曾玄字。落款：孙为祖，书时日有怀，提起书祖大人，仰承尊指。散诗：则书某题，敬呈，余同。旁下书孙某薰沐具书，曾高加曾高字，自称书重孙玄孙，余同。祖与孙，如父与子，但易儿为孙，余同。曾玄以下，加曾玄字。

○行礼

孙拜祖，如子拜父。祖受之，如父受子礼。祖母同祖，孙女孙妇同孙，曾高祖同祖。

○奉祀

祖以上，已故者，皆称先，孙以下，皆曰亡。凡卑者之丧，皆家之最尊者主之。如高祖在，玄孙先死，高祖主之，为之告终也，如云玄孙某，某名，系某某相，得年若干岁，于某月日时以疾终于旁寝，旁书高祖某名告；玄孙妇，书某家玄孙妇某氏（妇姓），余同，但旁寝易称旁内寝。玄孙妇未嫁而死谓之殇，不告。宾客来吊，死者有子，则其子答拜，无子则其兄弟答拜，或其兄弟之子答拜。为高祖者，只候客，拜毕揖而谢之。妇人有子者，子答拜，无子与子幼而不能行礼者，则本夫答拜，余同。高祖没曾祖在，曾祖主之；曾祖不在，祖主之；祖不在，父主之。书法随文变易。或兄弟之丧，祖父不在，死者有子，则其子告终，或死者无子，祖父又先死者，则兄弟告终；伯叔死无后，其上又无人者，侄告终，侄死无后，其祖父又先死者，伯叔告终。尊告卑，书得年，书旁寝，女曰内寝、内旁寝；卑告尊，书享年，书正寝，又男曰正寝、旁寝，女曰内寝、旁内寝。祖主，父在父奉之，父没孙奉之，称显祖（考妣），旁书孝孙，余与考妣主同。高祖称显高祖考、显高祖妣，旁书孝玄孙；曾祖称显曾祖考、显曾祖妣，旁书孝重孙，余俱与考妣同。如祖以上主，父常奉之矣，父没则易之，父之考主易称祖，父之祖主易称曾祖，曾祖易称高祖，高祖以上，虽有主不易，附而祭之，无主，则年节置以纸位，上书某氏（始祖、始祖妣）以下（诸祖、诸祖妣）之位，祭毕则焚。或谓高祖以上，不著其祖，玄孙以下，有来晜云仍者何？高祖言最高在上，其尊无比也，高祖以上，不可再为称名，故但曰几世祖，义无所加也，若玄孙以下，来晜仍云，有渐远之义焉。盖卑者递衍而不务，尊者至高而已极也，故推孙而至于云孙，非为孙也，犹不忍上绝其先祖而为之孙也，若云孙以下，则亦不可知矣。然则何不以高祖下配其云孙，而于高祖以下，别立祖名，以至曾祖乎？自高祖至玄孙，乃一本九族之亲，故曾祖之上，即为高祖也。高祖以上，不言面称者何？子孙之得逮其高祖者，吾见亦罕矣，高祖以上，势不能亲见，故不著其面称也。至祖则降服而受拜则同于父母者何？丧，凶礼也，三年之服，大凶不可再也；拜，吉礼也，不嫌其同，且祖之于孙，亲虽稍远而尊同，故其受拜同也，以其亲则稍远则降服焉。

从亲

○总序

从亲者，自祖父至兄弟，至侄孙，推而言之，皆一本之亲，犹言父党也。祖之兄弟为从祖，祖之从兄弟为再从，再从以降，统曰族祖。母各如之，曾高则不及推矣。父之兄弟曰伯叔，父之从兄弟曰从父，再从曰再从父，以降统曰族。伯叔之子，相谓曰从兄弟。从父之子，相谓曰再从弟。再从父之子，相谓曰族兄。谓己为从父者，己谓之曰从侄或从子，谓己为从祖者，己谓之曰从孙，再从以降仿此。母女妇各如之，孙以下，则亦不必推矣。

○称呼

从孙之从祖觌面，从俗照行称几爷，从祖母称几婆，或几妳，从父称几伯几叔，从父之妻称几伯母几婶，再从以下同。侄妇侄女同侄，孙妇孙女同孙。从兄称几哥，从弟称几弟，或称其字，再从兄亦称几哥，族兄或几哥，或照字而称之曰某哥哥，再从弟以降，皆称官号。有爵称官府，或相公。从姊妹，从嫂，从弟妇，面称与亲者同再从以降，亦同。呼从侄从孙，或名、或几官，再从以降，呼字。有爵者称官府，或相公。呼从侄女从孙女，再从以降，并曰几姐；呼从侄妇，从孙妇，曰你媳妇；再从以降，曰你内人。从祖母、从伯母、从婶，则从俗呼他字，字再从同，呼显者曰他妳妳。称诸人，从祖曰家几祖，再从同，以降则曰家族祖，祖母同，孙女同孙，所以别族也。从父曰家，从父或家堂伯、家堂叔，再从则有堂（伯叔）某翁，某者，其号之一字也，以降则曰家族（伯叔）某翁。侄女同侄。侄妇亦曰我，如我几伯、我几叔。从兄曰家从兄，再从曰家从兄某某，某某者，其字也，以降曰家族兄某某。从弟曰舍从弟，再从加某某，某某亦其字也，以降曰舍疾弟某某。从兄弟之先后对，亦曰我几嫂、我几弟妇，再从以降同。从侄于人曰舍，从孙曰小，或用从字族字，侄孙女、侄女，侄孙妇、侄妇。从祖母呼其从孙妇于人，曰几官娘子，再从以降，则妇人呼诸人者亦鲜矣，或呼之，则曰我几门几官娘子。称人统曰令，或加从字族字，斟酌用之。

○书札

为从祖从父，先书从孙某或从侄某顿首谨候。提起书几祖或几伯几叔尊前台安、或照常札完，旁下书从孙某或从侄某顿首具亦可，再从以降，不用尊前者，余同。封皮，书几老爷家报。与从兄，书弟某顿首候，几兄某翁台安，某翁者，兄之官号也，或照常札完，书弟某顿首具，再从以降同。与从弟，至从弟以降，皆照常札完，书兄某拜具，远族虽兄亦用顿首，俱不先书，所以别亲疏也，札中呼弟或字，封皮或几老爷、几爷或质言几兄几弟家报。与从侄从孙，亦照常札完，书从叔祖具，从伯从叔具，再从以降，书拜具。呼从孙或名，或尔汝，从侄同。再从以降，有爵者呼爵，或官府，进士，举人、秀才则质言之；平人呼孙字，侄呼贤侄。封皮，俱某宅家报。

○诗文

文章中，上称下称，并如总序。诗题亦然。落款为从祖书时月奉怀，提起书几祖某翁，即书请正。散诗，书某题呈，余同，旁下书某孙拜稿。余同。某翁者，祖之号，某孙者，孙之名也。与从父、再从父，俱书时日奉怀，从父某翁先生，余与从祖同，旁书从子某拜手稿，再从以降，书拜稿，余同。为从侄，书时日寄怀，提起平书某某阿咸，或阿阮，即书一粲，旁书（伯叔）某号某名稿，或名有二字者，只书一字，或不书名，只书字或号，再从以降去号书名，或并去伯叔字，或加粲正字，余同。与从孙，书时日寄怀，提起平书某孙一粲，某孙者，孙之字也，或似某某一粲，某某亦字也。散题同伯叔，旁书祖，余同伯叔，再从以降，则书某某老。余同，加减同。

○行礼

拜从祖，从伯叔，揖而受之，再从同，以降则扶而受之。从兄还两拜，以降同起，而微分先后。从以降，侄妇同侄，侄女则止令勿拜。

○奉祀

从祖以下，皆谓之旁祀。上称曰先，下称曰亡，或加行，加字号。从祖无后者，祔高祖，从伯叔无后者，祔曾祖，从兄弟祔祖，从侄亦祔祖。凡从亲母妇亦然，女则否。从祖祔高祖者，与吾祖同为高祖之孙也，所谓孙祔祖，宜也，从伯叔祔曾祖，从兄弟祔祖亦然。从侄亦祔祖者，嫡侄附祢子，与侄同一祖，与从侄则同一曾祖，故祔曾祖，从侄之曾祖，己之祖也。从祖以上，从侄以下，无昭穆可祔，故不祭。己之妻与从兄弟与侄，不言祔者，虽与《家礼》少异，不忍斥为旁亲也。祔，附也，不得专享其祭，但附之于祖，以受食而已。祭之日，贵者异庙，贱者异几，或祔以庙，或祔于几也。祔者，祔其主，不用棲外直书，从祖或从伯叔、从兄、从弟、从侄旁不书，余同，但尊者亦不用府君字，再从以降，则不祔，遇清明则省其墓。凡临卑者之丧，父母立而哭，伯叔揖其灵，立而哭，兄拜毕，立而哭，从伯叔、从兄、再从伯叔并与兄同，再从兄跪而哭，族伯叔族兄同。

母党

○总序

外亲莫重于母党，所以尊母也。母之祖，曰外尊王父，亦曰外尊祖；母之祖母，曰外曾王母，亦曰外曾祖母。母之父，曰外王父，亦曰外祖；母之母，曰外王母，亦曰外祖母。母之从父母，曰从外祖，从外祖母。母之兄弟，曰舅，母之从兄弟，曰从舅。母之姊妹，曰从母。舅之子妇，曰表兄弟、表姊妹，从母之子女同。表

261

姊妹之夫，表姊丈、表妹丈。表兄弟姊妹之子，曰表侄，表侄之子，曰重表侄。谓我为表侄者，我谓为表伯叔，谓我为重表侄者，我谓为表祖。表祖以上，重表侄以下，不见于礼传，则亦不必推矣。谓己为外祖者，己谓之曰外孙；谓己为舅者，己谓之曰甥。

○称呼

外曾祖，从俗觌面称外老爷，外曾祖母，称外太婆。外祖称外爷，外祖母称外婆。舅照行称几舅，舅之妻称几舅母，俗称妗子者非，按俗"妗"音与"近"同，而字书无此字，或又去"妗"本作"襟"，然字书亦无"襟"字，不可从。从母照行称几姨，从母之夫，称某姓姨夫。表兄表姊妹称某姓几哥、几姐，表弟称字。表姊妹之夫，皆称某姓姐夫，表兄之妻，称某几嫂，某姓者，表兄之姓，表弟妇，称弟夫人。表侄表孙，皆称字。自表兄以上皆家，表弟以下皆舍，称人皆曰令。

○书札

与外曾祖，书外重孙某姓名，顿首上候，提起书外（曾祖、曾祖母）尊前万福。与外祖，书外孙某姓某名，顿首百拜上候，提起书外祖外祖母，封皮皆某姓老爷书。与舅，书甥某姓某名，顿首上候舅父、舅母，显者，封皮几舅老爷书，常家或舅先生赐览。与姨，书眷甥某姓某名，顿首候，提起书某姓姨父，几姨母尊前万福，封皮或某姓老爷书，常家只书某姓姨父书。外曾祖、外祖与重外孙、外孙，照常札完，书曾祖具、外祖具，中呼之，或尔或汝或名。外曾祖，用某宅书，某宅者，外曾孙之姓也，外祖用某宅几外孙书。舅与甥照常札完，书舅某拜具，某者，其名也，封皮书某姓甥书。姨父照常札完，书眷生某某姓某名拜具，或顿首具，姨书几姨寄某姓几哥近福，或几甥亦可。与表兄，书眷弟，与表弟，书眷兄，或质言表兄表弟，表侄以下，俱眷生，余照常，封皮书某姓几爷书，或表兄表弟某姓几哥书、几弟弟，侄以下，某姓小几哥书，显者统用某姓老爷书。与表祖、表叔，俱照常札完书，眷孙或眷侄某姓名顿首具，封皮俱书某姓老爷书，常家某姓几爷书、几伯几叔书。与表姊之夫书眷弟，表妹之夫，书眷侍教生，中呼老姊丈、贤妹丈，封皮书某姓几爷书，或质言某姓姐夫书，显者，某老爷书。

　　○诗文

　　文章中，外曾祖、曾祖母，外祖、外祖母，并与总序同。然甥与外孙之外，见诸文章者寡矣。诗题：与外祖，书时日奉怀外祖某翁，某者，外祖之姓也，或从外祖某翁，同某某，下入事，或外祖召同某某，下入事，某某者，客之字也。与舅，书奉怀舅氏，或几舅，或舅氏某某先生，某某者，舅之字也。同宾友，长于舅者在先，幼于舅者在后，如云某人某人，同舅氏某某（字），或同舅氏某某（字），与某人某人，下入事。与外孙，书为外孙某作，某者，外孙之名也，或为某姓几外孙某作；或寄与甥，书怀甥某某，某某者，甥之字也；或寄同宾友，则书同某人某人甥某某，下入事。表兄弟以下，照常入时序，入事，书表兄弟，表侄、重表侄，皆质言之。落款：与外祖，书时奉怀，提起书外祖大人，即求风训，散题书某某题敬呈，余同，旁书外孙某姓某名拜手稿。与外曾祖同，但加曾祖、重孙字。与舅，书时日奉怀，提起书舅氏某翁先生，即求教正，某翁者，字号也，散题书某题敬呈，余同，旁书甥某名拜手稿。从舅，加从字，旁书从甥某姓名拜稿。与外孙，书时日怀，提起平书外孙某名，即书谛览，旁书外祖某某老人稿，某某者，号或别号也，散题书似。与甥，书时日奉怀某某几甥，即书正之，某某者，甥之字，几者，甥之行也，旁书舅某（名）具稿，散题书似。与姨夫，书时日奉怀，提起书亚父某翁先生，即求郢教，旁书同舅，散题书呈。表兄弟以下，俱照常，俱与表兄书呈，表弟以下，书似，旁书，与表弟以下，俱书姓名，与表兄以上，书弟某、表侄某、重表侄某，皆兼姓名，称表祖与表伯叔，加某翁先生，余与为舅书者同。

○行礼

拜外曾祖、外祖，揖而受之，拜外曾祖母、外祖母高拜而受之。拜舅，扶而受之，拜舅母，还两礼，拜姨父，还两礼；拜姨母，扶而受之。于表弟之拜，还两礼；于表侄、重表侄之拜，并同表弟。

○奉祀

已故，尊者皆曰先，自表兄以上也；卑者皆曰亡，自表弟以下也。非其本宗，虽无奉祀之礼，而母党不若是恝也。外祖故，舅故，而外家灭绝无人者，母在，或母为之设主，遇生忌年节，则往省其墓，不在，则为之外孙，为之甥者，亦时省勿衰。其余如故者，本家无人，但劝令其族之旁亲，为之祔享焉。

妻党

○总序

礼有三党，妻党其一也。妻之祖，曰祖舅，妻之祖母，曰祖外姑。妻之父曰外舅，亦曰外父，妻之母曰外姑，亦曰外母，外父母，亦曰丈人丈母，盖因泰山有丈人峰而得名，意以父母比天地，故妻之父母比泰山也，则岳父母之说，有从来矣。妻之庶母，曰外庶姑，妻之伯叔，曰外伯叔，亦曰外从舅。妻之兄弟，曰内兄、内弟，亦大舅、小舅；内兄之妻，曰内嫂，内弟之妻，曰内弟妇；妻之姊妹，曰姨，姨之夫，曰娅。内兄弟之子，曰内侄，内侄之子，曰归孙，亦曰重侄。

○称呼

称妻之家，觌面各随乡俗，但不可如南中称老先生。称诸人，家妻祖、家妻祖母、家岳、家岳母、家妻伯、妻叔，至兄弟以下，与总序同，不用"家"、"舍"字。称人统曰令。

○书札

与妻祖，书称弥甥，或孙婿，某姓名顿首候，提起书祖舅、祖舅母，台前万福，中自称名。与妻父，书子婿某姓名顿首候，提起书外（父母）尊前万福，中自称婿。与伯叔岳，书侄婿，某姓名顿首候，（伯叔）岳尊前台福，中自称同上。封皮：俱某姓老爷书、某姓几爷书，或岳伯、岳叔某姓几老爷书，或几爷书。与妻兄，书眷弟，中称兄台，自称弟。与妻弟，书眷侍教生，中称老弟，自称名。与妻侄，及妻之重侄，俱眷生，中称字号，或几哥，或足下，自称不佞，余照常。与妻表兄弟，同于妻之兄弟。

○诗文

文章中，妻祖、祖母曰祖外舅、祖外姑。妻父母，曰外舅、外姑。妻伯叔、伯叔母，曰外从舅、外从姑。妻兄弟侄，曰内兄、内弟、内侄。诗题：为妻祖，书寄舅祖某公，某者，其姓也。为妻父，书寄舅某公或外父。内兄弟以下，皆质言之。落款：与妻祖，书时日寄怀，提起书祖舅某翁先生，即求教正，某翁者，其字也，旁书弥甥某姓某名拜稿。散题：书某题呈，余同。与妻父，书时日奉怀外舅某翁先生，即求教正，旁书馆生某姓某名拜手稿，余同。与伯叔岳，称从自书从甥，余同。与妻兄，书时日寄怀，提起书某翁内兄，即求正之，旁书某姓名具稿，散题书呈。与内弟，书时日寄怀，提起书某老内弟，即求正之，旁书某姓名具草，散题书似。内侄书某某内侄，余与内弟同，某翁某老，某者，皆其字也。

○行礼

拜妻祖、妻祖母、妻父母，礼皆扶而受之，或从俗还两礼。拜妻庶母，则止令勿拜，或系妻生母则还两礼，然后扶而受之；或妻庶母之子，与已有交情者，亦如之。拜妻伯叔，还两礼，则让同步起。侄婿，仍拜，然后扶而受之。拜妻伯叔母，同拜。妻伯叔之妾，同妻父之妾，斟酌其有子无子而行之。拜内兄平起。

265

○奉礼

尊者皆曰先，卑者皆曰亡。外宗不设主，但本家无人者，亦展其坟墓，或妻展之，则已见子父母之章；或吾之子展之，则已见于母党矣。

翁婿

○总序

翁婿不附妻党，妻党主翁家，翁婿主婿家，翁家者，外甥之称也，且妻党所未尽者，并详其事焉。女子之夫曰壻，俗作"婿"，非。婿之父为姻，妇之父为婚，此两父者，相谓为婚姻。两婿相谓为娅。按翁婿在古，通谓之甥舅，今谓为翁婿者，所以别母党也。姊妹之夫，不附兄而附翁婿者，所以别内外也。

○称呼

婿之父、妇之父，觌面从俗称亲家，亲，平声；婿之母、妇之母，称亲家，亲，去声。此两父互称其两母，将皆去声亲家；两母互称其两父，皆平声亲家。此两父之兄弟，曰散亲家，觌面照行称几亲家。面称其婿，各从乡俗，或姐夫，或某几哥，但不可如京师称姑夫。内弟称姊丈，觌面皆称某姓姐夫，两亚相称同。称诸人，岳曰小婿，伯叔岳曰舍侄婿，内弟曰家姊丈，内兄曰舍妹丈，称其娅曰敝娅，或从俗称敝连襟。称人皆曰令。婿之父母，妇之父母，称诸人皆曰敝亲家，男平声，女去声。称人，曰令亲家。

○书札

婿妇之家，往来俱自书眷弟，称彼为老亲家，封皮，某姓老爷书，或某姓爷书，余照常。与孙婿，自书眷生某姓名，称孙婿为贤坦，中自称不佞。与婿，自书外舅某姓名，称婿为贤坦，或贤甥，或吾甥亦可，中自称同上。封皮，某姓姑爷书，常家或某姓姐夫书。与侄婿，自书眷生，或伯舅、叔舅、某姓名，称侄婿，中自称亦同上，封皮并与婿同。内兄与妹丈，自书眷侍教生，称贤妹丈，中自称名。内弟与姊丈，中自称弟，封皮，某姓姑爷书，或姓老爷，或某姓姐夫。两往来，自书眷弟，称台下或足下，封皮，某姓爷书，或某姓老爷书。两娅与两娅之子，自书眷生，或眷侍教生，称娅之子，或足下，或几哥，自称生，封皮，某姓几哥书，显者，某姓爷书。

○**诗文**

文章中，于孙婿曰弥甥，亦曰馆甥，又曰贰室，侄婿曰从甥，姊妹之夫曰姊丈、妹丈，娅曰予娅，娅之子，亦曰甥。诗题：与孙婿，书寄弥甥某某，或怀，同宾友，书同某人某人，暨弥甥某某，下入事，某某者，其字也。与婿，书寄甥某某，或怀，同宾友，书同某人某人，暨甥某某，下入事。侄婿加从字，同宾友，去暨字，余同。与姊妹之夫，书姊丈某某、妹丈某某，同宾友，亦去暨。与娅，只照常书寄某某，或怀某某，某者，其字也。与娅之子同，或书寄甥某某，同宾友，或照常照字，或书同某人某人甥某某，下入事。落款：为孙婿，书时日寄怀，提起书弥甥某某，即书粲正，旁书某号老人具稿，某者，其名也，散题书某题似，余同。为婿，书时日寄怀，提起书馆甥某某，即书粲正，旁书舅某稿，某，名也，散题书似。为侄婿，书从甥，旁书伯舅、或叔舅，余同。与姊丈，称姊丈，旁书内弟，与妹丈书妹丈，旁书姓名，余照常。与娅照常与某翁词兄，旁书弟某姓名稿。与娅之子，书时日寄怀某某贤甥词坛，即书正之，旁书某姓名稿，散题书似，余同。

○**行礼**

已见于母党妻党者，不再见。拜姊丈，则平起。

○**奉祀**

已具妻党，不再见。

姑表

○总序

外亲莫尊于姑，姑之夫，以吾家为妻党，姑之子，以吾家为母党，其事过半矣。兹主乎姑家而言，诸外亲并附之，以姑为纲，故曰姑表也。父之姑曰老姑，父之老姑曰曾老姑，姑曰姑母，其夫曰姑父，姑之子女，曰表兄弟姊妹，姑之孙曰表侄，姑之曾孙曰重表侄，盖姑舅之亲，世世相延也。父之外祖曰老外祖，其妻曰老外祖母，父之舅，曰老舅，其妻曰老舅母，父之姨曰老姨，其夫曰老姨父，母之外祖舅姨亦然，妻之之外祖曰妻外祖，妻之舅曰妻舅，妻之姑曰妻姑，妻之姨曰妻姨。

○称呼

曾老姑，面称老老姑，其夫面称老老姑夫。老姑，面称老姑，其夫面称老姑父。姑从俗而称姑娘，姑之夫而称姑父。按自姑以上，其夫皆加父字，俗称姑父，则是等于平人，非所以待尊亲也。表兄弟，至重表侄，并见母党。父母之外祖，称老外爷，其妻称老外婆，父母之舅，称老舅，其妻称老舅母，父母之姨，称老姨，其夫称老姨父。妻之外祖，照姓照行，称某姓几爷爷，妻之舅，称某姓几舅，其妻亦随夫姓称，妻之姑，照行称几姑，其夫称某姓姑父。妻姨照行称几姨，其夫称某姓姨父。

○书札

与曾老姑，书重归孙某名顿首上候，提起书曾老姑尊万福，或并书曾（老姑夫，老姑），但有曾老姑父，则自书加眷字，兼姓名，余同。与老姑，书重侄，或归孙某名，余同，但去曾字。与姑，书侄某名顿首拜上，提起书姑母尊前万福，并书（姑父、姑母），则自书眷侄某姓名，余同。姑与侄，照已行，书几姑寄候几侄近福，或几侄几侄妇近福。老姑书几老姑，于侄加重字，余同；曾老姑加曾字，余同。与表伯叔，眷侄某姓名顿首上候，提起书某姓几（伯叔）尊前台福。老外祖以下，俱照常行。札末，为老外祖，自书外重孙某姓名叩首，中称老外祖。为老舅，自书重甥、或弥甥、或离孙，中称太舅。为老姨家，自书眷重甥，中称老姨父、老姨。与妻外祖，内书眷弥甥，中称尊台。与妻舅，自书甥婿，中称同。与妻姑、妻姨家，俱自书眷晚生，中称同。表兄弟以下，并见母党。

○ **诗文**

文章中，曰曾老姑、曰老姑，其夫皆称姑祖某某。姑曰姑母，其夫曰姑夫某某。吾父母之外祖，则称吾父吾母外王父某翁。老舅，称吾（父、母）舅氏某翁，老姨，称吾（父母）从母，其夫称姨祖某公。妻外祖，曰内子外祖某公，妻舅，曰内子舅氏某公，妻姨，曰内子从母，某公者，皆其姓也。诗题与文章同。落款，为姑祖，书时日呈祖某翁先生教正，自书内重孙某姓名稿。为姑夫，书时日呈姑父某翁先生教下，书内侄某姓名拜稿。为老外祖，书老外祖某翁先生，自书外重孙。为老舅，书老舅某翁先生，自书弥甥。为老姨父，书姨祖某翁先生，自书弥甥。妻外祖以下，止称某翁先生，自书晚生，或用时日呈教正，余同上，某翁者，皆其字号也。

○ **行礼**

拜曾老姑、老姑、姑母，皆还高拜，其夫皆还两礼。拜老外祖、老舅，皆扶而受之。老姨同姨夫。妻外祖以下，皆平起。

○ **奉祀**

自祖姑至老舅，已故者皆称先，妻外祖以下，则质言之。老姑死、姑死其夫家无人者，吾祖父在置主与否，事在祖父，祖父没，则为之重侄、为之侄者，亦往省其坟墓。老外祖以下，亲远不祭，或承父母之命以往则可，妻外祖以下，则否。

269

师生

○总序

人生于三，事之如一。并师于君亲，盖指受业之师也。师之父，曰太老师，师之师亦然，师之母，曰太老师母，师之妻，曰师母，师之子，曰世兄世弟。师于其受业者曰门人，师之子，于父之门人亦曰世兄世弟。非受业之师，则斟酌行之。

○称呼

师于弟子，觌面幼则呼名，长则字，师之父师俱呼字。弟子于师，面称师傅，或教师，自称门生，师之父师，俱面称太老师，师之母，师之兄弟，照行称几先生，师之子，称世兄。师之子于父之门人，亦称世兄。称诸人，师曰小徒或敝门人，师之父曰小儿门人，师之师曰敝弟子门人。称师曰家师或家先生，俗用敝者非。称师之子曰敝世兄。师之子，称之亦曰敝世兄或家君门人。称人统曰令。

○书礼

师与门人，照常札末书友人某姓名拜具，中呼或尔汝、或名、或字、或门下，俗称贤契不典，勿从。封皮，某某手展，某某者，字也，显者，某姓爷书。师之父师，俱自书通家生某姓名拜具，中呼字或足下，封皮，某姓相公书，显者，某姓爷书。师之兄弟，自称通家侍教生，称足下。师之子，自书世弟，称世兄，封皮，某姓爷书，显者，某姓老爷书。门人与师，书门人某姓名顿首拜候，提起书老师尊前万安，封皮，老师书，显者老爷禀启。与师之父师，俱书门下晚学生，某姓名顿首拜候，提起书太老师尊前万福，封皮，某姓太老师书，或某姓太老爷书。候师之母、师之妻，只于札中带出。与师之兄弟，照常行札中称几先生，自书通家晚生某姓名顿首具，封皮，某姓爷书，显者，某姓老师书。与师之子，称世兄，自书门弟，封皮同上。同在一师之门，彼此称老门兄，自书门弟，俗用窗兄窗弟者误。

○**诗文**

诗文中，称师曰夫子，或予师、吾师，师之妻曰师母，余皆质言之，如吾师之父母，吾师之兄弟，吾师之子。师于弟子，指名呼某某，或某也。师之父，质言之曰吾子及门，师之师，亦质言之曰吾弟子及门，师之兄弟，曰吾兄弟及门，师之子，曰吾父及门。诗题，为题书时日奉怀某姓夫子作，或予师某某先生，同宾友，书从师某某先生，同某人某人，下入事。与师之父师，俱止书某某先生，师之兄弟，某某前辈，同宾友，书同某某前辈，与某人某人，下入事。师之子，止书某某，以上或怀或寄，某某者，其字也。与门人，书示弟子某，或怀或寄，某者，或名或字也，同宾友，书同某人某人，暨弟子某。师之父师兄弟子，只照常，中怀某某、寄某某，某某者，其字也。落款，为师，书时日奉怀，提起书某翁夫子，即请训削，旁书门人某姓名拜手稿或沐手稿，散题，书某敬呈，余同。为师之父师，书时日奉怀，某翁老夫子，即请教削，旁书门下后学某姓名拜稿，余同。与师之兄弟，称某翁先生，旁书后学，散题，书某题呈，余同。与师之子，称某翁世兄，即求正之，自书门弟某姓名稿，散题，书某题呈，余同，师与门人，书时日寄，提起书某某，即书印可，或时日为某作'即书印可，旁自书姓名。散题，书某题书，为某某印可。师之父师某，某下加词坛字，余同。师之兄弟，易词坛为词兄，易印可为正之，散题，书某某题似。师之子，书时日奉怀，提起书某翁世兄，即求正之，自书世弟某姓名稿，以上某翁，某某者，皆其字号也。

○**行礼**

拜师还两礼、受两礼。拜师之父师母妻，俱平起，而微分先后，以下俱平起。

○**奉祀**

师已故者，称先师，师之妻，称先师母，余皆如文章，质言之。为师心丧三年，按心丧，身无衰麻之服，而心有哀戚之情，所谓若丧父而无服也，然无服，特不如父之麻冠斩衣，而孝衣加绖，则三年不变也。《檀弓》曰：师之丧，群居则绖，而孔子之丧，门人虽出亦绖，故解曰心丧，言受业之师有浅深、其情有厚薄，故不可均为一定之丧也。今人泥于无服之说，有师死未寒，而身被纨縠，心餍鐏豆者，恶在其为心丧也，余不见丧记，则否矣。

朋友

○总序

五伦终于朋友，推其义，盖不在三党之下矣，终而及之，亦所以重伦也。

○称呼

两友觌面，以长称幼曰某老，某老者，其字号之一字也，或社翁；以幼称长曰仁兄，或某姓几哥，或会长，或老社翁，或老社台。称诸人，统曰某姓某老。称人同交之父，统曰某姓老伯、或老叔，或某姓师，或先生；称诸人，曰某姓某某先生，某某者，字也。称友人之子，曰长兄，称诸人曰某某，某某字也。

○书札

称友，或足下，或仁兄，或社台，或加老字，或吾兄、吾弟，显者，称执事，自书通家弟，或加社加眷，或只书同学弟。封皮，平常某姓爷书，显者，某姓老爷书。与父之交，称先生，或老伯、老叔，自书通家晚生。与友之子，称长兄，自书通家侍教生，封皮，斟酌行之。

○诗文

文章中，友曰吾友；父之友，曰父执；友之子，曰友人子。诗题父执，书某某先生，友与友之子，俱照字称某某，或加行加姓。落款：为友，或某某，或某翁，或某老，下加词坛，或吟坛，或词宗，或并加大字，又下书正之，或教定，或郢削，自书弟某姓名稿，或执弟，余同。为父执，书某翁先生，余同，自书晚姓名具稿。为友之子，书某老长词兄正之，旁自书姓名某翁，某者，字也。

○**行礼**

相拜俱平起。

○**奉祀**

传曰："朋友死，无所归"曰："于我殡"。按殡者，埋于浅土，而待其亲戚终葬之也。或并无亲族者，则葬之，不奉祀。

童礼知要

清·石成金

【题解】 作者简介同前。本文出自石成金辑《传家宝》。

礼者，乃天理之节文，人心之懿范也。今人生子率以姑息为恩，当童幼之年，举止语默，便无检束。及其既长，则骄慢性成，何怪其放纵悖逆哉！昔浙江按察司学校副使屠公讳议英著《童子礼》一书，语本《曲礼》《少仪》《弟子职》诸篇而演述，诚幼学之津梁也。予不揣愚昧，改其迂繁，补其遗缺，另订一集，简明切当，题曰《童礼知要》，存以自训子弟，并刊问世，俾人人尽知礼节之要。令其谙察仪度，虽至壮至老，骄慢不生，多享极大之福，岂但曰《童礼》云乎哉？

石成金撰

○**洗面**

每日清晨早起，先洗面以饰容仪。洗时须卷起两袖，勿令沾湿，敛手而洗，勿令水淋他处。

○整服

凡着衣，常加爱护。饮食须照管，勿令点污。行路须看顾，勿令泥渍。遇服役，必去上服，只着短衣，以便做事。有垢破，必洗补完洁。整衣欲直，结束欲紧，毋令偏斜。

○叉手

叉手之指，以左手紧抱右手大拇指，右手四指皆直，以左手大指向上，以右手掩其胸。手不可太着胸，须使稍离方寸，礼称手容恭。教童子叉手有法，则拜揖之礼方可循序而进。

○揖

凡揖时，稍阔其足则立稳，须直其膝、曲其身、低其首，眼看自己鞋头，两手圆拱而下。举手当心，下至过膝，手随身起，又于当胸。两手圆如抱斗一般，不可尖直。

○拜

凡下拜之法，一揖少退，再一揖即俯伏。以两手齐按地下，先跪左足，次屈右足，顿首至地即起。先起右足，以双手齐按膝上；次起左足，仍一揖而后拜。其仪度以详缓为敬，不可急迫。凡见尊长皆四拜，平交皆两拜。或尊长已拜而复有致谢，则随时再拜。尊长通指父、兄、师长及父、兄、师长之辈而言，后皆仿此。

○跪

低头拱手，稳下双膝，背当稍曲，以致恭敬。跪者，卑幼事尊长之常礼。请问献进，俱当长跪。或尊长有弗意怒色，则不待呵斥之加，先跪以听戒责。

○立

拱手正立，双足相并，必顺所立方位，不得歪斜。若身与墙壁相近，虽困倦不得倚靠。

○坐

定身端坐，敛足拱手，不得偃仰倾斜倚靠，凡席间如与人同坐，尤当敛身庄肃，毋得横肱，致有妨碍。

○行走

两手笼于袖内，缓步徐行。举足不可太阔，毋得左右摇摆，致动衣衫。自须常顾其足，恐有差误。登高必用两手提衣，以防倾跌。其掉臂跳足，最为轻浮，常宜收敛。寻常行走，则以从容为贵。若见尊长，又必致敬，急趋不可太缓。

○言语

凡童子常宜缄口静默，为得轻忽出言。或有所言，必须声气低俏，不得喧聒。所言之事，须真实有据，不得虚诳，亦不得亢傲訾人及轻议人物长短，如市井鄙俚戏谑无益之谈，切宜禁绝。言者人所易放，苟有所畏惮，收敛久久亦可简默。今之父母，见其子资性聪慧，于学语之时，往往导其习为世俗轻便之谈，以相笑乐。此性一纵，必不可反。是教以不谨言也，尤宜禁之。

○视听

凡收敛精神，常使耳目专一。目看书则一意在书，不可侧俯他处；耳听父母训诲、与先生讲论，则一意承受，不可杂听他言。若非看书听讲之时，亦当凝视收听，毋令此心外驰。童子聪明，始开发于耳目，倘耳目无所防禁，则聪明便为外物所诱，而心不存矣！养蒙者须记之。

○饮食

凡饮食，须要敛身离席，毋令太逼。从容举箸，以次着于盘中，毋致急遽，将肴蔬拨乱。咀嚼毋使有声，亦不得恣所嗜好，贪求多食。安放碗箸，俱当加意照顾，毋使失误坠地。非节假及尊长之命，不得饮酒，饮亦不可过多。

○洒扫

洒者洒水以敛尘，扫者扫地以去尘，致洁以事长者，乃弟子之职。今洒不可用，而地须勤扫，几须拭净。

○应对

应者应其呼，对者对其问。以卑承尊，礼当敬谨。然必于呼问未及之先，常察尊长之颜色所问，庶几可不失矣。

凡尊长呼召，即当轻声而应，不可缓慢。坐则起，食在口则吐地，相远则趋而近其前，有问则随事应对。然须听尊长者所问辞毕方对，毋先从中错乱。对讫俟尊长有命，乃复原位。

○进退

凡见尊长，不命之进不敢进，不命之退不敢退。进时宜鞠躬低首，疾趋而前。其立处不得逼近尊长，须相离三四尺，然后拜揖。退时亦疾趋而出，须从旁路行走，毋背尊长。如与同列共进，以齿为序，进则鱼贯而上，毋得越次紊乱；退则席卷而下，毋得先出偷安。

○温清

夏日侍父母，常须挥扇于其侧，以清炎暑及驱逐蝇蚊；冬月则审察衣裘之厚薄，炉火之多寡，时为增益，并候视窗户罅隙，使不为风寒所侵，务期父母安乐。

○定省

十岁以上，清晨先父母起，洗面整衣，诣父母榻前，问夜来安否。如父母已起，则就房中先作揖，后致问。昏时候父母将寝，则拂席整衾以待，已寝则下帐闭户而后息。盖定以安其寝，省以问其安。此与温情之礼皆人子事亲之常，不以少长有间者。然能习惯于童年，则孝爱之节，自然驯熟矣。

○出入

家庭之间，出入之节最宜当谨。如出赴书堂，必向父母奉揖告出；散学时必奉揖，然后食息。其在书堂时，或因父母呼唤，有所出入，则必请问先生，许出方出，不得自专。

○馈馔

凡进馔于尊长，先将几案拂拭，然后两手捧食器，置于其上。

器具必干洁，肴蔬必序列，视尊长所嗜好而频食者，移近其前。尊长命之息，则退立于旁，食毕而撤之；如命之侍食，则揖而就席。食必随尊长所向，未食者不敢先。食将毕则急毕之，俟其置食器于案，亦随置之。弟子勿以执馈为耻，则骄傲之气自折矣。

○侍坐

凡侍坐于尊长，目则常敬候颜色，耳则常敬听言语。有所命则起立，尊长有倦色则请退。有请与尊长独语者，则屏身于他听。但弟子分当侍立，或尊长命之坐，则亦当遵命而坐，然须敬畏如此。

○随行

侍尊长行必随其后，不可相远，恐有所问。如问及己，则稍进于左右，以便应对。目之瞻视，必随尊长所向。有所登涉，则先后扶持之。与之携手而行，则以两手捧而就之。遇人于途，一揖即别，不得舍尊长而与之言。

○邂逅

凡遇尊长于道，趋进奉揖，与之言则对，命之退则揖别而行。如尊长乘车马则趋避之，或名分相悬，不必为己下车马者，则拱立道旁，以俟其过。

○执役

凡尊长有所事，不必侍其出命，即当趋就其旁，致敬服役。如将坐，则为之正席拂尘；如侍射与投壶，则为之拾矢授矢；如盥洗，则为之捧盘持巾；夜有所住，则为之秉烛前导。如此之类，不可尽举，俱当正容专志，毋得怠慢差错。尊者宜逸，卑者宜劳，故劳役之事皆卑幼任之，弟子之职当如是也！若耻于为役，则必无长进矣。

○受业

受业于师，必让年长者居先，序齿而进，受毕奉揖而退。其所受业或未通晓，当先叩之年长，不可遽请问于师。如欲请问，当整衣敛容，离席前而告曰某于某事未明，某书未通，敢请先生。有答即宜倾耳听受，答毕仍复原位。

○朔望

朔望清晨进馆，除先后自揖外，俟来齐，长年率众诣圣人像前，焚香礼拜毕，向师再拜，师立而揖之。

○晨昏

常日清晨进馆，先揖圣人，次揖先生。至晚散学时亦然。

○居处

端身正坐，书籍笔砚等物皆令顿放有常。其当读之书，当用之物，随时从容取出，不得信手翻乱。读用已毕，复置原所，毋令舛错。其借人书物，亦当登簿记录，及时取还，不致遗失。

○接见

凡先生有宾客至，诸弟子以次序而立，俟先生与宾客为礼毕，然后向上奉揖。宾客退，诸弟子仍奉揖送之。先生与客命之不可出门，即各入位凝立。俟先生返，命坐则坐。若宾客与诸生中自欲相见者，亦必俟与先生为礼，乃敢作揖。退亦不得远送。非其类者，勿与亲狎。

○读书

整容定志看字断句诵读，务要字字分晓，毋得目视他处，手弄他物，仍须细记数遍熟读。如遍数已足而未成诵，必欲成诵；其遍数未足，虽已成诵，必满遍数方止。犹必逐日带温，及逐月通理，以求永久不忘。读书不在多，但能积下精熟工夫，渐次积久，自然有得。今弟子勉强记诵，自逞其能，而为之师者，有假此为功，以取悦其父兄，遂不计生熟而慢令加读，旋即遗忘。积习既成，卤莽无益，所当深戒！

○写字

凡写字不问工拙，必要专心把笔，务求字画严整，毋得轻易怠惰，致有潦草欹斜，并差落涂注之病。研墨放笔，毋使有声，及溅污于外。其戏写砚面及几案上，最当戒之。

常礼须知

清·石成金

【题解】 本文出自石成金辑《传家宝》。

凡起拜揖让之礼，予已备载《童子礼》书内矣。惟是谒见迎送、铺筵设席诸仪，虽系日用之常，若不讲习于平时，忽尔骤然登堂，未免举止周章，进退维谷，岂不贻讥大雅乎？予自愧乡野愚人，未见盛筵大席。每遇寻常交接之仪节，似有一得于心，乃以本处俗礼撰书一本，简明易晓，俾世人悉如礼敬之要。虽未能尽合乎道，亦可无慌错之诮矣！至于官爵贵宦举动俱有仪注，尊循毋庸少越，又非予乡野愚人所敢擅言者也。

天基石成金撰

○迎接

凡新亲贵客到人家谒拜，须预先令仆投一到门名帖，主人知道，便于迎接；如久交常会，则不必。

闻客到门，主人急出趋迎，见客未可即揖，先一恭，客亦一恭。主立定，随拱手请客入门，云："请！"客立云："不敢。"主又拱手云："请！"面向客、手拱向门。

客由西而左行，主由东而右行。

客登堂从西上阶，主略后些从东上阶。

○登堂

新亲贵客，候客行礼完，必转客右主左，以答谢。如久交常会，则不必。尊长到卑幼家，亦不必。

厅堂中，客左主右并立，客先拱手逊云："请！"

主拱手答云："请！"

客左主右同揖。如尊长则行四拜、两拜礼。

主人向客应坐之位整椅拂尘，拱请客坐。客亦回向主人应坐之位整椅拂尘，拱请主坐。主客俱坐定，各一恭，叙话候茶。

○四拜

凡四拜，止有父母、祖父母、本地官长，其余不可。即施受者或正坐拱手，或傍立拱手，不回谢。

平身，端拱而立也。揖，俗谓之唱诺。拜，跪下而俯也。兴，跪起而立也。连四拜四兴而再一揖，谓之礼毕。

○两拜

凡学生见先生，侄见叔，女婿见岳丈，俱受两拜。受者旁立答揖，不回谢。如四拜则答两揖。

照四拜之礼减两拜。

○并拜

凡礼之，南北当随本地风俗行。

长者在上南面而坐，二人在下北面而拜，以年长居西，幼者居东。如无人在上，止是宾主叙揖，必逊宾居东，主居西，此南礼也。若用北礼，则宾西主东。

○入众

凡众客先到我后到，则用此仪。客登堂，先向众客拱手云："请了。"声要高些，令众客知闻。

众客从座各起身，拱手亦云："请了。"

来客随请主人奉揖，主人谦逊拱手，请客奉揖云："请！"

客又谦客，主不僭客，亲不僭友。凡系亲戚，虽长俱在后一次；长客谦过，竟向奉揖；记同来客谦上下。

次幼客奉揖，次亲戚奉揖。再次宗族奉揖如客众不能分别亲友，众客则齐向一揖、最为简便。

众客揖毕，复请主人。主人竟立下首奉揖。主人虽长亦在客下。

来客向众客再拱手，众客回拱，来客逊坐毕，就依位坐，坐定各一恭。

各叙闲话，闲话忌长冗，忌鄙俗，忌矜夸。上茶。见献茶礼。

茶毕复叙闲话，少顷安坐上席，或话毕告辞。

○**序坐**

凡序坐先将上下记熟，不可舛错。

自量齿位，略谦即坐。坐时双手一拱就坐，不必过谦。次序先须习熟，假如一堂之中南向四椅，北向四椅，东向二椅，西向二椅，共计十二座，先以上之中东为第一，上之中西为第二，上之边东为第三，上之边西为第四。次以下之中西为第五，下之中东为第六，下之边西为第七，下之边东为第八。又以东之近上为第九，西之近上为第十，东之近下为十一，西之近下第十二。或压于名分而难坐者，随时变通可也。

○**献茶**

凡新亲贵客尊长，上茶须两次，亦有三次者，其仪同此。

主呼茶云："献茶！"客云："不敢领茶，"或云："不劳赐茶。"

价者两手躬身，挨次献茶。价须向后退，不可以背向客。

主见价捧茶到，即双手捧云："请！"不必起身离座。客逊，客拱手云："请！"无客答云："不敢！"随即领茶。

长客竟躬身领茶，余客依次躬身领。

主候众客茶齐，云："请！"众客各举茶杯，齐躬到地。主亦躬答云："不敢。"众客捧茶在手，主举杯请用茶云："请！"客用茶。吃茶忌咂声、忌匙声。主亦用茶。客用茶毕捧杯在手，候收盘。价者捧盘上厅收盅，主请客放茶杯云："请。"

客略逊客，竟依位次放茶杯。放盅于盘、须轻缓些，不可闻声。

○**递酒**

凡贺寿、贺喜之类，俱用此礼。

主人举杯斟酒，向外一揖。三酹，又一揖，而转身斟酒，向客一揖而奉之。客接杯一揖而受，又对众客一揖而后饮。饮毕，主人举杯于客，客即斟杯一揖而酢主人。主人接杯又一揖而受，客亦举杯。待众客递饮毕，共一揖而谢。此主谓酒主人，客谓受贺人。

○**安席**

凡优觞大赛，须用此礼。如小酌常酒，即就便一揖，主人在位上奉箸拱请。

主命价铺毡于厅中，主立右边，云："请告奠"。客人齐立左边，面向里，主向众客一揖，客答揖。

主登毡，命价斟酒，执杯向外一揖三酹。酒斟半杯，恐防泼撒失仪。主酹毕，又向外一揖，即转身另执酒杯，请尊客，客坐，主人拱手云："请！"客虽尊长，亦拱手逊众云："请！"主请尊客并立厅中，奉揖。有子侄者，执箸后随。客竟居左陪一揖。

主双手捧箸盘，缓缓步至第一席前，客随主至席面，主尊之即躬身变双手敬奉杯箸，后以衣袖拂洁椅桌整坐。客踌躇打恭，主向椅坐前，恭敬一揖。客在席面前恭敬答一揖，主复走至厅中原处，再一揖。客随主至原立处答一揖。竟在左边，不必谦。

客揖完即退后立。如请第二位客安席，礼仪照前。如客多，止安二三席，众客向上辞云："不敢多劳。"主人向众客总奉三揖，各坐。

安席完，领席尊客领众命价斟酒，安主入席。仪照前，如主人坚辞不敢当。客即同众奉主一揖，就坐。凡客安主席，以辞为是。

首客先立于位傍，候众客各就坐，然后坐，不可先坐。首席坐下，请长客拱手谦云："有僭。"二三席长客拱手答云："理当。"席俱坐完，如席中有子侄遇父叔，婿遇翁，学生遇先生，俱下位。至尊席前，另又向应告坐之人奉一揖，然后各坐。

○**奉酒**

凡斟酒只，可大半杯，若满杯恐有泼撒，岂不失仪？

主人命价斟酒，双手躬身敬奉席上。如席多者，命陪主敬奉。

客躬身领在手，向本席客谦逊过，竟领放席上。

主人候众客酒齐，方举杯告云："请饮。"或云："请酒。"客答："请。"主人酒奉完，众客向主奉酒。或尊客云："不敢同敬。"

凡斟酒一杯，主人先举杯向客云："请！"客亦同拱后饮。每杯酒主人必先饮干，然后以空杯劝客。主如量小者，只斟半杯。

○上肴

凡肴从有边空处捧上。放近客前。如大筵首一肴，主人每席奉一揖。

主人见肴至，双手捧奉，客云："不敢当！"

主人候各席肴齐，先双手横箸拱请云："请举箸。"客举箸。主人不请客不可先。

主人请过，即以箸入碗内拨奉云："请。"客用肴。主人候众放箸完，方放箸，不可先放箸。

遇汤点至，主人出位到各席前奉一揖。客立躬，首席尊客回敬主人。主人辞谢："不敢。"

○告辞

不以小酌常会，临辞则不必奉揖，只拱手告别。

有酒：饮毕，客起身一揖，谢主人云："多扰。"主人陪一揖，谦云："有慢。"

无酒：话毕，客起身一揖云："告辞。"主人陪一揖，谦云："空坐。"或云："承光顾。"

○送别

凡平常相会门外，不必奉揖，只一拱而别。

客走下阶，转身向主拱手云："请留步。"主人竟送云："容送。"

客至二门，复向主拱手云："请留步。"主人送云："容送。"或云："不敢"

客旁行云："不劳远送！"主人云："再容少送。"

283

步行：客至大门外一揖而别，主人陪揖，立候客去始回。

有马：客至大门外向主一揖，主人陪一揖，拱手云："请登骑。"客一拱云："不敢，请回。"主立候云："恭候。"客走马过几步，遂上马行。主人立候客去始回。

有轿：客至大门外向主一揖，主人陪一揖，拱手云："请乘舆。"客一拱云："不敢，请回。"主立候云："恭候。"客令轿夫抬过门几步，遂上轿行。主人立候客去始回。

天福编

清·石成金

【题解】　本文为石成金辑，出自石成金辑《传家宝》，多言出入应对之礼节，且分类精当具体，从中可见古礼之繁细与讲究。

○玉不琢不成器

人家生儿，教训要紧。小时不管，大来顽便。从小教训，则到老驯良；性情已成，难以遂改也。

○说话

言语应对，从容得当。下气低声，不可说谎。凡说话，要小心诚实，不可妄诞；低细出声，不可粗率。

○走路

出入必恭，不可乱步。望前竟行，东西莫顾。

○见人

逢人奉揖，随行侍立。有问即答，无问即默。赴席末座，椅桌休靠。不可横肱，下箸须少。

春眠不覺曉
處處聞啼鳥
夜來風雨聲
花落知多少

唐人詩一首
二〇二三年春 志东画

逢迎行止，最要恭敬，不可放肆，亦不多言多劝。坐要定身端正，不可倚盘靠背。酒筵不可占据多箸，淋漓倾撒。

○**背工**

读书朗诵，字句分明。口眼兼到，更要专心。读书不可贪多，只要字句分明，专心熟读，勤勤通理。

○**写字**

写字周正，笔画均匀。勾圆竖直，点撇有神。写字须看明原本，端正下笔，不要潦草歪斜。

○**正心涉世**

是官当敬，凡长宜尊。交必择友，居必择邻。但能敬上法善，未有不成好人者。不可以心高气傲。

大富由天，小富由勤。成事在天，谋事在人。尽人力以听天命，世间岂有场外之举子耶？

守口如瓶，防意如城。贪心害己，利口伤人。病从口入，祸从口出；孽由心造，害由心积。自家有过，人说要听。

当局者迷，旁观者清。道吾恶者是吾师，道吾好者是吾贼。下句比博弈事，此理愈明。

担头车尾，穷汉营生。日求升合，休与相争。此辈境界甚是劳苦，何忍以刻薄待他？正好施惠也。

仇无大小，只怕伤心。恩若救急，一芥千金。羊羹鼋炙，至死不忘；豆粥麦饭，终身知感。

三姑六婆，休教入门。倡扬是非，惑乱人心。拒绝外来杂妇，不独财物免致哄骗，且闺门静肃。

富不可势，贫不可欺。阴阳相推，周而复始。未来事，暗如漆。世上钱财无定主，那是长贫久富人？

度德量力，看体裁衣。休争闲气，乖里放痴。凡事不量力者，难成就也。空尚闲气，甚是无益。

他弓莫挽，他马莫骑。许人一物，千金不移。不干己事，就不可多事；言既出口，就不可虚谬。

恩休自表，好休自题。桃李无言，下竟成蹊。花美实甘，然自往来兴下。譬如有功，人口内称颂，当谦让不遑，才有光彩。

先学耐烦，切莫动气。性躁心粗，一生不济。心若粗急，一切世事定难有成，非为读书一件也。

白日所为，夜来省己。是恶当惊，是善当喜。日间所行之事，但肯夜间追思改悔，则功多过寡。

造言起事，谁不怕你？也要堤防，王法天理。人怕恶人，王法天理独不怕恶人，且专要寻治恶人。

害与利随，祸与福倚。只是平常，安稳到底。只是本分事业，本地风光，得受许多自在。

当面说人，话休猛厉。谁肯甘心，受你闲气？事虽当理，亦必出言婉逊。每见好言动怒者，皆由语貌之严厉也。

好听偷瞧，自家寻气。装哑推聋，倒得便益。治家涉世，一切细事不必过于明察，所为"不痴不聋，难做阿翁"。

人间私语，天闻若雷。暗室亏心，神目如电。此四句读之，凛凛可怕。世间痴汉，还起恶念否？

心要慈悲，事要方便。残忍刻薄，惹人恨怨。残刻之徒，人怨而天亦大怨，危矣哉。

男儿事业，经纶天下。识见要高，规模要大。人若识卑见小，则不足以成天下之大务也。

沉静立身，从容说话。不可轻薄，讨人笑骂。出言行事，若不沉实，专心轻浮，必不成器。

当面证人，惹怨最大。是与不是，尽他说罢。与我无干，何苦讨人恨？倘有受教者，可背人说之。

饱食暖衣，闲说闲要。终日昏昏，不如牛马。牛能耕田，马可骑坐，惟无用人，虚费衣食，要之何用？

内要伶俐，外要痴呆。聪明逞尽，惹祸招灾。但要心中黑白分明，最忌现于面目舌笔之间。

一切言动，都要安详。十差九错，只为慌张。大嚼多噎，大走多蹶，文清公所谓"缓则得，忙则失"。凡天下甚事不因忙后错了。

能会几句，见人乱讲。洪钟无声，慢瓶不响。钟虽重大，若不力撞，亦不能鸣，半瓶水轻摇则有声。

让他说话，我只闭口。让他指挥，我只袖手。省了许多气恼，讨了许多便宜。

要成好人，须结好友。引醇若酸，那得甜酒！近朱者赤，近墨者黑，此孟母教子所以三迁。

无心之失，说开罢手。一差半错，那个没有？无心为过，有心为恶，过贵于改，过则不改是谓过也。

各人之情，各有所重。体量人心，休任己性。人人都任己性，不管他人甘苦，取怨结仇，皆由于此。

无可奈何，只要安命。怨叹急躁，又增一病。困穷抑郁，圣贤不免，若或烦恼，徒为自苦，不如心安意顺，听天由命，何等宽快！

待人要丰，自奉要约。责己要厚，责人要薄。持家不得不俭，待客不得不丰。厚责己则寡过，薄责人则寡尤。

越娇越脆，越泼越壮。舟子河边，军人马上。大丈夫要炼此身，使之无所不耐，方能得成大用。

零零星星，耽误一生。绵绵密密，功名指日。此四句乃力学要法，非但读书，一切事都是如此。

人虽蚩蚩，亦不可欺。人虽碌碌，亦不可辱。童叟无欺，方存天理。殴辱懦弱，于心何忍？

酒色财气，杀生四忌。尽力贪求，丧尽仁义。酒不大醉，色不邪淫，财不苟得，气不暴怒。

事不干己，分毫莫理。生怨招非，自讨羞耻。问事休开口，逢人只点头。若是连头都不点，也不烦恼也无忧。

分卑气高，能小得大。中浅外浮，十人九下。此三件皆世人易犯之事。殊不知皆易败之道也。

年年防旱，时时防疾。日日防火，夜夜防贼。人能受此门防，则一生坦途矣。

以己之心，度人之心。将心比心，强如佛心。己所不欲，勿施于人。己欲立而立人，己欲达而达人。

都是都知，能是谁能。休听口说，只要躬行。能言不是真君子，善处方为大丈夫。

○**初相会**

贵姓；上姓，尊姓？答：贱姓某。

台号；大号？答：年幼无号，或止云："年幼"。贱字某。

贵庚；贵甲子？答：虚度（若干）岁。

府上住何处；尊府住何方？答：舍下某处；草舍某处。

令尊纳福；尊父万福？答：家父托庇，老父外出。

令堂纳福；令堂安福？答：家母粗安。

昆玉几位；贤昆仲几位？答：愚弟兄几人。

几位公郎，几位令郎？答：豚子几人；小儿几人。

何业？答：某事。

○**屡次相会**

屡常惊动起居。答：幸蒙赐教，迎请不至。

屡承大教。答：不敢，彼此。

○**久别**

久违，久违大教。答：不敢。

常怀渴想，时常渴慕。答：彼此。

一向得意；一向纳福？答：拖赖；托庇粗安。

○**近别**

近日违教；多日未曾趋教。答：俗冗少候；常怀渴慕。

○**拜访遇**

轻造；惊动起居。答：承光顾。

微事冒渎；小事请教。答：拱听大教。

○拜访未遇

（前、昨）日叩府公出；向日恭候未遇。答：失候，失迎候。

○承顾失候

前蒙光顾，有失迎候。答：岂敢！

○途中相见

何往？何处贵干？答：前边小事，某处俗事。

路次不及；途中少情。答：不敢，不敢劳。

○承扰

前日多扰；向日过扰。答：简慢有罪；何足言谢！

○简亵

前蒙光顾，甚是简亵。答：过承台爱，感谢不已。

○谢惠

前日多承；向日多蒙过爱。答：不诚，菲敬不堪；无以为敬。

○谢劳

承携带；承培植；承高照。答：微劳何功之有？效劳不周。

○相会致意

某某致意；拜上。答：言重；不敢。

○临别转致

回去致意（某人）；回府拜上某人。答：岂敢？当以代言；理当转达。

○见官员

老大人贵职？答：某职。

贵治何处？答：某处。

○见师长

设账何处？答：某处。

高徒几位；门人几位：答：小徒几人；顽童几人。

○见文人

治何经？答：习某经。

一向用功；久闻潜修。答：一向荒疏；虚度岁月。

即日高荐？答：惶恐。

○见武将

营扎何处？答：营在某处。

账下几人？答：小卒几人。

久闻弓马精熟。答：有失习学；未曾操演。

○见农夫

目今田禾如何？答：甚好；平常。

今年宝庄收成何如？答：甚好；比去年稍可。

目下米价贵贱？答：价若干。

○见生意人

一向生意大发？答：托庇；只好度日。

○见写画人

人闻笔法精工；一向丹青甚妙。答：拙手惶恐；拙笔涂鸦。

改日拜求；异日转拜承求。答：拙笔献丑；丑笔不敢呈教。

见舟人

宝舟装货多少？答：若干。

○见僧人

宝刹何处？答：小庵何处。

上房几众？答：几僧。

久闻老师禅机透彻。答：愚昧无知。

一向不曾相会。答：小僧杜门不出。

○见道士

仙观何处？答：小观某处。

久闻老师清修高妙。答：愚昧不知。

座位图注

清·石成金

【题解】 本文出自石成金辑《传家宝》。

上下定而尊卑见。要知坐位次序，原有一定之规，毋庸紊错。惟是客内有父子叔侄师徒翁婿之类，碍难并坐者，又有限于地方不能宽列者。不得不随宜变通。然而席虽改常，其次序未可或越。若不熟习于中，难免以下为上，以尊居卑。此虽日用之仪，知者多而不知者少，但古今各书从未曾有备载者。予因画成图本，注以次序，将此为例，余可类推。予知尊卑上下之位，今后可无紊错之消矣！

天基石成金撰

坐位：朝廷序爵，谓论官之品级序坐也；乡党序齿，谓论年之长幼序坐也。

客众序坐，先朋友，次亲戚，次宗族；又各以长幼序。

书内凡方格者桌也，正字者桌面也，数目者人也。

贵官尊长一席一人者，则以先中、后左、后右序之；如无中双列，则以先左后右序之。

一席二人正对：主人或有碍不便对坐者，则旁边右坐。

客人

正

主人二

一席二人旁对：客谦虚不正坐者，则横桌面如此。

一席三人正向：留席面者，以第二位改左边。

一席四人正向：或五人则上一人下一人，或六人则上二人下二人。

293

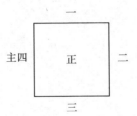

一席八人正坐：

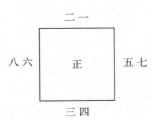

一席八人横坐：

```
           六 五
        ┌─────────┐
  四 二 │    正    │ 一 三
        └─────────┘
           八 七
```

二席正向十二人：留席前不坐人。

```
       一 三                    四 二
    ┌─────────┐            ┌─────────┐
 九五│   正   │七十一   八十二│   正   │六十
    └─────────┘            └─────────┘
```

凡四席、六席、八席、十席，但成双者俱照此例。

二席正向：不留席前，满坐十六人。

```
       一 三                      四 二
    ┌─────────┐              ┌─────────┐
九十一│   正   │十四十六  十三十五│   正   │十十二
    └─────────┘              └─────────┘
       六 八                      七 五
```

二席对向十二人：席对向则中间不可坐人。

```
       六 八                      七 五
    ┌─────────┐              ┌─────────┐
 四二│   正   │              │   正   │一 三
    └─────────┘              └─────────┘
       十 十二                     十一 九
```

二席一正一旁：客有相碍不便坐者，则用此例。

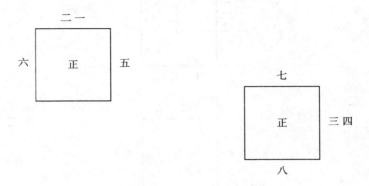

二席直下正向：二席直下，如客少者，中间空闲，不可坐人。

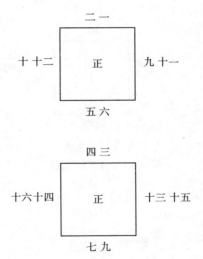

二席直下横后：

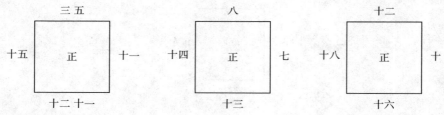

三席正向：

如不留席面满坐者，则自中席对前左七右八数起。

凡五席，七席、九席、十一席，但成单者俱照此例。

凡席多客少者，中间两旁少坐几位，免得背向人也。

三席一正二旁：

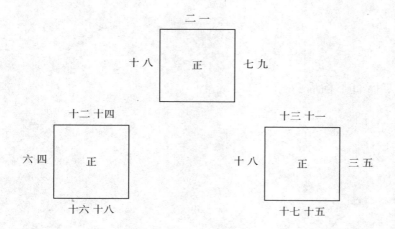

296

三席二正一旁：如客多者，先尽上二席两旁坐。客有碍不便坐者，照此例。

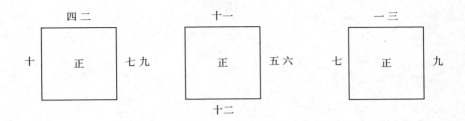

四席正向：此式系四席三十二人坐位，如留席前不坐人，则以第十七位改作九，十八位改作十，照此数去，只记近一为先，右下为末。其余席多者，照此为例，分列次序。

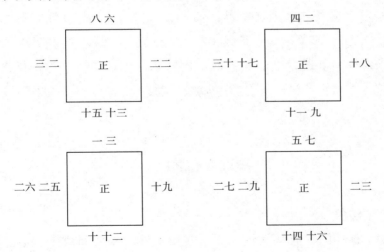

节韵幼仪

清·汪志伊

【题解】 汪志伊（？～1818），清安徽桐城双港人。乾隆中期举人，充四库馆校对。历官至副都御史、刑部侍郎、工部尚书。嘉庆中，先后出任福建、江苏巡抚，湖广、闽浙总督。清除江浙漕粮积弊，整顿福建地方秩序，在湖北疏河建闸，编辑《荒政辑要》，增设苏州正谊书院，颇多政绩。嘉庆二十二年（1817）被革职永不叙用。次年卒。其采择《礼经》中《曲礼》《幼仪》，参以近礼，斟酌古今，择其可通行者编成一书。或三字、或五字，节为韵语，务令易晓。名曰《节韵幼仪》。今据敦仁堂藏版（道光辛丑写刻）点校整理。

检束身心之仪

○学幼仪

名教有礼门，必从幼仪入。嬉戏童子性，易放而难束。束之莫如仪，惟勤学且习。学习苟不周，无所措手足。知能本天良，爱敬终恐失。今采仪为诗，规矩入声律。歌来见闻资，行则威仪肃。

○盥漱

晨早起，勿遽出。面先盥，衣防湿。以巾护领，两袖卷束。漱口刷牙，气清且淑。

○衣冠

自幼正衣冠，饬身以克家。遵时制，戒奇邪，崇雅朴，黜奢华。束带勿宽慢，整冠勿偏斜。鞋袜亦检束，三紧仪弥嘉。饮食防油污，行路防泥渍。垢则洗，毋留腻；破则补，毋轻弃。脱勿散乱，折叠于笥。著短衣，便作事。去上衣，方入厕。燕居及盛暑，勿萌裸袒意。

○**叉手**

八指排成对，左四指，紧贴右手背。右大指，连压二掌侧。左大指，紧压右前节。

○**揖**

开其足，则稳立。直其膝，则贞一。必折腰，敬乃昭。两手圆拱下，自然觉端雅。揖尊长，先举手，上齐眉，下过膝。随起勿久，收合当胸前。徐徐垂两肘，举手当心下，是揖平交亲友。

○**拜**

拜法宜习熟，一揖即俯伏。两手齐按地，先跪右足次左足。顿首须至地，随起毋急促。先起左足，左手随按膝；次起右足，续拜仍先揖。尊长四拜宜恭，平交两拜毋渎。或有所答谢，再拜不嫌复。

○**跪**

低头拱手，稳下双膝。毋蹲踞，腰竦直。致恭敬，背稍屈。此问献之常礼，卑幼应卑牧。或见怒色勿待呵，先跪尊前听戒饬。

○**立**

正身拱手，双足齐跟。必顺方位，毋背所尊。身虽困倦，勿靠几座墙门。

○**坐**

屹然端坐，齐足敛手。毋交股，毋驾肘。毋靠背，毋摇首，并坐勿横肱，惟恐碍左右。

○**行**

目先看路，缓步徐行。登高提衣，以防跌倾。掉臂近乎傲，跳足失之轻。左摇右摆，心不安贞。贞则不然，行必静专。或当疾趋，手足弥虔。

○言

童子守口，勿轻出言。言必明亮，声勿高喧。言事勿欺诳，答问毋多烦。鄙俚戏谑，均为无根。詈訾讥讽，忽吐忽吞；最坏心术，忌惮奚存？或有议人过，但听勿论。须知此口，为祸之门。

○视听

耳目心专一，视听始聪明。看书专于书，勿分视它形；承教一于教，勿杂听异声。凡事思如此，无事神须宁。人有私书目毋侧，人或私语耳勿倾。淫声邪色，更勿视听。

○容貌

少莫弄聪明，气象要理会。毋倨傲，毋粗厉。毋轻喜易怒，毋苟笑妄议。毋满而骄，毋谄而媚。所以肃容貌，亦以养德器。

○饮食

贪心不可纵，首严在饮食。敛身离案，毋令太逼。奉箸从容，举碗固执。毋拨肴蔬，毋反残肉。毋扬热饭，毋撒颗粒。轻嚼勿使有声，缓咽勿使气逆。毋以物刺齿，毋投与狗骨。安放碗箸，须防坠失。非奉尊命，旨酒勿吃。若逢佳节，三爵为率。醉饱最伤神，节制以养德。

○睡眠

早起晏眠，当昼毋寝。夜间事毕，方敢就枕。勿伏勿尸，勿言勿哂。收敛手足，毋覆首准。妄念邪思，斩截净尽。心定神安，夜气清静。

入事父兄出事师长通行之仪

○洒扫

置水木盘，卷袖及肘。先洒后扫，以奥为首。堂宽播洒，室隘掬手。取帚箕上，倚箕户右。一手扫尘，一袖遮帚。徐步却行，聚尘户口。均远尊所，不使蒙垢。敛尘于箕，出弃荒薮。拂试几案，明净窗牖。

○**应对**

尊长呼速应，不得滞步武。手执业则投，食在口则吐。疾趋而前，致敬快睹。察言观色，有问缓对。俟其辞毕，实言毋伪。若问不及，毋谗言议。凡有督责，切勿愦愦。内省深思，低首听诲。或检责有误，且勿置喙。徐徐婉陈，不忤尊意。长者有命，乃复原位。

○**进退**

凡见尊长，莫任己意。命进乃进，命退乃退。进则鞠躬疾趋，前诣尊位。揖侍毋近逼，须离三四尺。退亦趋，步勿响，从旁路，毋背长。进见之时，若有同党，以齿为序，鱼贯而上。退亦如前，毋先独往。

○**温清**

夏侍父母，挥扇其旁。以清炎暑，逐蝇远翔。蚊尤可恶，勤驱无伤。维枕维簟，均要清凉。冬则察衣厚薄，炉火多寡。时请增益，慎毋苟且。掩户补窗，勿使风寒侵也。

○**定省**

十岁以上，清晨先起，榻前问安，安则退矣。如亲已起，先揖后问。微窥忻戚，再请明训。易戚为忻，婉言默运。昏时将寝，拂席整衾。如亲已寝，下帐闭户。毋触响音。父母具庆，喜惧交深。若父鳏母寡，倍当尽心。或疾痛，则轻敲；或疴痒，则爬搔；或饮药，则手调。

○**出入**

家庭学堂，或出或入。亲师之前，均当肃揖。出必言明，入则绕膝。呕逆声、食饱声，直平其气于将萌。毋咳嗽，毋喷嚏；毋口唾，毋鼻涕；毋依物，毋斜睇。和气悦色，充满亲侧。奉亲事毕，然后食息。事师如事亲，有事必问而后行。

○馈馔

进馔于尊长，先拭几案。双手捧器，目注心算。肴蔬必洁，序列勿乱。视其所嗜，远近移换。尊长命息，退立窗畔。俟毕进彻，勿待呼唤。如命侍食，揖而就席。未食不敢先，惟随意之所及。食将毕，则急毕。俟置箸，亦随释。

○侍坐

侍立弟子职，命坐长者德。耳听言，目视色。有问则起对，有请亦起立。尊长有倦容，侍坐者请出。若有请与独语者，则屏身而息。

○随行

侍尊长，行诸后。毋太远，备奔走。问已及，趋左右。便应对，便听受。目随长者视，酬应方无咎。或登陟，敬扶持；或提携，就捧之。俯与语，尊近卑。掩口气，毋触耆。或遇人于途，毋舍尊而交词。

○邂逅

途遇尊长，疾趋而迎。肃手揖，倾耳听。与言则恭对，命退则揖行。或乘车马，趋避旷野。若名分相悬，谅不为己下，拱手道旁，俟其过也。

○服劳

尊者有所事，不必待出命。趋就其旁，服劳致敬。如将坐，为之拂尘正座；或盥洗，为之授巾奉水；或夜行，为之秉烛前导。由此类推，敬当周到。

○称呼

尊之友勿轻，自称必以名。年长倍者呼以"丈"，十年长者呼以"兄"，年相若者呼以字，切戒随口"尔"、"汝"称。

学堂肄业之仪

○就傅

出外就傅，执贽为礼。或蔬果，或脯醴。称家有无，四色足矣。进门一揖，贽见礼毕。肃拜先圣，如朔望式。次拜先生，四拜为率。先生升座后，旧生居左，新生居右，对面两拜，立俟善诱。

○受业

受业之先后，序齿礼当守。受毕揖退有未知，且问年长友。终非问师莫适从，当整冠而敛容。离席前告曰：某字未识，某义未通。先生有答，倾耳默记胸中。毕则复位，静专为宗。

○朔望

朔望昧爽，衣冠升堂。师弟诣圣，再拜焚香。又再拜而退立，师向西南方。弟子以次向东北。再拜仪抑抑，师立而扶之，一人致辞余皆默。又再拜，师就席，弟子退，各面壁。

○晨昏

常日黎明，弟子升堂序立，俟师出，群肃揖，次分东西面相对，一揖而退。或将寝，或会讲与食饮，肃揖亦与朝时准。

○居处

端身居处如此，书籍墨砚笔纸。顿放必整齐，乃助心敬止。取时毋信手翻乱，置时仍加意整理。同学之友，序坐以齿。忠信笃敬，有胜于己；一言一行，即当学彼。亲而近之，以为砺砥。损友勿近，亦勿背毁。

○接见

先生有宾至，弟子咸序立。必俟为礼毕，然后向上揖。宾退仍揖送，到门命无出。入立各位前，师返命坐乃敢息。或诸生之中，宾欲见相识，亦俟师见后，就位作良觌。非其类者，勿与亲昵。

○认字

口耳授受，师生两难。授书且缓，授字宜先。读书宜少，认字宜专。今日方读此句书，其字已识数日前。识字多且熟，读时不茫然。目中无窒碍，心口自应焉。

○读书

他物毋引手，他处毋寓目。整容定心，看字断句慢读。每句末一字，声重则易熟。句下毋带闲声，句头毋得重复。字字要分明，通数亦记录。如数足而未成诵，必以成诵自勖。如成诵而短遍数，务期遍数全足。逐日带温，新旧递相续。多则通理，或旬或月周而复。欲求永久不忘，当以"三到"为鹄。

○写字

写字置工拙，专心先把笔。心正则笔正，笔正方有力。字画求端正，下笔毋急促。错落欹斜，由心不属。写字以大为利器，小则腕拘初学忌。初学断勿多，先写"上"、"大"两字，务期整齐然后换，教者学者均容易。放笔研墨宜轻，勿使有声。毋溅污于外，毋戏书几案门庭。

○释字

日久加余课，释字三两个。弟子若不能晓，即以方言为佐。释字千余，便可说书。说书勿在多，简明自豁如。其中有关身与伦，随说尔能如此做，是好人；又或有关君与民，随说他日如此做，是良臣。先入言为主，灌溉葆天真。

○惜字

只字片纸，道存于此。此传圣贤心，当作圣贤视。毋以补窗，毋以拭几。毋嚼于口，毋践于履。火化风扬灰，恐落厕坑里。焚书嬴氏亡，葬字杨家起。嗟尔小子，必敬惜只。

○爱物

遍地皆虫蚁，亦在天心好生里。举步若不看，一踏微躯毁。粉身碎骨有何辜，不知伤残几何矣。一步一作孽，况又随手泼汤水。

汤水及物身，痛楚彻骨髓。人生莫不思安全，何独忍心不顾彼？泼汤必俟凉，举步常俯视。自幼养仁心，行仁从此始。

○ **歌诗**

歌诗养天机，即将此诗歌。此诗歌能熟，礼之用弥和。善歌使继声，其如童子何。先生高声倡，弟子随声和。如此两三周，天籁自能播。高下抑扬间，反复知顿挫。周旋揖让时，趋向易劝课。性情得其正，用以化骄惰。

常礼举要

李艳

【题解】 李艳（1889～1986），字炳南，号雪庐，山东济南人。为衍圣公孔奉祀官府秘书长。初学唯识于梅光羲，于禅、净、密等，皆曾修习，后归依印光大师，专修净土。此外，亦精中医。抗日战争期间，随孔德成于重庆，并助太虚大师弘法。后卜居台中。除仍任职孔奉祀官府外，并兼任中国医药学院及中兴大学教授，业余则致力于佛法之弘扬。于台中讲经说法数十年，以"李老师"之名著称于台湾佛教界。本文按通行本整理，虽为今人所撰，但更接近于时俗，故辑录其中。

缘起

礼节这件事，在人群中，是决不能少的；就是极野蛮的民族，亦有他们的一套礼节。人与人交通感情，事与事维持秩序，国与国保持常态，皆是礼节从中周旋的力量。

自从一般人，不察实际，好奇务怪，起来反对礼教，硬说礼教是吃人的猛兽，主张把他打倒以后，大家就对礼节，存了轻视的心理，自己不去做，也不肯再去教导子弟。这个问题，并不简单，决不是中国人单独的问题。行得通，行不通，却也不敢断定了！但是现在还是行不通。

请看今天客来了，明天访客去，这里来馈赠，那里请聚餐，东街庆吊，西街开会。仔细一考查，还是把那些礼节，一套跟着一套的排演。有人说这些事没有学过，谁能晓得。

那怕你不晓得，你只管不去做，过后请去听吧！七言八语，讪笑讥诮，丝毫不客气的，都发表出来了。什么某人岂有此理，未曾受过教育、没有常识、粗卑不堪、不近人情、没见过场面、真讨厌、极可笑、远着他、少来往，一连串的这些名词，就都给你加在头上。你的前途，一切一切，也怕因此受到影响！

再看那些反对礼教的人，见了比他地位高的人，他也是脱帽鞠躬；见了外国人，也是去拉手；不经通报，你直跑进他的房里去，他也是不高兴；他送你东西，你不说谢谢，他也是不痛快。这真矛盾，为什么他嘴里反对礼教，他还去拘泥这些形迹呢？可见他们是空倡怪论，自己也不能实行，专去欺骗他人，尤其是欺骗天真烂漫的青年人。深刻一点说，简直是损害青年人的社会事业发展！

我是在社会里碰过壁的人，也是吃过无限亏的人。知道没有礼节，万事行不通。我深恐青年同胞，不懂礼节，也免不了到处碰壁吃亏，特意检出通常用的几条来，贡献给大家，做个参考。要知礼节是不妨人的美德，是恭敬人的善行，也是自己一种光荣的徽章，是必要通达的！

（子）居家

一、为人子不晏（晚）起，衣被自己整理，晨昏必定省。

二、为人子坐不中席，行不中道。

三、为人子出必告，反必面。

四、长者与物，须两手奉接。

五、徐行后长，不疾行先长。

六、长者立不可坐，长者来必起立。

七、不在长者座前踱来踱去。

八、立不中门，过门不践门限。

九、立不一足跛，坐勿展脚如箕，睡眠不仰不伏，右卧如弓。

十、同桌吃饭不另备美食独啖。

十一、不挑剔食之美恶。

十二、食时不叹，不训斥子弟。

（丑）在校

一、升降国旗及唱国歌、校歌时，肃立示敬。

二、师长上下课时，起立致敬。

三、向师长质疑问难，必起立。

四、路遇师长，肃立道旁致敬。

五、听讲时，应端坐或直立；不支颐交股，弯腰，翘足。

六、考试时，不交头接耳，或左顾右盼。

七、安其学而亲其师，乐其友而信其道。

（寅）处世

一、无道人之短，无说己之长。

二、家庭之事，不可向外人言。

三、口为祸福之门，话要经一番考虑再说。

四、见失意人，不说得意语；见老年人，不说衰丧话。

五、交浅不可言深，绝交不出恶声。

六、不侮辱人，不向人开玩笑。

七、与残疾人会面，须格外恭敬。

八、于肩挑小贩苦力，莫讨便宜。

九、施恩求忘，受恩必报；开罪于人须求解，开罪于我应加恕。

十、善人自当亲近，须要久敬；恶人自当敬而远之。

十一、遇事要镇静，做不到的事，莫妄逞能。

十二、瓜田不纳履，李下不整冠。

十三、凡事要合理智，不可偏重感情。

十四、己所不欲，勿施于人。

十五、凡求教他人的事，必须造门请问。

（卯）聚餐

一、座有次序，上座必让长者。

二、入座后不横肱，不伸足。

三、主先举杯敬客，客致谢辞。

四、主人亲自烹调，须向主人礼谢后食。

五、主人敬酒毕，正客须回敬主人。

六、举箸匙，必请大家同举。

七、用箸夹菜，只取向己之一方者，不立起向他角器中取菜。

八、箸匙不向碗盘顶心取菜取汤。

九、公食之器，不用己箸翻搅。

十、匙有余沥必倾尽，方再入公食器中。

十一、自己碗中之肴菜，不可反回公器中。

十二、箸匙所取肴菜，不倍于他人。

十三、食勿响舌，咽勿鸣喉。

十四、公食以不言为原则，须言亦应避免唾沫入公器中。

十五、咳嗽必转身向后。

十六、勿叱狗，不投骨于狗。

十七、碗中不留饭粒。

十八、不对人剔牙齿。

十九、客食未毕，主人不先起。

二十、起席，主逊言慢待，客称谢。

二一、宴毕，主人进巾进茶。

（辰）出门

一、衣冠不求华美，惟须整洁。

二、见长者，必趋致敬。

三、登高不呼，不指，不招呼。

四、路上不吸烟，不嚼食物，不歌唱。

五、乘车见长者必下，见幼者亦须与之额首为礼。

六、夜必归家，因事不能归时，必先告家人。

七、车马繁杂冲区，不招呼敬礼。

八、不立在路上久谈。

九、不走马路中间，越路须先向左右看清，不可与汽车争路。

十、行走时，步履宜稳重，并宜张胸闭口，目向前视。

十一、遇妇女老弱，应尽先让路让座。

十二、途次有人问路，须详为指示；问路于人，须随即称谢。

十三、一人不入古庙，两人不看深井。

十四、逢桥先下马，过渡莫争船。

十五、在舟车上或飞机上，不探首或伸手出窗，并不得随便涕痰。

（巳）访人

一、先立外轻轻扣门，主人让入方入。

二、入内有他客，主人为介绍，须一一为礼，辞出时亦如之。

三、入内见有他客，不可久坐；有事，须请主人另至他所述说。

四、坐谈时见有他客来，即辞出。

五、坐立必正，不倾听，不哗笑。

六、不携一切动物上堂。

七、主人室内之信件文书，概不取看。

八、谈话应答必顾望。

九、将上堂，声必扬。

十、户开亦开，户阖亦阖；有后入者，阖而勿遂。

十一、主人欠伸，或看钟表，即须辞出。

十二、饭及眠时不访客。

十三、晋谒长官尊长，应先鞠躬敬礼，然后就座；及退，亦然。

十四、与长官尊长，及妇女行握手礼时，应俟其先行伸手，然后敬谨与握。

十五、访公教人员，必先问明其上班钟点，不可久坐闲谈。

十六、访客不遇，或留片，或写字登留言牌。

（午）会客

一、见先致敬，熟客道寒暄，生客请姓字住址。

二、及门先趋，为客启阖。

三、每门必让客先行。

四、入门必为客安座。

五、室内有他客，应与介绍，先介幼于长，介卑于尊，介近于远，同伦则介前于后。

六、敬茶果先长后幼，先生后熟。

七、主人必下座，举杯让茶。

八、客去必送致敬，远方客必送至村外或路口。

九、远方客专来，须备饮食寝室，导厕所，导沐浴。

十、远方客去，必送至驿站，望车开远，始返。

（未）旅行

一、将远行，必辞亲友，祭祖辞亲。

二、远到目的地，必先拜访有关人士。

三、归来必谒亲友，或略送土物。

四、远行之亲友辞行，必往送行，事前或赠物，或宴饯。

五、远方客来拜访，须往答拜，或设宴接风。

六、旅人归来拜，须诣回拜，或设宴洗尘。

七、受人之送行及饯别，达到所在地，须一一函谢。

八、人之接风或洗尘毕，须还席。

九、入境问禁，入国问俗，入门问讳。

十、入国不驰，入村里必下车马。

（申）对众

一、他人正谈话，不在中间插言。

二、两人对谈，不向中间穿走。

三、不高声喧哗扰乱他人视听。

四、不横坐，不横腿，不扪脚。

五、不隔席谈话。

六、坐不掀起椅凳之后方。

七、衣帽不加于他人之衣帽上。

八、不向人喷水吐痰。

九、不向人呵欠，舒伸，嚏喷。

（酉）馈赠

一、礼尚往来，来而不往，往而不来，皆非礼也。

二、赐人不曰来取，与人不问所欲。

三、赠人物品，必谦必敬。

四、赠人物品，外必用包裹，婚丧庆寿例外。

五、平素赠物，座有他客，须避观听，远来及初晤，可不避。

六、受赠先略谦辞后受，称谢，逾日须往拜。

七、长者赐，不敢辞。

（戌）庆吊

一、参加吉礼，不谈衰丧话，不戚容，不啼泣。

二、居丧不参加吉礼，只送仪物。

三、丧服不入公门，不观吉礼。

四、贺婚在众宾前，辞不谐谑。

五、临丧不笑。

六、里有殡，不巷歌。

311

七、饭于丧家，酒不赭颜。

八、佩会葬徽章者，礼终即卸去，不佩带他往。

（亥）称呼

一、初见面之人问姓，曰贵姓；问名，曰台甫。自说姓曰敝姓某，说名曰草字某某。

二、有亲戚世交者，应各以其名分彼此相称。普通称人曰先生或某兄，自称曰弟。老者长者，称曰老先生，自称曰后学，或称自名。

三、称人之父曰令尊，母曰令堂。向人称自父母，曰家严，曰家慈。见朋友之父，称老伯，母称伯母，自称晚或侄。

四、称人之祖，曰令祖公，祖母曰令祖太夫人。向人称自祖曰家祖。祖母曰家祖母。见人之祖父祖母，称太老伯、太伯母。自称己名即可。

五、称人之兄弟，曰令兄，曰令弟。向人称自兄弟，曰家兄、舍弟。称人之姊妹，曰令姊令妹。向人称自姊妹，曰家姊舍妹。见人之兄弟，称几先生，或几兄，自称小弟。见人之姊妹，统称几姐，称自曰小弟。（书款则称侍）

六、称人之妻，曰令正或尊夫人。向人称自妻，曰拙荆或贱内。见人之妻称嫂，自称己名。（女子可自称妹）

七、女子称人之夫，曰尊府某先生，向人称自夫，曰外子。见人之夫称某先生，自以避免称呼为佳，如必要时，只称本人即可。

八、称人之子，曰令郎或公子，称人女曰令爱或女公子。向人称自子，曰小儿，女曰小女。见人子称世兄，自称弟，称女曰世姐，自不称。

九、称人之孙及孙女，曰令孙、曰令女孙。向人称自孙，及女孙，曰小孙，曰小女孙。见人之孙及女孙，称几公子几小姐。

十、称人或称自之已故上辈，统加一先字。如称人之故父母，曰令先尊令太夫人；称自之故父母，曰先严先慈之类。称人已故下辈不必另加字，只云"以前某兄"即可；称自故下辈，但加一亡字，或云"以前某某"亦可。

十一、称人之姑丈姑母，曰令姑丈令姑母。向人称自姑丈姑母，曰家姑丈姑母。见人之姑丈姑母，称老先生老太太；交厚者，可称老伯及老伯母。

十二、称人之舅父舅母，曰令母舅令舅母。向人称自舅父舅母，曰家母舅家舅母。见人之舅父舅母，称谓仿前。

十三、称人之岳父岳母，曰令岳令岳母。向人称岳父母，曰家岳家岳母。见人之岳父母，称谓仿前。

十四、称人之内侄，曰令内侄。称人之甥，曰令甥。称人之婿，曰令婿。向人称自内侄、甥、婿，曰敝内侄，曰舍甥，曰小婿。

十五、称人之亲友，曰令亲曰贵友。向人称自亲友，曰舍亲敝友。

十六、称人之师，曰令师，生曰令高足。向人称自师，曰敝业师。称自生曰敝徒。自称师，曰夫子或吾师。称自曰受业，或曰门生。

十七、称人之长官，曰贵某长（院部厅局等）。称人之属员，曰贵部下或贵属。向人称自长官，曰敝某长，称自属员，曰敝同事或敝属，称其某姓某职亦可。

十八、称人之主人，曰贵上，称人之仆，曰尊纪。向人称自主人，曰敝上；称自仆，曰小价。

（附说）

一、称呼一事，本甚繁杂，各地习惯，直接见面之称，尤多不同，故难备载。本编仅录其对外交际通常用者。

二、亲戚之间，称呼甚为微细，每有错一字而贻笑者。兹编本为举要，专为常用，故不详载。

附：

古代常用礼仪用语

○"家"字族：用于对别人称比自己辈分高或年纪大的亲属；家父、家严：谦辞，对别人称自己的父亲；家母、家慈：称自己的母亲；家兄：称自己的兄长。

○"舍"字族：用于对别人称比自己辈分低或年龄小的亲属：舍侄：称自己的侄子；舍弟：称自己的弟弟；舍亲：称自己的亲人；舍间：谦称自己的家，也称"舍下"。

○"鄙"字族：鄙人；谦称自己；鄙意：自己的意见；鄙见：自己的见解。

○"愚"字族：愚兄：向比自己年轻的人称自己；愚见：自己的见解。

○"敝"字族：敝人：谦称自己；敝姓：谦称自己的姓；敝校：谦称自己的学校。

○"拙"字族：拙笔：谦称自己的父亲或书画；拙著、拙作：谦称自己的文章；拙见：谦称自己的见解。

○"小"字族：小人：地位低的人自称；小店：谦称自己的商店。

○"敢"字族：表示冒昧地请示别人：敢问：用于向对方询问问题；敢请：用于请求对方做某事；敢烦：用于麻烦对方做某事。

○"见"字族：见谅：客套话，表示请人谅解；见教：客套话，指教（我），如"有何见教"。

台甫：敬辞，旧时用于问人的表字大号；台驾：敬辞，旧称对方。

台端：敬辞，旧时称对方（多用于机关、团体等给个人的函件）。台安、台祺、台绥：您安好、吉祥、平安。

台鉴：旧时书信套语，用在开头的称呼之后，表示请对方看信。

钧谕：书信中称尊长所说的话。还有钧裁、钧安等。

玉成：成全。例：深望玉成此事。

玉体、玉音：指对方身体或言行。

违教：指离开某人后未见面（多用于书信）。

雅教：称对方对自己的指教。

拜教：恭敬地接受教诲。

昆玉：对别人弟兄的敬称。

稽迟：拖延、不及时。

潭府：尊称他人的宅第。如潭第多福。

惠鉴、钧鉴、雅鉴、台鉴、台览：请您审阅、审查、指教。

谨悉：恭敬地知道。

谨启：恭敬地陈述。

兹有：现在有。

顷按、顷奉：刚刚接到。

奉箴：接到来信。

鉴于：考虑到；

本拟：本来打算。

业示：已经在。

迳与：直接地同。

赓即：接着立即。

不日：不久，不多天。

不时：随时。

歉难：因不能满足对方的要求而表示歉意。

孔殷：十分急切。

售罄：卖完。

鉴宥：请原谅。

不克：不能。

瑕疵：微小的弱点。

迭函：屡次发信。

为荷、是荷：接受你的恩惠（如复函为荷）。

寒门：称自己贫寒的家庭。

寒舍：谦辞，称自己的家。

惠纳、笑纳：接受。

卓夺：高明的决断。

时祉、近祉：现在幸福、近来蛮不错。

商安、教祺：经商、教书安好。

卫冕：指竞赛中保住上次获得的冠军称号。

借光：客套话，用于请别人给自己方便或向人询问。

借重：指借用其他人的力量，多用做敬辞。

金兰：可用做结拜为兄弟姐妹的代称，如"义结金兰"。

问鼎：指谋图夺取政权（中性词）。

劳步：敬辞，用于谢别人来访。

蒙尘：（书）蒙受灰尘，（指君主因战乱逃亡大外）。

名讳：旧时指尊长或所尊敬的人的名字。

内眷：指女眷。

内人：对别人称自己的妻子。

赏脸：客套话，用于请对方接受自己的要求或赠品。

泰山：岳父。

托福：客套话，依赖别人的富气使自己幸运。

当轴：旧时指政府领导者。

挡驾：婉辞，谢绝来客访问。

丁忧：遭到父母的丧事。

鼎力：敬辞，大力（表示请托或感谢时用）。

斗胆：形容大胆（多用作谦词）。

高堂：（书）指父母。

方家："大方之家"的简称，多指精通某种学问、艺术的人。

父执：父亲的朋友。

阁下：敬辞，称对方，多用于外交场合。

更衣：婉辞，上厕所。

股肱：比喻左右辅助得力的人（书）。

合卺（jǐn）：成婚。

归天、归西：婉辞，人死之称。

归省：（书）回家省亲。

海涵：敬辞，大度包容（多用于请人特别原谅时）。

候光：敬辞，等候光临。

候教：敬辞，等候指教。

后学：后进的学者或读书人，多用作谦辞。

麾下：将帅的部下，也作敬辞，称将帅。

刍荛（chúráo 割草打柴的人）之见：称自己浅陋的看法。

过奖、过誉：用于自己受到表扬或夸奖。

马齿徒增：称自己白白增增长年岁。

涂鸦：称自己字写得不好或画画得不好。

借重：指借用其他人的力量，多用做敬辞。

托福：依赖别人的富气使自己幸运。

割爱：放弃心爱的东西（婉辞）。

割席：指与朋友绝交（典出管宁、华歆）。

进见：前去会见，（多指见首长）。

晋见：即进见。

进言：向人提意见（尊敬或客气的口气），如"向您进一言"。

觐见：（书）朝见（君主）。

驾临：敬辞，称对方到来。

金兰：可用做结拜为兄弟姐妹的代称，如"义结金兰"。

317

名讳：旧时指尊长或所尊敬的人的名字。

外舅：(书)岳父。

父执：父亲的朋友。

阁下：敬辞，称对方，多用于外交场合。

后裔：已经死去的人的子孙。

附：

人的称谓

○直称姓名

大致有三种情况：

（1）自称姓名或名。如"五步之内，相如请得以颈血溅大王矣"，"庐陵文天祥自序其诗"。

（2）用于介绍或作传。如"遂与鲁肃俱诣孙权"，"柳敬亭者，扬之泰州人"。

（3）称所厌恶、所轻视的人。如"不幸吕师孟构恶于前，贾余庆献谄于后"。

○称字

古人幼时命名，成年（男20岁、女15岁）取字，字和名有意义上的联系。字是为了便于他人称谓，对平辈或尊辈称字出于礼貌和尊敬。如称屈平为屈原，司马迁为司马子长，陶渊明为陶元亮，李白为李太白，杜甫为杜子美，韩愈为韩退之，柳宗元为柳子厚，欧阳修为欧阳永叔，司马光为司马君实，苏轼为苏子瞻，苏辙为苏子由等。

○称号

号又叫别号、表号。名、字与号的根本区别是：前者由父亲或尊长取定，后者由自己取定。号，一般只用于自称，以显示某种志趣或抒发某种情感；对人称号也是一种敬称。如：陶潜号五柳先生，李白号青莲居士，杜甫号少陵野老，白居易号香山居士，李商隐号玉溪生，贺知章晚年自号四明狂客，欧阳修号醉翁、晚年又号六一居士，王安石晚年号半山，苏轼号东坡居士，陆游号放翁，文天祥号文山，辛弃疾号稼轩，李清照号易安居士，杨万里号诚斋，罗贯中号湖海散人，关汉卿号已斋叟，吴承恩号射阳山人，方苞号望溪，吴趼人号我佛山人，袁枚号随园老人，刘鹗号洪都百炼生。

○称谥号

古代王侯将相、高级官吏、著名文士等死后被追加的称号叫谥号。如称陶渊明为靖节征士，欧阳修为欧阳文忠公，王安石为王文公，范仲淹为范文正公，王翱为王忠肃公，左光斗为左忠毅公，史可法为史忠烈公，林则徐为林文忠公。而称奸臣秦桧为缪丑则是一种"恶谥"。

319

○称斋名

指用斋号或室号来称呼。如南宋诗人杨万里的斋名为诚斋，人们称其为杨诚斋；姚鼐因斋名为惜抱轩而被称为姚惜抱、惜抱先生。再如称蒲松龄为聊斋先生，梁启超为饮冰室主人，谭嗣同为谭壮飞（其斋名为壮飞楼）。

○称籍贯

如唐代诗人孟浩然是襄阳人，故而人称孟襄阳；张九龄是曲江人，故而人称张曲江；柳宗元是河东（今山西永济）人，故而人称柳河东；北宋王安石是江西临川人，故而人称王临川；明代戏曲家汤显祖被称为汤临川（江西临川人）；清初学者顾炎武是江苏昆山亭林镇人，被称为顾亭林；康有为是广东南海人，人称康南海；北洋军阀首领袁世凯被称为袁项城（河南项城人）。清末有一副饱含讥刺的名联："宰相合肥天下瘦，司农常熟世间荒。"上联"合肥"指李鸿章（安徽合肥人），下联"常熟"即指出生江苏常熟的翁同龢。

○称郡望

韩愈虽系河内河阳（今河南孟县）人，但因昌黎（今辽宁义县）韩氏为唐代望族，故韩愈常以"昌黎韩愈"自称，世人遂称其为韩昌黎。再如苏轼本是四川眉州人，可他有时自己戏称"赵郡苏轼"、"苏赵郡"，就因为苏氏是赵郡的望族。

○称官名

如"孙讨虏聪明仁惠"，"孙讨虏"即孙权，因他曾被授讨虏将军的官职，故称。《梅花岭记》有"经略从北来"、"谓颜太师以兵解，文少保亦以悟大光明法蝉脱"句，"经略"是洪承畴的官职，"太师"是颜真卿官职"太子太师"的省称，"少保"则是文天祥的官职。《与妻书》："司马春衫，吾不能学太上之忘情也。""司马"指白居易，曾任江州司马。把官名用作人的称谓在古代相当普遍，如称贾谊为贾太傅；"竹林七贤"之一的阮籍曾任步兵校尉，世称阮步兵；嵇康曾拜中散大夫，世称嵇中散；东晋大书法家王羲之官至右军将军，至今人们还称其王右军；王维曾任尚书右丞，世称王右丞；杜甫曾任左拾遗，故而被称为杜拾遗，又因任过检校工部员外郎，故又被称为杜工部；刘禹锡曾任太子宾客，被称为刘宾客；柳永曾任屯田员外郎，被称为柳屯田；苏轼曾任端明殿翰林学士，被称为苏学士。

○称爵名

《训俭示康》"近世寇莱公豪侈冠一时"，寇准的爵号是莱国公，莱公是省称。《梅花岭记》"和硕豫亲王以先声呼之"，清代多铎被封为豫亲王。《柳敬亭传》"宁南南下，皖帅欲结欢宁南，致敬亭于幕府"，宁南是明末左良玉爵号宁南侯的省称。再如诸葛亮曾封爵武乡侯，所以后人以武侯相称；南北朝诗人谢灵运袭其祖谢玄的爵号康乐公，故世称谢康乐；唐初名相魏徵曾封爵郑国公，故世称魏郑公；名将郭子仪在平定"安史之乱"中因功封爵汾阳郡王，世称郭汾阳；大书法家褚遂良封爵河南郡公，世称褚河南；北宋王安石封爵荆国公,世称王荆公;司马光曾封爵温国公,世称司马温公;明初朱元璋的大臣刘基封爵诚意伯,人们以诚意伯相称。

○称官地

指用任官之地的地名来称呼。如《赤壁之战》:"豫州今欲何至?"因刘备曾任豫州刺史,故以官地称之。再如贾谊曾贬为长沙王太傅,世称贾长沙;"建安七子"之一的孔融曾任北海相,世称孔北海;陶渊明曾任彭泽县令,世称陶彭泽;骆宾王曾任临海县丞,世称骆临海;岑参曾任嘉州刺史,世称岑嘉州;韦应物曾任苏州刺史,世称韦苏州;柳宗元曾任柳州刺史,世称柳柳州;贾岛曾任长江县主簿,世称贾长江,他的诗集就叫《长江集》。

○兼称

如《游褒禅山记》"四人者,庐陵萧君圭君玉,长乐王回深父,余弟安国平父、安上纯父",前两人兼称籍贯、姓名及字,后两人先写与作者关系,再称名和字;《五人墓碑记》"贤士大夫者,同卿因之吴公,太史文起文公,孟长姚公也",前两人兼称官职、字和姓,后一人称字和姓;《梅花岭记》"督相史忠烈公知势不可为",兼称官职与谥号,"马副使鸣騄、任太守民育及诸将刘都督肇基等皆死",兼称姓、官职和名;《促织》"余在史馆,闻翰林天台陶先生言博鸡者事",兼称官职、籍贯和尊称。

○谦称

(1)表示谦逊的态度,用于自称。愚,谦称自己不聪明。鄙,谦称自己学识浅薄。敝,谦称自己或自己的事物不好。卑,谦称自己身份低微。窃,有私下、私自之意,使用它常有冒失、唐突的含义在内。臣,谦称自己不如对方的身份地位高。仆,谦称自己是对方的仆人,使用它含有为对方效劳之意。

(2)古代帝王的自谦词有孤(小国之君)、寡(少德之人)、不谷(不善)。

(3)古代官吏的自谦词有下官、末官、小吏等。

（4）读书人的自谦词有小生、晚生、晚学等，表示自己是新学后辈；如果自谦为不才、不佞、不肖，则表示自己没有才能或才能平庸。

（5）古人称自己一方的亲属朋友时，常用"家"、"舍"等谦词。"家"是对别人称自己的辈份高或年纪大的亲属时用的谦词，如家父、家母、家兄等。"舍"用以谦称自己的家或自己的卑幼亲属，前者如寒舍、敝舍，后者如舍弟、舍妹、舍侄等。

（6）其他自谦词有：因为古人坐席时尊长者在上，所以晚辈或地位低的人谦称在下；小可是有一定身份的人的自谦，意思是自己很平常、不足挂齿；小子是子弟晚辈对父兄尊长的自称；老人自谦时用老朽、老夫、老汉、老拙等；女子自称妾；老和尚自称老衲；对别国称自己的国君为寡君。

○**敬称**

表示尊敬客气的态度，也叫"尊称"。

（1）对帝王的敬称有万岁、圣上、圣驾、天子、陛下等。驾，本指皇帝的车驾。古人认为皇帝当乘车行天下，于是用"驾"代称皇帝。古代帝王认为他们的政权是受命于天而建立的，所以称皇帝为天子。古代臣子不敢直达皇帝，就告诉在陛（宫殿的台阶）下的人，请他们把意思传达上去，所以用陛下代称皇帝。

（2）对皇太子、亲王的敬称是殿下。

（3）对将军的敬称是麾下。

（4）对有一定地位的人的敬称：对使节称节下；对三公、郡守等有一定社会地位的人称阁下，现在多用于外交场合，如大使阁下。

（5）对于对方或对方亲属的敬称有令、尊、贤等。令，意思是美好，用于称呼对方的亲属，如令尊（对方父亲）、令堂（对方母亲）、令阃（对方妻子）、令兄（对方的哥哥）、令郎（对方的儿子）、令爱（对方的女儿）。尊，用来称与对方有关的人或物，如尊上（称对方父母）、尊公、尊君、尊府（皆称对方父亲）、尊堂（对方母亲）、尊亲（对方亲戚）、尊驾（称对方）、尊命（对方的嘱咐）、尊意（对方的意思）。贤，用于称平辈或晚辈，如贤家（称对方）、贤郎（称对方的儿子）、贤弟（称对方的弟弟）。仁，表示爱重，应用范围较广，如称同辈友人中长于自己的人为仁兄，称地位高的人为仁公等。

（6）称年老的人为丈、丈人，如"子路从而后，遇丈人"（《论语》）。唐朝以后，丈、丈人专指妻父，又称泰山，妻母称丈母或泰水。

（7）称谓前面加"先"，表示已死，用于敬称地位高的人或年长的人，如称已死的皇帝为先帝，称已经死去的父亲为先考或先父，称已经死去的母亲为先慈或先妣，称已死去的有才德的人为先贤。称谓前加"太"或"大"表示再长一辈，如称帝王的母亲为太后，称祖父为大（太）父，称祖母为大（太）母。唐代以后，对已死的皇帝多称庙号，如唐太宗、唐玄宗、宋太祖、宋仁宗、元世祖、明太祖等；明清两代，也用年号代称皇帝，如称朱元璋为洪武皇帝，称朱由检为崇祯皇帝，称玄烨为康熙皇帝，称弘历为乾隆皇帝。

（8）对尊长者和用于朋辈之间的敬称有君、子、公、足下、夫子、先生、大人等。

（9）君对臣的敬称是卿或爱卿。

（10）对品格高尚、智慧超群的人用"圣"来表敬称，如称孔子为圣人，称孟子为亚圣。后来，"圣"多用于帝王，如圣上、圣驾等。

○贱称

表示轻慢斥骂的态度。如《荆轲刺秦王》："今往而不反者，竖子也。"《毛遂自荐》："白起，小竖子耳。"《鸿门宴》："竖子不足与谋！"《孔雀东南飞》："小子无所畏，何敢助妇语！"

○特殊称谓

主要有以下四种：

（1）百姓的称谓。常见的有布衣、黔首、黎民、生民、庶民、黎庶、苍生、黎元、氓等。

（2）职业的称谓。对一些以技艺为职业的人，称呼时常在其名前面加一个表示他的职业的字眼，让人一看就知道这人的职业身份。如《庖丁解牛》中的"庖丁"，"丁"是名，"庖"是厨师，表明职业。《师说》中的"师襄"和《群英会蒋干中计》中提到的"师旷"，"师"，意为乐师，表明职业。《柳敬亭传》中的"优孟"，是指名叫"孟"的艺人。"优"，亦称优伶、伶人，古代用以称以乐舞戏谑为职业的艺人，后亦称戏曲演员。

（3）不同的朋友关系之间的称谓。贫贱而地位低下时结交的朋友叫"贫贱之交"；情谊契合、亲如兄弟的朋友叫"金兰之交"；同生死、共患难的朋友叫"刎颈之交"；在遇到磨难时结成的朋友叫"患难之交"；情投意合、友谊深厚的朋友叫"莫逆之交"；从小一块儿长大的异性好朋友叫"竹马之交"；以平民身份相交往的朋友叫"布衣之交"；辈份不同、年龄相差较大的朋友叫"忘年交"；不拘于身份、形迹的朋友叫"忘形交"；不因贵贱的变化而改变深厚友情的朋友叫"车笠交"；在道义上彼此支持的朋友叫"君子交"；心意相投、相知很深的朋友叫"神交"（"神交"也指彼此慕名而未见过面的朋友）。

（4）年龄的称谓。古人的年龄有时不用数字表示，不直接说出某人多少岁或自己多少岁，而是用一种与年龄有关的称谓来代替。垂髫是三四岁至岁的儿童（髫，古代儿童头上下垂的短发）。总角是岁至十三四岁的少年（古代儿童将头发分作左右两半，在头顶各扎成一个结，形如两个羊角，故称"总角"）。豆蔻是十三四岁至十五六岁（豆蔻是一种初夏开花的植物，初夏还不是盛夏，比喻人还未成年，故称未成年的少年时代为"豆蔻年华"）。束发是男子十五岁（到了十五岁，男子要把原先的总角解散，扎成一束）。弱冠是男子二十岁（古代男子二十岁行冠礼，表示已经成人，因为还没达到壮年，故称"弱冠"）。而立是男子三十岁（立，"立身、立志"之意）。不惑是男子四十岁（不惑，"不迷惑、不糊涂"之意）。

知命是男子五十岁（知命，"知天命"之意）。花甲是六十岁。古稀是七十岁。耄耋指八九十岁。期颐指一百岁。

附：

古代礼貌用语

中途先走说：失陪？　请人勿送说：留步

送人远行说：平安？　宾客来到说：光临

等候别人说：恭候？　没能迎接说：失迎

需要考虑说：斟酌？　无法满足说：抱歉

请人谅解说：包涵？　希望照顾说：关照

赞人见解说：高见？　归还物品说：奉还

老人年龄说：高寿？　身体不适说：欠安

看望别人说：拜访？　请改文章说：斧正

接受好意说：领情？　求人指点说：赐教

向人询问说：请问？　请人协助说：费心

请人解答说：请教？　与人相见说：您好

问人姓氏说：贵姓？　问人住址说：府上

客人入座说：请坐？　陪伴朋友说：奉陪

临分别时说：再见？　言行不妥：对不起

慰问他人说：辛苦？　迎接客人说：欢迎

请人赴约说：赏光？　对方来信说：惠书

自己住家说：寒舍？　请人接受说：笑纳

送人照片说：惠存？　欢迎购买说：惠顾

得人帮助说：谢谢？　祝人健康说：保重

向人祝贺说：恭喜？　求人办事说：拜托

麻烦别人说：打扰？ 求人方便说：借光

仰慕已久说：久仰？ 长期未见说：久违

求人帮忙说：劳驾

附：

传统礼仪动作详解

○拱手礼

在胸前拢手，由前向后收，呈拱手形。向前推，不躬身。

视距离远近，可高，不能低于胸。

日常相见礼，送别礼。

○揖礼

在胸前抱手，轻于抱拳，重于拱手。略躬身或不躬身。

用于日常行礼，敬长上，同学朋友互敬。

○一拜礼（拜礼）

展臂，至胸前合，拢手。男左手前，女右手前。躬身（30度）。手臂随腰部动，头不动。

用于初相见，敬长上，行家礼。只行一个。

常规大礼。

○两拜礼（再拜礼）

展臂，至面部前，拢手。躬身（45度）。手臂随腰部动，头不动。

用于向长上行大礼。一般行一个，叫"拜"。最多行两个，叫"再拜"。

○三拜礼（再拜额手礼）

立定，挺身，庄重。

"双手附心"。双手附在胸腹之间，男生左手在前，女生右手在前。叠并，两肘与手成直线。双手表示"与天地合其德"。天德大刚健，大恒久，大信用，大起始。地德大承载，大包容，大丰富，大付出。两德兼备而各有显。显德可以因时因境而变化。

"高揖"。双手向前上方推出，推至额头前方，两臂伸直。

"行礼（拜）"。头、颈、手臂皆不动，腰部下躬，深躬（90度）。

"兴"。起身，双手升至额前。

"再行礼（再拜）"。

"兴"。

"额手"。双手贴向额头，再推出。

"三行礼（三拜）"。

"兴"。

"礼成。"双手复位，至胸腹间。

用于敬天地祖先先师，特定场合敬父母，行人生大礼。

用于集体行大礼。

大礼站着行要行三个，叫"再拜额手"，相当于古代的"再拜稽首"。

○叩首礼

古人因为席地坐在小腿和脚后跟上，叫"踞"、"正坐"，行这个大礼很方便。

古人行的最大礼是"再拜叩首礼"。先踞坐下去，挺直身，臀部不要离开小腿，也就是不要跪起来。先行拜礼，行两个。拜礼的动作是，双手在额前揖起，下落，手拜至前面地面，身子随手臂前倾。行第三个礼时，两手下行，分开，手心向上。躬身，手背贴在侧前方地面上，额头叩至地面。第三个礼仪动作也可以双手不分开，额头叩至手心。这三个礼仪动作表示越来越敬。今人可以再拜叩首，也可以只行一个叩首礼。站着行就是"再拜额手礼"和"额手礼"。三，表示多，再多也还是三。

只用于特定大礼，如敬天敬地敬祖先，特定场合敬先师，特定

327

场合敬亲生父母辈祖辈，结婚那一天夫妻对拜。不可以随便行。随便行是亵渎礼仪，亵渎对方。

○执手礼

双手平伸并出，晚辈手心向下，长辈手心向上，长辈握住晚辈的手。长辈可以坐着，执晚辈之手。

家庭礼仪。结婚时夫妻礼仪。

○交手礼

仅用于生向孔夫子行拜师礼时，师代孔夫子还礼。孔子像上，孔夫子用的是这个还礼动作。双手在胸前交叉叠并，推出，平视。

师不能随便还这个礼。

○鞠躬礼

垂手，躬身。鞠躬幅度可大可小，越下越敬。

颌首、躬身，长者用于还礼。

○附手礼

双手附胸腹间，上手男左女右。

行大礼前站姿，升国旗站姿。表示诚意正心。

握手、挥手、摆手、招手、拥抱、起身、鼓掌、点头、躬身、应答、微笑、示请、示让，也是礼仪，属于"仪"、"貌"的范畴。

以上礼仪动作看似复杂，而平常只用朋友间平等对等的拱手礼和敬长的一拜礼。对方怎么行，自己怎么还，很简单。

礼的规则是有来有往，双向对等、有序有位。对方行礼，必须还礼。无论地位多高，辈份多长，都要还礼，否则就是失礼和无礼。应答、点头、躬身，都是还礼。

给天地祖先先师行礼，天地祖先先师不还礼。因为他们一直在对我们"施礼"，我们只是在还礼，报答。

礼仪动作根据礼仪的两个基本价值规则和礼义而生而定。以上只是基本规范。礼仪动作可以有变化。各地文化、风俗、习惯不同，礼仪动作也有差异。有基本定式，又有不同，才能区别，才能适宜。日本、韩国、其他儒教文化影响的国家和地区，保留有儒教文化传统，都是儒教文化的支脉。按自己的传统行礼，这样就有别有位了，适宜了。中国大陆地区，礼仪被君权弄到极端，如今业已中断，要回到周礼的本原，结合西方文化的成果，制定礼仪，接通古今中外。各地实行起来还可以有差别。

新礼继承古礼，礼仪动作拉开人的距离，使互敬。同时发展变化，顺应人心，拉近人的距离，增加"执手"礼，使互爱。通两得中合宜。

礼仪动作一改卑下之相，乾德刚毅正大，坤德典雅尊贵。行礼人乾坤合德。

总结

礼的内在规则：施报双向，平等对等，有序有位。

礼的功用是：礼生敬，敬生情，敬情生神圣。礼生之敬，可移于工作、学习、待人，敬业、敬事、敬人、受敬，人是一流人。人失去了礼仪、仪式，也就没有了敬，凡事皆不敬，成了二流三流人。祖先的礼仪动作，先使人生敬。握手只能生情，不能生敬。

升人品，提国格，非礼不能。

礼以直道为中，兼行重道，兼行恕道。

施的规则：卑己尊人，行敬让之道。

报的规则：以直道相报，来而有往，投桃报李。可以重报，投我木桃，报以琼瑶。不可以反报，不可以轻报，不可以不报。

三、敦勉劝学

劝学

战国·荀况

【题解】 荀况（前 313 ～前 238），战国末期赵国猗氏（今山西安泽县）人，著名思想家、文学家、政治家，先秦儒家的最后代表人物。荀子提倡"性恶论"，其学说常被后人拿来跟孟子的"性善说"比较，与其弟子撰成《荀子》一书。本文选自《荀子》一书首篇。本篇较系统地论述了学习的理论和方法。前一部分论述学习的重要性，后一部分论述学习的步骤、内容、途径等有关问题；而以"学不可以已"作为贯穿全文的中心思想。在荀子看来，学习可以增长知识才干，修养品德气质；持之以恒、坚持不懈是正确的学习态度；要学习儒家经典，同时要善于向贤者求教，也要善于教人；学习要善始善终，切忌半途而废，以期达到完全而纯粹的精神境界。

君子曰：学不可以已。青、取之于蓝，而青于蓝；冰、水为之，而寒于水。木直中绳，輮以为轮，其曲中规，虽有槁暴，不复挺者，輮使之然也。故木受绳则直，金就砺则利，君子博学而日参省乎己，则知明而行无过矣。

故不登高山，不知天之高也；不临深溪，不知地之厚也；不闻先王之遗言，不知学问之大也。干、越、夷、貊之子，生而同声，

天下事有難易乎為之則
難者亦易矣不為則易者
亦難矣古人語之亦未 志秀書

长而异俗，教使之然也。诗曰："嗟尔君子，无恒安息。靖共尔位，好是正直。神之听之，介尔景福。"神莫大于化道，福莫长于无祸。

吾尝终日而思矣，不如须臾之所学也。吾尝跂而望矣，不如登高之博见也。登高而招，臂非加长也，而见者远；顺风而呼，声非加疾也，而闻者彰。假舆马者，非利足也，而致千里；假舟楫者，非能水也，而绝江河。君子生非异也，善假于物也。

南方有鸟焉，名曰蒙鸠，以羽为巢，而编之以发，系之苇苕，风至苕折，卵破子死。巢非不完也，所系者然也。西方有木焉，名曰射干，茎长四寸，生于高山之上，而临百仞之渊，木茎非能长也，所立者然也。蓬生麻中，不扶而直；白沙在涅，与之俱黑。兰槐之根是为芷，其渐之滫，君子不近，庶人不服。其质非不美也，所渐者然也。故君子居必择乡，游必就士，所以防邪辟而近中正也。

物类之起，必有所始。荣辱之来，必象其德。肉腐出虫，鱼枯生蠹。怠慢忘身，祸灾乃作。强自取柱，柔自取束。邪秽在身，怨之所构。施薪若一，火就燥也，平地若一，水就湿也。草木畴生，禽兽群焉，物各从其类也。是故质的张，而弓矢至焉；林木茂，而斧斤至焉；树成荫，而众鸟息焉。醯酸，而蜹聚焉。故言有招祸也，行有招辱也，君子慎其所立乎！

积土成山，风雨兴焉；积水成渊，蛟龙生焉；积善成德，而神明自得，圣心备焉。故不积跬步，无以致千里；不积小流，无以成江海。骐骥一跃，不能十步；驽马十驾，功在不舍。锲而舍之，朽木不折；锲而不舍，金石可镂。蚓无爪牙之利，筋骨之强，上食埃土，下饮黄泉，用心一也。蟹八跪而二螯，非蛇鳝之穴，无可寄托者，用心躁也。是故无冥冥之志者，无昭昭之明；无惛惛之事者，无赫赫之功。行衢道者不至，事两君者不容。目不能两视而明，耳不能两听而聪。螣蛇无足而飞，梧鼠五技而穷。诗曰："尸鸠在桑，其子七兮。淑人君子，其仪一兮。其仪一兮，心如结兮。"故君子结于一也。

昔者瓠巴鼓瑟，而流鱼出听；伯牙鼓琴，而六马仰秣。故声无小而不闻，行无隐而不形。玉在山而草木润，渊生珠而崖不枯。为善不积邪，安有不闻者乎！

学恶乎始？恶乎终？曰：其数则始乎诵经，终乎读礼；其义则始乎为士，终乎为圣人。真积力久则入。学至乎没而后止也。故学数有终，若其义则不可须臾舍也。为之人也，舍之禽兽也。故书者、政事之纪也；诗者、中声之所止也；礼者、法之大分，类之纲纪也。故学至乎礼而止矣。夫是之谓道德之极。礼之敬文也，乐之中和也，诗书之博也，春秋之微也，在天地之间者毕矣。

君子之学也，入乎耳，着乎心，布乎四体，形乎动静。端而言，蠕而动，一可以为法则。小人之学也，入乎耳，出乎口；口耳之间，则四寸耳，曷足以美七尺之躯哉！古之学者为己，今之学者为人。君子之学也，以美其身；小人之学也，以为禽犊。故不问而告谓之傲，问一而告二谓之囋。傲、非也，囋、非也；君子如向矣。

学莫便乎近其人。礼乐法而不说，诗书故而不切，春秋约而不速。方其人之习君子之说，则尊以遍矣，周于世矣。故曰：学莫便乎近其人。

学之经莫速乎好其人，隆礼次之。上不能好其人，下不能隆礼，安特将学杂识志，顺诗书而已耳。则末世穷年，不免为陋儒而已。将原先王，本仁义，则礼正其经纬蹊径也。若挈裘领，诎五指而顿之，顺者不可胜数也。不道礼宪，以诗书为之，譬之犹以指测河也，以戈舂黍也，以锥餐壶也，不可以得之矣。故隆礼，虽未明，法士也；不隆礼，虽察辩，散儒也。

问楛者，勿告也；告楛者，勿问也；说楛者，勿听也。有争气者，勿与辩也。故必由其道至，然后接之；非其道则避之。故礼恭，而后可与言道之方；辞顺，而后可与言道之理；色从而后可与言道之致。故未可与言而言，谓之傲；可与言而不言，谓之隐；不观气色而言，谓瞽。故君子不傲、不隐、不瞽，谨顺其身。诗曰：

"匪交匪舒，天子所予。"此之谓也。

百发失一，不足谓善射；千里蹞步不至，不足谓善御；伦类不通，仁义不一，不足谓善学。学也者，固学一之也。一出焉，一入焉，涂巷之人也；其善者少，不善者多，桀纣盗跖也；全之尽之，然后学者也。

君子知夫不全不粹之不足以为美也，故诵数以贯之，思索以通之，为其人以处之，除其害者以持养之。使目非是无欲见也，使口非是无欲言也，使心非是无欲虑也。及至其致好之也，目好之五色，耳好之五声，口好之五味，心利之有天下。是故权利不能倾也，群众不能移也，天下不能荡也。生乎由是，死乎由是，夫是之谓德操。德操然后能定，能定然后能应。能定能应，夫是之谓成人。天见其明，地见其光，君子贵其全也。

劝学

秦·吕不韦

【题解】 本文选自《吕氏春秋》.该书是在秦国丞相吕不韦主持下，集合门客们编撰的一部黄老道家名著。成书于秦始皇统一中国前夕。此书以道家思想为主干贯穿全书始终，融合各家学说，集先秦道家之大成，是秦道家的代表作。该文强调了学习的重要性，重视和强调环境的作用，提出"反情以教"、"师生同体"的教学原则，提出学习者应持的正确态度和方法等，至今仍有十分重要的启发借鉴意义。

先王之教，莫荣于孝，莫显于忠。忠孝，人君人亲之所甚欲也；显荣，人子人臣之所甚愿也。然而人君人亲不得其所欲，人子人臣不得其所愿，此生於不知理义。不知义理，生于不学。学者师达而有材，吾未知其不为圣人。圣人之所在，则天下理焉。在右则右重，在左则左重，是故古之圣王未有不尊师者也。尊师则不论其贵贱贫富矣。若此则名号显矣，德行彰矣。故师之教也，不争轻重尊卑贫富，而争于道。其人苟可，其事无不可。所求尽得，所欲尽成，此生于得圣人。圣人生于疾学。不疾学而能为魁士名人者，未之尝有也。疾学在于尊师。师尊则言信矣，道论矣。故往教者不化，召师者不化；自卑者不听，卑师者不听。师操不化不听之术，而以强教之，欲道之行、身之尊也，不亦远乎？学者处不化不听之势，而以自行，欲名之显、身之安也，是怀腐而欲香也，是入水而恶濡也。

凡说者，兑之也，非说之也。今世之说者，多弗能兑，而反说之。夫弗能兑而反说，是拯溺而垂之以石也，是救病而饮之以堇也。使世益乱、不肖主重惑者，从此生矣。故为师之务，在于胜理，在于行义。理胜义立则位尊矣，王公大人弗敢骄也，上至于天子，朝之而不惭。凡遇合也，合不可必。遗理释义，以要不可必，而欲人之尊之也，不亦难乎？故师必胜理行义然后尊。

曾子曰："君子行於道路，其有父者可知也，其有师者可知也。夫无父而无师者，馀若夫何哉！"此言事师之犹事父也。曾点使曾参，过期而不至，人皆见曾点曰："无乃畏邪？"？曾点曰："彼虽畏，我存，夫安敢畏？"孔子畏于匡，颜渊后，孔子曰："吾以汝为死矣。"颜渊曰："子在，回何敢死？"颜回之于孔子也，犹曾参之事父也。古之贤者与，其尊师若此，故师尽智竭道以教。

长歌行

佚名

【题解】 《长歌行》作者不详，是一首汉乐府诗，是劝诫世人惜时奋进的名篇。选自《乐府诗集》。

> 青青园中葵，朝露待日晞。
> 阳春布德泽，万物生光辉。
> 常恐秋节至，焜黄华叶衰。
> 百川东到海，何时复西归？
> 少壮不努力，老大徒伤悲。

劝学箴

魏·曹丕

【题解】 作者简介同前。该文选自《昭明文选》中的曹丕《典论·论文》。

盖文章，经国之大业，不朽之盛事。年寿有时而尽，荣乐止乎其身；二者必至之常期，未若文章之无穷。是以古之作者，寄身于翰墨，见意于篇籍；不假良史之辞，不托飞驰之势；而声名自传于后。故西伯幽而演易，周旦显而制礼；不以隐约而弗务，不以康乐而加思。夫然则古人贱尺璧而重寸阴，惧乎时之过已。而人多不强力，贫贱则慑于饥寒，富贵则流于逸乐；遂营目前之务，而遗千载之功。日月逝于上，体貌衰于下，忽然与万物迁化，斯志士之大痛也！

杂诗两首

晋·陶渊明

【题解】 作者简介同前。本诗出《陶渊明集》。

（一）

人生无根蒂，飘如陌上尘。
分散逐风转，此已非常身。
落地为兄弟，何必骨肉亲！
得欢当作乐，斗酒聚比邻。
盛年不重来，一日难再晨。
及时当勉励，岁月不待人。

（二）

盛年不再来，一日难再晨。
及时当勉励，岁月不待人。

劝学

唐·颜真卿

【题解】 颜真卿（709～784），字清臣，别号应方，京兆万年（今陕西西安）人，祖籍琅邪临沂（今山东临沂），唐代名臣、杰出的书法家。本诗出自《颜鲁公集》。

三更灯火五更鸡，正是男儿读书时。
黑发不知勤学早，白首方悔读书迟。

劝学诗

唐·韩愈

【题解】 作者简介同前。本诗出自《韩昌黎集》。

读书患不多，思义患不明。
患足己不学，既学患不行。

劝学文

唐·白居易

【题解】 作者简介同前。本诗选自《白氏长庆集》。

有田不耕仓廪空，有书不读子孙愚。
仓廪虚兮岁月乏，子孙愚兮礼义疏。
若惟不耕与不教，是乃父兄之过欤。

金缕衣

唐·杜秋娘

【题解】 杜秋娘（约 791～? ），《资治通鉴》称杜仲阳，后世多称为"杜秋娘"，是唐代金陵人。本诗出自《全唐诗》。

劝君莫惜金缕衣，劝君惜取少年时。
有花堪折直须折，莫待无花空折枝。

真宗皇帝劝学谕（外一首）

宋·赵恒

【题解】 赵恒（968～1022），即宋真宗。本文选自《千家诗》。

为学好，不学不好。学者如禾如稻，不学者如蒿如草。如禾如稻兮，国之精粮，世之大宝；如蒿如草兮，耕者憎嫌，锄者烦恼。他日面墙，悔之已老。

励学篇

宋·赵恒

富家不用买良田，书中自有千钟粟。
安居不用架高楼，书中自有黄金屋。
娶妻莫恨无良媒，书中自有颜如玉。
出门莫恨无人随，书中车马多如簇。
男儿欲遂平生志，五经勤向窗前读。

劝学文

宋·柳永

【题解】 柳永（约984～1053），原名三变，字景庄，后改名柳永，字耆卿，因排行第七，又称柳七，福建崇安人。北宋词人，婉约派代表人物。本文选自《京江柳氏宗谱》。

父母养其子而不教，是不爱其子也。虽教而不严，是亦不爱其子也。父母教而不学，是子不爱其身也。虽学而不勤，是亦不爱其身也。是故养子必教，教则必严；严则必勤，勤则必成。学则庶人之子为公卿，不学则公卿之子为庶人。

劝学谕

宋·赵祯

【题解】 赵祯（1010～1063），初名受益，1018年进封升王，九月立为皇太子，赐名赵祯。本文选自《宋史》卷九。

朕观无学人，无物堪比伦。若比于草木，草有灵芝木有椿。若比于禽兽，禽有鸾凤兽有麟。若比于粪土，粪滋五谷土养民。世间无限物，无比无学人。

书院

宋·刘过

【题解】 刘过（1154～1206），字改之，号龙洲道人，吉州太和（今江西泰和县）人，南宋文学家，有《龙洲集》、《龙洲词》存世。

力学如力耕，勤惰尔自知。但使书种多，会有岁稔时。

劝学文

344

宋·王安石

【题解】 作者简介同前。本文选自《临川先生文集》。

读书不破费，读书万倍利。书显官人才，书添官人智。
有即起书楼，无即置书柜。窗下看古书，灯下寻书义。
贫者因书富，富者因书贵。愚者得书贤，贤者得书利。
只见读书荣，不见读书坠。卖金买书读，读书买金易。
好书最难逢，好书真难致。奉劝读书人，好书在心记。

钻研
志趣
画

为学

宋·朱熹　吕祖谦

【题解】　作者简介同前。本文选自朱熹、吕祖谦辑《近思录》卷二。

濂溪先生曰：圣希天，贤希圣，士希贤。伊尹、颜渊，大贤也。伊尹耻其君不为尧、舜，一夫不得其所，若挞于市；颜渊不迁怒，不贰过，三月不违仁。志伊尹之所志，学颜子之所学，过则圣，及则贤，不及则亦不失于令名。

圣人之道，入乎耳，存乎心，蕴之为德行，行之为事业。彼以文辞而已者，陋矣。

或问："圣人之门，其徒三千，独称颜子为好学。夫《诗》《书》六艺，三千子非不习而通也，然则颜子所独好者何学也？"伊川先生曰："学以至圣人之道也。""圣人可学而至欤？"曰："然。""学之道如何？"曰："天地储精，得五行之秀者为人。其本也真而静；其未发也，五性具焉，曰仁义礼智信。

形既生矣，外物触其形而动其中矣。其中动而七情出焉，曰喜、怒、哀、惧、爱、恶、欲。情既炽而益荡，其性凿矣。是故觉者，约其情使合于中，正其心，养其性；愚者则不知制之，纵其情而至于邪僻，梏其性而亡之。然学之道，必先明诸心，知所往，然后力行以求至，所谓自明而诚也。诚之之道，在乎信道笃，信道笃则行之果，行之果则守之固。仁义忠信不离乎心，造次必于是，颠沛必于是，出处语默必于是。久而弗失，则居之安，动容周旋中

346

礼，而邪僻之心无自生矣。故颜子所事，则曰：'非礼勿视，非礼勿听，非礼勿言，非礼勿动。'仲尼称之，则曰：'得一善，则拳拳服膺而弗失之矣。'又曰：'不迁怒，不贰过。有不善未尝不知，知之未尝复行也。'此其好之笃、学之之道也。然圣人则不思而得，不勉而中；颜子则必思而后得，必勉而后中，其与圣人相去一息。所未至者，守之也，非化之也。以其好学之心，假之以年，则不日而化矣。后人不达，以谓圣本生知，非学可至，而为学之道遂失。不求诸己而求诸外，以博闻强记、巧文丽辞为工，荣华其言，鲜有至于道者。则今之学，与颜子所好异矣。"横渠先生问于明道先生曰："定性未能不动，犹累于外物，何如？"明道先生曰："所谓定者，动亦定，静亦定，无将迎，无内外。苟以外物为外，牵己而从之，是以己性为有内外也。且以性为随物于外，则当其在外时，何者为在内？是有意于绝外诱而不知性之无内外也。既以内外为二本，则又乌可遽语定哉？夫天地之常，以其心普万物而无心；圣人之常，以其情顺万事而无情。故君子之学，莫若扩然而大公，物来而顺应。《易》曰：'贞吉悔亡。憧憧往来，朋从尔思。'苟规规于外诱之除，将见灭于东而生于西也。非惟日之不足，顾其端无穷，不可得而除也。人之情各有所蔽，故不能适道，大率患在于自私而用智。自私则不能以有为为应迹，用智则不能以明觉为自然。今以恶外物之心，而求照无物之地，是反鉴而索照也。《易》曰：'艮其背，不获其身；行其庭，不见其人。'《孟子》亦曰：'所恶于智者，为其凿也。'与其非外而是内，不若内外之两忘也；两忘则澄然无事矣；无事则定，定则明，明则尚何应物之为累哉？圣人之喜，以物之当喜；圣人之怒，以物之当怒，是圣人之喜怒不系于心而系于物也。是则圣人岂不应于物哉？乌得以从外者为非，而更求在内者为是也？今以自私用智之喜怒，而视圣人喜怒之正为如何哉？夫人之情，易发而难制者，惟怒为甚。第能于怒时，遽忘其怒，而观理之是非，亦可见外诱之不足恶，而于道亦思过半矣。"伊川先生答朱长文书曰：圣贤之言，不得已也。盖有是言，则是理明；无是言，则天下之理有阙焉。如彼耒耜陶冶之器，一不制，则生人之道有不足矣。圣贤之言虽欲已，得乎？然其包涵尽天下之理，亦甚约也。后之人始执卷，则以文章为先。平生所为，动多于圣人，然有之无所补，无之靡所阙，乃无用之赘言也。

不止赘而已，既不得其要，则离真失正，反害于道必矣。来书所谓欲使后人见其不忘乎善，此乃世人之私心也。夫子"疾没世而名不称"焉者，疾没身无善可称云尔，非谓疾无名也。名者可以厉中人，君子所存，非所汲汲。

内积忠信，所以进德也；择言笃志，所以居业也。知至至之，致知也。求知所至而后至之，知之在先，故可与几，所谓"始条理者知之事也"。知终终之，力行也。既知所终，则力进而终之，守之在后，故可与存义，所谓"终条理者圣之事也"。此学之始终也。

君子主敬以直其内，守义以方其外。敬立而内直，义形而外方。义形于外，非在外也。敬义既立，其德盛矣，不期大而大矣。德不孤也，无所用而不周，无所施而不利，孰为疑乎？动以天为无妄，动以人欲则妄矣。《无妄》之义大矣哉！虽无邪心，苟不合正理，则妄也，乃邪心也。既已无妄，不宜有往，往则妄也。故《无妄》之《象》曰："其匪正有眚，不利有攸往。"人之蕴蓄，由学而大，在多闻前古圣贤之言与行。考迹以观其用，察言以求其心，识而得之，以蓄成其德。

《咸》之《象》曰："君子以虚受人。"《传》曰："中无私主，则无感不通。"

以量而容之，择合而受之，非圣人有感必通之道也。其九四曰："贞吉悔亡。憧憧往来，朋从尔思。"《传》曰：感者，人之动也，故《咸》皆就人身取象。四当心位而不言"咸其心"，感乃心也。感之道无所不通，有所私系则害于感通，所谓悔也。圣人感天下之心，如寒暑雨旸，无不通无不应者，亦贞而已矣。贞者，虚中无我之谓也。若往来憧憧然，用其私心以感物，则思之所及者有能感而动，所不及者不能感也。以有系之私心，既主于一隅一事，岂能廓然无所不通乎？君子之遇艰阻，必思自省于身，有失而致之乎？有所未善则改之，无歉于心则加勉，乃自修其德也。

非明则动无所之，非动则明无所用。

习，重习也。时复思绎，浃洽于中，则说也。以善及人，而信从者众，故可乐也。虽乐于及人，不见是而无闷，乃所谓君子。

古之学者为己，欲得之于己也；今之学者为人，欲见知于人也。

伊川先生谓方道辅曰：圣人之道，坦如大路，学者病不得其门耳。得其门，无远之不可到也。求入其门，不由于经乎？今之治经者亦众矣，然而买椟还珠之蔽，人人皆是。经所以载道也，诵其言辞，解其训诂，而不及道，乃无用之糟粕耳。觊足下由经以求道，勉之又勉，异日见卓尔有立于前，然后不知手之舞、足之蹈，不加勉而不能自止矣。

明道先生曰："修辞立其诚"，不可不子细理会。言能修省言辞，便是要立诚。若只是修饰言辞为心，只是为伪也。若修其言辞，正为立己之诚意，乃是体当自家敬以直内、义以方外之实事。道之浩浩，何处下手？惟立诚才有可居之处。

有可居之处，则可以修业也。终日乾乾，大小大事，却只是"忠信所以进德"为实下手处，"修辞立其诚"为实修业处。

伊川先生曰：志道恳切，固是诚意。若迫切不中理，则反为不诚。盖实理中自有缓急，不容如是之迫。观天地之化乃可知。

孟子才高，学之无可依据。学者当学颜子，入圣人为近，有用力处。又曰：学者要学得不错，须是学颜子。（有准的。）明道先生曰：且省外事，但明乎善，惟进诚心，其文章虽不中，不远矣。所守不约，泛滥无功。

学者识得仁体，实有诸己，只要义理栽培。如求经义，皆栽培之意。

349

昔受学于周茂叔，每令寻颜子、仲尼乐处，所乐何事。

所见所期，不可不远且大。然行之亦须量力有渐。志大心劳，力小任重，恐终败事。

朋友讲习，更莫如相观而善工夫多。

须是大其心使开阔，譬如为九层之台，须大做脚始得。

明道先生曰：自"舜发于畎亩之中"至"百里奚举于市"，若要熟，也须从这里过。

参也竟以鲁得之。

明道先生以记诵博识为玩物丧志。（时以经语录作一册。郑毅云：尝见显道先生云："某从洛中学时，录古人善行，别作一册，明道先生见之曰，是玩物丧志。"盖言心中不宜容丝发事。）礼乐只在进反之间，便得性情之正。

父子君臣，天下之定理，无所逃于天地之间。安得天分，不有私心，则行一不义，杀一不辜，有所不为。有分毫私，便不是王者事。

论性不论气，不备；论气不论性，不明；二之则不是。

论学便要明理，论治便须识体。

曾点、漆雕开已见大意，故圣人与之。

根本须是先培壅，然后可立趋向也。趋向既正，所造浅深，则由勉与不勉也。

敬义夹持直上，达天德自此。

懈意一生，便是自弃自暴。

不学便老而衰。

人之学不进，只是不勇。

学者为气所胜，习所夺，只可责志。

内重则可以胜外之轻，得深则可以见诱之小。

董仲舒谓："正其义，不谋其利；明其道，不计其功。"孙思邈曰："胆欲大而心欲小，智欲圆而行欲方。"可以为法矣。

大抵学不言而自得者，乃自得也。有安排布置者，皆非自得也。

视听、思虑、动作，皆天也。人但于其中，要识得真与妄尔。

明道先生曰：学只要鞭辟近里，著己而已。故"切问而近思"，则"仁在其中矣"。"言忠信，行笃敬，虽蛮貊之邦行矣。言不忠信，行不笃敬，虽州里行乎哉？立则见其参于前也，在舆则见其倚于衡也，夫然后行。"只此是学。质美者明得尽，查滓便浑化，却与天地同体。其次惟庄敬持养；及其至，则一也。

"忠信所以进德"，"修辞立其诚，所以居业"者，乾道也；"敬以直内，义以方外"者，坤道也。

凡人才学便须知著力处，既学便须知得力处。

有人治园圃，役知力甚劳。先生曰：《蛊》之《象》："君子以振民育德。"君子之事，惟有此二者，馀无他焉。二者，为己、为人之道也。

"博学而笃志，切问而近思"，何以言"仁在其中矣"？学者要思得之。了此，便是彻上彻下之道。

弘而不毅，则难立；毅而不弘，则无以居之。

伊川先生曰：古之学者，优柔厌饫，有先后次序。今之学者，却只做一场话说，务高而已。常爱杜元凯语："若江海之浸，膏泽之润，涣然冰释，怡然理顺，然后为得也。"今之学者，往往以游、夏为小，不足学。然游、夏一言一事，却总是实。后之学者好高，如人游心于千里之外，然自身却只在此。

修养之所以引年，国祚之所以祈天永命，常人之至于圣贤，皆工夫到这里，则自有此应。

忠恕所以公平。造德则自忠恕，其致则公平。

仁之道，要之只消道一公字。公只是仁之理，不可将公便唤做仁。公而以人体之，故为仁。只为公则物我兼照，故仁，所以能恕，所以能爱。恕则仁之施，爱则仁之用也。

今之为学者，如登山麓。方其迤逦，莫不阔步，及到峻处便

351

止。须是要刚决果敢以进。

人谓要力行，亦只是浅近语。人既能知，见一切事皆所当为，不必待著意，才著意，便是有个私心。这一点意气，能得几时了？知之必好之，好之必求之，求之必得。古人此个学是终身事。果能颠沛造次必于是，岂有不得道理？古之学者一，今之学者三，异端不与焉。一曰文章之学，二曰训诂之学，三曰儒者之学。欲趋道，舍儒者之学不可。

问："作文害道否？"曰："害也。凡为文，不专意则不工。若专意，则志局于此，又安能与天地同其大也？《书》曰：'玩物丧志。'为文亦玩物也。吕与叔有诗云：'学如元凯方成癖，文似相如始类徘。独立孔门无一事，只输颜氏得心斋。'古之学者惟务养情性，其他则不学。今为文者，专务章句悦人耳目。

"既务悦人，非俳优而何？"曰："古者学为文否？"曰："人见《六经》，便以谓圣人亦作文，不知圣人亦摅发胸中所蕴，自成文耳。所谓有德者必有言也。"曰："游、夏称文学，何也？"曰："游、夏亦何尝秉笔学为词章也？且如观乎天文以察时变，观乎人文以化成天下，此岂词章之文也？"涵养须用敬，进学则在致知。

莫说道将第一等让与别人，且做第二等。才如此说，便是自弃。虽与不能居仁由义者差等不同，其自小一也。言学便以道为志，言人便以圣为志。

问："'必有事焉'，当用敬否？"曰："敬是涵养一事，'必有事焉'，须用集义。只知用敬，不知集义，却是都无事也。"又问："义莫是中理否？"曰："中理在事，义在心。"问："敬、义何别？"曰："敬只是持己之道，义便知有是有非。顺理而行是为义也。若只守一个敬，不知集义，却是都无事也。且如欲为孝，不成只守著一个孝字。须是知所以为孝之道，所以侍奉当如何，温清当如何，然后能尽孝道也。"学者须是务实，不要近名方是。有意近名，则为伪也。大本已失，更学何事？为名与为利，清浊虽不同，然其利心则一也。

"回也其心三月不违仁。"只是无纤毫私意，有少私意便是不仁。

"仁者先难而后获。"有为而作，皆先获也。古人惟知为仁而已，今人皆先获也。

有求为圣人之志，然后可与共学；学而善思，然后可与适道；思而有所得，则可与立；立而化之，则可与权。

古之学者为己，其终至于成物；今之学者为物，其终至于丧己。

君子之学必日新。日新者，日进也。不日新者必日退，未有不进而不退者。

惟圣人之道无所进退，以其所造者极也。

明道先生曰：性静者可以为学。

弘而不毅则无规矩，毅而不弘则隘陋。

知性善，以忠信为本，此先立其大者。

伊川先生曰：人安重则学坚固。

"博学之，审问之，慎思之，明辨之，笃行之。"五者废其一，非学也。

张思叔请问，其论或太高，伊川不答，良久曰："累高必自下。"明道先生曰：人之为学，忌先立标准。若循循不已，自有所至矣。

尹彦明见伊川后半年，方得《大学》、《西铭》看。

有人说无心，伊川曰："无心便不是，只当云无私心。"谢显道见伊川，伊川曰："近日事何如？"对曰："天下何思何虑？"伊川曰："是则是有此理，贤却发得太早在。"伊川直是会锻炼得人，说了，又道："恰好著工夫也。"谢显道云：昔伯淳教诲，只管著他言语。伯淳曰："与贤说话，却似扶醉汉，救得一边，倒了一边。"只怕人执着一边。

横渠先生曰："精义入神"，事豫吾内，求利吾外也；"利用安身"，素利吾外，致养吾内也；"穷神知化"，乃养盛自至，非思勉之能强。故崇德而外，君子未或致知也。

形而后有气质之性，善反之则天地之性存焉。故气质之性，君子有弗性者焉。

德不胜气，性命于气；德胜其气，性命于德。穷理尽性，则性天德，命天理。

气之不可变者，独死生修夭而已。

莫非天也，阳明胜则德性用，阴浊胜则物欲行。领恶而全好者，其必由学乎？大其心则能体天下之物，物有未体，则心为有外。世人之心，止于见闻之狭。

圣人尽性，不以见闻梏其心；其视天下，无一物非我。孟子谓尽心则知性知天以此。天大无外，故有外之心，不足以合天心。

仲尼绝四，自始学至成德，竭两端之教也。"意"有思也，"必"有待也，"固"不化也，"我"有方也。四者有一焉，则与天地为不相似矣。

上达反天理，下达徇人欲者欤！知崇，天也，形而上也。通昼夜而知，其知崇矣。知及之，而不以礼性之，非己有也。故知礼成性而道义出，如天地位而易行。

困之进人也，为德辨，为感速。孟子谓"人有德慧术智者，常存乎疢疾"以此。

言有教，动有法。昼有为，宵有得。息有养，瞬有存。

横渠先生作《订顽》曰：乾称父，坤称母。予兹藐焉，乃混然中处。故天地之塞，吾其体；天地之帅，吾其性。民吾同胞，物吾与也。大君者，吾父母宗子；其大臣，宗子之家相也。尊高年，所以长其长；慈孤弱，所以幼其幼。圣，其合德；贤，其秀也。凡天下疲癃残疾、茕独鳏寡，皆吾兄弟之颠连而无告者也。于时保之，子之翼也；乐且不忧，纯乎孝者也。违曰悖德，害仁曰贼，济恶者不才；其践形，惟肖者也。知化则善述其事，穷神则善继其志。不愧屋漏为无忝，存心养性为匪懈。恶旨酒，崇伯子之顾养；育英才，颖封人之锡类。不弛劳而底豫，舜其功也；无所逃而待烹，申

354

生其恭也。体其受而归全者，参乎！勇于从而顺令者，伯奇也。富贵福泽，将厚吾之生也；贫贱忧戚，庸玉汝于成也。存，吾顺事；没，吾宁也。又作《砭愚》曰：戏言出于思也，戏动作于谋也。发于声，见乎四支，谓非己心，不明也。欲人无己疑，不能也。过言非心也，过动非诚也。失于声，缪迷其四体，谓己当然，自诬也。欲他人己从，诬人也。或者谓出于心者，归咎为己戏；失于思者，自诬为己诚。不知戒其出汝者，归咎其不出汝者。长傲且遂非，不知孰甚焉？将修己，必先厚重以自持。厚重知学，德乃进而不固矣。忠信进德，惟尚友而急贤。欲胜己者亲，无如改过之不吝。

横渠先生谓范巽之曰："吾辈不及古人，病源何在？"巽之请问。先生曰："此非难悟。设此语者，盖欲学者存意之不忘，庶游心浸熟，有一日脱然如大寐之得醒耳。"未知立心，恶思多之致疑；既知所立，恶讲治之不精。讲治之思，莫非术内，虽勤而何厌？所以急于可欲者，求立吾心于不疑之地，然后若决江河以利吾往。

逊此志，务时敏，厥修乃来。故虽仲尼之才之美，然且敏以求之。今持不逮之资，而欲徐徐以听其自适，非所闻也。

明善为本，固执之乃立，扩充之则大，易视之则小，在人能弘之而已。

今且只将尊德性而道问学为心，日自求于问学者有所背否，于德性有所懈否。

此义亦是博文约礼，下学上达。以此警策一年，安得不长？每日须求多少为益。

知所亡，改得少不善，此德性上之益；读书求义理，编书须理会有所归著，勿徒写过，又多识前言往行，此问学上益也。勿使有俄顷闲度，逐日似此，三年，庶几有进。

为天地立心，为生民立道，为去圣继绝学，为万世开太平。

载所以使学者先学礼者，只为学礼，则便除去了世俗一副当习熟缠绕。譬之延蔓之物，解缠绕即上去。苟能除去了一副当世习，便自然脱洒也。又学礼，则可以守得定。

须放心宽快公平以求之，乃可见道。况德性自广大。《易》曰："穷神知化，德之盛也。"岂浅心可得？人多以老成则不肯下问，故终身不知。又为人以道义先觉处之，不可复谓有所不知，故亦不肯下问。从不肯问，遂生百端欺妄人，我宁终身不知。

多闻不足以尽天下之故。苟以多闻而待天下之变，则道足以酬其所尝知。若劫之不测，则遂穷矣。

为学大益，在自求变化气质。不尔，皆为人之弊，卒无所发明，不得见圣人之奥。

文要密察，心要洪放。

不知疑者，只是不便实作。既实作则须有疑，有不行处是疑也。

心大则百物皆通，心小则百物皆病。

人虽有功，不及于学，心亦不宜忘。心苟不忘，则虽接人事，即是实行，莫非道也。心若忘之，则终身由之，只是俗事。

合内外，平物我，此见道之大端。

既学而先有以功业为意者，于学便相害。既有意，必穿凿创意作起事端也。

德未成而先以功业为事，是代大匠斫，希不伤手也。

窃尝病孔、孟既没，诸儒嚣然，不知反约穷源，勇于苟作，持不逮之资，而急知后世。明者一览，如见肺肝然，多见其不知量也。方且创艾其弊，默养吾诚。

顾所患日力不足，而未果他为也。

学未至而好语变者，必知终有患。盖变不可轻议，若骤然语变，则知操术已不正。

凡事蔽盖不见底，只是不求益。有人不肯言其道义所得所至，不得见底，又非于吾言无所不说。

耳目役于外。揽外事者，其实是自堕，不肯自治，只言短长，不能反躬者也。

学者大不宜志小气轻。志小则易足，易足则无由进；气轻则以未知为已知、未学为已学。

劝学文

宋·朱熹

【题解】 作者简介同前。本文选自《朱子语类》。

勿谓今日不学而有来日，勿谓今年不学而有来年。日月逝矣，岁不我延。呜呼老矣，是谁之愆。

家若贫，不可因贫而废学。家若富，不可恃富而怠学。贫若勤学，可以立身。富而勤学，名乃光荣。惟见学者显达，不见学者无成。学者乃身之宝，学者乃世之珍。是故学者乃为君子，不学则为小人。后之学者，各宜勉之！

357

偶成

宋·朱熹

【题解】 作者简介同前。本文出自《朱子大全》。

少年易老学难成，一寸光阴不可轻。
未觉池塘春草梦，阶前梧叶已秋声。

观书有感

宋·朱熹

【题解】　本文出自《朱子大全》。

半亩方塘一鉴开，天光月影共徘徊。
问渠那得清如许，为有源头活水来。

昨夜江边春水生，艨艟巨舰一毛轻。
向来枉费推移力，此日中流自在行。

神童诗·劝学

宋·汪洙

【题解】　本诗选自《神童诗》一卷，旧传宋代汪洙撰。后人以汪洙的部分诗为基础，再加进其他人的诗，而编成《神童诗》。后经历代编补修订，增入了隋唐乃至南北朝时期的诗歌。

（一）

少小多才学，平生志气高。
别人怀宝剑，我有笔如刀。

（二）

朝为田舍郎，暮登天子堂。

将相本无种，男儿当自强。

（三）

天子重英豪，文章教尔曹。

万般皆下品，唯有读书高。

（四）

少小须勤学，文章可立身。

满朝朱紫贵，尽是读书人。

（五）

才学勤中得，萤窗万卷书。

三冬今足用，谁笑腹中虚。

（六）

莫道儒冠误，诗书不负人。

达则相天下，穷亦善其身。

（七）

百日莫闲过，青春不再来。

窗前勤苦读，马上锦衣还。

四时读书乐

宋·翁森

【题解】 翁森（生卒年不详），字秀卿，号一瓢，浙江永安（今浙江省仙居县）人，南宋诗人，生平事迹不详。本诗出自所著有《一瓢稿》。

春

山光拂槛水绕廊，舞雩归咏春风香。

好鸟枝头亦朋友，落花水面皆文章。

蹉跎莫遣韶光老，人生唯有读书好。

读书之乐乐何如？绿满窗前草不除。

夏

修竹压檐桑四围，小斋幽敞明朱晖。

昼长吟罢蝉鸣树，夜深烬落萤入帏。

北窗高卧羲皇侣，只因素谂读书趣。

读书之乐乐无穷，瑶琴一曲来薰风。

秋

昨夜前庭叶有声，篱豆花开蟋蟀鸣。

不觉商意满林薄，萧然万籁涵虚清。

近床赖有短檠在，对此读书功更倍。

读书之乐乐陶陶，起弄明月霜天高。

冬

木落水尽千崖枯，迥然吾亦见真吾。

坐对韦编灯动壁，高歌夜半雪压庐。

地炉茶鼎烹活火，一清足称读书者。

读书之乐何处寻？数点梅花天地心。

好学近乎知

明·陆九渊

【题解】 作者简介同前。本文出自《象山先生全集》。

百事買り如
三綵七
乙未年画

圣人之言，有若不待辨而明，自后世言之，则有不可不辨者。

夫所谓智者，是其识之甚明，而无所不知者也。夫其识之甚明，而无所不知者，不可以多得也。然识之不明，岂无可以致明之道乎？有所不知，岂无可以致知之道乎？学也者，是所以致明致知之道也。向也不明，吾从而学之，学之不已，岂有不明者哉？向也不知，吾从而学之，学之不已，岂有不知者哉？学果可以致明而致知，则好学者，可不谓之近智乎？是所谓不待辨而明者也。

然大道之不明，斯人之陷溺，古之所谓学者，后世莫之或知矣。今自童子受一卷之书，亦可谓之学。虽学农圃技巧之业，亦不可不谓之学。人各随其所欲能者而学之，俗各随其所渐诱者而学之，均之为学也。虽其学之也，有好有不好；其好之也，有笃有不笃；而当其笃好之也，均之为好学也。今学农圃技巧之业者，姑不论。而如童子受书，如射御书数，专为一艺者，亦姑不论。又如诡妖妄之人，学为欺世诬人之事者，亦姑不论。而世盖有人焉，气庸质诬，溺于鄙陋之俗，习于庸猥之说，胶于卑浅零乱之见。而乃勉勉而学，孜孜而问，勤勤而思，汲汲而行，闻见愈杂，知识愈迷，东辕则恐背于西，南驾则恐违于北，执一则惧为通者所笑，泛从则惧为专者所非，进退无守，旁皇失据，是其好之愈笃，而自病愈深。若是而学，若是而好学，果可谓之近于智乎？此所谓自后世言之，则有不可不辨焉者也。

362

读书

明·陆九渊

读书切戒在慌忙，涵泳工夫兴味长。

未晓不妨权放过，切身须要急思量。

送东阳马生序

明·宋濂

【题解】 宋濂（1310～1381），字景濂，号潜溪等，祖籍金华潜溪，金华浦江（今浙江义乌）人。明初政治家、文学家、史学家、思想家。本文节选自《宋学士文集》（《四部丛刊》本）。

余幼时即嗜学。家贫，无从致书以观，每假借于藏书之家，手自笔录，计日以还。天大寒，砚冰坚，手指不可屈伸，弗之怠。录毕，走送之，不敢稍逾约。以是人多以书假余，余因得遍观群书。既加冠，益慕圣贤之道，又患无硕师、名人与游，尝趋百里外，从乡之先达执经叩问。先达德隆望尊，门人弟子填其室，未尝稍降辞色。余立侍左右，援疑质理，俯身倾耳以请；或遇其叱咄，色愈恭，礼愈至，不敢出一言以复；俟其欣悦，则又请焉。故余虽愚，卒获有所闻。

当余之从师也，负箧曳屣，行深山巨谷中，穷冬烈风，大雪深数尺，足肤皲裂而不知。至舍，四支僵劲不能动，媵人持汤沃灌，以衾拥覆，久而乃和。寓逆旅，主人日再食，无鲜肥滋味之享。同舍生皆被绮绣，戴朱缨宝饰之帽，腰白玉之环，左佩刀，右备容臭，烨然若神人；余则缊袍敝衣处其间，略无慕艳意。以中有足乐者，不知口体之奉不若人也。盖余之勤且艰若此。

今虽耄老，未有所成，犹幸预君子之列，而承天子之宠光，缀公卿之后，日侍坐备顾问，四海亦谬称其氏名，况才之过于余者乎？

今诸生学于太学，县官日有廪稍之供，父母岁有裘葛之遗，无冻馁之患矣；坐大厦之下而诵《诗》《书》，无奔走之劳矣；有司业、博士为之师，未有问而不告，求而不得者也；凡所宜有之书，皆集于此，不必若余之手录，假诸人而后见也。其业有不精，德有不成者，非天质之卑，则心不若余之专耳，岂他人之过哉！

东阳马生君则，在太学已二年，流辈甚称其贤。余朝京师，生以乡人子谒余，撰长书以为赞，辞甚畅达，与之论辩，言和而色夷。自谓少时用心于学甚劳，是可谓善学者矣！其将归见其亲也，余故道为学之难以告之。谓余勉乡人以学者，余之志也；诋我夸际遇之盛而骄乡人者，岂知余者哉！

乐学歌

明·王艮

【题解】 王艮（1483～1541），字汝止，号心斋，明代哲学家，泰州安丰场（今江苏东台安丰）人，人称王泰州。起初投入王守仁门下只为求生，后经王守仁点化转而治学，并创立传承阳明心学的泰州学派。本诗出自《王心斋先生全集》（民国铅印本）。

人心本自乐，自将私欲缚。
私欲一萌时，良知还自觉。
一觉便消除，人心依旧乐。
乐是乐此学，学是学此乐。
不乐不是学，不学不是乐。

乐便然后学，学便然后乐。

乐是学，学是乐。於乎，

天下之乐，何如此学，

天下之学，何如此乐。

昨日歌

徐传德

【题解】《今日歌》和《明日歌》的作者一说是文嘉，一说是其父文征明所作。《昨日歌》乃后人徐传德（生平年代不可考）添写。也有人考证说是因为钱鹤滩在抄录文诗时，没有注明出处和作者，致使他的本家晚辈钱泳将此歌收入他的《履园丛话》时，便认定是钱鹤滩所作，以致误传至今。文嘉（1501～1583），字休承，号文水，明湖广衡山人，系籍长州（今江苏苏州）。文徵明仲子，吴门派代表画家。钱泳（1759～1844）原名钱鹤滩，字立群，号台仙，一号梅溪，清代江苏金匮（今属无锡）人。著有《履园丛话》《履园谭诗》《兰林集》《梅溪诗钞》等。辑有《艺能考》。

昨日兮昨日，昨日何其好！

昨日过去了，今日徒烦恼。

世人但知悔昨日，不觉今日又过了。

水去汩汩流，花落日日少。

万事立业在今日，莫待明朝悔今朝。

今日歌

明·文嘉

今日复今日，今日何其少！
今日又不为，此事何时了？
人生百年几今日，今日不为真可惜！
若言姑待明朝至，明朝又有明朝事。
为君聊赋今日诗，努力请从今日始。

明日歌

清·钱鹤滩

明日复明日，明日何其多。
我生待明日，万事成蹉跎。
世人若被明日累，春去秋来老将至。
朝看东流水，暮看日西坠。
百年明日能几何？请君听我明日歌。

爱书歌

清·石成金

【题解】 作者简介同前。该诗选自石成金辑《传家宝》。

我爱书，我爱书，书田菽粟乐丰余。
圣贤血脉须寻着，天地经纶有展舒。
工夫若到通彻处，尽心知性契真如。
莫将私欲蔽明镜，忘却妙义都成虚。
许多快乐说不尽，人不读书何其愚。

368

四季读书歌

熊伯伊

【题解】熊伯伊（1880～1939），湖北省咸宁市崇阳县石城镇西庄人，儒医。本诗选自《崇阳文史资料》第六辑。

春读书，兴味长，磨其砚，笔花香。
读书求学不宜懒，天地日月比人忙。
寸阳分阴须爱惜，休负春色与时光。
夏读书，日正长，打开书，喜洋洋。

田野勤耕桑麻秀，灯下苦读声朗朗。
荷花池畔风光好，芭蕉树下气候凉。
农村四月闲人少，勤学苦攻把名扬。
秋读书，玉露凉，钻科研，学文章。
晨钟暮鼓催人急，燕去雁来促我忙。
千金一刻莫空度，老大无成空自伤。
冬读书，年去忙，翻古典，细思量。
围炉向火好勤读，踏雪寻梅莫乱逛。
丈夫欲遂平生志，一载寒窗一举汤。

四、教约学规

弟子职

春秋·管仲

【题解】 管仲（前723～约前645），名夷吾，字仲，又称敬仲，春秋时期齐国著名的政治家、军事家，颍上（今安徽颍上）人。《弟子职》选自《管子》卷十九，为第五十九篇，所讲的是弟子所应遵守的常则。全文共计九章，首章兼言学业与德行，可视为总则。其余八章，分言早作执事、受业应客、侍食、就餐、洒扫、执烛、服侍先生寝息与复习功课诸项规则，都是具体要求。且于童子进德修业事师之规，无不详备。这是我国古代的一部内容最全面，篇章最完整，记述最明晰，年代也最久远的校规学则。它不但具有珍贵的史料价值，而且其中诸如注重童蒙，提倡质疑讨论，主张寓教于日常行为之中，使习与性成之类的教育观点与教学方法，至今仍有借鉴意义。

先生施教，弟子是则。温恭自虚，所受是极。见善从之，闻义则服。温柔孝悌，毋骄恃力。志毋虚邪，行必正直。游居有常，必就有德。颜色整齐，中心必式。夙兴夜寐，衣带必饬。朝益暮习，小心翼翼。一此不解，是谓学则。

少者之事，夜寐蚤作。既拚盥漱，执事有恪，摄衣共盥，先生乃作。沃盥彻盥，汛拚正席，先生乃坐。出入恭敬，如见宾客。危

知書達禮五言志申志游画

坐乡师，颜色毋怍。

受业之纪，必由长始；一周则然，其馀则否。始诵必作，其次则已。凡言与行，思中以为纪。古之将兴者，必由此始。后至就席，狭坐则起。若有宾客，弟子骏作。对客无让，应且遂行。趋进受命，所求虽不在，必以反命，反坐复业。若有所疑，捧手问之。师出皆起。

至于食时，先生将食，弟子馔馈。摄衽盥漱，跪坐而馈。置酱错食，陈膳毋悖。凡置彼食，鸟兽鱼鳖，必先菜羹。羹胾中别，胾在酱前，其设要方。饭是为卒，左酒右酱。告具而退，捧手而立。三饭二斗，左执虚豆，右执挟匕，周还而贰，唯嗛之视，同嗛以齿。周则有始，柄尺不跪，是谓贰纪。先生已食，弟子乃彻，趋走进漱，拚前敛祭。

先生有命，弟子乃食。以齿相要，坐必尽席。饭必捧擎，羹不以手。亦有据膝，毋有隐肘。既食乃饱，循咡覆手。振衽扫席，已食者作。抠衣而降，旋而乡席，各彻其馈，如于宾客。既彻并器，乃还而立。

凡拚之道，实水于盘，攘臂袂及肘，堂上则播洒，室中握手。执箕膺揲，厥中有帚。入户而立，其仪不忒。执帚下箕，倚于户侧。凡拚之纪，必由奥始，俯仰磬折，拚毋有彻。拚前而退，聚于户内，坐板排之，以叶适己，实帚于箕。先生若作，乃兴而辞。坐执而立，遂出弃之。既拚反立，是协是稽，暮食复礼。

昏将举火，执烛隅坐。错总之法，横于坐所。栉之远近，乃承厥火，居句如矩，蒸间容蒸，然者处下，捧椀以为绪。右手执烛，左手正栉，有堕代烛，交坐毋倍尊者。乃取厥栉，遂出是去。

先生将息，弟子皆起。敬奉枕席，问何所趾。俶衽则请，有常有否。

先生既息，各就其友，相切相磋，各长其仪。周则复始，是谓弟子之纪。

童蒙须知

宋·朱熹

【题解】 作者简介同前。《童蒙须知》(又名《训学斋规》)是一篇启蒙读物,分衣服冠履、言语不趋、洒扫涓洁、读书楔子、杂细事宜等目。对儿童生活起居、学习、道德行为礼节等均作详细规定。本文出自《东听雨堂刊书·儒先训要十四种》。

朱熹原叙

夫童蒙之学,始于衣服冠履,次及言语步趋,次及洒扫涓洁,次及读书写文字,及有杂细事宜,皆所当知。今逐条列名,曰"童蒙须知"。若其修身治心,事亲接物,与夫穷理尽性之要,自有圣贤典训,昭然可考,当次第晓达,兹不复详著云。

衣服冠履第一

大抵为人,先要身体端整,自冠巾、衣服、鞋袜,皆须收拾爱护,常令洁净整齐。我先人常训子弟云:"男子有三紧,谓头紧、腰紧、脚紧。"头,谓头巾。未冠者总髻。腰,谓以条或带束腰。脚,谓鞋袜。此三者要紧束,不可宽慢。宽慢则身体放肆不端严,为人所轻贱矣。

凡著衣服,必先提整衿领,结两衽纽带,不可有缺落。饮食照管,勿令污坏;行路看顾,勿令泥渍。

凡脱衣服，必齐整折叠箱箧中，勿令散乱顿放，则不为尘埃杂秽所污。仍易于寻取，不致散失。著衣既久，则不免垢腻，须要勤勤洗干。破绽，则补缀之。补被缀无害，只要完洁。

凡盥面，必以巾帨遮护衣领，卷束两袖，勿令有所湿。凡就劳役，必去上笼衣服，只著短便。爱护勿使损污。

凡日中所著衣服，夜卧必更，则不藏蚤虱，不即敝坏。苟能如此，则不但威仪可法，又可不费衣服。晏子一狐裘三十年，虽意在以俭化俗，亦其爱惜有道也。此最饬身之要，毋忽。

语言步趋第二

凡为人子弟，须要常低声下气，语言详缓。不可高言喧哄，浮言戏笑。父兄长上，有所教督，但当低首听受，不可妄自议论。长上检责，或有过误，不可便自分解。始且隐默，久却徐徐、细意条陈，云此事恐是如此，向者当是偶尔遗忘；或曰：当是偶尔思省未至。若尔，则无伤忤，事理自明。至于朋友分上，亦当如此。

凡闻人所为不善，下至婢仆违过，宜且包藏，不应便尔声言。当相告语，使其知改。

凡步行趋跄，须是端正，不可疾走跳踯。若父母长上，有所唤召，却当疾走而前，不可舒缓。

洒扫涓洁第三

凡为人子弟，当洒扫居处之地，拂试几案，常令洁净。文字笔砚，百凡器用，皆当严肃整齐，顿放有常处。取用既毕，复置元所。父兄长上坐起处，文字纸扎之属，或有散乱，当加意整齐，不可辄自取用。凡借人文字，皆置簿抄录诸名，及时取还。窗壁几案文字间，不可书字。前辈云："坏笔污墨，瘝子弟职；画几画研，自黥其面。"此为最不雅洁，切宜深戒。

读书写字第四

凡读书，须整顿几案，令洁净端正。将书册整齐顿放，正身体对书册，详缓看字，子细分明。读之，须要读得字字响亮，不可误一字，不可少一字，不可多一字，不可倒一字。不可牵强暗记，只是要多诵遍数，自然上口，久远不忘。古人云："读书千遍，其义自见。"谓读得熟，则不解说，自晓其义也。余尝谓读书有三到，谓心到、眼到、口到。心不在此，则眼不看子细。心眼既不专一，却只漫浪诵读，决不能记，记不能久也。三到之中，心到最急。心既到矣，眼口岂不能到乎？

凡书册须要爱护，不可损污绉折。济阳江禄，书读未竟，虽有急速，必待掩束整齐然后起。此最为可法。

凡写文字，须高执墨锭，端正研磨，勿使墨汁污手。高执笔，双钩、端楷书字，不得令手揩著毫。

凡写字，未问写得工拙如何，且要一笔一画，严正分明，不可潦草。

凡写文字，须要子细看本，不可差讹。

杂细事宜第五

凡子弟须要早起晏眠，凡喧哄斗争之处不可近；无益之事不可为。

凡饮食，有则食之，无则不可思索，但粥饭充饥不可缺。

凡向火，勿迫近火旁，不惟举止不佳，且防焚爇衣服。

凡相揖，必折腰。凡对父母长上朋友，必称名。

凡称呼长上，不可以字，必云某丈。如第行者，则云某姓某丈。

大凡出外，及归，必于长上前作揖。虽暂出亦然也。

凡饮食于长上之前，必轻嚼缓咽，不可闻饮食之声。

凡饮食之物，勿争较多少、美恶。

凡侍长者之侧，必正言拱手。有所问，则必诚实对言，不可妄。

凡开门揭帘，须徐徐轻手，不可令震惊声响。

凡众坐必敛身，勿广占坐席。凡侍长上出行，必居路之右；住必居左。

凡饮酒，不可令至醉。凡如厕，必去上衣，下必浣手。

凡夜行，必以灯烛，无烛则止。

凡待婢仆必端严，勿得与之嬉笑。执器皿必端严，惟恐有失。

凡危险不可近。凡道路遇长者，必正立拱手，疾趋而揖。

凡夜卧必用枕，勿以寝衣覆首。

凡饮食，举匙必置箸，举箸必置匙。食已，则置匙箸于案。

杂细事宜，品目甚多，姑举其略。然大概具矣。

凡此五篇，若能遵守不违，自不失为谨愿之士。必又能读圣贤之书，恢大此心，进德修业，入于大贤君子之域，无不可者，汝曹宜勉之。

白鹿洞书院学规

宋·朱熹

【题解】 本学规是朱熹为了培养人才而制定的教育方针和学生守则。它集儒家经典语句而成，便于记诵。首先，它提出了教育的根本任务，是让学生明确"义理"，并把它见之于身心修养，以达到自觉遵守的最终目的。其次，它要求学生按学、问、思、辨的"为学之序"去"穷理"、"笃行"。再次，它指明了修身、处事、接物之要，作为实际生活与思想教育的准绳。本文出自《朱文公文集》。

父子有亲。君臣有义。夫妇有别。长幼有序。朋友有信。

右五教之目，尧舜使契为司徒，敬敷五教，即此是也。学者学此而已，而其所以学之之序，亦有五焉，其别如左。

博学之。审问之。慎思之。明辨之。笃行之。

右为学之序，学问思辨四者，所以穷理也。若夫笃行之事，则自修身以至于处事接物，亦各有要，其别如左。

言忠信，行笃敬。惩忿，窒欲。迁善，改过。

右修身之要。

正其谊，不谋其利。明其道，不计其功。

右处事之要。

己所不欲，勿施于人。行有不得，反求诸己。

右接物之要。

熹窃观古昔圣贤所以教人为学之意，莫非使之讲明义理，以修其身，然后推以及人。非徒欲其务记览为词章，以钓声名取利禄而已也。今人之为学者，则既反是矣。然圣贤所以教人之法，具存于经，有志之士，固当熟读深思而问辨之。苟知其理之当然，而责其身以必然，则夫规矩禁防之具，岂待他人设之，而后有所持循哉。近世于学有规，其待学者为已浅矣，而其为法，又未必古人之意也。故今不复以施于此堂，而特取凡圣贤所以教人为学之大端，条列于右，而揭之楣间。诸君其相与讲明遵守，而责之于身焉，则夫思虑云为之际，其所以戒谨而恐惧者，必有严于彼者矣。其有不然，而或出于此言之所弃，则彼所为规者，必将取之，固不得而略也，诸君其亦念之哉。

童蒙入塾规矩吟

宋·童品端

【题解】　童品端，生卒事迹不详。本文主要讲小孩入私塾读书要注意的事项。选自《新刻续千家诗》。

年少书生进学堂，衣冠整洁貌端庄。

读书字字须清楚，不许痴顽学逞强。

坐须端正戒偏斜，布素衣衫不用华。

人品好时人敬重，一生正路走无差。

蒙童心地要先培，如养芝兰讵忍摧。

第一老成无说诳，轻浮毕竟不成材。

生书百遍不嫌多，读熟无教一字讹。

同学相亲休斗口，为人从小要谦和。

出门行走要安详，尊长称呼不可忘。

早晚案前须作揖，归家还要礼爷娘。

坐定身来便读书，一心专志勿支吾。

早求明白为人法，一日从师也不虚。

为人贪嘴不成文，饮食何妨让几分。

倘使幼年多吃惯，一生难做起家人。

小心谨慎学为人，行动言谈正道遵。

跳舞骂人都不许，莫伤心术误终身。

赌色输赢莫认真，一迷便已不成人。

陷入坑里身难保，先要童年立誓深。

子弟温纯立品端，先生父母也心欢。

急须挣口英雄气，做个贤人万众看。

丽泽书院学规

宋·吕祖谦

【题解】 吕祖谦为丽泽书堂制订此学规，并以"孝悌、忠信、明理、躬行"为基本准则，学生中如有"亲在别居、亲没不葬、因丧婚聚、宗俟讼财、侵犯公财、喧噪场屋、游荡不检"等行为者，即令其退学。作者简介同前。本文选自《中国书院学规集成》。

乾道四年（1168）规约

凡预此集者，以孝弟忠信为本。其不顺于父母，不友于兄弟，不睦于宗族，不诚于朋友，言行相反，文过饰非者，不在此位。既预集而或犯，同志者规之；规之不可，责之；责之不可，告于众而共勉之；终不悛者，除其籍。

凡预此集者，闻善相告，闻过相警，患难相恤，游居必以齿相呼，不以丈，不以爵，不以尔汝。

会讲之容，端而肃；群居之容，和而庄。（箕踞、跛倚、喧哗、拥并，谓之不肃；狎侮、戏谑，谓之不庄。）

旧所从师，岁时往来，道路相遇，无废旧礼。

毋得品藻长上优劣，訾毁外人文字。

郡邑正事，乡间人物，称善不称恶。

毋得干谒、投献、请托。

毋得互相品题，高自标置，妄分清浊。

语毋亵、毋谀、毋妄、毋杂。（妄语，非特以虚为实，如期约不信、出言不情、增加张大之类，皆是；杂语，凡无益之谈皆是。）

毋狎非类。（亲戚故旧或非士类，情礼自不可废，但不当狎昵。）

毋亲鄙事。（如赌博、斗殴、蹴踘、笼养扑鹑、酣饮酒肆、赴试代笔及自投两副卷、阅非僻文字之类，其余自可类推。）

乾道五年（1169）规约

凡与此学者，以讲求经旨，明理躬行为本。

肄业当有常，日纪所习于簿，多寡随意。如遇有干辍业，亦书于簿。一岁无过百日，过百日者同志共摈之。

凡有所疑，专置册记录。同志异时相会，各出所习及所疑，互相商榷，仍手书名于册后。

怠惰苟且，虽漫应课程而全疏略无叙者，同志共摈之。

不修士检，乡论不齿者，同志共摈之。

同志迁居，移书相报。

382

程董学则

宋·程端蒙 董名铢

【题解】 程端蒙（1143～1191年），字正思，南宋鄱阳（今江西波阳）人，南宋理学教育家，著有《性理学训》、《程董二先生学则》。董名铢，字叔仲，生卒不详。江西德兴人。南宋进士，为朱熹学生，著有《性理注解》、《易书注》。本文选自《五种遗规·养正遗规》。

弘谋按：童蒙须知，为父兄者所以教其子弟也。《程董学则》则自十年出就外傅以上事，凡乡塾党庠，胥可通行，故朱子尝以为有古人小学之遗意焉。父兄教之于家，师长教之于塾，内外夹持，循循规矩，非僻之心，复何自入哉。

○凡学于此者，必严朔望之仪。

其日昧爽，值日一人，主击板。始击，咸起，盥、漱、总、栉、衣、冠。再击，皆着深衣，或凉衫，升堂，师长率弟子，诣先圣像前再拜，焚香，讫。又再拜，退。师长西南向立。诸生之长者，率以次东北，向再拜，师长立而扶之。长者一人前致辞，讫，又再拜，师长入于室。诸生以次环立，再拜，退，各就案。

○谨晨昏之令。

常日击板如前。再击，诸生升堂序立，俟师长出户，立定皆揖，次分两序，相揖而退。至夜将寝，击板会揖，如朝礼。会讲、会食、会茶，亦击板如前，朝揖，会讲，以深衣，或凉衫，余以道服褙子。

○居处必恭。

居有常处，序坐以齿。凡坐，必直身正体，毋箕踞、倾倚、交胫、摇足。寝，必后长者。既寝，勿言。当书，勿寝。

○步立必正。

行必徐，立必拱。必后长者，毋背所尊。毋践阈，毋跛倚。

○视听必端。

毋淫视，毋倾听。

○言语必谨。

致详审，重然诺，肃声气。毋轻，毋诞，毋戏谑、喧哗。毋论及乡里人物长短，及市井鄙俚无益之谈。

〇容貌必庄。

必端严凝重，毋轻易放肆，毋粗豪狠傲，毋轻有喜怒。

〇衣冠必整。

毋为诡异华靡，毋致垢敝简率。虽燕处，不得裸袒露顶。虽盛暑，不得辄去鞋袜。

〇饮食必节。

毋求饱，毋贪味。食必以时。毋耻恶食。非节、假及尊命，不得饮酒。饮不过三爵，勿至醉。

〇出入必省。

非尊长呼唤，师长使令，及已有急干，不得辄出学门。出必告，反必面。出不易方。入不逾期。

〇读书必专一。

必正心肃容，记遍数。遍数已足，而未成诵，必须成诵；遍数未足，虽已成诵，必满遍数。一书已熟，方读一书，毋务泛观，毋务强记。非圣贤之书勿读，无益之文勿观。

〇写字必楷敬。

勿草，勿敧倾。

〇几案必整齐。

位置有伦，简帙不乱。书箧衣笥，必谨扃钥。

〇堂室必洁净。

逐日，值日再击板如前。以水洒堂上，良久，以帚扫去尘埃，以巾拭拭几案。其余悉令斋仆扫拭之。别有污秽，悉令扫除，不拘早晚。

〇相呼必以齿。

年长倍者以丈。十年长者以兄。年相若以字勿以尔汝。书问称谓，亦如之。

〇接见必有定。

凡客请见师长，坐定，值日击板，诸生如其服升堂，序揖，立侍，师长命之退，则退。若客于诸生中，有自欲相见者，则见师长毕，就其位见之。非其类者，勿与亲狎。

〇修业有余功，游艺以适性。

弹琴、习射、投壶各有仪矩，非时勿弄。博弈鄙事，不宜亲学。

〇使人庄以恕，而必专所听。

择谨愿勤力者，庄以临之，恕以待之。有小过者诃之，甚则白于师长惩之。不悛，众禀师长遣之。不许直行己意，苟日从事于斯，而不敢忽，则入德之方，庶乎其近之矣。

道不远人，理不外事。故古人之教者，自其能食能言，而所以训导整齐之者，莫不有法，而况家塾党庠术序之间乎。彼学者所以入孝出悌，行谨言信，群居终日，德进业修，而暴慢放肆之气不设于身体者，由此故也。番阳程端蒙与其友生董铢，共为此书，将以教其乡人子弟，而作新之，盖有古人小学之遗意矣。余以为凡为庠序之师者，能以是而率其徒，则所谓成人有德、小子有造者，将复见于今日矣。于以助成后王降德之意，岂不美哉。

教约

明·王守仁

【题解】 作者简介同前。此篇原名《示弟立志说》，为王阳明为弟子所规定之教育学习规程。本文选自《传习录》。

每日清晨，诸生参揖毕，学师以次遍询诸生，在家所以爱亲敬长之心，得无懈忽，未能真切否；温清定省之宜，得无亏缺，未能实践否；往来街衢，步趋礼节，得无放荡，未能谨饬否；一应言行心术，得无欺妄非僻，未能忠信笃敬否。诸童子务要各以实对，有则改之，无则加勉。学师复随时就事，曲加诲谕开发，然后各退，就席肄业。

《论语·弟子》章，乃千古蒙养极则，今人以读书为举业所尚，惟知专重学文，即或于读书作文之外，偶及敦本力行，然终非"行有余力，则以学文"之意，阳明先生此法，于每日清晨，将孝弟谨信诸事，逐一询问登答，然后就席肄业，师弟之间，需时不多，未尝有妨诵读。而每日如此，为弟子者，皆知现在之日用常行，即为切要之日程功课。经一番提问，便有一番领悟，便增一番劝戒，与《弟子》章吻合。以此为圣门蒙养的派可也。

凡歌诗，须要整容定气，清朗其声音，均审其节调。毋躁而急，毋荡而嚣。毋馁而慑。久则精神宣畅，心气和平矣。每学分为四班，每日轮一班歌诗，其余皆就席，敛容肃听。每五日，则总四班递歌之。

凡习礼，须要澄心肃虑，审其仪节，度其容止。毋忽而惰，毋沮而怍，毋径而野。从容而不失之迂缓，修谨而不失之拘局。久则体貌习熟，德性坚定矣。童生班次，皆如歌诗。每间一日则轮一班习礼，其余皆就席，敛容肃观。习礼之日，免其课仿。每十日，则总四班递习之。（按礼即冠、婚、丧、祭之礼，丧礼止须讲明。其冠、婚、祭三礼，先为讲演习熟，以次为其大者。或不习婚礼，而益以乡饮酒礼，士相见礼，更善。）

凡授书，不在徒多，但贵精熟。量其资禀，能二百字者，止可受一百字。常使精神力量有余，则无厌苦之患。而有自得之美。讽诵之际，务令专心一志，口诵心维，字字句句，紬绎反复。抑扬其音节，宽虚其心意。久则义礼浃洽，聪明日开矣。

每日工夫，先考德；次背书诵书，次习礼，或作课仿；次复诵书讲书'次歌诗。凡习礼，歌诗之类，皆所以常存童子之心，使其乐习不倦，而无暇及于邪僻。教者知此，则知所施矣。

申明学规事宜

明·黄佐

【题解】 黄佐（1490～1566）字才伯，号希斋，晚号泰泉，祖籍江西，明初定居香山，明广东香山（今中山）人。晚年谒哲学家王守仁，得到王守仁称赞，与大学士夏言论河套事不合被罢归，弃官归养，筑室于禺山之阳，潜心研习孔孟之道。学规，是古代学校规章的总称，犹今日之学校章程，意在彰明学子在学时有关思想行为之要求和规定。本文选自《南雍志》卷十。

（一）

礼部为申明教化事：洪武三十五年十一月二十一日，本部官同五府、各部、都察院、六科给事中等官，于奉天门钦奉圣旨：

朕自即位以来，一应事务，悉遵旧制，不敢有违，为何？盖因国初创业艰难，民间利病，无不周知。但凡发号施令，不肯轻易，必思虑周密，然后行将出去，皆是为军为民的好勾当。所以三十余年，天下太平，人受其福。允炆不守成宪，多有更改，致使诸司将洪武年间榜文，不行张挂遵守。恁各衙门查将出来，但是申明教化、禁革奸弊、劝善惩恶、兴利除害，有益于军民的，都依洪武年间圣旨，申明出去，教天下官吏军民人等遵守，保全身命，共享太平。敢有故违者，治以重罪。钦此。

除钦尊外，查得为申明学规事，切照：太学乃教化之源，首善之地，朝廷丰厚廪禄，广建学舍，延致明儒，教育英材，期于有成，为国家用。所以自建学以来，中间教养人材，多所成就。由诸司大小官员，任其事而称其职者，莫不由是而出。近为老儒怀奸，师道不立，学规废弛，以致生徒全不务学，于先圣先贤之道，略不究理。循规蹈矩者少，越礼犯分者多，狂妄纵横，挑挞无藉。有等入学十有余年，尚且不通文理，不能书算，不晓吏事。甚者抗拒师长，不遵教诲，放僻邪侈，靡所不为。如此习以成风，伤化败俗，虚旷岁月，徒费廪禄，教养无成，不得实材之用，甚辜朝廷兴建美意。所有学规，若不备榜申明，深为未便。洪武三十年七月二十日。

本部官于奉天门题奏外，今将合行事宜，条例榜示，仰师生人等各宜遵守。敢有仍前放肆不遵、怠慢无礼者，照依榜内事理施行。

（二）

礼部为学校事：照得近该工科给事中雷填建言："旧制，天下百姓之家，不分贫富，自愿遣子入学读书，听从其便，仍免本家两丁差徭。"会官议准具奏，宜从礼部给榜申明。及据国子监呈该祭酒胡俨将洪武年间本监学规榜例具奏。钦依："著礼部申明。"本部钦遵，将查出洪武年间各项学规榜例，永乐三年五月初二日晚，本部官于右顺门进看。奉圣旨："如今从新通行出榜申明，学规照旧。钦此。"钦遵备榜间。本年八月初六日，本部左侍郎杨砥等同文武百官早朝于奉天门，钦奉圣旨："学校之设，所以广教化，厚风俗，期在得人以资任用。太祖皇帝平定天下之初，内设国子监，外设府、州、县学，选用名儒，教育俊秀，详定职掌，严立教条，丰其廪馔，免其差徭，期待之意，靡不周备。允炆不遵祖训，更改旧制，学校废弛，师生懈怠，所司又不勉励，虚糜廪禄，徒劳民供，甚非教养之道。恁礼部便将旧学规出榜申明禁约，著国子监、府州县学遵守。务要教养有法，学业有成，国家得其成材任用。钦此。"

除钦遵将钦奉圣旨事意并学规备榜完备外，今照前事系干钦奉申明学规事理，拟合通行补本复奏，给发国子监并北京国子监及天下府州县儒学遵守。

学规本末

明·黄佐

【题解】 此学规以钦定形式颁发，可谓庄重严肃，当为天下学子须遵守，可见当时国家对教育之重视。本文出自明黄佐撰《南雍志》卷九。

国初立国子学，洪武十五年（1382）三月改为国子监，太祖高皇帝钦定学规九条颁行之。是年五月二十七日，礼部尚书刘仲质等钦奉敕旨，条成学规一十二款，合前九条梓行，以敕师生。十六年正月十八日，钦除国子监祭酒宋讷，设置《五经》博士，又为定拟学规八条。当日晚朝，谏院、翰林院等官于东苑内奏闻讫，遂颁行焉。三十年七月二十日，署祭酒事太常寺丞张显宗、署司业事翰林院修撰韩克忠等与礼部增定学规以闻，上亲为裁定二十有七条，通前为五十六款，遵行既久，则谓之监规云。

太祖高皇帝洪武十五年三月钦定：

〇本监正官，每日清晨升堂就坐，各属官以次赴堂序立，行揖礼。正官坐受后，各属官分列东西，相向对揖。礼毕就立，俟各堂生员行列恭揖，礼毕方退。晚亦如之。

〇本监属官，每遇赴堂禀议事务、质问经史，皆须拱立听受，取次讲说，不得即便坐列。其正官亦不得要求虚誉，辄自起身，有紊礼制，务在纲纪秩然，足为矜式。

○本监正官，职专总理，一应事务，须要整饬威仪，严立规矩，表率属官，模范后进。不可尸位素餐，因而怠惰。

○监丞之职，所以参领监事。凡教官怠于师训，生员有戾规矩，并课业不精、廪膳不洁，并从纠举惩治，务要夙夜尽公，严行约束，毋得徇情以致废弛。

○博士、助教、学正、学录等官，职专教诲，务在严立课程，用心讲解，以臻成效。如或怠惰不能自立，以致生员有戾规矩者，举觉到官，各有责罚。

○生员在学读书，务要明体适用，以须仕进，各宜遵承师训，循规蹈矩。凡出入起居、升堂会馔，毋得有犯学规，违者痛治。

○掌馔职备廪食供给师生，须要恪恭乃事，务在丰洁。毋得通同膳夫、厨役人等，因而剋减，以致不充。违者依律同罪。

○典簿职掌文案，凡一应学务并支销钱粮、季报课业文册等项，皆须明白稽考，毋得通同吏典人等侵损漏落作弊，违者并依律处治施行。

○原定每月背讲书日期：初一日假，初二、初三日会讲，初四日背书，初五日、初六日复讲，初七日背书，初八日会讲，初九日、初十日背书，十一日复讲，十二日、十三日背书，十四日会讲，十五日假，十六日、十七日背书，十八日复讲，十九日、二十日背书，二十一日会讲，二十二日、二十三日背书，二十四日复讲，二十五日会讲，二十六日背书，二十七日、二十八日复讲，二十九日背书，三十口复讲。

右（上）九条，永乐三年八月初六日礼部申明。本年又定：

○学校之所，礼义为先。各堂生员，每日诵授书史，并在师前立听讲解。其有疑问，必须跪听，毋得傲慢，有乖礼法。

○在学生员，当以孝悌忠信、礼义廉耻为本，必先隆师亲友，养成忠厚之心，以为他日之用。敢有毁辱师长及生事告讦者，即系干名犯义，有伤风化，定将犯人杖一百，发云南地面充军。

〇开设太学，教育诸生，所以讲学性理，务在明体适用。今后诸生止许本堂讲明肄业，专于为己，日就月将；毋得到于别堂，往来相引，议论他人长短，因而交结为非。违者从绳愆厅纠察，严加治罪。

〇师生廪膳，既设掌馔以专其职，厨役人等以任其役，升堂会馔，已有成规。今后不许再立监馔生员。每日诸生会食，务要赴会馔堂公同饮食，毋得擅入厨房，议论饮食美恶及鞭挞膳夫，违者笞五十，发回原籍，亲身当差。

〇各堂教官，每班选重厚勤敏生员一名，以充斋长，表率诸生。每日各斋通输斋长四名于彝伦堂直日，整点礼仪，序立班次及催督各斋工课，不许仍设掌仪专总事务，有妨本名肄业。

〇堂宇宿舍，俱各整饬，应用什物，皆已备具，务在常加洁净。闲杂人等，不许辄入。其在学人员，敢有毁污作践者，从绳愆厅纠举惩治。

〇本监官员及官民生，不许将家人僮仆撞擅入学纷扰污染。违者从绳愆厅纠治。

〇掌馔职专供给饮食，务在恪恭乃事，毋得简慢师生。如有病患不能行履者，许令膳夫供送。若无病，不行随众会食者，不与当日饮食。

〇除三饭之后，并不许另外茶饭及澡浴汤水。敢有刁蹬索取者，绳愆厅纠治，仍将本名附集愆册纪录之。

〇监丞置立集愆册一本，各堂生员敢有不遵学规，即便究治。仍将所犯附写文册，以凭通考。初犯纪录，再犯决竹篦五下，三犯决竹篦十下，四犯照依前例发遣安置。

〇师生所用饮食物料，一一备具在学，并无缺少。若掌管之官蹈前官典簿之弊，不将官有见在物料放支，却令差到市夫厨役人等，日逐补办油盐酱醋等物，今后新官典簿若有此弊，许生员

391

面奏。

〇在学生员，或千数之广，或七八百人以为中，或百人以为下，体知有等无志之徒，往往不行求师问道，专务结党恃顽，故言饮食污恶。切详此等之徒，果系何人之子，其所造饮食，千百人所用皆善，独尔以为不善，果君子欤，小人欤？是后必有此生事者，具实奏闻，令法司枷镣禁锢，终身在学役使，以供生徒。

右（上）十有二条，洪武三十五年十一月二十一日礼部申明。

洪武十六年正月钦定：

〇正官严立学规，六堂讲诵课业，定生员三等高下，定六堂师范高下。

〇以二司业分为左右，各提调三堂。

〇博士五员，虽分五经，共于彝伦堂西设座教训六堂，依本经考课。

〇凡生员通《四书》未通经者，居正义、崇志、广业堂。一年半之上，文理条畅者，许升修道、诚心堂。坐堂一年半之上，经史兼通、文理俱优者，升率性堂。

〇生员坐堂，各堂置立勘合文簿于上，横列生员姓名，于下界画作十方。一月通作三十日，坐堂一日，印红圈一个。如有事故，用黑圈记。每名须至坐堂圈七百之上，方许升率性堂。

〇凡生员日讲，务置讲诵簿，每日须于本名下书写所讲所诵所习，以凭稽考。

〇凡生员遇有事故者，须置文簿。但遇生员请假，须至祭酒处呈禀批限，不许于本堂擅请离堂。

〇凡生员升率性堂，方许积分。积分之法，孟月试本经义一道，仲月试论一道、诏诰章表内科一道，季月试经史策一道、判语二条。每试，文理俱优，与一分；理优文劣者，半分；文理纰谬者，无分。岁内积至八分者为及格，与出身；不及分，乃坐堂肄业。试法一如科举之制。果有材学超越异常者，取自上裁。

右（上）八条，稽诸条例，无礼部申明年月。

洪武三十年钦定：

○各堂教官，所以表仪诸生，必当躬修礼节，正其衣冠，率先勤谨，使其有所观瞻，庶几模范后学。今后故妆阘茸怠惰、有失威仪者，许监丞纠举，以凭区处。若监丞故不举觉及怀私纠举不当者，从监官奏闻区处。

○诸生衣巾，务要遵依朝廷制度，不许穿戴常人巾服，与众混淆，违者痛决。

○三日一次背书，每次须读《大诰》一百字，本经一百字，《四书》一百字，不但熟记文词，务要通晓义理。若背诵讲解全不通者，痛决十下。

○每月务要作课六道、本经义二道、《四书》义二道、诏诰章表策论判语内科二道，不许不及道数。仍要逐月作完送改，以凭类进。违者痛决。

○每日写仿一幅，每幅务要十六行，行十六字。不拘家格，或羲、献、智永、欧、虞、颜、柳，点画撇捺，必须端楷有体，合于书法。本日写完，就于本班先生处呈改，以圈改字少为最，逐月通考。违者痛决。

○朔望行释菜礼，各班生员，务要一名名赴庙，随班行礼。敢有怠惰失仪及点闸不到者，痛决。

○生员凡遇师长出入，必当端拱立俟其过，有问即答，毋得倨然轻慢，有乖礼体。违者痛决。

○生员讲解如有疑难，即当再三从容请问，毋得轻慢师长，置之不问，蓄疑于心。违者痛决。

○各班生员，凡有一应事务，先于本堂教官处禀知，令堂长率领赴堂禀复，毋得径行烦紊。违者痛决。

○每班给予出恭入敬牌一面，责令各班值日生员掌管。凡遇出入，务要有牌。若无牌擅离本班及敢有藏匿牌面者，痛决。

393

〇生员果有病患，无家小者，许于养病房安养，不许号房内四散宿歇。有家小者，止就本家。若无病而称病出外游荡者，验闸得实，痛决，即令到班。

〇生员于各衙门办事者，每晚必须回监，不许于外宿歇，因而生事。若画酉不到及点闸不在者，痛决。

〇凡会食，务要礼仪整肃，敬恭饮食，不许喧哗起坐，仍不许私自逼令膳夫打饭出外，冒费廪膳。违者痛决。

〇凡早晚升堂，务要各人亲自放牌点闸，及要衣冠严肃，步趋中节。不许搀越班次，喧哗失礼。违者及点闸不到者痛决。

〇凡坐堂生员，务要礼貌端严，恭勤诵读，隆师亲友，讲明道义，互相勉励为善。不许燕安怠惰、脱巾解衣、喧哗嬉笑、往来别班，谈论是非。违者痛决。

〇凡赴堂背书，务要各照班次序立，以凭抽签背诵。若前后搀越、喧哄杂乱者，痛决。

〇生员每夜务要在号宿歇，不许酣歌夜饮，因而乘醉高声喧哄。违者及点闸不在者，各加决责。

〇朔望假日，毋得在外醉饮，倒街卧巷，及因而生事，互相斗殴，有伤风化。违者痛决。

〇内外号房，务要常川洁净。如是点闸各生号房前，但有作秽者，痛决。

〇内外号房，各生毋得将引家人在内宿歇，因而生事引惹是非。违者痛决。

〇生员拨住号房，俱已编定号数，不许私下挪借他人住坐。违者痛决。

〇凡选人除授及差使办事等项，敢有畏避躲闪、不行赴堂听选者，奏闻区处。

〇凡生员于各衙门办事完结，务要随即回监肄业。不许在外，因而生事。违者痛决。

○凡生员省亲搬取，已有定例，敢有不行遵守，辄自奏启者，治罪。

○丁忧、成婚，人伦大节。假托许冒，非惟明有定律，其人不堪教养可知。今后生员如有丁忧、成婚等事，许于本监告知，具呈礼部。除丁忧已有定制外，其成婚者定立限期，给引回还，随即移文照勘。如有诈冒，就便依律施行。

○生员所有一切事务，合先于本监告知。本监具呈礼部定夺，奏闻区处。所告是实，本监不准，方许越礼部陈告，毋得隔越。

○生员但有违犯前项学规，决毕，即送绳愆厅纪过。若累犯不悛者，奏闻区处。

右（上）二十七条，洪武三十五年十一月二十六日礼部申明。

南京国子监条约

明·黄佐

【题解】　南京国子监，即应天府书院。此条约围绕"五伦"制定，当全面周到，可见当时教规之细则。本文出自明黄佐撰《南雍志》卷十六。

南京国子监为遵成宪、明彝伦以兴教化事：钦惟我太祖高皇帝名堂以"彝伦"者，示尔多士遵道以成贤也，弗明则务讲诵，弗率则行朴罚，监规大义，惟在收其放心、见诸躬行而已。皇极敷言，万世为则，可弗敬与！是以祗承简命，夙夜兢兢，惟表率弗堪是惧。所赖两厅六堂，各端模范，以辅不逮。然尔等虽皆天下英才，其中急于富贵、不安义命者，亦或有之。《书》曰："怙侈灭义，服美于人，骄淫矜夸，将由恶终。虽收放心，闲之惟艰。"似为今日而设也。欲闲尔心，岂可陵节！今仿积分之法，季考上等、行谊可取者，俱各优待五日到班。果有材学异群者，奏闻擢用。凡上序拨历，以三七为率。如遇东序人少，临期务要斟酌均平，系成化年间题准事例。今乃入监之初，已萌超拨之念，视贤关如传舍，苦讲诵如桎梏，无乃违我圣祖之彝训也乎！今遵照旧规，置集愆册，分初犯、再犯、三犯，发绳愆厅朴罚纪录。除四犯不悛、照例发遣安置外，若其过出无心，初犹免罚，怙终迷复，理则难容。每遇拨历，查册以犯之多寡为先后，拨毕榜示，用彰惩劝。仍置稽查讲诵簿，不时掣签，一如升堂点名之法，令各堂长执签取齐；前赴讲院听讲。自经书外，陈诗考礼，审及乐律，优柔问辩，俾以渐入。四方髦士、琉球官生愿受业者听。犹念敷教之法，寔非宽纵，定为五品条约，开列于后：

一曰君臣之伦。夫事君之义，以敬为主，学古人官，以遵君上之教为先。每遇作课出题，照例回避反逆祸乱等凶恶字样，违者自行检举。行文必须回避庙讳下一字，或不得已而用，仍缺点画。表策提头，例有一二分别，俱各慎写。违错者朴五下。罚旷一日。凡圣节、冬正、正旦、送表、习仪、拜牌及大祀斋宿，每一次不到者，朴十五下，罚旷半月，与朔望谒庙不到者同科，俱压拨二次。一月以上不销名者，照旧例以逃监论。其所习经书，仰遵圣制，以宋儒传注为宗。近有剽窃释氏圆觉之说，废斥传注，讥及先师，其弗率君上之教，罪亦大矣。行文内查出，朴十五下，罚旷半月，与季考不到者同科，俱压拨二次。绳愆厅各纪录于册，以惩不敬。

二曰父子之伦。夫事亲之道，在于及时进修，期在显扬，终始哀荣，无违于礼而已。尔多士遭际圣明，三途并用，一拜京职，即得赐封。虽任子，往往有显逾科第者。今乃科举下第，辄求省亲而去，以致监期久旷，遂睽荣养，是何心与？榜示后，毋待查催，即行复班肄业。其父母年老无次丁者，例许回原籍侍养。若有兄弟，毋得捏词欺诳。或有不幸罹艰，坐班、加丁、接丧预申等项，俱照旧规而行。如或假托诈冒，及闻丧而上序拨历在迩、忍情秘匿者，访出定行照律重治。其不顾父母之养，冒姓更名，从他人抚育，不行改正者，与酗酒斗殴、致伤遗体有违监规者，俱各朴十五下，压拨二次。绳愆厅各纪录于册，以惩不孝。

三曰长幼之伦。夫长幼之序，内则兄弟，外则师友，其究一也。疾行越坐，已犯名义，况于欺凌乎？除撒泼嗜酒、挟制师长不守监规者，问发充吏，已有明条外，其有骑坐马匹、狂悖桀骜、径过庙门及遇品官争道斗殴者，采访得实，定行重治。如遇本监师长而不下者，朴十五下；遇年长朋辈而不下者，朴十下；俱追马匹入官，罚旷半月，压拨二次。堂上点名赊贳、童生应点在前、疾行先长者，朴十下；私室见年长朋辈端坐不起者，朴五下；俱压拨一次。走班前后喧哗、无复齿序者，堂友长口禀，朴十下，甚者压拨一次。不待打钟先出者，朴五下，压拨一次。凡给假、销名、告出、拨历等项，早班后俱先禀本堂，待师允可，然后随直日堂长引赴厢房，具状帖呈告。以上堂班次为序，每班以长幼为序，次第禀告，混乱搀越者，朴十下；若事理不可行而强辩饰非者，朴亦如之；俱压拨一次。绳愆厅各纪录于册，以惩不逊。

四曰夫妇之伦。夫礼法固当闲乎有家，教化必造端于阃内。尔多士循礼率教之日久矣，都会所在，声色溺人，不可以不谨。凡居号舍，防范家小出入，市声艳曲，毋使彻于帷箔，内外肃静，有孚威如，斯善学矣。其或名虽贴号，实傲民居，挟妓往来，或收在号舍者，除事发照例问革外，号长连坐。若已曾授室，而旅寓再娶，以致妻妾失序、律条有犯者，堂友长豫当规诫，毋待事发。至于给假成婚者，例该本处官司预先申部方许。如有假托诈冒及告搬取实非家小而纳非偶者，各朴十五下，罚旷半月，压拨二次。绳愆厅各纪录于册，以惩不检。

五曰朋友之伦。夫友道之于人重矣，所赖以丽泽成德者也。尔多士相与，自辅仁责善之外，尤当拯救患难、周恤窘乏。若有患病给假未痊，堂友长引家人具状告与转限，差侍直生及医生看视，量随轻重为限。迩来士风不古，明知监规当以孝悌忠信、礼义廉耻为本，却乃群居终日，言不及义。明知律例挟妓赌博、出入官府、起灭词讼、说事过钱等项，犯者问发为民，却乃互相扇诱。或诈称患病，给假营私者有之。其能相观而善、学文敦行者，几何人哉！故燕朋逆其师，燕辟废其学，《大学》之明诫也。凡尔取友，毋近匪人，弹琴、博弈、星相等术，毋得诣私宅求见，亦毋得停留号舍，有妨肄业。今后堂友长倡率在班作课，必自行文，毋得倩人抄录；写仿必务端楷，毋得苟且取完；背书必勤讽诵，毋得将熟书抵作生书，改换金帖；讲书先于本堂及博士厅请益，必须明辩通晓，毋得虚应故事。会讲复讲点名不到者，罚旷一日，应五日到班者，罚旷五日。稽考讲诵之时，通行试验，违者各朴五下，压拨一次。诈病不肯受业者，朴十下，压拨二次。一月以上，以逃监论。其有侵剋膳馔及欺骗贴号银两因而争殴者，朴十五下，罚旷半月，压拨二次。上序之时欺瞒旷日，查序生辄与上单者，罪亦如之。凡趋利欺诳，虽已拨在历，仍行究治。绳愆厅各纪录于册，以惩不信。

　　右件不过曲为之防，以禁于未发，所望于尔多士，晞慕圣贤，超越流俗，自能立于无过之地，又奚犯之有？其门隶等役，敢有邀索财物诈孽百端者，许指名呈禀，为尔除之。凡事情重大，俱奏闻区处。犹虑奸弊螯于成宪，利欲锢其良心，尚涤前愆，毋贻后悔。

　　右仰通知。

　　嘉靖二十二年（1543 年）十月日。

洞学十戒

明·高贲亨

【题解】 高贲亨，字汝白，生卒年不详。浙江临海人，明正德时江西提学副使。本文出自陈宏谋辑《五种遗规·养正遗规》。

弘谋按：白鹿洞书院，自朱子揭示学者，体要粲然大备。后儒振兴洞学，递有规条，要皆庚续发明朱子之意。然或以其词之繁，非幼学所能尽晓，独高公立洞学十戒，于末学病痛，尽其表里，而杜渐防微，尤当自幼学始，使之重以为戒。从事圣贤之途，则凡所以禁其为彼而导其为此者，不啻言提其耳矣。弘谋故辑此以终是卷，其于揭示中所云规矩禁防之具，盖不无小补云。

一曰立志卑下。谓以圣贤之事不可为，舍其良心，甘自暴弃，只以工文词、博记诵为能者。

二曰存心欺妄。谓不知为己之学，好为大言，互相标榜，粉饰容貌，专务虚名者。

三曰侮慢圣贤。谓如小衣入文庙，及各祠，闲坐嬉笑，及将圣贤正论格言作戏语，不盥栉观书之类。

四曰陵忽师友。谓如相见不敬，退则诋毁，责善不从，规过则怒之类。

五曰群聚嬉戏。凡初至接见之后，虽同会亦必有节；非同会者，尤不可数见。若群聚遨游，设酒剧会，戏言戏动，不惟妨废学业，抑且荡害性情。

六曰独居安肆。谓如日高不起，白昼打眠，脱巾裸体，坐立偏跋之类。

七曰作无益之事。谓如博弈之类。至于书文，虽学者事，然非今日所急，亦宜戒之。

八曰观无益之书。谓如老庄仙佛之书，及《战国策》诸家小说、各文集。但无关于圣人之道者，皆是。

九曰好争。凡朋友同处。当知久敬之道，通财之义。若以小忿小利，辄伤和气，与涂人无异矣。

十曰无恒。夫恒者入圣之道。小艺无恒，且不能成，况学乎。在院生儒，非有急务，不宜数数回家。及言动课程，俱当有常。毋得朝更夕变，一作一辍。

东林会约

明·顾宪成

【题解】 作者简介同前。《东林会约》是顾宪成为东林书院的讲学活动所制定的章程。万历三十二年（1604年），经顾宪成和吴地学者的共同努力，官府终于批准在无锡城东门内的东林书院遗址重建兴复东林书院。是年十月，顾宪成会同顾允成、高攀龙、安希范、刘元珍、钱一本、薛敷教、叶茂才（时称东林八君子）等人发起东林大会，制定了《东林会约》。本文选自《顾端文公遗书》。序作者简介：高攀龙（1562～1626），字存之，又字云从，江苏无锡人，世称"景逸先生"。明朝政治家、思想家，东林党领袖，"东林八君子"之一。著有《高子遗书》12卷等。

序

吾锡故未有讲学者，有之，自宋龟山杨先生始，今东林其皋比处也。自元以来，芜废久矣。复之于邵二泉先生，王文成之记可考也。嘉隆以来又芜废矣，复之于顾泾阳先生。于时中丞则嗣山曹公、直指则起莘马公、督学则意白杨公、兵使者则龙望邹公、郡伯则宜诸欧阳公、邑侯则平华林公，皆曰："都时哉不可失。"各捐金构祠宇。同邑顾侍御襄宇公则出其所有地以为祠址，林侯复以其工之羡，买田供盎簪之饩，泾阳先生而下同志者，又各捐金买地，构为讲堂书舍，以为讲习燕居之所。而先生复为约，指示一时从游者修持之要。攀龙读而叹曰："至矣！无以加矣！古之君子其出也以行道，其处也以求志，未有饱食而无所事事者。无饱食而无所事事，斯不亦乐乎？又何多事而自取桎梏为耶。噫，正以不能无事云尔，夫人有生则有形，有形则有欲，有欲则有忧，以欲去忧，其忧愈大，虫虫然与忧俱生，与忧惧死矣。学也者，去其欲，以复其性也。必有事以复于无事也，无事则乐，乐则生，生则久，久则天，天则神，而浩然于天地之间。夫人即至愚，未有舍其可乐而就其可忧，然徐而究其实，卒未有不就其所忧而舍其所乐者。呜呼！其亦弗思耳矣。思之如何？约备矣，无以加矣。谨刻以公同志者，期相与不负斯约云。

饬四要

一曰知本。知本云何？本者，性也，学以尽性也，尽性必自识性始。性不识，难以语尽性不尽，难以语学。吾绎朱子《白鹿洞规》，性学也，不可不察也。是故父子亲矣，君臣义矣，夫妇别矣，长幼序矣，朋友信矣。乃其所以亲，所以义，所以别，所以序，所以信者，果何物乎？于是乎有学矣，有问矣，有思矣，有辨矣，有行矣。乃其所以学，所以问，所以思，所以辨，所以行者，又何物乎？不可不察也。以至修身也，言能自忠信乎？行能自笃敬乎？忿能自惩、欲能自窒乎？善能自迁、过能自改乎？处事也，谊孰从而正、道孰从而明乎？接物也，有不欲，孰禁之使勿施，有不得，孰引之使反求乎？不可不察也，察之斯识之矣。识则无往而非性也，不识则无往而非器也。或生而知之，或学而知之，或困而知之，识也。饥食渴饮，贸贸焉与禽兽并生并死于天地之间，不识也。盖亦有自以为识者矣。而高之则虚无，卑之则支离，其识也，殆无以异于不识也。究其弊，又有甚于不识也。此无他，其于学也，以己为准，而不以性为准；其于性也，以其所谓性为准，而不以公共之所谓性为准。于是妄开蹊径，上下走作，或欲跃出人伦日用之表而不安其常也，或仅株守人伦日用之迹而不研其精也。无为贵，学矣夫！然后知朱子之见之正也，守之确也，虑之远也，防之豫也。故曰《白鹿洞规》性学也，不可不察也。或曰世之言性者，何如曰性一而已矣，言性者亦一而已矣，不闻有异同之说也。自孟子道性善，告子又道无善无不善，而一者始歧而二矣，此孔子以后之变局也。今之言曰：无善无恶，是谓至善，而二者又混而一矣，此孟子以后之变局也。或于同中生异，或于异中强同，诐淫邪遁皆从此出，不可不察也。曰：然则子何以折衷之耶？曰：吾将深言之，参诸人生而静之上，则冲漠靡朕，方为无善无恶之所影响，而未有以夺之也。吾将浅言，参诸感物而动之后，则纷纭靡定，所据反出无善无恶之下，而不足以胜之也。请就一善字为案相提而论之，由孟子则善者，性之实也，善存而性存矣，善亡而性亡矣。天下虽欲不尊视乎善，不可得也。由告子则善者，性之障也，亦与恶无以异耳。天下虽欲不卑视乎善，不可得也。尊视乎善，君子好其实，将日孜孜焉望而趋之；小人畏其名，将日惴惴焉而不敢肆。即有非僻邪谬之子，鲜不意沮而色作矣。是率天下而检摄于善之内也。卑视乎善，君子且去而凌空驾虚以见奇，小人且去而破规裂矩以自恣。于是亲义序别信皆为土苴，无关神理；学问思辨行皆为桎梏，有碍自然。从上圣贤之所相与叮咛告戒，一切藐而不事矣。是率天下而驰骛于善之外也。两言判若霄壤，而究其利害，亦相十百千万，乃欲推此入彼，援彼附此，强而合之耶？窃见迩时论学率以悟为宗，吾不得而非之也。徐而察之，往往有如所谓以亲义别序信为土苴，以学问思辨行为桎梏，一切藐而不事者，则又不得而是之也。识者忧其然，思为救正，谆谆揭修之，一路指点之，良苦心矣。而其论性，则又多笃信无善无不善之一言，至以为告子直透性体，引而合之孟子之性善焉。不知彼其以亲义序别信为土苴，以学问思辨行为桎梏，一切藐而不事者，其源正自无善无不善之一言始；而无善无不善之一言所以大张于天下者，又自合之孟子之性善始也。是故据见在之迹，若失之于修；究致病之源，实失之于悟，所谓认贼作子也。今不治其源而治其流，非特不治也，又从而益滋之。一边禁遏，一边崇奉，何异扬汤以止沸，如是而犹致咎于流之不澄，何异疾走而恶影？必不得矣。阳明先生曰：无善无恶心之体，有善有恶意之动，知善知恶是良知，为善去恶是格物。其立言岂不最精密哉？而卒不勉于弊，何也？本体工夫原来合一，夫既无善无恶矣，且得为善去恶乎？夫既为善去恶矣，且得无善无恶乎？然则本体功夫一乎二乎，将无自相矛盾耶？是故无善无恶之说，伸则为善去恶之说。必屈为善去恶之说，屈则其以亲义序别信为土苴，以学问思辨行为桎梏，一切藐而不事者必伸。虽圣人复起，亦无如之何矣，尚可得而救正耶？阳明之揭良知，真足以唤醒人心，一破俗学之陋。而独其所标性宗一言，难于瞒心附和，反复寻求，实是合不来、说不去，而其流弊又甚大耳。是故以性善为宗，上之则羲、尧、周、孔诸圣之所自出，下之则周、程诸儒之所自出也。以无善无恶为宗，上之则昙、聃二氏之所自出，下之则无忌惮之中庸、无非刺之乡愿之所自出也，不可不察也。或曰：告子曰性无善无不善，专欲抹下一善字。今曰无善无恶，是谓至善，却乃拈上一善字，其立言之旨，倘亦有不同乎？曰：固也，惟是彼之于善也，即妄意排摈以矫揉造作者当之，而善之本相尽被埋没；此之于善也，又过意描写以渺茫恍惚者当之，而善之本位竟致虚悬。窃恐均之，不必有当于性体耳。曰无善无不善，塞孟子之性善者也，孟子之操懿也；无善无恶是谓至善，通孟子之性善者也，孟子之毛郑也。概而距之，得无过乎？曰歧无善无不善于性善，一彼一此，门户各别，孟子之所谓性犹在也；混无善无不善于性善，面目无改，血脉潜移，孟子之所谓性亡矣。歧性善于无善无不善，一是一非，稍有识者，类能别之，告子之说犹不得重为世道之害；混性善于无善无不善，吕嬴共族，牛马同曹，告子之说且居然窜入羲、尧、周、孔之宗矣。论至于此，与其混也，宁其歧也。呜呼！此吾儒之所为硁硁护持，力争于毫厘杪忽之间而必不敢苟为迁就，与世同其滔滔者也。

一曰立志。立志云何？志者，心之所之也。莫贵于人，莫灵于心。心欲超凡民而之豪杰，豪杰矣；心欲超豪杰而之圣贤，圣贤矣。有不然者，由其漫然不知自贵耳。幸而知自贵矣，乃或遇富贵贫贱之交则动，遇毁誉之交则动，遇死生之交则动，是情识可得而搀也。又或凭一察挟一班，语上则黜下，语实则摈虚，语顿则薄渐，语方则左圆，浑然之中强生拣择，是意见可得而搀也。于是纯者驳，通者碍，我之心且不得而有之，即有所就，揆之自家性命，了无干涉。总之浮生浪死，虚担一个人名而已，与所谓漫然者无以异矣，岂不可惜？昔孔子发愤至于日不食、夜不寝，孟子愿学孔子，即伊尹夷惠犹然舍之而不屑，所以卒成大圣大贤，由此也夫？非吾师也耶？是故君子立志之为要。

一曰尊经。尊经云何？经，常道也。孔子表章六经，程朱表章四书，凡以昭往示来，维世教、觉人心，为天下留此常道也。譬诸日月焉，非是则万古晦冥；譬诸雨露焉，非是则万古枯槁。学者试能读一字便体一字，读一句便体一句，心与之神明，身与之印证，日就月将，循循不已，其为才高意广之流欤？必有以抑其飞扬之气，敛然思俯而就，不淫于荡矣。其为笃信谨守之流欤？必有以开其拘曲之见，耸然思仰而企，不局于支矣。所谓陶冶德性，变化气质，胥而纳诸大中至正之归，其功岂浅鲜耶！若厌其平淡，别生新奇以见超，是曰穿凿；或畏其方严，文之圆转以自便，是曰矫诬；又或寻行数墨（寻行数墨：只会背诵文句，而不明文章义理。死读书、读死书之谓。），习而不知其味，是曰玩物；或胶柱鼓瑟，泥而不知其变，是曰执方。至乃桎腹高心，目空千古。一则曰何必读书，然后为学；一则曰六经注，我注六经，即孔子大圣，一腔苦心，程朱大儒，穷年毕力，都付诸东流已耳！然则承学将安所持？循乎异端曲说，纷纷藉藉，将安所折衷乎？其亦何所不至哉！是故君子尊经之为要。

一曰审几。审几云何？几者，动之微，诚伪之所由分也。本诸心，必征诸身；本诸身，必征诸人，莫或爽也。凡我同会，愿反而观之，果以人生世间不应饱食暖衣，枉费岁月，欲相与商求立身第一义乎？抑亦树标帜，张门面而已乎？果以独学悠悠，易作易辍，欲相与交修互儆，永无退转乎？抑亦慕虚名，应故事而已乎？由前，则一切精神用事也；由后，则一切声色用事也。精神用事，人亦以精神赴之，相薰、相染，相率而入于诚矣，所以长养此方之善根，厥惟今日；声色用事人亦以声色赴之，相薰、相染，相率而入于伪矣，所以斩削此方之善根，亦惟今日。《中庸》曰：知远之近，知风之自，知微之显，其斯之谓与？是故君子审几之为要。

破二惑

二惑云何？

一曰：锡故未有讲学之会也，一旦创而有之，将无高者笑、卑者骇，是亦不可以已乎？请应之曰：固也。虽然，龟山先生不尝讲于斯乎？二泉先生不尝讲于斯乎？今特仍其故而修之耳。且所为笑者，谓迂阔而不切耳；所为骇者，谓高远而难从耳。窃惟，伦必敦；言必信，行必敬；忿必惩，欲必窒；善必迁，过必改；谊必正，道必明；不欲必勿施，不得必反求。学者，学此者也；讲者，讲此者也。凡皆日用常行须臾不可离之事，曷云迂阔？又皆俗夫愚妇之所共知共能也，曷云高远？此其不当惑者也。

一曰：学顾躬行，何如耳将焉用讲？试看张留侯、郭汾阳、韩、范、富、欧诸公何尝讲学，而德业闻望照耀百世。至如迩时，某某等无一日不讲，无一处不讲，无一人不与之讲矣，乃所居见薄，所至见疑，往往负不韪之名于天下，何也？请应之曰：固也。虽然假令张留侯、郭汾阳、韩、富诸公而知学，不遂为稷契皋陶乎？所称某某等之病，不在讲也，病在所讲非所行，所行非所讲耳。夫士之于学，犹农之于耕。农不以耕为讳，而士乃以讲学为讳，农不以宋人之槁苗移诟于耕，而士乃以某某等之毁行移诟于学。抑亦舛矣，此其不必惑者也。不当惑而惑，昧也；不必惑而惑，懦也。

崇九益

九益云何？

国家设学本教人为圣为贤，非徒也。惟是士之所习者占毕，所希者科名，父兄师友之间相期相督不过如是而止，失其本矣。今兹之会，专以道义相切磨，使之诚意、正心、修身，以求驯至乎圣贤之域。而设学之初意，庶几不负。一也。

善无方与人，为善亦欲其无方。今兹之会，近则邑之衿绅集焉，远则四方之尊宿名硕时惠临焉。其有向慕而来者，即草野之齐民，总角之童子，皆得环而听，教所联属多矣。二也。

尝试验之燕居独处，了无事事，操则游思易乘也；纵则惰气易乘也。当会之时，长者俨列于前，少者森列于后，耳目一新，精神自奋，默默相对，万虑俱澄，即此反念入微，便可得安身立命之处矣。三也。

至如家庭之间，妻子之与妷，童仆之与偕，煦煦耳；亲朋知故之往来，溷溷耳，又最易坠落也。当会之时，非仁义不谈，非礼法不动，瞻听之久，渐摩之熟，气体为移，肺肝为易，一切凡情俗态不觉荡然而尽矣。四也。

学者第无志于道，诚有志于道，方当不远万里寻师觅友。乃今一堂之上，雍雍济济，能彼此互相严惮，有余师矣；能彼此互相切磋，有余友矣。声应气求，随取随足，道孰近而事孰易焉。五也。

一人之见闻有限，众人之见闻无限。于是或参身心密切，或叩诗书要义，或考古今人物，或商经济实事，或究乡井利害，盖有精研累日夕而不得，反复累岁月而不得，旁搜六合之表而不得，遂求千古之上而不得。一旦举而质诸大众之中，投机邂会，片言立契，相悦以解者矣。六也。

且是会也，无谓每年仅八举，每举仅三日，每日仅数刻已也。诚即是时反而追按其既往，凡往者之所为，揆诸目，今对众一念，能悉符合否？必有惺然不容瞒昧者矣。又即是时徐而预筹其将来，凡来者之所为，率吾目，今对众一念，能不渗漏否？必有凛然不容放松者矣。然则只此数刻间，即所以起旧图新，为众身作结束。而在会者，务俾未会之先、既会之后，常如会时，亦总之了此数刻间公案耳，岂非人生一大关键耶？七也。

此犹就自家检点言也，而人之检点我尤甚。若曰：是依庸堂中人耶，庸言信乎？庸行谨乎？是丽泽堂中人耶，愿闻己过乎？乐道人善乎？又若曰是道南祠中，所为斋明盛服，肃谒入先生之前者耶，异时孰当杨先生乎？孰当罗先生乎？孰当胡先生乎？孰当喻先生、尤先生、李先生、蒋先生、邵先生乎！夫如是，其责我也不已周乎！其望我也不已厚乎！其爱我也不已至乎！夫如是，纵欲妄自菲薄耶，自姑息，庸可得乎！岂非人生一大幸事耶？八也。

吾见世之能自树者亦不少矣，或立节、或立功、或立言，非不足以名当时而传后世也。然自道观之，犹枝叶，非本根也。会以明学，学以明道，从本根出枝叶，而后其立言也，声为律矣，非复如世俗之所谓立言矣；其立功也，日新而富有矣，非复如世俗之所谓立功矣；其立节也，成仁取义，浩然塞天地矣，非复如世俗之所谓立节矣，岂非人生一大究竟耶？九也。

凡此皆致益之道。协而崇之，是在吾党。

屏九损

九损云何？比昵狎玩，鄙也。党同伐异，僻也。假公行私，贼也。或评有司短长，或议乡井曲直，或诉自己不平，浮也，或谈暧昧不明及琐屑不雅、怪诞不经之事，妄也。己有过，贵在速闻速改，而或恶人之言，巧为文饰，怙也。人有过，贵在委曲密移，而或对众指切，致其难堪，悻也。问答之间，意见偶殊，答者宜徐察问者之指若何，明白开示，而或遽为沮抑，使之有怀而不展；问者宜细绎答者之指若何，从容呈请，而或遽为执辨，至于有激而不平，满也。人是亦是，人非亦非，道听涂说，略不反求，莽也。凡此皆致损之道，协而屏之，是在吾党。

愚所条具，大都就《白鹿洞规》引而伸之耳。非能有以益之也。退而思之，更发深感。追惟龟山先生自洛而归也，程淳公目送之曰："吾道南矣。"自是一传得豫章，再传得延平，三传得考亭，而其学遂大显，皆南产也。淳公之言，庶几其知命乎？龟山先生游吾锡，乐而安之，至历十有八年不舍，其眷眷如是。

蕞尔东林，屡废屡兴，即已大半落为僧区。幸其旧地可复，于是得以严饬庙貌，奉罗、胡七君子左右以从，而又于其旁辟讲堂，筑学舍，群同志相与切磨其间，意亦天之所留以惠我后人欤？夫安知不在向者道南识中也耶？然则今日之会，乃一最胜机缘也。且自先生迄于今，已四百余岁矣。顷者有事东林，请诸当道。当道惠然许可，相与一意表章，传诸大众，大众翕然踊跃，相与交口赞叹。非夫东林□为灵也，先生也。先生上承濂洛，下启考亭，四先生之精神，直与天地相始终。而先生之精神，又与四先生相始终。宜其有触而即应，不戒而自孚也。是故必有先生之精神，而后可以通四先生之精神；必有四先生之精神，而后可以通天下万世之精神。所为维道脉、系人心，俾兴者勿废，废者复兴，垂之弥久而弥新也。皆自我方寸间握其枢耳。然则今日之会，乃一最重担子也。如此机缘不可辜负，宜作何酬答？如此担子不易肩荷，宜作何承当？因复缀其说，与吾党共商焉。

会约仪式

○每年一大会，或春或秋临期酌定，先半月遣帖启知。每月一小会，除正月、六月、七月、十二月祁寒盛暑不举外，二月、八月以仲丁之日为始，余月以十四日为始，会各三日，愿赴者至，不必遍启。

○大会之首日，恭捧圣像悬于讲堂。午初击鼓三声，各具本等冠服诣圣像前，行四拜礼。随至道南祠，礼亦如之。礼毕，入讲堂，东西分坐，先各郡各县，次本郡，次本县，次会主，各以齿为序或分，不可同班者退一席，俟众已齐，集东西相对二揖。申末击磬三声，东西相对一揖，仍诣圣像前及道南祠肃揖，而退。第二日、第三日免拜，早晚肃揖，用常服。其小会二月、八月如第一日之礼，余月如第二日、第三日之礼。

○大会每年推一人为主，小会每月推一人为主，周而复始。

○大会设知宾二人，愿与会者，先期通一刺于知宾，即登入门籍。会日设木柝于门，客至，阍者击柝传报，知宾延入讲堂。

○每会推一人为主，说四书一章。此外有问则问，有商量则商量，凡在会中，各虚怀以听，即有所见，须俟两下讲论已毕，更端呈请，不必揽乱。

○会日久坐之后，宜歌诗一二章，以为涤荡凝滞、开发性灵之助，须互相倡和，反复涵咏，每章至数遍。庶几心口融洽，神明自通，有深长之味也。

○会众毕聚，惟静乃肃，须烦各约束从者，令于门外听候，勿得混入，以致喧扰。

○每会须设门籍，一以稽赴会之疏密，验现在之勤惰；一以稽赴会之人他日何所究竟，作将来之法戒也。

虞山书院学道堂堂规

410

明·耿橘

【题解】 耿橘（生卒年不详），字庭怀，一字朱桥，又字蓝阳，号兰阳，献县（今属河北省）人。明代理学家、武术家。万历二十九年（1601）辛丑科进士。耿橘精通武艺，又是理学家，曾主讲并虞山书院。本文选自《虞山书院志》。

父子之道：仁。帝尧曰："父子有亲。"子思曰："仁者人也，亲亲为大。"孟子曰："仁之实，事亲是也。"为人第一要行孝，为学第一要识仁。孔子曰："仁远乎哉，我欲仁，斯仁至矣。"孟子曰："仁，人心也。"程子曰："仁者，浑然与物同体。"必仁而后可以事亲，若不仁，事亲皆伪。这个仁字可识得么？此学道堂中之先务也。

兄弟之道：义。帝尧曰："长幼有序。"孟子曰："义之实，从兄是也。"从兄便是序，序，便是义。伯兄乡长，庸常斯须之敬，非由外有，则义可识矣。必义而后可以从兄，若不义，从兄皆伪。这个义字可识得么？此学道堂中之急务也。

夫妇之道：礼。《周南》曰："关关雎鸠，在河之洲。"夫雎鸠何尝不匹处，但人不得而见之。是鸟之有礼者也。帝尧曰："夫妇有别。"别便是礼，不混杂以居，必端庄而处矣。孟子曰："礼之于宾主也。"古人夫妇相敬如宾，方是有礼。天诸凡等杀由礼而生，而礼岂等杀哉！必礼而后可以齐家，若不礼，齐家皆伪。这个礼字可识得么？此学道堂中之要务也。（以上三条，入而在家之道，然未尝不达于外也。）

君臣之道：智。孔子之仕，原以见行可为主。帝尧曰："君臣有义。"孔子曰："君子之仕也，行其义也，必见得可行其义而后仕。"仕止久速存乎智，故曰知进退存亡而不失其正者，其惟圣人乎？孟子称孔子为圣之时而曰："智譬则巧中，非尔力旨哉。"《易》曰："智临大君之宜。"《吉书》曰"在知人"。樊迟问智，子曰"知人"。子思曰："聪明睿智，足以有临，鱼水相得。"智合斯义，行矣智哉。留侯善藏其用，能用高祖，智斯大矣。射之巧拙，不靠于人，我智复何在哉！必智而后以事君，若不智，事君皆伪。这个智字可识得么？此学道堂中之大务也。

朋友之道：信。帝尧曰："朋友有信。"孔子曰："朋友信之。"曾子曰："与朋友交而不信夫？"不信则终日同席而讲，连袂而游，共事而行者，总是一场大伪。哀哉，此非利交，即势交，即名交，不如无朋之为愈矣。子思曰："不言而信。"孟子曰："有诸己之谓信，而信可识矣。"必信而后可以交朋，若不信，交朋皆伪。这个信字可识得么？此学道堂中之重务也。（以上二条，出而在外之道，未尝不达于内也。）

东林会约

明·吴桂森

【题解】 吴桂森，字叔美，江苏无锡人。明万历四十四年（1616）贡生。曾随顾宪成、高攀龙讲学于东林书院。本文选自《东林书院志》。

笃力行以宗教

宗教者，奉泾阳、启新、景逸三先生之教宗而主之也。盖东林之教，源本程朱，以穷理致知，以居敬存养。三先生用几十年苦功而得之于性命之微，修悟之法，参究已极精，辨析已极透，定于一尊，所以嘉惠后学者至径至切。今只须奉为法程，尽力步趋，实实穷理，实实居敬。若夫谈空说玄之陋，不惟当屏去听闻，即如鹅湖、姚江之辩，亦不必更烦拟议。惟并心一意，确守读书之法，以求致知；默观静中之体，以为存养。于以阐先生之教于方来，是为今日第一义也。

课实功以穷经

千圣精神蕴于五经，显而纲常名物，精而仁圣中和，无不具备。用世者不明经，以何为经济？求志者不知经，以何为抱负？所以卑言功利，见惑异端，病皆由此。先生所以揭尊经也，顾其书既浩博，其理更渊微，若非实下功夫，勤以习之，精以讲之，不能闯其藩篱，何从窥其壸奥？今须积年累岁，立会讲诵，先《易》《尚书》，渐次《诗经》《麟经》《戴记》，期于必遍，使贯串于胸中，则出必为名世，处必为真儒，是为今日第一先务也。

绝议论以乐时

学问二字原不尚议论，维昔先贤间出清议以扶持世道，盖时或使然，万非得已。如吾侪闭户人也，原隔霄壤，幸逢盛世，圣天子当阳登用，必负良宜布，必惠泽何缘，更有游乡之论，夫子不云乎"天下有道，则庶人不议"。自今谈经论道之外，凡朝廷之上、郡邑之间是非得失，一切有闻不谈，有问不对，一味勤修学业，以期不负雍熙。是为今日第一时宜也。

屏俗梦以尽分

道义同堂，休戚之情，一邑本无不通。然有道情，有俗情。何为俗情？事涉利害，势切身家，或伸抑郁之思，或抱不平之感，是也。其端种种，非可一二数。夫布衣聚会，既无马腹之鞭；居肆讲求，岂堪蝇营之听。故愿会中一切是非曲直、嚣凌强弱之言，不以闻此席；凡夫飞书揭帖、说单诉辩之纸，不以入此门。稍近俗尘，一概谢却。若云将来解纷善应之方，请详规中处事接物之旨。诚以此端不杜，则取嫉取怨、兴谤兴尤，流弊叵测。先生九损中已先点破，今更宜谨慎，以安素位。是为今日第一禁戒也。

东林讲会规则

明·高世泰

【题解】　高世泰，字汇旃，江苏无锡人。崇祯十年（1637）进士，入清官至湖广提学佥事。本文选自《东林书院志》。

　　每岁春秋上丁日开讲会友，至仲丁日设祭先圣之后为止，凡十日。依古礼三斋七戒之期为十日，讲习之实是日会友初到，先谒圣，次谒三公祠，次谒道南祠，讲毕再谒圣，俱行一揖一躬礼。入座东西两班，客东主西。两班中各以齿序，不必东西走易。供书案，班揖，撤书案，班揖。客后至，班揖。勿乱威仪，勿私笑语，勿谈时事，质疑问难，俱于听讲毕后任从枚举。远客相访，即于会所答拜，不必至客舟客寓。通名只用单帖，每期会友必登姓氏，以念后日操履。是日午饭后齐集座上，只设一点充饥。为远宾设馔，止用四簋，两荤两素，不杀生，酒只数行。

稽山书院会约

明·萧良干

【题解】　萧良干，字以宁，号拙斋。仕至陕西布政使，师绪山、龙溪，水西讲学之盛，萧氏之力也。万历七年（1579）奉例稽山毁书院。十年，知府萧良干修复，立朱文公祠，大集越中诸儒会讲院中，又订立《会约》，反对虚谈，提倡实学，实有别于流入空疏之王学末流者。本文选自《泾川丛书》。

越中人文甲天下，读书作文取上第，自是诸生能事，且生文成倡道之乡，师友渊源，耳目所濡染，当有独得其守者，不佞亦何能有所裨益。顾人心之良，不触则不发。良心之发，不聚则不凝。一番拈动，一番觉悟；一番聚会，一番警惕。此古人所以有取于会也。不佞学未得力，悠悠无成，兹守大方，如泛泛于洪涛巨浸之中，莫能自树，方赖诸友以夹持，惟诸友亦藉不佞以为鞭影，庶几哉相与以有成乎。爰为会规数条，与诸友共守之。

○**立真志**

志者，人之命根。天下未有志不立而能有成者，今人有务学而不力者，惟志示真耳。颜渊曰："舜，何人也？予，何人也？"以匹夫而直欲与舜为对，其志锐若此，是以卒为颜子。诸友意念蒸蒸，若有所兴起，只是意兴，未可语志。自今须有必为圣人之志，不为旧习所溺，不以小成自安。此志一定，即工夫亦过半矣。

○**用实功**

圣门论学，只在谨言慎行、事亲从兄之间。象山云："人情物理上用工夫。"彼圣贤者，岂不谈性命？以为日用应感之际，即性命之实功也。近时虚谈盛而实学微，言高于青天，行卑于污泥，以故有志者多不信学。诸友今日会后，务各各从伦理应感处实用其功，各就吾病所重者，克治消融。如往时骄傲，自后谦和得来；往时放纵，自后检饬得来；往时委靡，自后振作得来。一切人伦日用之际，俱从吾一念之微处自修自改，方是实功，方为有益。不然，即谈元析微，徒长知见，只益伪耳。愿共戒之。

○**涤旧习**

习俗移人，贤者不免。然习气一毫不除，即于性命一毫未彻，此尤学之最要也。今世纷华声利之习，人人心髓。其高者，务词章、猎声誉相竞；其下者，侈舆马、华衣服、穷口腹相竞；又其下者，狡诈偷刻、好为讥讪，甚至出入公门、干预公事相竞。诸生来会者，固万万无此，然习气所在，易于自恕，各宜猛省。子曰："士志于道，而耻恶衣恶食者，未足与议也。"语曰："俭以养廉。"先正有云："名节者，卫道之藩篱。"此自是士人之大端，不可不加意。苟诸友在会者，各务俭约，黜华靡；务忠厚正直，戒险僻邪媚；反求诸己，知自贵自重，则在外者无足入吾虑者矣。姚江之学者倡于越，越固有稽山书院，江陵秉政遽废之。余乡先辈萧方伯拙斋公，以户部主事，累迁绍兴府知府，时以廷议，晋文成从祀，遂得主张兴复，此其中饬诸生之会约也。约凡三事：立真志，用实功，涤旧习。大约与毅斋《水西会条》同。二公幼同志、长同学，其立身之品行同，其立朝之节概同，其人道之浅深同，则其立言之无不同也，宜哉！公亦有《水西会约》，以大意已尽此，不复赘录。

嘉庆五年正月，后学赵绍祖识。

仁文书院讲规

明·佚名

【题解】 仁文书院原名文江书院，创建于明初，地处江西吉水。本讲规成文于明万历三十二年（1604），撰者佚名，生平不详。本文选自《中国书院学规》。

孔子曰：学之不讲，是吾忧也。嗟乎，如以此语执涂之人，而告于三吴水湄之乡，岂不曰由之瑟奚为于丘之门乎！而孟夫子道性善，言必称尧舜。有激乎，有激乎，杨墨横议之世，语至动色，曰子何尊梓匠轮舆，而轻为仁义。伤哉，孔孟之心也。吾非斯人之徒与，而谁与？千百余年后，濂洛关闽之学兴，庶几乎不绝之缕。若晦翁先生，则理学家亢宗之冢子也。其叙石鼓书院略云：前代庠序之教不修，士病于无所学。即今郡县之学宫，置博士弟子员，皆未尝考德行道艺之素，其所授受又皆世俗之书，进取之举，使人见利而不见义。士之有志为己者，盖羞言之。是以尝欲别求燕闲清旷之地，以共讲其所闻，而不可得。于是往往择胜地、立精舍，以为群居讲习之所，而从政者乃或就而褒表之，若岳麓、若白鹿洞之类是也。以三吴水湄之乡，霸气之余，嚣凌诟谇之，习以为常，而可容易语此，渗以弦歌之化也乎？然而，学道爱人，当事者不啻三致意于兹土，既立之院，又置之田，又条之规画，而照临之下，倘或犹罹重阴雨露之波，终然自甘枯槁，无乃自暴者不可与有言，自弃者不可与有为也耶？我为之凛凛，即平生渺学寡修，少独得之见，谨以其所闻于先贤之大概，与后学之条规，聊注仪则于后，以俟君子采择焉。计开：

○肃讲仪

先贤往矣。孤陋寡闻之士，少失师承，岂能一一读先贤之书，识先贤之行事。或者羹墙而见之，庶几见而问，问而思，思而求其所以庙貌尊崇之故，而倘然有记乎"诵其诗，读其书，不知其人可乎"之一语。或者梦中一觉，未必非善与利之分，则入谒初诚。或者有似乎若弗克见之想，是故其为规也宜肃。议定每入谒，必盥沐而进，齐集于仁文堂。每会，巳时鸣钟五声，院赞二生导引齐入，肃仪澄虑，诣四先生神位前，唱排班，班齐揖，平身，如是揖者四，礼毕。初入会，谒者另出四拜，复导引出至仁文堂，东西分立，击鼓三声，各就班位，肃揖就坐。默坐少顷，院长先捧晦翁先生院规、象山先生喻义利章，或朗诵一过，或讨论一番，在坐者肃然倾听。复少顷，师友各随己意，以六经疑义互相问难。过未击鼓七声，执事者进茶饼，毕，一揖乃退。

○酌期会

有虞氏未施信于民，而民信夫，犹言政也，况乎士也，而牧学之是期乎，可知期会者，不得已而为之者也。世朴而道存，则期会为乱道之媒，世衰而道丧，则期会亦反道之渐。三吴文胜之区，不患其文之漓，而患其质之衰也。仿古人社学之遗意，而有志丽泽之士，相与忠信切磋琢磨其间，自不得不立期会，以收朋来之益。如白鹿洞岁以为常，如水西会于四仲，如东山于春秋二丁之日。总之，意不失古人举事，各随其地之所宜，以俟留心世教者斟酌而行之可焉。

○严磨砺

书院之未立也，则立之难于虑始；书院之既立也，则立之难于成终。惟是学术之途，人品之往来不齐，既难以急迫求其是，又难以仓卒定其非。于是，有志之士，始有闭户扫轨，招之而不来者，而游浪者却以托名讲学，衣冠干进，甚至假贫病以求济，借孝养而谋食。院田几何，能得日销月靡，虚此廪禄而少实益为也。议于博士弟子中，果有文行潜修、德业日进者，当事者廉得其状，优异一二，称为院长，以为来学者之倡，或亦挽回薄俗士风之微意。

○广与进

真修实践之士，往往出于布素，如吴聘君、王心斋其人者，故不尽由黉序中出。若必择其方类而取之，恐长林丰草间不免有遗贤，而亦何以风励。庶人之以修身为本者，是故会讲之日，如或山林布衣，力行好修，但愿听讲，不妨与进。其怀私负戾，藉名干进者，一切摈斥之无取焉。

瀛山书院学规

明·方世敏

【题解】 瀛山书院在浙江省杭州市淳安县。该学规撰者方世敏，生卒不详，成文于明天启年间。本文选自《淳安县志》。

○一曰格致

格致者，圣经八条（指格物、致知、诚心、正意、修身、齐家、治国、平天下）之先务，古今理学之关键也。秦火之余，书缺有间，晦翁朱子取程子之意，与虚舟詹先生商榷于瀛山而补辑之。前此创复书院诸先达，特颜其堂曰"格致"，所以志贤迹示学的也。今读朱子之《传》，曰"天下之物莫不有理，则此备物之，我是亦一物，而非遗内也"，曰"人心之灵，莫不有知，则此所致之知，虽寄之物而非徇外也"。内外兼该，格致之义真至微至妙者也。学者格一物即致一知，日积月累，豁然贯通，按之心，有全体证之。世有大用，方是物格，方是知至。若徇外遗内，记丑而博，无益于身世，则直子程子所呵，玩物非格物矣。愿与同志戒之。

○一曰立志

天下事未有无志而能成得，盖一时之趋向，终身之事业系焉。今士所读者六经四子之书，所志者非六经四子之业，认富贵为功名，自童子时而心之所至惟是物耳。尝观汉唐以来，博洽载籍，掇巍科、位公卿者，何可胜数；而声施后世，袭其香、仪其羽者，又不尽高科大官辈。此可惕然省矣。朱伯贤曰："君子莫先于立志。志仁义者其德著，志功名者其业崇，志富贵者其势广，视夫所志何如耳。"周子曰："志伊尹之所志，学颜子之所学，过则圣，及则贤，不及则亦不失于令名。"而子朱子亦以为书不记，熟读可记；理不明，精思可明。惟有志不立，直是无著力处。旨哉斯言！吾侪能无仰止之思乎？

○一曰慎修

修身之学，圣门言之详矣，总之不出慎厥身修一语。盖人一涉世，即有富贵贫贱异其境，荣辱得失交其前，是非毁誉惕其心，爱恶忧喜生乎内，酬酢应感挠乎外，千态万状不可胜穷。若或不慎则中无主，而匪僻入之，即素号贤者，心且不觉，引之而去矣。一失其身，虽痛自悔责，何益耶？昔黄勉斋称朱子有云，其为学也穷理以致其知，反躬以践其实，至于养深积厚，精持者纯熟，严厚者和平，犹慊然有不足之意。盖惟终身凛此慎修也，故虽身受群小之诋毁，而其行益彰。乃若不慎不修，则鸡鸣为跖徒，语默类穿窬，□亡归禽兽几希矣。去虚名何为？虽或誉之，可愧弥甚耳。《易》曰："吉凶悔吝生乎动。"吉一而已，动可不慎乎？故慎修者于善之萌焉，若食之充饱也；若抱赤子而履春冰，惟恐其陷也；若鸩毒之投羹，虎蛇之横集，盗贼之侵凌，欲有以避之而胜之也。古君子凝至道而成盛德，罔不由斯。此朱子所为穷理致知、反躬实践而必要之居敬以立其本也。敬与吾辈勉之。

○一曰戒傲

夫傲，凶德也，不可长也。《书》曰，无若丹朱傲，丹朱非□大过极恶。见于经传只一傲字，遂目为不肖，今之为士者，得无傲心与？尝读卧碑有云，初知行文，眇视师长，正切中今时之病。果乐，尚安望其沉潜逊志，造于上达之域哉？阙党之将命滕，更之不答，皆所以潜消其傲心，欲其反而之道耳。盖傲之反则为谦，谦则卑以自牧，而循循之礼立矣；傲之反则为虚，虚则乐善能受，而休休之量廓矣；傲之反则为敬，敬则无众寡、无大小、无敢慢，而瑟□之德昭矣；傲之反则为恕，恕则己所不欲，勿施于人，而终身之行无适而不当矣。夫傲之病如彼，不傲之善如此，人胡不重以为戒！故君子之褆躬（褆躬：褆，安也。躬即身。犹言安身）也，忿词不出于口，厉气不形于色，惰慢之容不设于身体，敢日受益，期免损耳。

○一曰安贫

贫者，士之常，不足异也。世之恶贫贱者曰"逆境"，曰"处变"。夫境而逆之，变而处之，未有不动其中者也。惟能守之以顺，不失其常，斯处一而化齐矣。此孔子所为贤颜子也。明道谓寻孔、颜乐处，其言引而不发，而孔子遥对叶公则曰："发愤忘食，乐以忘忧。"夫知其所以忘者，而所乐者可知已。后儒倡学者治生为急之说，于是人人借为口实，营营逐逐，猥曰："吾以治吾生耳。"嗟夫，孔、颜岂不能治生者？然食无求饱，居无求安，箪瓢疏水，皆有以自乐。今乃借治生之语，行逐利之私，其为患贫孰甚焉？夫士顾自立何如耳！即不能希孔、颜之乐，第能确然自守，耻事干谒，则人有不爱之重之者乎？试读《齐景公有马千驷》章，设有以景公称人者，虽匹夫亦耻其不足为；有以夷齐称人者，虽侯王亦若欣慕焉。夫匹夫之于千乘，侯王之视饿夫，相去甚远矣，然匹夫羞比于千乘，而侯王愿附于饿夫。何重何轻，是必有辨之者。

○一曰会文

《易》称"丽泽"，语在辅仁。离群索居，虽贤哲不免过举焉。此会友所以为进修之急务也。院中先辈，仪型重在德厚行优，不拘拘以文章规进取。今国家设科以制艺取士，虽使圣贤复生，不能舍此为大用之兆。士既幼学，必须壮行，胡可师心自用，而不课文之为兢兢乎？请于诸友中，择一学行老成者为会长，每月三会，每会书一、经一、诗表判策各一，务要篇数俱完。先呈会长批阅，次与同会互正，须各倾倒知见，以相裨益，不得阿附雷同，亦不得长傲咈善。如此则道日以明，德日以进，他年黼黼皇猷（皇猷：帝王的谋划）之具，裕诸此矣。

421

○一曰尊注

圣为天口，贤为圣译，学者欲明经书而不遵传注，是犹楚欲齐语而不以齐人为傅，虽窃意齐语，间有一二暗合者，然求其纯乎齐也不可得矣。迩来习尚诡异，专以背注为高，剿葱岭竺乾之绪，作蛇神牛鬼之妖，是朱者笑，非朱者投，蹒跚道周，妄夸绝顶，何其骤也。夫朱子潜心学问，折衷群言，挈挈于后进之梯航，亦稍苦焉。学者胡不为忠臣，而甘为逆子耶？乃好异者动以超脱神奇为解。讵知学士家厚养伟抱，即遵传注，自抒所得，岂遂不超脱、不神奇乎？且主司所取在文工拙，不在说异同，胡不帖心抑志，以定一尊乎？自今经书义，愿以朱子传注为鹄，凡坊间所鬻佛书异说，及悠谬不经之谈，屏不寓目可也。

○一曰通务

吾辈所称博古者，岂必羡更生之竹牒，把子云之弱翰乎，谓将有以用之也。时务所急，如宗室日衍，卫所日耗，征榷日烦；边政所关，如边圉之要害，蛮獠之错处，沿海之倭奴；漕运所经，如海运胶河；水田太仓所资，如盐法、开纳；田赋所稽，如黄册实征；兵食所需，如屯田牧马，民兵招募；土著风俗所系，如禁侈靡、抑末作、驱游食；闾阎所重，如行乡约、编保甲。诸若此类，虽未能一旦周知，须考之往古，参之时制，稽之奏议，访之先达，辨之师友，酌之胸臆。庶临事确有硕画，如有用我，执此以往，不学无术之讥或可免耳。试观朱子，天文地理，律历兵机，无不考究精详。吾辈仰止此山，可曰自有肉食者谋，而置天下于度外乎！

○一曰知命

命也者，夫子所罕言，然于伯寮之诉、卫卿之得，莫不曰命。《论语》卒章曰："不知命无以为君子。"则知命要矣。后世有著知命之论者，其言宏博恣肆，未免怨尤，不可谓之知命也。《易》曰："乐天知命"，故不忧。夫惟乐而不忧也，然后可以言知命。不然有一毫怨天心，便懈了多少学问；有一毫尤人心，便添了多少坎壈。

且无论大得失，即以考试一事言之，亦不胜憧憧之扰矣。高者蒙忌，下者生怨，取者扬扬，去者戚戚。甚有谓"文章自古无凭据，但愿朱衣一点头"者，此尤失意无聊之语，而世乃相传为实录。嗟夫，朱衣岂造物者，文章安得无凭据耶？以文章为无据，是直信伯寮之诉为命，而不知道之行废固有命也。徒知卫卿之得有命，而不知讲礼退义之为受命也，岂足以语知命哉？孔子曰："射有似乎君子，失诸正鹄，反求诸其身。"盖惟反己而后能立命，惟立命而后能知命。噫，此可为知者道也。

○一曰惜阴

《易》曰："君子进德修业，欲及时也。"及时者，日有就，月有将，穷年矻矻，岂故为是劳苦哉？彼固有所乐之也。盖天下至尊者莫如德，至贵者莫如道，道德之乐，即终身求之且惟日不足，况可自暇逸乎？大禹惜寸阴，文王日昃不遑，周公夜以继日，彼圣人且如此，下圣者又何可玩日愒月，虚度岁华已耶。夫天地之性人为贵，幸而为人矣，又幸而为士人矣。诚使少者能及时而志道，壮者恐迟暮之无闻，朝乾夕惕，自与圣贤同归。若悠悠荡荡，日复一日，既不能道德，又不能文章，毋惑其与草木同腐也。故朱子曰，勿谓今日不学而有来日，勿谓今年不学而有来年，日月逝矣，岁不我延。呜呼，老矣，是谁之愆？斯固劝学之格语，实为惜阴者痛著一鞭也。敬与吾辈终守之。

水西书院会条

明·查铎

【题解】 查铎，字子警，明泾（今安徽省泾县）人，嘉靖进士。

隆庆时为刑科左给事中，忤大学士高拱，出为山西参议。万历初官广西副使，移疾归。缮水西书院，讲王畿、钱德洪之学，后进多归之。该会条成文于明万历年间，选自《泾县地方志》。

孟子云："人之所以异于禽兽者几希。庶民去之，君子存之。"几希者，言此心之灵，只这些子。然人与禽兽之分，实系于此。故能存之，则此心之灵，常为之主。所以参三才（三才：天、地、人。《易·说卦》："是以立天之道，曰阴与阳；立地之道，曰柔与刚；立人之道，曰仁与义。兼一才而两之，故《易》六画而成卦。"）而灵万物者以此。不能存之，则中无所主，而恣情纵欲，尚气斗狠，无所不为，名虽为人，实违禽兽不远矣。今语人以禽兽，未有不忿然怒者，乃在于几希之存不存。噫，可畏哉！故学也者，所以存此几希。，学矣而有会也者，正求与朋友合并讲明此几希而求存之也。此会之不可以已也。然会以证此学，非必会而后学也。未会之先，用功何如，则于会中商之；既会之后，新得何如，则于会中启之。不徒泛泛浮论，徒长知见。庶乎会可以久，而学可以成也。不然，每年之会，止于四季，每季之会，止于五日，未会以先，既会以后，俱无所事，虽会亦何益哉？承诸兄之言，开示数条，相为勉之。

○立真志

天下事未有无志而能成者，虽小小曲艺且然，况欲了性命大事以为圣人，岂可不立真志？志亦不可空立。此心之灵，虽只几希，然至微而显，至近而神，发之于视听言动之间，皆有自然之天理。庶民以欲蔽之，故不知存；惟圣人无欲，故此心纯乎天理。吾人欲为圣人，必存此天理。真知此理，乃吾人安身立命之处。如此则生，不如此则死；如此则为人，不如此则为禽兽。惟存此理以求自慊真心，如饥者之于食，求饱而已；寒者之于衣，求温而已。不为门面，不顾非笑，不以纷华动念，不以他技乱心，时时刻刻，惟知有此而不复知有他，是之谓立真志。

○**用实功**

今之学者，或于静中收敛。稍久，见有光景，或于师友言下解悟，偶有知见，遂自信自是，以为道在是矣，不知总是虚见。圣人致知格物之学，不离见在实事。若当下错过，纵说禅说定，说元说妙，何益？故论修己不外一敬，论待人不外一恕，论行有不得，不外一反己。此皆从身心性情上理会。须以此心之灵为主，时时著察，精神必敛，意气必平，举动必端，取与必慎；惩忿窒欲，无纵情以自肆，迁善改过，无长傲以遂非；无好争是非，无背言过失；常使一敬流过，毫发不敢自肆，真有终日对越上帝之心，此方是见在实功，方是入微路径。若议论虽是，意见虽高，至其举动不免与俗人一样，此只是作伪，毕竟何益？

○**销旧习**

既立真志，又用实功，则于学问宜有得矣。然而人情易流，旧习难销。夫以言□之，以不言□之，此皆人情相安而不觉者。孟子至比之穿窬，况吾人以半生习染，若骄心、妒心、贪心、吝心、忿心、欲心、能心、机心种种诸念，已与性成。向因相安而不自觉，今既知反求此心，凡此诸病，自不能掩，其初动处，即责此志不能长进，务期决去。真如履薄冰而恐陷也，如临深渊而恐坠也，战战兢兢，不敢少留于中，不使少有出路。庶几旧习潜消，真心渐复，于道不远矣。

○**求益友**

古人以朋友列之五伦，盖友所以辅仁。念庵云："父母生我身，朋友成我仁，此心如不仁，形神皆非真。"盖真知友义之重者。自学问不明，世徒以势交利合，始不知友义之重。苟为性命之心诚切，则于朋友真如鱼之于水，一刻亦不可离。故凡朋友合并，当虚心谦己以相下相求。见人之善，若己有之；见人之不善，若己犯之。相规以过而必相感以诚，相劝以义而必相触以几。在言者固当忠告善道，在听者惟恐不直不尽。苟议论未合，不妨从容开导，无执己见以好胜，无骋浮词以遂非，无面斥人过以为直，无过誉人善以长谀。一念真诚，真有出于言语形迹之外者，则彼此受益而会可久矣。

水西书院之初建地，士仪张先生榤实首其事。一时名儒如皆王文成高足弟王龙溪（德洪）、钱绪山（畿）、邹东廓（守益）、子迭主讲席，而水西之学名天下。江陵柄国，恶讲学，撤天下书院，水西鞠为茂草矣。江陵既败，震川瞿先生、毅斋查先生合而复之，而力以阐发文成之旨为己任。俾水西之学有所归一，则毅斋之功独多。此《水西会条》，乃书院复后之所作也。其会，岁以四季，季以五日。先生既殁，其门弟子继之，犹数十年，延及崇祯之季，兵荒上洊臻而讲会渐辍矣。今虽春秋二祀，尚具饩羊之意，而庸流杂遝，言不及义，有志者所不屑与也。往训犹在，而盛事莫追，是可慨夫！嘉庆四年十一月后学赵绍祖。

张杨园学规

清·张履祥

【题解】 作者简介同前。本文选自《五种遗规·养正遗规》。

宏谋按：杨园先生，学术纯正，践履笃实，伏处衡茅，系怀民物。立论不尚过高，惟以近里着己为主。敦伦理，存心地，亲师友，崇礼让，一篇之中，三致意焉。读其遗集，不能不想慕其人，而叹其未见诸施行也。学规二则，虽止为勉勖学侣之语。而于读书制行之大端，切己反求，固已本末兼该。彻上彻下工夫，全在于此。学者其详玩之。

澂湖塾约

初觉，睡初醒。即省昨日所业，与今日所当为。

旦起，读经义一二条。先将正文熟诵精思，从容详味。俟有所见，然后及于传注，然后及于诸说。洗心静气，以求其解。毋执己见，以违古训；毋傍旧说，以昧新知，乘此虚明，长养义理。

午膳后，复述所看经义，以相质问，论说逾时。总期有当身心，勿宜杂及。

日间言语行事，即准于经义而出之。其有不合，必思所以，习心隐慝，种种自形，力使其去。旦昼梏亡，庶乎免矣。若人事罕接，则读史书一二种。无余力则已。非徒闻见之资，要亦择善之务。

日暮，检点一日所课，有缺则补，有疑则记，有过则自讼不寐。焚膏继晷，夫岂徒然，对此良宜深省也。（上五条，日有定程。）

问难之益，彼此共之。有疑则问，无惮其烦。不止书中义理为然。仆虽寡知，昔闻于师，敢不馨尽。其不知者，正可互相稽论，以求其明，勿以迟暮惘惘而弃之也。

精神散漫，方寸憧憧，学者通患。惟主敬可以摄之。若劳攘之余，初欲习静，则抄录写仿，亦一道也，先儒云，便是执事敬。

古人诗歌，游泳寄托。前哲不废，特畏溺情丧志耳。余力涉之，亦兴观之助也。文字虽非急务，间一作之，以征所得。《上三条，无定程，随时从事。》

为学先须立大规模。万物皆备于我，天地间事，孰非分内事，不学，安得理明而义精。既负七尺，亦负父兄，愧怍如何！

功夫须是绵密。日积月累，久自有益。毋急躁，毋间断。急躁间断，病实相因，尤忌等待。眼前一刻，即百年中一刻；日月如流，志业不立，率坐等待之故。

修德行道，尽其在我；穷通得丧，俟其自天。营营一生，枉为小人者何限。流俗坑堑，陷溺实深。探汤履虎，未足为喻也。

凡人险难在前，靡有不知，能从而动心忍性者几人。在于少年，益宜忧患存心，无忘修省之实。

近代学者，废弃实事，崇长虚浮，人伦庶物，未尝经心。是以高者空言无用，卑者沦胥以亡。今宜痛惩，专务本实。一遵《大学》条目，自格物，致知，诚意，正心，修身，齐家，以往八条，以为法程。《释义》曰，塾者，熟也。诵之熟，讲之熟，思之熟，行之熟，愿与子勉之矣。（上五条，通言大指。）

东庄约语

儒者之学，修身为本，罔间穷通；克己功夫，宁分老少。只求无忝所生，不负师友，在覆载中有殊庶物而已。延平先生曰，爱身明道，修己俟时，不可一日忘于心，此其准的也。

尺蠖屈以求信，龙蛇蛰以存身，物无大小，理固皆然。古人言学，藏先于修，游后于息。未有终日驰骋其耳目知思，而能为益身心者也。盛年百务未历，履道坦如，尤以收敛翕聚，为固基植本之计。夙兴夕惕，时哉，弗可失也。

读书所期，明体适用。近代学者，徒事空言，宜乎咕哗没齿，反已茫然，全无可述也。日用从事，一遵胡安定经义治事，以为之则。庶少壮岁月，不贻枉废之叹。

米盐妻子，庶事应酬，道心处之，无非道者。苟使萦怀，豪杰志气，不难因之损尽。是以出就燕闲，听睹不杂，心力益专，养德养身，二益均有。

古人澹泊明志，膏粱之习，克治宜先。长白山斋粥，可取法也。今即未能，尚师其意。日以蔬食为主，间佐鱼肉，然总弗得兼味。

学问之道，固尚从容。然一任优游，难希自得。举其通病，不出五闲；闲思虑，闲言语，闲出入，闲涉猎，及接闲人与闲事。果能必有事焉，其诸惰慢，非惟不敢，亦不暇矣。终日劳扰，实无一事当做，总是闲。

小学日程

清·陈瑚

【题解】 陈瑚（1613～1675），字言夏，号确庵、无闷道人、七十二潭渔父，江苏太仓（今江苏省苏州市太仓县）人，明末清初学者。《小学日程》原本是陈瑚为自己的两个儿子制定的言行准则，依本孔子所谓"弟子入则孝、出则弟"数语，约其大凡而成。该文出自其著《圣学入门书》。

古者小学，教人以洒扫应对进退之节，事亲取友隆师敬长之道，诗书六艺之文。夫子入孝出弟，数言足以尽之矣。今约其大，凡定为日程，较之大学条例，则简而明。简则可守，明则易从，所以便幼学也。使为师者以此教，而为弟子者以此学焉，亦可养正，而为作圣之基矣。

○入孝之学

愉色婉容；不愉色婉容。

亲召无诺；亲召诺。

顺亲教令；不顺亲教令。

父坐子立；父立子坐。

出告反面；出不告反不面。

视亲寒暖，抚亲疾痛；不视寒暖，不抚疾痛。

为亲服劳；不为亲服劳。

敬亲杖履；不敬亲杖履。

举足动容，不忘父母；毁伤其身，忘其父母。

爱亲之爱，敬亲之敬；不爱亲爱，不敬亲敬。

○出弟之学

敬伯叔；不敬伯叔。

兄弟相让；兄弟相扰。

徐行后长；疾行先长。

言不先长；言先长者。

敬父之执；不敬父执。

○谨行之学

心术端正；心术不正。

不耻恶衣食；耻恶衣食。

志气坚定；志气昏惰。

心定神清；心粗气浮。

足容重；足容不重。

手容恭；手容不恭。

坐如尸；坐不如尸。

立如斋；立不如斋。

揖让无失仪；揖让失仪。

饮食致谨；放饭流歠。

夙兴夜寐；早卧晏起。

不好戏弄；戏弄无益。

○信言之学

言必忠信；言不忠信。

非法言不道；言不及义。

不多言笑；苟言笑。

应对无失；应对有失。

○**亲爱之学**

敬事师长；不敬事师长。

亲益友；不亲益友。

远匪人；不远匪人。

朋友责善；群居无礼。

善抚奴婢；不恤奴婢。

○**文艺之学**

终日勤学；终日闲旷。

读书专心；读书不专心。

作字楷正；作字不敬。

习艺存心；习艺不存心。

作课专心；作课放心。

有疑思问；有疑不问。

听讲专心；听讲不专心。

敬重书籍；不敬书籍。

岳麓书院学规

清·李文炤

【题解】 李文炤（1672 ～ 1735），字元朗，号恒斋，别名朗轩，清代善化（今湖南长沙）人。清康熙五十六年，李文炤在岳麓书院任山长时，制订此学规。本文选自《岳麓书院志》。

古语有之，其为人而多暇日者，必庸人也。况既以读书为业，则当惟日不足，以竞分寸之阴，岂可作无益以害有益乎！或有名为读书，縻廪粟而耽棋牌者，即不敢留。至于剧钱群饮，猜令挥拳，牵引朋淫，暗工刀笔，亦皆禁止。盖鄙性拘方，不能曲徇也。

《诗》有之"朋友攸摄，摄以威仪"。无有不敬而能和者，倘或同群之中，谑浪笑傲，即隙之所由生也。甚至拍肩执袂，以为投契，一言不合，怒气相加，岂复望其共相切磋、各长其仪乎？有蹈此弊者，亦不敢留。君子爱人以德，幸垂谅焉。

每日于讲堂讲经书一通。夫既对圣贤之言，则不敢亵慢，务宜各顶冠束带，端坐辨难。有不明处，反复推详。或照所不晓者，即烦札记，以待四方高明者共相质证，不可质疑于胸中也。

每月各作三会。学内者，书二篇，经二篇，有余力作性理论一篇。学外者，书二篇，有余力作小学论一篇。

照此凭臆见丹黄，倘或未当，即携原卷相商，以求至是。更不等第其高下，伊川先生云"学校礼仪相先之地，而月使之争，殊非教养之道"，至哉言乎！

《四书》为六经之精华，乃读书之本务。宜将朱子《集注》逐字玩味，然后参之以《或问》，证之以《语类》，有甚不能道者，乃看各家之讲书可也。次则性理为宗，其《太极》、？《通书》？、《西铭》已有成说矣。至于《正蒙》？，尤多奥僻，尝不揣愚陋，为之集解，然未敢示人也，诸君倘有疑处，即与之以相商焉。其程朱语录、文集，自为诵习可也。

圣门立教，务在身通六籍，所传六经是也。今之举业，各有专经，固难兼习，然亦当博洽而旁通之，不可画地自限。乃若于六经之内，摘其堂堂冠冕之语，汰其规切忌讳之句，自矜通儒，皆蒙师世俗之见，不可仍也。试观御纂《周易折衷》，何字何句不细心玩索？以天纵圣学，而且如此，况吾辈乎？至于《周礼》，虽不列于学官，然实周公致太平之成法，亦尝集先儒之说为传，有相质证者，不敢隐焉。

学者欲通世务，必须看史。然史书汗牛充栋，不可遍观，但以《纲目》为断。至于作文，当规仿古文，宜取贾、韩、欧、曾数家文字熟读，自得其用。制艺以归唐大家为宗，虽大士之奇离，陶庵之雄浑，皆苍头技击之师，非龙虎鸟蛇之阵也。论诗专以少陵为则，而后可及于诸家，先律体，后古风；先五言，后七言，庶可循次渐进于风雅之林矣。

《书》言"知之非艰，行之惟艰"。猩猩能言，不离走兽；鹦鹉能言，不离飞禽。为言而徒以诗文自负，何以自别于凡民乎！故学问思辨，必以力行为归也。力行之事多端，惟《白鹿洞揭示》及蓝田《吕氏乡约》得其要领，他日当纂集而剖劂之，以公同好云。

海东书院学规

清·刘良璧

【题解】　刘良璧（1684～1764）字省斋，清湖南清泉县（今衡南县廖田镇）人，康雍时期官员。晚年多次赴石鼓书院讲学，有《清泉山记》，著有《霞东纪略》、《台湾风土记》等传世。本文选自《清泉山记》。

书院之设，原以兴贤育才。台地僻处海表，数十年来，沐我圣天子涵濡教养之恩，人文蔚起，不殊内地。今提学杨公奏请特立书院，延请师儒，专为生童肄业，俾成人有德，小子有造，所有规矩如左，愿诸生遵守勿违。

○明大义

圣贤立教，不外纲常；而君臣之义为达道之首，所以扶持宇宙为尤重。台地僻处海表，自收入版图以来，秀者习诗书，朴者勤稼稽。而读书之士，知尊君亲上，则能谨守法度，体国奉公；醇儒名臣，由此以出。虽田夫野老有所观感而兴起，海外顽梗之风，何至复萌。

○端学则

程、董二先生云："凡学于此者，必严朔望之仪，谨晨昏之令。""居处必恭，步立必正，视听必端，言语必谨，容貌必庄，衣冠必整，饮食必节，出入必省；读书必专一，写字必楷敬；几案必整齐，堂室必洁净；相呼必以齿，接见必有定；修业有余功，游艺有适性；使人庄以恕，而必专所听。"此《白鹿书院教条》与《鳌峰书院学规》并列工夫，最为切近。

○务实学

古之大儒，明礼达用，成己成物，皆由为诸生时明于内重、外轻，养成深重凝重气质，故出可以为国家效力宣猷，入亦不失为端方正直之士。家塾、党庠、术序，胥由此道也。诸生取法乎上，毋徒以帖括为工。

○崇经史

"六经"为学问根源。士不通经，则不明理。而史以记事，历代兴衰治乱之迹柢，亦胥在焉。舍经史而不务，虽诵时文千百篇，不足济事。

○正文体

自明以帖括取士，成、弘为上，隆、万次之，启、祯又次之。我朝文运昌明，名分巨篇，汗牛充栋，或兼收博采，或独宗一家。虽各随风气为转移，而理必程、朱，法则先正，不能易也。夫不仰泰山，误止狙猱之高；不穷典谟，妄夸诸子之陋。诸生取法宜正，立言无陂。

○慎交友

读书之士敬业乐群，原以讲究诗书、切磋有益。故君子以文会友，以友辅仁。若少年聚会，不以道义相规，而以媟亵相从，德何以进，业何以修？稂莠害嘉禾，不可不察。诸生洗心涤虑，毋蹈前习。

岳麓书院学规

清·王文清

【题解】　王文清（1688～1779），字廷鉴，号九溪，宁乡（今属湖南省）人。雍正二年（1724年）进士，历任九溪卫学正、中书舍人、宗人府主事等职，官至兵州府教授。乾隆十三年，太守吕肃高修复岳麓书院，聘为山长。本文选自《岳麓书院志》。

时常省问父母；朔望恭谒圣贤；

气习名矫偏处；举止整齐严肃；

服食宜从俭素；外事毫不可干；

行坐必依齿序；痛戒讦短毁长；

损友必须拒绝；不可闲谈废时；

日讲经书三起；日看纲目数页；

通晓时务物理；参读古文诗赋；

读书必须过笔；会课按时蚤完；

夜读仍戒晏起；疑误定要力争。

六有箴

清·王文清

【题解】 作者简介同前，选自《岳麓书院志》。

○言有教

立言垂教，片辞居要。守口如瓶，常思可道。居业立诚，反是则躁。吐辞为经，原本忠孝。上系朝廷，下关学校。出身加民，千里则效。信若蓍龟，凛如训诰。非法不言，圣谟是效。

○动有法

一身之动，吉凶恒共。非法不行，非几勿贡。如涉春冰，属属洞洞。毋曰幽隐，居独若众。外无招尤，内常自讼。宁方无圆，伦虑皆中。泰山乔岳，差堪比重。时止时行，祥麟威凤。

○书有为

众万杂糅，人得其秀。君亲生成，恩同高厚。夜气清明，梏亡旦昼。子渊有为，聿追虞后。焚香告天，百为无疚。心与身雠，功无渗漏。日就月将，鼎新革旧。视履考祥，自天福佑。

○宵有得

万籁寂寥，结念云宵。惜阴待旦，秉烛焚膏。砥节砺行，冥冥昭昭。行道有得，娱兹清宵。梦寐见旦，羹墙见尧。孔颜乐处，曲肱箪瓢。环堵一榻，物与民胞。中夜起舞，性地嚣嚣。

○息有养

今来古往，下天下壤。半子循环，一元鼓荡。一息百年，系于所养。养气养心，功无助长。终食乾乾，七日晃晃。息之深深，体胖心广。冰鉴比莹，玉壶共朗，逝者如斯，会心川上。

○瞬有存

贞元迭运，光阴电迅。人参两大，实惟方寸。敬胜义胜，心源相印。作圣作狂，判于转瞬。利善之间，朝跖暮舜。闲邪存诚，窒欲惩忿。临渊履冰，功归戒慎。人禽几希，勉强学问。

大梁书院学规

清·桑调元

【题解】 桑调元（1695～1771），字伊佐，一字弢甫，自号独往生、五岳诗人，钱塘（今浙江杭州）人，清代官员、学者。桑调元精于史学与性理之学，在教学方面卓有成就，编撰《大梁书院学规》、《道山书院学规》、《江西瀛溪书院》与《泺源书院学规》等。另有《五岳诗集》20卷、《文集》30卷、《桑弢甫诗集》14卷、续集20卷、《论语说》、《躬身实践录》、《桑孝子旌门录》等。本文选自《躬身实践录》。

夫读书植品，士之所有事，而非实胜之是务，则终无由立。人即知识开明，一心所窥者浅，故必充之问学，而知乃日进高明。顾千言万语，只使收已放之心，约之人身，以为向上之寻，斯下学上达之功见。倘文与行二之，则全无一是。幸而轨辙求合，抑犹虞其涂泽为之，则根已全虚，虽自诩文之淹通、行之魁特，终其身无分毫之实获，为尤可哀也。故立诚为学者之关中、河内，舍是无以定其基址。"子以四教：文、行、忠、信。"可括《论语》全书，并可括《十三经》传古今无穷之书。其中审端用力之方，自有节目次第。

循序而进之以渐，虽资性未敏，亦或先或后、或疾或徐，骎骎赴乎是莫之量。仆赋性钝愚，规模迫隘，只求近里著己所可力者，恳苦自鞭。窃举平生向学之方，缕缕为诸生告焉。

○辨志

学莫先于辨志。志如悬的，萃心与力中之，苟其的一差，误中之害莫可诘。亘古今惟三不朽（三不朽：立德、立言、立功谓三不朽。）撑柱天地，此外别无有人。今与诸生接，甫启口，辄进之于三不朽，或不能无惊疑，然无以为也。德不能及孔、孟、程、朱，而忠信廉洁一节之表见、一行之执持，不谓为德之立不可也，此岂谢弗能乎？功不能经天纬地、溥利群生，而随处存心，一民一物之克济，宁不云功之立乎，此岂谢弗能乎？立言不必定援笔著书，杰然成一家之则，汉东平王只"为善最乐"四字，其言立矣，此岂谢弗能乎？矧由是而进，即薪至于古之不朽非难。中州风气淳朴，前圣遗泽最深且厚，近为汤、耿诸先生讲学之乡邦，诸生之志，固辨之不可不早辨也。

○立本

立本之道，在孝弟慈。人孰无父兄，人孰无子弟。我有父兄我事之，我有子弟我抚教之。孝友子谅之心油然而生，得之性而无待于强。惟注力在察识扩充，俾满其分斯贵耳。尝见士夫之于父母，养非不足也，礼非不具也，而或且旁移其慕，曾不若野人之于父母，肫肫浓至，天性烂然，则是野人之父母较之士夫之父母为重也，忍不忍也。故君子之于孝弟慈注力也笃，移之忠，移之顺，推诸子，惠万民，莫不基于此。未有不厚培其本而枝叶能夐昌者也。《康诰》言只恭字与《大学》合，先后圣于此恒警动言之。苏长公谓今之人有书而不读为可惜，予谓今之人有亲而不知事为可惜也。此予与诸生言及此，能无怦怦感恻于中乎？

○穷经

圣人之心存乎经，不凝神静气以穷之，则圣人之心不可得而见，而经乃晦；更穿凿附会以渎乱之，而经亡矣。穷经之大致有三：曰博综，曰折衷，曰自得。先之以博综，所见广而参稽有资，则疑义从之生；然后会众说而折其衷，则至当归一而论乃定；久之动乎天机自得之妙，不待游刃而謋然中开，非侈谓前贤之粗，而我得其精也。刍荛之所见，犁然有当于圣心，是天之聪明散乎众人之心者，时而呈露其义，未始经人道，而一拈举之，确不可易，斯乐莫乐于此矣。士通经乃足用，自来之引经断事见诸猷为者尚矣。即一操觚而不本之于经，则根柢薄而论说皆肤。韩、欧、曾之古文皆大醇，而朱子尤醇乎醇。时文中王、唐、瞿、薛、归、胡诸公之所为，俱灏衍不可崖涘，经熟也。穷经之方，自少及多，通其少而多者，徐由之贯。《十三经注疏》、昆山徐氏所刻《经解》之外，逸简甚众，穷年皓首，莫得其端，此多而无纪也。今就《四书》专经，条分缕晰，融会贯通，不墨守断烂之讲章，时有心得。一经毕更及一经，群经可次第程功，不苦其难，不惮其烦，不好奇以妄为之说，则经义如脱颖，岂独锥末之见已哉。

○学古

古之器至坚厚也，而细致为今之工巧所不能过。古沉而今浮，古用力深而收功远，今虑浅而欲速，无惑乎不相及也。人不学古，则其人也凡近，或遂至嵬琐而不足论；文不学古，则肤庸拙傺，纷杂无章，甚且剿袭雷同，文坏而士品亦丧，可恫也。《易》曰："其旨远，其辞文。"夫旨远矣，辞即不文，庸何伤？然且谓不文不足以行远也。故理道已明，行文要自有矩矱。《六经》之文，天地之大文也。天地之大文，阴阳寒暑推移变化无端倪，而按诸通复往来之度，井井不乱。《六经》之文，文成法立，不以文鸣而为文之至，故其妙与化工埒。古今之文之卓然成家者，莫不取则于是，是岂无工夫所得到哉。程子谓："无子厚笔力，不能作《西铭》。"夫《西铭》之理直诣精微，而非操笔力如子厚作之无由，此足觇行文之须用功取法矣。孔、孟生于今，必应举，应举必为时文，为时文必期合程度，而断不舍驰驱之范以诡遇，可知也。吾平生论文，持六字诀曰："出落清，柱意明。"出落清，则如建章宫千门万户自有次第；柱意明，则肢股中血脉贯而不容左右互易，此其大较也。其细微曲折，当俟讲文阅文详悉指画，而揭其大旨如此。此非一人之私言也，古法如是，吾与诸生共学之而已。

○博习

人之质性，有专讲习时文曰犹不足者；而聪明奇隽之士随地不乏，徒以时文可取科第，既已优为之而遂不他及，其所成亦遂止于是。学术文章不尽其才，致为可惜。夫穷经为本，固人人之所宜务，而诸史群书、诗古文辞、举足以开广识见，裨益性情，俾德器深以醇，才猷闳以达。朱子天秉绝人，其于道学根底、经传渊源既已契先圣之心得，集群贤之大成，所作传注如日月经天、江河行地矣。《纲目》一书上续《麟经》，皆天地间之大文，而旁通博览，于书无所不精勘，所作诗古文辞卓然为南宋大家，皆学力深邃、远有师承，非由臆作。此以知大儒通三才，综群术，断非拘墟自域、抱残守固为也。诸生中有才地超群、孜孜好学、志为宏通博硕之彦，裕廊庙之徽猷，发山川之鸿藻。承学之人虽愧浅陋，愿以所闻于师友者共讲明而切究之，此内实源流相贯，非仅多梁园词赋已也。

○静

为学莫先于养心。心凝然不妄动，渐几于澄澈，以之穷理而理明，以之处事而事当，以之执笔为文，而渊然之思探入深微。俾出之晃朗，而无丝毫之翳杂，单微所萦能穿溟滓，胥由此也。天地古今精蕴，决不翕聚于浮动之胸，故人须沉静而器识斯广，学业斯宏，他日之所成就亦远大莫可测量。一日之间，务期默多于语，止多于作，则气渐宁谧，诸事就安详而静可几孟子曰："养心莫善于寡欲。"周子曰："寡之又寡，以至于无夫耳目口鼻之欲。"圣人所不能冥心以处也，而猥云至于无，不几折入于二氏之门径乎？盖澄然无事，动辄不逾乎矩，则欲无非理，即谓之无欲矣。下学之所不能

440

骤臻，则寡之斯为善术。故圣人主静，君子慎动。若心无检匮，浮躁飞扬，神疲而识昏，气粗而言庞，不惟器宇远于儒者，即细与之论文，亦岂能有所入哉？

○恒

天恒覆则恒清，地恒载则恒宁，日月恒照则恒明，圣人纯亦不已，故贞。夫一常人，心有断续，讵便妄几乎是，然不可不勉强秉持，以注于是也。无恒不可作巫医，南人之言，大圣取焉。不恒其德，或承之羞，左右前后纷纷藉藉齐以羞进，《易》以谓"其来不可御"也。其集莫之穷也，故或之。或之者，非疑之也，有先招之者矣，而奚为不急用？吾占考之俗谚，则如彼；征之经言，则如此。无恒固无一而可，而人顾以或作或辍之功，挂名从事于学，文与行亦安能有获？凡人苟有所为，精神常聚则光华自生，吾尝试之矣。书之难句读者，日日往复之，而疑意忽开朗，即得其理；解事为之难合者，日日经营之，而机缘忽凑，迄有所成就，故其方莫善于恒。有恒者之不二其心，其于可否无所择，圣人犹与其质地之坚确，况衷于道而俛焉，日有孳孳不已也。吾愿与诸生绵密以之。

○整

凡人心志整则无非僻，举止整则无倾邪，事务整则无纷庞，文思整则无杂乱。竟日课程，限定作何诵习，整饬不紊，则日起有功。当读书时思讲求作字，即谓之务外，当读此书时忽欲研究彼书，亦谓之放心不收。若义理触发、旁推交通者不以此绳，否则皆执持不定。所致读一书，自序文以至终篇，首尾勘究，不令一字放过。案头惟专对展读之书，余列他几，不更纷陈，若时当次及，则掩此卷而更易之。程子言："敬以主一，无适为训。"主一之谓敬，无适之谓主一，此直致功于内，而复恐心之出入无时而难为操也。更以整齐严肃为言，而吃紧处首在于整，整则无适矣，无适则主一矣。杜绝诸妄，端在一整，此吾有见于整之一法，为亲切而有味也。课文之日，尤贵乎整。浮游耳目，浊乱心神，较为交接语

441

言，此不整之尤者也。释回增美，愿诸生深得力于整，弗以吾言为
河汉。

○ **勿聚谈**

废学百宝之滋，总由于聚谈。昔夫子所叹为难者有二：一为
"饱食终日，无所用心"之人，此不过颓惰之流自弃而已；一为"群
居终日，言不及义，好行小慧"之人，其滋害为特甚。夫丽泽之
益，朋友讲习，专在于赏奇析疑，则道日益明，文日益进，此不在
聚谈之列。若聚谈，则多说一句无益之话，少读一句有益之书，既
已双失之。且"不及义"、"行小慧"，势所必至人品沦败，将不可
穷究。学者惟日孳孳犹恐不及，安得有余闲聚谈。即稍有余力，亦
须静坐凝神以涵养德性。平生所痛惩者，在聚谈一节，是用动色相
戒。在诸生肄业于斯，自必厉志精进，决不蹈此，而特揭明戒者，
防微杜渐，区区过虑之苦心也。

已上诸条，为法者八，戒者一。能尽事此法，则无所庸戒。一
或稍不戒，即足以败法有余。循法为之，有无穷之益，吾翘首拭目
相待，深为诸生愿望之也。所戒或忘，便有无穷之损，我心恻，我
颜忸，不愿诸生之出此也。仆来自浙江，诸生居中州，不远数千里
相聚，所事何事，此中固有至情关切，教之所以为教，学之所以为
学，讵等泛泛悠悠。期诸生争自濯磨，相与有成。处则为经明行
修、束脩圭璧之身，出则建致泽徽猷、彰黼黻鸿业，用以副圣天子
振宣文教之隆，贤执事乐育群材之盛，并峥嵘自立，郁为时栋，吾
亦与有荣施焉。尚其勉旃谨旃。

文石书院学约

清·胡建伟

【题解】 胡建伟（1718 ～ 1796），又名式懋、勉亭，乐平（今江西省景德镇市）人，清乾隆时期官员。有《澎湖记略》12 卷、《江湄集》8 卷存世。本文选自《江湄集》。

○一曰重人伦

古者庠序学校之教，皆所以明人伦也。是人伦者，非教者之所最重，而为学者之所必先也哉！试思人生那有一日不与五伦之人相周旋？圣贤那有一言不与五伦之理相发明？孟子曰："规矩，方圆之至也；圣贤，人伦之至也。"又曰："尧舜之道，孝弟而已矣。"朱子《鹿洞条规》，首列"父子有亲，君臣有义，夫妇有别，长幼有序，朋友有信"五教之目，以为学者学此而已；而博学、审问、慎思、明辨、笃行，则所以学之也；若夫修身、处世、接物之条，皆在所后焉。盖人伦之至理，命于天则谓性，率于性则谓道。性与天道，乃学问之大原，而其实不过于人伦日用之间，各尽其当然之实，自可以为天下后世法。如《中庸》一书，其大无外，其小无内，放之则弥六合，卷之则退藏于密。言其大无外、其小无内，至于无声无臭，至矣，无以复加矣。而其中之得力，则实在三达德，以行五达道，以驯至乎其极而已，岂有他哉？然人伦固在所重，而孝为百行之原，则又五伦之本也。人能善事父母，必笃于兄弟，和于妻子。求忠臣，必于孝子之门。至性厚者，朋友亦不薄，以至明察天地，通于神明，光于四海。何一而非孝之所推暨乎？倘身列宫墙，而门内多惭，至性菲薄，以视反哺之鸟、跪乳之羊，物且不如矣，安望其忠君、信友、亲亲、长长也哉！清夜自思，何以为人，何以为子，更何以谓之学者，可不惕然而知所重耶？

　　○二曰端志向

　　志者，心之所至也。凡人心之此之彼，志必先为之向道，而后心乃从之而往也。如行路者，欲往东，志必先向东而志；欲往西，志必先往西而行。是志之有向，正如射者之有鹄也。故学者之志，未有所向不端而可以有为也。《礼》曰"一年离经辨志。"盖言童稚就傅之年，必先使之志向先端，而后可以渐进，以至于智虑通达，而为大成之候也。即如孔子，至圣也，亦必自十五志学，而后能从心所欲不逾矩。朱子曰："书不记，熟读可记；义不精，细思可精；惟有志之不立，直是无着处。"世人读书，不志道德而志功名，所向已差了。况所称功名，亦只是科第耳，官爵耳，非真欲建功立名以垂不朽也。以富贵为功名，富贵之外，复有何求？趋向不端，宜所学者皆非也。毫厘之差，千里之谬，正在于此。今生童中尽有颖异之资，止是志向不专，为习俗所染，未能摒脱。即勉强从学，或作或辍，口身之功且难，更何有于心性之学？光阴坐废，卒无成就，殊可惜也！试观汉儒董仲舒下帷发愤，潜心大业，三载不一窥家园；宋范文正公断齑划粥，勤学励学，做秀才时，便以天下为己任。此何等志向也，尔诸生可不勉哉！

　　○三曰辨理欲

　　凡人莫不有性，性即理也。性发而为情，情动而欲生焉。此危微之介，圣狂之分也，而可不辨乎哉？刘子云："烟生于火而烟郁火，冰生于水而冰遏水。故烟微而火盛，冰泮而水通；性贞则情销，情炽则性灭。是以珠明而尘埃不能附，性明而情欲不能染也。"又曰："将收情欲，先敛五关。（五关：耳、目、口、鼻、身，谓之五关。）"盖言五关不破，五德（五德：指人的五种品质，儒家以温、良、恭、俭、让为士人修身五德。）不得而入也。即如孔子论人，必先从富贵贫贱说起者。夫人必能富贵不处，贫贱不去，则取舍之分明；取舍之分明，斯存养之功密，庶可渐至终食不遗仁，而造次颠沛必于是也。学者果能于此间辨得明，守得定，壁立千仞之上，何难与圣人同归也哉！《东庄学约》有云："米盐妻子，庶事应酬，以道心处之，无非道者。苟使萦怀豪杰，志气不难因以捐尽。彼如应举一事，在明理者入场赴考，认题作文，不过将平日之学养，发圣贤之道理，至于取中与否，则听其在天，毫无侥幸之想。"今人则一团欲心，入场必思诡遇；拟题滥本，无所不至。朱子曰："非科举之累人，人自累科举耳。"又云："居今之世，虽孔子复生，亦必应举，岂能累孔子耶？"天理人欲，同行异情，有如此者，可不辨乎？

○四曰励躬行

吕献可尝言："读书不须多，读得一字，行得一字。"伊川程子亦尝曰："读书一尺，不如行得一寸。"盖读书不力行，只是说话也。今人生圣贤之后，凡我身之所未行者，皆古人之所已行，而笔之于书者也。故诵读时，不可看作书是书，我是我，书与我两不相干。必如朱子所云，"须要将圣贤言语体之于身"。如克己复礼，如出门，如见大宾等事，须就自家身上体察，我实能克己复礼，主敬行恕否？件件如此，方为有益。又如颜子所云："未知养亲者，欲其观古人之先意承颜，怡声下气，不惮劬劳以致甘软，惕然惭惧，起而行之也；未知事君者，欲其观古人之守职无侵，见危受命，不忘诚谏以利社稷，恻然自念，思欲效之也；素骄奢者，欲其观古人之恭俭节用，卑以自牧，礼为教本，敬为身基，瞿然自失，敛容抑志也；素鄙吝者，欲其观古人之重义轻财，少思寡欲，忌盈恶满，周贫恤匮，赧然悔耻，积而能散也。"引而申之，推而广之，事事皆本古人之成法做去，即读得一句、行得一句矣，不亦躬行实践之君子也哉！

445

○五曰尊师友

传道解惑，莫过于师；劝善规过，必资于友。是师友者，乃人生德业之所藉以成就者也。《书》曰："主善为师。"又曰："师道立，则善人多。"《礼》曰："独学无友，则孤陋寡闻。"师友愿不重哉！孔子曰："君子哉若人。鲁无君子者，斯焉取斯。"盖言子贱能尊师友，以成其德，故夫子称之也。考之古人，未有不尊师友者也。即如宋贤杨龟山、游定夫，侍伊川程子之侧，程子偶瞑坐，杨、游二子侍立不去。程子既觉，门外已雪深三尺矣。古人之尊师重道，有如此者。至于朋友，朱子所谓五伦之纲纪者是也。人或于君臣、父子、夫妇、昆弟中，有难言之隐、不白之情，积成嫌怨。得一良友，为我排释，为我解纷，委曲周旋，维持调护，俾得相好如初，其有益于人者，更为不浅。况乎励行勤学，质疑问难，读书作文，无一不取证于友。其所系之重，又有如此者。《诗》曰："他山之石，可以攻玉。"不信然乎？乃世之人，无遵师之诚心、取友之实意，视师友如过客路人，岂不哀哉！极其所谓尊师者，亦不过厚脩脯、隆礼仪，以此为敬而已。其于尊德乐道，则概乎未之有讲也。待朋友虽极深情厚貌，亦仅以酒食往来为亲密，笑言通脱为莫逆而已。求所谓以文会友，以友辅仁者，则又安在也！尔诸生当以古人自待，以今人为鉴也。

○六曰定课程

《记》曰："比年入学，中年考校，一年离经辨志，三年视敬业乐群，五年视博习亲师，七年视论学取友，谓之小成；九年智虑通达，谓之大成。"此古人为学次第法程也。矧今人欲学古人，而可无法也哉！孟子言："大匠诲人，必以规矩。学者亦必以规矩。"课程者，即匠之规矩也。欲读书也，课程可不定乎？而课程之法，则莫有善于程畏斋分年月日程之一法也。其法本末兼该，体用具备。陆清献云："此非程氏之法，而朱子之法；非朱子之法，而孔、孟以来教人读书之法也。"其尊信有如此者。今院内仿依此法，令诸生各置一簿，以为每日课程记。本日读何书，何处起止，或生书，或温书，并先生所讲何书，午间何课，夜间何课，一一登记簿内，从实检点，不得虚张滥记；积日而月，积月而岁，历历可考。工夫有常，自然长进。每五日，又于已熟之书，按簿抽背一次；或余于公事之暇到院，亦安簿抽背，以验其如有从头至尾背念一字不忘者，即给送纸写之资，以奖其勤能；倘有妄自开写簿内，背念不熟者，即由饬示罚，以为怠惰者儆。至于作文，每十日作文一篇，五言排律诗一首，夏日则策一道。务须尽一日之功，以完此课，不许继烛给烛。平日用功，以看书、读书为急，不比场前，要多作时文，以熟其机也。每日讲书后，要看书，先将白文理会一遍，次看本注，次看《大全》等讲章；如此做工夫，则书理自可渐明；《四书》既明，则经学便势如破竹矣。

○**七曰读经史**

经，经也；史，纬也。学者必读经，然后可以考圣贤之成法，则亦未有不读史而后可以知人论世者也。是十三经、二十二史，非学者所以必读之书而为学问之根底者哉？今国家取士，乡会第二场，试经义四篇，所以重经学也。至于第三场，多有以史事策试者，史学亦何尝不重？是经之与史，有不容以偏废者也。自世之学者，以读书为作文而设，如薛文清云："学举业者，读经书只安排作时文科用，与己原无相干，故一时所资以进身者，皆古人之糟粕；终身所得以行事者，皆生来之气习，与不学者何异？"然此等读书，虽无心性之益，犹有记诵之功也。惟近来场中拟题一件，最为恶陋，其不出题者，勿而不讲；即出题之处，亦不过略晓大意，仅能敷衍成文而已。更有剽窃雷同，即章句亦多，茫茫然也。本经如此，他经可知，又安望其兼读诸史以为淹通之儒耶？但人之质性不同、敏钝各异，概今其服习熟读经史，亦非易事。然亦有法焉，可以序渐进也。则莫如仿欧阳文忠公限字读书之法，准以中人之性，日约读三百字，四年可读毕《四书》、《五经》、《周礼》、《左传》诸书。依此法做去，则史亦可尽读也。亦惟勤者能自得耳。学者苟能如朱子所云："抖擞精神，如救火治病然，如撑上水船，一篙不可放缓。"如此着力去读，则又何书不可尽读耶？宁第经史史而已哉？

○八曰正文体

文所以载道也。秾纤得中，修短合度，莫不有体焉。是体也者，文之规矩准绳也，而可不正乎！今朝廷取士，重科举之业，文取清真雅正。上以是求，下以是应，固已文无不约，礼无不正矣。平淡浓奇，各具一体，均堪入彀。至于肤浅卑弱之文，虽不中程式，然此等文字，如人生质微弱，病在标末，元气未曾伤损，服以汤剂，饷以粱肉，自然日就强壮，犹可为完人也。惟有一种艰深怪僻者，以妄诞为新，以判道为超脱，何异病人入膏肓，外强中干，纵有扁禾，亦岂能为救药也哉！凡此者，皆托名江西派一说以误之，逐日复一日，沉溺而不知返也。夫江西五子之文，或意在笔先，或神游题外，自成一家机杼，然按之题位、题理，依照一丝不乱。此文之所以可贵而可传也。今人既无此本领，但剽窃险怪字句；以涂饰耳目，牛鬼蛇神，欲以欺人，适以自欺而已。然余以为欲正文体，更当先正题目，如欲出搭题以试学人之灵思妙绪，亦不得过为割裂，以致首尾不贯，上下无情。近见坊本，率多牵如两马之力与齐饥等题。学者遇此，亦安得不无中生有、支离附会耶！是何异策泛驾之马，而欲其范我驰驱，按辔和铃，以游于康衢九达以上，岂可得哉？

○九曰惜光阴

人生百岁三万六千日，光阴盛矣。而其中可以读书，则自七八岁至三十岁，仅有二十二三年而已。即陆桴亭分年读书之法所言，自五岁至十五，十年诵读；十五至二十五讲卷；二十五至三十五涉猎，亦总不出三十年之外也。读书之日，宁有几乎？孔子曰："年四十而见恶焉，其终也已。"又曰："四十、五十而无闻焉，斯亦不足畏也已。"盖人至四十、五十,血气渐衰,精神日灭,眼目近花,记性亦绌。《礼》言:"四十而仕,五十服官政。"未闻此时而向学者也。余观今人读书,暴弃者固多,姑待者亦复不少。谓今日不读有明日,今年不读有明年。不知眼前一刻,即百岁中之一刻也。日月其除,挥戈难返,嗟何及矣。今幸书院落成,尔诸生萃处其中,昼则明窗净几,夜则热灼焚膏,真有读书之乐矣。正宜励志潜修,及时勉学,断不可群居燕坐,三五闲谈,以致耗费精神,荒度时日也,若遇芳辰令节,放假一日者,亦是玩物适情,所以畅发其天机之一。如樊迟从游于舞云,不忘崇德之间,则游亦岂能废学也哉?至家中有事,或日久归省,亦人情之常,不能免也。但必回明先生,告假登记簿内,限日回销,总不得有逾五日之期。昔乐羊子远学来归,其妻乃断机相戒。妇人尚且知学如此,倘无故频频告假思家,不惟见怪于师友,亦且有愧于妇女,安可以有限之光阴而漫不加珍惜也欤?

○**十曰戒好讼**

昔人有言:"饿杀莫做贼,气杀莫告状。"夫贼者,害人之名。人而为贼,乡评之所不齿,国法之所不容,贱恶极矣。而告状者似之,亦以告状之人,虚辞架陷,败人名节,倾人身家,与贼无别。事异情同,所以深著其害,而重以为戒也。即如易以天水名讼,赴义外刚内险,或前刚而后险,或彼刚而此险,两不相下,而讼以兴焉。是好讼之人,未有不刚险者也。人而好讼,大抵其人必贪暴而尚气,机械而诡诈。率其刚险之性,明则舞文弄墨,暗则射影含沙。或恃己之健讼,而颠倒是非;或唆人之争讼,而混淆曲直。深文以期其巧中,构衅以图其重酬。无知者称为讼师,有知者鄙为讼棍。此等人品,实乡党之鬼蜮,而名教之罪人也。纵或法网偶疏,时有吞舟之漏,即天地神明,亦断不为之少宽也已。试以讼事言之,告状时,每日衙前伺候或官府出署,拦路下跪,或坐堂放告,则阶前俯伏。官呼役叱,腼颜忍受,其苦一也。如或不准,又须再

449

告。幸而准理，出票时承书抑勒，万状刁难，乃下气怡色，委婉顺从，过于孝子之事父母。及至差役到家，则有接风酒、下马钱，恭迎款待，甚于贤宾嘉客。一有不当之处，则饮尔酒，发尔风，无所不至，其苦二也。及至临审，一切保邻词证又需供养；酒楼茶馆任其燕游，百计逢迎，总欲藉其左袒。又有派堂杂堂，一班衙头皂快，如饿虎逢羊，必无生理。非遇廉察之官，身家必至立破。且俟候听审，自辰至酉，寸步不敢远离，惊心吊胆，忘饥失食。若遇冲繁地方，职官因公他出，又须收牌别示，十旬一月，未有定期，其苦三也。至于审后，水落石出，轻则戒饬，重则问拟，有何好处而乐为此耶？尔诸生读书明理，心气和平，既无刚险之性，倘有非礼之加、横逆之投，情遣理恕，何难涣然冰释。即或万不得已，务要申诉官长，而据事直书，仍不失忠厚之道，则有中惕之吉，而无终凶之讼。慎毋恃官府待我厚而奔走公庭，毋恃衙门为我熟而钻谋蠹吏。守卧碑之训，而一意诗书，品端行洁，谁不爱敬之。苟其不然，即使尔诸生身为职官，见此等好讼之人，有不疾而恶之者几希矣。

变通小学义塾章程

清·佚名

【题解】　此篇作者不详，附于《重订训学良规》之后。清人陈彝在"小引"中称"得一录《变通小学义塾章程》亦良法也，并附于后"。《章程》后梁溪晦斋学人跋文则称"此小学义塾之说，虽不著作者姓氏，而立法简便，规矩详明"。大概出于清人之手。全篇分大义和规条两部分内容，大义备述兴办三月小学义塾的意义和必要性，规条则举列义塾中的各项事宜。后面的跋文虽非《章程》本文，但也申论《章程》之义，所以照录，不予删除。由这篇跋文还可知，梁溪晦斋学人对此《章程》，曾有过一番增酌改订。

予尝询一乡人曾读书否，其人曰："曾入塾五年"。问以塾师曾训汝做人道理否，曰："未也，不过日读《四书》数句，写字数行耳。"又问开蒙时先读何书，曾读《孝经》、《小学》、《弟子职》否？曾讲说《日记故事》、《二十四孝》否？曰："未也。启蒙时，先读《神童诗》、《千家诗》，以后即读《学》《庸》《论》《孟》，至于《孝经》等书，目且未经。"又问能明《学》《庸》《论》《孟》道理否？其人笑曰："当时先生初未尝为我讲解，我何能明白？迄今句读，已大半忘却，何论道理耶？"予曰："然则子入塾五年，竟全未得读书之益耶"？曰："诚然，然我在塾五年，固未得益，却得益于两夕深谈，令人没齿不能忘，是则我之恩师也。"予询其所以，则曰："我出塾数年后，顽钝犹有童心。偶往姊丈家，有事信宿，下榻书斋，伴西席陈先生。先生故老成人，善教诲，为我谈古今孝子悌弟及善恶果报事，教我如何事父母，如何待兄弟，如何治家，如何处世，以及立身择友之道，而统贯以两字，曰天理。反复详明，语甚恳切。我偶有一言近理处，先生极口赞叹，以为可教。我始恍然，如梦初醒，觉前此所作事，都不可对人，愧汗无地。次夕，又授我小书一本，系先生所手抄，中多诗词，语极粗浅，大约言孝弟忠信等事。并略为讲解，命我读，我即欢喜领受，归而日夕读之，奉为至宝。自是乃恍然于为人之道，有如是其不可苟者，深悔从前之肆无忌惮，而犹幸今之所遇为未晚也"。予曰："然则子读书五年，曾不若两夕之讲解耶？"曰："是固然也。设不遇陈先生，我今日正不知作何等人耳。"予用是怃然曰："甚矣！蒙养之初，其关于教者之善不善，有如是哉！"近世蒙师，开蒙即训《学》《庸》，于古者小学之教，已漠不过问。其上者高视阔步，聪明自负，即有浅近诗歌，足资童蒙启发者，又多不屑教读；其庸庸者，则又墨守成例，

451

《千字》、《百家》、《神童》、《千家诗》之外，不敢稍改旧章，说到讲解，则又以为童蒙何足与于此。试问启蒙一道，岂徒识字而已乎？但知识字，而不知为人之道，则识字适足以济其为恶之具耳。呜呼！蒙须发也，不与讲解，蒙何自发？彼贫家子弟，终身成败，多系此二三年中。必待二三年后，始与讲解，彼早已无力罢读，改业他徙，不及领教矣。塾师不教，更有何人与教？无怪乎终身伥伥，全不知所以为人之道，虽读而一如未读也。

或曰：为人之道，圣贤经传至详且备，何由他求？又应之曰：读书而能明经书之理者，百人中不得一人，大抵一二年、三五年即罢业，《四书》多不能尽读。且圣言幽远，即与讲解，也骤难明白，此吕叔简先生所以有《小儿语》之作，程子所以思别欲作诗以教童子也。兹册简便义学，即宗此意。但以教导做人，学习小学规矩，而四子书姑缓待。非求速成，实欲使贫家子弟，略闻圣训，且以节经费、便举行耳。地方有心人，能随处设法，实为近今要务。否则，有力好善之士，专请老成善教之师，就四方周流行教，于以启迪乡愚，诚近日人心风化一大幸也。草茅私议，敢与高明证之。予又问乡人子："所遇陈先生，近日光景若何？"乡人曰："陈先生因善于教导，其学生多有发科甲者，有子三人，皆聪明过人，长与次均已入泮。邑中某乡绅，闻先生名，厚礼请去教子，今大约已六十余岁矣"。予于此益叹天之报施，真不爽也。陈先生于所遇少年。能不惮烦劳，善言相，则其平日塾中之所教可知。以善教人，天即以佳子弟报之，予又卜其子孙之昌大正未艾也，人亦何不学陈先生耶？

或曰：学须日日渐摩。兹以三月为期，毋乃为时大促？此言诚是。然此固为经费难筹，不得已而思其次也。如经费能裕，则一年二年，何妨延人？否则与其待经费之充，数百年不能兴举义学，何如因陋就简？且以三月为期，为随时可行也。乡约一日半日之讲说，尚足以感动人心，况以三月之久，耳濡目染，岂不能感化二三者？贫家子弟，无力读书，求一二日入塾习礼，且不可得，以入塾三月者较之，不远胜耶？乡塾教法不善，读书二三年，初未尝为之讲解一二，兹则三月中，专以讲解教导做人为主，则此三月之为功，不远胜于二三年者耶？愿有心世教君子，即此简便易行之法，先为筹办，万勿过求体面，使人人畏难不行。道谋不成，适以阻善，时不我待，切勿坐失善缘也。

古者《冠礼》曰："弃尔幼志，顺尔成德。"此是做人一大转关。今无此一关，则幼长之交，更无人为之警策。僧家受戒，以四十九日为期，所以教习僧规，使知防范，有根器者，从此便能一超直入，故开堂放戒，为僧家大道场。今此义塾，亦即此意。顾受戒者多在壮年，习气已深，骤难变化，故受戒而能守戒者，十人中难得一二人。今此教法，先在发蒙，譬如农田，下种即布良苗，枝叶渐繁，彼莨稗自难容入？。先入者为之主，良不诬也。否则必待其长而始教，市井浮薄之行，乡里顽梗之风，盈耳充腹，熏习者无一善状。直不啻良田早种莨稗，枝叶繁盛，其势已张，虽有良苗，无从下种，非田之有美恶，实布种之早失其次也。教子弟者，万勿以童蒙不足与讲说，而坐失可教之时也。

今人谁不思培植子弟，顾培植贵得其要。古人云：半积阴功半读书，欲积阴功，须力兴此举。近世有力之家，不惜金帛聘请名师，期教成其子弟，而子弟终未见其日有进益者，非必师不善教，实为父兄者，不知积德以培植之也。夫种瓜得瓜，种豆得豆，欲教成自家子弟，宜以教成他人子弟为之引。教他人子弟，如寻常义学，不知教成其为善人，仍无实济。惟此举则费小功大，见效最速。在有力之家，每岁多用一聘师之费，亦属无多。而在乡则可分设五处义塾，可教数百孤寒子弟；此外听讲之人，互相传劝，又可感动千万人。阴德之积，孰有大于此者？教成他人子弟，即教成自己子弟，天道无差，报施不爽。况教成人家千百子弟，而自家子弟，反不能向上发达者，吾未之见也。而且地方既有此感化，不肖者亦闻风知愧，孰敢有牵引吾家子弟、误入邪径者？良心到底人人皆有，

453

我有教泽及人，则吾家或一旦有事，更可得意外护持之力，必无有暗中挑弄、倾害图谋等事。为他人计，即为子孙计，为身家计，一举而数利存焉，且即不必论报施之理。而蚩蚩愚民，因失教而陷入下流，亦仁人君子所恻然不忍坐视者，则此举或可一日缓耶？

近世不少义学，大率踵事增华，过求体面，但以功名之成否为实效，初不以教学做人为事。殊不知功名之成否，自有天定，苟其人应有功名，即无义学，亦必有委曲成之者。况教成功名，而不能教成做好人，其人将以功名为护符，适足为造罪害人之具，而教成功名，未是为功德也明矣。苟能教成做好人，则终身即无功名，而其宗祖感之，子孙赖之，一身荣之，其为得已不小。得天下多一好人，即为天下少一恶人。况一人为善，更可感化数十百人，善气弥沦，无有限量，则教之者造福亦何可限量？且使即不能为善人，而因吾之教而少作几件恶事，少害几个平人，亦是义学明效，则此举更何可一日缓耶？

454

规条

○立义学。向来必多集经费，诚以延师数年，束脩火食一切费用有增无减，事期经久，故倡始为难。兹则事事多从简便，训徒以三月为率，生徒约以二十人为率，或一师周流各乡，或每乡随时兴举，每举经费不过十余千，名为简便小学义塾。向来一塾之费，可分作五塾，向来训数十人之费，可分训数百人。而究其实效，则向来入塾数年不见心地开明者，此则三月后，即可了然于为人之道，事半功倍，识者自能立见。

○是举随地可行。宜择地方公所三数间，中供圣位牌，并择二三老成人，料理董事，公请一老成有品、能讲说者为之师。（更宜请一教识方字、习句读、把笔教字者，为师之佐。）供膳，每日每人约六七十文（即可托庙丁僧家），束脩酌送三月，毕事，约费十数千为率。一切虚文，都从减省。

　　〇塾中设立册簿一本，登记生徒名姓功课，及一时功过。先期，凡贫家子弟，力不能从师者，悉令入塾读书。其有曾经入塾，或见从他师，而父母愿令入塾习仪者，亦听。但须约定，既入塾后，此三月中，乃一生成败所关，须听先生教责，不得姑息，亦不准告假，有过亦不得代为遮护，庶内外交督，相与有成。

　　〇开塾第一日，圣位前宜尊行释菜礼，即可教习拜献之仪。塾师及董事，各肃衣冠拈香，以次行三跪九叩首礼，生徒旁立肃观，献茶一，酒饭各三，献毕，然后令各生徒行礼。（不能行三跪九叩礼，即用四拜礼亦可。）地方士民，有愿与习礼者，亦衣冠行礼。礼毕，茶叙片刻，各相揖而退。

　　〇每日入塾，即向圣前焚香叩拜，揖礼先生。先生问生徒中，或有在家不顺父母及祖父母，以及兄弟姊妹争论，有无打人骂人，及玩戏狂奔、轻伤物命，不惜字谷、争论吃物等事否，必令相互觉发，无相容隐。有则责令速改，不改即与扑责，或罚跪香一炷，必自愿改过，求宽而后已。如有循规蹈矩，不犯诸过者，另立赏格加奖（如果点等类）。

　　〇塾中功课，未识字者，先识方字四五百，即授《小学诗》，（新刻《续神童诗》，为人道理，都已说到，尤妙在句句明白。如《续千家诗》及《孝经》、《弟子职》、《小儿语》各种，如有余力，皆可接读。其每日讲说，则以学堂日记，学堂讲语为最。）务须尽三月内，训毕一二本。细与讲说，一面恳切训诲，教以身体力行，照所读之书做人，方不差误。午后把笔学写格言仿本百字，每傍晚，必讲说做人道理二三则，使之互相复讲。

　　〇每日天明即起，必先在父母前揖禀，洒扫家庭内外，然后入塾。无父母者，必向祖位前拜禀，洒扫一例。到塾时，先于圣前先生前谒礼，然后轮流洒扫，整几拂案。读书听训，须静寂无哗，不得多言喧闹，坐立尤须端正，切戒歪斜。每归用膳，总须为父母捧

455

粥饭各一次，晚归必向父母兄长伯叔姑婶前作揖叫应，无父母者，亦令其向家堂祖先位前作揖告归，如坟墓不远，朔望必到坟墓揖礼告禀。如有不遵此训，即罚令跪香一炷，父母亦不准代为讨情。（每早起时，必须叫应各尊长兄弟，路中或遇尊长，必拱手叫应肃立；尊长至，虽坐必起立。）

○每旬另以三八日会讲，许本图父老子弟相率偕来，以次向圣位前叩头，向先生前作揖，然后肃静坐旁听讲，不得一语喧哗。宣讲尤须明白显豁，不宜参入文字话头，如家常说话一般。能参以眼前果报，尤为易入，对症发药，杂以机趣，动以天良，感化最为神速。

○子弟入塾，例必具贽见之仪。须嘱每人携家中所有残弃字纸，并妇女夹鞋样书簿一本，并路途所拾弃字，作贽见之礼。此外老幼愿来听讲者，亦必须每人自带零弃字纸，作听讲之资。不特可使知师道之尊，并可使地方老幼男妇，其知惜字之道。

○每月必宣讲乡约一次，定期月朔即于社庙宽广公所，董事耆老等率同地方人众，环立敬听。主讲者登台宣讲，须引古证今，多方鼓舞，凛之以天地神明，惕之以王法清议，庶几激励奋发，必有挽回补救之妙。

○月后，可训毕《续神童诗》，即可讲毕学堂日记，子弟渐能明白，已胜于读书四五年，而曾未一日讲解者。能至三月，所习礼文，必彬彬可观。子弟将所读书携归吟诵，将所闻语互相传说，可使一方老幼男妇，无一人不闻善言善行，即无一人不在教育之中。一塾三月之功，可化数十人，闻乡约而感化者，又数十人，从此推而一乡、而一邑，以及他州各府，均得有心人一例举行。小学乡约，一时并举，人心自然可正，风俗自然还醇，教化之功，于斯为大。士子居一乡，则利及一乡，正宜于此等源头上用意，庶不虚生于世。否则闭户自娱，绝不问户外事，品则高矣，不过一自了汉耳。世间多少闲花草，无补生民亦自惭，每一再诵之，辄怦怦心动，愿与普天下有心人，急起图之。

〇此举首在择师，师道立则善人多，此言良非虚语。故得其师，则一人可教化千百人，不得其师，则车载斗量，无有是处。向来义学之所以有名无实者，大都由于为师者不得其人，非请托，即情面，稍一容情，将市井庸劣者，亦杂入其间，彼不过为糊口而来，何尝以培植子弟为己任？师道既杂，则不范不模，子弟将何所观法？公事之所以终归废弛者，职此故耳。若择师能得其人，自不致虚应故事。以三月为期，在地方同人，自当提起精神，舍己从公，郑重襄办。每三年一举，可使孤寒子弟，无一人不受教化之益。区区三月功夫，所费有限，有志者当无不乐于从事也。

〇是举由官长出示劝谕各图乡董一体兴如办。如该图力能集费，本地有师可请，固妙。本地实无力兴举，则城中绅富，好善之家，宜公请数师，分图周流开塾，或本图集资不敷，可用酌补之法。其每塾办理事宜册簿，事毕后即送归城中善堂。又每开一塾，必须堂董中一人，亲到塾中，考其功课，加以鼓励，能公请学官到塾，分别奖励，更妙。贤父母于政治之暇，以时至乡，召父老子弟温言晓谕，尤为化民妙法，最足以得民心。

〇是举名小学义塾，大旨在本朱子《小学》之义，复古小学之教，并愿凡当世经蒙各馆师，互相倡和，以期共辅世教。要之习俗移人，贤者不免，向特以世风习惯，积重难返，即有志复古小学，非特物议滋多，即其父母亦不愿。故开蒙即训《学》《庸》，稍欲改易旧章，即群相讶怪。其实"弟子入则孝"一章，明明说"行有余力，则以学文"。此书谁人不读，此理谁人不明？古者八岁入小学，十五始入大学，今呼七八岁童蒙，而训之以大人之学，一步登天，自问亦应失笑。今既有人不避迂腐，从流俗沉痼之中，大声疾呼，劝复小学，则凡在有心之士，正可乘势而起，随处将此意提倡。务须于子弟入塾开蒙第一年，专做小学工夫，专训小学各种书本，讲说启蒙日记故事，以期先入为主，以端蒙养之基，此意先儒已多有言之者。其四子书，总须在第二三年训读。盖功名迟速，自有一定，必不为此一岁小学之功，遂致耽误尔中举人中进士时候也。读书人无不愿功名显达，无不愿子孙昌炽，亦无不知积阴德以求者，教成人家子弟做个善人，其为阴德，孰大于此？青毡坐老，转眼白头，为问生平教过多少生徒，果成就了多少好人。切勿惜此一岁小学之功，狃其故习，随俗浮沉，而自失积德机会也。若以为七八岁童蒙，讲亦不明，恐日长一日，习染将深，教将不及。

○教化必先去其敌。近世之伤风败俗，足为教化仇敌者，莫如淫书唱本及淫邪杂剧、男女弹唱等事。夫教育者煞费苦心，不惜财力，冀得挽回一二，而数卷淫书，数？邪剧，数回弹唱，足以败之而有余。是故不毁淫书，不禁淫戏，则虽有千百明师，随方教戒，其势总不相敌。风俗之坏，伊于胡底？言念及此，更堪痛憾。是故义塾既兴，必须先将此数端，与地方同人严行议禁。淫书唱本，则随见随毁；淫戏弹唱，则永远不许演唱。如此，则教化之敌既除，教化之效自见，第一要务，切勿缓图。乡间又有淫歌小本，流毒更广，见者急宜劝毁，并禁子弟不准抄写，永不许学习此等腔调，既丧廉耻，又损福寿，慎之戒之。

○近世恶俗，莫甚于淹溺婴女。凶狠械斗，人命所关，最足以伤天和而酿灾劫。有此三月化导，自然渐知改悔。他如宰牛、黏鸟、竭泽药鱼、掘鳝、捕蛙、罗雀，种种杀生害命之俗，皆可渐次劝化，勉其改业。俾人人皆有好生之心而不忍于害物者，自然不忍于害人，所以培一方之元气者，正无限量。

予偶在吴门，见小伶演剧，观其步武周旋，雍容揖让，应弦合节，宛如成人。问其年，则长者不过十二三，幼者或十岁左右不等。问习此几何年矣？则曰："百日黄也"。予讶其名，曰稻中有百日成熟者，名百日黄，今若辈教习百日，即登场试演，故以为名。吴中清音戏班诸小伶，大率如此。问何以能然，曰教之者，严而有范也。予于是乃益叹人之无不可教，在童年更易为力也。夫人而至流为优，大抵皆单门寒户顽戏无赖子弟耳，乃百日之教，即能登场演唱，应对进退，宛如成人，区区庸言庸行，顺而导之，又非强其所难，岂必多须时日耶？乡愚之失教也久矣，手胼足胝，谋生不暇，岂有余力读书？即读书矣，又多为庸师所误，不知约束教导，勉力一二年，即罢业。做人之道，茫乎无知，反学成种种习顽浮滑一切恶习，非徒无益而又害之。蚩蚩之氓，纵有天良，早已汨没，最堪悯恻。出塾后，又无地方老成人，讲说善言善行，时为化导，此世风所以日漓，人心所由日薄也。仆乡曲陋儒，窃不自量，尝有志小学之教，自维力绵才短。欲兴义塾，则屈指城邑大镇，不过寥寥数处，每处所教生徒，不过十数人，尚属勉强支持，何论乡僻？兹忽得此小学义塾之说，虽不著作者姓氏，而立法简便，规矩详明，于古者小学之教，不啻大声疾呼，期于力挽。一塾之功、化周数里，三月之教，范定终身，所费甚小，见效甚大，费小则随地可办，效大则尽人乐从。私心窃喜，以力化民成俗之要，端在于是，急为增酌校订，付诸剞劂，以便流传。梁溪晦斋学人谨跋。

459

学训

清·石成金

【题解】　本文选自石成金辑《传家宝》。

○尊师

《书》曰："天降下民，作之君，作之师，惟曰：其助上帝。"是师也，盖与人君并重矣！何等尊重！须博访遴选，务求学行俱优之士，然后敦礼而延之丈室。勿令不谙世故之腐生，得以营求厕身其间，以为教辱。凡师有教诲，必诚心领略，苟不诚，于受教者是误自己，不知先生之尊也！夫为子弟而不尊先生，于法则为乱民，教之多不能入，终于无成，可不戒哉！其一。

今人延师，多信荐托，不细加遴选。殊不知师者教人成材之模式，若不得其人，则游荡荒谬，甚至心怀奸险，妄生事端，使子弟终日亲近，学其行止，害误终身，不能疗救，岂不大可叹惜哉！

今人多轻慢其师，既无以感先生之心，又何得妄希先生之报？欲教子成人者，当以尊师为第一着。我既殷勤尊敬先生，而先生岂草木乎？未有不尽心教授者也。

师得其人，则不可不敬。予家设有金字牌位，大书五字，曰"天，地，君，亲，师"，朝夕焚香供奉。夫师胡得为天地君亲同列？乃为其传道授业解惑也。是我今日所赖以通解安享也，其师授之功，可不尊敬乎？切勿轻慢，以作负恩之人。

《会典》开载为学之道，自当尊敬先生，凡有疑问及听讲说，皆须诚心所授。但先生讲解未明，亦当从容再问，毋恃己长，妄行辩难，或置之不问，旨哉言乎！世间人只为妄恃己长，即断送多少才人。溯其原，皆因受教之心不诚，病根在此。兼不知先生之尊也。其二。

《会典·学规》云："为师长者，当体先生之道，竭忠教训，以导愚蒙。勤考其课，抚善惩恶，勿致怠惰。务要依先圣先贤格言，教诲后进，使之成材，以备任用。敢有妄生异义，瞀惑后生，乖其良心者，诛其本身，纵逃王法，必遇天诛。全家迁发化外。"是其议成师范，抑何凛凛乎严哉！今一登师座，务恪奉此规。篇内曰"竭忠"，曰"勤考"，曰"毋致懒惰"，为师而能体此三言，全是尽心二字，师道其庶立乎？究而言之，水由盂约，金以范成。观法所从，感通有在，先德行，后文学。则德行二字，其师先立教之本耳。《书》曰："尔身克正，乃罔不正。"为人师者，其慎图之！其三。

此篇专论为师能如此，方不愧为人之师，方可当人之尊敬。若能不能，早为别图，毋得误我子弟，污我师溪。若簧口哄骗愚东，误人终身，必遭阴谴。

○**勤课**

徐幹云："今之学者，勤心以取之，不懈以成之，自足以致昭明而成博达矣！"盖精于勤荒于嬉所从来矣！凡我子弟，须于每日黎明各齐集学堂，至则各随迟早向上三揖，或设孔圣人位。然后各就席读书（读生书）。刻则写字一张，傍午则授讲书一段。多少各随资性，宁少而精熟，毋多而卤莽。下半日则专于读书（读理书）。薄暮或歌诗，或不歌诗。散学时，须序长幼排齐，向上三揖而退。

（此教训切实，次第须是严立，课程不可一日放慢。早晚三揖者，先揖天地也，次揖父母也，次揖师也。再令每晚归家时，至家神祖先父母尊长处各一揖，虽长至一二十岁，亦不可费。）

早晨精气清爽，宜读新授生书。午后可读一应理书。酌其资性，授以多寡。各随资性，宁少毋多。（三句非止言讲书，兼指读书习字也。）

若生徒众多，散学时不可一齐出门，恐群聚游嬉。须先远后近，次第单出，仍须不时查察。

○**读书**

凡读书，先贵识字之声韵画数，务各精心辨析，大抵遵《洪武正韵》，符合于本书音释之为当耳。其一。

凡读书，每日须读一般经书，一般子书，不可贪多。要精熟，须静室危坐，读二三百遍，只要极熟，不必记数。字字句句，须要分明。又每日须连三五授，通读五七十遍，只要极熟，不必记数。务令成诵，不可一字放过。此读书最妙之法。其二。

读一般书，譬如读《论语》，只读《论语》，不可又兼读他书，俟读完此书，再读别样，要使用心专一也。连三五授，通读极熟，更是兼读兼理之妙法。

吾有记书之法：取文一篇，分为三四度，一度四五行，须要清

461

心肃志，最要心到。心依口，口依眼，眼依书，打成一片，立求一遍即记。一遍未能，再读数遍，比既成诵，遂掩卷于几上，心口暗诵约十余遍，至于纯熟轻快，口若悬河而后止。尝试挑灯读之，漏下数刻，而三四度俱遍记矣。盖读之之时虽少，而记之之念甚切，自然之理。故能以一当十，以十当百。若泛然对书而读，其初与书尚不相熟，口之所到，目亦到焉，目之所到，心亦到焉。十遍以后，目口虽到而心已横飞，读至百遍，真黄粱之一梦而已。斯则愈烦而愈厌，愈读而愈生矣！如得此法而读之，反愚为明，反钝为敏，岂不至快哉！其三。

（此读书极妙心法，谁肯传人？乃先生不秘家珍，尽泄底蕴，真圣人无我之心也。）

念书贪多，未免念前忘后，念后忘前，或暂虽强记，而未久遗忘，须得此法方为尽善。在予资性愚钝，所见如此，若果聪明超人，方不以为则。

王阳明先生云："凡授书不在徒多，但贵精熟，量资禀能二百字者，止可授以一百字，常使其精神力量有余，无厌苦之患，而有自得之美。讽诵之际，务要专心一志，口诵心维，字字句句，绅绎反覆，抑扬其音节，宽虚心意。久则义理浃洽，聪明日开矣。此读书至妙之法，义同乎前，是以附此。

孟子曰："平旦之气，其好恶与人相近也者几希。"又曰："鸡鸣而起，孳孳为善。"夫平旦鸡鸣之时，神气清明，志意安定，当此时而能回思日前所读之书，反复而诵，则熟者愈熟，而生者亦熟。曾记幼年尝用前记书法，约以鸡鸣钟响之际，半醒半梦之中，努力振起，复诵前记。时方眼未能睁，口未能开，而心舌默诵，其响若雷，从前记忆到此，更觉亲切。此记书之妙诀，犹炼丹之火候。夫火候到而丹自熟，夫丹熟而仙自成。当鸡鸣钟响而念书者，亦记诵之火候，读书之神仙也。其四。

（已试之良方，而且效验捷速。）

○习字

昔张长史在京洛，有求字法者，第言倍加功力，事皆然。久当自悟其训。颜鲁公亦曰："功精力勤，当自妙矣。"是字未有不用心习学而成者也。凡我弟子，于每日巳刻写字，务各用心习学，恭敬端楷，点画向背之间，一如古人字法，不得潦草简笔，依仿便俗而已。

《洪武正韵》之字，点画俱有考辨，可专心习学。笔法不甚圆活，可用王羲之笔法书写，庶成双美。

○敦孝

《论语》开口"学而"，即以（紧紧以）"其为人也孝悌"继之。可见学为君子，不过学为孝悌而已。尝见有先达著论，谓孝之一德，首于百行，孝之一字，冠于五经。今诸弟子初来为学，正是学为人之始。自今以往，常要把孝字时时悬在心目，惟恐举念一差，便非孝道。庶乎根本不伤，而君子可学而至矣！

孝者为人之根本，凡树之所以长活者，乃其根本立地。孝立，则悌长等道皆生于此。予恐常人难悉，特撰通俗浅言于《传家宝》书内，令子弟切须熟记。

○存厚

万物始资于乾，而资生于坤。坤之象曰："厚德载物。"是厚也者，万物之生气也。非厚则生无所资，将并乾始得资之矣。居平以存厚训人。每谓：试观凡器之厚者，（确此。）即能耐久，薄则动辄损坏。即如酒之厚者则可久留，（更确。）薄则出瓮而败矣。从古国祚之久，莫过于周，惟是以忠厚传国耳！夫忠厚亦何不利于人，而顾必好以轻薄相尚哉？天下之人情世道，有至平等而人不肯行，至便宜而人不肯就者，（可惜。）"忠厚"二字是也。有至乖剌而人偏欲行，至惹怨而人偏欲就者，"轻薄"二字是也。今以忠厚望人，非甚高远难行，惟自急持三寸之舌始，何也？士人轻薄，大都见之行事者少，见之口角者多。尝见朋侪聚首，名曰"文会"，实为谈

463

薮。或卮酒相邀，横恣笑傲，抑风朝雨夜，抵掌夷犹。当斯之时，则有功发阴私，掀揭微暖，言人之无以为有，传人之假以为真。每喜谈人死亡之灾，未讦而密耳以报讦；最喜说人帷薄之事，无奸而信口以捉奸。嗟乎！若将妄语诳众生，自招拨舌尘沙劫，士方以为赏心乐事，顿足拍肩相笑而莫逆也。呜呼！亦足悲矣。今欲崇德，不必广行博济之仁，只先于舌上强作慈航；今欲积福，不必广开方便之门，只第于口头少留元气。毋以人之性命为我笑柄，毋以人之节操供我谈资。多方为人说一好字，不轻为人说一破字，斯则千间广厦‘万丈长裘都在三寸舌尖矣！（事易功大。）况尔等一点生气，正如初出之苗，生意油油，从此加意滋培，勿令少有损伤，庶乎厚德而元命固，昔所积德合无疆何人哉？君子攸行，吾于尔辈旦暮遇之矣！

（篇内将人所常犯者备晰指出，静读一遍，汗流浃背，急速悔改，自多受用而免诸灾祸矣！）

○守谦

《易》惟谦卦六爻皆吉，幽而鬼神福谦，明而人道好谦。谦而尊则光，谦于卑则不可逾，是谦无往而不利也。我与诸士从容商度，何所恃而不谦？恃资质耶？祢正平之缺两字，张安世之记三箧，亦口耳之学而已；恃文章耶？斗酒百篇，倚马万字，亦文墨之学而已；恃年少耶？青春几何，白首且至，是岂足以夸人；恃老学耶？道足为师，不妨下问，是恶可以藐世？即此数者，无一足恃，而人之不可自恃，皎然明也。若夫由士而进之，或举于乡，或魁于世，或跻于九列，或位于三台，此亦书生之常事，有何足恃？我不见其足恃，而但见其风波之可危。夫士也，何用恃而不谦也！且谈谦道，又无别为深求。弟子入则孝，出则悌，《论语》开卷即是。孟子则徐行后长谓之悌，疾行先长谓之不悌。夫徐行后长，岂人所不能哉？则夫谦也者，亦岂人所难为哉？教我弟子，自今以往，一举足便要徐行后长，一言一行都要谦下，守之勿失，则终身受福无量矣。人生学得一谦，即终身受用不尽。

　　○**奉法**

　　读书士人最为尊贵，何须求人？惟无求于人，乃所以保全士之尊贵也。独怪士人每自忘其尊贵，甘心降与齐民等，往往折节于王公大人之门，皇皇如有求者，亦独何与？士而无求于人，士之法自足以法天下；士而有求于人，王公大人之法始得以绳士，士而至于法得以绳也，士抑何自贬之极也？士之言曰："吾非喜求于人，而不能不求于人也。彼豪强之徒，弱青衿而鱼肉之，岂得无求于公门？"噫嘻！吾思夫士若自尊自贵，日杜门与黄卷中圣人相对，与吾道中良朋相资，即或有时与市人交言，而不能出恶言，彼何从而怒我？即或有时与狂汉共席，而不与共醉于席，彼何从而狎我？又其贫者守其清苦，不负人一债；富者安其本分，不争人一产，将怨尤之端尽泯，争斗之祸自消，又何至有雀角鼠牙之讼？然则士尽可以无求于人。如其俯然囚首，有求于人者，必其士之不类也，不然则其好生事以另加人者也，不然则其轻发言以触忤人者也，又不然则其猖狂游戏之习，素为人所鄙而不以取重于人者也。祸福无不自求者也。士不自求祸，谁得而祸之？若其无故而为人所鱼肉者，千百之中，必无一二。士之欲保全尊贵，亦何难也！

　　读书士人，倚吾有得，其安静快乐，不论齐民之奔驰，即王公大人，谁能与比？要须自重为贵耳。

学堂条约

清·石成金

【**题解**】　本文出自石成金辑《传家宝》。

　　师位最尊，而师道最重，全贵乎设教者。条训有方，则受教者遵循有序矣！予每见师长总不专心诱导，或多出外游，或多管外事，或懈惰因循，虚度月日，虽有好子弟，悉被误害，终身不能成器。空得人之脩供，非独于心有愧，岂不大损德行哉？所以往往师后不昌，未必不由于此。予乃不揣愚昧，妄立训约百条。愿人人各置一本于案头，师依予言而设教，徒依予言而受教，各须及时训习。为徒者学与年进，器必有成。而师心无愧，师德亦不小矣！天基石成金撰

　　○诸生每日清晨要早来，盖每日读书惟朝气最锐。若贪眠迟起，则志气昏惰，精神懈怠。

　　○清晨进馆，先揖孔圣人，次揖先生，乃弟子谒见师长之礼，虽极长学生，亦不可免。

　　○早晨至馆就读生书，生书熟背后读理书，理书再背过吃早饭。早晨理新理书，午后理旧理书。

　　○早食后写仿习字，大学生抄文章。

　　○傍午看讲书，若讲书看熟，就覆讲书。小学生做对。

　　○午饭后，看破承题起讲。

　　○午后至晚读旧日理过理书，俟理书背熟，认次日生书字，读次日生书，放学。

　　○每日功课要按时早完，宁暇静养，不许迟误急促。

　　○每晚放学时，或歌诗一章，或说故事一段，拣古今极浅、极痛切、极感发有关系者，命之歌咏，与之讲说，教之体贴。其艳语淫词，切须禁戒。

　　○放学时，先揖孔圣人，次揖先生，乃弟子告别受教之礼，虽极长学生，亦不可免。

　　○放学，若学生多者，先后散放，先远后近，先幼后长。行路各自回家，不许在路聚玩。

　　○放学到家，先揖家神祖先，次揖父母、伯叔姑婶。

明天背誦三字經
二〇〇五年於白湖湾邊
志来宣一

○放学回，或有亲戚宾客在堂，揖过家神祖先，即从容站立下首，向某称呼奉揖，打恭请坐。答话须要小心谦逊，不许放肆多言，亦不许慌张躲避。

○放学回家，晚间灯下要读书，不许懒惰。若遇夏月天热停止，候秋凉仍旧夜读。

○书要爱惜，可用青布包裹，便于捧回，不许擦损。

○小学生读书，今多从《大学》先读起，次读《中庸》，次读《论语》《孟子》，不过以少至多之义也。但学《中庸》理深篇长，且而字句重叠，如"知止而后有定，定而后能静"云云。又如"先治其国，欲治其国"之类。初学授读甚难。以予愚见，可先《论语》，因《论语》章节短少，易分易授也。读完《论语》再读《孟子》，学《中庸》似觉省力。至于初学讲书，亦当依此次序。

○点书授读要分段落，宁少毋多，只要多读遍数。

○读书先要认字，字既认得，则不必师教可以自读。

○读书要字句明朗，不许糊涂，不许增减一字，不许颠倒一字，只是多读遍数，自然上口。

○小学生读书，先将字义体贴，朱注粗粗讲说，若明白书中义味，自然不难记诵。字义须令回讲，若回讲不明，必要再讲明白，庶几有得。

○读书须要三到，谓眼到、心到、口到。惟心到更要紧，要知书若到心，再加一句紧一句，遍数多自然记得坚固。切不可口里读书，心想别事。但凡眼瞅定，则字不差；心不走，则书易人；句渐紧，则书易熟；遍数多，则久不忘。

○读书不论遍数，只以读熟为止。书若夹生，虽几百遍亦不可止。古人云："读书百遍，其义自见。"谓读得熟，则不待解说，自晓其义也。

○读书要低声多读，不许高喊。若高读，未免损气，且不能耐久。

○每日读的生书，要连前三日生书，通读通背，才贯串，才不割裂。

○背书要字句明朗，不许含糊。须宛然如书在心目之间，流水背出。若半吞半吐，假熟混过，不久即忘。

○背书如学生多者，抽签背，不许拥挤。

○读完一本书，即限日理完，一总熟背，一字不错。再抽提二三十句，背的熟者，方读新书。

○写字先将笔用水润过，不许咬揲。

○润过笔，然后高执墨锭，端正磨研，不许墨污手指，亦不许砚瓦湛起墨水。先润笔，墨研完则笔已润透，写完将笔入砚水摆洗。

○执笔要直，坐位要正，不许歪斜。

○写字时不许说话，不许粗心，不许墨污纸上，不许写字在桌案上，更不许再砚上搨笔。

○写字下笔要知先后，先左后右，先中后边，先上后下，各有结构。

○写字要依《正韵》，不许学省笔俗字，以致科场误事。

○每日判仿点认仿上字毕，就将本日读过的书，朱写四五字在仿上，令其识认。既认得字、记得书，将来题目，从此不错。

○判仿时，字若写得不好，即用朱笔改，说以后要如何如何改写，不可混义。

○仿本要三十张为一本，以供一月之用，不许撕毁。

○仿本写完，即点出认出，一字不错，方换新影本。

○但见字纸，即拾取候焚，不许抹桌拭污，包裹物件。

○每日讲书，就教学生向自己身心上体贴，这句话与你相干不相干？这章书你能学不能学？仍将可法可戒的故事嘉言说与两条，令其省惕。他日违犯，即以所讲之书责之，庶与身心有益。

○听讲要存神细听，不许眼望别处，心想别事。

○看讲书要潜心细玩，每章义旨务要胸中了然明白，又记得清楚，才看第二章，不许粗率。

○书上有讲不明白的义旨，就来细问，不许含混。

○覆讲要通彻，如讲得不明，必再向讲解明白另覆。

○做对要分门别类，要知平仄虚实死活，不许错误。

○做破承题起讲，要看题思索，用心精习。

○记文须选前辈老程文极简浅切当者，每体读两篇。作文之日，模仿读过文法者出题，庶易引触。

○初学作文，出极明浅易于发挥题目令作。如不能作，再将此题细讲一遍，仍作此题。一题三作，其思必尽，其理自通，胜于日易一题也。

○放茶放饭，各自来，各自去，不许等伴，相约同玩。

○放茶放饭，要早来馆中习业，不许在家久玩。

○饭后到馆，略放散步一二刻再用功。盖少年脾弱，恐食后久坐用功，则食不消化而成病。

○每日诸生早来，轮流一人值日洒扫，并于孔圣人前焚香，亦弟子应供职分也。

○每日在馆出小恭，只许四五次，大恭只许一次。

○每月朔望日，诸生到馆除先后自揖外，俟来齐再排班向圣人前行参拜礼，作对揖，亦演习礼仪法。

○每月朔望日，可将孝亲敬长诸事明白细讲，令其作事体贴力行，庶身心佩服，则一生受用不小。为师者，不可惮劳。

予著有《传家宝》书一本，条分十类，极浅明易晓，当与学生逐细说讲。

○每逢佳节放学，各人在家守父母之训，不许彼此相约出外远玩，亦不许约在某家聚玩。

○每日诸生在学听先生训读书文，演习礼节，在家听父母伯叔兄长指教，不许高傲自大，指挥不动，忤逆犯上。

　　〇父母师长但有教诲，诸生惟低头唯唯听从，不许妄自批评。即有辩说，亦不许疾言遽色。

　　〇诸生当以立身行检为重，不许骂人父母尊长，不许搬人是非，管人闺阃闲事，不许看人家妇女。但凡一切伤人害人之事，俱不许做。

　　〇游刮匪人，一与之交往，则习学下流，为非作歹，害误终身，不可救药，切须戒之。

　　〇教童子先学洁净，砚无积垢，笔无宿墨；书要离身三寸，不许磨损卷角；手要日洗两番，不许少污书籍；案上书要安放整齐，不许乱堆斜放；书中字要潜心认读，不许乱点乱批；学堂日日扫拂，桌凳时时绰抹；凡一切泥水灰污之事，俱不许亲近。

　　〇诸生在座，各有桌位，非奉师命，不许乱动更换。

　　〇馆中所用，只是书仿笔墨砚。凡一切闲书，有妨正业，俱不许带入馆中。其余银钱玩物食物，一概俱不许带来。

　　〇诸生一言一动，俱要端方，不许说市井下流话，亦不许学市井下流事。

　　〇气质要驯雅，不许粗心浮气。

　　〇坐定要端严持重，不许箕开股岸跷足，亦不许偏倚。

　　〇几人并坐，不许交头接耳、扯衣踢足、语笑喧哗。

　　〇行走要安详稳重，不许跳跃奔趋，亦不许打砖掷瓦骂人，惹人家小儿，亦不许乱同不相认人说话。

　　〇同行不许跐肩搭背、指东望西，亦不许跑跳喊叫，亦不许路上谈文讲武。

　　〇在路行走遇见尊长亲戚人等，即端正站立下首，奉揖打恭，或竟朝上奉揖，不许乱恭乱躲。若问话，从容答应。让伊前行，不许先走。

　　〇有年长同行，必居路右。父母师长，则随其后。

　　〇说话要从容真实，不许含糊扯谎，要低声下气，不许高谈阔论，亦不许夸大嬉笑。

　　○奉揖要舒徐深圆，不许浅侍促迫。

　　○侍立要庄严静定，不许跛斜。

　　○起拜要身手相随，从容恭敬，不许仓皇失节。

　　○抄手要着衣齐心，不许忌惰。

　　○衣服帽鞋要朴实儒雅，不许浮华。

　　○衣服帽鞋要存心爱惜，不许邋遢损污。

　　○冬月携火炉入馆，不许弄火弄灰，烧炙物件。如向火盆，不许太近火旁，非但举止不便，恐烧损衣履。

　　○馆中以长幼为序，除系亲族自有称呼外，其余少称长者兄，长呼少者名。行让长左，坐让长上。

　　○有宾客到馆，诸生即下位照班次奉揖，如免揖，即打恭，俱要端庄。坐定若问书文仿对，一一答应。宾若不问，不许多言，不许交头接耳、语笑喧哗。

　　○先生遇东家邀请，或有事出门，诸生各守规矩，照旧读书。不许下位叫跳，不许讪骂戏顽，不许以大欺小，不许排挤殴打，伤毁笔砚物件。

　　○凡无益之事，俱不许习学，如斗牌掷骰，踢毽踢球，打马吊，下象棋，放风筝，养禽兽鱼虫，与夫笙箫弦索弹唱之类，皆为无益。若或亲习，不但有妨正业，抑且淫荡心志，当深戒之。

　　○博弈乃诸生之首戒，劳心动气，废时失事，莫过于此。小时不戒，大来破家荡产，总由于此。

　　○琴棋书画虽是雅事，最妨正业，为师者切戒。字虽该学，若扇头斗方，应接不暇，亦当婉辞。

　　○淫词艳曲，小说俚唱，最分心害事，总不许入目。

　　○诗词乃文人名成寄兴之事，少年习学，正业必疏。

　　○交友往来、谈叙迎送有误学业，师友须各体谅。

　　○饮食随便，有则食之，无则不可思索。语云："君子谋道不食。"诸生须体此义，不许在家殴作争较。

○饮食要细嚼缓咽，不许响咂，亦不许争较多少，亦不许远取，并将吃残之食还入盘内。

○诸生若入酒席，必先告坐恭敬，不许顾望摇动、高谈多话。凡举杯举箸，告酒起落，俱看众人，不许前后参差，亦不许大嚼大饮，倾酒淋汤，有失体统。

○同客并席，要敛身相让，不可广占坐位。

○诸生酒要少饮，则言不颠倒，不失规矩。

○学生凡远出，必揖父母告别，远归必揖父母告回。

○诸生家中，或有喜事，或远去探亲，务必令家人先来禀明，即时放行，不许无故自己来说，借事躲懒赖学，两下说谎。

○诸生有受教训、循规矩，书读得熟，字写得好，可夸以好言，赐以笔墨，奖励其功，且可诱进余生。

○诸生或有不受教训、不循规矩、书生字丑者，先劝诫两三次。不改，初罚跪于本位以辱之，再罚跪于门口大辱之，再不改，责之。但责不可在饭饱后，恐食停胸膈成病，亦不可从背后猛打，恐惊骇成病。

○先生束脩，按期送用，不可推托，以慢师长。每日供给茶饭不可过丰，随便家常足矣。至于时节礼物酒果之仪，有无各从其便，诸生不许在家殴要。

○子弟读书，大则功成名就，小亦识字明理，乃世间第一件好事。有等愚父母，有子不教读书；又有一等愚子孙，有书不肯用心读，习成邪心野性，到大为非作歹，养就不肖，触犯刑宪，皆由于此。几曾见明理识字之人肯作非为乎？纵力田事忙之家，必须于每年十月以后，令子弟入学读书，俟来春三月以后，回家治生，如此三五年，亦可成人。

○为人师者，全要老成自重，既系教书，就要专一，时时与学生讲论，不可懒惰，不可间断，此即先生积德好事，在东家自然敬服。近日师辈有兼行医者，有卖卜算命者，有代书词状、做中做保者，心分外务，何暇训导？在学生功课因师不稽督，必致贻误，害其一生，不得成人，非但东家轻视，而自己大损德行矣！幸有予之迂谈，改弦自重，予所帝贮望也。

正学歌

清·石成金

【题解】 本文出自石成金辑《传家宝》。

予幼从蒙师启读，每晚授以放学文歌，咏而散其歌，俚乱不切。及长而见九峨李先生童训十二章，每章四句八句不等，选句虽雅，义尤未尽。每欲另撰，自愧荒陋，未敢擅笔也。予素敬字纸，虽勾涂狼藉，亦必拾取。一日于废纸中偶获蒙训七律，作者姓氏逸而弗传。批阅之下，言虽浅近，大惬予意。予又另取乐吾韩先生诗五律合成十首，谬名曰《正学歌》，后生小子每晚令看吟咏，不第有以养其性情，且趋向克端，由此而学，庶几正而不偏矣！

天基石成金撰

（凡歌诗，需要声音清朗，节调均事。此以句义体贴，身心才为有益，非专在宣其结滞也。）

○诵书

读书端的要坚心，义理求详口辨音。诵过务宜多遍数，讲来须欲细推寻。先经后史工层用，作破行文力递深。片刻莫闲勤习字，窗前时趁好光阴。

○**坐位**

坐垂双膝着胸脐，状貌端然如塑泥。当忌一身偏左右，莫将两手弄东西。与朋并坐肱休横，对客同堂足用齐。切忌膝摇鞋打地，最为下贱使人低。

○**行走**

行时体泰定端恭，莫作轻狂举趾松。怕有崎岖防跌失，恐遭湿滑损仪容。亲邻遇着随深揖，尊长临前脚后从。最是嫌疑还欲避，村头屋角步相逢。

○**言语**

言出来时不可轻，轻言动辄取人嗔。寻常应时须从实，亲厚相谈悉要真。启口最嫌侵内事，闲评当戒及乡邻。交头接耳殊非祥，莫逞机锋乐斗唇。

○**饮食**

饮食随常饱便休，不宜拣择与贪求。若当尊席无先举，便属同行务逊酬。残物岂容盘内反，余羹切忌口傍流。好人但是粗知味，饕餮从来实可羞。

○**孝亲**

借问缘何等此身？一毛一骨是双亲。但看养子殷勤意，便见当初鞠育恩。常仰昊天思一本，难将寸草报三春。试于反哺观乌鸟，敢背劬劳愧此禽。

○**经长**

天地生人必有先，但逢长上要恭谦。鞠躬施礼且从后，缓步随行莫僭前。庸敬在兄天所叙，一乡称弟士之贤。古今指傲为凶德，莫学轻狂恶少年。

○**待人**

生来同里共乡邻，不是交游是所亲。礼尚往来躬自厚，情关休戚我先恩。莫因小忿伤和气，遂结成仇起斗心。报复相戕还自累，始知和睦是安身。

475

○安分

士农工商个勤劳，自有荣华自富饶。好是一心攻本业，莫垂双手待明朝。精神到处天心顺，术艺成时泰运交。勿漫起贪登垄断，羡鱼还恐失檐樵。

○戒非

凡百非为不可为，为非何日不招非？无端自作风波恶，有犯休嗟命运亏。起念一差何所忌，回头万悔不能追。争如守分为君子，我不欺人人怎欺。

天基五戒

清·石成金

【题解】 本文出自石成金辑《传家宝》。

○戒游

懵者与游，何补于吾，黠者与游，必有所图。询我先畴，窥我先庐，祖父艰勤，广泽膏腴。胡为不念，浮荡与俱，资产罄竭，交游绝疏。后园不窥，卓哉仲舒，以此思之，不如读书。

○戒博

骄纵不检，博弈为娱，日胜日贪，忘寝与脯。微而服用，大而田庐，呼卢不已，委弃须臾。欲观其效，请验乡间，败者纷纷，成者谁欤。市廛之徒，咸以贼呼，以此思之，不如读书。

○戒斗

希颜之人，亦颜之徒，好勇斗狠，狗彘与俱。受之父母，身体发肤，一朝之忿，忘亲丧躯。学有规矩，国有刑诛，束手有司，悔之晚乎。血气方刚，戒之在初，以此思之，不如读书。

　　○戒饮

　　尊爵俎豆，典礼所须，祭祀宾客，制度不逾。若非典礼，是谓汗予，献臣愍愍，寻酒惟辜。衔杯漱醪，眩惑当垆，圣有明训，群饮必诛。弃其亲养，忘其室庐，以此思之，不如读书。

　　○戒逸

　　士农工商，庶民异居。农勤于耕，商勤于途。工勤绳墨，士勤典谟。惰业而嬉，流为下愚。损者三乐，佚游之徒。饱食暖衣，禽兽一如。日月逝矣，谁之过欤。以此思之，不如读书。

钟山书院规约

清·杨绳武

　　【题解】　杨绳武，生平不祥。本文撰于清乾隆二年（1737），选自清道光刻昭代丛书本《钟山书院规约》。钟山书院位于上元县城。清雍正元年（1723年）两江总督查弼纳倡建，选通省士子肄业其中，延师教训，门给廪墩。有大门、讲堂、斋舍等主要建筑百余间，规模较大，世宗御赐"敦崇实学"额。是清代南京最重要的书院之一。

　　○**先励志**

　　士莫先于立志，宋王孝先曰："平生志不在温饱。"而范希文自为秀才时，即以天下忧乐为己任，志先定也。士君子束发受书，当以此等古人为师法，使志识坚定，气量宏远，立朝必能建树，居乡亦足模楷。若立志不高，委琐龊龊之见，缠绕于胸中，他日即有造就，亦自卑隘。否则，庸庸碌碌，无当有无之数，岂不辜负一生！"

○务立品

《礼记·儒行》曰："近文章，砥砺廉隅。则知廉隅不立，未可恃文章为能事也。唐裴行俭曰："士先器识，而后文艺。"故其时王、杨、卢、骆号称四杰，不一见许，况其才远不逮此者乎？且四子犹是文士浮华之习，若等而下之，平时不知植品，临事必至贬节。青史所载，立身一败，万事瓦裂者甚众，大可惧也。慎之，慎之！有囊萤、抱火、断缉、磨铁者，况安坐书院，廪饩日给，而玩时愒日，业不加进，不惟上负朝廷养士之恩，而自待居于何等。韩子又曰："业患不能精，无患有司之不明。"果能奋迅力学，三年五年之间，必有以报其勤苦者，勿谓余言不验也。

○穷经学

经之名起于《礼记·经解》，《易》《诗》《书》《春秋》《礼》《乐》所谓"六经"也，亦曰"六艺"。《史记》载籍极博，必考信于六艺。"五经"之名则自汉武置五经博士始，合《易》《诗》《书》《三礼》《三春秋》为九经，益以《尔雅》《论语》《孝经》《孟子》为"十三经"。唐开成中有"九经"之刻，宋李至、刘敞各有"七经"之说，其后或为"十经"，或为"十一经"，至"十三经"而大备。说经者或为传，或为学，或为笺注，或为疏解，或为章句。"十三经"有注疏，"五经"有大全，而注疏、大全而外又有历代经解。其书具在，都未失传，真理学之渊海也。大抵汉儒之学主训诂，宋儒之学主义理，晋、唐以来都承汉学，元、明以后尤尊宋学，博综历代诸家之说，而以宋程、朱诸大儒所尝论定者折衷之，庶不囿乎一隅，亦无疑于歧路。古人穷经，不专为文章，而文章之道无涯，《周诰》《殷盘》，诘屈聱牙，《春秋》谨严，《左氏》浮夸，《易》奇而法，《诗》正而葩。柳子曰："本之《书》以求其质，本之《诗》以求其变，本之《礼》以求其宜，本之《春秋》以求其断，本之《易》以求其动。"合二子之论文，可以知文章之道非原本于《经》不可矣。

○通史学

史之体有二：一曰纪事，一曰编年。《史记》以后，"二十一史"皆纪事也。司马氏《通鉴》，朱子《纲目》，皆编年也。纪事之体又有二：一曰纪传，一曰表志。纪传之学，《通鉴》《纲目》集其成；表志之学，杜佑《通典》、郑樵《通志》、马端临《文献通考》汇其萃。正史而外，又有旁史、旧史，如荀悦《汉纪》、刘昫《旧唐书》之属。《通典》《通考》《通鉴》《纲目》俱有续者，而前如刘知几《史通》，后如胡寅《读史管见》，皆史学之科律也。要而论之，文笔之高莫过于《史》《汉》，学问之博莫过于郑渔仲、马贵与，而褒贬是非之正莫过于朱子《纲目》。师子长、孟坚之笔，综渔仲、贵与之学，而折衷于朱子之论，则史家才、学、识三长，无以复易矣。

○论古文源流

今人言古文者，动称八家，不知八家之于古文委也，非原也。古文之原当溯诸经，尤溯诸之最先者。经莫古于《尚书》，亦莫高于《尚书》。伏羲画卦，未有文字，《易经》之文多出《尚书》后，《尚书》千古文字之祖也。《典谟》，纪传之祖，《禹贡》，志乘之祖，《誓诰》，诏令之祖，《伊训》《说命》，章疏之祖，他可类推。诸经各专一体，不能尽古今之体势，《尚书》诸体皆备，而文又最高，古曰祖也。《尚书》以后，能以文章继其传者《左》《国》，得《左》《国》之传者八家。《尚书》宿海也，《左》《国》《史》《汉》，龙门、积石以下八家，则九河入海之处也。其余诸子百家，亦无能出《尚书》之范围。譬如淮、济、渭、洛，必达于河而后可入于海也。今人读《尚书》知尊之为经而不敢目之为文，愚恐数典而忘祖，故为推原其所自，详则俟与诸生细论焉。

○论诗赋派别

诗原于三百篇，犹古文之原于《尚书》也。雅变而为风，风变而为骚，骚变而为赋，为汉魏乐府、古诗，实出于一原者也。汉、魏以后，子建为建安之杰，士衡为太康之英，灵运为永嘉之隽，此钟嵘《诗品》之说。而前有嗣宗，后有渊明，皆未之及。其实，陶之与阮足为魏、晋弁冕。永明以后，江左浮艳，而元晖为太白所宗，子山为子美所出，未可轻訾也。唐初承六朝余习，陈伯玉始变为古风。至开元、天宝之间，而李、杜、王、孟、高、岑杰然并出，极盛一时。要以尽古今之体势，兼人人之独专，则元微之所云："诗人以来未有如子美者"。嗣是而为大历，为元和，为长庆，为开成各名家，过此以往，自郐无讥。高廷礼《品汇》有初、盛、中、晚之分，正始、正宗名家之目，虞山钱受之极诋之。要其源流升降次第，井然不可没也。赋者，班固以为古诗之流，宋玉、景差立其体，司马相如、扬雄之徒畅其风，至《二京》《三都》而巨丽极矣。然论者或有叠床架屋之讥。自唐以前皆古赋，唐以后乃有律赋，而庾子山《哀江南》一赋，以古赋之气体擅律赋之声情，且一代之兴废盛衰具备，于是兼有诗史之义。尝窃论之：屈子之《离骚》一变而为庾子山之《哀江南》赋，庾子山之《哀江南》赋一变而为杜少陵之《新乐府》，此如鲲鹏之化身，二而实一者也。又少陵之《新乐府》，诗之变大雅也；白香山《讽谕诗》，诗之变小雅也；张文昌、王仲初之《乐府》，诗之变国风也。此皆愚之蠡见，俟暇日与诸生细质之。

○论制义得失

制义之体起于宋，而明代用为取士之制，本朝因之。洪、永之时规模草创，元气浑沦，至成、弘而称盛。成、弘、正、嘉之文理胜而法具，隆、万之文法密而才寓，天、崇之文才盛而法变。国初之文与天、崇相上下，而加以廓清摧陷之功，故其时为极盛。后此风气递变，作者代兴，要未有能驾乎其上者也。近二十年来，文章之病有二：槁其面目，钝置其心思，开卷索然，了无意味，假先辈之病也；臃肿其支体，痴肥其肠胃，捲捲茫然，不知何语，烂时文之病也。有起而矫之者，又或貌新奇则实庸腐，外崛强而内空疏，牛鬼蛇神，虎皮羊质，是为假西江、假国初，盖不培其本而澄其原，故无以起其靡而矫其陋。夫所谓培其本而澄其原者，何也？多读书之谓也。多读书以为根柢，则熟于古人之义理，娴于古人之法度，而有以得古人之议论，识见、气味、骨力亦因之日出，发为文章，有平淡朴实而无所不包，有光怪陆离而一尘不染，有规行矩步而通变无方，有千变万化而一丝不走者，奇正浓淡无施不可，清真雅正于是乎出。学先辈者真先辈，学西江者真西江，学国初者真国初，即为时文亦非烂时文矣。

○**戒抄袭倩代**

韩子曰："戛戛乎陈言之务去。"祖孝征曰："文章须自出机杼，岂可寄人篱下。"若袭前人之文字，借抄于手，其为寄人篱下也更甚，岂但陈言之未去哉？至于倩人捉刀，尤为士君子所不齿。《颜氏家训》曰："齐、梁之间，贵游子弟雇人答策，假手赋诗，及时异势移，至为人耕田养马，良可叹也。"颜氏重以为戒，学者岂可或蹈其辙？又温飞卿每入试，尝为邻铺作文，朝士薄其行，后卒不第。由此言之，不惟乞人倩代者固属无志之尤，即为人代倩者亦非有品之士也。诸生各知自好，必不屑蹈此弊，倘一犯之，当特置劣等以惩。若有在院人役作弊传递，察出，即将传递之人送监院官惩责。

戒矜夸忌毁。学者须虚心服善，文字果佳，亦本分内事，且学业无尽，进一步又有一步，工夫何用矜夸？若文字未到，便当克己自反，用功求进，忌毁他人，何与己事？至于课列前后，文有一日之短长，学有异时之消长，正当各自努力，前列者勿遽自夸张，后殿者亦无谩相诋毁。

以上数条，皆往岁丁巳愚初至书院时所设以诏示来学者。时制府庆公、方伯晏公见之，俱与愚意契合，晏公更为之跋，今并录于后。继之者那公、郝公、武陵杨公、宗室德公，亦以为不可复得。及今制府尹公来，尤相印可。又渐摩日久，待士之隆，养士之厚，鼓舞振作更倍往时。今以书院会课付刊，尹公已为之序，余即录此以引其端，可不更赘一辞也。

秉道迪德，本本原原，开先圣之堂奥，翼后学以追趋，凡有志之士，当无不踊跃奋兴，日渐月摩，必有月异而岁不同者。昔陆子静会讲义利之辨，以为所喻由所习，所习由所志，而反覆于科举之学，令反观而端其趋，当日闻者无不竦息动心至于泣下。朱子亦谓其切中学者隐微深锢之病，跋而识之。至朱子学规，则自五教之目、为学之序、修身之要，以至于处事、接物之方，皆圣贤学后之纲领，后学由贤入圣之阶梯，彼此非有异同也。先生条列励志、立品以端其趋，慎交以乐其群，勤学、通经、通史以敬其业，论诗赋、古文、制义之源流以修其艺，戒抄袭、矜夸、忌毁以警其惰，本末兼该，巨细备举，井井班班，已合前贤书院之所以教者，而观其备，又复由今入古而易于从，斯诚至教之典则，圣朝作人之隆规也。绎思佩服，为敬识之。西吴晏斯盛跋。

482

清漳书院条约

清·章学诚

【题解】 作者简介同前，本文选自《章氏遗书》。

（一）

清乾隆年间，院长与诸生约：书院课期一月三举，比家塾私课则为已疏，比官师月课则为加密。日程月计，不疾不徐。诸生以旬日读书，逢期集试，非第较量一日短长，亦思古人以文会友，切磋砥砺，共勉于成，乃所望也。以诸生不惮跋涉之勤，副令君加意栽培之愿，自宜爱此日力，舒展所长，勿为无益聚谈，潦草塞责，方为有志之士，不甘自弃者矣。

乃此举课，策问《四书》大义，诸生置对，通场无一人。夫尽日夜之长，止作一文一诗，则学使考规，例不继烛，经书二艺，何以定篇？且诸生俱处乡僻，与院长继见无时，发策问义，非但试觇文辞，亦将问言观志，商榷学术。指授心裁，俱在于此。所问仅出《四书》，量非难解。若果按款胪对，则书理明通。从兹由近及远，以浅入深，《六经》《三史》、诸子百家，将与诸生切磋究之，抵于古人之学。纵使材质有限，不能尽期远大，即此经书大义，稍能串贯，究悉先儒训诂，会通师儒解义，则执笔而为举业，亦自胸有定见，不为浮游影响之谈。上引材智，下就凡庸，粗细俱函，道无逾此。而诸生渺忽视之，将院长薄植，不足奉诸教生之答教耶？抑节省日力，以为剧饮闲谈之地耶？余甚为诸生不取焉。

且大义之体，始于唐人贴墨，宋人以贴墨之但取记诵，故即经书发问，令士子以读书心得之言，就题发明大义。其后又以大义法无一定，因作《四书》之义，截句为题，以杜散乱之嫌。明人法益加密，乃入圣贤语气，演为制义之格，诸生今所诵习之文是也。是大义与《四书》文同出一源，大义法疏而《四书》文密。诸生既已习《四书》文，断无不能更作大义之理。犹恐诸生未能深悉，故兹明白宣告，愿诸生勿惮烦苦，务取完篇。其读书有得者，固须贯串发挥，尽展怀抱。其不能者，亦须确守传注，按牍敷陈，不得剿说雷同，互相抄录，是为厚望。如但有诗文、不作对义者，诗文虽佳，生员不取超等，童生不取上卷，勿谓阅卷之苛刻也。此约。

（二）

清乾隆年间，院长与诸生约：策问《四书》对义，本欲诸生贯串经书，融会传注，自以意义发挥，更取他书印证，盖学问之一端也。若但如题直抄，则不如默写经书之为愈矣。夫学莫要于知类，知类者，凡庸皆可勉求，而圣人初不外此。孟子言，指不若人，而推于心不若人，教人知类，即此意也。夫子所谓一隅三反，子贡所谓闻一知十、闻一知二，皆是从类推之。《易大传》曰："引而伸之，触类而长之，天下之能事毕矣。"则类之为义，可为广矣。诸生体此义以读书作文，何患不成大名？岂斤斤焉为是寻行数墨计哉？凡所策问，皆是行其端耳。诸生能即所引之端，求其义类之相近者，援引比较，或从义类之相反者，往复推求，则上下四方，文章不可胜用矣。若徒抄袭雷同，有何益耶？且以此为举业，即举业之上乘；以此为学问，即学问之首最。而入门先由浅近，后及高远，为之初不甚难，又何惮而不用心耶？

但念诸生初试为此，经书传注，一时未尽融通，风檐寸晷，潦草塞责，出于情之无奈。今兹稍示变通，以期法之尽善。先期发问，诸生抄录回家，十日以后，录入下次课卷，则窗下尽有余闲，可以翻阅经书，从容置对。下课发问，又复如前。似亦劝学之一法也。此次发问，既留下期，则此次诗文之外，乃作古论一首。嗣后有前课未到，无从得策问者，亦作古论一首，庶不枉此心力，以尽一日之长。夫大义乃通经之源，古论乃读史之本，事虽浅近，理实遥深。愿诸生其懋勉之，院长有厚望焉。

鳌峰崇正讲堂规约八则

清·陈寿祺

【题解】　作者简介同前。本文选自《左海文集》。

○正心术

圣人教人，只重躬行，罕言性命天道。然读书期于明理，求仁贵其存心。学者修身善道，首在明义利之分，审是非之界，立志不欺，行己有耻，一切秽浊之涂，钻营之术，利己害人之谋，枉道徇人之行，皆足败名辱身，毫发不可生于心，而见于事。充类至义之尽，则哺啜亦不可苟，跬步亦不可轻，矧大于此者乎？君子立身制行，树为坊表。彼同流合污、奄然媚世者，乃乡愿所为，圣人犹恶而斥之，况佥邪非类、胥役细人，岂容与相亲比、有所左右于其间乎？学也者，所以学为圣贤，一生建名立节事功，皆基于为秀才时。倘此时依阿随俗，不以含垢纳污为羞，不以气节名义为重，则他日得志，安望有刚方正直、担荷世宙之概？诸生砥属廉隅，有志自修，尚其谨小防微，慎旃毋忽！

○慎交游

曩会稽鲁秋塍先生设教鳌峰，原定规条云："正人君子固藉切劘，溺友燕朋深所当远。诸生除一二读书同类外，不许别项闲人往来。即读书同类之人，接见毋得亵狎，往来毋得频数，留饭毋得酣饮，迎送毋得太远。"前辈教人防闲，甚正如此。本山长谓：群居终日，言不及义，好行小慧，则非僻之心易入，便佞之友易投。君子尊贤而容众，远佞而亲仁，乐群取友，自有准绳。苟能以力学敦善为功，则邪僻自消，德业自进。近日住院肄业诸生，咸属磊落英多、敦笃谨悫之士，一洗旧习，但儆戒不可不严，防闲不可不密，嗣后倘有酣饮、恶谑、赌博、媒狎以及干预外事、招引匪人者，查出轻则记过，重则黜除。

○广学问

至圣诱人，首先博文；儒者穷经，将以致用。宋胡安定设教苏湖，立经义、治事二斋，故湖学人才最盛。近世学者，研经考史，已难其人，进而正谊之功、济时之学益弃，若士苴莫能讲明。不知国家立法取士，小试兼经解、诗赋，乡、会试兼经义、论策，诚欲收罗硕学鸿才，不徒专恃讲章、时艺、经解、策问，尤使学者平日探索典训，辨覆是非，讨论古今，通知时务，处可立言以传世，出可敷政而佐时也。本山长自忝尘此席，每月加课经解、史论、策问、诗赋等，亦仰体国家取士之方，施之程课，固非苛求备责，强人以所不能。大比之年，四书艺外，经解、策问尤皆诸生所当究心。每月发题加课，有志向上者，各宜讲求条答，毋得视为具文，畏为难事。

○稽习业

宋郑耕老尝综《论语》《孟子》《孝经》《周易》《尚书》《诗经》《礼记》《周礼》《左传》全文，数之共得四十八万字。准以中人之资，日诵三百字，不过四年半可毕。吾乡张惕庵先生云：今除《论语》《孟子》人人童而习之外，再益以《仪礼》《尔雅》《公羊》《谷梁》二传，亦不过五十余万字。以时文每篇七百字计之，七百余篇已有七十余万字，以彼易此，孰得孰失？孰优孰劣？愚者皆知之。然而卒鲜以彼易此者，何也？病在欲速化而不暇为耳！不知五十年前，墨卷盛行，举子胸累千篇时文而卒困于场屋者，不可胜数；其能研究经史文章，卓然自立而竟为时命所厄者，千百中亦未有一二，则多学之与浅学，胜负较然明矣。况不学面墙，圣人所戒，徒守讲章八比，以弋科名，纵掇巍科、登仕版，亦不免于伏猎金银之诮，又焉能安身以崇德，精义以入神耶？元程畏斋《读书分年日程》，以看读百遍，倍读百遍为率，以为即收放心之一法。昌黎韩子自云："非三代两汉之书不敢观。"又云："口不绝吟于六艺之文，手不停披于百家之篇。"其专且勤如此，安得不垂辉千载？故为学在勤，不分敏钝。骐骥一跃，不能十步，驽马十驾，功在不舍，其验也。为学在专，不分少壮。公孙弘四十始受《春秋》，遂为举首；朱云五十始受《易》，卒成大名，其验也。本山长忝在鳌峰，汲汲以推毂贤能、如恐不及为心，每见诸生虚怀询问，实力切劘者，无不为之好乐。其中饬躬敦行、宿学高才及青年清俊之士，或为大府嘉赏，或为学使拔萃，咸足使人兴劝。次亦多日新月异，率可有所成就。但为学最忌进锐退速、一暴十寒。前设分程簿册，分给诸生，自记所业，而行之尚有作辍、其在老成绩学之士，自可无烦鞭策，若英妙少年，急宜早惜分阴，勿自旷废。今当仍旧遵行，以收实效。按日所读经史古文等，照式填写课程簿，每逢十日汇呈讲堂，酌召面加考验，庶勤惰有别，不至徒托空言，亦不至长成玩愒。

○**择经籍**

四部浩如烟海，学者不独不能遍观，亦且不能多购。然材质稍胜者，皆可日积月累，以底充富。当先择取精要，用力研寻，既省泛滥之病，亦收精熟之功。如读经必观传注，朱子《论孟集注》《学庸章句》外，《御纂四经传说》《钦定三礼义疏》，固学者所当服习，《十三经注疏》颁在学宫，本以待高才嗜古者从事于斯，其中《毛诗》、《礼记》二经正义当先玩阅，次及《周礼》《仪礼》《左氏传注疏》，其余酌择观之可也。《孟子》伪疏，浅陋勿观。此外，则唐李鼎祚《周易集解》、宋严华谷《诗缉》、卫正叔《礼记集说》、王与之《周礼订义》、元敖君善《仪礼集说》、国朝盛龙里《仪礼集编》、惠半农《礼说》、惠定宇《九经古义》、陈见桃《毛诗稽古篇》、胡朏明《禹贡锥指》、顾复初《春秋大事表》、阎百诗《古文尚书疏注》、段懋堂《古文尚书撰异》、孙渊如《古文尚书注》、阎百诗《四书释地》、江慎修《乡党图考》、邵二云《尔雅正义》，此皆经说之渊薮也。许叔重《说文解字》、陆元朗《经典释文·广韵》《集韵》《群经音辨》《韵会小补》《顾氏音学》五书，段氏《说文注》、曲阜孔氏《诗声类》、高邮王氏《广雅疏证》，此皆小学之阶梯也。史则《史记》《两汉书》《三国志》，必当熟看，庶得唐人三史立科之意。其余历代各史，视材质功力有余及之可也。此外《国语》《国策》《资治通鉴》《通鉴纪事本末》《御批通鉴辑览》《通鉴纲目三编》、邵二云《续资治通鉴》、谷应泰《明史纪事本末》，均学者必读之书。《史通》可明体例，《路史》《绎史》可资博闻，是亦其次。此皆史学之川渠也。子则周、秦、汉、魏、晋诸家，宋五子书及元明儒家著述，均各有所得，在学者明辨而审取之。考订之书则陈氏《礼书》、江氏《礼书纲目》、秦氏《五礼通考》《通志略》《山堂考索》《玉海》《荆川稗篇》《图书编》《太平御览》，所以网罗放失，体大物宏。经济之书，则《通典》《文献通考》《续文献通考》《大学衍义补》《思辨录》《读史方舆纪要》《郡国利病书》《农政全书》《行水金鉴》《武经纂要》《虎钤经》《荆川武编》《筹海图编》《纪效新书》《历代名臣奏议》《明臣奏议》《大清会典》《皇朝三通》《御纂律吕正义后编》《御制数理精蕴》《御定仪象考成》，所以通知古今，可施实用，此皆问政之津梁也。集，则《昭明文选》《汉魏百三名家乐府诗集》《文苑英华》《古诗纪》《全唐文》《全唐诗》《唐宋十家古文》《历代赋汇》，唐李、杜、韩、白、高、岑、王、孟、韦、柳，宋苏、陆，金元遗山，元虞道园，明刘诚意、高青邱、何李王李高苏门陈卧子各家。专集选家，则《全唐诗录》《古诗选》《宋诗钞》《元诗选》《明诗综》《十二代诗选》，此皆文林之苑囿也。以上各种，学焉而各因其性之所近，聪颖者事半而功倍，迟钝者亦积小以成高。博学而屡守之，则一狐之腋，胜于千羊之皮。简练以为揣摩，则精骑三千，可敌游兵十万。至如质疑问难，触类引伸，神明领悟，存乎其人。然开卷有益，不至与扪烛扣盘者同讥矣。若一切腐烂讲章（如《四书大全体注》《阐注》等），下劣选本（如《古文析义》《古唐诗合解》等），纤诡诗文（如陈眉公、钟伯敬等），鄙陋兔园册，并当屏绝，勿污耳目。

○严课规

鲁秋塍先生原定规条云："书院提衡，全在会课；课期不肃，多有代倩、怀挟、传递、换卷等弊。今无论官课、馆课，务必扃门锁试，各人上堂领卷，不许潜入私室，限昏黑时交卷，不得给烛，毋得笑语喧哗，妄行走动。"本山长谓今月课，统归考棚扃试，规矩略已整肃，但恐日久玩生，如前所称代倩、怀挟、传递、换卷等弊，不免或萌；又人之才性迟敏不同，枚马固各用其长，韦弦（韦弦：《韩非子·观行》："西门豹之性急，故佩韦以自缓；董安于之心缓，故佩弦以自急。"韦柔而韧，弦紧而直。佩带韦弦，以随时警己所不足。后因用以指有益的规劝。）亦能变其质；倘角艺淹迟过久，竟至彻宵，亦殊有乖事体。嗣后每课收卷，用一戳记，以别迟蚤。如有给烛，只以二鼓为度，过此刻交卷者，另用戳记别之，文字虽佳，抑置下等。

○肃威仪

近日诸生遵循礼法，规矩肃齐，当事及有司颇加嘉奖。但进退拜跪，尚闲有参差不齐、简略不庄者，今宜再为晓示：如初次谒见山长，不可半跪平揖；开馆、散馆，大宪亲临，不可不齐出大门外排班迎送；是日在鉴亭拜谒列宪与山长，不可不大众齐集，举止安详。此皆礼法所存，观瞻所系，毋以为繁文小节而忽视，甘于慢肆偷薄，陷为不隆礼、不由礼、无方之民，而不自知也。凛之！

○严出入

书院为讲业重地，岂可行止自由，及任听闲杂人等出入？前奉大宪示谕：每日院门扃钥，早晚启闭两次，非时不得出入。今住院人数众多，往来络绎，尤当严定防闲。限每日辰申二刻开门，进薪水蔬菜，余仍扃闭，诸生告假者，亲写一条交进讲堂，以凭稽查。如有私出游荡、连日不返者，或踪迹无常、非能潜心居业、徒为课日歇宿及为亲友挂名倩代者，查出立即摈斥。亲友探问，除书院生外，一概谢绝。其衣服冠履不全，并非读书之人，毋许混入，以肃体制。

大中丞觉罗满公保学约

清·陈寿祺

【题解】 该文由陈寿祺撰写，作者生平祥。大中丞觉罗满公保，大中丞，官职名；觉罗满，名保，曾任福建巡府。本文选自《左海全集》。

书院之设，始于宋时。所以招徕有志之士，使之群萃于其中，相与讲明义理，以为身心性命之助。顾性命精微之理，即寄于圣贤经传中，必先析疑辨难，而后至当不易者始出，于是取而淑其身心，以求无戾于古昔圣贤之所授受，甚盛举也。至文艺之事，虽所不废，而其所归重，卒不在乎此。学者苟外乎身心性命之切务，而徒为他日博取富贵利达之具，则其所趋向固已苟贱而不足道矣。昔象山陆先生至白鹿洞书院，学徒起请升堂说书，遂为之讲君子喻义一章，其言至深切明痛，有闻之而泣下者，岂非切中学者隐病，而人心固有之良不可泯灭乎？夫义利之辨，古今学者之所以为己而为人，君子小人之所以上达而下达，与一切心术、人品、事功，若阴阳水火之不可复合，而其初只争此二字耳。嗟夫，义利之说，今与古一也，巨与细同也。应举之学原不悖于义，但其一念营营，希图功效，以至捷径窘步，是则喻利之心，不可为也。故义利二字，于学者身心最为关切，今特拈出，用当晨钟。其余规则数条，尚祈学者共守之。

　　○一曰立志

入学之初，即当立定志向，以远大为必可致，以圣贤为必可法，不将第一等人、第一等事让他人做，而甘居其次。夫升堂入室，其道虽邈，深造不已，无不至者，志定故也。若初终易辙，可以为他说转移摇惑者，岂得云立。

○一曰立品

人品不同，其正大光明、操履纯洁者，君子也；阴邪曲媚、举止诡僻者，小人也。为君子为小人，只在立脚根时辨取。知之苟明，守之又固，自然处则为纯儒，出则为名臣，乡党矜之，闾里荣之。若就今日论，必先以断绝苞苴竿牍为急，此武城宰所以甚重乎，非公不至之贤也。

○一曰尊经

四子六经，伊古圣贤之微言奥义皆在焉。虽畅其支流者诸子也，而蹖驳居多；纪其事迹者史册也，而臧否各半，岂若四子六经精微易简，囊括无穷乎？即儒先传注，洵足羽翼圣经，但立乎后世，以追溯千圣心传，岂能尽相符合？故学者只宜尊经以考传，不可信传而疑经也。至六经皆吾注脚，此则贤者过高之语，弗愿以此藉口也。

○一曰守约

朱子云：圣贤千言万语，无非要人将已放之心，约之反复入身来，自能寻向上去。斯言也，千古之学脉，为己之要道也。学者诵习之书虽多，其切于己之身心，对症己之受病者，守一二语，即可终身体之不穷。《尚书》云：善无常主，协于克一。此即守约之意。

○一曰虚心

《易·咸》象云：君子以虚受人。虚心则善言易入，实则便无所容；若自满，更末如之何矣。今院中所聚诸友，其学问高出流辈者，固当谘商请益；即在比肩者，人各有所长，何妨彼此相济，以开集思广益之路。好问则裕，自用则小，斯言不诚然哉。

○一曰乐群

标榜之习最不可为，始则以誉望相高，继则以声名相轧，势必隙末绝交，贻羞大雅。今院中同学，皆嘤鸣之侣也，必期善相赏、过相规，雌黄不作，毁誉尽忘，长者无失其为长也，幼者毋失其为幼也。平日讲论经义之外，优游步履尽可怡情，切勿戏谑及虐，使讲学之所为聚讼之堂，是所深戒也。

○一曰敬业

昔人分年读书之法最善，自四书五经以至朱子《纲目》《资治通鉴》《性理大全》而外，即不滥及，一年而遍积，数年而成熟，以之绍千圣之薪传，印古人之成矩，一生多少得力，悉基于此。故学者自辨色而兴，至人定钟而止，须孳孳矻矻，循次用工，至冬之夜，则以膏火继之，一日中又必得静坐一两时，使义理之味浸灌融洽于胸，则会悟自殊，并驰骛庸俗之念不攻而自远矣。所谓掩书余味在胸中，好是时习而悦境界，学者当心领之。

○一曰课文

制举文字，非徒猎取功名而已，晓畅经义，发明心得，胥于是见之。试观先正名文，至今不朽者，惟其理明而辞确也，故行文切忌雷同剿袭，其或舍正大之途，而钻穴幽险小巧以求工者，亦所不取。一月中，三、八日各携笔砚至中堂拈题会课，至日昃必完两艺，序年次，秉笔第其甲乙，列堂壁。其尚与童子试者，当随先生后，有受教而无秉笔，例也。或以听政余间，亲临书院，相与讲义课文，且以稽其勤惰。其延访入院者，宁严毋滥，薅莠稂正以卫嘉谷，想共喻此意尔。

以上八条，虽是老生常谈，然立身为学之大要略具，区区之志愿，学者勉而行之。至于学徒之出入，书籍之收发，日用之度支供给，另有条约责成，不赘及焉。

492

圣师孔子像

（创作者：君艺豪）

教法卷 下

美学教育辑要

乙未冬 著版书

君艺豪　焦玉华　主编

民主与建设出版社

童蒙须知韵语

清·万斛泉

【题解】 万斛泉（1808～1904），字齐玉，号清轩，湖北兴国州（今阳新）人。家贫，少好程朱之学，时称"万理学先生"。历任汉阳崇正书院、省匀庭书院、上海龙门书院主讲，苏州紫阳书院校理，兴国州叠山书院院长。先后受领国子监学张衔、国子监博士衔及五品卿、国子监司业衔。著有《资治通鉴纲目前编辨误》《资治通鉴正编正误补》、《春秋诂经》，对《朱子全集》《张杨随先生全集》《掘修集》《小学集解》等书均作过校理。并重订《新三字经》一册。他依据朱熹《童蒙须知》编纂的《童蒙须知韵语》，是一部著名的蒙养教材。本文依据通行本整理。

○**衣服冠覆八首**

【其一】

凡人之为人，身体必端整。尝闻诸格言，男子有三紧。

冠履及绦带，检束日惟谨。宽慢则放肆，最足招嘲哂。

【其二】

身将有所衣，衿领先整理。两衸结纽带，不可令缺毁。

饮食须照管，污坏则不美。行路常看顾，泥淖莫践履。

【其三】

有时脱所衣，摺叠箱箧中。顿放若散乱，秽污尘埃蒙。

移时或寻求，且不知东西。

【其四】

所衣日已久，垢腻那堪睹。须是勤浣濯，破绽尽缀补。

但求常完洁，莫忘纺织苦。

【其五】

晨起必盥面，衣领须护遮。两袖高卷束，沾湿无由加。

【其六】

有时就劳役，短便去笼衣。爱护无损污，作事亦相宜。

【其七】

日间身所衣，夜卧则必更。敝坏可无虞，蚤虱何由生？

【其八】

晏子一狐裘，卅年犹未毁。意虽在化俗，良由善护理。

威仪可为洁，赀费减倍蓰。告尔童蒙辈，饬身须如此。

○言语步趋四首

【其一】

凡为人子弟，声气须低下。喧闹及戏笑，尤悔终难寡。

【其二】

父兄有教督，但当低首听。检责或过误，不可便剖分。

当时须隐默，徐徐细意陈。不惟无忤伤，事理且自明。

至于朋友间，亦须依此行。

【其三】

凡人有过失，耳闻口勿扬。婢仆即有错，告诫须多方。

但当从容语，勿使廉耻伤。暴怒与谇诟，激切反有妨。

【其四】

凡出入进退，行步要安详。掉臂与跳足，容止殊不臧。

惟有长者召，疾走却无妨。于此过舒迟，不似弟子行。

○洒扫涓洁

凡为人子弟，所居当洒扫。几案勤拂拭，不可令草草。

文字与器用，顿放勿欹倒。用之既毕时，原所安置好。

师长坐起处，纸札及文稿。散乱为整齐，携取殊非逆。

有等恶少年，恣意涂书籍。几砚窗壁间，到处是笔迹。

不惟招人嫌，而且被谴责。自黥尤不雅，此弊当痛革。

○读书写文字三首

【其一】

平时读书处，几案要整洁。详缓看字句，正体对书册。

诵声要响亮，遍数期以百。含糊而任意，强记那能得？

古人学不厌，读书辄千遍。熟则能生巧，其义可自见。

谨守朱子训，三到不可欠。心与眼与口，就中心独擅。

【其二】

书卷须爱护，毋损污绉摺。济阳有江禄，懿行听徐说。

读书或未竟，事来甚急迫。必待卷束齐，敛身始避席。

典籍借于人，先为补残缺。及时便送还，求假人心悦。

【其三】

窗下学书时，心气须安定。执墨必端整，研磨必洁净。

双钩与悬腕，搦管求坚劲。柳公有遗言，心正则笔正。

又闻程明道，作字时甚敬。非必欲字好，即此是学问。

尔曹当则效，字画严分寸。涂鸦与墨猪，潦草实可病。

○杂细事宜二十五首

【其一】

凡为人子弟，持志须兢兢。夜深而就寝，昧爽则必兴。

【其二】

喧闹争斗处，此身不可近。勿以暂时动，而忘主静训。

【其三】

无益害有益，无益慎勿为。古人垂明诫，尔曹莫相违。

【其四】

身体父母遗，奉之敢不敬。行步与作事，危险那可近。

【其五】

尔曹当饮食，有无不须求。粥饭可充饥，毋作膏粱谋。

【其六】

举匙必置箸，举箸必置匙。食已皆置案，须令常整齐。

【其七】

无故莫饮酒，偶饮须戒醉。不惟防乱性，亦恐威仪累。

【其八】

饮食长者前，侍坐必敛身。轻嚼复缓咽，勿闻饮食声。

【其九】

父母长者前，应对必自名。即与朋友交，称谓莫忘形。

【其十】

十年长于我，呼之勿以字。称某姓几兄，始得谦逊意。

【其十一】

年若长以倍，但当称某丈。兄事父事间，毫厘不可爽。

【其十二】

一出一入间，必向长者揖。为时虽暂尔，礼莫厌重习。

【其十三】

凡侍长者侧，拱手立正方。问则诚实对，所言不可忘。

【其十四】

凡从长者行，步履须安妥。行居路之右，住则必居左。

【其十五】

道路遇长者，必正立拱手。近前即趋揖，俟过然后走。

【其十六】

凡与人相揖，低头而屈腰。出声则收手，毋得稍轻佻。

【其十七】

凡与众人坐，相对必敛身。坐席勿广占，俨如见大宾。

【其十八】

凡待婢仆辈，临之以端严。时与嬉且笑，受侮亦招嫌。

【其十九】

开门与揭帘，着手要徐徐。稍涉震惊响，总由气粗疏。

【其二十】

平时执器用，执虚如执盈。翼翼而小心，惟恐有覆倾。

【其二十一】

便时必如厕，切宜防污垢。上则去外衣，下则必盥手。

【其二十二】

天寒若向火，毋迫近火旁。迫近防爇衣，举止亦不庄。

【其二十三】

君子防未然，甚毋轻步履。夜行则以烛，无烛则必止。

【其二十四】

更深就床席，敛足并齐手。卧时必用枕，寝衣勿覆首。

【其二十五】

凡此日用事，品目亦甚多。景仰前贤范，汇为训蒙歌

文石书院续拟学约八条

清·林豪

【题解】 林豪（1831～1918），字卓人，号次逋，清末民初马巷厅金门人。曾为台湾澎湖文石书院主讲，著有《东瀛纪事》《诵清堂文集》《诵清堂诗集》等，修撰《淡水厅志》及《澎湖厅志》。文写成于清光绪年间，选自《诵清堂文集》。

○经义不可不明也

士君子穷经，将以致用。必能明其义蕴，斯识见定、理解精，持论有本有末，以之用世，自无难处之事。如汉儒以经义决狱，以《洪范传》推度时事，均能吻合。故先哲谓《论语》半部可以治天

下，非危言也。治经者，必先读注疏，择精语详而归于一是。若场屋与考经解，则以众说为波澜，而以御纂及朱子之说为主脑。朱注虽为时所尚，要当分别观之。如《周易》宜习汉学。其尤著也，若《虞氏义》一书，为国朝惠定宇、张皋文诸家所阐发，尤为汉《易》入门之径。大都以六爻之变动，阴阳之错综，先明其数。故治《易》者，必有图画，犹《春秋大事表》、舆地，皆有图说，以明其方向，于天下大势、远近强弱，方了如指掌。他如《毛诗小序》，必不可废。若能会萃众说而自抒新义，亦可以参备一解。大抵六经注疏，经御纂折衷，固已灿然大备；然圣贤理道，本属无穷，如近世江慎修之《乡党图考》、阎百诗之《四书释地》，皆足以专门名家，补前贤所未备。学者会而通焉，可也。

○**史学不可不通也**

三史之学，一曰正史，若马、班之书是也；一曰编年，若《通鉴纲目》是也；一曰纪事，若谷应泰《明史纪事本末》是也。其他三通、地志等书，皆史家之支流，涉猎焉可也。夫史书浩如渊海，苦难遍读，故治史者，必自朱子《纲目》始。其法每阅一代之史，则设一簿，择其事之要者，论之精者，字句之典雅者，自抄一本。或计一年所阅，择其辞尤浃意者随手摘录，粘于壁上，以便朝夕熟览。至岁终，揭起分类，抄成一本。年年如是，有三益焉：一可知古今之事变，人品之贤否；一可识史家笔法，与义例之异同；一则典雅字句，随意摘出，可为行文之取资揾注，更觉靡尽。凡此，皆读子、史百家之良法也。然读书尚友，必能知人论世，故有时读至疑难之事，该掩卷思之，设身处地，当如何处分？而后观古人究如何处分。其增长知识，尤不少焉。

○**《文选》不可不读也**

《昭明文选》一书，为古学之总汇、词赋之津梁。自唐以来，如老杜犹教儿熟精选理，岂得以难读而置之？即如"京都"、"江海"等赋，字多奇僻难通，无妨节取。他若屈子之骚，武侯之表，

《春秋》《毛诗》之序，苏、李、陶、谢之诗，皆出其中，宜择其明白易晓数十篇，自抄一过，朝夕吟咏，以为根柢，则出笔自可免俗矣。昔人谓做秀才者，胸中目中无《纲目》《文选》二书，何得谓秀才哉？盖惟习此二书，则胸中乃有古人，而笔下方能超出时人耳。

　　○**性理不可不讲也**

　　我朝儒臣所辑《性理精义》，皆采择有宋先贤五子之学，若《通书》《西铭》及《太极图说》，词旨深远，皆理学之至精者也。而湘乡罗忠节公泽南，即本周子主静之学，衍为兵法，故生平战功彪炳。其门下弟子，类能起而捍大难，蹈大憝，亦皆本其师说。盖是书所赅甚广，苟能明其一义，推而出之，亦足以开物成务。学者但本其性之所近，择其辞义可通者读之，当有领会，亦无庸缠死句下，琐琐较论心性，致与胶柱刻舟者等诮也。

　　○**制艺不可无本也**

　　昔人谓制艺之佳者，不从制艺来；试帖之佳者，不自试帖来。若但能就制艺、试帖以求，则诗文未必能工。盖胸中无数千卷书，安能独出手眼，下笔沛然？虽复极力摹拟时墨、铺排涂附、学其套数，初阅虽有机调，细按之不过合掌雷同，无一语从本心中流出，奚贵其为文哉？至于题有层次，前后不可凌躐也；题有神理，一字不放过也。曲题用经义，贵能融化；理题靠朱注，贵有洗发。手法题尤要联贯有情，补侧得宜。能如是，是亦足矣。先儒云："文以载道。"又云："时文代圣贤主言。"虽不敢执此以律时贤，亦安敢不力求实学，而取法于上哉？

　　○**试帖不可无法也**

　　自乾隆二十二年，文场始加试帖一首，排比声韵，法至严密。一字不叶，则前功尽弃，可不慎欤？即如结韵、抬头、颂扬，系应制之体，不得已而用之。若全篇颂扬，澎士每喜用之，尤不可解。此体无足讨好，而最易惹厌，似不必轻用为当也。能为古近体诗者，其试帖虽不甚工，亦不致有尘俗气。大抵试帖之上者，莫如有正味斋，而九家诗次之，七家次之。要必汰其不合时式之作，而选其尤佳者数十首，以便揣摩可也。古学则以唐律的根柢，而行以馆阁格式。古学经解，在小试军中，易于偏师制胜，况平时能为古学，则试帖游刃有余，在闱中尤有裨益。宜讲《律赋》及《赋学指南》二书，以资讲习，为入门之径。

○书法不可不习也

场中作字，譬如善膏沐者，同此资质，而膏沐稍整亦足动目。故制艺俱佳则较其诗，诗律俱佳则较其字，而去取以分。其大凡也，临帖之法，非徒濡毫摹写，以求其形似而已。必取古今名迹，悬挂壁间，或斜置几上，细玩其用笔起止，配搭疏密长短之法，队伏整列，笔气联贯而下，无错综不匀之弊，务期意在笔先，神与俱化。故未有楷法不工，而能工草者。至用墨濡笔，皆有程式。墨要去胶，笔要洗净，试卷虽涩，必不宜磨使光滑，所谓善事利器是也。我朝功令，凡殿试、朝考，尤重楷法。鼎甲馆选，咸出其中，而可苟乎哉？先儒云："作字端楷，亦主敬之一事"，则又不特场屋宜谨也。乃澎士书法，尚多未匀，即系注涂改，又多违式。查磨勘条例，每科学政，多有颁发。即乡闱，题纸后已胪列，为师者亦宜以教其弟子，每误则随时指正，必平日习惯自然，场中方无错误。若以为无关文字之佳否，而任意涂抹，是真与科名为仇也。大抵得失虽有定数，而人事要必先尽，故琐琐及此。古人云：三年心血，只争一刻眼光耳。有志者，幸勿河汉斯言。

○礼法不可不守也

《纪略》原载《学约》，于人伦、师友、立志、戒讼之说，再三致意，兹特举其意所未备者，推而言之。夫吾人既从事于学之一途，不能不以舌耕为业；舍此，则别无谋生之术。盖防礼自恃，有如处女；怀刑畏法，惧入小人，其力守大闲，亦仅仅可以免祸而已。要之，训诲有法，自不患事畜无资，而或欲于公门中上下其手以沾利益，此大误也。盖自来清正之官，必能循理。故凡理之直者，可无烦托我；其曲者，始欲藉重一言，为可缓颊。而既视为谋生之资，又不能择事而预，在有司则已窥我之后，谓是固非理相干者也。无论从与不从，而我且以一言见轻，他日虽有至言，转不易入矣。至于墨吏，亦有别才，其经手固自有人，本不欲与正士相接，而反借非公不至之说，谓礼义由贤者出，而以澹台子羽相待，则吾亦何能不以自待耶？虽然，俗事非尽不可与也。设有至亲为人倾陷，则当极力为雪其诬；又或亲朋两相争竞，则必苦口为平其怨；他如保固桑梓，兴利除害之大端，则士为四民之首，又安可不身肩其任。此虽仁义，未尝不利，而吾之坐言起行者动于礼，非动于利也，则仍不害其为礼法自守也。夫礼法之所赅，亦甚广矣。由勉亭之所言，所谓伦之明、志之笃、理欲之必辩、师友之是尊，以至励躬行、戒词讼，皆范围曲成于礼法中，而率履勿越者也。必能守如处女之固，而后免为小人之归，可不叹欤？古人云：做士子时，当如闺女，要畏人也；既入仕途，如健妇，要养人也；及退休林下，如老妪，要教人也。所愿士子，识此数端，为读书之根柢，而复以通经、学古、课文、作字各条，互相淬励，从此日就月将，相观而善，士气蒸蒸日上，以与中土代兴，是又区区者所乐观其后也夫。

幼学规

清·陈惟彦

【题解】 陈惟彦（1856～1925），字劭吾，安徽省石埭县二都（今安徽省石台县广阳乡）人。本文选自其著《宦游偶记》。

○学礼

每月朔望昧爽，塾师率学童具衣冠，诣至圣先师神位前，行三跪九叩礼。礼毕，学童向塾师一揖；继，学童互揖；毕，肃立，敬听塾师讲《圣谕广训》一则。

古者，凡入学必释奠先圣先师，所以崇圣教而习仪也。月朔读法，所以范民礼中，俾常知警也。讲《广训》，亦读法意也。

○明敬

学童衣冠，务令整洁。袒裼躧履，禁戒宜严。坐立毋偏敧，长幼毋凌杂。几案书籍，亦当位置有伦，不得紊乱。《弟子职》云：颜色整齐，中心必式；夙兴夜寐，衣带必饬。教弟子者，使知所职焉可也。

○服劳

《曲礼》有为长者粪之礼，又言谋于长者，操几杖以从，皆服劳事也。张横渠谓世学不讲，从幼便骄惰坏了，故以子弟不能安洒扫应对，极其弊至不能下天下之贤，所关不綦大哉！

502

馆中直令学童轮班洒扫，有可以习礼之事，亦宜令荷杖棒匜于侧，不惟可去骄、惰，且练筋肤也。慎勿以仆婢之事鄙之。

○示罚

扑作教刑，古有明训。然童子筋骨柔脆，鞭笞觥挞，岂所能耐？塾师务宜循循善诱，养其廉耻，使之乐从，而不率教，亦止责其掌股，万勿扑头挞背，致伤其脑气，损及脏腑。

○定课

每日晨起诵读，午前习字、习图、讲解，午后温书、学造语、习算、习体操。散学、灯下温书，务当限以定时。覼若画一，授业多少，则视学童资质之高下。程、董《学则》言修业有余功，盖恐过劳伤身也。童子体气未充，功课尤不宜太多。几日所习，令载日记，呈塾师标日。能造语者，令作札记。

○讲贯

每日讲书，塾师先解字义，令学童串讲，塾师为正其误。明日使复述，能述始授下课；不能者薄罚，令温旧业，次日再授。童子知识未开，全恃讲解为启导。初虽昏瞀，积久浸润，自能贯通。近世授蒙通病，专令背诵。又或讲解不得法，致有年已及冠，犹蠢蠢然未得读书之益者，贻误匪浅。特为揭出，授蒙者幸毋再误。

○勤授

聚曹不知事童子于一室，不监束之，不特不肯诵习，而颠扑跳舞，无不为矣，且往往有事出不测者。塾师务宜长居馆中，必学童散学后始出馆，既可免其旷功，且不致有他患。

○休息

《记》言"藏修息游"，又曰："张而不弛，文武不能"。盖学贵以时，不宜劳顿。西人百业，皆有安息日。道重养生，实合往训。

每月朔望行礼、听讲毕，散学一日。清明、端午、中元、中秋等节，亦予假一日。惟有事请假，必学童父（兄）亲告方准（休息日如出游，须师或父兄率之，不得私行）。

剡山二戴两书院学约

蔡元培

【题解】 蔡元培（1868～1940），字鹤卿，又字仲申、民友、子民，浙江绍兴山阴县（今浙江绍兴）人，原籍浙江诸暨。革命家、教育家、政治家。本文选自《蔡元培全集》。

一、书院为诸生肄业而设，膏火奖赏，皆以资学费也，不可存争利之见。

二、举业者，所以觇其学，非以为学也。平日当究心有用之学。应试时，借题而发挥之，各道其所得，达意而止，决不可有描头画角之习。

三、既知第一条之义，则不可不知学问宗旨，曰求有益于己而已。虽然，凡事之无益于世者，必不能有益于己；有害于世者，必将有害于己。故学当以益己、益世为宗旨。

四、既知第二条之义，不可不明工食之理。古称四民：士、农、工、商。士者，包官与师而言，实言之，则皆工耳。农者，耕牧之工也。工者，制造之工也。商者，贸易之工也。师者，教育之工。明耕牧、制造、贸易之理，以教农工商；明教育之理，以储师材，而又申之以互相交易之道者也。官者，有教育之工，类于师者也（如国子监及各府州县教职之属）；有建置之工，类于工者也（如工部之属）；计有会之工，类于农商者也（如户部之属）；有听断之工，与师相剂者也（刑部之属）；有监督之工，所以稽诸工之称职与否而进退之者也（若吏部及督抚道府州县官），而总监督之者，为天子。其所取之俸禄，若薪水，若工资，皆食也，皆所以贸易其工者也。因其所为之难易，所及之广狭，所关之轻重，以为所酬丰俭之差。盖天下未有无工而徒食者，此古今之公理也。世衰道微，知诈愚，强陵弱。彼农工商者，既因工而得食矣，受愚于士而不知受愚于士，而不知其所以养士之故，而漫焉供应之。为士者利其不责吾工焉，而可以徒食，又利其不知丰俭之所由差也，而可以袭取丰焉，于是致力于袭取之术以为工，而教者亦遂以教此术为教育之工，揣摩焉，钻营焉，无所不至矣。而求为士者益繁。彼农工商者，以不蒙士之教育而因循简陋，所得殆不能自给矣，而上又劫其强半。积久则农工商固无以自养，而士无可劫，则皆贫，贫则争，争则益贫。积贫而所以卫生者，不得不简，则弱积；争而互相维持之势□，则愈益弱。呜呼！此我中国所以以四万万之众，而亟见侮于外国，以酿成亡国亡种之祸者也。诸生有志为士，当思自有生以来，一切养生之具，何事不仰给于农工商，而我所以与之通易者，何功何事？不患无位，患所以立，怵然脱应试求官之积习，而急致力于有用之学矣。

五、学者既知第三、第四条之义矣，而或不能自拔者，曰徇俗。其以考其进退也。

六、徇俗之易也，惑于俗论之近理而乱真，则又有术以救之，曰实事求是。闻一言也，见一事也，必溯其所由也，必推其所极也。既得之矣，又溯其所由之所由也，推其所极者之所极也，必灼然见其理之无误，确然见其事之必行，而后从事焉，则无所惑矣。嗟乎，彼星卜风水，一切捕风捉影之谈；劫夺撞骗，一切忍心害理之事；胁肩谄笑，一切附势避祸之术，其所以陷溺人心者，夫孰非乘虚而入者与？

七、志既专矣，乃可以详第三义之目。人曰自治者，如身理、如心理学是也，此有益于己即可推之以益世者也。曰人与人相关，父子也，兄弟夫妇也，师友也，君臣也，官民也，若教育学，若政治学，若社会学，若伦理学，若文辞学（此为达意记事之作），若美术学（此为抒写性灵之作，如诗词绘事）是也。国与国相关者，若公法学也，此与世互相为益者也。其道义颇见于西人史本守氏之《肄业要览》，其书目略具于会稽马湄纯氏用。

八、学目既定，乃次学课写读书记是也。日记读其书几叶，有新知，有疑义，皆记之。积一月，则随课卷而缴焉（用两册，缴甲册，则写乙册；缴乙册，则写甲册），使书院得以所见评议其得失，而且与课卷相证，鉴外力之激搏，悯学术之衰飒，欲书院以为学堂，懿哉！诸君子之远识也。虽然，书院与学堂，名异而实同者也。学堂而徒名与，则犹昔之书院也；书院而能责实与，是亦今之学堂也。且既欲推广矣，必先有所整顿焉以为之基础。用贡其愚著于左方，冀诸君子之不我弃而有以是正之焉。

九、学课既立，诸生不负肄业之名，而院长亦有所借以尽心矣。虽然，间有牵于他事而未遑及者，则亦不相强也。

十、无论缴日记与否，第一课期，皆当粘名条一纸，详书字、年、住址及在家读书或出门教读等事，藉以申师友关系之义。诸生既知第一条之义，谅不致有假名增卷吸取小利之见。而监院诸君子既以教育责院长矣，谅不至疑其有私而复行科举糊名之例也。

元培生六年而入塾，以次读《百家姓》《千字文》、四子书、五经，循文雒诵，未了其义也。十二岁而学为制艺，汩没者六七年，乃迁于词章，深服膺章实斋氏言公之义。又一年而读王伯申氏、段懋堂氏诸书，乃治故训之学。于时脱制义之范围矣。应试之作，皆称意而书，虽于朱子之说，不无异同也。可三四年，而读庄万耕氏、刘申受氏、宋于庭氏诸家之书，乃致力于《公羊春秋》，而佐之以太史公书，油油然寝愦于其间。又四五年，而得阅严幼陵氏之说及所译西儒《天演论》，始知炼心之要，进化之义，乃证之于旧译物理学、心灵学诸书，而反之于《春秋》、孟子及黄梨洲氏、龚定盦诸家之言，而怡然理顺，涣然冰释，豁然拨云雾而睹青天。近之推之于日本哲学家言，揆之于时局之纠纷，人情之变幻，而推寻其故，益以深信笃好，寻味而无穷，未尝不痛恨于前二十年之迷惑而闻道之晚，年过三十，而所得尚止于此也。睹同辈之意，又辱监院诸君子之盛情，又亦欲以所自信者与诸君子切劘而讨论之也，遂不敢以拿陋辞抑。又闻诸君子弊也，救之以自立。自立性者，万物所公有也。金之坚也，火之炎上也，水之下也。人所不能强也，而况于人。人之所以自立者二：曰职分所当为者是也，曰权分所当得者是也。能为而不敢为，失职，即失权也；可得而不能得，失权，亦失职也。二者互相持以完其自立者也。彼徇俗者，辄托于君父之命、朋友之劝焉，不知诤臣诤子，先师所急，治命乱命，于传有之，切直责善，则尤朋友之分也，岂足以夺吾志乎！自立性失，甚者，子弟席祖父之荫而废其正业，妇女图悦己之容而梏其天形，而彼昏昏不知，且一以为全权，一以为识职也，悲夫！

光绪二十六年二月，山阴蔡元培识

告嵊县剡山书院诸生书

蔡元培

【题解】 作者简介同前。本文选自《蔡元培全集》。

鄙人承乏书院，已逾半年，来此解装，将及一月，得与贵县贵士大夫上下其议论，纯挚之情，奋迅之气，非他县所及也。鄙人蒿目时艰，推寻原始，非有开智之事，必酿亡种之忧。一手一足，命在何时，随地随时，嘤求同志。大水无津之惧，望门投止之况，岂好事哉，诚有所不得已也，属者登楼，发箧见藏书之襃然。率臆妄谈，辱满堂之属耳。嗟乎，几何起点，其在斯乎！敢述管见，以质高明。在官在府，尚非出位之思；可言与言，庶免失人之诮。

〇评阅课卷，便尽院长之职，此书院积习，鄙人所深耻，故于学约之中，特定日记之法，冀以收之桑榆，起诸萍末。而悬悬半载，缴者两人而已。入夏以来，屡闻诸生以鄙人久不到院，啧有烦言。鄙人方以笔达之艰，企于问难之切。簿稽多事，深用歉讼。乃束装莅此，为日久矣，自诸老先生及素交以外，肄业诸生，鲜启问者。然则诸生所责备于鄙人者，如弊衙门之无所事事，而又不准其请假而已。鄙人深以为怪，亦复重以为忧。惟闻前年院长曾有辟馆授徒之例，鄙人不敏，愿步后尘。惟八股文、八韵诗，鄙人自二十岁以后，即已摒弃，虽侥幸得第，并不系此。同年生沈、关诸君所谂知也。如有英俊后生，破除俗见，志为实学，以备致用，则鄙人不量识途之微明，愿助及群之孟津，否则鄙人为无功之劳，不殊素食。在贵县为无益之费，徒尔虚靡。鄙人将援安道破琴（安道破琴：安道，晋人戴逵之字。破琴，毁坏其琴。安道善琴，但不愿为武陵王司马晞而鼓，乃破琴拒辞。事见《晋书·戴逵传》。此与下文君苗焚砚之举，皆言辞职不干。）之例，为君苗焚砚（君苗焚砚：君苗，晋代人。焚砚，又作焚研，指毁坏文具，不再著述。事见《晋书·陆机传》，其称"君苗见兄文，辄欲烧其笔砚"。）之举矣。

○学生分受业、听讲两类：终日在院者为受业生，一切学业程度起居时节，皆由鄙人检束。听讲生则或以自理家务，或以为人教读，不能终日在院，惟于讲学时趋听而已。每日为普通讲期，午前一点半钟，午后一点半钟。逢房、虚、昂、星四日为特别讲期，凡不在受业听讲之籍者，皆与闻。

○受业籍不在十人以上，则此事不开办。因所益无多，而于鄙人欲为之事，反受掣曳也。

○听课生不限人数。鄙人或有他事，须放假二三十日者，当由鄙人自请摄讲之人。

○院中藏书，经史大部已具，所必须增加者，惟新学书而已。约计购书之价，不过数百金，拟劝捐。

○捐数自五银元起，多多益善。

○收款购书，皆请董事诸君经理，鄙人概不与闻。惟所购书目，则与商酌。

○购书既备，宜准阖县士子得就院检抄，惟不得携出。

○宜请一住院董事任料检藏书之责。凡检书而误毁损者，责以赔偿。

○六月、十二月，宜曝书，由诸董事集阖邑绅耆按目检点，如有缺少，责在院董事赔补。

○在院董事，宜酌定脩金。语曰先其事而后其食，非曰为其事而让其食也。既工食相称，则可责备以屏他事而专一责矣。

○在院董事之脩金，宜于每年于院长束脩及诸生膏火中提十分之一以充之，所损小而所益大，稍明理者，无不乐也。如有无理之言，创议者愿任其怨。

○所提之款如尚不敷在院董事赡家之费，宜请其收蒙学子弟，依本县《冯氏训蒙说》之法教之。其有应变动处，由院长商同改定。此亦开风气之捷法，一举而两得者也。

○逢昂（房）、虚、昂、星日，院长午前讲学，午后在院董事当集邻近不识字人及儿童、妇女，为讲朱子《小学》及《圣谕广训》之属。

清光绪二十六年（1900）八月二十六日

复性书院学规

马一浮

【题解】 作者简介同前。复性书院学规就是马一浮立训的纲领法要，该文选自《复性书院讲习录》。

在昔书院俱有学规，所以示学者立心之本，用力之要，言下便可持循，终身以为轨范，非如法令科条之为用，止于制裁而已。乃所以弼成其德，使迁善改过而不自知，乐循而安处，非特免于形著之过，将令身心调熟，性德自昭，更无走作。《书》曰："念兹在兹"，"允出兹在兹"。朱子《白鹿洞学规》、刘忠介《证人社约》，由此其选也，与今时学校之有校训实不同科。彼则树立鹄的，驱使力赴；此乃因其本具，导以共由也。又今日所谓养成学风，亦非无验。然其原于一二人之好乐，相习而成，有分河饮水之嫌，无共贯同条之契。此则合志同方，营道同术，皆本分之事，无门户之私也。昔贤谓从胡安定门下来者，皆醇厚和易；从陆子静门下来者，皆卓然有以自立：此亦可以观矣。孔子家儿不知怒，曾子家儿不知骂；颜子如和风庆云，孟子如泰山乔岳。圣贤气象，出于自然，在其所养之纯，非可以矫为也。

夫"率性之谓道"，闻道者必其能知性者也；"修道之谓教"，善教者必其能由道者也。顺其气质以为性，非此所谓率性也；增其习染以为学，非此所谓修道也。气质之偏，物欲之蔽，皆非其性然也，杂于气、染于习而后有也。必待事为之制，曲为之防，则亦不胜其扞格。"童牛之牿"，"豮豕之牙"，则恶无自而生矣。禁于未发以前则易，遏于将萌之际则难。学问之道无他，在变化气质，去其习染而已矣。长善而救其失，易恶而至其中，失与恶皆其所自为也，善与中皆其所自有也。诸生若于此信不及，则不必来院受学，疑则一任别参，两月以后，自请退席可也。书院照章考察，验其言行，若立志不坚、习气难拔者，随时遣归，决不稍存姑息，转以爱人者误人。慎之戒之，毋贻后悔。盖不能长善，即是长恶，无论如何多闻多见，只是恶知恶觉，纤芥不除，终无入德之分也。

今立学规，义取简要，言则丁宁，求其易喻，事非得已。

盖遮止恶德，不如开以善道，譬诸治病于已锢，不如摄养于平时，使过患不生，无所用药。象山有言："某无他长，只能识病。"夫因病与药，所以贵医，若乃妄予毒药，益增其病，何以医为？病已不幸，而医复误之，过在医人；若不知择医而妄服药，过在病人。至于有病而不自知其为病，屏医恶药，斥识病者为妄，则其可哀也弥甚！人形体有病，则知求医，惟恐其不愈，不可一日安也；心志有病，则昧而不觉，且执以为安，惟恐其或祛：此其为颠倒之见甚明。孟子曰："指不若人，则知恶之；心不若人，则不知恶。"岂不信然哉！诸生须知循守学规，如航海之有罗盘针，使知有定向而弗致于迷方；如防毒之有血清注射，使抵御病菌而弗致于传染。此实切己之事，不可视为具文。孔子曰："谁能出不由户？何莫由斯道也？"舍正路而不由，乃趋于旁蹊曲径，错用心力，唐费光阴，此扬子云所谓航断港绝潢，以求至于海，不可得也。今为诸生指一正路，可以终身由之而不改，必适于道，只有四端：一曰主敬，二曰穷理，三曰博文，四曰笃行。主敬为涵养之要，穷理为致知之要，博文为立事之要，笃行为进德之要。四者内外交彻，体用全该，优入圣途，必从此始。今分言之如下：

一曰主敬为涵养之要者

孟子曰："苟得其养，无物不长；苟失其养，无物不消。"凡物不得涵濡润泽则不能生长，如草木无雨露则渐就枯槁，此是养其生机，故曰涵养也。涵有含容深广之意，喻如修鳞之游巨泽，活鲅自如，否则如尺鲋之困泥沙，动转皆碍。又有虚明照澈之意，如镜涵万象，月印千江。如谓黄叔度如汪汪千顷之陂，澄之不清，挠之不浊，即含容深广之意。朱子"天光云影"一诗，即虚明照澈之意。人心虚明不昧之本体元是如此，只为气禀所拘，故不免褊小而失其广大之量；为物欲所蔽，故不免昏暗而失其觉照之用。气夺其志，则理有时而不行矣。然此是客气，如人受外感，非其本然。治病者先祛外感客邪，乃可培养元气，先以收摄，继以充养，则其冲和广沛之象可徐复也。

《孟子》曰："持其志，毋暴其气。""志者，气之帅也。""志至焉，气次焉。"心之所之谓之志。帅即主宰之义。志足以率气，则气顺于理，而是气固天理之流行也。何以持志？主敬而已矣。伊川曰："涵养须用敬"，即持志之谓也。以率气言，谓之主敬；以不迁言，谓之居敬；以守之有恒言，谓之持敬。心主于义理而不走作，气自收敛。精神摄聚则照用自出，自然宽舒流畅，绝非拘迫之意。故曰"主一无适之谓敬"，此言其功夫也。敬则自然虚静，敬则自然和乐，此言其效验也。敬是常惺惺法，此言其力用也。《尚书》叙尧德，首言"钦明"；传说告高宗，先陈"逊志"。盖散乱心中决无智照。无智照故人我炽然，发为骄慢，流为放逸，一切恶德皆从此生。敬之反，为肆、为怠、为慢。怠与慢皆肆也，在己为怠，对人为慢。武王之铭曰："敬胜怠者吉，怠胜敬者灭。"《孝经》曰："敬亲者无敢慢于人。"故圣狂之分在敬与肆之一念而已。"主忠信"即是主敬，《说文》忠、敬互训，信者，真实无妄之谓。此以立心而言。"居处恭，执事敬，与人忠"，程子曰："此是彻上彻下语。圣人元无二语。"此该行事而言，心外无事也。"礼仪三百，威仪三千"，一言以蔽之，曰"毋不敬"。礼以敬为本，人有礼则安，无礼则危，故武王曰"怠胜敬者灭"也。"忠易为礼，诚易为辞"，（语在《韩诗外传》。）忠即敬也，诚即信也。"敬以直内，义以方外，敬义立而德不孤"。未有敬而不能为义者，即未有忠信而不能为礼者，内外一也。一有不敬，则日用之间动静云为皆妄也。居处不恭，执事不敬，与人不忠，则本心汩没，万事堕坏，安在其能致思穷理邪？故敬以摄心，则收敛向内，而攀缘驰骛之患可渐祛矣；敬以摄身，则百体从命，而威仪动作之度可无失矣。敬则此心常存，义理昭著；不敬则此心放失，私欲萌生。敬则气之昏者可明，浊者可清。气既清明，义理自显，自心能为主宰。不敬则昏浊之气展转增上，通体染污，蔽于习俗，流于非僻而不自知，终为小人之归而已矣。外貌斯须不庄不敬，则慢易之心入之；心中斯须不和不乐，则鄙诈之心入之：未有箕踞而心不慢者。视听言动，一有非礼，即是不仁，可不念哉？

今时学者通病，唯务向外求知，以多闻多见为事，以记览杂博相高，以驰骋辩说为能，以批评攻难自贵，而不肯阙疑阙殆。此皆胜心私见，欲以矜名哗众，而不知其徇物忘己，堕于肆慢，戕贼自心。故其闻见之知愈多者，其发为肆慢亦愈甚，往而不返，不可救药。苟挟是心以至，而欲其可与入理，可与立事，可与亲师取友、进德修业，此必不可得之数也。今于诸生初来之日，特为抉示时人病根所在，务望各人自己勘验，猛力省察，无使疮疣在身，留为过患。须知"敬"之一字，实为入德之门，此是圣贤血脉所系，人人自己本具。德性之知，元无欠少，不可囿于闻见之知遂以为足，而置德性之知任其隐覆，却成自己孤负自己也。圣人动容周旋莫不中礼，酬酢万变而实无为，皆居敬之功也。常人"憧憧往来，朋从尔思"，起灭不停，妄想为病，皆不敬之过也。程子有破屋御寇之喻，略谓前后左右，驱去还来，只缘空虚，作不得主，中有主则外患自不能入。此喻最切。主者何？敬也。故唯敬可以胜私，唯敬可以息妄。私欲尽则天理纯全，妄心息则真心显见。尊德性而道问学，必先以涵养为始基。及其成德，亦只是一敬，别无他道。故曰：敬也者，所以成始而成终也。

二曰穷理为致知之要者

先须楷定何谓理，何谓知。"穷理尽性以至于命"，《易·系辞传》文也。"致知在格物"，《大学》文也。向来先儒说《大学》"格物"，各明一义，异执纷然。大略不出两派：一宗朱子，一宗阳明。朱子释"格物"为穷至事物之理，"致知"为推极吾心之知。知者，知此理也。知具于心，则理不在心外明矣，并非打成两橛。不善会者，往往以理为外。阳明释知善知恶是"良知"，为善去恶是"格物"。不善会者，亦遂以物为外。且如阳明言，则《大学》当言"格物在致知"，不当言"致知在格物"矣。今明心外无物，事外无理，即物而穷其理者，即此自心之物而穷其本具之理也。此理周遍充塞，无乎不在，不可执有内外。（学者须知儒家所言"事物"，犹释氏言"万法"，非如今人所言"物质"之物。若执唯物之见，则人心亦是块然一物质耳，何从得有许多知识？）阳明"致良知"之说，固是直指，然《大学》须还他《大学》。教有顿渐，《大学》说先后次弟，明是渐教；《中庸》显天人一理，"君子笃恭而天下平"，中和即位育，方是顿教。（儒者不言顿渐，然实有是理。）阳明是就自家得力处说，朱子却还他《大学》元来文义，论功夫造诣是同，论诠释经旨却是朱子较密。上来约简旧说，是要学者先明穷理致知为何事，非于先儒妄生异同，心存取舍，亦非欲为调停之说也。

此意既明，学者须知格物即是穷理，只为从来学者，都被一个"物"字所碍，错认物为外，因而再误，复认理为外。今明心外无物，事外无理，事虽万殊，不离一心。（佛氏亦言："当知法界性，一切唯心造。""心生法生，心灭法灭"。"万行不离一心，一心不违万行"。所言法者，即事物异名。）一心贯万事，即一心具众理。即事即理，即理即心。心外无理，亦即心外无事。理事双融，一心所摄，然后知散之则为万殊，约之唯是一理。所言穷者，究极之谓。究极此理，周匝圆满，更无欠阙，更无渗漏，不滞一偏一曲，如是方名穷理。致者，竭尽之称。如"事父母能竭其力，事君能致其身"，《孝经》言"养则致其欢，丧则致其哀"之致。知是知此理唯是自觉自证境界，拈似人不得，如人饮水，冷暖自知。一切名言诠表，只是勉强描模一个体段，到得此理显现之时，始名为知。一现一切现，鸢飞鱼跃，上下与天地同流，左右逢源，触处无碍，所谓头头是道，法法全彰，如是方名致知，所谓知之至也。清凉观答唐顺宗心要云：语证则不可示人，说理则非证不了。证者方是真知，证后所说之理方是实理。不然只是揣量卜度，妄生分别，如盲人摸象，各说一端，似则似，是则不是。在佛氏谓之情识思量境界，谓之遍计执，全体是妄；在儒家谓之私智穿凿，谓之不诚。故穷理工夫入手处，只能依他古来已证之人所说一一反之，自心子细体究，随事察识，不等闲放过。如人学射，久久方中。到得一旦豁然贯通，表里洞然，不留余惑，所谓直到不疑之地，方可名为致知也。《大学》只此一关最为难透，到得知至以后，意诚心正身修，乃是发悟。以后保任长养之事，譬如顺水行船，便易为力。故象山曰："向上事益简易不费力。但穷理工夫直是费力，不是吃紧用力一番，不能致知。"朱子所谓"唯于理有未穷，故其知有不尽"，此系诚言，不容妄生疑虑。

《孟子》曰："尽其心者，知其性也。知其性则知天矣。"朱子《集注》曰："心者，人之神明，所以具众理而应万事者也。性则心之所具之理，而天又理之所从以出者也。人有是心，莫非全体，然不穷理，则有所蔽，而无以尽乎此心之量。故能极其心之全体而无不尽者，必其能穷夫理而无不知者也。既知其理，则其所从出，亦不外是矣。以《大学》之序言之，知性则物格之谓，尽心则知至之谓也。"《易·系辞》"穷理尽性以至于命"，"穷理"即当孟子所谓"知性"，"尽性"即当孟子所谓"尽心"，"至命"即当孟子所谓"知天"。天也，命也，心也，性也，皆一理也。就其普遍言之，谓之天；就其禀赋言之，谓之命；就其体用之全言之，谓之心；就其纯乎理者言之，谓之性；就其自然而有分理言之，谓之理；就其知性，知性即是尽心，尽心即是致知，知天即是至命。程子曰："理穷则性尽，性尽则至命。"不是穷理了再去尽性，尽性了再至于命，只是一事，非有三也。《大学》说"致知在格物"，不是说欲致其知者，先格其物。故今明穷理为致知之要者，须知合下用力，理穷得一分，即知致得一分。在佛氏谓之分证，到得知至即满证也。《中庸》曰："唯天下至诚为能尽其性，能尽其性，则能尽人之性；能尽人之性，则能尽物之性；能尽物之性，则可以赞天地之化育；可以赞天地之化育，则可以与天地参矣。"朱子章句曰："尽其性者，德无不实，故无人欲之私，而天命之在我者，察之由之，巨细精粗，无毫发之不尽也。人物之性，亦我之性，但以所赋形气不同而有异耳。能尽之者，谓知之无不明而处之无不当也。"此是一尽一切尽，其间更无先后。肇公曰："会天地万物为自己者，其唯圣人乎？"圣人无己，靡所不己，是故成己即所以成物，成物乃所以成己。"成己，仁也。成物，智也。性之德也，合外内之道也。"此是一成一切成，其间更无分别。"己欲立而立人，己欲达而达人。能近取譬，可谓仁之方。"良以物我无间，人己是同，于中不得安立人见我见。契此理者，是谓正理，是谓正知；反是则非正理，为不正知。此是知之根本。曾子闻"一贯"之旨，直下承当，及门人问，只道个"夫子之道，忠恕而已矣"。尽己之谓忠，推己之谓恕，此事学者合下可以用力。"己所不欲，勿施于人"，推己之事也。"行有不得，反求诸己"，尽己之事也。此亦是澈上澈下语。到得一理浑然，泛应曲当，亦只是个"忠恕"，别无他道。学者须于此信得亲切，行得真实，方可以言穷理，方可以言致和。更须知理是同具之理，无可独得；知是本分之知，不假他求。故象山曰："宇宙内事，即吾性分内事；吾性分内事，即宇宙内事。"此亦知至之言。今时学者每以某种事物为研究之对象，好言"解决问题"、"探求真理"，未尝不用思力，然不知为性分内事，是以宇宙人生为外也。自其研究之对象言之，则己亦外也。彼此相消，无主可得，而每矜为创获，岂非虚妄之中更增虚妄？以是为穷理，只是增长习气；以是为致知，只是用智自私：非此所谓穷理致知也。

　　至穷理之方，自是要用思惟。"思曰睿，睿作圣"，程子曰："学原于思，不思则罔。"若一向读书，只匆匆涉猎，泛泛寻求，便谓文义已了，能事已毕，终其身昏而无得也。欲入思惟，切忌自谓已了，若轻言易了，决定不思，是闭门而求入也。读书既须简择，字字要反之身心，当思：圣贤经籍所言，即是吾心本具之理，今吾心现在，何以不能相应？苟一念相应时，复是如何？平常动静云为之际，吾心置在何处？如此方有体认之意。当思：圣贤经籍所言，皆事物当然之则，今事当前，何以应之未得其当？苟处得是当时，复是如何？平常应事接物之时，吾心如何照管？如此方有察识之意。无事时体认自心是否在腔子里，有事时察识自心是否在事上，如此方是思，方能穷理。思如浚井，必当及泉，亦如抽丝，须端绪不紊，然后引而申之，触而长之，曲畅旁通，豁然可待。体认亲切时，如观掌纹，如识痛痒；察识精到处，如权衡在手，铢两无差，明镜当台，毫发不爽：如此方有知至之分。此在散乱心中必不可得，故必先之以主敬涵养，而后乃可以与于此也。

三曰博文为立事之要者

须先知不是指文辞为文，亦不限以典籍为文，凡天地间一切事相皆文也，从一身推之家国天下皆事也。道外无事，亦即道外无文。《论语》朱注曰："道之显者谓之文。"今补之曰："文之施于用者谓之事。"博者，通而不执之谓；立者，确乎不拔之称。易言之，亦可谓通经为致用之要也。世间有一等质美而未学之人，遇事尽能处置，然不能一一皆当于理，处甲事则得，处乙事又失之。此谓不能立事，其故由于不学，即未尝博文也。虽或偶中，而幽冥莫知其原，未尝穷理也。（恒言斥人"不学无术"，本《霍光传》中语。"不学"言未尝读书，"无术"即是没办法。可见遇事要有办法，必须读书穷理始得。）《中庸》曰："文理密察，足以有别也。""文理"亦可析言之，在心则为理，见于事则为文；事有当然之则谓之理，行此当然之则谓之文。已明心外无事、离体无用，更须因事显理、摄用归体，故继穷理致知而言博文立事也。

穷理主于思之意多，博文主于学之意多。《论语》曰："学而不思则罔，思而不学则殆。"盖不求诸心，则昏而无得；不习其事，则危而不安。此见思学并进，亦如车两轮，如鸟两翼，致力不同，而为用则一，无思而非学，亦无学而非思也。不学操缦，不能安弦；不学博依，不能安诗。操缦、博依，博文也；安弦、安诗，立事也。"不学《诗》无以言"，"不学《礼》无以立"。《诗》、《礼》，文也；言、立，事也。六艺之文，即"冒天下之道"，实则天下之事，莫非文艺之文。明乎六艺之文者，斯可以应天下之事矣。此义云何？《诗》以道志而主言，在心为志，发言为诗。凡以达哀乐之感，类万物之情，而出以至诚恻怛，不为肤泛伪饰之辞，皆《诗》之事也。《书》以道事。事之大者，经纶一国之政，推之天下。凡施于有政，本诸身、加诸庶民者，皆《书》之事也。《礼》以道行。凡人伦日用之间，履之不失其序、不违其节者，皆《也。《乐》以道和。凡声音相感，心志相通，足以尽欢忻鼓舞之用而不流于过者，皆《乐》之事也。《易》以道阴阳。凡万象森罗，观其消息盈虚、变化流行之迹，皆《易》之事也。《春秋》以道名分。凡人群之伦纪，大经大法至于一名一器，皆有分际，无相陵越，无相紊乱，各就其列，各严其序，各止其所，各得其正，皆《春秋》之事也。其事即其文也，其文即其道也。学者能于此而有会焉，则知六艺之道何物而可遗，何事而不摄乎！故凡言文者，不独前言往行布在方策有文史可稽者为是。须知一身之动作威仪、行业力用，莫非文也；（孔子称尧"焕乎其有文章"，乃指尧之功业。子贡称"夫子之文章可得而闻"，乃指孔子之言行。）天下万事万物之粲然并陈者，莫非文也。凡言事者，非一材一艺、一偏一曲之谓，自入孝出弟、爱众亲仁、立身行己、遇人接物，至于齐家治国平天下，开物成务、体国经野，大之礼乐刑政之本，小之名物度数之微，凡所以为因革损益、裁成辅相之道者，莫非事也。

　　《学记》曰："九年知类通达，强立而不反。"夫"知类通达"，乃可谓博文矣；"强立而不反"，乃可与立事矣。在《易》则曰：圣人有以"观其会通"而"行其典礼"。夫"观其会通"是博文也，"行其典礼"是立事也。（《朱子语类》："会通谓物之节角交加处。"盖谓如人身之有关节，为筋脉活动之枢纽。又喻如水之众流汇合而为江河，虽千支万派，俱入于海，此所谓会通也。）足以尽天下之事相而无所执碍者，乃可语于博矣；足以得举措之宜而不疑其所行者，乃可语于立矣。若乃事至而不免于惑，物来而莫之能应，是乃不可与立事，亦不足以语于博文也。今举《诗》教以明一例。如曰："诵《诗》三百，授之以政，不达；使于四方，不能专对；虽多，亦奚以为？""小子何莫学夫《诗》，《诗》可以兴、观、群、怨。迩之事父，远之事君"。"人而不为《周南》、《召南》，其犹正墙面而立也欤？"今学《诗》者，能详其名物训诂矣，又进而能言其义矣，而不达于政，不能事父事君，其为面墙也如故，谓之未尝学《诗》可也。他经亦准此可知。故言"博文"者，决不是徒夸记览，徒骋辞说，以衒其多闻而不切于事，遂可以当之必其闳通淹贯，畜德多而谨于察物者也。言"立事"者，不是智效一官，行效一能，不该不遍，守其一曲遂足以当之，必其可以大受当于物而卓然不惑者也。

复次当知《易》言"观乎天文，以察时变；观乎人文，以化成天下"。观天之文与地之宜，非如今言天文学或人文地理之类。天文即谓天道，人文即谓人道。阴阳消长，四时错行，天文也；彝伦之序，贤愚之等，人文也。《系辞》传曰："道有变动，故曰爻。爻有等，故曰物。物相杂，故曰文。文不当，故吉凶生焉。""六爻之动，三极之道也。""兼三才而两之，故六。"阴阳、刚柔、仁义之相，皆两也。等犹言类也，阴阳、刚柔各从其类谓之物。物相杂而成文谓之文。物犹事也，事之相错而著见者，咸谓之文。故一物不能成文，成文者必两。凡物之对待而出者为文。对待之物，交参互入，错综变化，互赜至动，皆文也。唯圣人有以见其"至赜而不可恶"，"至动而不可乱"，故"拟诸形容，象其物宜，是故谓之象"，"观其会通以行其典礼，是故谓之爻"。学者知此，则知所谓文为事相之总名可以无疑也。文以变动而有，事以变动而生，故曰"功业见乎变"。功业者，事也。"举而措之天下之民，谓之事业"，此乃从体起用，亦谓之全体作用。"行其所无事"而非有计功谋利之心焉，斯立事之要也。故天地虽万物并育，不居生物之功；圣人虽保民无疆，不矜畜众之德。博文如物之生长，必积渐以至广大；立事如物之成实，必贞固而后有成。今人欲立事而不务博文，是犹不耕而望获也；徒事博文而不务穷理，是犹卤莽而耕之，灭裂而耘之也，欲责之以立事，安可得哉！复次当知博文属知，立事属能。

520

《中庸》曰：匹夫匹妇之愚，可以与知与能，及其至也，圣人有所不知不能焉。学者切忌自谓已知已能，如此则是自画而不可以进于博，不可以与于立矣。试观圣人之气象为如何？达巷党人曰："大哉孔子！博学而无所成名。"子闻之，曰："吾何执？执御乎？执射乎？"太宰问于子贡曰："夫子圣者欤？何其多能也？"子闻之，曰："吾少也贱，故多能鄙事。君子多乎哉？不多也。"又曰："君子之道四，（某）未能一焉。"又曰："吾有知乎哉？无知也。有鄙夫问于我，空空如也。我叩其两端而竭焉。"夫圣人知周万物而道济天下，然其自以为无知无能如此，非故为谦辞也，其心实如是也。鄙夫云者，执其一端之见而汰然以自多者也。圣鄙之分，由此可见。老子曰："其出弥远，其知弥少。"释氏亦曰："若作圣解，即是凡情。"必其自视欿然，然后虚而能受。此所以必先之以穷理致知，而后乃可语于博文立事也。

四曰笃行为进德之要者

德行为内外之名，在心为德，践之于身为行；德是其所存，行是其所发。自其得于理者言之，则谓之德；自其见于事者言之，则谓之行：非有二也。充实而有恒之谓笃，日新而不已之谓进。知止而后能笃，不为物迁，斯可以载物；行健而后能进，自强不息，乃所以法天。无有欠阙，无有间断，乃可言笃；无有限量，无有穷尽，所以言进。行之积也愈厚，则德之进也愈弘。故《大畜》曰："刚健笃实，辉光日新其德。"《商颂》曰："汤降不迟，圣敬日跻。"言其进也。《乾》文言："君子以成德为行，日可见之行也。"故行之未成，即德之未裕。《系辞》曰："默而成之，不言而信，存乎德行。"此所以言笃行为进德之要也。言行同为中之所发，故曰："言出乎身，加乎民；行发乎迩，及乎远。""言行，君子之所以动天地也"。"言行，君子之枢机。枢机之发，荣辱之主也，可为慎乎？"

此以言行并举，今何以单言行？《论语》曰："有德者必有言，有言者不必有德。""（昔）[始]吾于人也，听其言而信其行；今吾于人也，听其言而观其行"。"论笃是与，君子者乎？色庄者乎？""君子不以言举人，不以人废言"。此明言行有不相应者，不可不察也。《曲礼》曰："鹦鹉能言，不离飞鸟。猩猩能言，不离走兽。""君子耻其言而过其行。""视其所以，观其所由，察其所安。人焉廋哉？"人之色取仁而行违者尽多，依似之言，可以乱德，学者当知以此自观自儆。"言顾行，行顾言"，"庸德之行，庸言之谨，有所不足不敢不勉，有余不敢尽"，方可语于笃行也。此是言行分说，然当知合说则言亦行之所摄。《洪范》"五事"、《论语》"九思""四勿""三贵"，并属于行，广说无尽，今只略说五事，曰貌、言、视、听、思，曰恭、曰从、曰明、曰聪、曰睿，即行之笃也。"恭作肃，从作义，明作哲，聪作谋，睿作圣"，即德之进也。"九思""四勿""三贵"，皆笃行之事。曰仁、曰礼、曰信，皆德也。德之相广说亦无尽。仁者，德之总相也，开而为二曰仁智、仁义，开而为三曰智、仁、勇，开而为四曰仁、义、礼、智，开而为五则益之以信，开而为六曰智、仁、圣、义、中、和，如是广说，可名万德，皆统于仁。学者当知有性德，有修德。性德虽是本具，不因修证则不能显。故因修显性，即是笃行为进德之要。全性起修，即本体即功夫；全修在性，即功夫即本体。修此本体之功夫，证此功夫之本体，乃是笃行进德也。

孔子曰："德之不修，学之不讲"，"是吾忧也"。讲本训肄，即指"时习"，并非讲说之谓。即今讲说，亦是"时习之"之事，亦即笃行之事，亦即修德之事，即是因修显性也。前言学问之道在变化气质，须知变化气质即是修。汉儒每言才性，即指气质。魏钟会作《四本论》，论才性异同，其文已佚，当是论气质不同之书，或近于刘劭之《人物志》。其目为才者，指气质之善而言。气质之不善者，固当变化，即其善者，只名为才，亦须变化，乃可为德，此即是修德。如《虞书·皋陶谟》行有九德："宽而栗，柔而立，愿而恭，乱而敬，扰而毅，直而温，简而廉，刚而塞，强而义。"宽柔是才，须"宽而栗，柔而立"，始名为德，此非变化不能成就。其下准此可知。《周书·洪范》又用三德："一曰正直，二曰刚克，三曰柔克。平康正直。强弗友刚克，燮友柔克。沉潜刚克，高明柔克。"此皆明气质必假变化。《通书》"刚柔善恶"一章所谓"（使）〔俾〕人自易其恶，自至其中"，亦是此旨。刘劭《人物志·九征篇》虽名家言，亦有可取，大致以偏至为才，兼才为德，全德为圣，故曰："九征皆至，则纯粹之德也。九征有违，则偏杂之才也。（九征者，谓九质之征，谓精、神、筋、骨、气、色、仪、容、言也。文繁不具引。）三度不同，其德异称，故偏至之才，以才自名，兼才之人，以德为目，兼德之人，更为美号。〔是故〕兼德而至，谓之中庸。中庸者，圣人之目也。具体而微，谓之德行。德行者，大雅之称也。一至谓之偏才。偏才，小雅之质也。一征谓之依似。依似，乱德之类也。一至一违谓之间杂。间杂，无恒之人也。无恒、依似，皆风人末流。末流之质，不可胜论。"名家之言，乃以品核人流，未必尽为知德，然其所谓三度则有当也。知此可明修德须学，由偏至而进于兼，由兼德而进于全，非进德之谓乎？然又须明性修不二，不是性德之外别有修德，修德须进，性德亦有进。性德本无亏欠，何以须进？当知天地之道只是至诚无息，不息即进也。"与天地合其德"，只是贵其不已。所谓"不息则久，久则征，征则悠远，悠远则博厚，博厚则高明"，"博厚配地，高明配天，悠久无疆"，此进德之极致也。行之不笃，即是不诚，不诚则无物。一有欠阙，一有间断，便是不笃。行有欠阙，即德有欠阙，行有间断，即德有间断。故虽曰性德无亏，亦须笃行到极至处始能体取，所以言笃行为进德之要也。

易言之，即是践形所以尽性，进德即尽性之事，践形即笃行之事。孟子曰："形色，天性也。唯圣人而后可以践形。"气之凝成者为形，形之变动者为色。（此与佛氏言色法不同。参看《宜山会语》五《说视听言动》。）天性，即行乎气中之理也。如视听言动皆有其理，恭，始为尽视听言动之理，始为得耳目口体之用，是谓尽性，是谓践形。朱子曰："众人有是形而不能尽其理，故无以践其形；惟圣人有是形而又能尽其理，然后可以践其形而无歉也。"故知视有不明，听有不聪，则是未能践其形，即未能尽其性。视听言动皆行也，四者一于礼，则是仁是德也。人生所日用不离，最切近而最易体认者，孰有过于四事者乎？所以应万事而根于心之所发者，舍此岂别有乎？故颜渊问仁，孔子告以"克己复礼为仁"。颜子直下承当，便请问其目，只此视听言动四事。知此便知笃行之道，合下当从非礼勿视、听、言、动入手。才有非礼即是不仁，到得四事全是礼，则全体是仁。是故言笃行为进德之要，此理决定无可疑也。

复次当知《中庸》曰"温故而知新"，博文之事也；"敦厚以崇礼"，笃行之事也。此所以继博文而言笃行也。《乾》文言曰"知至至之，可与言几也"，主敬、涵养、穷理、致知、博文、立事当之；"知终终之，可与存义也"，则笃行、进德当之。又此门总摄前三，如主敬须实是主敬，穷理须实是穷理，博文须实是博文，此便是笃行，一有不实，只是空言。涵养得力，致知无尽，尽事不惑，便是进德。若只言而不行，安能有得？行而不力，安望有进？故言虽分三，事唯是一，总此四门，约为一行。《论语》曰："博学于文，约之以礼，亦可以弗畔矣夫！"文以知言，礼以行言，博约亦是同时，文礼非有二致。故孟子曰："博学而详说之，将以反说约也。"前三是博，此门是约。又中二为博，初终均约。总该万行，不离一心。即知即行，全理是事；即博即约，全事是理。始终本末，一以贯之，即下学，即上达。子以四教：文、行、忠、信。文即六艺之文，行即六艺之事，忠、信则六艺之本。今此四门亦略同四教，全体起用，全用归体。此乃圣学之宗要，自性之法门，语语从体验得来，从胸襟流出，一字不敢轻下。要识圣贤血脉，舍此别无他道。于此不能有会，决定非器，难与入德。若只作一种知解、一种言说领取而不肯笃行，则是辜负自己，辜负先圣。曾子曰："尊其所闻，则高明矣。行其所知，则光大矣。"闻是闻道，知是知德，道为万行，德是一心。今有言说显示，但名为"闻"，诸生体之在己，乃可名"知"。勤而行之，斯可与适道；得之于心，斯可与入德。如此则日进于高明光大之域，必可期也。"为仁由己，而由人乎哉？"勉之！勉之！

新亚书院学规

钱　穆

【题解】钱穆（1895～1990），字宾四，江苏无锡人。现代历史学家、国学大师、教育家。本文依据通行本整理。

凡属新亚书院的学生，必先深切了解新亚书院之精神。下面列举纲宗，以备本院诸生随时诵览，就事研玩。

一、求学与做人，贵能齐头并进，更贵能融通合一。

二、做人的最高基础在求学，求学之最高旨趣在做人。

三、爱家庭、爱师友、爱国家、爱民族、爱人类，为求学做人之中心基点。对人类文化有了解，对社会事业有贡献，为求学做人之向往目标。

四、祛除小我功利计算，打破专为谋职业、谋资历而进学之浅薄观念。

五、职业仅为个人，事业则为大众。立志成功事业，不怕没有职业。专心谋求职业，不一定能成事业。

六、先有伟大的学业，才能有伟大的事业。

七、完成伟大学业与伟大事业之最高心情，在敬爱自然，敬爱社会，敬爱人类的历史与文化，敬爱对此一切的智识，敬爱传授我一切智识之师友，敬爱我此立志担当继续此诸学业与事业者之自身人格。

八、要求参加人类历史相传各种大学业、伟大事业之行列，必先具备坚定的志趣与广博的智识。

九、于博通的智识上，再就自己才性所近作专门之进修；你须先求为一通人，再求成为一专家。

一〇、人类文化之整体，为一切学业事业之广大对象；自己的天才与个性，为一切学业事业之最后根源。

一一、从人类文化的广大对象中，明了你的义务与责任；从自己个性禀赋中，发现你的兴趣与才能。

一二、理想的通材，必有他自己的专长；只想学得一专长的，必不能具备有通识的希望。

526

一三、课程学分是死的，分裂的。师长人格是活的，完整的。你应该转移自己目光，不要仅注意一门门的课程，应该先注意一个个的师长。

一四、中国宋代的书院教育是人物中心的，现代的大学教育是课程中心的。我们的书院精神是以各门课程来完成人物中心的，是以人物中心来传授各门课程的。

一五、每一个理想的人物，其自身即代表一门完整的学问。每一门理想的学问，其内容即形成一理想的人格。

一六、一个活的完整的人，应该具有多方面的智识，但多方面的智识，不能成为一个活的完整的人。你须在寻求智识中来完成你自己的人格，你莫忘失了自己的人格来专为智识而求智识。

一七、你须透过师长，来接触人类文化史上许多伟大的学者；你须透过每一学程，来接触人类文化史上许多伟大的学业与事业。

一八、你须在寻求伟大的学业与事业中来完成你自己的人格。

一九、健全的生活应该包括劳作的兴趣与艺术的修养。

二○、你须使日常生活与课业打成一片，内心修养与学业打一片。

二一、在学校里的日常生活，将会创造你将来伟大的事业。在学校时的内心修养，将会完成你将来伟大的人格。

二二、起居作息的磨炼是事业，喜怒哀乐的反省是学业。

二三、以磨炼来坚定你的意志，以反省来修养你的性情，你的意志与性情将会决定你将来学业与事业之一切。

二四、学校的规则是你们意志的表现，学校的风气是你们性情之流露，学校的全部生活与一切精神是你们学业与事业之开始。敬爱你的学校，敬爱你的师长，敬爱你的学业，敬爱你的人格。凭你的学业与人格来贡献于你敬爱的国家与民族，来贡献于你敬爱的人类与文化。

527

五、读书心法

颜之推读书法

隋·颜之推

【题解】 颜之推（531～约595），字介，南北朝至隋朝期间琅邪临沂（今山东省临沂市）人。古代文学家、教育家，著有《颜氏家训》。本文选自清石成金辑《传家宝》。

读未见书，如得良友；读已见书，如逢故人。

一展卷而良友、故人即至，自当恭敬悟对，此读书最乐之情况也。然非慧心人不能解此。若浅人读书，只觉寂寞；愚人读书，更觉无味矣。

欧阳修读书法

宋·欧阳修

【题解】 作者简介同前。本文选自清石成金辑《传家宝》。

立身以力学为先，学以读书为本。今取《孝经》《论》《孟》六经，以字计之，《孝经》一千九百三字，《论语》万有一千七百五字，《孟子》三万四千六百八十五字，《周易》二万四千一百七字，《尚书》二万五千七百字，《诗》三万九千二百三十四字，《礼记》九万九千一十字，《周礼》四万五千八百六字，《春秋左传》一十九万六千八百四十五字，止以中才为准，若日诵三百字，不过四年半可毕。或稍钝，减中人之半，亦九年可毕。其余触类而长之，虽缕秩浩繁，第能加日积之功，何所不至。谚曰：积丝成缕，积寸成尺。寸尺不已，遂成丈匹。此言虽小，可以喻大。尔辈勉之。

陈季甫读书法

宋·陈烈

【题解】 陈烈（1012～1087），字季慈，号季甫，福建侯官（今闽侯县）人，宋朝官员。本文选自清石成金辑《传家宝》。

我苦无记性。一日读《孟子》"学问之道无他，求其放心而已矣"，忽悟曰："我心不曾收，自知之明。如何记得？"因闭门静坐不读书。月余，却去读书，遂一览无遗。

人身俱有一真主宰。如闭门静坐，若无真主宰，不是昏沉枯寂，就是胡思乱想。出此入彼。虽静坐几年，亦属无益，在禅门谓之顽定坐驰也。徒用工夫。此中消息，非至人莫能知晓。然必要知晓，方得其法。一得其法，则何书不熟、何书不彻耶？程子教人静坐，亦不是空坐也。

司马温公读书法

宋·司马光

【题解】 作者简介同前。本文选自清石成金辑《传家宝》。

　　学者读书，少能自首至尾，往往从中或从末随意读去，又多不终篇。光性最专，尤当患此，惟于河涉案上读一书，从头至尾，正错校字，不终誓不读它卷。

朱子读书法

宋·朱熹

【题解】 作者简介同前。本文为朱熹与其弟子问答的语录汇编，皆为读书、为学之方等认识方法。文字段落结尾处多见"[　]"，为与朱子问对人的名字称谓。本文选自《朱子语类》卷十学四、《朱子语类》卷十一学五。

卷上

　　读书乃学者第二事。[方子]

　　读书已是第二义。盖人生道理合下完具，所以要读书者，盖是

漸入佳境

三〇〇二年秋 老樹畫

未曾经历见许多，圣人是经历见得许多，所以写在册上与人看。而今读书，只是要见得许多道理。及理会得了，又皆是自家合下元有底，不是外面旋添得来。[至]

学问，就自家身己上切要处理会方是，那读书底已是第二义。自家身上道理都具，不曾外面添得来。然圣人教人，须要读这书时，盖为自家虽有这道理，须是经历过，方得。圣人说底，是他曾经历过来。[佐]

学问，无贤愚，无小大，无贵贱，自是人合理会底事。且如圣贤不生，无许多书册，无许多发明，不成不去理会！也只当理会。今有圣贤言语，有许多文字，却不去做。师友只是发明得。人若不自向前，师友如何着得力！[谦]

为学之道，圣贤教人，说得甚分晓。大抵学者读书，务要穷究。"道问学"是大事。要识得道理去做人。大凡看书，要看了又看，逐段、逐句、逐字理会，仍参诸解、传，说教通透，使道理与自家心相肯，方得。读书要自家道理浃洽透彻。杜元凯云："优而柔之，使自求之，厌而饫之，使自趋之。若江海之浸，膏泽之润，涣然冰释，怡然理顺，然后为得也。"[椿]

今读书紧要，是要看圣人教人做工夫处是如何。如用药治病，须看这病是如何发，合用何方治之；方中使何药材，何者几两，何者几分，如何炮，如何炙，如何制，如何切，如何煎，如何吃，只如此而已。[淳]

读书以观圣贤之意；因圣贤之意，以观自然之理。[节]

做好将圣人书读，见得他意思如当面说话相似。[贺孙]

圣贤之言，须常将来眼头过，口头转，心头运。[方子]

开卷便有与圣贤不相似处，岂可不自鞭策！[祖道]

圣人言语，一重又一重，须入深去看。若只要皮肤，便有差错，须深沉，方有得。[从周]

534

人看文字，只看得一重，更不去讨他第二重。[僩]

读书，须是看着他缝罅处，方寻得道理透彻。若不见得缝罅，无由入得。看见缝罅时，脉络自开。[植]

文字大节目痛理会三五处，后当迎刃而解。学者所患，在于轻浮，不沉着痛快。[方子]

学者初看文字，只见得个浑沦物事。久久看作三两片，以至于十数片，方是长进。如庖丁解牛，目视无全牛，是也。[人杰]

读书，须是穷究道理彻底。如人之食，嚼得烂，方可咽下，然后有补。[杞]

看文字，须逐字看得无去处。譬如前后门塞定，更去不得，方始是。[从周]

关了门，闭了户，把断了四路头，此正读书时也。[道夫]

学者只知观书，都不知有四边，方始有味。[镝]

"学者读书，须是于无味处当致思焉。至于群疑并兴，寝食俱废，乃能骤进。"因叹："骤进二字，最下得好，须是如此。若进得些子，或进或退，若存若亡，不济事。如用兵相杀，争得些儿小可一二十里地，也不济事。须大杀一番，方是善胜。为学之要，亦是如此。"[贺孙]

看文字，须大段着精彩看。耸起精神，树起筋骨，不要困，如有刀剑在后一般！就一段中，须要透。击其首则尾应，击其尾则首应，方始是。不可按册子便在，掩了册子便忘却；看注时便忘了正文，看正文又忘了注。须这一段透了，方看后板。淳。

看文字，须要入在里面，猛滚一番。要透彻，方能得脱离。若只略略地看过，恐终久不能得脱离，此心又自不能放下也。[时举]

人言读书当从容玩味，此乃自怠之一说。若是读此书未晓道理，虽不可急迫，亦不放下，犹可也。若徜徉终日，谓之从容，却无做工夫处。譬之煎药，须是以大火煮滚，然后以慢火养之，却不妨。[人杰]

须是一棒一条痕！一掴一掌血！看人文字，要当如此，岂可忽略！［镧］

看文字，须是如猛将用兵，直是鏖战一阵；如酷吏治狱，直是推勘到底，决是不恕他，方得。［夔孙］

看文字，正如酷吏之用法深刻，都没人情，直要做到底。若只恁地等闲看过了，有甚滋味！大凡文字有未晓处，须下死工夫，直要见得道理是自家底，方住。［赐］

看文字如捉贼，须知道盗发处，自一文以上赃罪情节，都要勘出。若只描摸个大纲，纵使知道此人是贼，却不知何处做贼。［赐］

看文字，当如高峨大艑，顺风张帆，一日千里，方得。如今只才离小港，便着浅了，济甚事！文字不通如此看。［偰］

读书看义理，须是胸次放开，磊落明快，恁地去。第一不可先责效。才责效，便有忧愁底意。只管如此，胸中便结聚一饼子不散。今且放置闲事，不要闲思量。只专心去玩味义理，便会心精；心精，便会熟。［淳］

读书，放宽着心，道理自会出来。若忧愁迫切，道理终无缘得出来。

读书，须是知贯通处，东边西边，都触着这关捩子，方得。只认下着头去做，莫要思前算后，自有至处。而今说已前不曾做得，又怕迟晚，又怕做不及，又怕那个难，又怕性格迟钝，又怕记不起，都是闲说。只认下着头去做，莫问迟速，少间自有至处。既是已前不曾做得，今便用下工夫去补填。莫要瞻前顾后，思量东西，少间担阁一生，不知年岁之老！［偰］

天下书尽多在。只恁地读，几时得了。须大段用着工夫，无一件是合少得底。而今只是那一般合看过底文字也未看，何况其它！［偰］

读书，须是遍布周满。某尝以为宁详毋略，宁下毋高，宁拙毋巧，宁近毋远。［方子］

读书之法，先要熟读。须是正看背看，左看右看。看得是了，未可便说道是，更须反复玩味。[时举]

少看熟读，反复体验，不必想象计获。只此三事，守之有常。[夔孙]

太凡看文字：少看熟读，一也；不要钻研立说，但要反复体验，二也；埋头理会，不要求效，三也。三者，学者当守此。[人杰]

书宜少看，要极熟。小儿读书记得，大人多记不得者，只为小儿心专。一日授一百字，则只是一百字；二百字，则只是二百字。大人一日或看百板，不恁精专。人多看一分之十，今宜看十分之一。宽着期限，紧着课程。[淳]

读书，只逐段逐些子细理会。小儿读书所以记得，是渠不识后面字，只专读一进耳。今人读书，只羁羁读去。假饶读得十遍，是读得十遍不曾理会得底书耳。"得寸，则王之寸也；得尺，则王之尺也。"读书当如此。[璘]

读书，小作课程，大施功力。如会读得二百字，只读得一百字，却于百字中猛施工夫，理会子细，读诵教熟。如此，不会记性人自记得，无识性人亦理会得。若泛泛然念多，只是皆无益耳。读书，不可以兼看未读者，却当兼看已读者。[璘]

读书不可贪多，且要精熟。如今日看得一板，且看半板，将那精力来更看前半板，两边如此，方看得熟。直须看得古人意思出，方好。[洽]

读书不要贪多。向见州郡纳税，数万钞总作一结。忽错其数，更无推寻处。其后有一某官乃立法，三二十钞作一结。观此，则读书之法可见。[可学]

"读书不可贪多，常使自家力量有余。"正淳云："欲将诸书循环看。"曰："不可如此，须看得一书彻了，方再看一书。若杂然并进，却反为所困。如射弓，有五斗力，且用四斗弓，便可挽满，己力欺得他过。今举者不忖自己力量去观书，恐自家照管他不

537

过。"[镛]

读书，只恁逐段子细看，积累去，则一生读多少书！若务贪多，则反不曾读得。又曰："须是紧着工夫，不可悠悠，又不须忙。只常抖搜得此心醒，则看愈有力。"[道夫]

不可都要羁去，如人一日只吃得三碗饭，不可将十数日饭都一齐吃了。一日只看得几段，做得多少工夫，亦有限，不可羁去都要了。[淳]

读书，只看一个册子，每日只读一段，方始是自家底。若看此又看彼，虽从眼边过得一遍，终是不熟。[履孙]

今人读书，看未到这里，心已在后面；纔看到这里，便欲舍去了。如此，只是不求自家晓解。须是徘徊顾恋，如不欲去，方会认得。[至]

某最不要人摘撮。看文字，须是逐一段、一句理会。[贺孙]

读书是格物一事。今且须逐段子细玩味，反来覆去，或一日，或两日，只看一段，则这一段便是我底。脚踏这一段了，又看第二段。如此逐旋捱去，捱得多后，却见头头道理都到。这工夫须用行思坐想，或将已晓得者再三思省，却自有一个晓悟处出，不容安排也。书之句法义理，虽只是如此解说，但一次看，有一次见识。所以某书，一番看，有一番改。亦有已说定，一番看，一番见得稳当。愈加分晓。故某说读书不贵多，只贵熟尔。然用工亦须是勇做进前去，莫思退转，始得。[大雅]

读书，且就那一段本文意上看，不必又生枝节。看一段，须反复看来看去，要十分烂熟，方见意味，方快活，令人都不爱去看别段，始得。人多是向前趱去，不曾向后反复，只要去看明日未读底，不曾去抽绎前日已读底。须玩味反复，始得。用力深，便见意味长；意味长，便受用牢固。又曰："不可信口依希略绰说过，须是心晓。"[宇]

大凡读书，须是熟读。熟读了，自精熟；精熟后，理自见得。

如吃果子一般，劈头方咬开，未见滋味，便吃了。须是细嚼教烂，则滋味自出，方始识得这个是甜是苦是甘是辛，始为知味。又云："园夫灌园，善灌之夫，随其蔬果，株株而灌之。少间灌溉既足，则泥水相和，而物得其润，自然生长。不善灌者，忙急而治之，担一担之水，浇满园之蔬。人见其治园矣，而物未尝沾足也。"又云："读书之道，用力愈多，收功愈远。先难而后获，先事而后得，皆是此理。"又云："读书之法，须是用工去看。先一书费许多工夫，后则无许多矣。始初一书费十分工夫，后一书费八九分，后则费六七分，又后则费四五分矣。"［卓］

因说"进德居业""进"字、"居"字曰："今看文字未熟，所以鹘突，都只见成一片黑淬淬地。须是只管看来看去，认来认去。今日看了，明日又看；早上看了，晚间又看；饭前看了，饭后又看，久之，自见得开，一个字都有一个大缝罅。今常说见得，又岂是悬空见得！亦只是玩味之久，自见得。文字只是旧时文字，只是见得开，如织锦上用青丝，用红丝，用白丝。若见不得，只是一片皂布。"［贺孙］

539

读书须是专一。读这一句，且理会这一句；读这一章，且理会这一章。须是见得此一章彻了，方可看别章，未要思量别章别句。只是平心定气在这边看，亦不可用心思索太过，少间却损了精神。前辈云："读书不可不敬。"敬便精专，不走了这心。

其始也，自谓百事能；其终也，一事不能！言人读书不专一，而贪多广阅之弊。［儞］

泛观博取，不若熟读而精思。［道夫］

大抵观书先须熟读，使其言皆若出于吾之口；继以精思，使其意皆若出于吾之心，然后可以有得尔。然熟读精思既晓得后，又须疑不止如此，庶几有进。若以为止如此矣，则终不复有进也。

书须熟读。所谓书，只是一般。然读十遍时，与读一遍时终别；读百遍时，与读十遍又自不同也。［履孙］

为人自是为人，读书自是读书。凡人若读十遍不会，则读二十遍；又不会，则读三十遍至五十遍，必有见到处。五十遍瞑然不晓，便是气质不好。今人未尝读得十遍，便道不可晓。[力行]

李敬子说先生教人读书云："既识得了，须更读百十遍，使与自家相乳入，便说得也响。今学者本文尚且未熟，如何会有益！"[方子]

读书不可记数，数足则止矣。[寿昌]

"诵数以贯之。"古人读书，亦必是记遍数，所以贯通也。又曰："凡读书，且从一条正路直去。四面虽有好看处，不妨一看，然非是要紧。"[佐]

温公答一学者书，说为学之法，举荀子四句云："诵数以贯之，思索以通之，为其人以处之，除其害以持养之。"荀子此说亦好。"诵数"云者，想是古人诵书亦记遍数。"贯"字训熟，如"习贯如自然"；又训"通"，诵得熟，方能通晓。若诵不熟，亦无可得思索。[广]

山谷与李几仲帖云："不审诸经、诸史，何者最熟。大率学者喜博，而常病不精。泛滥百书，不若精于一也。有余力，然后及诸书，则涉猎诸篇亦得其精。盖以我观书，则处处得益；以书博我，则释卷而茫然。"先生深喜之，以为有补于学者。[若海。

读书，理会一件，便要精这一件；看得不精，其它文字便亦都草草看了。一件看得精，其它亦易看。山谷帖说读书法甚好。[淳]

学者贪做工夫，便看得义理不精。读书须是子细，逐句逐字要见着落。若用工粗卤，不务精思，只道无可疑处。非无可疑，理会未到，不知有疑尔。大抵为学老少不同：年少精力有余，须用无书不读，无不究竟其义。若年齿向晚，却须择要用功，读一书，便觉后来难得工夫再去理会；须沉潜玩索，究极至处，可也。盖天下义理只有一个是与非而已。是便是是，非便是非。既有着落，虽不再读，自然道理浃洽，省记不忘。譬如饮食，从容咀嚼，其味必长；

大嚼大咽，终不知味也。[谟]

书只贵读，读多自然晓。今即思量得，写在纸上底，也不济事；终非我有，只贵乎读。这个不知如何，自然心与气合，舒畅发越，自是记得牢。纵饶熟看过，心里思量过，也不如读。读来读去，少间晓不得底，自然晓得；已晓得者，越有滋味。若是读不熟，都没这般滋味。而今未说读得注，且只熟读正经，行住坐卧，心常在此，自然晓得。尝思之，读便是学。夫子说"学而不思则罔，思而不学则殆"，学便是读。读了又思，思了又读，自然有意。若读而不思，又不知其意味；思而不读，纵使晓得，终是虩虩不安。一似倩得人来守屋相似，不是自家人，终不属自家使唤。若读得熟，而又思得精，自然心与理一，永远不忘。某旧苦记文字不得，后来只是读。今之记得者，皆读之功也。老苏只取《孟子》《论语》《韩子》与诸圣人之书，安坐而读之者七八年，后来做出许多文字如此好。他资质固不可及，然亦须着如此读。只是他读时，便只要模写他言语，做文章。若移此心与这样资质去讲究义理。那里得来！是知书只贵熟读，别无方法。[僩]

读书之法：读一遍了，又思量一遍；思量一遍，又读一遍。读诵者，所以助其思量，常教此心在上面流转。若只是口里读，心里不思量，看如何也记不子细。又云："今缘文字印本多，人不着心读。汉时诸儒以经相授者，只是暗诵，所以记得牢，故其所引书句，多有错字。如孟子所引诗书亦多错，以其无本，但记得耳。"[僩]

今人所以读书苟简者，缘书皆有印本多了。如古人皆用竹简，除非大段有力底人方做得。若一介之士，如何置。所以后汉吴恢欲杀青以写《汉书》，其子吴佑谏曰："此书若成，则载之车两。昔马援以薏苡兴谤，王阳以衣囊微名，正此谓也。"如黄霸在狱中从夏侯胜受书，凡再踰冬而后传。盖古人无本，除非首尾熟背得方得。至于讲诵者，也是都背得，然后从师受学。如东坡作李氏山房藏书

记，那时书犹自难得。晁以道尝欲得公、穀传，遍求无之，后得一本，方传写得。今人连写也自厌烦了，所以读书苟简。[铢]

讲论一篇书，须是理会得透。把这一篇书与自家羁作一片，方是。去了本子，都在心中，皆说得去，方好。[敬仲]

莫说道见得了便休。而今看一千遍，见得又别；看一万遍，看得又别。须是无这册子时，许多节目次第都恁地历历落落，在自家肚里，方好。[方子]

放下书册，都无书之意义在胸中。[升卿]

欧公言："作文有三处思量：枕上，路上，厕上。"他只是做文字，尚如此，况求道乎！今人对着册子时，便思量；册子不在，心便不在，如此，济得甚事！义刚。

今之学者，看了也似不曾看，不曾看也似看了。[方子]

看文字，于理会得了处更能看过，尤妙。[过]

看文字须子细。虽是旧曾看过，重温亦须子细。每日可看三两段。不是于那疑处看，正须于那无疑处看，盖工夫都在那上也。[广]

圣人言语如千花，远望都见好。须端的真见好处，始得。须着力子细看。工夫只在子细看上，别无术。[淳]

圣人言语皆枝枝相对，叶叶相当，不知怎生排得恁地齐整。今人只是心粗，不子细穷究。若子细穷究来，皆字字有着落。[道夫]

某自潭州来，其它尽不曾说得，只不住地说得一个教人子细读书。[节]

读书不精深，也只是不曾专一子细。[伯羽]

看文字有两般病：有一等性钝底人，向来未曾看，看得生，卒急看不出，固是病；又有一等敏锐底人，多不肯子细，易得有忽略之意，不可不戒。[贺孙]

为学读书，须是耐烦细意去理会，切不可粗心。若曰何必读书，自有个快捷方式法，便是误人底深坑也。未见道理时，恰如数重物色包裹在里许，无缘可以便见得。须是今日去了一重，又见得一重；明日又去了一重，又见得一重。去尽皮，方见肉；去尽肉，方见骨；去尽骨，方见髓。使粗心大气不得。[广]

观书初得味，即坐在此处，不复精研。故看义理，则汗漫而不别白；遇事接物，则颓然而无精神。[扬]

读书只要将理会得处，反复又看。[夔孙]

今人读书，看未到这里，心已在后面；才看到这里，便欲舍去。如今，只是不求自家晓解。须是徘徊顾恋，如不欲舍去，方能体认得。又曰："读书者譬如观此屋，若在外面见有此屋，便谓见了，即无缘识得。须是入去里面，逐一看过，是几多间架，几多窗槅。看了一遍，又重重看过，一齐记得，方是。"讲筵亦云："气象匆匆，常若有所迫逐。"[方子]

看书非止看一处便见道理。如服药相似，一服岂能得病便好！须服了又服，服多后，药力自行。[道夫]

读书着意玩味，方见得义理从文字中迸出。[季札]

读得通贯后，义理自出。[方子]

读书，须看他文势语脉。[芝]

看文字，要便有得。

看文字，若便以为晓得，则便住了。须是晓得后，更思量后面尚有也无。且如今有人把一篇文字来看，也未解尽知得他意，况于义理。前辈说得恁地，虽是易晓，但亦未解便得其意。须是看了又看，只管看，只管有。[义刚]

读者不可有欲了底心，才有此心，便心只在背后白纸处了，无益。[扬]

大抵学者只在是白纸无字处莫看，有一个字，便与他看一个。如此读书三年，无长进处，则如赵州和尚道："截取老僧头去！"[节]

人读书，如人饮酒相似。若是爱饮酒人，一盏了，又要一盏

吃。若不爱吃，勉强一盏便休。[泳]

读书不可不先立程限。政如农功，如农之有畔。为学亦然。今之始学者不知此理，初时甚锐，渐渐懒去，终至都不理会了。此只是当初不立程限之故。[广]

曾裘父诗话中载东坡教人读书小简，先生取以示学者，曰："读书要当如是。"按：裘父诗话载东坡与王郎书云："少年为学者，每一书皆作数次读之。当如入海，百货皆有。人之精力不能兼收尽取，但得其所欲求者尔。故愿学者每次作一意求之。如欲求古今兴亡治乱，圣贤作用，且只作此意求之，勿生余念。又别作一次求事迹文物之类，亦如之。他皆放此。若学成，八面受敌，与慕涉猎者不可同日而语。"[方子]

"尹先生门人言尹先生读书云：'耳顺心得，如诵己言。功夫到后，诵圣贤言语，都一似自己言语。'"良久，曰："佛所谓心印是也。印第一个了，印第二个，只与第一个一般。又印第三个，只与第二个一般。惟尧舜孔颜方能如此。尧老，逊位与舜，教舜做。及舜做出来，只与尧一般，此所谓真同也。孟子曰：'得志行乎中国，若合符节。'不是且恁地说。"[广]

读书须教首尾贯穿。若一番只草草看过，不济事。某记舅氏云："当新经行时，有一先生教人极有条理。时既禁了史书，所读者止是荀扬老庄列子等书，他便将诸书划定次第。初入学，只看一书。读了，理会得都了，方看第二件。每件须要贯穿，从头到尾，皆有次第。既通了许多书，斯为必取科第之计：如刑名度数，也各理会得些；天文地理，也晓得些；五运六气，也晓得些；如《素问》等书，也略理会得。又如读得圣制经，便须于诸书都晓得些。圣制经者，乃是诸书节略本，是昭武一士人作，将去献梁师成，要飘官爵。及投进，累月不见消息。忽然一日，只见内降一书云：'御制圣制经，令天下皆诵读。'方伯谟尚能记此士人姓名。"又云："是时既禁史学，更无人敢读史。时奉使叔祖教授乡里，只就蒙求逐事开说本末，时人已相尊敬，谓能通古今。有一士人，以犯法被黥，在都中，因计会在梁师成手里直书院，与之打并书册甚整齐。师成喜之，因问其故，他以情告，遂与之补官，令常直书院。一日，传圣驾将幸师成家，师成遂令此人打并装叠书册。此人以经史次第排，极可观。师成来点检，见诸史亦列桌上，因大骇，急移下去，云：'把这般文字将出来做甚么！'此非独不好此，想只怕人主取去，看见兴衰治乱之端耳。"［贺孙］

近日真个读书人少，也缘科举时文之弊也，才把书来读，便先立个意思，要讨新奇，都不理会他本意着实。才讨得新奇，便准拟作时文使，下梢弄得熟，只是这个将来使。虽是朝廷甚么大典礼，也胡乱信手捻合出来使，不知一撞百碎。前辈也是读书。某曾见大东莱吕居仁。之兄，他于六经三传皆通，亲手点注，并用小圈点。注所不足者，并将疏楷书，用朱点。无点画草。某只见他《礼记》如此，他经皆如此。诸吕从来富贵，虽有官，多是不赴铨，亦得安乐读书。他家这法度却是到伯恭打破了。自后既弄时文，少有肯如此读书者。［贺孙］

精神长者，博取之，所得多。精神短者，但以词义简易者涵养。

中年以后之人，读书不要多，只少少玩索，自见道理。

千载而下，读圣人之书，只看得他个影象，大概路脉如此。若边旁四畔，也未易理会得。［焘］

卷下

人之为学固是欲得之于心，体之于身。但不读书，则不知心之所得者何事。［道夫］

读书穷理，当体之于身。凡平日所讲贯穷究者，不知逐日常见得在心目间否。不然，则随文逐义，赶趁期限，不见悦处，恐终无益。

人常读书，庶几可以管摄此心，使之常存。横渠有言："书所以维持此心。一时放下，则一时德性有懈。其何可废！"[盖卿]

初学于敬不能无间断，只是才觉间断，便提起此心。只是觉处，便是接续。某要得人只就读书上体认义理。日间常读书，则此心不走作；或只去事物中羁，则此心易得汩没。知得如此，便就读书上体认义理，便可唤转来。[贺孙]

本心陷溺之久，义理浸灌未透，且宜读书穷理。常不间断，则物欲之心自不能胜，而本心之义理自安且固矣。

须是存心与读书为一事，方得。[方子]

人心不在躯壳里，如何读得圣人之书。只是杜撰凿空说，元与他不相似。[儞]

读书须将心贴在书册上，逐句逐字，各有着落，方始好商量。大凡学者须是收拾此心，令专静纯一，日用动静间都无驰走散乱，方始看得文字精审。如此，方是有本领。

546

今人看文字，多是以昏怠去看，所以不子细。故学者且于静处收拾教意思在里，然后虚心去看，则其义理未有不明者也。[祖道]

昔陈烈先生苦无记性。一日，读孟子"学问之道无他，求其放心而已矣"，忽悟曰："我心不曾收得，如何记得书！"遂闭门静坐，不读书百余日，以收放心；却去读书，遂一览无遗。[儞]

学者读书，多缘心不在，故不见道理。圣贤言语本自分晓，只略略加意，自见得。若是专心，岂有不见！[文蔚]

心不定，故见理不得。今且要读书，须先定其心，使之如止水，如明镜。暗镜如何照物！[伯羽]

立志不定，如何读书？[芝]

读书有个法，只是刷刮净了那心后去看。若不晓得，又且放下；待他意思好时，又将来看。而今却说要虚心，心如何解虚得。而今正要将心在那上面。[义刚]

读书，须是要身心都入在这一段里面，更不问外面有何事，方见得一段道理出。如"博学而笃志，切问而近思"，如何却说个"仁在其中"？盖自家能常常存得此心，莫教走作，则理自然在其中。今人却一边去看文字，一边去思量外事，只是枉费了工夫。不如放下了文字，待打叠教意思静了，却去看。[祖道]

学者观书多走作者，亦恐是根本上功夫未齐整，只是以纷扰杂乱心去看，不曾以湛然凝定心去看。不若先涵养本原，且将已熟底义理玩味，待其浃洽，然后去看书，便自知。只是如此。老苏自述其学为文处有云："取古人之文而读之，始觉其出言用意与己大异。及其久也，读之益精，胸中豁然以明，若人之言固当然者。"此是他于学文上功夫有见处，可取以喻今日读书，其功夫亦合如此。又曰："看得一两段，却且放心胸宽闲，不可贪多。"又曰："陆子静尝有旁人读书之说，亦可且如此。"

凡人看文字，初看时心尚要走作，道理尚见得未定，犹没奈他何。到看得定时，方入规矩，又只是在印板上面说相似，都不活。不活，则受用不得。须是玩味反复，到得熟后，方始会活，方始会动，方有得受用处。若只恁生记去，这道理便死了。[时举]

不可终日思量文字，恐成硬将心去驰逐了。亦须空闲少顷，养精神，又来看。[淳]

读书闲暇，且静坐，教他心平气定，见得道理渐次分晓。季札录云："庶几心平气和，可以思索义理。"这个却是一身总会处。且如看《大学》"在明明德"一句，须常常提醒在这里。他日长进，亦只在这里。人只是一个心做本，须存得在这里，识得他条理脉络，自有贯通处。赐季札录云："问：'伊川见人静坐，如何便叹其善学？'曰：'这却是一个总要处。'"又云："《大学》'在明明德'一句，当常常提撕。能如此，便有进步处。盖其原自此发见。人只一心为本。存得此心，于事物方知有脉络贯通处。"

大凡读书，且要读，不可只管思。口中读，则心中闲，而义理自出。某之始学，亦如是尔，更无别法。[节]

学者读书，须要敛身正坐，缓视微吟，虚心涵泳，切己省一作"体"。察。又云："读一句书，须体察这一句，我将来甚处用得。"又云："文字是底固当看，不是底也当看；精底固当看，粗底也当看。"［震］

读书须是虚心切己。虚心，方能得圣贤意；切己，则圣贤之言不为虚说。

看文字须是虚心。莫先立己意，少刻多错了。又曰："虚心切己。虚心则见道理明；切己，自然体认得出。"［举］

圣人言语，皆天理自然，本坦易明白在那里。只被人不虚心去看，只管外面捉摸。及看不得，便将自己身上一般意思说出，把做圣人意思。［淳］

圣贤言语，当虚心看，不可先自立说去撑拄，便喝斜了。不读书者，固不足论；读书者，病又如此。［淳］

凡看书，须虚心看，不要先立说。看一段有下落了，然后又看一段。须如人受词讼，听其说尽，然后方可决断。［泳］

看前人文字，未得其意，便容易立说，殊害事。盖既不得正理，又枉费心力。不若虚心静看，即涵养、究索之功，一举而两得之也。［时举］

大抵义理，须是且虚心随他本文正意看。［必大］

读书遇难处，且须虚心搜讨意思。有时有思绎底事，却去无思量处得。［敬仲］

问："如先生所言，推求经义，将来到底还别有见处否？"曰："若说如释氏之言有他心通，则无也。但只见得合如此尔。"再问："所说'寻求义理，仍须虚心观之'，不知如何是虚心？"曰："须退一步思量。"次日，又问退一步思量之旨。曰："从来不曾如此做工夫，后亦是难说。今人观书，先自立了意后方观，尽率古人语言入做自家意思中来。如此，只是推广得自家意思，如何见得古人意思！须得退步者，不要自作意思，只虚此心将古人语言放前面，看他意思倒杀向何处去。如此玩心，方可得古人意，有长进处。且如孟子说诗，要'以意逆志，是为得之'。逆者，等待之谓也。如前途等待一人，未来时且须耐心等待，将来自有来时候。他未来，其心急切，又要进前寻求，却不是'以意逆志'，是以意捉志也。如此，只是牵率古人言语，入做自家意中来，终无进益。"[大雅]

某尝见人云："大凡心不公底人，读书不得。"今看来，是如此。如解说圣经，一向都不有自家身己，全然虚心，只把他道理自看其是非。恁地看文字，犹更自有牵于旧习，失点检处。全然把一己私意去看圣贤之书，如何看得出！[贺孙]

或问："看文字为众说杂乱，如何？"曰："且要虚心，逐一说看去，看得一说，却又看一说。看来看去，是非长短，皆自分明。譬如人欲知一个人是好人，是恶人，且随他去看。随来随去，见他言语动作，便自知他好恶。"又曰："只要虚心。"又云："濯去旧闻，以来新见。"

观书，当平心以观之。大抵看书不可穿凿，看从分明处，不可寻从隐僻处去。圣贤之言，多是与人说话。若是峣崎，却教当时人如何晓。[节]

观书，须静着心，宽着意思，沉潜反复，将久自会晓得去。[儒用]

放宽心，以他说看他说。以物观物，无以己观物。[道夫]

以书观书，以物观物，不可先立己见。

读书，须要切己体验。不可只作文字看，又不可助长。[方]

学者当以圣贤之言反求诸身，一一体察。须是晓然无疑，积日既久，当自有见。但恐用意不精，或贪多务广，或得少为足，则无由明耳。[祖道]

读书，不可只专就纸上求理义，须反来就自家身上以手自指，推究。秦汉以后无人说到此，亦只是一向去书册上求，不就自家身上理会。自家见未到，圣人先说在那里。自家只借他言语来就身上

推究，始得。[淳]

今人读书，多不就切己上体察，但于纸上看，文义上说得去便了。如此，济得甚事！"何必读书，然后为学？"子曰："是故恶夫佞者！"古人亦须读书始得。但古人读书，将以求道。不然，读作何用？今人不去这上理会道理，皆以涉猎该博为能，所以有道学、俗学之别。因提案上药囊起，曰："如合药，便要治病，终不成合在此看。如此，于病何补！文字浩瀚，难看，亦难记。将已晓得底体在身上，却是自家易晓易做底事。解经已是不得已，若只就注解上说，将来何济！如画那人一般，画底却识那人。别人不识，须因这画去求那人，始得。今便以画唤做那人，不得。"[宇]

或问读书工夫。曰："这事如今似难说。如世上一等人说道不须就书册上理会，此固是不得。然一向只就书册上理会，不曾体认着自家身己，也不济事。如说仁义礼智，曾认得自家如何是仁？自家如何是义？如何是礼？如何是智？须是着身己体认得。如读'学而时习之'，自家曾如何学？自家曾如何习？'不亦说乎'！曾见得如何是说？须恁地认，始得。若只逐段解过去，解得了便休，也不济事。如世上一等说话，谓不消得读书，不消理会，别自有个觉处，有个悟处，这个是不得。若只恁地读书，只恁地理会，又何益！"[贺孙]

学须做自家底看，便见切己。今人读书，只要科举用；已及第，则为杂文用；其高者，则为古文用，皆做外面看。[淳]

读书之法，有大本大原处，有大纲大目处，又有逐事上理会处，又其次则解释文义。[雉]

玩索、穷究，不可一废。[升卿]

或问读书未知统要。曰："统要如何便会知得？近来学者，有一种则舍去册子，却欲于一言半句上便要见道理；又有一种，则一向泛滥不知归着处，此皆非知学者。须要熟看熟思，久久之间，自然见个道理四停八当，而所谓统要者自在其中矣。"[履孙]

凡看文字，专看细密处，而遗却缓急之间者，固不可；专看缓急之间，而遗却细密者，亦不可。今日之看，所以为他日之用。须思量所以看者何为。非只是空就言语上理会得多而已也。譬如拭桌子，只拭中心，亦不可；但拭四弦，亦不可。须是切己用功，使将来自得之于心，则视言语诚如糟粕。然今不可便视为糟粕也，但当自期向到彼田地尔。[方子]

学者有所闻，须便行，始得。若得一书，须便读便思便行，岂可又安排停待而后下手！且如得一片纸，便来一片纸上道理行之，可也。[履孙]

读书便是做事。凡做事，有是有非，有得有失。善处事者，不过称量其轻重耳。读书而讲究其义理，判别其是非，临事即此理。[可学]

真理会得底，便道真理会得；真理会不得底，便道真理会不得。真理会得底固不可忘，真理会不得底，须看那处有碍。须记那紧要处，常勿忘。所谓"智者利仁"，方其求时，心固在此；不求时，心亦在此。[淳]

学得此事了，不可自以为了，恐怠意生。如读得此书，须终身记之。[寿昌]

读书推类反求，固不害为切己，但却又添了一重事。不若且依文看，逐处各自见个道理。久之自然贯通，不须如此费力也。

学者理会文义，只是要先理会难底，遂至于易者亦不能晓。《学记》曰："善问者如攻坚木，先其易者，后其节目。"所谓"攻瑕，则坚者瑕；攻坚，则瑕者坚"，不知道理好处又却多在平易处。[璘]

只看自家底。不是自家底，枉了思量。[焘]

凡读书，且须从一条正路直去。四面虽有可观，不妨一看，然非是紧要。方子。

看书不由直路，只管枝蔓，便于本意不亲切。[淳]

551

看文字不可相妨，须各自逐一着地头看他指意。若牵窒着，则件件相碍矣。[端蒙]

看文字，且逐条看。各是一事，不相牵合。

读书要周遍平正。[夔孙]

看文字不可落于偏僻，须是周匝。看得四通八达，无些窒碍，方有进益。又云："某解《语》《孟》，训诂皆存。学者观书，不可只看紧要处，闲慢处要都周匝。今说'求放心'，未问其它，只此便是'博学而笃志，切问而近思，仁在其中矣'。'博学而笃志，切问而近思'，方是读书，却说'仁在其中'，盖此便是'求放心'也。"[人杰]

看文字，且依本句，不要添字。那里元有缝罅，如合子相似。自家只去抉开，不是浑沦底物，硬去凿；亦不可先立说，牵古人意来凑。且如"逆诈、亿不信"与"先觉"之辨：逆诈，是那人不曾诈我，先去揣摩道，那人必是诈我；亿不信，是那人未有不信底意，便道那人必是不信；先觉，则分明见得那人已诈我，不信我。如高祖知人善任使，亦是分明见其才耳。

读书若有所见，未必便是，不可便执着。且放在一边，益更读书，以来新见。若执着一见，则此心便被此见遮蔽了。譬如一片净洁田地，若上面才安一物，便须有遮蔽了处。圣人七通八达，事事说到极致处。学者须是多读书，使互相发明，事事穷到极致处。所谓"本诸身，征诸庶民，考诸三王而不缪，建诸天地而不悖，质诸鬼神而无疑，百世以俟圣人而不惑"。直到这个田地，方是。《语》云："执德不弘。"《易》云："宽以居之。"圣人多说个广大宽洪之意，学者要须体之。[广]

看书，不可将自己见硬参入去。须是除了自己所见，看他册子上古人意思如何。如程先生解"直方大"，乃引孟子。虽是程先生言，毕竟迫切。[节]

看文字先有意见，恐只是私意。谓如粗厉者观书，必以勇果强

毅为主；柔善者观书，必以慈祥宽厚为主，书中何所不有！[人杰]

凡读书。先须晓得他底言词了，然后看其说于理当否。当于理则是，背于理则非。今人多是心下先有一个意思了，却将他人说话来说自家底意思；其有不合者，则硬穿凿之使合。[广]

学者不可用己意迁就圣贤之言。[德明]

读书，如问人事一般。欲知彼事，须问彼人。今却不问其人，只以己意料度，谓必是如此。[扬]

看人文字，不可随声迁就。我见得是处，方可信。须沉潜玩绎，方有见处。不然，人说沙可做饭，我也说沙可做饭，如何可吃！[谦]

大凡读书，不要般涉。但温寻旧底不妨，不可将新底来搀。[道夫]

文字不可硬说，但当习熟，渐渐分明。

凡看圣贤言语，不要迫得太紧。[振]

大凡看文字要急迫不得。有疑处，且渐渐思量。若一下便要理会得，也无此理。[广]

看文字，须是退步看，方可见得。若一向近前迫看，反为所遮蔽，转不见矣。[力行]

学者观书，病在只要向前，不肯退步看。愈向前，愈看得不分晓。不若退步，却看得审。大概病在执着，不肯放下。正如听讼：心先有主张乙底意思，便只寻甲底不是；先有主张甲底意思，便只见乙底不是。不若姑置甲乙之说，徐徐观之，方能辨其曲直。横渠云："濯去旧见，以来新意。"此说甚当。若不濯去旧见，何处得新意来。今学者有二种病，一是主私意，一是旧有先入之说，虽欲摆脱，亦被他自来相寻。[镛]

学者不可只管守从前所见，须除了，方见新意。如去了浊水，然后清者出焉。[力行]

到理会不得处，便当"濯去旧见，以来新意"，仍且只就本文

看之。[伯羽]

某向时与朋友说读书，也教他去思索，求所疑。近方见得，读书只是且恁地虚心就上面熟读，久之自有所得，亦自有疑处。盖熟读后，自有窒碍，不通处是自然有疑，方好较量。今若先去寻个疑，便不得。又曰："这般也有时候。旧日看《论语》，合下便有疑。盖自有一样事，被诸先生说成数样，所以便着疑。今却有集注了，且可傍本看教心熟。少间或有说不通处，自见得疑，只是今未可先去疑着。"[贺孙]

看文字，且自用工夫，先已切至，方可举所疑，与朋友讲论。假无朋友，久之自能自见得。盖蓄积多者忽然爆开，便自然通，此所谓"何天之衢亨"也。盖蓄极则通，须是蓄之极，则通。甾人杰录云："读书须是先看一件了，然后再看一件。若是蓄积处多，忽然爆开来时，自然所得者大，易所谓'何天之衢亨'，是也。"

读书无疑者，须教有疑；有疑者，却要无疑，到这里方是长进。[道夫]

问："看理多有疑处。如百氏之言，或疑其为非，又疑其为是，当如何断之？"曰："不可强断，姑置之可也。"[人杰]

人之病，只知他人之说可疑，而不知己说之可疑。试以诘难他人者以自诘难，庶几自见得失。[必大]

因求讲学言论传之，答曰："圣贤之言，明如日月。"又曰："人有欲速之病。旧尝与一人读诗集，每略过题一行。不看题目，却成甚读诗也！又尝见龚实之轿中只着一册文字看，此其专静也。且云：'寻常出外，轿中着三四册书，看一册厌，又看一册，此是甚功夫也！'"[方]

因金出文字，偶失金字，遂不能记，云："旧有人老不识字，然隔年琐琐出入，皆心记口数之，既为写下，覆之无差。盖其人忠寔，又专一无他事，所以记得。今学者不能记，又往往只靠着笔墨文字，所以愈忘之也。"[方]

先生戏引禅语云："一僧与人读碑，云：'贤读着，总是字；某读着，总是禅。'沩山作一书戒僧家整齐。有一川僧最蓦苴，读此书，云："似都是说我！"善财五十三处见善知识，问皆如一，云：'我已发三藐三菩提心，而未知如何行菩萨行，成菩萨道。'"

问读诸经之法。曰："亦无法，只是虚心平读去。"［淳］

以下读诸经法。

学不可躐等，不可草率，徒费心力。须依次序，如法理会。一经通熟，他书亦易看。［闳祖］

圣人千言万语，只是说个当然之理。恐人不晓，又笔之于书。自书契以来，二典三谟伊尹武王箕子周公孔孟都只是如此，可谓尽矣。只就文字间求之，句句皆是。做得一分，便是一分工夫，非茫然不可测也，但患人不子细求索之耳。须要思量圣人之言是说个甚么，要将何用。若只读过便休，何必读！［明作］

读六经时，只如未有六经，只就自家身上讨道理，其理便易晓。［敬仲］

读书只就一直道理看，剖析自分晓，不必去偏曲处看。易有个阴阳，诗有个邪正，书有个治乱，皆是一直路径，可见别无岭崎。［宇］

人惟有私意，圣贤所以留千言万语，以扫涤人私意，使人人全得恻隐、羞恶之心。六经不作可也，里面着一点私意不得。［节］

许多道理，孔子恁地说一番，孟子恁地说一番，子思又恁地说一番，都恁地悬空挂在那里。自家须自去体认，始得。［贺孙］

为学须是先立大本。其初甚约，中间一节甚广大，到末梢又约。孟子曰："博学而详说之，将以反说约也。"故必先观《论》《孟》《大学》《中庸》，以考圣贤之意；读史，以考存亡治乱之迹；读诸子百家，以见其驳杂之病。其节目自有次序，不可躐越。近日学者多喜从约，而不于博求之。不知不求于博，何以考其约！如某人好约，今只做得一僧，了得一身。又有专于博上求之，而不反其

约，今日考一制度，明日又考一制度，空于用处作工夫，其病又甚于约而不博者。要之，均是无益。[可学]

学者只是要熟，工夫纯一而已。读时熟，看时熟，玩味时熟。如《孟子》《诗》《书》，全在读时工夫。《孟子》每章说了，又自解了。盖他直要说得尽方住，其言一大片，故后来老苏亦拖他来做文章说。须熟读之，便得其味。今观《诗》，既未写得传，且除了小序而读之。亦不要将做好底看，亦不要将做恶底看，只认本文语意，亦须得八九。[镛]

人做功课若不专一，东看西看，则此心先已散漫了，如何看得道理出。须是看《论语》，专只看《论语》；看《孟子》，专只看《孟子》。读这一章，更不看后章；读这一句，更不得看后句；这一字理会未得，更不得看下字。如此，则专一而功可成。若所看不一，泛滥无统，虽卒岁穷年，无有透彻之期。某旧时文字，只是守此拙法，以至于今。思之，只有此法，更无他法。[僴]

"凡读书，须有次序。且如一章三句，先理会上一句，待通透；次理会第二句，第三句，待分晓；然后将全章反复抽绎玩味。如未通透，却看前辈讲解，更第二番读过。须见得身分上有长进处，方为有益。如《语》《孟》二书，若便恁地读过，只一二日可了。若要将来做切己事玩味体察，一日多看得数段，或一两段耳。"又云："看讲解，不可专？他说，不求是非，便道前贤言语皆的当。如《遗书》中语，岂无过当失实处，亦有说不及处。"又云："初看时便先断以己意，前圣之说皆不可入。此正当今学者之病，不可不知。"[宇]

人只读一书不得，谓其傍出多事。《礼记》《左传》最不可不读。[扬]

看经书与看史书不同：史是皮外物事，没紧要，可以札记问人。若是经书有疑，这个是切己病痛。如人负痛在身，欲斯须忘去而不可得。岂可比之看史，遇有疑则记之纸邪！[僴]

浩曰："赵书记云：'自有见后，只是看六经《语》《孟》，其它史书杂学皆不必看。'其说谓买金须问卖金人，杂卖店中那得金银。不必问也。"曰："如此，即不见古今成败，便是荆公之学。书那有不可读者？只怕无许多心力读得。六经是三代以上之书，曾经圣人手，全是天理。三代以下文字有得失，然而天理却在这边自若也。要有主，觑得破，皆是学。"[浩]

向时有一截学者，贪多务得，要读《周礼》、诸史、本朝典故，一向尽要理会得许多没紧要底工夫，少刻身己都自恁地颠颠倒倒没顿放处。如吃物事相似：将甚么杂物事，不是时节，一顿都吃了，便被他撑肠拄肚，没奈何他。[贺孙]

看经传有不可晓处，且要旁通。待其浃洽，则当触类而可通矣。[人杰]

经旨要子细看上下文义。名数制度之类，略知之便得，不必大段深泥，以妨学问。

理明后，便读申韩书，亦有得。[方子]

以下杂论。

诸先生立言有差处，如横渠知言。当知其所以差处，不宜一切委之，所以自广其志，自进其知也。

读书理会道理，只是将勤苦捱将去，不解得不成。"文王犹勤，而况寡德乎！"今世上有一般议论，成就后生懒惰。如云不敢轻议前辈，不敢妄立论之类，皆中怠惰者之意。前辈固不敢妄议，然论其行事之是非，何害？固不可凿空立论，然读书有疑，有所见，自不容不立论。其不立论者，只是读书不到疑处耳。将精义诸家说相比并，求其是，便自有合辨处。[璘]

因言读书法，曰："且先读十数过，已得文义四五分；然后看解，又得三二分；又却读正文，又得一二分。向时不理会得《孟子》，以其章长故也。因如此读。元来他章虽长，意味却自首末相贯。"又问读书心多散乱。曰："便是心难把捉处。知得此病者，亦早少了。向时举《中庸》'诚者物之终始，不诚无物'，说与直卿云：'且如读十句书，上九句有心记得，心不走作，则是心在此九句内，是诚，是有其物，故终始得此九句用。若下一句心不在焉，便是不诚，便无物也。'"[明作]

以下论看注解。

"大凡人读书，且当虚心一意，将正文熟读，不可便立见解。看正文了，却着深思熟读，便如己说，如此方是。今来学者一般是专要作文字用，一般是要说得新奇，人说得不如我说得较好，此学者之大病。譬如听人说话一般，且从他说尽，不可剿断他说，便以己意见抄说。若如此，全不见得他说是非，只说得自家底，终不济事。"久之，又曰："须是将本文熟读，字字咀嚼教有味。若有理会不得处，深思之；又不得，然后却将注解看，方有意味。如人饥而后食，渴而后饮，方有味。不饥不渴而强饮食之，终无益也。"又曰："某所集注《论语》，至于训诂皆子细者，盖要人字字与某着意看，字字思索到，莫要只作等闲看过了。"又曰："读书，第一莫要先立个意去看他底；莫要才领略些大意，不耐烦，便休了。"[祖道]

学者观书，先须读得正文，记得注解，成诵精熟。注中训释文意、事物、名义，发明经指，相穿纽处，一一认得，如自己做出来底一般，方能玩味反复，向上有透处。若不如此，只是虚设议论，如举业一般，非为己之学也。曾见有人说诗，问他《关雎》篇，于其训诂名物全未晓，便说："乐而不淫，哀而不伤。"某因说与他道："公而今说诗，只消这八字，更添'思无邪'三字，共成十一字，便是一部毛诗了。其它三百篇，皆成渣滓矣！"因忆顷年见汪端明说："沉元用问和靖：'《伊川易传》何处是切要？'尹云：'体用一源，显微无间。此是切要处。'"后举似李先生，先生曰："尹说固好。然须是看得六十四卦、三百八十四爻都有下落，方始说得此话。若学者未曾子细理会，便与他如此说，岂不误他！"某闻之悚然！始知前日空言无实，不济事，自此读书益加详细云。此一段，系先生亲书示书堂学者。

凡人读书，若穷得到道理透处，心中也替他饶本作"替地"。快活。若有疑处，须是参诸家解熟看。看得有差互时，此一段终是不稳在心头，不要放过。[敬仲]

凡看文字，诸家说有异同处，最可观。谓如甲说如此，且捍扯住甲，穷尽其词；乙说如此，且捍扯住乙，穷尽其词。两家之说既尽，又参考而穷究之，必有一真是者出矣。[学蒙]

经之有解，所以通经。经既通，自无事于解，借经以通乎理耳。理得，则无俟乎经。今意思只滞在此，则何时得脱然会通也。且所贵乎简者，非谓欲语言之少也，乃在中与不中尔。若句句亲切，虽多何害。若不亲切，愈少愈不达矣！某尝说："读书须细看得意思通融后，都不见注解，但见有正经几个字在，方好。"[大雅]

句心。[方子]

看注解时，不可遗了紧要字。盖解中有极散缓者，有缓急之间者，有极紧要者。某下一字时，直是称轻等重，方敢写出！上言句心，即此意。[方子]

且寻句内意。[方子]

凡读书，须看上下文意是如何，不可泥着一字。如扬子："于仁也柔，于义也刚。"到《易》中，又将刚来配仁，柔来配义。如《论语》："学不厌，智也；教不倦，仁也。"到《中庸》又谓："成己，仁也；成物，智也。"此等须是各随本文意看，便自不相碍。[淳]

问："一般字，却有浅深轻重，如何看？"曰："当看上下文。"[节]

读书，须从文义上寻，次则看注解。今人却于文义外寻索。[盖卿]

传注，惟古注不作文，却好看。只随经句分说，不离经意，最好。疏亦然。今人解书，且图要作文，又加辨说，百般生疑。故其

文虽可读，而经意殊远。《程子易传》亦成作文，说了又说。故今人观者更不看本经，只读传，亦非所以使人思也。[大雅]

以下附论解经。

解经谓之解者，只要解释出来。将圣贤之语解开了，庶易读。[泳]

圣经字若个主人，解者犹若奴仆。今人不识主人，且因奴仆通名，方识得主人，毕竟不如经字也。[泳]

随文解义。[方子]

解经当如破的。[方子]

经书有不可解处，只得阙。若一向去解，便有不通而谬处。

今之谈经者，往往有四者之病：本卑也，而抗之使高；本浅也，而凿之使深；本近也，而推之使远；本明也，而必使至于晦，此今日谈经之大患也。[盖卿]

后世之解经者有三：儒者之经；文人之经，东坡陈少南辈是也；禅者之经，张子韶辈是也。

解书，须先还他成句，次还他文义。添无紧要字却不妨，添重字不得。今人所添者，恰是重字。[端蒙]

圣贤说出来底言语，自有语脉，安顿得各有所在，岂似后人胡乱说了也！须玩索其旨，所以学不可以不讲。讲学固要大纲正，然其间子细处，亦不可以不讲。只缘当初讲得不子细，既不得圣贤之意，后来胡乱执得一说，便以为是，只胡乱解将去！镛。必大录此下云："古人似未尝理会文义。今观其说出底言语，不曾有一字用不当者。"

解经，若于旧说一向人情他，改三字不若改两字，改两字不若且改一字，至于甚不得已乃始改，这意思终为害。[升卿]

凡学者解书，切不可与他看本。看本，则心死在本子上。只教他恁地说，则他心便活，亦且不解失忘了。[寿昌]

"学者轻于著书，皆是气识浅薄，使作得如此，所谓'圣虽学作亭,所贵者资；便儇佼厉亭,去道远而'！盖此理醲厚,非便儇佼厉不克负荷者所能当。子张谓'执德不弘',人多以宽大训'弘'字,大无意味,如何接连得'焉能为有,焉能为亡',文义相贯。盖'弘'字有深沉重厚之意。横渠谓：'义理,深沉方有造,非浅易轻浮所可得也。'此语最佳。"问："集注解此,谓'守所得而心不广,则德孤',如何？"曰："孤,只是孤单。所得只是这些道理,别无所有,故谓之德孤"[谟]

论著书。

编次文字,须作草簿,抄记项头。如此,则免得用心去记他。兵法有云："车载糗粮兵仗,以养力也。"编次文字,用簿抄记,此亦养心之法。广。论编次文字。

今人读书未多,义理未至融会处,若便去看史书,考古今治乱,理会制度典章,譬如作陂塘以溉田,须是陂塘中水已满,然后决之,则可以流注滋殖田中禾稼。若是陂塘中水方有一勺之多,遽决之以溉田,则非徒无益于田,而一勺之水亦复无有矣。读书既多,义理已融会,胸中尺度一一已分明,而不看史书,考治乱,理会制度典章,则是犹陂塘之水已满,而不决以溉田。若是读书未多,义理未有融会处,而汲汲焉以看史为先务,是犹决陂塘一勺之水以溉田也,其涸也可立而待也。[广]

以下读史。

先看《语》《孟》《中庸》,更看一经,却看史,方易看。先读《史记》,《史记》与《左传》相包。次看《左传》,次看《通鉴》,有余力则看全史。只是看史,不如今之看史有许多嶢崎。看治乱如此,成败如此,"与治同道罔不兴,与乱同事罔不亡",知得次第。[节]

今人只为不曾读书,只是读得粗书。凡读书,先读《语》《孟》,然后观史,则如明鉴在此,而妍丑不可逃。若未读彻《语》《孟》《中庸》《大学》便去看史,胸中无一个权衡,多为所惑。又有一般人都不曾读书，便言我已悟得道理，如此便是恻隐之心，如此便是羞恶之心，如此便是是非之心，浑是一个私意，如近时祧庙可见。[杞]

问读史之法。曰："先读《史记》及《左氏》，却看《西汉》《东汉》及《三国志》。次看《通鉴》。温公初作编年，起于威烈王；后又添至共和后，又作《稽古录》，始自上古。然共和以上之年，已不能推矣。独邵康节却推至尧元年，《皇极经世》书中可见。编年难得好者。前日周德华所寄来者亦不好。温公于本朝又作大事记。若欲看本朝事，当看《长编》。若精力不及，其次则当看《国纪》。《国纪》只有《长编》十分之二耳。"[时举]

史亦不可不看。看《通鉴》固好，然须看正史一部，却看《通鉴》。一代帝纪，更逐件大事立个纲目，其间节目疏之于下，恐可记得。[人杰]

饶宰问看《通鉴》。曰："《通鉴》难看，不如看《史记》《汉书》。《史记》《汉书》事多贯穿，纪里也有，传里也有，表里也有，志里也有。《通鉴》是逐年事，逐年过了，更无讨头处。"道夫录云："更无踪迹。"饶廷老曰："通鉴历代具备。看得大概，且未免求速耳。"曰："求速，却依旧不曾看得。须用大段有记性者，方可。且如东晋以后，有许多小国夷狄姓名，头项最多。若是看正史后，却看《通鉴》，见他姓名，却便知得他是某国人。某旧读《通鉴》，亦是如此。且草草看正史一上，然后却来看他。"[芝]

问："读《通鉴》与正史如何？"曰："好且看正史，盖正史每一事关涉处多，只如高祖鸿门一事，本纪与张良灌婴诸传互载，又却意思详尽，读之使人心地欢洽，便记得起。《通鉴》则一处说便休，直是无法，有记性人方看得。"又问："致堂管见，初得之甚喜。后见《南轩集》中云：'病败不可言。'又以为专为桧设。岂有言天下之理而专为一人者！"曰："尽有好处，但好恶不相掩尔。"曰："只如头一章论三晋事，人多不以为然。自今观之，只是祖温公尔。"

曰："诚是祖。但如周王不分封，也无个出场。"[道夫]

读史当观大伦理、大机会、大治乱得失。[节]

凡观书史，只有个是与不是。观其是，求其不是；观其不是，求其是，然后便见得义理。[寿昌]

史且如此看读去，待知首尾稍熟后，却下手理会。读书皆然。

读史有不可晓处，札出待去问人，便且读过。有时读别处，撞着有文义与此相关，便自晓得。[义刚]

问读史。曰："只是以自家义理断之。大概自汉以来，只是私意，其间有偶合处尔。只如此看他，已得大概。范唐鉴亦是此法，然稍疏。更看得密如他，尤好。然得似他，亦得了。"[端蒙]

读史亦易见作史者意思，后面成败处，他都说得意思在前面了。如陈蕃杀宦者，但读前面，许多疏脱都可见了。"甘露"事亦然。[贺孙]

问芝："史书记得熟否？苏丞相颂看史，都在手上轮得。他那资性直是会记。"芝曰："亦缘多忘。"曰："正缘如此，也须大约记得某年有甚么事，某年有甚么事。才记不起，无缘会得浃洽。"芝云："正缘是不浃洽。"曰："合看两件。且看一件，若两件是四百字，且二百字，有何不可。"[芝]

人读史书，节目处须要背得，始得。如读《汉书》，高祖辞沛公处，义帝遣沛公入关处，韩信初说汉王处，与史赞过秦论之类，皆用背得，方是。若只是略绰看过，心下似有似无，济得甚事！读一件书，须心心念念只在这书上，令彻头彻尾，读教精熟，这说是如何，那说是如何，这说同处是如何，不同处是如何，安有不长进！而今人只办得十日读书，下着头不与闲事，管取便别。莫说十日，只读得一日，便有功验。人若办得十来年读书，世间甚书读不了！今公们自正月至腊月三十日，管取无一日专心致志在书上。又云："人做事，须是专一。且如张旭学草书，见公孙大娘舞剑器而悟。若不是他专心致志，如何会悟！"

杨志之患读史无记性，须三五遍方记得，而后又忘了。曰："只是一遍读时，须用功，作相别计，止此更不再读，便记得。有一士人，读《周礼》疏，读第一板讫，则焚了；读第二板，则又焚了；便作焚舟计。若初且草读一遍，准拟三四遍读，便记不牢。"又曰："读书须是有精力。"至之曰："亦须是聪明。"曰："虽是聪明，亦须是静，方运得精神。昔见延平说："罗先生解《春秋》也浅，不似胡文定。后来随人入广，在罗浮山住三两年，去那里心静，须看得较透。"淳录云："那里静，必做得工夫有长进处。只是归来道死，不及叩之。"某初疑解《春秋》，干心静甚事，后来方晓。盖静则心虚，道理方看得出。义刚曰："前辈也多是在背后处做几年，方成。"曰："也有不恁地底。如明道自二十岁及第，一向出来做官，自恁地便好了。"[义刚]

附：朱子读书法另一则

有一士人读《周礼》疏，读第一章讫，则焚了；读第二章讫，则又焚了。怕守之不坚也，便为济河焚舟计。若初且草读一遍，准拟二三遍读，便记不切。

此不特善读书亦善藏书，盖以腹为笥而书乃真为我有。视彼牙签、锦轴而手未触者，直蠹不若矣。人资性钝，合看两件且看一件，此以少胜多也。若两件是四百字，且看二百字，自能记忆，自然浃洽。

懒人挑重担，俗谓贪多嚼不烂，最是不善读书者。浑身在闹场中，如何读得书？人若于日间，闲言语省说一两句，闲客人省见一两个，也好逐日无事，有现成饭吃。用半日静坐，半日读书，如是三年，何患不进？将闲务减省，专心静坐读书，学与日积，自得大功。

程正思论读书

宋·程端蒙

【题解】 作者简介同前。本文选自北京图书馆古籍珍藏本丛刊明刻本《居家必用事类全集》甲集。

读书必正心肃容，计遍数熟读。遍数已足而未成诵，必欲成诵。遍数未足，虽已成诵，必满遍数。一书已熟，方读一书。毋务泛观，毋务强记。非圣之言勿读，无益之文勿观。

黄庭坚读书法

宋·黄庭坚

【题解】 黄庭坚（1045～1105），字鲁直，号山谷道人，晚号涪翁，洪州分宁（今江西修水县）人，北宋文学家、书法家。本文选自嘉靖本《豫章黄先生文集》，题目为编者所加。

读书欲精不欲博，用心欲纯不用杂。读书务博，常不尽意，用心不纯，讫无全功。治经之法，不独玩其文章、读说义理而已，一言一句，皆以养心、冶性、事亲、处兄弟之间、接物在朋友之际，考当世之盛衰与君臣之离合，在朝之士观其见危之大节，在野之士观其奉身之大义。以其目力之余玩其华藻，以此心术作为文章，无不如意。何况翰墨与世俗之事哉！

读书不能体验身心、权衡今古，纵才穷二酉、学富五车，谓之书簏可耳。以言读书，则未也。

程端礼辑朱子读书法

元·程端礼

【题解】 作者简介同前。本文选自其著《畏斋集》。

端礼窃闻之朱子曰："为学之道，莫先于穷理。穷理之要，必在乎读书。读书之法，莫贵乎循序而致精。而致精之本，则又在于居敬而持志。"此不易之理也。其门人与私淑之徒，会萃朱子平日之训，而节序其要，定为读书法六条如左。

○**循序渐进**

朱子曰："以二书言之，则通一书而后及一书。以一书言之，篇章句字，首尾次第，亦各有序而不可乱。量力所至而谨守之。字求其训，句索其旨。未得乎前，不敢求乎后；未通乎此，不敢志乎彼。如是，则志定理明，而无疏易陵躐之患矣。若奔程趁限，一向趱着了，则看犹不看也。"近方觉此病痛不是小事，元来道学不明。不是上面欠工夫。乃是下面无根脚。其循序渐进之说如此。

○**熟读精思**

朱子曰："荀子说诵数以贯之。见得古人诵书，亦记遍数。"乃知横渠教人读书必须成诵，真道学第一义。遍数已足，而未成诵必欲成诵。遍数未足，虽已成诵。必满遍数。但百遍时，自是强五十遍；二百遍时，自是强一百遍。今人所以记不得，说不去，心下若存若亡，皆是不精不熟。所以不如古人。学者观书，读得正文，记得注解，成诵精熟。注中训释文意，事物名件。发明相穿纽处，一一认得，如自己做出底一般。方能玩味反覆，向上有通透处。其熟读精思之学如此。

○**虚心涵泳**

朱子曰："庄子说吾与之虚而委蛇。既虚了，又要随他曲折去。"读书须是虚心方得。圣贤说一字是一字。自家只平着心，去秤停他。都使不得一豪杜撰。今人读书，多是心下先有个意思，却将圣贤言语来凑。有不合，便穿鉴之使合。如何能见得圣贤本意。其虚心涵泳之说如此。

○**切己体察**

朱子曰："入道之门，是将自身入那道理中去，渐渐相亲，与己为一。"而今人道在这里，自家在外，元不相干。学者读书，须要将圣贤言语，体之于身。如克己复礼，如出门如见大宾等事，须就自家身上体覆，我实能克己复礼，主敬行恕否。件件如此，方有益。其切己体察之说如此。

○**着紧用力**

朱子曰："宽着期限，紧着课程。为学要刚毅果决。悠悠不济事。且如发愤忘食，乐以忘忧，是甚么精神，甚么筋骨。"今之学者，全不曾发愤。直要抖擞精神。如救火治病然，如撑上水船，一篙不可放缓。其着紧用力之说如此。

○**居敬持志**

朱子曰："程先生云'涵养须用敬。进学则在致知。'此最精要。方无事时，敬以自持。心不可放入无何有之乡，须是收敛在此。及应事时，敬于应事；读书时，敬于读书。便自然该贯动静，心无不在。"今学者说书，多是捻合来说。却不详密活熟。此病不是说书上病，乃是心上病。盖心不专静纯一，故思虑不精明。须要养得

567

虚明专静，使道理从里面流出方好。其居敬持志之说如此。

读书十六观

明·陈继儒

【题解】 作者简介同前。本文选自《许鲁斋集·附录》。

学问，就自家身上切要处理会方是，那读书底已是第二义。自家身上道理都具，不曾外面添得来。然圣人教人，须要读这书时，盖为自家虽有这道理，须是经历过，方得。圣人说底，是他曾经历过来。

学问，无贤愚，无大小，无贵贱，自是人合理会底事。且如圣贤不生，无许多书册，无许多发明，不成不去理会！也只当理会。今有圣贤言语，有许多文字，却不去做。师友只是发明得。人若不自向前，师友如何着得力！

读书以观圣贤之意，因圣贤之意，以观自然之理。

开卷便有与圣贤子相似处，岂可不自鞭策！

读书，放宽著心，道理自会出来。若忧愁迫切，道理终无缘得出来。读书，须是知贯通处，东边西边，都触着这关捩子，方得。只认下着头去做，莫要思前算后，自有至处。而今说已前不曾做得，只怕迟晚，又怕做不及，又怕那个难，又怕性格迟钝，又怕记不起，都是闲说。只认下着头去做，莫问迟速，少间自有至处，既是已前不曾做得，今便用下工夫去补填。莫要瞻前顾后，思量东西，少间担阁一生，不知年岁之老！

学者读书，多缘心不在，故不见道理。圣贤言语本自分晓，只略略加意，自见得。若是专心，岂有不见！

董遇挟经书投闲习诵，人从学者，不肯教之。云："先读百遍，而义自见。"栾城云："看书如服药，药多力自行。"读书者当作此观。

颜之推云："吾每读圣贤之书，未尝不肃衣对之。其故纸有五经辞义及贤达姓名，不敢秽用也。"温公谓其子曰："贾竖藏货贝，儒家惟此计，然当知宝惜。今释子老氏犹知尊敬其书，岂以吾儒反不如乎？"赵子昂书跋云："聚书藏书良匪易事，善观书者澄端虚，净几焚香，勿卷脑，勿折角，勿以爪侵字，勿以唾揭幅，勿以作枕，勿以夹刺，随损随修，随开随掩，后之得吾书者，并奉赠此法。"读书者当作此观。

颜之推曰："校定书籍亦不容易，观天下书未遍，不得妄下雌黄。或彼以为非，此以为是，或本同末异，或两文皆欠，不可偏信一隅也。"徐锴处集贤，朱黄不去手，非暮不出。尝诣其家曰："吾直寄此耳！"少精小学，故所雠书尤审谛。朱晦庵答杨元范书曰："字书音韵，是经中一事，先儒多不留意。然不知此处不理会，却枉费了无限乱说，牵补而卒不得其意，甚害事也。但恨早衰，无精力整顿耳。"读书者观此。

常人教小童，亦可取益：绊己不出入，一益也；授人数次，己亦了此文义，二益也；对之必正衣冠，尊瞻视，三益也；尝以因己而坏人之才为之忧，则不敢惰，四益也。（张子《经学理窟》）

先生尝曰："敬敷五教在宽，君子以教思无穷，容保民无疆，则是为教者当以宽容存心也。今日学中大体虽要严密，然就中节目宽缓，大概人品不一，有夙成者，有晚成者，有可成其大者，有可成其小者，且一事有所长，必一事有所短，千万不同，遽难以强之也。《学记》自'一年离经辨志'至'九年知类通达，强立而不反'，其始终节次，几多积累，必不可以苟且致之，故教人不止，各因其材。又当随其学之所至而渐进也。盖教人与用人正相反，用人当用其所长，教人当教其所短。"

葛屺瞻读书法

明·葛寅亮

【题解】 葛寅亮（1570～1646），字冰鉴，号屺瞻。浙江钱塘县（今属杭州市）人，明代官员。本文选自清石成金辑《传家宝》。

读书，心不欲杂，杂则神荡不收；心又不欲劳，劳则神疲而不入。用功过勤者，心力既疲，未见得手，便须于诵读之余，卷书搁笔，明窗净几，万虑俱损，悠然独坐；或支颐而对爽气于青山，或缓步而看生机于花鸟；或遗情以若失，或领趣以欲狂。一日之间，量留片刻于此，但默坐观心，尤为要法。令此心常如鱼之在水，如鹤之在空，悠悠洋洋，活活泼泼，方能心旷而闻见可以互融，神怡而思虑可以深入。是诚天下之至乐，亦即读书之至法也。

如此量留享乐，才是读活书，才不是读死书。如学人用心太紧，功夫无节，则疾病生焉。凡父师于子弟懒于读书者，当督责之，勿令嬉游；其过于读书者，当阻抑之，勿令穷日继夜。此因才立教之法也。

陈明卿读书法

明·陈明卿

【题解】 陈明卿，明代学者，生平事迹不详。本文选自清石成金辑《传家宝》。

或问读书用功之法。余曰："会吃饭、会酣睡、会念书，即是用功之法。"或曰"吃饭、酣睡，何与用工？"余曰："吃饱饭则有气力，足以念书；酣睡足则有精神，足以念书。只要饥时便吃，吃饱就念；倦时便睡，睡醒就念，十二时中少不得有五六个时用功。如是三年，功必成矣。"先生不为浮泛语而直截痛快如此，真大儒也！

陆桴亭论读书

明·陆世仪

【题解】 作者简介见前。本文选自清石成金辑《传家宝》。

古之学圣贤易，今之学圣贤难。只如读书一节，书籍之多，千倍于古。学者苟欲学为圣贤，非博学不可。然苟欲博学，则此汗牛充栋者将何如耶。偶思得一读书法，将所读之书，分为三节。自五岁至十五为一节，十年诵读；自十五岁至二十五为一节，十年讲贯；自二十五至三十五为一节，十年涉猎。使学有渐次，书分缓急，庶几学者，可由此而程工，朝廷亦可因之而试士矣。所当读之书，约略开后。

十年诵读：小学、四书、五经、周礼、太极通书、西铭、纲目、古文、古诗、各家歌诀。

十年讲贯：四书、五经、周礼、性理、纲目、本朝事实、本朝典礼、本朝律令、文献通考、大学衍义、天文书、地理书、水利农田书、兵法书、古文、古诗。

十年涉猎：四书五经，周礼，诸儒语录。二十一史，本朝实录及典礼律令诸书，诸家经济类书，诸家天文，诸家地理，诸家水利农田书，诸家兵法，诸家古文，诸家诗。

以上诸书，力能兼者兼之。力不能兼，则略其涉猎，而专其讲贯。又不然，则去其诗文。其余经济中，或专习一家。其余则断断在所必读，庶学者俱为有体有用之士。今天下之精神皆耗于帖括矣，谁肯为真读书人，而国家又安得收读书之益哉。

贺叔交读书法

明·贺叔交

【题解】 贺叔交，生平事迹不详。本文选自清石成金辑《传家宝》。

精神一日不用则愚。若无事，用在何处？只宜读书。水不流则浊，木不摇则空，人身不动则痹。动者，所以佐静也。若以精神用到别处去，便是伐性之斧。惟静坐读书，才有益于身心。如不信从，便是无福。

一开卷便有无数好人相交接。

前人云："开卷有益。"益者，益其人，不得益其语言文字也。即如对"六经"、"四书"，则千古圣贤俱来耳提面命；对史鉴，则圣主贤臣、高人伟士森罗案上。此等交接，诸公解得否？若解得此意，自觉荣幸多矣。

毛稚黄读书法

明·毛先舒

【题解】 毛先舒（1620～1688），原名骧，字驰黄，后改名先舒，字稚黄，仁和（今浙江杭州）人。明末清初文学家，西泠十子之一，入清不求仕进，从事音韵学研究，也能诗文，其诗音节浏亮，有七子余风。本文选自清石成金辑《传家宝》。

读书有四要：一曰收。将心收在身子里，将心收在书房里是也。二曰简。惟简才熟，若所治者多，则用力分人奏功少，精神疲而岁月耗矣。三曰专。置心一处，无事不办；二三其心，必无成就。四曰恒。虽专心致志于一矣，若时作时辍，有初鲜终，亦无成矣。诸般事业，只此四字法尽之矣。读书尤为至要。

张清恪公读养正编要言

明·张伯行

【题解】 张伯行（1651～1725），字孝先，号恕斋，晚号敬庵，河南仪封（今河南兰考）人。清官礼部尚书，理学家。本文选自《五种遗规·养正遗规》。

弘谋按：人常使古今嘉言懿行，不间断于心目之间，则所存所发，自有隐相吻合之处。所谓不见其增，有时而益也。仪封先生纂刊《养正类编》，着要言于卷首，欲子弟自书嘉言懿行一条，贴壁观览，不但长益其记诵，兼可触发其性情，如是则类编乃不虚设矣。蔡文勤公训生徒，令于饭后，各书片纸一则，意正相同。余喜其有益于学也，曾以之课子侄，今复录此，为有志于学者劝焉，不仅蒙童而已也。

吕献可尝言，读书不须多。读得一字，行取一字。伊川先生亦尝曰，读得一尺，不如行得一寸。盖读书不能力行，只是说话也。然学者趋向未端，欲体认力行，莫若常触于目以警于心。今《养正编》所载，大抵皆古人嘉言懿行，足以起发童蒙。为蒙师者，宜于每日功课之余，令幼童各书一条，贴于壁上，以便观览。一月三十条完，则令写于课本。下月复然。一年之内，共得三百六十条。食息起居，举目即是。不但记诵之熟，将从容默会，久而自化，其所以观感而兴起者多矣。不宁惟是。学者凡读他书，亦依此法，日无间断。朱子所谓不知不觉，自然相触发者也。

薛既扬读书法

明·薛旦

【题解】 薛旦，字既扬，一字季央，号听然子，别署采芝客，生卒年不详，原籍长洲（今江苏苏州市）人，明末清初戏曲作家。本文选自清石成金辑《传家宝》。

读书原不费气力，若必欲如前人之刺股悬梁，则今人受不得许多痛苦；必欲如前人囊萤映雪，则今人亦无此耐烦心肠。即如老生常谈"三更灯火五更鸡"，亦要看精神力量遣得睡魔、耐得寒暑饥渴。若怯弱书生，未免成病。只要有恒心，不至或作或辍有愤志，不至悠悠忽忽；有定课，不至厌常喜新，既得法矣。此通情快论。恒心、愤志、定课，乃学人至妙良法。

读书有三法：要疗空腹，则用记诵法；要洗涤肠胃，则用展玩法；要变化气质，则用体验法。有此三法，自觉体气欲伸，笑谈皆珠玉矣。能领略此三法，即是世上大福人，又是大快乐人。

陈桓壁读书法

明·陈桓壁

【题解】 陈桓壁，生平事迹不详。本文选自清石成金辑《传家宝》。

读书须立程限，又要蓄养精神。立程限者，量自己资性定为课程。早晨读某书，行数读多少；饭后看某书，章数看多少；午后、灯下亦然。小立课程，大施工力，如人走路，一日限定走几十里，务要赶到而后已。蓄养精神者，不可缓亦不可太急，不可不及亦不可太过。若不立程限，则作辍任意散漫而无所稽；不养精神，则勉强支吾昏然而无所得矣。

读书如一时兴趣不佳，可掩卷静坐，或散步，或玩花竹，俟神气清爽，然后再读，自有勃然之势矣。

与其多看，不如少读；与其读未读之书，不如读已读之书。循序致精，流连往复，务期了然于心口而后已。如此，则思路启而获益多矣。

读书、看书不必贪多，只要精熟贯彻。盖书读得熟则用得出，一篇可抵百篇之用。书一章看得透，则其余可迎刃而解矣。

唐彪读书法

清·唐彪

【题解】 作者简介同前。本文选自其著《读书作文谱》。

有当读之书，有当熟之书，有当看之书，有当再三细看之书，有必当备以资查考之书。书既有正、有闲，而正经之中有精粗、高下，有急需、不急需之异，是以有五等分别也。学者若不分别当读者何书，当熟读者何书，当看者何书，当熟看者何书，则工夫缓

在可疑而不疑
者不曾學學
則須疑
宋張載
句 乙未年
志燊畫

急、先后俱误矣。至于当备考究之书，若不备存，则无以查考，学问、知识何从而长哉！

如此分别，则当熟读之书，亦自有限，宜加意精研。读书能记，不尽在记性，在乎能解。何以见之？少时记性胜于壮年，不必言矣。然尽有少时读书不过十余行，而壮年反能读三四十行；或少时看书一二张犹昏然不记，壮年看书数十张竟能记其大略者，无他，少时不能解，所以不能记；壮年能解，所以能记也。予每谓小学生读书，父师先逐字逐句用常言俗语粗粗与之讲说，俟后来再向细讲。彼既知书中之大义，自然读之有味，则授受易记而记诵亦易矣。

传家宝·读书辑要

清·石成金

【题解】 作者简介同前。本文选自石成金辑《传家宝·读书要》。

读书要

陶谦年十四，尚骑竹马儿戏，后举茂才，位至牧伯；陈子昂年十八从博徒游，后精经史，为唐大儒；苏洵三十始读书，为欧公所许；姚元崇少以射猎为娱，四十始读书，后为贤相；欧公学书，在半百外；王右军书至五十三乃成。凡少恃中堕而不终始成名、及暮年不学而以颓老自废者，当服此药。老学更易成名。

司马迁游江淮，探禹穴，窥九疑，浮三湘，北涉南略，足迹几遍天下，而文始奇。扬雄合天下上计孝廉郡会之闻见，尽得其异语，又加之二十七年铅画椠记，而字始奇。吴莱尝谓腹中无万卷书，眼中无天下奇山川，未必能文；纵能，亦儿女语。凡未开大心胸而拘守耳目之近者，当服此药。聚古今比较伐俩，安得恃管中之睨？徐庶少时任侠击剑，几死人手；折节学问，遂与卧龙齐名。胡安国少时桀骜不可制，其父锁之空室，辄戏刻小木为人形；父乃置书万卷其中，三月览尽后遂为世大儒。张仲举少时蹴鞠、走马、作音乐，父兄以为忧。一旦翻然易业，竟以诗文名海内。凡有豪气而不知学问文章惮于自新者，当服此药。达人回头，岂易与敌？

匡衡引光邻壁，王克人市阅书，倪宽带经而锄，李密挂角以读；路温舒牧羊山泽间编蒲写书，吕伯恭新婚一月撰《博议》数帙。何地非书室乎？凡怀居释僻而不随处用工者，当服此药。孤恃此心，何处非学？

董仲舒读书不窥园者，三年。法真、赵至皆历年，桓荣十五年，何依十七年。杨龟山举两肘示胡澹庵曰："我此肘不离案三十年。"张无垢晚谪横浦宝界寺，每日未爽，辄抱书立窗下就明而读。如是者十四年，石山双跌隐然。凡攻苦未久而辄欲取偿者，当服此药。最可恨是取急救，终身无成。俗云，"若得工夫深，铁杵磨做针。"此言不可忽。

宋穆耽学，锐意讲诵，或时思至不自知，亡失衣冠，颠坠坑岸。其父尝以为专愚，几不知数马足。葛洪少好学，家贫，躬自采薪以贸纸笔，夜辄写书读诵。性寡欲，无所爱玩，不知棋局几道、樗蒲齿名。凡驰逐外务而分心本业者，当服此药。驰避固是病，即学中无定，要是大病。

秦少游自言小时读书，有强记之力而常废于不勤。及长，聪明衰耗，有勤苦之劳而常废于善忘。因读《齐史》见孙搴答刑词云："我有精骑三千，足敌汝羸卒数万。"心善其说，因取经传子史事之可为文用者，得若干条，为若干卷，题曰：《精骑集》。凡务博少精而致用无当者，当服此药。不如此，刚下笔不得，非谢博也。

严仪卿论诗谓非读书穷理，不能极其至。盛唐诸公，惟在兴趣，羚羊挂角，无迹可求。究其妙处，透彻玲珑，不可凑泊，如空中之色、水中之月、镜中之象，言有尽而意无穷；又以禅喻诗，禅则一悟之后，万法皆空，棒喝怒呵，无非至理。诗则一悟之后，万象冥会，呻吟咳唾，动触天真。然禅必深造而后能悟，诗虽悟后仍须深造。凡不从自心求悟而惟钻故纸者，当服此药。穷理极至，自然有悟。一味兴趣，又成虚劳。

谢希深为宋公垂，常在史院每走厕，必挟书往，讽诵声琅然闻远近。欧公因谓希深曰："予平生作文，多在三上：马上、枕上、厕上。惟此犹可以属思耳。"凡悠忽度日居肆而不用功者，当服此药。他来寻我，安得分手？

昔子贡问子石子学诗乎？子石子同："吾暇乎哉！父母求吾孝，兄弟求吾悌，朋友求吾信。吾暇乎哉！"子贡曰："当投吾诗，以学于子。"公明宣学于曾子，三年不读书。曾子曰："宣而居参之门，三年不学，何也？"对曰："安敢不学？宣见夫子居亲庭，叱咤之声未尝至犬马。宣脱之，学而未能。宣见夫子之应宾客，恭俭而不懈惰。宣脱之，学而未能。宣见夫子之居朝廷，严临下而不毁伤，宣悦之，学而未能。宣安敢不学而居夫子之门也？"凡有愧学向行谊两不识"忠孝仁义"等字者，当服此约。此是病根，不被文士为然，世人俱可覆也。

580

读书心法

清·石成金

【题解】 本文选自石成金辑《传家宝·人事通》

读书首要立志，立志若专，凡难为易。盖志定则不移不惑，久而工夫精纯，何书不熟？何书不透耶？一切世事之成败，皆由志之立与不立耳！然志虽贵乎专一，又要贵乎有恒。若不有恒，多至半途而废，或少有得而自许，岂非自弃哉？予每事凭己愚见，俱自立拙法，其于读书亦然。今所载读书诸法，不过下学愚衷，间入浅譬，亦叮咛曲喻之意。若才高学博之士，必各另有心法，则此书览之未竟，谅必鄙而掷之矣！

天基石成金撰

吾儒读书，首要立志，立志贵坚，坚而有恒，其学必成。一切世事，俱要立志，读书希圣希贤，志尤为最。是看越王之复吴仇，张良之报韩恨，以及狄仁杰之复唐室，志有所在，而事必成。

读书秘诀，须置一册，记每日所读书文，逐日检点，至十日二十日，将所习者循序闻之，所谓"日知其所亡，月勿忘其所能！"读书之功，无逾于此。

读书不发愤，须要想着考场之内，出一题目，茫然不知作何解说，斯时何等苦楚？何等急躁？自然发愤读书矣！如之何不读？

读书不发愤，须要想着作文构思时，他人何以容易，我何以独难？想到困苦之极，自然发愤读书矣。

读书不发愤，须要想着宾客聚会时，他人谈的话何等文章，我的说话何等粗俗？更有听他出言，茫然不知意味，自己如哑如痴，被人暗笑，羞愧无地，坐若针毡，如何还不读书？

读书不精熟此篇，不复又读他篇，胸中始能酝酿精纯。若东读西读，这篇不熟，那片不精，岂不枉费工夫？须置书柜谨闭，只留一本在眼前，俟精熟了这本，才换第二本，再循序温理，自然有成。一切世事，最怕杂而不纯，若不切戒，事必难成；纵成而亦不能精萃，出人头地。

读这一篇，就要把精神注意在这一篇上，切不可读着这篇，又想着那篇，譬如一锅水，煮许多时，自然滚熟，倘水尚未熟，又换水另煮，虽煮了许多水，到底不能滚熟。好胜物博者，往往犯此病。

每见贪多之人，专务广博，读书之时，自恃才思敏捷，连篇连卷，从目中口中流水竟过，其实何曾用心？精研虽多，亦奚以为？今后须要宁少而精，勿多而粗。昔兵法有云："兵在精而不在多。"予于读书亦然。

读书先要除去了杂念，才能熟得透彻，记得久远。譬如人腹中先将藜藿菜蔬，才能进得几分珍馐美味。这杂念不独是尘俗事件，即书中亦有要紧的，不要紧的。

读书要能运用。运用者，善能解悟也，闻此知彼，触类旁通，一篇可至十篇，十篇可至百千篇，不可胜用矣！予每见有等人，虽读过许多书，却呆呆受定字句，不独不知运用，且不知何处用着，反不如少读而能运用者为上乘也。

读书有一便法，凡有事物的人，当精选古文一本，时艺一本，置案头眼前，得闲就熟读，纵有事稍闲，也就熟读。是能读一篇则得一篇之益，能读十篇则得十篇之益，若务期闭着关读几个月书，吾恐人事冗杂，未必能够尽闲。奈何光阴似箭，瞬息间一月一月，有了却一年矣！岂不总因等待贻误乎？

582

读书最忌者有二件：记性日拙，家事日多。人之一生虚度，皓首无成，皆由于此，深可叹息也！

读书须于五更清晨时用功，较之辰以后，几倍有益。盖平旦乃天地清爽之气，最当挹取。前人云："一日之计在于寅。"人于此时学事，事必精详；人于此时读书，书必熟透。

读书须要振作精神，明目细心，如将军在阵，如刑官在廷，着丝毫昏沉忽略不得。

读书最忌讳说闲话、管闲事，盖闲话闲事俱令人心散神飞，无益而有损也。

读书切不可间断，假如勤劝一月，已凑上乘矣，只肖间断十日五日，彼上乘者不知何在，更不得援前月之勤以自恃。

读书不怕少，不怕缓，只怕一暴十寒。譬如赶路的人，虽然紧走了些路，却歇息了多时，凡不如徐行缓步者，转先到地头了。谚云："不怕慢，只怕站。"信哉！

读书读多时，觉有疲倦，也要抛卷缓步，闲散潇洒些，颐养我的精神，心目方有机括。若呆呆苦用功夫，不但天性不灵，而体弱之人疾病生焉。

朱文公有云："勿谓今日不学而有来日，勿谓今年不学而有来年。日月逝矣，岁不我与，呜呼老矣，是谁之愆？"诚哉是言！予谓只"时习"二字，便成就一生；只"姑待明日"四字，便耽误一生，极可猛醒。

读书虽不可停缓，亦不可过于急遽。譬如善走路的人，每日走得百里，只走七八十里，则气力有余，正筋骨不疲；若倚恃着气力强健，走过百里之外，自然疾趋忙奔，必至疲倦，次日反不能行矣！读书者往往读出病来，皆由于此。予自六岁至十六岁，读书十年，因贱性愚拙，随读随忘，自恨空疏无成，乃发愤苦读，未几时，即患病年余，竟至危笃，费劲调养医治，始得愈可，书反由此而弃去，岂不可惜？后之急遽用功者，当以予为鉴也。

读书原只为明白这个道理，须要句句体到自己身心，日用上力行，方为实在有益。若图涉猎该博，专供谈论，固非所宜；若借此以骗科名取富贵的，一得出头，便置书中道理于度外，更是大错。

读书读到身体困倦时，可将两肩上下前后用力扭转数十遍，则周身血脉流通，精神爽快，不生诸病，修养家所谓"辘轳双关"是也。凡看书以及作一切事，但觉体倦，俱当为之，又能祛一切寒邪。

或绝早，或黄昏，看书看不甚明，必待天明。或点灯才看书，则不伤眼目。若于昏暗时就强着眼力看书，定大损于目。或未老而昏，或成近视，皆由于此。

读书或完或歇，但无事就将两目垂闭，养我精神。若欲再看书

583

或做事，不妨再睁睛，则目力不伤，到老不昏。不可以神光施于无用之地。

每日到晚来灯下读书，固大有精进之功，然亦止可更余。若苦读太过，则精神困乏而损耗，次日必加困倦疲败，反而不美。或勉强复又用功，气弱者疾病生焉。但人若子时不睡，则气血不归肝，在气血壮旺时虽然不觉，异日致病，为害不小。

读书人每日事务虽忙，必阅时艺四五遍，令文机常在心目间，收益甚多。

于临考时读书最忌贪多，选上好文章二三十篇，熟玩其神机，场中自是得力。

积书不在乎多，只要能读，若读而至于精熟，斯为贵矣！予每见世有一等人，家藏万卷，未曾看十余页，即收置几柜间，以为观玩之具耳！亦有新书，手未触而目未睹者，凡不如贫寒之士，将数十文钱买一书来家，手不释卷，从始至末，熟读精思，书义尽为己有。由此观之，岂贵于积之多耶？

读书箴·惺斋录

父母心勤，仆夫血汗，论本心则书不可不读。明窗净几，尘缘勿交，论受用则书不可不读。登坛取友，负笈从师，论钦尊则书不可不读。家园温厚，好景无多，论目前则书不可不读。杖头钱尽，俯仰何堪，论寒苦则书不可不读。名扬争重，落魄人轻，论势利则书不可不读。流光易度，老大徒伤，论寸阴则书不可不读。朋侪高下，彼此相形，论齐贤则书不可不读，文章莫辨，稽古茫然，论空疏则书不可不读。气质未化，学业未成，论进修则书不可不读。

读书全要体行

读书不在记诵，全要身体力行。若不身体力行，虽读书五车，究竟书是书，我是我，全不相干。夫圣贤垂训教人之意，欲令天下后世凡读圣贤书者，皆效圣贤所为。若徒以记诵辞章之学，幸取科第功名，不亦为圣贤之罪人乎？

读书切忌贪多

读书不在贪多，只要章句少而熟读精思，久而义理自然贯通。若或贪多则不熟，务博则不精，欲速反迟，此是学人大病。俗云："贪多嚼不烂。"意正如此。

读书要时常温习

天下善读书者，不如善理书。书若不理，虽极熟之书，亦必遗忘，何况乎半熟之书乎？书若不理，虽有大聪明记性，亦必遗忘，何况资质庸常乎？所以读书既要勤勤熟读，卫要勤勤熟理，则时复思绎，浃洽于中，而自无格难通之病矣；若或读而不熟，熟而不理，只是徒有读书之名，而无读书之实，不可谓之读书人也。

书分四等

天下之书极多，予意约分四等：有宜熟读者，有只宜熟看者，有存备考核者，有切戒入目者。即如《四书》本经以及得意好文，嘉言法语，必须读而又读，熟记于心，更须时加温习，不可少有遗忘。至于后贤讲解，历代史鉴，以及事实典记，则选其语句紧要者记之，余则熟看，不必尽读，亦不能尽读也。再若韵府、韵端、字汇、经济、医药、技艺等书，看完存之，以备稽考。下而至于俚俗杂书，淫艳词曲，其中不独并无学问，而且伤风败俗，摇惑人心。凡遇此等书，见之即付水火，不必入目。如此分别，才有见识。不然，藜藿先已饱满，后来虽有佳肴美味，反吃不下矣，岂不可惜？

世上要紧唯在耕读二事

人生在世，唯读书、耕田二事是极要紧者。盖书能读得透彻，则理明于心，做事自不冒昧矣。用力田亩，则养膳有赖，俯仰无虑，即不能躬亲耕种，亦当专心督率。若不读书，何以立身行道，显亲扬名？若不耕田，何以仰事父母？何以俯畜妻子？庸人诗云："天下良图读与耕。"要知一切事，总不如此二字之高贵安稳也。

读得成

按：用功勤学，书不误人。

闻鸡早起，时习不怠惰不间断。尊师长，亲近正人君子。熟读默记，勿畏难。让不肖人矜盛。喜夜读。有疑难就问。不以长物自累。敬书惜字。精研义理。不在饮食衣服上求胜。

读不成

按：固循自弃，可惜可怜。

好游。结交下流小人。好管闲事，说闲话。不听父兄师友教训，姑待明日。好看小说、歌词、闲杂书。

读书之乐

　　读书乃天下最乐之事，实吾人终身极大受用。夫书载圣贤语言，古今事迹，一切奇见异闻，无所不备。可看一时而知千百年之事，宛然因之而明。其于寒暑、风雨、黄昏、清晓，回想世人碌碌尘劳，而予窗下一编，安然得对古人，真天渊之别矣！此等莫大之乐，可不知欤？若为功名富贵而始读书，而非真知读书之乐者矣。

　　书酒花月，是予四命。其中妙趣，予以领略愚见，各各另著一书。书则有《天基书趣》，酒则有《天基酒趣》，花月有《花趣》《月趣》。兹书所说四者之乐，摘其要略言也。

读书十要

　　读书要专志：圣贤事业，磨杵铸砚，不退不移，必获如愿。

　　读书要时习：怠惰因循，可惜光阴，念念在兹，道学日精。

　　读书要崇正：淫词艳曲，摈不入目，棋牌杂技，致我昏惑。

　　读书要问难：有疑未知，学才日失，不耻下问，义旨明悉。

　　读书要实用：出可治平，入可修齐，原贵行实，不在言奇。

　　读书要戒博：少读深思，意味浃洽，贪多不精，徒劳身心。

　　读书要韬藏：学问虽充，深藏若虚，干誉招毁，慢则浅疏。

　　读书要寡交：往来应酬，庆候蝟集，一曝十寒，功课难习。

　　读书要慎言：闲话少说，省力读书，矜夸喜笑，日月其除。

　　读书要闭户：闭户展卷，可杜纷嚣，东奔西走，空为人劳。

读书十反

按：欲学正人，急改所为。

心里明道理，口里说话也明道理，只是行事反不明道理。

不作先晓圣贤之言，而学词状刀笔。

文社词坛怕到，而喜出入官府衙门。

劝人行善之文不作，而喜编造淫词艳曲。

明师益友怕交，而喜交邪妄小人。

平时不肯读书，及至宗师临到，才日夜用功。

自己学问不通，就老脸教人家的子弟。

读书做文，反好说闲话、管闲事。

正经书不看，反好看闲杂小说。

读书十戒

莫分志：立志若专，反难为易。　莫牵事：心惹尘烦，坐驰神耗。

莫懒情：最忌懒惰，勤则必成。　莫间断：功夫时习，学问日精。

莫妄想：富贵天定，思想徒然。　莫枯守：性不灵活，趣落苦海。

莫多言：闲话少说，省力读书。　莫闲出：闭户对卷，可杜纷嚣。

莫高诵：只要熟读，声高气损。　莫呆坐：斋中散步，形神不槁。

读书五戒

莫看闲书：俚野词曲，小说淫书，一时贪看，正业荒疏。

莫说闲话：油谈无根、嘲笑逞才，日月易过，青年不来。

莫做闲事：挥毫拈韵、棋局丹青，通人游艺，初学心分。

莫走闲路：不闻讲习，征逐朋友，应酬滋扰，颠倒昏蒙。

589

莫费闲思：杂念妄缘，静中或起，专心朗诵，诸魔退矣。

读书文人二十四戒

不可志念分歧，不可粗心浮气，不可始勤终怠，

不可一曝十寒，不可贪多务博，不可姑待明日，

不可畏难责学，不可耻问自是，不可滥交应酬，

不可轻师违训，不可谈说闲话，不可管理闲事，

不可妄想远人，不可沽名钓誉，不可得少白画，

不可多习杂技，不可系累俗事，不可惜钱买书，

不可代写词讼，不可下笔伤人，不可编造歌谣，

不可将书为枕，不可作践字纸，不可塌笔涂案。

以上诸戒，不独文士为然，即农贾杂技、修仙学佛者，义俱通此。各粘一纸于座右，时加警心，治去病痱，功白成而业自就，乃知予言真不谬矣。石成金撰。

王九溪读书法碑

清·王文清

【题解】 作者简介同前。本文选自《九溪遗书》。

王九溪先生手定读书法碑，嵌于岳麓书院讲堂左壁前部，以刻王九溪手定读书法，故名。清乾隆十三年（1748）春，其弟子立。碑文为：

九溪手定读书法。读经六法：一、正义。二、通义。三、馀义。

借光圖 言志年春重畫

四、疑义。五、异义。六、辨义。读史六法：一、记事实。二、玩书法。三、原治乱。四、考时势。五、论心术。六、取议论。

先正读书诀

清·周永年

【题解】 周永年（1730～1791），字书昌，自号"林汲山人"，济南历城（今属山东）人。清代学者，藏书家，官至贵州乡试典试官。《先正读书诀》，"先正"，原指前代的大臣。《书·说命下》："昔先正保衡"。《传》："正，长也。言先世长官之臣。"后则专称前代贤人。"诀"，诀窍、秘诀、诀要。顾名思义，是书介绍的为前代著名学者读书的秘诀。该文采摘唐宋以来著名儒家学者的读书经验，涉及著作 46 部，分为 192 条，涉及名人 30 位。其用意是，如《先正读书诀·王大准序》阐述道："世之学者，或失驰骛，或失隐怪而拘迁，矧急功名、营利禄、囿风气、好辨难耶！于戏，读书而能识圣贤要旨，味经史精腴，通古今常变，正国家经权；穷则著为文章，达则政行利济，岂易学哉！岂易学哉！"从此可以看出读书目的正确何其重要。所贵于青少年立志为学，要在懂得国计民生，吸收典籍的精华，不论穷达，都要有所作为，不可仅作为利禄之具。本文依据光绪七年刻本《先正读书诀》点校整理。

初六，浚恒，贞凶，无攸利。《象传》：浚恒之凶，始求深也。（《周易》）王秋山曰："初六质柔而志刚。质柔故昧于远见；志刚故欲速不达。非急暴而不能恒，则必苟且而不可恒。"（《易解》）

九三：不恒其德，或承之羞，贞吝。《象传》：不恒其德，无所容也。(《周易》)郭白云曰："过中则不恒，不恒则日入于小人域。"项平甫曰："无所容者，动静皆不可也。"观象：行无常度，则己不安；事无常法，则物不顺。(《易解》)

上六：振恒，凶。《象传》：振恒在上，大无功也。(《周易》)吕东莱曰："立天下之大功，必悠久胶固，然后能成。若振动躁扰，暂作易辍，安能成功？"(《易解》)

艮其背不获其身，行其庭不见其人，无咎。(《周易》)何元子曰："艮其背，主静之功，学者之事也。人之精神，尽在于面，不在于背，故圣人教之以艮其背，此求止法也。使面之所向，一如其背，则应用交错，扰扰万端，未始不寂然矣。然而其初未能也，必自艮背而入。"(《易解》)

九三：艮其限，列其夤，厉，薰心。《象传》：艮其限，危薰心也。(《周易》)何元子曰："震性好动，而欲限之使不动，然好动之性，终在妄想坐驰，纡轸内热，薰灼其心。"(《易解》)

六四：艮其身，无咎。《象传》：艮其身，止诸躬也。(《周易》)徐进斋曰："六四当心位，不言心者，心不可见。身者，心之区宇也，身止则知心得其所矣。"(《易解》)

兼山，艮。君子以思不出其位。(《周易》)董氏曰："两山并立，不相往来，此止之象。"(《易解》)

知止而后有定，定而后能静，静而后能安，安而后能虑，虑而后能得。(《大学》)止者，所当止之地，即至善之所在也，知之则志有定向。静，谓心不妄动。安，谓所处而安。虑，谓处事精详。得，谓得其所。(《朱子章句》)

致知在格物。(《大学》)程子曰："格物非欲尽穷天下之物，但于一事上穷尽，其他可以类推。"《朱子语类》："格物致知，须是大进一番，方始有益。若能于大处攻得破，见那许多零星的，只是这一个道理，方是快活。痛理会一番，如血战相似，然后涵养将去。小立课程，大作功夫。须是一棒一条痕，一掴一掌血。此心入在里面，与他猛滚一番，方是透彻。十事格得九事通透，一事未通透不妨；一事只格得九分，一分不透最不可。凡是不可著个‘且’字，其病甚多。这一件事理会未透，又理会第二件，第二件又理会未得，又理会第三件，恁地终身，不得长进。欲养其知者，惟寡欲而已。寡欲则无纷扰之杂而知益明；无变迁之患而得益固。穷理以虚心静虑为本。李延平先生曰："为学之初，且当常存此心，勿为他事所胜。凡遇一事，即当且就此事反复推寻，以究其理。待此一事融释脱落，然后循序少进，而别穷一事。如此既久，积累之多，胸中自当有洒然处，非言语文字之所及也。

欲速则不达。(《论语》)譬如十日之程，一二日就要到，必敝车马伤足，而反不得到矣，故曰"不达"。(《存疑》)

其进锐者，其退速。(《孟子》)"进锐退速"，其病正在意气方盛之时，已有易衰之势，不待意气已衰之后，始见其失也。(朱子)"进锐"如何反"退速"？盖"进锐"不是真心求进，只是个浮气，这个浮气最不可耐久。(《翼注》)

思之思之，又重思之。思之不得，鬼神将告之。(《管子》)

积土成山，风雨兴焉；积水成渊，蛟龙生焉；积善成德，而神明自得，圣心备焉。故不积跬步，无以至千里；不积小流，无以成江河。骐骥一跃，不能十步；驽马十驾，则亦及之，功在不舍。锲而舍之，朽木不折；锲而不舍，金石可镂。蚓无爪牙之利、筋骨之强，上食埃土，下饮黄泉，用心一也；蟹六跪而二螯，非蛇、鳝之穴无所寄托者，用心躁也。是故无冥冥之志者，无昭昭之明；无之事者，无赫赫之功。行衢道者不至，事两君者不容。目不两视而明，耳不两听而聪。蛇无足而飞，梧鼠五技而穷。《诗》曰："鸠在桑，其子七兮；淑人君子，其仪一兮；其仪一兮，心如结兮"。故君子结于一也。小人之学也，入乎耳，出乎口；口、耳之间则四寸耳，曷足以美七尺之躯哉？君子知夫不全不粹之不足以为美也，故诵数以贯之，思索以通之，为其人以处之，除其害者以持养之。使

目非是无欲见也，使耳非是无欲闻也，使口非是无欲言也，使心非是无欲虑也。（《荀子·劝学篇》）

将以穷无穷、逐无极与？其折骨、绝筋，终身不可以相及也；将有所止之，则千里虽远，亦或迟、或速、或先、或后，胡为乎其不可以相及也？跬步不休，跛鳖千里，一进一退，一左一右，六骥不致。彼人之才性之相悬也，岂若跛鳖之与六骥足哉？然而跛鳖致之，六骥不致，是无他故焉，或为之，或不为之耳！道虽迩，不行不至；事虽小，不为不成。其为人也多暇日者，其出入不远矣。（《荀子·修身篇》）

今夫弈之为数，小数也，不专心致志，则不得也。弈秋，通国之善弈者也。使弈秋诲二人弈，其一人专心致志，惟弈秋之为听；一人虽听之，一心以为有鸿鹄将至，思援弓缴而射之，虽与之俱学，弗若之矣。为是其智弗若与？曰：非然也。（《孟子》）

流水之为物也，不盈科不行。（《孟子》）

先生口不绝吟于六艺之文，手不停披于百家之编；记事者必提其要，纂言者必钩其玄；贪多务得，细大不捐；……沉浸郁，含英咀华；作为文章；其书满家。上规姚姒，浑浑无涯，周诰殷盘，佶屈聱牙；《春秋》谨严，《左氏》浮夸，《易》奇而法，《诗》正而葩；下逮《庄》《骚》，太史所录，子云相如，同工异曲。（韩文）

愈于进士中粗为知读经书者，一来应举，事随日生，虽欲加功，竟无其暇。游从之类，相熟相同，不教不学，闷然不见己缺，日失月亡，以至于老，所谓无以自别于常人者。每逢学士真儒，叹息踽踽，愧生于中，颜变于外，不复自比于人。（韩文）

阳亢宗好学，贫不能得书，求隶集贤院，窃院书读之，昼夜不出户六年，学无不通。（《顺宗实录》）

君少不喜书，年已壮，犹不知书，始大发愤，谢其素所往来少年，闭户读书、为文词。岁余举进士再不中，退而叹曰："此不足为吾学也。"悉取所为文数百篇焚之，益闭户读书，绝笔不为文辞者五六年，涵蓄充溢，抑而不发，久之慨然曰："可矣！"由是下笔，顷刻数千言，其纵横上下，出入驰骤，必造于深微而后止。盖其禀之厚，故发也迟；志也悫，故得之精。自来京师，一时学者皆尊其贤，学其文以为师法。以其父子俱知名，故号"老苏"以别之。（欧公《苏明允墓志》）

学必量力，量力故能久。（邵子《皇极经世·外篇》）

不必计较迫切，但措其心于中和平正之地，而深以义理灌溉培养之，自然日有进益。不然，则存养讲习之功，未及一二，而疑悔劳殆之病，已夺其千百矣。读书只且立下一个简易可常的课程，日日依此积累工夫，不要就生疑虑，既要如此，又要如彼，枉费思虑言语，下梢无到头处。昔人所谓多歧亡羊者，不可不戒也。（朱子）

三哥年长，不可自比儿童，虚度时日。逐日早起，依本点《礼记》、《左传》各二百字，参以释文，正其音读，俨然端坐，各诵百遍。讫，诵《孟子》三二十遍，熟复玩味。讫，看史数版（不过五六），反复数遍（文词通畅，议论精密处，诵数过为佳）。大抵所读经史，切要反复精详，方能渐见旨趣。诵之宜舒缓不迫，字字分明。更须端庄正坐，如对圣贤，则心定而义理易究。不可贪多务广，涉猎卤莽，看过了便谓已通，小有疑处，即便思索，思索不通，即置小册子，逐日钞记，以时省阅，俟归日逐一会理，切不可含糊护短，耻于咨问，而终身受此黯暗以自欺也。又置簿记逐日所诵说起止，以俟归日稽考。起居坐立，务要端庄，不可倾倚，恐至昏怠；出入步趋，务要凝重，不可轻以害德性。以谦逊自牧，以和敬待人。凡事切须谨饬，无故不须出入。少说闲话，恐废光阴；勿观杂书，恐分精力。早晚频自点检所习之业，每旬休日，将一旬内书温习数过，勿令心少有放佚，则自然渐近道理，讲习易明矣。（朱子）

看《大学》须是更将大段分作小段，字字句句，不可容易放过。常时暗诵默记，反复研究。未上口时，须教上口；未通透时，须教通透；已通透后，便要纯熟，直待不思索时，此意常在心胸之间，驱遣不去方是。此一段了，又换一段看。令如此数段之后，心安理熟，觉工夫省力时，便渐得力也。近日看得朋友间病痛尤更亲切，都是贪多务广，匆遽涉猎。所以凡事草率粗浅，本欲多知多能，下梢一事不知，一事不能；本欲速成，反成虚度岁月。但能反此，如前所云，试用岁月之功，当自见其益矣。（朱子）

读书之法，须是从头至尾逐句玩味。看上字时，如不知有下字；看前句时，如不知有后句。看得都通透了，又却从头看此一段，令其首尾通贯。然方其看此段时，亦不知有后段也。如此渐进，庶几心与理会，自然浃洽，非惟会得圣贤言语意脉不差，且是自己分上身心义理，日见纯熟。若只如此匆匆检阅一过，便可随意穿凿，排布硬说，则不惟错会了经意，于己分上亦有何干涉邪？且如看此幅纸书，都不行头直下看至行尾，便只作旁行横读将去，成何文理？可试以此思之，其得与失，亦不难见也。（朱子）

杂然进之而不由其序，譬如以枵然之腹，入酒食之肆，见其肥羹大、饼饵脍脯，杂然于前，遂欲左拿右攫，尽纳于口，快嚼而亟吞之，岂不撑肠拄腹，而果然一饱哉？然未尝一知其味，则不知向之所食者果何物也。（朱子）

597

须是且看一书，一日只看一两段，俟其通透浃洽，然后可渐次而进也。（朱子）

与长子受之曰：大抵只是"勤"、"谨"二字，循之而上有无限好事，吾虽未敢言，而窃为汝愿之；反之而下有无限不好事，吾虽不欲言，而未免为汝忧之也。盖汝若好学，在家足可读书作文、讲明义理，不待远离膝下、千里从师。汝既不能如此，即是自不好学，已无可望之理。然今遣汝者，恐汝在家汩于俗务，不得专意。又父子之间，不得昼夜督责，及无朋友闻见，故令汝一行。汝若到彼，能奋然有为，力改故习，一味勤谨，则吾犹有望。不然，则徒劳费，只与在家一般，他日归来，又只是旧时伎俩人物，不知汝将

何面目归见父母、亲戚、乡党、故旧耶？念之念之，"夙兴夜寐，无忝尔所生。"在此一行，千万努力。（朱子）

大抵观书先须熟读，使其言皆若出于吾之口；继以精思，使其意皆若出于吾之心，然后可以有得尔。至于文义有疑，众说纷错，则亦虚心静虑，勿遽取舍于其间，先使一说自为一说，而随其意之所之，以验其通塞，则其尤无义理者，不待观于他说而先自屈矣。复以众说互相诘难，而求其理之所安，以考其是非，则似是而非者，亦将夺于公论而无以立矣。大抵徐行却立，处静观动，"如攻坚木，先其易者，而后其节目"，如解乱绳，有所不通，而徐理之，此读书之法也。（朱子）

读《诗》正在于吟咏讽诵，观其委曲折旋之意，如吾自作此诗，自然足以感发善心。今公读《诗》，只是将己意去包笼他，如做时文相似，中间之意，尽不曾理会得，济得甚事。若如此看，只一日便可观尽，何用逐日只捱得数章，而又不曾透彻耶"且如人入城郭，须是逐街坊里巷、屋庐台榭、车马人物，一一看过方是。今公等只是外面望见城是如此，便说我都知得了。（朱子）

大凡读书多在讽诵中见义理，况《诗》又全在讽诵之功，所谓"清庙之瑟，一唱而三叹"，一人唱之，三人和之，方有意思。如今诗曲若只读过，也无意思，须是歌唱起来，方见好处。因说读书须是有自得处，到自得处说与人也不得。如熹旧读"仲氏任只，其心塞渊。终温且惠，淑慎其身。先君之思，以勖寡人"，"既破我斧，又缺我，周公东征，四国是皇。哀我人斯，亦孔之将"，伊尹曰："先王肇修人纪，从谏弗，先民时若。居上克明，为下克忠。与人不求备，检身若不及，以至于有万邦，兹惟艰哉"，如此等处，直为之废卷慨想而不能已。觉得朋友间看文字，难得这般意思。熹二十岁前后，已看得书大意如此，如今但较精密。日月易得，匆匆过了五十来年。（朱子）

以我观书，处处得益；以书博我，释卷而茫然。（朱子）

　　昔陈烈先生苦无记性，一日读《孟子》，至"求其放心"一章，曰："我放心未收，如何读书能记？"乃独处一室，静坐月余，自此读书无遗。（朱子）

　　张敬夫尝言平生所见王荆公书，皆如大忙中写，不知公安得有如许忙事。此虽戏言，然实切中其病。今观此卷，因省平日得见韩公书迹，虽亲戚卑幼，亦皆端严谨重，略与此同，未尝一笔作行草势，盖其胸中安静详密，雍容和豫，故无顷刻忙时，亦无纤芥忙意，与荆公之躁扰急迫正相反也。书札细事，而于人之德性，其相关有如此者。（朱子）

　　学不能推究事理，只是心粗。（张子《经学理窟》）

　　观书必总其言，而求作者之意。（张子《经学理窟》）

　　读书少，则无由考校得义精。盖书以维持此心，一时放下，则一时德性有懈。读书则此心常在，不读书则终看义理不见。书须成诵。精思多在夜中，或静坐得之。不记则思不起，但通贯得大原后，书亦易记。所以观书者释己之疑，明己之未达，每见每知所益，则学进矣。于不疑处有疑，方是进矣。（张子《经学理窟》）

　　常人教小童，亦可取益：绊己不出入，一益也；授人数次，己亦了此文义，二益也；对之必正衣冠，尊瞻视，三益也；尝以因己而坏人之才，以为之忧，则不敢惰，四益也。（张子《经学理窟》）

　　义理有疑，则濯去旧见，以来新意。心中苟有所开，即便札记，不思则还塞之矣，更须得朋友之助。（张子《经学理窟》）

　　河出昆仑墟，虽其本原高远矣，然渠并千七百，然后能经营中国而达于四海。愿足下思四海之士以为友，增益其所不能，毋欲速化而已。（黄山谷）

　　古人有言曰："并敌一向，千里杀将。"要须心地收汗马之功，读书乃有味。弃书册而游息时，书味犹在心中。久之乃见古人用心处如此，则尽心一两书，其余如破竹数节，皆迎刃而解也。（黄山谷）

《左传》、《前汉》读得彻否？书不用求多，但要涓涓不废。江出岷山，源若口，及其至于楚国，横绝千里，非方舟不可济，惟其有源而不息，受下流多故也。既无人讲劝，但焚香正坐静想见古人，自当心源开发，日胜进也。（黄山谷）

凡读书法要以经为主，经术深邃则观史，易知人之贤不肖，遇事得失，易以明矣。又读书先务精而不务博，有余力乃能纵横。（黄山谷）

少年应科目时，记录名数沿革，其条目等大略与近岁应举者同尔，实无捷径必得之术。但如君高材强力，积学数年，自有可得之道，而其实皆命也。但卑意欲少年为学者，每读书皆作数过尽之。书富如入海，百货皆有，凡人之精力，不能兼收尽取，但得其所欲求者耳，故愿学者每次作一意求之。如欲求古人兴亡治乱，圣贤作用，但作此意求之，勿生余念。又别作一次求事迹故实，典章文物之类亦如之。他皆仿此。此虽迂钝，而他日学成，八面受敌，与涉猎者不可同日而语也，甚非速化之术。可笑可笑。（《东坡集》）

孔子曰："辞达而已矣。"物固有是理患不知，知之患不能达之于手与口。所谓文者，能达是而已。文人之盛，莫如近世，然私所敬慕者，独陆宣公一人。家有公奏议善本，顷侍讲读，尝缮写进御，区区之忠，自谓庶几于孟轲之敬主，且欲推此学于天下，使家藏此方，人挟此药，以待世之病者，岂非仁人君子之用心也哉！今观所示议论，自东汉以下十篇，皆欲酌古以驳今，有意于济世之用，而不至于耳目之观美。此正平生所望于朋友与凡学道之君子也。（《东坡集》）

吕氏《童蒙训》云："前辈有编类国朝名臣行状墓志，取其行事之善者，别录出之，以自警戒，亦乐取诸人以为善之义。"朱文公亦云："籍溪胡先生教诸生于功课余暇以片纸书古人懿行，或诗文铭赞之有补于人者，粘置壁间，俾往来诵之，咸令精熟。"此二事可以为法。（《困学纪闻》）

《夏小正》、《月令》时训详矣，而《尧典》"命羲和"以数十言尽之；《天官书》《天文志》详矣，而《舜典》"玑衡"以一言尽之。叙事当以《书》为法。(《困学纪闻》)

东坡得文法于《檀弓》，后山得文法于《伯夷传》。(《困学纪闻》)

"天下不可以无此人，亦不可以无此书，而后足以当君子之论。"又曰："天下大势之所趋，天地鬼神不能易，而易之者人也。"此龙川科举之文，列于古之作者而无愧。(《困学纪闻》)

和凝为文，以多为富，有集百余卷，自镂板行于世，识者多非之，此颜之推所谓痴符也。杨绾有论著，未始一示人，可以为法。《易》曰："白贲，无咎"。(《旧书·绾传》：每属文，耻于自白，非知己不可得而见。)(《困学纪闻》)

《史记》曰：史有二体。编年与纪传互有得失，论一时之事，纪传不如编年；论一人之终始，编年不如纪传。要之，二者皆不可废。论看《通鉴》之法，昔陈莹中尝谓《通鉴》如药山，随取随得，然虽有是药山，又须会采，若不能采，则不过博闻强记而已。壶邱子问于列子曰："子好游乎？"列子曰："人之所游，观其所见；我之所游，观其所爱。"此可取以为看史之法。大抵看史见治则以为治，见乱则以为乱，见一事则止知一事，何取？观史如身在其中，见事之利害，时之祸患，必掩卷自思，使我遇此等事，当作何处之。如此观史，学问亦可以进，智识亦可以高，方为有益。又曰：读史先看统体，合一代纲纪、风俗、消长、治乱观之。如秦之暴虐，汉之宽大，皆其统体也。其偏胜及流弊处皆当考。复须识一君之统体，如文帝之宽、宣帝之严之类。统体盖为大纲，如一代统体在宽，虽有一两君稍严，不害其为宽；一君统体在严，虽有一两事稍宽，不害其为严。读史自以意会之可也。至于战国三分之时，既有天下之统体，复有一国之统体，观之亦如前例。大要先识一代统体，然后就其中看一国之统体，二者常相关也。既识统体，须看机

601

括，国之所以盛衰，事之所以成败，人之所以邪正，于几微萌芽，察其所以然，是谓机括。读史既不可随其成败以为是非，又不可轻立意见，易出议论，须揆之以理，体之以身，平心熟看，参会积累，经历谙练，然后时势、事情便可识别。（《左编·吕祖谦传》）

傅良著述有《诗解诂》、《周礼说》、《春秋后传》、《左氏章指》行于世。傅良为学，精于古人制度，年经月纬，昼检夜索，询世谱，编史牒，搜断简，采异闻，一事一物，必稽于极而后止；千载之上，珠贯而丝组之，若目见而身折旋其间。吕祖谦以为其长不独在文字也。傅良既实究治体，故常本原祖宗德意，欲减重征，捐末利，还之于民间；销兵薄刑，期于富厚；而稍修取士法，养其理义廉耻为人材地，以待上用。其于君德内治，则欲内朝外庭为人主一体，群臣庶民并询迭谏，而无壅塞不通之情。凡成周所以为盛，皆可以行于今世。（《左编》）

先是许文正公衡为祭酒，始以朱子《小学》等书授弟子，久之渐失其旧。澄至，旦然烛堂上，诸生以次受业，日昃退燕居之室。执经问难者，接踵而至，澄各因其材质，反复训诱之，每至夜分，虽寒暑不易也。皇庆元年升司业，用程纯公《学校奏疏》、胡文定公《六学教法》、朱文公《学校贡举私议》，约之为教法四条：一曰经学，二曰行实，三曰文艺，四曰治事。（《左编》）

荆川唐先生于载籍无所不窥，其编纂成书以数十计。尝语其徒曰："读书以治经明理为先；次之诸史，可以见古人经纶之迹；又次则载诸世务，可以应用资者。数者本末相辏，皆有益之书，余非所急也。"所辑最巨者，有《左编》、《右编》、《儒编》、《诗编》、《文编》、《稗编》，凡六种。（《焦弱侯澹园集》）

治古之时，非唯道德纯一，而政教修明，至于文学之彦，亦精赡宏博，足以为经济之用。盖自童之始，十四经之文，画以岁月，期于默记。又推之于迁、固、范氏之书，岂直览之！其默记亦如经。基本既正，而后遍观历代之史，察其得失，稽其异同，会其纲纪，知识益且至矣。而又参于秦汉以来之子书，古今撰定之集录，探幽索微，使无遁情。于是道德性命之奥，以至天文地理，礼乐兵刑，封建郊祀，职官选举，学校财用，贡赋户口征役之属，无所不诣其极；或庙堂之上，有所建议，必旁引曲证，以白其疑，不翅指诸掌之易也。自贡举法行，学者知以摘经拟题为志，其所最切者惟四子一经之笺，是钻是窥，余则漫不加省，与之交谈，两目瞪然视，舌本强不能对。呜呼，一物不知，儒者所耻。孰谓如是之学，其能有以济世哉！（《宋学士集·曾侍郎神道碑》）

古人之文章，衔华佩实，画然不朽，或源或委，咸有根抵。韩、柳所读之书，其文每胪陈之。宋景濂为曾侍郎志，叙古人读书为学之次第也，此唐宋以来高曾之规矩也。宋人《传考亭》、《西山读书分年》之法，盖自八岁入小学，迨于二十四五，经经纬史，首尾钩贯，有失时失序者，更展二三年，则三十前已办也。自时厥后，储峙完具，逢源肆应，富有日新，举而措之而已耳。眉山兄弟出蜀应举，盖已在学成之后；方希古负笈潜溪，前后六载，学始大就，皆此法也。去古日远，学法芜废，自少及壮，举其聪明猛利朝气方盈之岁年，耗磨于制科帖括之中，年运而往，交臂非故，顾欲以余景残晷，奄有古人分年课程之功力，虽上哲亦有所不能。（《有学集》）

古人之学，自弱冠至于有室，《六经》《三史》已熟烂于胸中，作为文章，如大匠之架屋，楹桷榱题，指挥如意。今以空疏缪悠之胸次，加以训诂沿袭之俗学，一旦悔恨，改乘辕而北之，而世故羁绁，年华耗落，又复悠忽视阴，不能穷老尽力以从事于斯，遂欲卤莽躐等，驱驾古人于楮墨之间，此非愚即妄而已矣。（《有学集》）

先生尝曰："敬敷五教在宽，君子以教思无穷，容保民无疆，则是为教者当以宽容存心也。今日学中大体虽要严密，然就中节目宽缓，大概人品不一，有夙成者，有晚成者，有可成其大者，有可成其小者，且一事有所长，必一事有所短，千万不同，遽难以强之也。《学记》自'一年离经辨志'至'九年知类通达，强立而不反'，其始终节次，几多积累，必不可以苟且致之，故教人不止，各因其材。又当随其学之所至而渐进也。盖教人与用人正相反，用人当用其所长，教人当教其所短。"（《许鲁斋集·附录》）

公丁母忧，寓居南都，晏丞相殊请掌府学。公常宿学中，训督有法度，勤劳恭谨，以身先之，夜课诸生读书，寝食皆立时刻，往往潜至斋舍之，见有先寝者诘之，其人绐云：适疲倦，暂就枕耳。问未寝之时观何书，其人妄对。则取书问之，不能对，罚之。出题使诸生作赋，必先自为之，欲知其难易及所当用意，亦使学者准以为法，由是四方从学者辐辏。宋人以文学有声名于场屋朝廷者，多其所教也。（《范文正公遗事》）

公遇夜就寝，即自计一日食饮奉养之费及所为之事，果自奉之费与所为之事相称，则鼾鼻熟寐。或不然，则终夕不能安眠，他日必求所以称之者。（《范文正公遗事》）

（公在南都学舍），扫一室，昼夜讲诵。其起居食饮，人所不堪，而公益自刻苦。居五年，大通《六经》之旨，为文章，论说必求于仁义。……其所有为，必尽其力。曰："为之自我者当如是。其成与否，有不在我者，虽圣贤不能必，吾岂苟哉！"（《范公神道碑》）

昔公以正大之学，卓冠群贤；以忠义之气，振厉天下。其功之被当时而泽后世者，固不可遍举，独举其切而近者。则公于所在开设学校，以教育多士，至吴郡则以己地建学，规制崇广，迨公之子恭献公复割田以成公之志。当是时，天下郡县，未尝皆置学也，而学校之遍天下自公始。若其察泰山孙氏于贫窭中，使得以究其业。延安定胡公入太学为学者师，卒之泰山以经术大鸣于时；安定之门，人才辈出，而河南程叔子尤遇赏拔。公之造就人才已如此。其后横渠张子以盛气自负，公复折之以儒者名教，且授之以《中庸》，卒之关陕之教与伊洛相表里。盖自《六经》晦蚀，圣人之道不传，为治者不知所尊尚，寥寥以至于公，而后开学校，隆师儒，诱掖劝奖，以成就天下之士，且以开万世道统之传，则公之有功名教，夫岂少哉！（元李祁《文正书院记》）按：荆公祭公文有云：取将于伍，后常名显；收士至佐，维邦之彦。朱子曰：公振作士大夫之功多。

朱子道：公使士大夫奋发振作，其功劳最多。凡求益之道，在于能受尽言。或识论经旨有见不到，或撰文字有未工，以至凡在己者或有未当，善人能为我尽言之，我则致恭尽礼，虚心而纳之。果有可从，则终身服膺而不失；其或不可从，则退而自省也。（《许文正公遗书》）

诵经习史，须是专心屏弃外物，非有父母师长之命，不可因他而辍。（《许文正公遗书》）

阅子史必须有所折衷，《六经》《语》《孟》，乃子、史之折衷也。合于《六经》《语》《孟》者为是，不合于《六经》《语》孟者为非。以此夷考古之人而去取之，鲜有失矣。（《许文正公遗书》）

读魏晋唐以来诸人文字，其放旷不羁诚可喜，身心即时便得快活，但须思虑究意是如何，果能终身为乐乎？果能不隳先业而泽及子孙乎？天地间人，各有职分性分之所固有者，不可自泯也。职分之所当为者，不可荒慢也；人而慢人之职，虽曰饱食暖衣，安乐终身，亦志士仁人之所不取也，故昔人谓之"幸民"。凡无检束、无法度、艳丽不羁诸文字，皆不可读，大能移人性情。圣人以义理诲人，力挽之不能回，而此等语一见入骨髓，使人情志不可收拾。"从善如登，从恶如崩"，古语有之，可不慎乎！（《许文正公遗书》）

东莱先生曰："凡作工夫，须立定课程（日日有常，不可间断）。日须诵文字一篇，或量力念半篇，或二三百字。编文字一卷或半篇（须分两册，一册编题，一册编语。卷帙太多，编六七板亦得）。作文字半篇或一篇。熟看程文及前辈文字各数首。此使大略也（纵使出入及宾客之类，亦须量作少许。念前人文字、编文字半板，非谓写半板。但如节西汉半板作文字数句，熟看程文及前辈文一首，虽风雨不移，欲求繁冗中不妨课程之术，古人每言整暇二字，盖整则暇矣。"（《许文正公遗书》）

昌黎陈言之务去。所谓陈言者，每一题必有庸人思路共集之处，缠绕笔端，剥去一层，方有至理可言，犹如玉在璞中，凿开顽璞，方始见玉，不可认璞为玉也。不知者求之字句之间，则必如《曹成王碑》乃谓之去陈言，岂文从字顺者为昌黎之所不能去乎？（黄梨洲《论文管见》）

言之不文，不能行远。今人所习，大概世俗之调，无异吏胥之案牍，旗亭之日历，即有议论叙事，敝车羸马，终非卤簿中物。学文者须熟读三史八家，将平日一副家当尽行籍没，重新积聚，竹头木屑，常谈委事，无不有来历，而后方可下笔。顾伧父以世俗常见者为清真，反视此为脂粉，亦可笑也。（黄梨洲《论文管见》）

文必本之六经，始有根本。唯刘向、曾巩多引经语，至于韩、欧，融圣人之意而出之，不必用经，自然经术之文也。近见巨子动将经文填塞，以希经术，去之远矣。（黄梨洲《论文管见》）

文以理为主，然而情不至，则亦理之郛廓耳。庐陵之志交友，无不呜咽；子厚之言身世，莫不凄怆；郝陵川之处真州，戴剡源之入故都，其言皆能恻恻动人。古今自有一种文章不可磨灭，真是"天若有情天亦老"者。而世不乏"堂堂之阵"、"正正之旗"，皆以大文目之，顾其中无可以移人之情者，所谓刉然无物者也。（黄梨洲《论文管见》）

双峰饶氏曰："义理与举业初无相妨，若一日之间，上半日将经传讨论义理，下半日理会举业，亦何不可？况举业之文未有不自义理中出者，若讲明得义理通透，则识见高人，行文条畅，举业当益精。若不通义理，则识见凡下，议论浅近，言语鄙俗，文字中十病九痛，不知自觉，何缘做得好举业？虽没世穷年从事于此，亦无益也。"（《性理大全》）

北溪陈氏曰:"圣贤学问,未尝有妨于科举之文。理义明,则文字议论益有精神光彩,躬行心得者有素则形之。商订时事、敷陈治体,莫非溢中肆外之余。自有以当人情、中物理,蔼然仁义道德之言,一一皆可用之实也。"(《性理大全》)

朱子告或人曰:"公今赴科举是几年?公文字想不为不精,以公之专一理会做时文,宜若一举便中高科、登显仕都了。到今又却不得,亦可自见得失不可必如此。若只管没溺在里面,都出头不得,下梢只管衰塌。若将这个自在一边,须要去理会道理是要紧,待去取功名,却未必不得。"(《性理大全》)

程子曰:"人多说某不教人习举业,某何尝不教人习举业也?人若不习举业而望及第,却是责天理而不修人事,但举业既可以及第即已,若更去上面尽力求必得之道,是惑惑也。"(《性理大全》)

文章不朽,全在道理上说得正,见得大,方是世间不可少之文。若古今文集,一连三四篇不见一紧要关系语,便知此人只在文士窠臼中作生活者。然要拣正大道理说,又有二病:一是古圣贤通同好语,掇拾敷衍,今人一见生厌,惟恐不完;一是真正切要好语,却与吾生平为人,南辕北向了不相涉,即不必言清行浊立意欺世盗名,亦未免为识者所鄙笑矣。(魏叔子《里言》)

人于文字,恶人讥弹,不肯一字受善,此所谓宝蜣丸而弃苏合,只是痴到极处耳。(魏叔子《里言》)

凡作文须从不朽处求,不可从速朽处求。如言依忠孝,语关治乱,真心朴气为文者,此不朽之故也。浮华鲜实,妄言背理,以至周旋世情,自失廉隅者,此速朽之故也。今人作文,专一向速朽处著想著力,而日冀其文之不朽,不亦惑乎?(《日录》)

作论有三不必、二不可:前人所已言,众人所易知,摘拾小事无关系处。此三不必作也。巧文刻深以攻前贤之短,而不中要害;取新出奇,以翻昔人之案,而不切情实。此二不可作也。作论须先去此五病,然后乃议论文章耳。(《日录》)

　　为文当先留心史鉴，熟识古今治乱之故，则文虽不合古法，而昌言伟论，亦足信今传后。此经世、为文合一之功也。(《日录》)

　　稚子愚蠢，未知近来读书何如？侄孙意惟欲其精熟，不欲其性急，太翁可取《程氏分年日程》，细体古人读书之法，使之循序渐进，勿随世俗之见方妙。《周礼》《礼记》，俱宜令其温习，一季得一周，庶能记得。侄孙幼时温书，皆一月一周也，《左传》诸书，迄今犹能成诵，皆当时温习之功。惟太翁留神。(《陆清献公集》)

　　侄孙教子之念，与他人异，功名且当听之于天，但必欲其为圣贤路上人，望时时鼓舞其志气，使知有向上一途。所读书不必欲速，但要极熟。在京师见一二博学之士，《三礼》《四传》，烂熟胸中，滔滔滚滚，真是可爱。若读得不熟，安能如此？此虽尚是记诵之学，然必有此根脚，然后可就上面讲究。圣贤学问，未有不由博而约者。《左传》中事迹驳杂，读时须分别王伯邪正之辨，《注疏》、《大全》，此两书缺一不可。初学虽不能尽看，幸检其易晓者提出指示之，庶胸中知有泾、渭。冬天日短，应嘱其早起；夜间则又不宜久坐。欲其务学，又不得不爱惜其精神也。(《陆清献公集》)

　　我虽在京，深以汝读书为念，非欲汝读书取富贵，实欲汝读书明白圣贤道理，免为流俗之人。读书做人不是两件事，将所读之书，句句体贴到自己身上来，便是做人的法，如此方叫得能读书人。若不将来身上理会，则读书自读书，做人自做人，只算做不曾读书的人。读书必以精熟为贵。我前见汝读《诗经》、《礼记》，皆不能成诵，圣贤经传，岂可如此草草读过？此皆欲速而不精之故，欲速是读书第一大病，工夫只在绵密不间断，不在速也。能不间断，则一日所读虽不多，日积月累，自然充足。若刻刻欲速，则刻刻做潦草工夫，此终身不能成功之道也。方做举业，虽不能不看时文，然时文只当将数十篇看其规矩格式，不必将十分全力尽用于此。若读经读古文，此是根本工夫。根本有得，则时文亦自然长进。千言万语，总之读书要将圣贤有用之书为本，而勿但知有时文。要循序渐进而勿欲速，要体贴到自身上，而勿徒视为取功名之具。能念吾言，虽隔三千里，犹对面也，慎勿忽之。(《陆清献公集》)

令郎天资英妙，必成大器。鄙意目下但当多读书，勿汲汲于时文。《左传》之外，《易》《诗》《礼》诸经，皆不可不读，读必精熟，熟必讲解，聪明自然日生，将来便不可限量。养其根而俟其实，古人为学皆然。世俗子弟，所以多坏，只缘父兄性急，一完经书，便令作文，空疏杜撰，不识经史为何物，虽侥幸功名，亦止成俗学，与前辈学问相去殊绝，此不足效也。(《陆清献公集》)

令郎今岁学业，必更精进。幼学工夫，不患不长，但如筑室，须坚其基址，然后可起楼阁。《五经》《四书》皆基址也，时文则楼阁也。须先将各经熟读细讲，浸灌其中，使之有得，然后及于时文，循序渐进而不欲速，自然所就，不可限量。(《陆清献公集》)

科场一时未能得手，此不足病，因此能奋发自励，焉知将来不冠多士? 但患学不足，不患无际遇也。目下用工，不比场前，要多作文，须以看书为急，每日应将《四书》一二章潜心味玩，不可一字放过，先将白文自理会一番，次看本注，次看大全，次看蒙引，次看存疑，次看浅说。如此做工夫，一部《四书》既明，读他书便势如破竹。时文不必多读而自会做。至于诸经皆学者所当用力，今人只专守一经，而于他经则视为没要紧，此学问所以日陋。今贤昆仲当立一志，必欲尽通诸经，自本经而外，未读者宜渐读，已读者当温习讲究，诸经尽通，方成得一个学者，然此犹是致知之事。圣贤之学，不贵能知，而贵能行。须将《小学》一书，逐句在自己身上省察，日间动静能与此合否? 少有不合，便须愧耻，不可以俗人自待。在长安中尤不宜轻易出门，恐外边习气不好，不知不觉被其引诱也。胸中能浸灌于圣贤之道，则引诱不动矣。(《陆清献公集》)

《分年日程》一书，平生所最服膺，故特梓行，欲学者胸中先

知有读书规模，然后以渐加功。倘从前已经蹉跎者，一二年补读一经可也。（《陆清献公集》）

汝到家不知作何光景？须将圣贤道理时时放在胸中，《小学》及《程氏日程》，宜时常展玩。日间须用一二个时辰工夫在《四书》上，依我看《大全》法，先将一节书反复细看，看得十分明白，毫无疑了，方始及于次节。如此循序渐进，积久自然触处贯通，此是根本工夫，不可不及早做去；次用一二个时辰将读过书挨次温习，不可专读生书，忘却看书、温书两事也。目前既未有师友，须自家将工夫限定，方不至悠忽过日。努力努力！然亦不可过劳。善读书者从容涵泳，工夫日进，而精神不疲，此又不可不知。（《陆清献公集》）

我既在京，家中诸务，汝当留心照管，但不可以此废读书，求其并行不悖，惟有主一无适之法。当应事时则一心在事上；当读书时则一心在书上，自不患其相妨。不必怠惰，亦不可过劳，须要得中。《小学》及《程氏分年日程》，当常置案头，时时玩味。（《陆清献公集》）

星佑来，惟劝其读《小学》。若日日能将《小学》字字熟读深思，则可为圣为贤，亦可保身保家，汝当互相砥励。人而不知《小学》，其犹"正墙面而立"也欤。（《陆清献公集》）

闻令孙今岁亦已就试，愚意亦不必汲汲，与其勉强早入泮，不如多读几年书，使之学问充足，下笔沛然；不患功名不到手，此一生受用不尽之道。若一味欲速，未培其根，先求其华，纵得侥幸，恐病痛非小，此某年来阅历人情世态，所见如此。（《陆清献公集》）

《小学》不止是教童子之书，人生自少至老，不可须臾离，故许鲁斋终身敬之如神明；《近思录》乃朱子聚周、程、张四先生之要语，为学者指南。一部《性理精华》，皆在于此。时时玩味此二书，人品学问，自然不同。（《陆清献公集》）

家务虽不能尽摆脱，然要见得此中都是道理，触处皆是此理流行，则不患俗务累人矣。(《陆清献公集》)

自古豪杰往往从艰贞之时倍加精进，苏子瞻之文章，愈穷愈工；程伊川之学问，愈困愈粹。一番否剥，焉知非造物有意玉成大君子耶？(《陆清献公集》)

细心静气取程、朱大儒之书，沉潜反复，其中真见圣贤意旨所在，然后执笔为文。复取先正守溪、荆川、泾阳之作，循其规矩，范我驰驱，不必务为奇异，而自卓然远于流俗，此则天下之至文也，何为舍坦途而驰骤于荆棘哉！(《陆清献公集》)

摘韩子读书诀课子弟："口不绝吟于六艺之文，手不停披于百家之言；记事者必提其要，纂言者必钩其玄；贪多务得，细大不捐；焚膏油以继晷，恒兀兀以穷年。"此文公自言读书事也。其要诀却在"纪事""纂言"两句。凡书目过口过，总不如手过。盖手动则心必随之，虽览诵二十篇，不如钞撮一次之功多也，况"必提其要"，则阅事不容不详："必钩其玄"，则思理不容不精，若此中更能考究同异，剖断是非而自纪所疑，附以辨论，则浚知愈深，著心愈牢矣。近代前辈当为诸生时，皆有《经书讲旨》及《纲鉴》《性理》等钞略，尚是古人遗意，盖自为温习之功，非欲垂世也。今日学者亦不复讲，其作为《书说》《史论》等刊布流行者，乃是求名射利之故，不与为己相关，故亦卒无所得。盖有书成而了不省记者，此又可戒而不可效。(《李榕村集》)

资性有钝敏，不可强也。虽然，亦视其志之分数何如耳。如有十分志向，则其诚必不息，"焉日有孜孜，毙而后已"，则亦无微之不入，无坚之不破。凡溺心于邪者，必有鬼凭之；专心于正者，必有神依之。管子曰："非鬼神之力也，精诚之极也。"道家之言曰："神明或告人兮，心灵忽自悟。"王荆公云："方其幽暗昏惑，而无物以相之，亦不能至也。"所谓神物，非真从天降地出，乃是自家精神灵爽之所为。诗云："天之牖民，如埙如篪，如璋如圭，如取

611

如携。"此理至确。惟在有精进之力，无退悔之心；有广大之愿，无休歇之期。古人有大就者，往往是钝鲁人，不足为忧也。(《李榕村集》)

《四书》《六经》及濂、洛、关、闽之书，人须终身艺之，如农夫之终岁而艺五谷也。艺五谷者，每种必尽其勤，方其尽力如此，不知有彼也。若来牟未苏而又长彼黍稷，虽有上农，不能兼施，此须立课程为之。每艺一经，必尽自家分量，务令彻底方休。艺之之法：一曰熟诵经文也；二曰尽参众说，而别其同异，较其短长也；三曰精思以释所疑，而犹未敢自信也；四曰明辨以去所非，而犹未敢自是也。能于一经上得其门而入，则诸书皆同室而异户者，可以类推而通。古之成业以名世者，其必由此矣。(《李榕村集》)

劝学箴：《易》与《诗》《书》，最务精熟；《三礼》《三传》，随分诵读。西京东京，文极醇厚。唐人之雄，曰韩曰柳。北宋文章，于唐有烈。欧、苏条达，曾、王峻洁。择其尤者，含咀英华；将来融洽，不名一家。诸子之粹，亦可采焉，荀卿论学，庄子谭天，仲淹《中说》，子云《法言》，伟长《中论》，康节《外篇》，奥旨奇辞，手录心追，醇疵小大，默而识之；周、程、张、朱，至为精凿。孔、孟通津，经书正鹄；《易》通《正蒙》，性书学论，以逮洛闽，微言至训，并须熟讲。益以精思，笃嗜深契。尚友遥师，义理昭明，庶几不畔；穷经观史，靡不贯串。犹有余力，列代诗骚，搜春撷卉，以咏以陶。如是读书，方有根柢；文学德行，实相表里。(《李榕村集》)

读书博学强记，日有程课，数十年不间断，当年吴下顾亭林、今四舍弟耜卿，皆曾下此工夫。亭林《十三经》尽皆背诵，每年用三个月温理，余月用以知新；其议论简要有裁剪，未见其匹。耜卿亦能背诵《十三经》而略通其义，可不谓贤乎！但记诵所以为思索，思索所以为体认，体认所以为涵养也。若以思索、体认、涵养为记诵带出来的工夫，而以记诵为第一义，便大差。必以义理为先，开

卷便求全体大用所在，至于义理融透浃洽，自然能记，即偶然忘记亦无害，程、朱亦然。（《李榕村集》）

宾实读书，一切诗文历算都不甚留心，惟《四书》《五经》中这点性命之理，讲切思索，直似胎胞中带来的一般，此之谓"法嗣"。当时徐立斋、韩元少每见辄问某近又读何异书。人好读异书，便是大病。书有何异？《四书》《五经》如饥食渴饮、祖宗父母一般，终身相对，岂有厌时？（《李榕村集》）

自汉以来的学问，务博而不精，圣贤无是也，太公只一卷《丹书》，箕子只一篇《洪范》，朱子读一部《大学》，难道别的道理文字，他都不晓？然得力只在此。某尝谓学问先要有约的做根，再泛滥诸家，广收博采，原亦不离约的，临了仍在约的上归根复命。如草木然，初下地原是种子，始有根有杆有花有叶，临了仍结种，到结了种，虽小小的，而根杆花叶，无数精华，都收在里面。（《李榕村集》）

看书须逐条想一遍，不但为书，且将此心磨的可用，不然，遇大事此心用不入，便做不来。（《李榕村集》）

读书不专是务博，须是凑成一堆。如天上繁星万有一千五百二十，若凑起来，比月还大，只因月是团一物，所以月光比星大别。昔有人力格数人，问之，渠云："力兼二人，便敌得十人；兼三四人，则三四十人不足道也。"以此见得须是合并，若散开终是不济事。（《李榕村集》）

《五经》六艺，今止《四经》四艺而已。经止《易》、《诗》、《书》、《春秋》，《礼》即在六艺中。艺止礼、乐、书、数，射、御已不讲。《易》，将注疏、程《传》、朱《义》看过，略通大意，一年可了。《诗》，将注疏与朱《传》看，《书经》亦然。《春秋三传》注疏，每种一年，兼之礼乐书数，不过十余年，无不通矣。聪明人用十余年功亦不难，便是许多年代无此人，岂不可叹！（《李榕村集》）

孟子竟是不曾见《易》，平生深于《诗》、《书》、《春秋》，《礼经》便不熟，只是才大，学问直溯源头，掘井见泉，横说竖说，头头是道。(《李榕村集》)

有人说《十三经》、《廿一史》皆看过，只是不记得。总是他立意要看完经史，便不能记。何也？为其泛也，非切己要读，如何能记？天下书原读不尽。虚斋云，"欲为一代经纶手，须读数篇要紧书"，书读要紧者方好。文中子云："不广求故得，不杂学故明。"某自己验之，确是如此。孔子说得极平常，都是自己有得之言，说一个"温故"，一个"时习"，可见不温不习，便无处得说与知新。(《李榕村集》)

人于书有一见便晓者，天下之弃材也。须是积累而进，温故知新，方能牢固。如富贵家儿生来便有得用，他看钱物天然不爱惜；惟辛勤成家，便一草一木，爱之护之。读书从勤苦中得些滋味，自然不肯放下。往往见人家子弟，一见便晓，多无成就。有人自讼其过，生平好读新书，不喜读旧书，亦是大病。(《李榕村集》)

凡瓜果时候未到，纵将他煮烂，他终是生。人只知春生夏长秋收之为功，不知成物却全在冬。五谷至秋已成矣，若当下便将他下地作种，终是不好，毕竟收过冬，生意才足。人见其已入仓，以为既死，不知他生意在内，自己收束坚固，以完其性。可知贞下起元之理，一丝不错。凡学问工夫，火候未到时，勉强为之，终是欠缺。(《李榕村集》)

"学聚问辨"下著一句"宽以居之"，大妙。如用武火将物煮熟，却要用慢火煨，滋味才入，方得他烂。(《李榕村集》)

读书要搜根，搜得根便不会忘。将那一部书分类纂过，又随章札记，复全部串解，得其主意便记得。某向看《三角法》，过而辄忘，后得其一线穿下之根，便再不忘。某于《河图》《洛书》搜得其根，放下空空洞洞，一提起千头万绪，无不了然。孔明当日独观大意，今人解作草略便不是。大意者，即精英、根源也。杜工部读

书难字过，便不屑记难字，如杨子云乃是要采其精英。(《李榕村集》)

"读书千遍，其意自见。"某初读《参同契》，了无入处，用此法试之，熟后遂见得其中自有条理。初读《大司乐》亦然，用此法又有入处。乃知此言果丹诀也。人做大司成，只纠合有志读经者，且不要管他别样，只教他将一部经一面读一面想，用功到千遍，再问他所得便好。(《李榕村集》)

某年十八，手纂《性理》一部；十九，手纂《四书》一部；二十，手纂《易经》一部。凡某家某家如何说，皆一一能记，至今以为根基，不然，虽闲时熟思，从何思起？ (《李榕村集》)

读书要有记性，记性难强。某谓要练记性，须用精熟一部书之法，不拘大书小书，能将这部烂熟，字字解得，道理透明，诸家说俱能辨其是非高下，此一部便是根，可以触悟他书。如领兵十万，一样看待，便不得一兵之力；如交朋友，全无亲疏厚薄，便不得一友之助，领兵必有几百亲兵死士，交友必有一二意气肝胆，便此外皆可得用。何也？我所亲者又有所亲，因类相感，无不通彻。只是这部书却要实是丹头，方可通得去，倘熟一部没要紧的书，便没用，如领兵却亲待一伙极作奸犯科的兵，交友却结交一班无赖的友，如何联属得来。(《李榕村集》)

要通一经，须将那一经注疏细看，再将大全细看。莫先存一驳他的心，亦莫存一向他的心；虚公其心，就文论理，觉得那一说是，或两说都不是，我不妨另有一意，看来看去，务求稳当，磨到熟后，便可名此一经。当日虚斋只将《易经》如此做得一番工夫，后来天下传其《蒙引》，曰："欲《易》明，问蔡清。"故某尝曰："自宋以后，得汉人穷经之意者，惟虚斋先生一人。"(《李榕村集》)

达摩一老癯，对着壁坐了九年，几夺吾儒之席；胡安定在泰山读书十余年，其后学徒之盛遍天下。凡人有十年著紧工夫，其声光气焰，断然不同。(《李榕村集》)

读书着不得一点为人的心，着此便断根，虽孜孜穷年，无益也。（《李榕村集》）

读书只赞其文字好何益？须将作者之意发明出来，及考订其本之同异，文义之是否，字字不放过，方算得看这部书。（《李榕村集》）

和尚家参禅，亦是要心归一。故意说一句极没理的话，要你在这上寻求，想来想去，别的念头都断了。人心本是灵明，逼到归一时，光彩忽发，别见得一个境界。他们得此，方好用功，不是到此就住，从此遍参历扣，直追无上菩提。《阴符经》曰："绝利一源，用师十倍。"是这一层工夫，至"三返昼夜，用师万倍"，即《参同契》所谓"千周粲彬彬，万遍将可睹"，乃是思之精熟。若心无那一段归一内力，却不能思，要思，心散去了，亦不中用。（《李榕村集》）

凡人一艺之精，必有几年高兴。若迷溺其中，见得有趣方能精。如先存一别有远大，何必在此驻足之意，断不精矣。某人别件都能领略，只是文章不进，每自曰："只要求得心里明白，明白后自然说得出，便是辞达"，此即是他心病。文章如何能达，却也要剪裁有材料，不然言之无文，行之不远。艺文如此，况于圣贤之学，非有一段毅然专致之诚，安能有得？（《李榕村集》）

出门之功甚大。闭户用功，何尝不好？到底出门闻见广。使某不见顾宁人、梅定九，如何得知音韵历算之详？佛门中遍参历扣，最是妙义，岂必高明人，就是寻常人亦有一知半解。（《李榕村集》）

宁人曰："吾于经史虽略能记诵，其实都是零碎工夫。至律历礼乐之类，整片稽考，便不耐心，此是大病，今悔之而已老矣。"此其自讼语，实读书要诀也。（《李榕村集》）

人须要用心，但用过心，不独悟过好，只疑过亦好；不但记得好，就不记得亦好。中有个根子，便有时会发动。（《李榕村集》）

国手于棋，亦终身之事，他刻刻不能离棋。可见一艺成名，也要至诚无息，若有一日放得下，便非第一流的本事。尧、舜已将天下让与人，自己尚是"敕天之命，惟时惟几"，一息尚存，此志不容少懈。人的学问，总要不断，这是一点真源，有源之物便会大。陆子静于此却有所得，故云："易简工夫终久大，支离事业竟浮沉。"（《李榕村集》）

源泉一勺耳，及其渐远渐大，便成江河。问："一贯之义似此？"曰："然。有了源头，愈多愈好。江水一路来，无限诸水会之，然只成其为江，不闻品江水者，以为此中杂某某之水也。河水一路来，无限诸水会之，然只成其为河，不闻品河水者，以为此中杂某某之水也。有源头的物事，他物入其中，皆成自己的物事。"（《李榕村集》）

志立则神日生，要在提撕之力。（《李榕村集》）

仙家明日成仙，今日尚不知，总是要工夫不歇，如鸡抱子，呆呆的只抱在那里，火候一刻不到，不能得他出来。朱子至六十岁上，自叹假如五十九岁死，竟不闻道矣。后五六年仍叹与道无分。门人援前言以问曰："想是为不得行道而发？"朱子曰："非也。就是眼前道理尚远耳。"汝楫曰："然则下学何时窥见津涯？"曰："此仙家所谓大丹也，然小丹亦不可不结。想来颜、曾、思、孟有颜、曾、思、孟之丹；周、程、张、朱有周、程、张、朱之丹；董、韩亦有董、韩之丹。成得无上天仙固好，不尔，就是地仙亦强似虚生浪死。"（《李榕村集》）

昌黎论一事，便一事透彻，此人煞有用。明朝人学问事功都不透，想是读书不专之过。只有蔡虚斋专精《四书》《易经》，而年只五十七，又贫不能多得书，如《朱子语类》都不曾见，故到底不明白"理气"二字，然荐廿余人于王三原，皆有成就；识宁王必反，便拂衣归，已不是无用人。（《李榕村集》）

某未领乡荐时，曾将《左传》分类编纂，言礼者一处，言乐者

617

一处，言兵者一处，言卜筮者一处，嘉言善行一处，如此容易记。未及编成，以人事而废。昔苏子容记得史熟，东坡问之，答曰："吾曾将某年某月下将事系之，编得一次；复将事下系以某年某月，又编得一次，编来编去，遂熟。"东坡曰："吾何书不如此下功夫？毕竟公记得。"大概欲史熟须如此。（《李榕村集》）

后世情伪之变，无所不有。读史乃炼达人情之学。《左传》尚不能备后世情伪，若《汉书》，则几备矣。（《李榕村集》）

凡文字不可走了样子，《史记》创一个样，后来史书，硬依他叙记；诸文韩昌黎创一个样，后来亦便依他。其初创为者都非常人，若后来不是此等人，生要创为，便不成样。（《李榕村集》）

静中工夫，惟闲时可用。孔明自二十六岁出来，日倥偬于戎马之间，曾无刻暇，而曰学须静也，才须学也。想他天资高，时时将心提起，用着实落工夫来。（《李榕村集》）

朋友要取直谅，自己受益，不受尽言者，始于予智，终于至愚。夫子称舜好问好察，不必贤智之言始足听也。耕问奴、织问婢，他所素习，必胜于我。武侯天资高，曰"广咨询"，曰"闻过必改而无吝色"，曰"吾心如秤，不能为物作轻重"。故功虽未成，而信格神明，势倾天下。当时称服，了无异词；后世传诵，久而弥光。（《李榕村集》）

徐元直说："俗儒不知世务，识时务者为俊杰。"武侯云："刘繇、王朗各据州郡，论安言计，动引圣人，……今岁不战，明年不征，使孙策坐大，遂据江东。"正所谓俗儒也。（《李榕村集》）

学问须是熟。梅定九于历算，四十年工夫，尚不能熟。读书不熟，终不得力。魏伯阳所谓"千周万遍"也。（《李榕村集》）

读书不透，多亦无益。然未有不多而能透者。（《李榕村集》）

人无所得，虽读得《三通》，高谈雄辨，证佐纷罗，其归如搦冰然，初非不盈把，渐搦渐消，至于无有。所以读书以实得为主。（《李榕村集》）

学问之道，最怕他地方派断，如李中孚幼为孝子，长为高士，半世读书，所著论多未谛当，以关中派断故也。(《李榕村集》)

欲搜《廿一史》中取其有关于修齐治平之要者，仿东莱《大事记》为一编；又搜历代典制沿革及后世如何可以通行者，略仿《通考》，各著为论为一编。(《李榕村集》)

今专门之学甚少，古来官制、田赋、冠服、地理之类，皆无精详可据之书，此等必时时考究得原原本本，确有条贯方好。不然，随便著作，有何关系。

巨鹿、昆阳，皆以少胜众。项羽一战而骄，诸侯膝行而前，气焰太露；光武一味收敛，伯升为更始所杀，夜间泪湿枕席，平居却不露声色，便是成事气量。(《李榕村集》)

作史全要简洁，《蜀志》后主二年终岁止八字，曰："劝农殖谷，闭关息民。"只此的是良史才。(《李榕村集》)

场言某门人陈大章最熟《通鉴》，检得其中疏误处，便作一篇文字辨驳之。闻其师谓之曰："不消如此，只注其下云应作如何足矣。宇宙间几部大书，譬如祖父遗训，万一偶误，只好说我当日记得是如此，若侃侃辨证，便非立言之体。"元生曰："正是如此。今人读程朱书，于其道理精纯处，毫不理会，至于地名、人名、制度，偶然疏舛，便当作天来大事，狂呼大叫，累幅不休。虽说得是，亦令人厌。所谓'辞有体要'也。"(《李榕村集》)

为申饬学校事。本部院奉命督学、考试畿南一道，行已告竣。见其俗尚朴厚，士子行文可观者，所在不乏，未尝不心为慰喜。然风土差殊，或有师友渊源之异，或有师生学勤惰之别，以故诸生童佻达城阙者多，梏桎穷年者少。平日学植既落，临事剽窃应文，根株浅薄，词采干枯，谬体相沿，理法不讲。自诸生甚者一县无可充优等，而新进童子不能及，皆由师儒玩姑息，不修厥事之过也。今朝重尔教职之选，分别流品，一以举贡代匮，庙堂责成之意，宜各念知。其自今顾名自爱，大变因循积弊，相与立为教学规条，月考岁计，至本部院科试程士之日，蒸蒸一变。是则金口木舌弗懈之效也。凡读书作文，须有根底，今士子徒诵几篇坊刻时文，又不能辨其美恶高下，但以选者之丹黄为趋舍，浮词填胸，千里一轨，遇题目相近，剽剥不让，公然相袭，不复知有剿说雷同之禁也。间或理致及典实题样与所习相左，则荒疏杜撰，无一语中肯綮者。何则？理致精微，非平日体认真切，熟于诸儒讲说源流，敷辞安能动洽理趣？若典实题则或系礼乐、名物、井田、学校、制度之属，或称引唐虞、夏、殷、周帝王贤圣德美功业之类，非略览《易》、《诗》、《书》、《春秋》诸经，晓其故实事迹，但就时文中搜摘应副，甫脱口而谬戾不可胜言矣。今将责士子淹该经史，骤未易至；若沉潜经书，使先儒理解融会通贯，自是诸生分内事；至于他经即不能尽究其全，固当略涉其趣，随其天资分量，左右采获，积累既多，造意措词，亦自略有本原，而坐进淹茂矣。（《榕村别集》）

余姚黄宗羲曰："士之不学，由专工于时艺也；时艺之不工，由专读于时文也。故嘉隆以前之士子，皆根柢经史，时文号为最盛，固未尝以之流行坊社间也。万历丁丑冯具区集籍中名士文，汇刻二百余篇，名《艺海元珠》；至癸未，具区为房考，刻书《一房得士录》，此京刻之始也。然壬辰尚缺三房，乙未缺一房，至戊戌而十八房始备。娄江王房仲《阅艺随录》，此选家之始也。辛丑遂有数家。自是以后，时文充塞宇宙，经史之学，折而尽入于时学矣。"（《明文英华》）

杨子常曰："十八房之刻，自万历壬辰《钩元录》始；旁有批点，自王房仲（士）选程墨始。至乙卯以后，而坊刻有四种：曰'程墨'，则三场主司及士子之文；曰'房稿'，则十八房进士之作；曰'行卷'，则举人之作；曰'社稿'，则诸生会课之作。至《一科房稿》之刻，有数百部，皆出于苏、杭。而中原北方之贾人，市买以去，天下之人，惟知此物可以取科名、享富贵。此之为学问，此之谓士人？而他书一切不观。昔邱文庄当天顺成化之盛，去宋元未远，已谓士子有登名前列，不知史册名目、朝代先后、字书偏旁者，举天下而惟十八房之读，读之三年五年，而一幸登第，则无知之童子，俨然与公卿相揖让；而文武之道，弃如弁髦。嗟乎！八股盛而《六经》微；十八房兴而廿一史废。昔闵子马以原伯鲁之不说学，而卜周之衰。余少时见有一二好学者，欲旁通经史而涉古书，则父师交相谯呵，以为坎轲不利之人。岂非所谓患失而惑者与？若乃国之盛衰、时之治乱，则亦可知也已。"（《明文英华》）

万季野语余曰："子于古文信有得矣。然愿子勿泥也。唐宋号为文家者八人，其于道粗有明者，韩愈氏而止耳，其余则资学者以爱玩而已，于世非果有益也。"余辍古文之学，而求经义自此始。（《望溪集》）

先君子有言，"自晚周秦汉以来，治文术者，代降而卑，皆以为气数使然。非也。古之以文传者，未或见其诗；以诗鸣者，亦然。唐之中叶，始有兼营而并善者，然较其所能，则悬衡而不无俯仰矣。自宋以降，学者之于文术，必遍为之，夫是以各涉其流，无一能穷源而竟委也。"（《望溪集》）

凡案头必不可无古人书，如《言行录》、《伊洛渊源》之类，使心目常常与古人相接，自然意思不同，如止看诗文，恐溺于世俗。（陆桴亭《思辨录》）

凡读书须识货，方不错用功夫，如《四书》、《五经》、《性理》、《纲目》，此所当终身诵读者也，水利农政天文兵法诸书，亦要一一寻究，得其要领。其于子史百家，不过观其大意而已，如欲一一记诵，便是玩物丧志。（陆桴亭《思辨录》）

记诵之功，读史不必用，若《五经》、《四书》、《太极》、《西铭》之类，必不可不成诵；不成诵，则义理不出也。（陆桴亭《思辨录》）

书籍之多，千倍于古，学非博不可，然汗牛充栋，将如之何？偶思得一读书法，欲将所读之书，分为三节，自五岁至十五为一节，十年诵读；自十五岁至二十五为一节，十年讲贯；自二十五至三十五为一节，十年涉猎。使学有渐次，书分缓急，则庶几学者可由此而程功，朝廷亦可因之而试士矣。所当读之书，约略开列于后。十年诵读：《小学》（文公《小学》颇繁，愚欲另编《节韵幼仪》）。《四书》（先读正文，后读注）。《五经》（先读正文）。《周礼》（柯尚迁者佳）。《太极》、《通书》、《西铭》。《纲目》（先读编。又有《历世通谱》、《秋螿录》等书，载古今兴亡大概，俱编有歌括，宜先讲读）。古文（宜先读《左传》，其《国策》、《史》、《汉》、八大家，文理易晓，易于记诵，俟十五岁后可也。予近有《书鉴》一编，专取古文中之有关于兴亡治乱者，后各为论，使学者读之，可知古今。似可备览）。古诗（《离骚经》、陶诗，宜先读。予近有《诗鉴》一编，专取汉唐以后诗之有合于兴观群怨者，后各为论。似可备览）。各家歌诀（凡天文、地理、水利、算学诸家，俱有歌诀。取其切于日用者，暇时记诵）。十年讲贯：《四书》（宜看《大全》）。《五经》（宜看《大全》）。《周礼》（柯尚迁注，近有《集说》，亦好）。《性理》（尚宜重辑。内如《洪范皇极》、《律吕新书》、《易学启蒙》、《皇极经世》等书，俱宜各自为书，不必入集）。《纲目》（宜与《资治通鉴》、《纪事本末》二书同看，仍以《纲目》为主）。本朝事实。本朝典礼。本朝律令（三书最为知今之要）。《文献通考》（此书与《纲目》相表里，不可不讲）。《大学衍义》、《衍义补》（理学、经济类书之简明者，不可不讲）。天文书（宜专学历数）。地理书（宜详险要）。水利、农田书（有新刻《水利全书》、《农政全书》）。兵法书（《孙子》、《吴子》、《司马法》、《武备志》、《纪效新书》、《练兵实纪》、俱宜讲究。按：以上四家，苟非全才，或专习一家亦可）。古文（《左》、《国》、《史》、《汉》、八大家）。古诗（李、杜宜全阅）。十年涉猎：《四书》。《五经》。《周礼》（以上参看注疏及诸家之说）。诸儒语录。二十一史。本朝实录及典礼、律令诸书。诸家天文。诸家地理（各省《舆地志》，或旁及堪舆家）。诸家水利农田书。诸家兵法。诸家古文。诸家诗。以上诸书，力能兼者兼之，力不能兼，则略其涉猎而专其讲贯。又不然，则去其诗文。

其于经济中或专习一家，其余则断断在所必读，庶学者俱为有体有用之士。今天下之精神，皆耗于帖括矣，谁肯为真读书人，而国家又安得收读书之宜哉？（陆桴亭《思辨录》）

读史当以朱子《纲目》为主，参之《资治通鉴》，以观其得失；益之《纪事本末》，以求其淹贯；广之二十一史，以博其记览。然约礼之功，一《纲目》足矣。《资治通鉴》、《纪事本末》犹不可不读，二十一史虽不读可也，备查足矣。（陆桴亭《思辨录》）

二十一史列传甚冗乱，其诸志却不可不读，盖一代之礼乐刑政存焉，未可忽也。予尝欲去二十一史纪传，别取诸志合为一书，天文地理，各从其类，是诚大观。《文献通考》，亦仿佛其意，但终不若独观一代，为睹一代之全耳。（陆桴亭《思辨录》）

悟处皆出于思，不思无由得悟。思处皆缘于学，不学则无可思。学者所以求悟也，悟者思而得通也。古来圣贤未有不重思者，思只是"穷理"二字。（陆桴亭《思辨录》）

思如炊火，悟到时如火候。炊火可以着力，火候着力不得，只久久纯熟，待其自至。然炊火亦有法，火力断续则难于熟，此孟子之所谓忘也。火力太猛则易至焦败，此孟子之所谓助长也。勿助勿忘，此中自有个妙处在。（陆桴亭《思辨录》）

读史有必不可少读书，如历代地图建置沿革、历代官制建置沿革、年号考、甲子考、帝王世系、帝王授受、建都考、历世统谱、秋檠录等书，俱不可少，意欲汇为一集，名曰《读史要览》，亦是便学者之事。（陆桴亭《思辨录》）

读史须一气看过，则前后事连贯，易于记忆。（陆桴亭《思辨录》）

读书连早起夜坐，"穷日之力"，性敏者可得二百叶，评点考索之功俱在内，更多则不能精察矣。《纲目》、《通鉴》、《纪事》三书，

不下四万余纸，值二百日，其余日亦当反复玩味，优游涵泳之功，是三书者亦可以无憾矣。（陆桴亭《思辨录》）

或问天文系国家禁书，非也。国家所禁，在占验之书，恐人妄言祸福。若历数则人人当知，亦国家所急赖。（陆桴亭《思辨录》）

水利、农田是一事，两书可互相发，能知水利，则农田思过半矣。（陆桴亭《思辨录》）

凡读书分类，不惟有益，且兼省心目。如《纲目》等三书，所载大约相同，若《纲目》用心看过，则此二书，不必更用细阅，但点过便是。譬如复读，极省工夫，然须一齐看去，不可看完一部，再看一部，久则记忆生疏也。其余若理学书，如先儒语录之类，作一项看；经济书如《文献通考》、《函史》下编、《治平略》、《大学衍义补》、《经济类编》之类，作一项看；天文、兵法、地利、河渠、乐律之类皆然，成就自不可量也。（陆桴亭《思辨录》）

人一刻不进学，对草木亦可愧。馆中有隙地种蔬，不数日已长成矣。因感记此。（陆桴亭《思辨录》）

凡人所当读书，皆当自十五以前，使之熟读，不但《四书》《五经》，即如天文、地理、史学、算学之类，皆有歌诀，须熟读。（陆桴亭《思辨录》）

近日人才之坏，皆由子弟早习时文。盖古人之法，四十始仕，即国初童子试，亦必俟二十后方许进学，进学者必试经论，养之者深，故其出之者大也。近日人务捷得，聪明者读摘段数叶，便可拾青紫，其胸中何尝有一毫道理知觉，乃欲责其致君泽民，故欲令人才之端，必先令子弟读书务实。昔人之患在朴，今人之患在文。文翁治蜀，因其朴而教之以文也。今日之势，正与文翁相反。使民能反一分朴，则世界受一分惠。而反朴之道，当自教子弟始。有心世道者，慎毋于时文更扬其波哉！（陆桴亭《思辨录》）

洒扫应对进退，此真弟子事。自世俗习于侈靡，一切以仆隶当之，此理不讲久矣。偶过友人姚文初家，见其门庭肃然，一切洒扫

应对进退，皆令次公执役，犹有古人之风。文初，砚闻先生之后也。其高风如此。（陆桴亭《思辨录》）

师道坏，则无贤子弟；无贤子弟，则后来师道愈坏。敝敝相承，吾不知其何所流极也。（陆桴亭《思辨录》）

致知工夫，莫备于六书，盖天地间一物必有一字，而圣贤制字，一字必具一理，能即字以观理，则格物之道在焉矣。许氏《说文》，虽略存古人之意，而理有未备。吾友王子石隐作《六书正论》，每字必据理精思，直穷原本，其精确处竟可作《尔雅》读。为格致之学者，不可不知。（陆桴亭《思辨录》）

谢上蔡见明道，举史书成诵，明道以为玩物丧志。及明道看史，又逐行看过，不差一字，谢甚不服。后来有悟，却将此事作话头接引博学之士。愚谓上蔡不服固非，即以此作话头接引博学之士，亦非也。凡人读书，皆不可稍有忽易之心。亦不可徒存记诵之念。有忽易之心，则掩卷茫然，事理俱无所得；有记诵之念，则随人可否，事虽察而理或遗。故上蔡记诵，而明道以为玩物丧志者，惧其详于事而略于理也；明道看史，却又逐行看过，不差一字者，求详其事，将以深察其理也。凡读书之人，皆当以此为法，奈何独以接引博学之士哉！（陆桴亭《思辨录》）

予尝欲辑兵书为三卷，曰道、曰法、曰术。道，只是道理。凡《四书》、《五经》中言兵处，如"教民七年""以不教民战"、《易》之《师》卦、《书》之步伐、《诗》之《车攻》、《吉日》以及圣贤古今论兵格言，必有合于王者之道者乃取。法，则法制。如《司马法》、《李靖兵法》及《纪效新书》、《八阵发明》之类。术，则智术。如孙、吴兵法及古今史传所纪攻战之迹。令学兵者先知道，次学法，次论术，庶体用不淆而人才有造。（陆桴亭《思辨录》）

孙、吴、司马法等七书，世谓之"武经"。然七书中惟《司马法》近正；《孙子》虽权谲，然学兵者心术既正之后，亦不可不尽兵之变。至《吴子》则浅矣。其余若《尉缭》甚粗略。《六韬》、《三

略》、《卫公问答》皆伪书，无足观。（陆桴亭《思辨录》）

兵家所言出奇制胜者多矣，言旗鼓步伐者少。出奇制胜之法虚，旗鼓步伐之法实，虚处聪明人自可会得，实处非学不可，犹之名物度数，即圣人亦不能生知也。《孙》、《吴》不必言，即《通鉴》一书，凡言战攻处，孰非出奇制胜之法？惟旗鼓步伐，所传甚少。唐有《李靖兵法》，此其书也，然不得见全书，今仅存杜氏《通典》所载。戚南塘《纪效新书》，是从此书中脱出，故于旗鼓步伐之功独详，读者不知，以为戚公必有异人传授，亦可笑也。（陆桴亭《思辨录》）

人欲知地利，须是熟看《通鉴》，将古今来许多战争攻守去处，一一按图细阅。天下虽大，其大形势所在，亦不过数项。如秦蜀为首，中原为脊，东南为尾；又如守秦蜀者，必以潼关、剑阁、夔门为险；守东南者，必以长江上流荆襄为险。此等处俱有古人说过做过，只要用心理会。其或因事远游，经过山川险易，则又留心审视，默以证吾平日书传中之所得，久之贯通胸中，自然有个成局。其他琐碎小利害去处，俟身到彼处，或按阅图籍，或询问土人，当自知之，无庸屑屑也。（陆桴亭《思辨录》）

地利只是"险阻"二字，山为险，水为阻。秦以一面东制诸侯，山为之也；长江天限南北，水为之也。推此以往，可以知地利矣。（陆桴亭《思辨录》）

地势险易，古今亦有变更，不可尽据书传。昔当秦汉时，函谷至潼关八百里，其右阻河，其左傍山，道远险狭，敌来犯关，常在千里之外，故曰"秦得百二"。今闻河流渐北，中饶平陆，宽坦无阻，失其险矣。天下之古今异势者，岂特一潼关哉！（陆桴亭《思辨录》）

水利与农田相表里，故善治水者，以水为利；不善治水者，以水为害。江南泽国，而土田日辟，以水为利也；西北高地，而每受河患，以水为害也。故善言水利者，必言农田。（陆桴亭《思辨

录》)

水利只是"蓄""泄"二字，高田用蓄，水田用泄；旱年用蓄，水年用泄。其所以蓄泄之法，只在坝闸。知此数语，水利之道，思过半矣。(陆桴亭《思辨录》)

立身以力学为先，力学以读书为本。今取《六经》及《论语》、《孟子》、《孝经》，以字计之：毛《诗》三万九千一百二十四字；《尚书》二万五千七百字；《周礼》四万五千八百六字；《礼记》九万九千二十字；《周易》二万四千二百七字；《春秋左氏传》一十九万六千八百四十五字；《论语》一万二千七百字；《孟子》三万四千六百八十五字；《孝经》一千九百三字。大小九经合四十八万四千九十五字，且以中才为率，若日诵三百字，不过四年半可毕；或以天资稍钝，减中才之半，日诵一百五十字，亦止九年可毕。苟能熟读而温习之，使入耳着心，久不忘失，全在日积之功耳。里谚曰："积丝成寸，积寸成尺；寸尺不已，遂成丈匹。"此语虽小，可以喻大。后生勉之。(郑耕老《劝学》)

读书当时虽极熟，久而不读亦必忘。其温习之法：若初读过书一卷，则一日温此一卷；其后读过二卷，则二日温一遍；三卷则三日温一遍，……二百卷则二百日能温一遍，亦永不忘。此乃杨子吴秘之家传温书之法，如此既省工，又永永不忘之妙法也。(王虚中《训蒙法》)

安定胡先生之主湖州学也，天下之人谓之"湖学"。学者最盛，先生使学者各治一事，如边事、河事之类，各居一斋，日夕讲究，其后从学者多为时用。盖先生教人务有实效，不为虚言也，是时孙公莘老名觉、顾公子敦名临，最为高第。(吕氏《童蒙训》)

田腴诚伯笃实士，尝从横渠学，每三年治一经，学问通贯，当时无及之者。(吕氏《童蒙训》)

杨应之学士言："后生学问，聪明强记不足畏，惟思索寻究者为可畏耳。"(吕氏《童蒙训》)

儿辈读书，惟务涉猎，都不精专，故每试辄蹶。尝与之言，譬如用人，必平日与之共肝胆、忘形骸、绸缪胶结，曾无间然，临缓急时，自得其力；若只泛交及一面之识，平时饮酒燕笑，渠便肯来；一旦有事，则掉臂去。每见先辈读书，必有本头，饭边枕上，都不放舍，虽与人看不得，然执此以往，取青紫如拾地芥，只是与之稔熟耳。(《小柴桑喃喃录》)

王景文曰："文章根本，皆在《六经》，非惟义理也，而机杼物采，规模制度，无不具备者。张安国出《考古图》，其品百二十有八，曰：'是当为记，于经乎何取？'景文曰：'宜用《顾命》。'《游庐山记事》，将褒所历序之，曰：'何以？'景文曰：'当用《禹贡》。'"(《辞学指南》)

刘子厚曰："当先读《六经》，次《论语》、孟轲书，皆经言。左氏、《国语》、庄周、屈原之辞，少采取之；谷梁子、太史公甚峻洁，可以出入。"(《辞学指南》)

穷经之暇，各随自家聪明材质，专习一艺，或能兼通诸艺更佳，如礼、乐、射、御、书、数及历象、兵刑、钱粮、治河之类，必精研习炼，实实可以措诸事业，不徒空谈其影响而已也。(施虹玉《塾讲规约》)

陶公读书，止观大意，不求甚解。所谓甚解者，如郑康成之《礼》，毛公之《诗》也。世人读书，正苦大意未通耳。今者朝读一书，至暮便竟，问其指归，尚不知所言何事；自云吾师渊明。不惟自误，更以教人，少年倦于讨求，从之而废。凡我同人，若遇此辈，所谓"损友"，绝之可也。(《钝吟杂录》)

为学要在小时，年长便不成。然年长矣，亦不可不勉。(《钝吟杂录》)

吾见人家教子弟，未尝不长叹也。不读《诗》《书》，云妨于举业也。以余观之，凡两榜贵人，粗得名于时者，未有不涉猎经史。读书好学之士，不幸而踬于场屋，犹为名于一时，为人所宗慕。其碌碌不知书者，假令窃得一第，或鼎甲居翰苑，亦为常人，其老死无成者，不可胜记。岂曰学古不利于举业乎？又不喜子弟学道，脱有差喜言礼义者，呼为至愚，不知所谓道者只在日用中，惟不学也，居家则不孝、不弟；处世则随波逐浪，作诸不善。才短者犹得为庸人，小有才者往往陷于刑辟，中世网而死，其人不可胜屈指也。见三十年前，士人立身，尚依名教，相见或言《诗》《书》，论经世之务，今则绝无矣。（《钝吟杂录》）

每看古今书，见嘉言善行，凡有关于修齐治平之道者，即为圈点，日录数纸。与人聚谈时，随便将此当闲话，亦出亦巽，总不过家常话，此有数意：一不空过此不复来之白昼；二不虚耗此不易得之茶饭；三不负此好朋友英年子弟不能常聚首时。（《小言》）

朱子论读书之法，谓始初一书费十分工夫，后一书费八九分，后则费六七分，又后则费四五分矣。此即所谓势如破竹，数节之后，迎刃而解。（《问学录》）

朱子答江元德曰："所喻。《易》、《中庸》之说，足见用心之切，其间好处亦多。'但圣贤之言，旨意深远，仔细反复，十年二十年尚未见到一二分，岂可如此才方拨冗看得一过，便敢遽然立论，似此恐不但解释之义有所差错，且是气象轻浅，直与道理不相似。'吾辈才举笔，不可不思此一段。何曾侍晋武帝宴，退谓诸子曰：'主上开创大业，吾每宴见，未尝闻经国远图，惟说平生常事，非贻厥孙谋之道也，及身而已，后嗣其殆乎！'吾辈才学文，不可不思此一段。"（《问学录》）

书目答问（节选）

清·张之洞

【题解】 张之洞（1837～1909），字孝达，号香涛，晚号抱冰，直隶南皮人，同治进士，为后期洋务派代表人物之一。其任四川学政时，委托缪荃孙为成都尊经书院学生开列阅读书目，遂成《书目答问》一书，初刊于光绪二年（1876）。《书目答问》系指导治学门径的举要目录，此书驭繁就简，慎择约取，选录历代流传至今的重要典籍二千二百馀种，在传统的经、史、子、集四部分类之外，另设丛书、别录两部。其中，《四库全书》所未收者占十之三四，重要书目下作按语，附有初学读本，方便读者略识门径。本文仅节选了张之洞为该书撰写的序及经史二卷。本文选自《张文襄公全集》。

略例

此编为告语生童而设，非是著述，海内通人见者，幸补正之。

诸生好学者来问应读何书，书以何本为善。偏举既嫌絓漏，志趣学业亦各不同，因录此以告初学：

读书不知要领，劳而无功；告某书宜读而不得精校精注本，事倍功半。此编所录，其原书为修四库书时所未有者十之三四。四库虽有其书，而校本、注本晚出者十之七八。今为分别条流，慎择约举，视其性之所近，各就其部求之。又于其中详分子目，以便类求。一类之中，复以义例相近者使相比附。再叙时代，令其门径秩然，缓急易见。凡所著录，并是要典雅记，各适其用。皆前辈通人考求论定者。总期令初学者易买易读，不致迷罔眩惑而已。弇陋者当思扩其见闻，泛滥者当知学有流别。

凡无用者、空疏者、偏僻者、淆杂者不录，古书为今书所包括者不录，注释浅陋者、妄人删改者、编刻讹谬者不录。古人书已无传本、今人书尚未刊行者不录，旧椠旧钞偶一有之、无求购求者不录。若今人著述有关经史要义，确知已成书者，间附录其书名，以备物色，且冀好事为刊行之。

经部举学有家法、事实求是者，史部举义例雅饬、考证详核者，子部举近古及有实用者，集部举最著者。每一类之后，低一格者为次录。

多传本者举善本，未见精本者举通行本，未见近刻者举今日见存明本。子史小种多在通行诸丛书内，若别无精本及尤要而希见者，始偶一举之。有他善本，既不言通行本。凡云又某本者，有异同。

近人撰述，成而未刊、刊而未见者尚多，要其最著者约略在是。至旧籍习闻者，此录未及，其书可缓。京师藏书，未在行箧，蜀中无从借书，订补俟诸他日。

兹乃随手记录，欲使初学便于翻检，非若藏书家编次目录，故不尽用前人书目体例。学海堂本即皇清经解，津逮本即津逮秘书，问经堂本即问经堂丛书。皆取便省，他丛书仿此。官书据提要称臣工编辑者，止注敕编，以别于御撰。

汉书艺文志有互见例，今于两类相关者，间亦互见，注其下。

凡不书时代者，皆国朝人。此为求书计，故生存人著述亦有录者，用经世文编例，录其书，阙其名。

所举二千余部，疑于浩繁，然分类以求，亦尚易尽，较之泛滥无归者为少矣。诸生当知其约，勿骇其多。

光绪元年九月日，提督四川学政、侍读衔翰林院编修张之洞记。

631

卷一　经部

经学、小学书，以国朝人为极，于前代著作，撷长弃短，皆已包括其中，故于宋元明人从略。

○正经正注第一

〔此为诵读定本，程试功令，说经根柢。注疏本与明监本五经，功令并重。〕

《十三经注疏》（共四百一十六卷。乾隆四年武英殿刻附考证本，同治十年广州书局覆刻殿本，阮文达公元刻附校勘记本，明北监本，明毛晋汲古阁本。目列后。阮本最于学者有益，凡有关校勘处旁有一圈，依圈检之，精妙全在于此。四川书坊翻刻阮本，讹谬太多，不可读，且削去其圈，尤谬。明监、汲古本不善。）

《周易正义》十卷，魏王弼、晋韩康伯注，唐孔颖达等正义。

《尚书正义》二十卷，旧题汉孔安国传、唐孔颖达正义。

《毛诗正义》七十卷，汉毛亨传、郑玄笺、唐孔颖达正义。

《周礼注疏》四十二卷，汉郑玄注、唐贾公彦疏。

《仪礼注疏》五十卷，汉郑玄注、唐贾公彦疏。

《礼记正义》六十三卷，汉郑玄注、唐孔颖达正义。

《春秋左传正义》六十卷，晋杜预集解、唐孔颖达正义。

《春秋公羊传注疏》二十八卷，汉何休解诂、唐徐彦疏。

《春秋穀梁传注疏》二十卷，晋范宁集解、唐杨士勋疏。

《孝经注疏》九卷，唐玄宗御注、宋邢昺疏。

《论语注疏》二十卷，魏何晏等集解，宋邢昺疏。

《孟子注疏》十四卷，汉赵岐注、旧题宋孙奭疏。

《尔雅注疏》十卷，晋郭璞注、宋邢昺疏。

（《毛诗》、《仪礼》，皆依疏本子卷计数，《孝经》亦依疏分卷。）

相台岳氏本《古注五经》。（宋岳珂校刻。明翻刻宋本。武英殿翻刻本附考证，江南翻刻本，贵阳翻刻本，广州翻刻本，成都翻刻本。）

《易》九卷，王韩注，附《略例》一卷。

《书》十三卷，孔传。

《诗》二十卷，毛传、郑笺。

《春秋左氏传》三十卷，杜集解。

《礼记》二十卷，郑注。

（便文可称相台五经。）

永怀堂古注《十三经》。（明金蟠、葛鼐同刻本，今江宁书局补足印行。又杭州局刻本。诸经注，即明李元阳刻注疏本。《孝经》题汉郑氏注，实是唐玄宗御注。）

《易》九卷，附《略例》一卷。

《书》二十卷。

《诗》二十卷。

《仪礼》十七卷。

《周礼》四十二卷。

《礼记》四十九卷。

《春秋左传》三十卷。

《公羊传》二十八卷。

《穀梁传》二十卷。

《论语》二十卷。

《孟子》十四卷。

《孝经》九卷。

《尔雅》十卷。

稽古楼单注巾箱本《十三经》。（星子干氏刻本。皆古注，《论语》并刻朱注，《毛诗》间采孔疏。）

明监本宋元人注《五经》。（明经厂本，扬州鲍氏刻本，南昌万氏刻本，又江宁局本，又崇道堂本，又武昌局本。通行杜氏巾箱《六经》单注本，尚不谬。坊本音注，皆不可据。）

《易》宋朱子本义四卷。宋程子传四卷。（江宁本本义，依《朱子》原本十二卷，兼刻程传，他本无。）

《书》宋蔡沈集传六卷。

《诗》朱子集传八卷。（武昌局本附序。）

《春秋》旧用宋胡安国传，乾隆间废，改用《左传》杜注三十卷。（江宁本左传有姚培谦补注，鲍本合刻三传，附《春秋传说汇纂》。）

《礼记》元陈澔集说十卷。（崇道堂本兼录御案。新刻《五经》，江宁本最善。）

明洪武定制，试士经义，用注疏及此数本。《春秋》兼用《左》、《公》、《穀》、胡、张洽五《传》。《永乐五经大全》成书后，即专用此本。国子监雕版，因至今沿称"监本"。今明监本希见，姑以旧名统摄之。

《四书章句集注》十九卷。（明经厂大字本，扬州鲍刻本，南昌万刻本，武昌局本，皆合五经刻。）

以上正经、正注合刻本

毛郑《诗》三十卷，《诗谱》一卷，《毛诗音义》三卷，附《毛诗校字记》一卷。（嘉庆甲子木渎周氏校刻本。同治壬申淮安重刻周本。）

重刻嘉靖本《周礼》郑注十二卷，附《札记》一卷。（顾广圻校。黄丕烈刻士礼居丛书本。明嘉靖徐氏有翻刻相台岳氏三《礼》单注本，今偶一见，不录。）

福礼堂《周礼注》十二卷。（周氏刻本，张青选清芬阁重刻本。郑注，附《释文》。）

影宋严州单注本《仪礼》十七卷，附《校录》一卷。（士礼居校本，武昌局翻黄本。郑注。）

影宋景德本《仪礼疏》五十卷。（苏州汪氏校刻本。）

影宋抚州单注本《礼记》二十卷，附《考异》二卷。（张敦仁校刻本，武昌局翻张本。郑注。附《释文》四卷。）

惠校本《礼记注疏》六十三卷。（惠栋依宋本校。和氏刻本。）

影宋单注本《公羊传》十二卷。（汪喜孙刻本。何注。）

校宋本《孟子》赵注十四卷，孙奭《音义》二卷。（孔继涵刻微波榭遗书本。韩岱云本。）

附释文《尔雅》单注本三卷。（清芬阁校。郭注。）

武昌局刻《周礼》、《仪礼》、《公羊》、《穀梁》、《孝经》、《尔雅》单注大字本。（皆古注。卷数仍旧。）

仿宋本《周易本义》十二卷。（曹寅扬州诗局刻本，武英殿重刻宋大字本。）

重刻宋本《周易本义》十二卷，附《吕氏音训》。（宝应刘氏校刻本。宋吕祖谦音训。《音训》别有金华丛书本。）

《周易传义音训》八卷，附《易学启蒙》。（程传、朱本义，宋董楷合编。《吕氏音训》新附。高均儒校。盱眙吴氏望三益斋刻本。）

《书传音释》六卷，附《书》序。（蔡传，宋邹季友音释。高均儒校。吴氏望三益斋本。）

翻刻宋淳祐大字本《四书集注》二十六卷。（国朝刻本。）

璜川吴氏仿宋本《四书集注》二十六卷，附《考》四卷。（吴志忠校。嘉庆辛未刻本。）

以上正经、正注分刻本（注疏乃钦定颁发学官者，宋元注乃沿明制通行者，四书文必用朱注，五经文及经解，古注仍可采用，不知古注者，不得为经学。）

古香斋袖珍五经四书。（康熙间内府刻。无注。《春秋》无传。）

秦氏巾箱本九经。（秦镛刻。有音无注。《易》三卷，《书》四卷，《诗》四卷，《礼记》六卷，《周礼》六卷，《春秋左传》十七卷，《孝经》一卷，《论语》二卷，《孟子》七卷。）

计树园《十一经读本》。（全文无注，直音。嘉庆元年万廷兰刻。无《论语》、《孟子》，经文皆依殿本注疏，胜于旁训，惟《公》、《穀》无传之经文未录。）

《春秋四传》合刻本三十八卷。（《左》、《公》、《穀》、胡，元失名人编。通行本。）

《周礼读本》十二卷。（袁樾校刻本。）得斋校本《周官礼注》六卷。（殷盘校刻本。郑注，间采贾疏及宋人说。）

《周官精义》十二卷。（连斗山。通行本。不能得单注本者初学止可读此。）

《仪礼章句》十七卷。（吴廷华。乾隆丁丑、嘉庆丙辰两刻本。阮元编录《皇清经解》学海堂刻本，极善。）

《仪礼易读》十七卷。（马之骕。通行本。便于初学，惟字太小。）

《左传读本》三十卷。（道光间敕撰。殿本，贵阳官本，清河官本。）

以上诸经读本附

——右正经正注

○列朝经注经说经本考证第二

〔空言臆说、学无家法者不录。〕

《郑氏易注》十卷。（汉郑玄。卢见曾刻《雅雨堂丛书》辑本，又广州刻《古经解汇函》本三卷，附《补遗》一卷。孙堂本。）《周易郑注》十二卷。（丁杰辑补。陈春刻湖海楼丛书本。）

《马王易义》一卷。（问经堂辑本。）

《陆氏周易述》一卷。（吴陆绩。《古经解汇函》重刻孙堂辑本，又马国翰《玉函山房辑佚书》本三卷。）

《子夏易传》一卷。（孙冯翼刻《问经堂丛书》辑本，又张澍《二酉堂丛书》辑本，又玉函山房辑本。此唐以前人依托，今通志堂、汉魏丛书所收十一卷本，乃宋以后人伪作。）

《周易集解》十七卷。（唐李鼎祚。雅雨堂本，《古经解汇函》重刻卢本，明毛晋刻《津逮秘书》本，张海鹏照旷阁刻《学津讨源》本，又明木渎周氏刻本，仁和叶氏刻周本。卢本附释文。）

李氏《易解剩义》一卷。（李富孙。顾修刻《读画斋丛书》本。）

《周易口诀义》六卷。（唐史徵。孙星衍刻《岱南阁丛书》本，《古经解汇函》重刻孙本。）

汉魏二十一家《易注》三十三卷。（孙堂辑。刻本。）

孙氏《周易集解》十卷。（孙星衍。岱南阁别行巾箱本，伍崇曜刻《粤雅堂丛书》本。）

《周易虞氏义》九卷，《虞氏消息》二卷，《虞氏易礼》二卷，《虞氏易事》二卷，《易言》二卷，《易候》一卷。（张惠言。《茗柯全集》本。学海堂本无《易事》、《易言》、《易候》。刘逢禄《虞氏易言补》、《易虞氏五述》，李锐《周易虞氏略例》，未见传本。）

《周易郑氏义》二卷。（同上。）

《周易荀氏九家义》一卷。（同上。）

《易义别录》十四卷。（同上。孟喜、姚信、翟子元、蜀才、京房、陆绩、干宝、马融、宋衷、刘表、王肃、董遇、王廙、刘瓛、子夏。）

《周易姚氏学》八卷，《周易通论月令》二卷。（姚配中。汪守成刻本。）

《卦气解》一卷。（宋翔凤。自著《浮溪精舍丛书》本。）

《周易补疏》二卷。（焦循。《焦氏丛书》本，学海堂本。）

《易纬》十二卷。（八种。武英殿聚珍版本，杭州、福州重刻本，《古经解汇函》本。目列后。凡言聚珍版本者，福州皆有重刻本，杭州亦重刻第一单三十九种小字本。）

《乾坤凿度》二卷。（伪。）

《乾凿度》二卷。（艺海珠尘亦刻。）

《稽览图》二卷。（珠尘亦刻。）

《辨终备》一卷。

《通卦验》二卷。

《乾元序制记》一卷。（伪。）

《是类谋》一卷。（珠尘亦刻。）

《坤灵图》一卷。（纬与谶异，皆古经说，纯驳不一，宜分别观之。）

《易纬略义》三卷。（张惠言。《茗柯全集》本。钱塘《易纬稽览考正》一卷，未刊。）

《乾凿度郑注》二卷。（丁杰辑补。雅雨堂本。）

《读易别录》三卷。（全祖望。鲍廷博刻《知不足斋丛书》本。）

《周易义海撮要》十二卷。（宋李衡。纳兰性德编刻《通志堂经解》本，广州书局重刻《通志堂经解》本。）

《易小帖》五卷。（毛奇龄。《西河集》本。）

《易例》二卷。（惠栋。周永年、李文藻刻《贷园丛书》本，张海鹏刻《借月山房汇钞》本，钱熙祚刻《指海》本。）

《易笺》八卷。（陈法。京师贵州馆刻本。）

《易图明辨》十卷。（胡渭。钱熙祚刻《守山阁丛书》本，粤雅堂本。）

《易图条辨》一卷。（张惠言。《茗柯全集》本。）

《春秋占筮书》三卷。（毛奇龄。《西河集》本。）

《易音》三卷。（顾炎武。顾氏《音学五书》本，学海堂本。）

《京氏易传》三卷。（汉京房。《津逮秘书》本，《学津讨源》本。此书多言占候，故《四库》列术数类，惟汉学家多与相涉，未便歧出，姑附于此。）

《易汉学》八卷。（惠栋。单行本，毕沅刻《经训堂丛书》本。孟、虞、京、干、郑、荀。王保训辑《京氏易》八卷，严可均校补，未刊。）《易象钩解》四卷。（明陈士元。守山阁本。）

《仲氏易》三十卷。（毛奇龄。《西河集》本，学海堂本。）

《易说》六卷。（惠士奇。家刻本，学海堂本。）

《周易述》十九卷，《易微言》二卷。（惠栋。卢氏刻本。）

《周易述补》四卷。（江藩，自刻本。三书皆有学海堂本。）

《易确》二十卷。（许桂林。自刻本。）

《易话》二卷，《易广记》三卷。（焦循。《焦氏丛书》本。）

《太极图说遗议》一卷。（毛奇龄。《西河集》本。）

《河图洛书原舛编》一卷。（同上。）

《周易本义辨证》五卷。（惠栋。常熟蒋光弼《省吾堂汇刻书》本。）

以上《易》之属（杂道家言者不录。魏关朗《易传》，唐郭京《周易举正》，皆伪书，不录。）

《尚书大传定本》八卷。（汉伏胜。陈寿祺校注。广州原刻本，《古经解汇函》重刻陈本，又雅雨堂本三卷。）

《尚书马郑注》十卷。（孙星衍辑。岱南阁别行本。龚自珍《尚书序大义》，《尚书马氏家法》，未见传本。）

《古文尚书疏证》八卷。（阎若璩。家刻本，吴氏天津刻本。）

《尚书今古文注疏》三十卷。（孙星衍。平津馆本，学海堂本。孙胜于王。）

《尚书后案》三十卷。（王鸣盛。原刻单行本，学海堂本。周用锡《尚书证义》，未见传本。臧琳《尚书集解》一百二十卷，臧镛堂补，未刊。）《尚书释天》六卷。（盛百二。学海堂本。）

《尚书地理今释》一卷。（蒋廷锡。借月山房本，《指海》本，学海堂本。）

《禹贡锥指》二十卷，图一卷。（胡渭。原刻本，学海堂本。程瑶田《禹贡三江考》，在《通艺录》内，又学海堂本。）

《禹贡郑注释》二卷。（焦循。《焦氏丛书》本。）

《禹贡集释》三卷，附《锥指正误》一卷。（丁晏。六艺堂自刻本。）

《尚书补疏》二卷。（焦循。《焦氏丛书》本，学海堂本。）

《尚书说》一卷。（宋翔凤。浮溪精舍本。）

《尚书馀论》一卷。（丁晏。自著《六艺堂诗礼七编》本。）

《太誓答问》一卷。（龚自珍。吴县潘氏滂喜斋刻本。）

《古文尚书撰异》三十三卷。（段玉裁。自著《经韵楼丛书》本，学海堂本。）

《尚书中候郑注》五卷。（《学津》辑本。）

《禹贡会笺》十二卷。（徐文靖。徐氏六种本。）

《古文尚书考》二卷。（惠栋。省吾堂本，学海堂本。明梅鷟《古文尚书考异》，已括阎、惠、王诸家书内。）

《尚书集注音疏》十二卷，《尚书经师系表》一卷。（江声。原刻篆书、真书两本，学海堂本。）

《尚书王氏注》二卷。（魏王肃。马国翰辑。《玉函山房辑佚书》之一。止标列近古尤要及辑本独详者数种，余具总义类原书中。）

以上《书》之属（不知今古文之别者不录。）

《毛诗传疏》三十卷。（陈奂。单行本，丛书本。）

《毛诗传笺通释》三十二卷。（马瑞辰。道光十五年刻本。）

《毛诗后笺》三十卷。（胡承珙。《墨庄遗书》本。许桂林《毛诗后笺》八卷，未刊。）

《毛诗稽古编》三十卷。（陈启源。单行本，学海堂本。钱大昭《诗古训》十二卷，未刊。）

《诗经小学》四卷。（段玉裁。经韵楼本，学海堂本。）

《毛郑诗考正》四卷。（戴震。《戴氏遗书》本，学海堂本。）

《毛郑诗释》四卷。（丁晏。六艺堂本。）

《诗广诂》三十卷。（徐敖。刻本。）

《毛诗补疏》五卷。（焦循。《焦氏丛书》本，学海堂本。）

《毛诗礼征》十卷。（包世荣。家刻本。）

《校正陆玑毛诗草木鸟兽虫鱼疏》二卷。（丁晏校。六艺堂本，

《古经解汇函》重刻丁本，又《津逮》本。）

《陆玑疏考证》一卷。（焦循。《焦氏丛书》本。）

《诗经稗疏》四卷。（王夫之。《船山遗书》本。）

《续诗传鸟名》三卷。（毛奇龄。《西河集》本。）

《诗地理考》六卷。（宋王应麟。《玉海》附刻本，《津逮》本，《学津》本。）

《毛诗地理释》四卷。（焦循。）

《诗氏族考》六卷。（李超孙。别下斋本。）

《毛诗识小》三十卷。（林伯桐。《修本堂遗书》本。）

《诗本音》十卷。（顾炎武。《音学五书》本，学海堂本。）

《毛诗韵订》十卷。（苗夔。自刻本。）

《毛诗证读》不分卷。（翟灏。刻本。）

《诗音表》一卷。（钱坫。钱氏四种本。）

《诗经廿二部古音表集说》二卷。（夏炘。自著《景紫堂全书》本。）

《诗声类》十二卷，《分例》一卷。（孔广森。《轩所著书》本。）

《毛诗王氏注》四卷，《义驳》一卷，《奏事》一卷，《问难》一卷。（魏王肃。玉函山房辑本。）

《毛诗异同评》三卷。（晋孙毓。）

《难孙氏毛诗评》一卷。（陈统。玉函山房辑本。）

《毛诗指说》一卷。（唐成伯玙。通志堂本。）

《毛诗通考》三十卷，《郑氏诗谱考正》一卷。（林伯桐。修本堂本。）

《毛诗重言》一卷，《毛诗双声叠韵说》一卷。（王筠。鄂宰四种本。）

《鲁诗故》三卷。（玉函山房辑本。）

《齐诗传》二卷。（玉函山房辑本。近人别有《齐诗翼奉学》一卷。）

《韩诗故》二卷，《韩诗内传》一卷，《韩诗说》一卷。（汉韩婴。玉函山房辑本。邵晋涵《韩诗内传考》一卷，有刻本，未见。）

《韩诗薛君章句》二卷。（汉薛汉。玉函山房辑本。）

《韩诗内传征》四卷。（宋绵初。刻本。严可均辑《韩诗》二十一卷，附《鲁诗》、《齐诗》、《汉人诗说》，未刊。）

《韩诗外传》十卷。（汉韩婴。赵怀玉校本，周廷寀校注本，吴氏望三益斋刻周赵合校本，《古经解汇函》本，又《津逮》、《学津》、通津草堂三本，皆逊。陈象《韩诗外传疏证》十卷，未见传本。）

《三家诗考》一卷。（宋王应麟。《玉海》附刻本，《津逮》本，《学津》本。）

《诗考补注》二卷，《补遗》一卷。（林伯桐。修本堂本。）

《诗考异字笺馀》十四卷。（周邵莲。嘉庆元年刻本。）

《三家诗异文疏证》六卷，《补遗》三卷。（冯登府。道光十年自刻本，又学海堂、《续刻经解》本二卷。别有《三家诗异义遗说》二十卷，未刊。）

《三家诗遗说考》十五卷。（陈寿祺。家刻本。）

《四家诗异文考》五卷。（陈乔枞。自刻本。）

《吕氏家塾读诗记》三十二卷。（宋吕祖谦。钱仪吉编刻《经苑》本，明嘉靖陆钺刻本。）

《诗缉》三十六卷。（宋严粲。明刻本。）

《诗说》三卷，《附录》一卷。（惠周惕。家刻本，借月山房本，《指海》本，学海堂本。）

《杲溪诗经补注》二卷。（戴震。《戴氏遗书》本，学海堂本。）

《虞东学诗》十二卷。（顾镇。自刻本。）

《诗古微》十九卷。（魏源。自刻本。魏所著有《书古微》、《公羊古微》，未见传本。）

《三家诗拾遗》十卷。（范家相。守山阁本。）

《毛诗写官记》四卷，《札记》二卷。（毛奇龄。《西河集》本。）

《毛诗绀义》二十四卷。（李黼平。广州原刻本，学海堂本。）

《毛诗古音考》六卷。（明陈第。《学津》本。）

《毛诗名物图说》九卷。（徐鼎。乾隆三十六年刻本。）

以上《诗》之属（诗家与四家《诗》皆不合者不录。子贡《诗传》，申培《诗说》，皆伪书，不录。）

《礼说》十四卷。（惠士奇。原刻本，上海彭氏重刻本，即《璜川丛书》本，学海堂本。）

《周礼疑义举要》七卷。（江永。原刻本，守山阁本，学海堂本。）

《周礼汉读考》六卷。（段玉裁。经韵楼本，学海堂本。徐养原《周官故书考》，沈梦兰《周官学》，未见传本。）

《周礼故书疏证》六卷。（宋世荦。《台州丛书》本。）

《周官礼郑氏注笺》十卷。（庄绶甲。马宗梿《周礼郑注疏证》，未见传本。）

《周礼释注》二卷。（丁晏。六艺堂本。）

《周官禄田考》三卷。（沈彤。《果堂集》本，学海堂本。）

《周礼军赋说》四卷。（王鸣盛。学海堂本。）

《考工记图》二卷。（戴震。《戴氏遗书》本，学海堂本。）

《考工创物小记》一卷，《磬折古义》一卷，《沟洫疆理小记》一卷，《九谷考》一卷。（程瑶田。在《通艺录》内，学海堂本。）

《车制图考》一卷。（阮元。挙经堂本，学海堂本。较钱坫《车制考》尤核。朱鸿《考工记车制参解》，未刊。）

《考工轮舆私笺》二卷。（郑珍。）附图一卷。（今人。同治戊辰莫氏刻本。）

《肆献裸馈食礼纂》三卷。（任启运。《钓台遗书》本。互见。）

《周官记》五卷，《周官说》五卷。（庄存与。《味经斋遗书》本。）

以上《周礼》之属（疑经者不录。）

《仪礼郑注句读》十七卷，附《监本正误》一卷，《石经正误》一卷。（张尔岐。通行本。吴廷华《仪礼章句》，已入读本。）

《仪礼图》六卷。（张惠言。阮刻单行本，武昌局刻缩本。远胜宋杨复图。）

《仪礼释例》一卷。（江永。张海鹏刻《墨海金壶》本，守山阁本。《墨海金壶》印行不多，所刻书皆在《守山阁丛书》中。）

《礼经释例》十三卷。（凌廷堪。仪征阮氏《文选楼丛书》本，学海堂本。）

《仪礼正义》四十卷。（胡培翚，沔阳陆氏苏州刻本，内有十二卷杨大堉补。）

《仪礼汉读考》一卷。（段玉裁。经韵楼本，学海堂本。）

《仪礼古今文疏义》十七卷。（胡承珙。《墨庄遗书》本，《湖北新刻丛书》本。徐养原《仪礼古今文疏证》，有刻本，未见。）

《仪礼古今文疏证》二卷。（宋世荦。《台州丛书》本。）

《仪礼注疏详校》十七卷。（卢文弨。抱经堂本。）

《仪礼经注疏正讹》十七卷。（金曰追。刻本。）

《仪礼石经校勘记》四卷。（阮元。粤雅堂本。）

《仪礼释官》九卷。（胡匡衷。家刻本，学海堂本，胡肇智重刻本。）

《释宫增注》一卷。（江永。《指海》本。）

《礼经宫室答问》二卷。（洪颐煊。自著《传经堂丛书》本。学海堂本。胡培翚《仪礼宫室定制考》，未见传本。）

《弁服释例》八卷。（任大椿。王氏刻本，学海堂本。）

《丧服传马王注》一卷。（问经堂辑本。）

《丧服文足征记》十卷。（程瑶田。《通艺录》本，学海堂本。）

《丧服会通》四卷。（吴嘉宾。自刻本。）

《仪礼管见》四卷。（褚寅亮。家刻本。）

《仪礼小疏》八卷。（沈彤。《果堂集》本，《学海堂》本。）

《仪礼释注》二卷。（丁晏。六艺堂本。）

《仪礼私笺》八卷。（郑珍。遵义唐氏刻本，江宁重刻本。）

《仪礼集编》四十卷。（盛世佐。刻本。）

《读礼通考》一百二十卷。（徐乾学。原刻通行本。）

《仪礼识误》三卷。（宋张淳。聚珍本，杭本，福本，经苑本，荣誉刻《得月簃丛书》本。）

《仪礼集释》三十卷，《仪礼释宫》一卷。（宋李如圭。聚珍本，福本，经苑本。《释宫》有守山阁本，金壶本。二书虽善，已为今书该括。）

《仪礼析疑》十七卷。（方苞。《望溪全集》本。）

《仪礼逸经传》二卷。（元吴澄。《吴文正公集》本，通志堂本，《学津》本。）

《缝礼补亡》一卷。（诸锦。吴省兰刻《艺海珠尘》本。宋刘敞（按，当作敵）《补士相见义》、《公食大夫义》，在《公是集》中。）以上《仪礼》之属（有意攻驳古注者不录。）

《礼记集说》一百六十卷。（宋卫湜。通志堂本。）

《续卫氏礼记集说》一百卷。（杭世骏。活字版本。）

《礼记陈氏集说补正》三十八卷。（陆元辅代纳兰性德撰。通志堂本。）

《礼记训纂》四十九卷。（朱彬。咸丰元年刻本。）

《礼记偶笺》三卷。（万斯大。万氏《经学五书》本，《续刻得月簃丛书》本。钱坫《内则注》三卷，未刊。）

《礼记训义择言》八卷。（江永。原刻本，守山阁本，金壶本。）

《礼记补疏》三卷。（焦循。《焦氏丛书》本，学海堂本。许桂林《礼记长义》四卷，未见传本。）

《礼记集解》六十一卷。（孙希旦。苏州新刻本。张敦仁《抚本礼记郑注考异》二卷，附《仿宋抚本礼记》后。）

蔡邕《月令章句》二卷。（蔡云辑。道光四年王氏刻本，又马瑞辰辑注本。）

《深衣考误》一卷。（江永。单行本，学海堂本。）

《深衣释例》三卷。（任大椿。《燕禧堂五种》本。）

《燕寝考》三卷。（胡培翚。刻本，学海堂本。）

《明堂大道录》八卷。（惠栋。经训堂本。）

《禘说》上下卷。（同上。同上。）

《大戴礼记卢辩注》十三卷。（雅雨堂校本，聚珍本，福本。）

《大戴礼记补注》十三卷，《叙录》一卷。（孔广森。《轩所著书》本，扬州局本，学海堂本无《叙录》。）

《大戴礼记解诂》十三卷，《叙录》一卷。（王聘珍。自刻本。）

《大戴礼记正误》一卷。（汪中。学海堂本。）

《夏小正传》二卷。（汉戴德传。孙星衍校。岱南阁别刻巾箱本。）

《夏小正考注》一卷。（毕沅校。经训堂本。）

《夏小正疏义》四卷，附《释音异字记》。（洪震煊。传经堂本，学海堂本。）

《夏小正》四卷，《校录》一卷，《集解》四卷。（顾凤藻。士礼居本。王筠《夏小正正义》卷，鄂宰四种本。）

《曾子注释》四卷。（阮元。文选楼本，学海堂本。即《大戴礼》之十篇。）

《孔子三朝记》七卷，目录一卷。（洪颐煊。传经堂本。）

以上《礼记》之属

《白虎通义》四卷。（汉班固。抱经堂校本，聚珍本，福本。此书皆言礼制，故入此类。）

《礼论钞》三卷。（宋庾蔚之。玉函山房辑本。）

《三礼义宗》三卷。（梁崔灵恩。玉函山房辑本。）

《礼笺》三卷。（金榜。单行本，学海堂本。原书十卷，未全刻。）

《礼学卮言》六卷。（孔广森。《轩所著书》本，学海堂本。）

《三礼义证》十二卷。（武亿。道光癸卯聊城杨氏刻本。）

《礼说》四卷。（凌曙。学海堂本。本名《礼论》。）

《礼说》十六卷。（金鹗。沔阳陆氏刻本。）

《求古录礼说补遗》一卷。（金鹗。潘氏滂喜斋编刻本。）

《礼说》一卷。（陈乔枞。家刻本。）

《郊社禘祫问》一卷。（毛奇龄。《西河集》本，《艺海珠尘》本。）

《大小宗通绎》一卷。（同上。同上。同上。）

《宗法小记》一卷。（程瑶田。《通艺录》本，学海堂本。）

《钓台遗书》四卷。（任启运。彭氏刻本。）

《五礼通考》二百六十二卷。（秦蕙田。原刻本。最有用。宋陈祥道《礼书》，朱子《仪礼经传通解》，江永《礼书纲目》，皆括其中。）

《质疑》二卷。（杭世骏，读画斋本，学海堂本。）

《读礼志疑》六卷。（陆陇其。单行本，《正谊堂全书》本，同治戊辰浙江新刻全集本。）

《参读礼志疑》二卷。（汪绂。单行本。）

《三礼图集注》二十卷。（宋聂崇义。通志堂本，日本翻刻本，通行翻刻本。是书多讹谬，以古书存目备考。孙星衍、严可均同撰《三礼图》三卷，未刊。）

以上三《礼》总义之属（三《礼》家不考礼制、空言礼意者不录。）

《乐律全书》四十二卷。（明朱载堉。明刻本十种。）

《御纂律吕正义》五卷。（康熙五十二年。殿本。）

《律吕新论》二卷。（江永。守山阁本。钱塘《律吕古义》六卷，亦名《律吕考文》，未见传本。）

《律吕阐微》十卷。（江永。）

《竟山乐录》四卷。（毛奇龄。《西河集》本。）

《乐县考》二卷。（江藩。粤雅堂本。）

《燕乐考原》六卷。（凌廷堪。《凌次仲集》本，粤雅堂本。）

《声律通考》十卷。（今人。广州刻本，陈氏自著丛书四种刻本。）

《琴操》二卷。（汉蔡邕。平津馆本，读画斋本。他部无可隶，附此。）

《琴谱》六卷。（元熊朋来。粤雅堂本，《指海》本。内有唐开元《十二诗谱》。）

以上《乐》之属

《春秋释例》十五卷。（晋杜预。岱南阁校本，聚珍本，福本，又席氏扫叶山房本，《古经解汇函》本。）

《春秋土地名》一卷，《长历》一卷。（晋杜预。微波榭校本，扫叶山房本。）

《春秋左传贾服注辑述》二十卷。（李贻德。同治丙寅余姚朱氏刻本。马宗梿先有辑本刊行，李书为详，且有发挥。）

《春秋左氏古义》六卷。（臧寿恭。刻本。钱塘《春秋左传古义》六卷，未刊。）

《左传诂》二十卷。（洪亮吉。集外续刻本，光绪丁丑授经堂重刊本。）

《春秋左传补注》十卷。（元赵汸。通志堂本，龚翔麟《玉玲珑阁丛刻》本。）

《左传杜解补正》三卷。（顾炎武。《亭林遗书》本，学海堂本，借月山房本，《指海》本，《璜川丛书》本。）

《左传补注》六卷。（惠栋。《贷园丛书》本，守山阁本，金壶本，学海堂本。）

《左传补注》三卷。（马宗梿。原刻本，学海堂本。）

《左传补注》一卷。（姚鼐。《惜抱轩集》本。沈钦韩《左传补注》十二卷、《考异》十卷，未见传本。）

《左通补释》三十二卷。（梁履绳。家刻本，湖北新刻本。原书共六种，统名《左通》，尚有《驳证》、《考异》、《广传》、《古音》、《臆说》五种，未刊。）

《左传小疏》一卷。（沈彤。《果堂集》本，学海堂本。）

《左传补疏》五卷。（焦循。《焦氏丛书》本，学海堂本。）

《左传旧疏考证》八卷。（刘文淇。道光十八年刻本。原书十二卷。）

《刘炫规杜持平》六卷。（邵瑛。原刻本。）

《左传事纬》十二卷，《附录》八卷。（马骕。自刻本，汉阳朝宗书室活字版本无《附录》。）

《补春秋长历》十卷。（陈厚燿。刻本。今人乌程汪氏《补春秋长历》，未刊。）

《春秋经传朔闰表》二卷。（姚文田。在《邃雅堂学古录》内，家刻本。邹伯奇《春秋经传日月考》，乃《学计一得》之一篇，在《邹徵君遗书》内。）

《春秋经传朔闰表发覆》四卷。（施彦士。附刻范景福《春秋上律表》四篇，求己堂八种本。孔继涵《春秋闰例日食例》，未见传本。）

《春秋地名考略》十四卷。（徐善代高士奇撰。高文恪四部稿本。）

《春秋地理考实》四卷。（江永。学海堂本。）

《春秋世族谱》一卷。（陈厚燿。与李淇《春秋世纪编》合刻本，道光十九年汤刻本。）

《春秋名字解诂》二卷。（王引之。自刻本，附《经义述闻》后，学海堂本同。）

《左传姓名同异考》四卷。（高士奇。高文恪四部稿本。）

《春秋识小录》九卷:《职官考略》三卷,《地名辨异》三卷,《左传人名辨异》三卷。(程廷祚。《绵庄遗书》本,《珠尘》本。林伯桐《春秋左传风俗》二十卷,未刊。)

以上《春秋左传》之属

《春秋繁露》十七卷。(汉董仲舒。戴震、卢文召校。聚珍本,福本,抱经堂本。)

《春秋繁露注》十七卷。(凌曙注。《古经解汇函》本。)

《春秋公羊通义》十一卷,《叙》一卷。(孔广森。《轩所著书》本,学海堂本。)

《春秋正辞》十三卷。(庄存与。味经斋本,学海堂本。龚自珍《春秋决事比》,未见传本。)

《公羊何氏释例》十卷。(刘逢禄。学海堂本。褚寅亮《公羊释例》三十卷,未刊。)

《公羊何氏解诂笺》一卷。(同上。同上。)

《论语述何》二卷。(同上。同上。)

《公羊礼说》一卷。(凌曙。学海堂本。别有《公羊礼疏》十一卷、《公羊问答》二卷,未见传本。)

《公羊逸礼考征》一卷。(陈奂。潘氏滂喜斋刻本。)

《公羊补注》一卷。(马宗梿。刻本。)

《公羊补注》一卷。(姚鼐。《惜抱轩集》本。)

《发墨守评》一卷,《箴膏肓评》一卷,《穀梁废疾申何》二卷。(刘逢禄。学海堂本。)

以上《春秋公羊传》之属

《春秋经解》十五卷。(宋孙觉。聚珍本,福本。)

《穀梁经传补注》□卷。今人,自刻本。《穀梁释例》四卷。(许桂林。粤雅堂本题一卷,实四卷。)

《穀梁礼证》二卷。(侯康。伍元薇刻《岭南遗书》本。马宗梿《穀梁传疏证》,未见传本。)

《穀梁补注》一卷。（姚鼐。《惜抱轩集》本。）

《穀梁大义述》不分卷。（柳兴恩。有刻本，未见。邵晋涵《穀梁古注》、洪亮吉《公穀古义》，未刊。）

以上《春秋穀梁传》之属

《箴膏肓》一卷，《起废疾》一卷，《发墨守》一卷。（汉郑玄。问经堂辑本，《珠尘》本，亦在黄奭辑《高密遗书》内。）

《春秋古经说》二卷。（侯康。《岭南遗书》本。）

《春秋大事表》五十卷，《舆图》一卷，《附录》一卷。（顾栋高。原刻本，学海堂本太少。）

《春秋十论》一卷。（洪亮吉。《卷施阁集》续刻本。）

《半农春秋说》十五卷。（惠士奇。家刻本。）

《春秋属辞比事记》四卷。（毛奇龄。《西河集》本，学海堂本。）

《春秋经传比事》二十二卷。（林春溥。《竹柏山房十一种》本。）

《春秋三传异文笺》十三卷。（赵坦。学海堂本。）

《春秋三传异文释》十三卷。（李富孙。蒋光煦刻《别下斋丛书》本。钱塘《春秋三传释疑》十卷，未刊。）

《春王正月考》一卷。（明张以宁。《指海》本，通志堂本。）

《春秋日食质疑》一卷。（吴守一。《指海》本，借月山房本。）

《春秋毛氏传》三十六卷。（毛奇龄。《西河集》本。）

《春秋属辞辨例编》六十卷。（张应昌。苏州局本。）

《春秋胡氏传辨疑》二卷。（明陆粲。《指海》本。）

《春秋胡传考误》一卷。（明袁仁。《学津》本。）

《春秋集传纂例》十卷。（唐陆淳。玉玲珑阁本，钱仪吉刻《经苑》本，《古经解汇函》重刻钱本。）

《春秋微旨》三卷。（同上。同上，同上，同上，《学津》本。）

《春秋集传辨疑》十卷。（同上。玉玲珑阁本，《古经解汇函》重刻龚本。)

《春秋金锁匙》一卷。(元赵汸。微波榭本,《学津》本。)

《春秋集传》十五卷。(同上。通志堂本。)

《春秋说略》十二卷。(郝懿行。《郝氏遗书》本。)

以上《春秋》总义之属(《春秋》家与三《传》皆不合者不录。陆氏三种,于三《传》皆加攻驳,因唐以前书,举以备考。)

《论语郑注》十卷。(宋翔凤辑。浮溪精舍本。郑珍辑《论语三十七家注》四卷,未刊。)

《论语义疏》十卷。(梁皇侃。殿本,知不足斋本,《古经解汇函》重刻鲍本。)

《论语正义》二十卷。(刘宝楠。江宁刻本。徐养原《论语鲁读考》、包慎言《论语温故录》,未见传本。)

《论语稽求篇》七卷。(毛奇龄。《西河集》本,学海堂本。)

《鲁论说》三卷。(程廷祚。《绵庄遗书》本。)

《论语竢质》三卷。(江声。胡珽编《琳琅秘室丛书》活字本。)

《论语骈枝》一卷。(刘台拱。《刘氏遗书》本,学海堂本。)

《论语后录》五卷。(钱坫。钱氏四种本。)

《论语补疏》三卷。(焦循。《焦氏丛书》本,学海堂本。)

《论语偶记》一卷。(方观旭。学海堂本。)

《论语说义》十卷。(宋翔凤。浮溪精舍本。)

《乡党图考》十卷。(江永。通行本,学海堂本。)

《论语类考》二十卷。(明陈士元。湖海楼本,《归云别集》本。)

《论语后案》二十卷。(黄式三。道光甲辰活字版本。)

以上《论语》之属(《论语》、《孟子》,北宋以前之名,《四书》,南宋以后之名。若统于《四书》,则无从足《十三经》之数,故视注解家之分合别列之。韩愈、李翱《论语笔解》,伪书,不录。)

《孟子音义》二卷。(宋孙奭。士礼居影宋蜀大字本,抱经堂本，微波榭本，韩岱云本，成都局本，又通志堂本。此真孙奭作，疏乃伪托。)《孟子赵注补正》六卷。（宋翔凤。浮溪精舍本。）

《孟子刘熙注》一卷。（宋翔凤辑。浮溪精舍本。）

《孟子正义》三十卷。（焦循。《焦氏丛书》本，学海堂本。钱东垣《孟子解谊》十四卷、钱侗《孟子正义》十四卷，未刊。)《孟子四考》四卷。（周广业。乾隆乙卯刻本。）

《孟子杂记》四卷。（明陈士元。湖海楼本。）

《孟子生卒年月考》一卷。（阎若璩。学海堂本。）

《孟子时事略》一卷。（任兆麟。《心斋十种》本。）

以上《孟子》之属

《四书释地》一卷，《续》一卷，《又续》二卷，《三续》二卷。（阎若璩。通行本，学海堂本。）

《四书释地辨证》二卷。（宋翔凤。浮溪精舍本，学海堂本。）

《四书剩言》四卷，《补》二卷。（毛奇龄。《西河集》本。）

《四书考异》七十二卷。（翟灏。原刻本，《总考》、《条考》各半。学海堂本，止《条考》三十六卷。）

《四书典故辨正》二十卷。（周炳中。刻本。凌曙《四书典故核》六卷、许桂林《四书因论》二卷，未刊。）

《四书摭馀说》七卷。（曹之升。通行本。）

《四书拾遗》五卷。（林春溥。《竹柏山房十一种》本。）

《大学证文》四卷。（毛奇龄。《西河集》本。）

《大学古义说》二卷。（宋翔凤。浮溪精舍本。）

《四书经注集证》十九卷。（吴昌宗。通行本。此书括元詹道传《四书纂笺》在内。）

以上《四书》之属

《孝经郑氏解辑》一卷。（臧庸辑。知不足斋本。）

《孝经郑氏注》一卷。（严可均辑。自著《四录堂类集》本。）

《孝经义疏补》九卷。（阮福。文选楼本，学海堂本一卷。）

《孝经精义》一卷，《后录》一卷，《或问》一卷，《余论》一卷。（张叙。乾隆二年刻本。）

《孝经外传》一卷。（周春。《珠尘》本。）

《孝经述注》一卷。（丁晏。六艺堂本。周中孚《孝经汇解》，未见传本。）

《中文孝经》一卷。（周春。《珠尘》本。）

《孝经汇纂》三卷。（孙念劬。嘉庆四年刻本。）

以上《孝经》之属（变改原书篇次者不录。《知不足斋丛书》有《古文孝经孔传》一卷、《今文孝经郑氏注》一卷，皆伪书，不录。）

《尔雅汉注》三卷。（臧庸辑。《问经堂丛书》本。）

《尔雅古义》十二卷。（黄奭辑。黄奭刻《汉学堂丛书》本。严可均辑《尔雅一切注音》十卷，未刊。）

《尔雅义疏》二十卷。（郝懿行。孙郝联薇校刻足本，沔阳陆氏刻本、学海堂本皆未足。郝胜于邵。）

《尔雅正义》二十卷。（邵晋涵。原刻、重刻通行本，学海堂本。）

《尔雅补郭》二卷。（翟灏。自刻本。戴蓥《尔雅郭注补正》九卷，未见传本。）

《尔雅释义》十卷，《释地以下四篇注》四卷。（钱坫。《钱氏四种》本。钱大昭《尔雅释文补》三卷、钱绎《尔雅疏证》十九卷，未刊。）

《释宫小记》一卷，《释草小记》一卷，《释虫小记》一卷。（程瑶田。《通艺录》内，学海堂本。互见。）

《释祀》一卷。（董蠡舟。）

《释服》一卷。（宋翔凤。浮溪精舍本。）

《释骨》一卷。（沈彤，《果堂集》本。）

《释缯》一卷。（任大椿。燕禧堂本，学海堂本。）

《释舟》一卷。（洪亮吉。《卷施阁集》本。）

以上《尔雅》之属（讲《尔雅》不通小学者不录。）

《御纂七经》。（殿本，杭州局本，武昌局本，成都书局本不精。目列后，此当敬遵与正注同。）

《周易折中》二十二卷。（康熙五十四年依古本经传分编。又乾隆二十年钦定《周易述义》十卷，殿本。）

《书经传说汇纂》二十一卷。（康熙末至雍正八年。）

《诗经传说汇纂》二十一卷。（康熙末年。又乾隆二十年钦定《诗义折中》二十卷，多宗毛、郑，殿本。）

《春秋传说汇纂》三十八卷。（康熙三十八年。）

《周官义疏》四十八卷。（乾隆十三年。）

《仪礼义疏》四十八卷。（同上。）

《礼记义疏》八十二卷。（同上。）

《古微书》三十六卷。（明孙毂。章刻本，陈刻本，活字版本，守山阁本，金壶本。孙书本有《焚微》、《线微》、《阙微》、《删微》四种，总名《微书》，此其《删微》一种。）

《七纬》三十八卷。（赵在翰辑。福州小积石山房刻本。）

《玉函山房辑佚书经编》三百五十二种。（马国翰辑。济南新刻本。经史子集四编皆刊行，此编皆周秦至唐经说、经注。）

《汉魏遗书钞》一百八种。（王谟辑。原刻本。分四册，无卷数，经史子集四类。此百八种，止经翼一门，皆汉魏至隋经注、经说。）

《古经解钩沉》三十卷。（余萧客辑。原刻本，鲁氏重刻本。）

《五经异义》（汉许慎。）并《驳义》（汉郑玄。）一卷，《补遗》一卷。（王复辑。问经堂本，《珠尘》本。）

《五经异义疏证》三卷。（陈寿祺。家刻本，学海堂本。）

《郑志》三卷，《附录》一卷。（钱东垣等校。秦鉴刻《汗筠斋丛书》本，粤雅堂重刻秦本，又聚珍本，福本，问经堂本，《古经解汇函》重刻孙本，汉学堂本。）

《六艺论》一卷。（陈鳣辑。别下斋刻本。）

《圣证论》一卷。（马国翰辑。玉函山房本。互见。）

《高密遗书》十四种。（黄奭辑刻汉学堂本。《六艺论》，《易注》，《尚书注》，《尚书大传注》，《毛诗谱》，《箴膏肓》、《释废疾》、《发墨守》、《丧服变除》、《驳五经异义》、《答临孝存周礼难》，《三礼目录》，《鲁禘祫义》，《论语注》，《郑志》，《郑记》。）

《经稗》六卷。（郑方坤。以上十二书，皆辑古说。）

《九经古义》十六卷。（惠栋。《贷园丛书》本，省吾堂本，学海堂本。马应潮《九经古义注》，未刊。）

《诗书古训》六卷。（阮元。粤雅堂本。）

《助字辨略》五卷。（刘淇。康熙五十年刻本，聊城杨氏刻本。）

《经传释词》十卷。（王引之。家刻本，守山阁本，学海堂本。冯登府《十四经诂答问》十卷，未刊。）

《经义杂记》三十卷，《叙录》一卷。（臧琳。家刻本，学海堂本。）

《经问》十八卷，《经问补》三卷。（毛奇龄。《西河集》本。）

《群经补义》五卷。（江永。单行本，学海堂本。）

《经咫》一卷。（陈祖范。家刻本。）

《经学卮言》六卷。（孔广森。《轩所著书》本，学海堂本。）

《经传小记》一卷。（刘台拱。《刘氏遗书》本。）

《经义知新记》一卷。（汪中。学海堂本。其《述学内篇》二卷入集部。）

《群经识小》八卷。（李惇。学海堂本。）

《五经小学述》二卷。（庄述祖。《珍艺宧遗书》本。）

《考信录》三十六卷。（崔述。《东壁遗书》本。《考信录提要》、《上古》、《唐虞》、《夏》、《商》、《丰镐》、《洙泗》、《丰镐别录》、《洙泗馀录》、《孟子事实录》、《续说》、《附录》。）

《经义述闻》三十二卷。（王引之。自刻本，江西刻本，学海堂本只二十八卷。）

《五经要义》一卷，《五经通义》一卷。（宋翔凤。浮溪精舍本。）

《左海经辨》二卷。（陈寿祺。家刻本，学海堂本。）

《通艺录》四十三卷。（程瑶田。自刻本。）

《群经宫室图》二卷。（焦循。《焦氏丛书》本。近人有《经义图说》，巾箱本，虽为程试而作，然胜于宋明人《六经图》。）

《六经天文编》二卷。（宋王应麟。《学津》本，《玉海》附刻本。）

《经书算学天文考》一卷。（陈懋龄。学海堂本。）

《观象授时》十四卷。（秦蕙田，方观承。学海堂摘本。此《五礼通考》之一门，阮《经解》摘出，于学者亦便。）

《邃雅堂学古录》七卷。（姚文田。家刻本。）

《学计一得》二卷。（邹伯奇。《邹徵君遗书》本。互见子部·算法。）

657

《九经说》十七卷。（姚鼐。江宁朱刻本，《惜抱轩集》本。钱大昭《经说》十卷，未刊。）

《九经集解》九卷。（雷学淇。自刻本。）

《经义未详说》五十四卷。（徐卓。自刻本。）

《群经平议》十卷。（今人。《俞氏丛书》本。）

《十三经客难》五十五卷。（龚元玠。江西刻本。）

《隶经文》四卷。（江藩。粤雅堂本。）

《说学斋经说》一卷。（叶凤毛。《珠尘》本。）

《巢经巢经说》一卷。（郑珍。家刻本。）13j4k 国 1jouf 学 iugjk 网 ljgsf

《句溪杂著》五卷。（陈立。自刻本。）

《经义丛钞》三十卷。（学海堂本。体例未协，中有精粹。）

以上诸经总义之属

《经义考》三百卷。（朱彝尊。扬州马氏刻本，重刻通行本。）

《经义考补正》十二卷。（翁方纲。自著《苏斋丛书》本。钱东垣《补经义考》四十卷、《续经义考》二十卷，未刊。）

《通志堂经解目录》一卷。（翁方纲注。《苏斋丛书》本，粤雅堂本。）

《十三经注疏姓氏》一卷。（翁方纲。《苏斋丛书》本。）

《授经图》四卷。（明朱睦明朱睦㮮。黄虞稷、龚翔麟同编。玉玲珑阁本。毕沅、洪亮吉《传经表》一卷、《通经表》一卷，未见传本。）

《国朝汉学师承记》八卷，附《经师经义目录》一卷。（江藩。原刻本，粤雅堂本。）

《西京博士考》二卷。（胡秉虔。钱氏刻《艺海珠尘续编》本。）

《五经文字》一卷，附《五经文字疑》一卷。（唐张参。微波榭本，马曰璐《小玲珑山馆丛书》本三卷，无附卷，广州刻《小学汇函》即马本，西安石本。）

《九经字样》一卷，附《九经字样疑》一卷。（唐唐元度。微波榭本，小玲珑山馆本，无附卷，《小学汇函》刻马本，西安石本。）

《刊正九经三传沿革例》一卷。（宋岳珂。任大椿刻本，知不足斋本，粤雅堂本，海宁陈氏刻本，又丛书大字本，《湖北新刻丛书》本。）

《九经误字》一卷。（顾炎武。《亭林遗书》本，《指海》本，借月山房本。钱大昕《经典文字考异》三卷，未刊。）

《七经孟子考文补遗》一百九十九卷。（山井鼎《考文》，物观《补遗》。日本刻本，阮刻巾箱本。《易》、《书》、《诗》、《左》、《礼记》、《论语》、《孝经》、《孟子》。）

《经典文字辨证》五卷。（毕沅。经训堂本。）

《注疏考证》六卷。（齐召南。学海堂本，原附殿本注疏后。《书》、《礼记》、《左》、《公》、《穀》。）

《十三经注疏校勘记》二百四十三卷。（阮元。原刻单行本，学海堂本，又散附阮刻注疏各卷之后，较略。）

《经典释文》三十卷，《考证》三十卷。（唐陆德明《释文》，卢文召《考证》。抱经堂本，武昌局翻本，成都局翻本附《孟子音义》，通志堂本未善。）

蜀大字本《三经音义》四卷。（《论语》一卷，《孝经》一卷，《孟子》上下卷。岱南阁本，士礼居刻别行本。）

《汉魏音》四卷。（洪亮吉。卷施阁本，光绪戊寅授经堂重刊全集本。）

《九经补韵附考证》一卷。（宋杨伯岩。钱侗考证。汗筠斋本，粤雅堂本，《学津》本。）

《经读考异》八卷，《补》二卷，《叙述》二卷。（武亿。原刻本，学海堂本只八卷。钱绎《十三经断句说》十三卷、钱侗《群经古音钩沉》四卷，未刊。）

《十三经音略》十二卷。（周春。粤雅堂本。）

《经籍籑诂》一百一十六卷，附《补遗》。（阮元。扬州原刻本。以经为主，故列此。）

《十经文字通正书》十四卷。（钱坫。原刻本，间有误处。）

《群经音辨》七卷。（宋贾昌朝。张士俊刻《泽存堂五种》本，粤雅堂本，道光庚子三韩杨氏重刻张本。）

以上诸经目录文字音义之属

《汉石经》。（残字六百七十五字，熹平四年。翁方纲重摹南昌府学石本，绍兴府学再摹石本。录此以见汉刻体势，若遗文则《隶释》、《隶续》为详。）

《唐石经》。（开成二年。西安府学石本，乾符修改，后梁补刻，明王尧惠补缺。《十三经》无《孟子》，明人补刻。）

《国朝石经》。（乾隆五十八年敕刊，嘉庆八年敕改定。国子监石本。《十三经》皆备，文字多依古本，与通行本多异，极精核。）

659

《石经考》一卷。（顾炎武。《亭林遗书》本，借月山房本，《指海》本。汉、唐、蜀石经，亦详《金石萃编》中。）

《石经考》一卷。（万斯同。省吾堂本。）

《石经考异》二卷。（杭世骏。《杭氏七种》本。）

《汉石经残字考》。（翁方纲。《复初斋集》。）

《魏三体石经残字考》二卷。（孙星衍。平津馆本。）

《唐石经校文》十卷。（严可均。《四录堂类集》本。王朝《唐石经考正》一卷附《十三经拾遗》后。钱大昕《唐石经考异》一卷未刊。）

《蜀石经残字》一卷。（王昶。摹刻板本，学海堂收《经义丛钞》内。）

《北宋汴学篆隶二体石经记》一卷。（丁晏。六艺堂自刻本。）

《石经考文提要》十三卷。（彭元瑞。刻本。阮元《仪礼石经校勘记》，已入《仪礼》。）

《石经补考》十二卷。（冯登府。自刻本，学海堂《经解》续刻本六卷。《国朝》、《汉》、《魏》、《唐》、《蜀》、《北宋》、《南宋》。）

以上石经之属（此乃经文本原，故别为类，杭考原流，冯考文字。）

——右列朝经注、经说、经本考证（此类各书为读正经、正注之资粮。）

○小学第三

〔此小学谓六书之学，依《汉书·艺文志》及《四库目录》。〕

《说文解字》十五卷。（汉许慎。宋徐铉校定附字。平津馆小字本，《小学汇函》重刻孙本，汲古阁五次剜改大字本，朱校大字本即毛本，藤花榭额氏刻中字本，广州新刻陈昌治编录一篆一行本，苏州浦氏重刻孙本。孙本最善，陈本最便。）

《汲古阁说文订》一卷。（段玉裁。袁廷梼刻本，武昌局刻附《段注说文》后。严可均《段氏说文订订》一卷，未刊。）

《说文旧音》一卷。（毕沅辑。经训堂本。）

《说文校议》三十卷。（姚文田、严可均同撰。原刻本，归安姚氏咫进斋重刻本，李氏《半亩园丛书》本。）

《说文斠诠》十四卷。（钱坫。家刻本。）

《说文解字考异》二十九卷。（姚文田。姚氏咫进斋家刻本，未毕工。钮树玉《说文考异》三十卷，未见传本。）

《说文系传》四十卷，附《校勘记》三卷。（南唐徐锴。苗夔校。寿阳祁氏刻本，归安姚氏翻祁本，《小学汇函》重刻祁本，汪本、马本不善。）

《说文系传校录》三十卷。（王筠。自刻本。钱师慎《说文系传刊误》二卷，未刊。）

《说文解字段氏注》三十卷，《六书音韵表》五卷。（段玉裁。原刻本，苏州重刻本，学海堂本，武昌局本附《段氏汲古阁说文订》一卷。）

《说文段注订》八卷。（钮树玉。原刻本，武昌局本。）

《说文段注匡谬》八卷。（徐承庆。姚氏咫进斋刻本，未毕工。冯桂芬《说文段注考正》十六卷，未见传本。）

《说文释例》二十卷，《说文句读》三十卷。（王筠。自刻本。）

《说文新附考》六卷，《续考》一卷。（钮树玉。原刻本，武昌局本。郑珍《说文新附考》四卷，尤精核，未刊。）

《说文逸字》二卷，（郑珍。）《附录》一卷，《补遗》一卷。（今人。家刻本。）

《说文翼》十六卷。（严可均。姚氏咫进斋本，未毕工。）

《说文辨字正俗》八卷。（李富孙。新刻本。）

《说文声系》十四卷。（姚文田。家刻本，吴刻本，粤雅堂本。钱塘《说文声系》二十卷，未刊。）

《说文声读表》七卷。（苗夔。自刻本。别有《说文声读考》，未刊。）

《说文字原韵表》二卷。（胡重。金刻本。钱侗《说文音韵表》五卷、《说文孳乳表》二卷，未刊。）

《说文声类》二卷。（严可均。四录堂本。）

《说文諧声谱》二十卷。（张惠言。）

《说文通训定声》十八卷，《柬韵》一卷。（朱骏声。原刻本，甚便初学。）

《汉学谐声》二十卷，《古音论》一卷，《附录》一卷。（戚学标。原刻本。）

《六书说》一卷。（江声。琳琅秘室本。）

《转注古义考》一卷。（曹仁虎。《珠尘》本。）

《六书转注说》一卷。（夏炘。景紫堂本。）

《说文引经考》二卷。（吴玉搢。姚氏咫进斋本。）

《说文引经考证》八卷。（陈瑑。武昌局本。臧礼堂《说文引经考》二卷、张澍《说文引经考证》，未见传本。）

《说文古语考》二卷。（程际盛。刻本。钱绎《说文解字读若考》三卷、《说文解字阙疑补》一卷，钱侗《说文重文小笺》二卷：未刊。）

《惠氏读说文记》十五卷。（惠栋。借月山房本，《指海》本，半亩园本。）

《席氏读说文记》十五卷。（席世昌。借月山房本，《指海》本。）

《说文管见》三卷。（胡秉虔。家刻本。许桂林《许氏说音》十二卷、《说文后解》十卷，未刊。）

《说文答问疏证》六卷。（钱大昕答，薛传均疏证。原刻本，姚氏咫进斋重刻本，巾箱本，扬州再刻本。）

《小学考》五十卷。（谢启昆。嘉庆丙子刻本。）

《字通》一卷。（宋李从周。《珠尘》本，知不足斋本。）

《说文字通通释》十四卷。（吴县高翔麟。道光戊戌刻本。）

《复古编》二卷。（宋张有。张氏刻本。）

《篆韵谱》五卷。（南唐徐锴。苏州冯氏刻本，《小学汇函》本，《函海》本不善。）

《说文通检》十四卷。（今人。同治十二年广州新刻本，附《说文》后。此书为翻检《说文》而设，极便。毛谟《说文检字》二卷，止可检汲古本，原刻重刻两本，皆在成都。）

《说文义证》五十卷。（桂馥。灵石杨氏原刻本，武昌局翻本。宋鉴《说文解字疏》、马宗梿《说文字义广注》，未见传本。）

《说文声订》二卷。（苗夔。自刻本。钱大昭《说文统释》六十卷，未刊。）

《说文辨疑》一卷。（顾广圻。武昌局本。）

《说文疑疑》二卷。（孔广居。家刻本。）

《说文拈字》七卷，《补遗》三卷。（王玉树。原刻本。）

《说文群经正字》二十八卷。（邵瑛。嘉庆丙子刻本。）

《说文提要》一卷。（武昌局本。）

《文字蒙求》一卷。（王筠。自刻本。）

《别雅》五卷。（吴玉搢。小蓬莱山馆刻本。）

《拾雅》二十卷。（夏味堂。原刻本，刘际清刻《青照堂丛书》本。）

以上小学类《说文》之属（元、明人讲《说文》者，多变古臆说，不录。《说文》兼形、声、义三事，故别为一类。）

《汗简》三卷，《目录叙略》一卷。（宋郭忠恕。汪启淑刻本，汪立名一隅草堂本。此书多沿误，郑珍《汗简笺正》七卷，极精，未刊。）

《薛氏钟鼎款识》二十卷。（宋薛尚功。阮刻本。）

《积古斋钟鼎款识》十卷。（阮元。通行本。学海堂本，未摹篆文，不便学者。）

《筠清馆金文》五卷。（吴荣光。自刻本。）

《缪篆分韵》五卷。（桂馥。自刻本，咫进斋刻本。）

《隶释》二十七卷，《隶续》二十一卷。（宋洪适。汪刻本，江宁洪刻附正误本。又单刻《隶续》二十一卷，曹寅扬州诗局本。）

《隶韵》十卷，《考证》二卷，《碑目考证》一卷。（宋刘球。翁方纲考证。秦恩复刻本。）

《汉隶字原》六卷。（宋娄机。汲古阁本。）

《隶辨》八卷。（顾蔼吉。通行本。）

《隶篇》十五卷，《续》十五卷，《再续》十五卷。（翟云升。自刻本。）

《字林考逸》八卷。（任大椿。燕禧堂本。）

《玉篇》三十卷。（梁顾野王元本。唐孙强增字，宋陈彭年等重修。泽存堂本，《小学汇函》重刻张本，邓显鹤重刻张本附《札记》，曹寅《楝亭五种》本，又明经厂大字本。）

《类篇》四十五卷。（宋司马光等。《楝亭五种》本，姚氏咫进斋本。）

《钦定满洲蒙古汉字三合切音清文鉴》三十三卷。（乾隆四十四年敕撰。殿本。）

《钦定西域同文志》二十四卷。（乾隆二十八年敕撰。殿本。国书、汉字、蒙古字、西番字、托忒字、回字。）

《龙龛手鉴》四卷。（辽僧行均。张丹鸣刻本，释藏本。多佛书俗字。宋夏竦《古文四声韵》五卷，汪启淑刻本。全本《汗简》不录。）

《六书故》三十三卷。（元戴侗。明刻本，《小学汇函》本。）

《佩觿》三卷。（宋郭忠恕。泽存堂本，又单行本，杨氏重刻本。）

《字鉴》五卷。（元李文仲。泽存堂本，杨氏重刻本。）

以上小学类古文、篆、隶、真书、各体书之属（古今各体形属。《康熙字典》道光七年重修，人人皆知，不赘列。）

《广韵》五卷。（隋陆法言《切韵》元本，唐孙愐、宋陈彭年等重修。泽存堂本，邓显鹤重刻张本，曹寅《楝亭五种》本，又明经厂大字本，《小学汇函》重刻张本、明本两本，张本较胜。）

《集韵》十卷。（宋丁度等。《楝亭五种》本，姚氏咫进斋本。）

《韵会举要》三十卷。（元黄公绍原本，熊忠删。元刻明补本。注所引有古书。）

《佩文诗韵》五卷，（礼部官本。）

《官韵考异》一卷。（吴省钦。《珠尘》本。）

《音论》一卷。（顾炎武。顾氏《音学五书》本，学海堂止摘中卷。）

《古音表》二卷。（同上。苗夔《经韵钩沉》，未刊。）

《唐韵正》二十卷。（同上。）

《唐韵考》五卷。（纪容舒。守山阁本。）

《古韵标准》四卷，《四声切韵表》一卷。（江永。《贷园丛书》本，粤雅堂本，守山阁本。）

《音学辨微》一卷。（江永。借月山房本，《指海》本，合前二种沔阳陆氏刻本。）

《声韵考》四卷。（戴震。《戴氏遗书》本，贷园丛书本，经韵楼本。）

《声类表》十卷。（同上。《戴氏遗书》本。）

《六书音韵表》五卷。（段玉裁。附《段注说文》后。互见。）

《四声韵和表》五卷。（洪榜。刻本。）

《古音谐》八卷。（姚文田。姚氏咫进斋本。简明易晓。）

《声类》四卷。（钱大昕。集外单行本，粤雅堂本，道光乙酉、己酉汪氏、陈氏两刻本。）

《古韵论》一卷。（胡秉虔。滂喜斋本。）

《韵补》五卷。（宋吴棫。灵石杨氏编刻《连筠簃丛书》校本。）

《韵补正》一卷。（顾炎武。《亭林遗书》本，借月山房本，《指海》本，《连筠簃》本。苗夔《韵补正》，未刊。）

《礼部韵略》五卷。（宋丁度等。《楝亭五种》本，姚氏咫进斋重刻曹本。钱孙保影宋钞足本，未刊。此书不合于古，不行于今，特藉以考见当时程试之制。）

《五音集韵》十五卷。（金韩道昭。明刻本。）

以上小学类音韵之属（音韵声属）。

《仓颉篇》三卷。（孙星衍辑。岱南阁本。）

《急就篇》四卷。（汉史游。唐颜师古注，宋王应麟补注。陈氏独抱庐本，《津逮》本，《学津》本，《玉海》附刻本。）

《急就章考异》一卷。（孙星衍。岱南阁别刻行本，《小学汇函》本。）

《小学钩沉》十九卷。（任大椿。山阳汪氏刻本。）

《方言注》十三卷。（汉扬雄。晋郭璞注。丁杰校。抱经堂本，聚珍本，福本，《小学汇函》本。《方言》、《释名》、《小尔雅》、《广雅》四种，明郎奎金刻《五雅》，《汉魏丛书》、《古今逸史》，皆并有之，但无校注，不善。）

《方言疏证》十三卷。（戴震。《戴氏遗书》本。钱绎《方言笺疏》十三卷，钱侗《方言义证》六卷，未刊。）

《续方言》二卷。（杭世骏。《杭氏七种》本，《珠尘》本。）

《续方言补正》一卷。（程际盛。《珠尘》本。）

《释名疏证》八卷，《补遗》一卷。（汉刘熙。江声疏补。经训堂篆书、正书两本，又璜川书屋本、《小学汇函》本，无疏证。）《续释名》一卷。（江声。经训堂本。）

《小尔雅疏》八卷。（旧题汉孔鲋。晋李轨解。王煦疏。凿翠山房本，非《汉书艺文志》元书。）

《小尔雅训纂》六卷。（宋翔凤。浮溪精舍本。）

《小尔雅义证》十三卷。（胡承珙。《墨庄遗书》本。钱东垣《小尔雅校证》二卷，未刊。）

《博雅音》十卷。（魏张揖。隋曹宪音。高邮王氏刻本，明毕效钦原刻本，《小学汇函》校本。即《广雅》。）

《广雅疏证》十卷。（王念孙疏证。家刻本，学海堂本。）

《骈雅训纂》十六卷。（明朱谋㙔。魏茂林训纂。通行大字、小字两本。借月山房本。原书七卷。）

《骈字分笺》二卷。（程际盛。《珠尘》本。）

《一切经音义》二十五卷。（唐释玄应。庄炘校刻本，海山仙馆本，杭州新校刻本。）

《华严音义》四卷。（唐释慧苑。粤雅堂本，杭州新校刻本。二书所引古书及字书，古本甚多，可资考证，故国朝经师，多取资焉，于彼教无与也。）

《匡谬正俗》八卷。（唐颜师古。雅雨堂本，《小学汇函》重刻卢本，《珠尘》本，《湖北新刻丛书》本。）

《字诂》一卷。（黄生。《指海》本，家刻本。钱绎《字诂类籑》一百六卷，未刊。）

《埤雅》二十卷。（宋陆佃。顾械校刻本，明郎氏《五雅》本。多驳杂，不尽关经义。）

《尔雅翼》三十二卷。（宋罗愿。《学津》本，《格致丛书》本。不尽可据。）

以上小学类训诂之属（训诂义属。）

——右小学（此类各书，为读一切经、史、子、集之铃键。）

卷二　史部

此类若古史及宋以前杂史、杂地志，多在通行诸丛书内，此举善本，若诸本相等，举易得者。

○正史第一

〔事实先以正史为据。〕

《钦定二十四史》。（乾隆间钦定。此二十四部皆为正史，共三千二百四十三卷，目列后。正史撰人不录。）

《史记》一百三十卷。（晋裴骃集解，唐司马贞索隐，唐张守节正义。汲古本、扫叶本无索隐、正义。）

《汉书》一百二十卷。（唐颜师古注。即宋庆元附三刘刊误、宋祁校语本。明监本、汲古本、扫叶本无校语。）

《后汉书》一百二十卷。（唐章怀太子贤注。内《志》三十卷，晋司马彪撰，梁刘昭注。）

《三国志》六十五卷。（宋裴松之注。）

《晋书》一百三十卷。（附唐何超《音义》三卷。）

《宋书》一百卷。

《南齐书》五十九卷。

《梁书》五十六卷。

《陈书》三十六卷。

《魏书》一百一十四卷。

《北齐书》五十卷。

《周书》五十卷。

《隋书》八十五卷。

《南史》八十卷。

《北史》一百卷。

《旧唐书》二百卷。

《新唐书》二百二十五卷。（明南监本附宋董冲《释音》二十五卷。）

《旧五代史》一百五十卷，《目录》二卷。

《新五代史记》七十四卷，《目录》一卷。（宋徐无党注。）

《宋史》四百九十六卷。

《辽史》一百一十六卷。

《金史》一百三十五卷。

《元史》二百一十卷。

《明史》三百三十六卷。

（武英殿附《考证》本，江宁、苏州、扬州、杭州、武昌五书局合刻本，新会陈氏覆刻殿本。明南、北监本《廿一史》，断自元止，无《旧唐》、《旧五代》。北监合刻，南监乃新旧版辏集而成，或别刻，或覆刻。毛氏汲古阁本《十七史》，至《新五代》止，亦无《旧唐》、《旧五代》。席氏扫叶山房本，与毛本同，增《旧唐》、《旧五代》。北监本、扫叶本、陈本、坊翻毛本有脱误。）

以上正史合刻本

重刻明震泽王氏本《史记》一百三十卷。（武昌局本，间有依明柯校汪刻本者，王延喆、柯维熊、汪谅，有《索隐》、《正义》。）古香斋袖珍《史氏》一百三十卷。（内府本。）

重刻殿本附《考证》。《史记》、《汉书》、《后汉书》、《三国志》、《新五代史》。（成都局本。卷数与殿本同。）

重刻闻人本《旧唐书》二百卷。（明闻人诠原刻。扬州岑建功重校刻本，附《逸文》十二卷、《校勘记》六十六卷。）

重刻殿本《旧五代史》一百五十卷，汲古阁本《新五代史》七十四卷。（武昌局本。）

重刻《明史》三百三十六卷。（江宁藩库本。）

《史记评林》一百三十卷，《汉书评林》一百二十卷。（明凌稚隆刻本，较胜他坊本，有《索隐》、《正义》。）

以上正史分刻本（此外若明刻之秦藩本《史记》，刘氏翻刻元中统本《史记索隐》，汪文盛本两汉书，冯梦祯刻《三国志》，皆善本。其余明刻、近人坊刻《史》、《汉》甚多，不具录。）

单行本《史记索隐》三十卷。（汲古阁本，扫叶山房本。）

《史记志疑》三十六卷。（梁玉绳。原刻本。）

《史记三书释疑》三卷。（钱塘。钱坫《补史记注》一百三十卷，未刊。）

《史记三书正讹》三卷。（王元启。《祇平居士集》本。《律书》一卷，《历书》一卷，《天官书》一卷。孙星衍《史记天官书考证》十卷，未见传本。）

《读史记十表》十卷。（汪越。）

《古今人表考》九卷。（梁玉绳。《清白士集》本。《人表考校补》一卷，《续考校补》一卷。蔡云。自刻本。）

《汉书律历志正讹》上下卷。（王元启。《只平居士集》。杭世骏《汉书疏证》、《北齐书疏证》，未见传本。）

《汉书地理志校本》二卷。（汪迈孙。杭州刻本。）

《汉书地理志稽疑》六卷。（全祖望。朱文翰刻本，粤雅堂本。）

《新斠注地理志》十六卷。（钱坫。原刻本，同治甲戌会稽章氏重刻本附徐松《集释》。又《汉书十表注》十卷，未刊。）

《汉书地理志补注》一百三卷。（吴卓信。安徽包氏刻本。）

《汉书地理志水道图说》七卷，《考正德清胡氏禹贡图》一卷。（今人。广州刻本。）

670

《汉志水道疏证》五卷。（洪颐煊。问经堂本。）

《补汉兵志》一卷。（宋钱文子。知不足斋本。）

《汉艺文志考证》十卷。（王应麟。《玉海》附刻本。）

《汉书西域传补注》二卷。（徐松。原刻本，张琦刻本，《指海》本。）

《汉西域图考》七卷。（李光廷。同治庚午刻本。王峻《汉书正误》四卷，自刻本。）

《班马字类》五卷，附《补遗》。（宋娄机。别下斋刻《涉闻梓旧》本，小玲珑馆仿宋大字本，又仿宋中字本。）

《班马异同评》三十五卷。（宋倪思。刘辰翁评。嘉庆丁酉福建刻本。倪书为考《史》、《汉》文辞异同，刘评无谓，今倪书无单行本。）

《后汉书补逸》二十一卷。（姚之骃。刻本。孙志祖补辑谢承

《后汉书》五卷，未见传本。）

《补后汉书年表》十卷。（宋熊方。卢校鲍刻本。）

《后汉书补表》八卷。（钱大昭。汗筠斋本，粤雅堂本。）

《补后汉艺文志》四卷。（侯康。伍氏《岭南遗书》本。钱大昭《补续汉书艺文志》二卷、《后汉郡国令长考》一卷，钱塘《续汉书律历志补注》二卷，未刊。）

《后汉书补注》二十四卷。（惠栋。宝山李氏刻本，粤雅堂本，冯集梧刻本。）

《后汉书补注续》一卷。（侯康。《岭南遗书》本。）

《两汉刊误补遗》十卷。（宋吴仁杰。聚珍本，福本，知不足斋本。陈景云《两汉举正》五卷、钱大昭《两汉书释疑》四十四卷、沈钦韩《两汉书疏证》七十四卷，未刊。）

《三国职官表》三卷。（洪饴孙。道光元年李兆洛合《梁疆域志》刻本。）

《三国疆域志》二卷。（洪亮吉。《卷施阁集》本。）

《补三国艺文志》四卷。（侯康。《岭南遗书》本。）

《三国志补注》六卷，附《诸史然疑》一卷。（杭世骏。刻本。）

《三国志补注续》一卷。（侯康。《岭南遗书》本，《学海堂二集》本。）

《三国志辨误》一卷。（宋人阙名。聚珍本，福本，守山阁本，金壶本。陈景云《国志举正》四卷、钱大昭《三国志辨疑》三卷，未刊。）

《三国志考证》八卷。（潘眉。嘉庆间刻本。沈钦韩《三国志补训诂》八卷、《释地理》八卷，未见传本。）

《晋书地理志新补正》五卷。（毕沅。经训堂本。）

《东晋疆域志》四卷，《十六国疆域志》十六卷。（洪亮吉。《卷施阁集》本。）

《补晋兵志》一卷。（钱仪吉。《衍石斋记事初稿》本。）

671

《补宋书刑法志》一卷，《食货志》一卷。（郝懿行。《郝氏遗书》本。）

《晋宋书故》一卷。（同上。洪亮吉《宋书音义》四卷，未刊。）

《补梁疆域志》四卷。（洪齮孙。李兆洛刻本。）

《南北史表》六卷。（周嘉猷。原刻本。章宗源《隋书经籍志考证》，未刊。）

《旧唐书校勘记》六十六卷。（罗士琳、陈立、刘文淇、刘毓崧同校。）

《旧唐书逸文》十二卷。（岑建功辑。扬州岑氏附《旧唐书》刻本。互见。）

《新唐书纠缪》二十卷。（宋吴缜。聚珍本，福本，知不足斋本。陈黄中《新唐书刊误》三卷，未刊。）

《新旧唐书合钞》二百六十卷。（沈炳震。海宁查氏刻本。丁小鹤《新旧唐书合钞补正》，有刻本，未见。）

《新旧唐书互证》二十卷。（赵绍祖。原刻本。）

《五代史补》五卷。（宋陶岳。汲古阁本，扫叶山房本。）

《五代史记纂误》三卷。（宋吴缜。聚珍本，福本，知不足斋本。）

《五代史记纂误补》四卷。（吴兰庭。知不足斋本，《珠尘》本，单刻本。）

《新五代史记补注》七十四卷。（彭元瑞、刘凤诰同撰。原刻通行本，中分子卷。）

《宋辽金元四史朔闰考》二卷。（钱大昕。钱侗续成。文选楼本，粤雅堂本。）

《辽金元三史国语解》四十六卷。（乾隆四十六年敕撰。殿本。宋、辽、金、元史原书译语不合者，殿本四史奉敕改正。）

《补辽金元三史艺文志》。（倪璠。抱经堂《群书拾补》之一。）

《辽金元三史拾遗》五卷。（钱大昕。《潜研堂全书》本。）

《辽史拾遗》二十四卷，《补》五卷。（厉鹗。汪刻本。杭世骏《补金史》一百□卷，未刊。）

《元史氏族表》三卷。（钱大昕。潜研堂本。别有《元史稿》一百卷，未刊。）

《补元史艺文志》四卷。（同上。潜研堂本。）

《元史备忘录》一卷。（明王光鲁。借月山房本。）

《元史本证》五十卷。（汪辉祖。家刻本。）

《诸史拾遗》五卷。（钱大昕。潜研堂本。）

《历代史表》五十九卷。（万斯同。原刻足本，初印本少末六卷。钱大昕《唐学士年表》一卷、《五代学士年表》一卷、《宋中兴学士年表》一卷，德清徐氏刻本。）

《史目表》二卷。（洪饴孙。李兆洛刻本。乃合编历代史目录。）

《历代帝王年表》三卷。（齐召南。文选楼本，粤雅堂本，仁和叶氏重刻本。此书最简括。）

《历代帝王庙谥年讳谱》一卷。（陆费墀。阮福刻本，仁和叶氏重刻本。）

《历代统纪表》十三卷，《疆域表》三卷，《沿革表》三卷。（段承基。自刻本。）

《廿一史四谱》五十四卷。（沈炳震。海宁查氏刻本。）

《历代建元考》十卷。（钟渊映。守山阁本，金壶本。）

《纪元要略》二卷。（陈景云。）《补注》一卷。（子黄中。《文道十书》本，《学津》本，《珠尘》本。）

《元号略》四卷，《补遗》一卷。（梁玉绳。《清白士集》本。）

《纪元通考》十二卷。（叶维庚。自刻本。此书最详。万斯大《纪元会考》四卷，未见传本。钱东垣《建元类聚考》二卷，嘉庆壬戌青浦刻本。）

《历代纪元编》三卷。（李兆洛。江宁官本，粤雅堂本。此书最便。）

《历代地理志韵编今释》二十卷。（同上。江宁官本。此书最便。）

《历代沿革图》一卷。（六严。江宁官本。以上三书与《皇朝舆地韵编》、《舆地图》合刻，通称《李申耆五种》。）

《历代地理沿革表》四十七卷。（陈芳绩。道光间刻本。）

《十七史商榷》一百卷。（王鸣盛。原刻本。）

《廿二史考异》一百卷。（钱大昕。潜研堂本。李贻德《十七史考异》，未刊。）

《廿二史札记》三十六卷。（赵翼。原刻本。）

《南史识小录》八卷，《北史识小录》八卷。（沈名荪、朱昆田同编。刻本。钱大昕《南北史隽》一卷，未刊。）

《宋琐语》一卷。（郝懿行。《郝氏遗书》本。此二书为史钞类，附此。）

以上正史注补、表谱、考证之属（此类各书，为读正史之资粮。）

674

——右正史类

○编年第二

《资治通鉴》二百九十四卷。（宋司马光。元胡三省音注。胡克家仿元本，武昌局翻胡本。战国至五代。）

《通鉴考异》三十卷。（同上。《通鉴全书》附刻本，胡注本已将《考异》散附本书各条下。）

《通鉴目录》三十卷。（同上。苏州局翻宋本。体若表谱，以便寻检《通鉴》。）

《通鉴稽古录》二十卷。（同上。单行本，《学津》本，武昌局本。）

《通鉴地理通释》十四卷。（宋王应麟。《津逮》本，《学津》本，《玉海》附刻本。）

《通鉴释文辨误》十二卷。（元胡三省。胡刻《通鉴》、武昌局刻

《通鉴》附刻本，《通鉴全书》附刻本。）

《通鉴胡注举正》一卷。（陈景云。《文道十书》本，原书十卷。）

《通鉴注辨正》二卷。（钱大昕。潜研堂本。）

《通鉴注商》十八卷。（赵绍祖。原刻本。）

《资治通鉴补》二百九十四卷。（严衍。）附《刊误》二卷。（童和豫。咸丰元年江夏童氏活字本，印行不多。）

《通鉴补识误》三卷，《通鉴补略》三卷。（张敦仁。自刻本。）

《通鉴问疑》一卷。（宋刘羲仲。《津逮》本，《学津》本。）

以上编年类司马《通鉴》之属（其书博大，故别为类，以便考证此书者以类相从。）

《御批通鉴辑览》一百二十卷。（乾隆三十二年敕撰。殿本，杭州局本，武昌局本，南昌巾箱本。伏羲迄明末。是书兼用《通鉴》及《纲目》义例。）

《通鉴外纪》十卷，《目录》五卷。（宋刘恕。苏州局本。包羲至周。宋金履祥《通鉴前编》十八卷、《举要》三卷，坊行《通鉴全书》附刻本，不如刘书。）

《汉纪》三十卷。（汉荀悦。）

《后汉纪》三十卷，（晋袁宏）。附《字句异同考》一卷。（蒋国祥。两《纪》合刻本，又明黄省曾合刻本。）

《续资治通鉴长编》五百二十卷。（宋李焘。昭文张氏爱日精庐活字版本，《四库》传钞本。北宋七代。原阙不全，此卷数乃四库馆重定。）

《续资治通鉴》三百二十卷。（毕沅。原刻苏州补印本。宋、元、明人续《通鉴》甚多，有此皆可废。）

《明纪》六十卷。（陈鹤。陈克家续成。苏州局本。）

《西汉年纪》三十卷。（宋王益之。扫叶山房本，《金华丛书》本。改窜前人史书以为著述，乃宋、明人通病，此取其有可刊正《汉书》文字之处。）

以上编年类别本纪年之属（隋王通《元经》，伪书，不录。《建炎以来系年要录》二百卷，宋李心传撰，《四库》传钞本，无刻本。）

《御批通鉴纲目》五十九卷，《首编》十八卷，《外纪》一卷，《举要》三卷，《续编》二十七卷。（康熙四十六年。殿本。《纲目凡例》，宋朱子作，余赵师渊作，《前编》金履祥，《续编》明商辂。）

《纲目订误》四卷。（陈景云。《文道十书》本。）

《纲目释地纠缪》六卷。（张庚。原刻本。）

《纲目释地补注》六卷。（同上。）

以上编年类纲目之属

——右编年类

○纪事本末第三

《绎史》一百六十卷。（马骕。通行本。）

《左传纪事本末》五十三卷。（高士奇。刻本。坊行本乃宋章冲书，与此同名，不如高书。）

《通鉴纪事本末》四十二卷。（宋袁枢。袁、陈、谷四种合刻通行本，汉阳朝宗书室活字版本，南昌局本未毕工。王延年《补通鉴纪事本末》，已进呈，未见传本。）

《宋史纪事本末》二十六卷。（明陈邦瞻。同上，同上，同上。）

《元史纪事本末》四卷。（同上。同上，同上，同上。）

《明史纪事本末》八十卷。（谷应泰。同上，同上，同上。）

《三藩纪事本末》四卷。（杨陆荣。借月山房本。）

《圣武记》十四卷。（魏源。通行大字、小字两本。《平定粤匪纪略》二十二卷，同治四年湖北省官撰，通行刻本，亦可备考。）

《三朝北盟会编》二百五十卷。（宋徐梦莘。传钞本，无刻本。）

——右纪事本末类

○古史第四

〔古无史例，故周、秦传记体例与经、子、史相出入，散归史部，派别过繁，今汇聚一所为古史。〕

《逸周书孔晁注》十卷。（卢文弨校。抱经堂本。）

《逸周书补注》二十四卷。（陈逢衡。自著《陈氏丛书》本。）

《周书集训校释》十卷。（朱右曾。自刻本。）

《逸周书管笺》十六卷。（丁宗洛。刻本。）

《国语韦昭注》二十一卷，附《札记》一卷。（顾广圻校。黄氏士礼居仿宋刻本，武昌局翻黄本，成都尊经书院翻本附《考异》四卷。黄模《国语补韦》，未见传本。）

《国语补音》三卷。（宋宋庠。微波榭本，吴氏望三益斋刻本。）

《国语校注本三种》二十九卷。（《三君注辑存》四卷，《国语发正》二十一卷，《国语考异》四卷。汪远孙。自刻本。）

《国语韦昭注疏》十六卷。（洪亮吉。旌德吕氏刻本。龚丽正《国语韦昭注疏》、董斯垣《国语正义》，未见传本。）

《战国策高诱注》三十三卷，《札记》三卷。（宋姚宏校正续注。顾广圻校。士礼居仿宋刻本，武昌局翻黄本。成都尊经书院翻刻本。）

《战国策高诱注》三十三卷。（宋姚宏校正续注。雅雨堂校本。鲍彪注本多窜改，不如此两本。）

《战国策校注》十卷。（宋鲍彪注。元吴师道补正。《惜阴轩丛书》本。）

《国策地名考》二十卷。（程恩泽。狄子奇笺。粤雅堂本。）

《战国策释地》二卷。（张琦。家刻本。）

《战国纪年》六卷。（林春溥。《竹柏山房十一种》本。）

《山海经笺疏》十八卷，《图赞》一卷。（郭璞注、赞，郝懿行疏。阮刻单行本，又《郝氏遗书》本，郝胜于毕。别行《山海经图赞》一卷，《艺海珠尘》及他丛书多有之。）

《山海经》十八卷。（毕沅校。经训堂本。）

《校正竹书纪年》二卷。（洪颐煊。平津馆本。）

《竹书纪年集证》五十卷。（陈逢衡。《陈氏丛书》本。）

677

《竹书纪年补证》四卷。（林春溥。《竹柏山房十一种》本。）

《考订竹书纪年》十四卷。（雷学淇。家刻本。）

《穆天子传郭璞注》七卷。（洪颐煊校。平津馆本，又《古今逸史》本。檀萃《穆传注疏》，博而多谬，不录。）

《世本》一卷。（孙冯翼辑。问经堂本，又高邮茅氏辑刻《十种古书》本。）

《校辑世本》二卷。（雷学淇。自刻本。）

《世本辑补》十卷。（秦嘉谟。原刻本。）

《家语王肃注》十卷。（汲古阁本。今通行李氏重刻汲古本作四卷。非古《家语》，然不能废。）

《家语何孟春注》八卷。（卢文召校刻本。）

《家语疏证》六卷。（孙志祖。自刻本。）

《晏子春秋》七卷，《音义》二卷。（孙星衍音义。岱南阁本，经训堂本，又吴鼒仿宋本。）

《越绝书》十五卷。（汉袁康。明仿宋刻本，《古今逸史》本，《汉魏丛书》本。《汉魏丛书》有程荣、何允中、王谟三刻，何多于程，王多于何，今通行王本。）

《吴越春秋》十卷。（汉赵晔。《古今逸史》、《汉魏丛书》本并为六卷。）

《附图列女传》七卷，《续》一卷。（汉刘向。阮刻仿宋本。顾之逵小读书堆本，亦精，无图。）

《列女传注》八卷。（郝懿行妻王照圆。《郝氏遗书》本。）

《列女传校注》八卷。（汪远孙妻梁端。家刻本。）

《新序》十卷。（汉刘向。明经厂《新序》、《说苑》合刻本，何良俊合刻本，《汉魏丛书》本。陈寿祺有《新序》、《说苑校本》，未刊。）

《说苑》二十卷。（同上。以上五书，虽汉人作，然皆纪古事，多本旧文，故列古史。）

《古史纪年》十四卷，《古史考年同异表》二卷。（林春溥。《竹柏山房》十一种本。）

——右古史类

○别史第五

〔别史、杂史，颇难分析，今以官撰及原本正史重为整齐，关系一朝大政者入别史，私家纪录中多碎事者入杂史。〕

《东观汉记》二十四卷。（旧题汉刘珍。聚珍本，福本，扫叶山房本，桐华馆本。）

《晋记》六十八卷。（郭伦。原刻本。）

《晋略》六十卷。（周济。道光十九年刻本。）

《西魏书》二十四卷。（谢启昆。乾隆乙卯刻本。）

《大唐创业起居注》三卷。（唐温大雅。《津逮》本，《学津》本，明钟人杰刻《唐宋丛书》本。）

《顺宗实录》五卷。（唐韩愈。海山仙馆本，亦在《全唐文》内。）

《东观奏记》三卷。（唐裴庭裕。《续百川学海》本，《唐宋丛书》本，《稗海》本。）

《隆平集》二十卷。（旧题宋曾巩。康熙四十年彭期校刻本。）

《东都事略》一百三十卷。（宋王偁。五松室仿宋本，扫叶山房本。）

《契丹国志》十七卷。（宋叶隆礼。扫叶山房本。）

《大金国志》四十卷。（旧题金宇文懋昭。扫叶山房本。《古今逸史》、《说海》中《辽志》、《金志》，即此两书摘本。）

《明史稿》二百八卷。（王鸿绪。通行本。）

《东华录》三十二卷。（蒋良骐。通行本八卷。）

《宏简录》二百五十四卷。（明邵经邦。通行本。是书意在续《通志》，成古今通史，特不能续其《二十略》，无力购宋、辽、金三史者，可以此书代之。）

《续后汉书》四十七卷。（宋萧常。郁松年刻《宜稼堂丛书》本。又有郝经《续后汉书》，谢陛《季汉书》，陈陈相因，不录。以下二书，为订正《三国志》、《五代史》体例而作。）

《续唐书》七十卷。（陈鳣。道光十七年刻本。）

《宋史新编》二百卷。（明柯维骐。明刻本。陈黄中《宋史稿》二百十九卷，未刊。以下三书，皆为删繁就简。）

《南宋书》六十卷。（明钱士升。扫叶山房本。）

《元史类编》四十二卷。（邵远平。通行本。此书意在续《宏简录》。）

——右别史类

○杂史第六

〔录其有关政制、风俗、轶事者。〕

《玉函山房辑佚书史编》八种。（马国翰。济南刻本。）

《帝王世纪》十卷。（晋皇甫谧。宋翔凤辑。浮溪精舍本，《指海》本一卷，附《补遗》。）

《古史考》一卷。（汉谯周。平津馆辑本。）

《路史》四十七卷。（宋罗泌。通行本。）

《春秋别典》十五卷。（明薛虞畿。孙星衍补注出典。《岭南遗书》本，守山阁本，金壶本。）

《楚汉春秋》一卷。（汉陆贾。茆氏辑《十种古书》本。）

《伏侯古今注》一卷。（汉伏无忌。茅辑《十种》本。）

《建康实录》二十卷。（唐许嵩。张海鹏刻本。）

《贞观政要》十卷。（唐吴兢。明经厂本，朱载震刻大字本。）

《奉天录》四卷。（唐赵元一。秦校本，粤雅堂本，《指海》本。）

《南部新书》十卷。（宋钱易。粤雅堂本，《学津》本，明高承埏《稽古堂日钞》本。）

《鉴诫录》十卷。（宋何光远。知不足斋本，《学津》本。）

《锦里耆旧传》四卷。（宋句延庆。读画斋本。）

《涑水纪闻》十六卷。（宋司马光。聚珍本，福本，《学津》本。）

《渑水燕谈录》十卷。（宋王辟之。知不足斋本。）

《靖康传信录》三卷。（宋李纲。海山仙馆本，李调元刻《函海》本。）

《建炎以来朝野杂记》四十卷。（宋李心传。聚珍本，福本，《函海》本。）

《大金吊伐录》四卷。（金阙名。守山阁本，金壶本。）

《庆元党禁》一卷。（宋阙名。知不足斋本。）

《宋季三朝政要》五卷。（宋阙名。）《附录》一卷。（宋陈仲微。守山阁本，粤雅堂本，《学津》本。）

《庚申外史》二卷。（宋葛禄权衡。海山仙馆本，又《学津》本。）

《汝南遗事》四卷。（元王鹗。《指海》本，借月山房本。）

《归潜志》十四卷。（元刘祁。聚珍本，福本，知不足斋本。）

《元朝秘史》十五卷。（阙名。《连筠簃》本。）

《野获编》三十卷。（明沈德符。明刻本。）

《双槐岁钞》十卷。（明黄瑜。《岭南遗书》本。）

《革除逸史》二卷。（明朱睦 [木+挈]。《指海》本，借月山房本。）

《弇州别集》一百卷。（明王世贞。明刻本。）

《列朝盛事》一卷。（明王世贞。《指海》本，借月山房本。）

《胜朝彤史拾遗记》六卷。（毛奇龄。《西河集》本，《珠尘》本。）

《明季北略》二十四卷，《南略》十八卷。（计六奇。通行本。）

《绥寇纪略》十二卷，《补遗》三卷。（吴伟业。《学津》本。）

《明季稗史》十六种，二十七卷（案，裨当作稗）。（通行本。

《烈皇小识》，《圣安本纪》，《行在阳秋》，《嘉定纪略》，《幸存录》，《续幸存录》，《求野录》，《也是录》，《江南闻见录》，《粤游见闻》，《赐姓始末》，《两广纪略》，《东明闻见录》，《青磷屑》，《四王合传》，《扬州十日记》。）

以上杂史类事实之属

《摭言》十五卷。（唐王定保。雅雨堂本，《学津》本。）

《近事会元》五卷。（宋李上交。守山阁本。）

《文昌杂录》七卷。（宋庞元英。雅雨堂本，《学津》本。）

《麟台故事》五卷。（宋程俱。聚珍本，杭本，福本。）

《翰苑群书》二卷。（宋洪遵。知不足斋本。十二种。）

《愧郯录》十五卷。（宋岳珂。知不足斋本。）

《朝野类要》五卷。（宋赵升。知不足斋本，聚珍本，福本。）

《玉堂嘉话》八卷。（元王恽。守山阁本，金壶本。）

《科场条贯》一卷。（明陆深。《俨山外集》本。）

《翰林记》二十卷。（明黄佐。《岭南遗书》本。）

《觚不觚录》一卷。（明王世贞。借月山房本，《指海》本，《广百川》本。）

《明内廷规制考》三卷。（借月山房本。）

《内阁小识》一卷，附《内阁故事》。（叶凤毛。《指海》本。）

《南台旧闻》十六卷。（黄叔敬。刻本。）

以上杂史类掌故之属

《大业杂记》一卷。（唐杜宝。《指海》本，《唐宋丛书》本。）

《大唐新语》十三卷。（唐刘肃。《唐人说荟》本。）

《宣和遗事》二卷。（士礼居校宋本。）

《洛阳搢绅旧闻记》五卷。（宋张齐贤。知不足斋本。）

《湘山野录》三卷，《续录》一卷。（宋释文莹。《津逮》本，《学津》本。）

《玉壶野史》十卷。（同上。知不足斋本，守山阁本，金壶本。

即《玉壶清话》。）

《曲洧旧闻》十卷。（宋朱弁。知不足斋本，《学津》本。）

《松漠纪闻》一卷，《续》一卷。（宋洪皓。《学津》本，又《古今逸史》本。）

《石林燕语考异》十卷。（宋叶梦得。宇文绍奕考异。琳琅秘室别行校足本，又《稗海》本无《考异》。）

《四朝闻见录》五卷。（宋叶绍翁。知不足斋本。叶乃宗朱子者，前人或谓此书诋朱，误也。）

《东京梦华录》十卷。（宋孟元老。《津逮》本，《学津》本，《唐宋丛书》本。）

《梦粱录》二十卷。（宋吴自牧。知不足斋本，《学津》本。）

《武林旧事》十卷。（宋周密。知不足斋本，《唐宋丛书》本，明陈继儒《宝颜堂秘笈》本。）

《东南纪闻》三卷。（元失名人。守山阁本，金壶本。）

《长春真人西游记》二卷。（元李志常。《连筠簃》本。）

《悬笥琐探》一卷。（明刘昌。得月簃续刻本。）

《明宫史》五卷。（明吕毖校。《学津本》。）

《酌中志》二十四卷。（明刘若愚。海山仙馆本。）

《春明梦馀录》七十卷。（孙承泽。古香斋本。）

《社事始末》一卷。（杜登春。《珠尘》本。）

《枢垣纪略》十六卷。（梁章钜。道光十五年刻本。）

以上杂史类琐记之属（主记事者入此类。多参议论、罕关政事者入小说。）

———右杂史类

○载记第七

《华阳国志》十二卷，《附录》一卷。（晋常璩。顾广圻校。廖寅刻足本。）

《十六国春秋》十六卷。（旧题魏崔鸿。《汉魏丛书》本，单行大字本。此非原书。)

《邺中记》一卷。(晋陆翙。聚珍本，杭本，福本，《续百川》本。)

《五国故事》二卷。(宋阙名。知不足斋本。)

《九国志》十二卷，附《拾遗》。(宋路振。守山阁辑本，又粤雅堂本，海山仙馆本，龙氏活字本。)

《江南野史》十卷。(宋龙衮。《续百川》本。又《函海》本。)

《吴越备史》四卷(宋钱俨。)《补遗》一卷。(阙名。《学津》本，扫叶山房本止四卷。任大椿《吴越备史注》三十卷，未见传本。)

《增订吴越备史》五卷，《补遗》一卷。(钱时钰。乾隆六十年刻本。)

《十国春秋》一百一十四卷，(吴任臣。)《拾遗》一卷，《备考》一卷。(周昂。周氏乾隆重刻本，原刻无末二卷。)

《马令南唐书》三十卷。(蒋氏马、陆二书合刻原本，《唐宋丛书》本，江西翻本恶。)

陆游《南唐书》十八卷，《音释》一卷。(汲古阁本。)

《南汉书》十八卷，《丛录》二卷，《南汉文字》四卷。(梁廷枏。道光己丑刻本。)

《西夏书事》四十二卷。(国朝人。原刻本。洪亮吉《西夏国志》十六卷，未见刻本。)

——右载记类

○**传记第八**

《孔子编年》五卷。(宋胡仔。绩溪胡氏家刻本。)

《孔子世家补订》一卷。(林春溥。《竹柏山房十一种》本。)

《孔子集语》十七卷。(孙星衍、严可均辑。平津馆本。远胜宋薛据书。采集群书。所引真伪不一，经部、子部皆不可隶，故附于编年之后。)

《东家杂记》二卷。(宋孔傅。胡珽编《琳琅秘室丛书》活字版本。）

《阙里文献考》一百卷。（孔继汾。乾隆壬午刻本。）

《孔孟编年》八卷。（狄子奇。自刻本。）

《郑学录》四卷。（郑珍。遵义唐氏刻本。）

《诸葛忠武侯故事》五卷。（张澍。自刻本，沔县《武侯文集》附刻本。互见。）

《高士传》三卷。（晋皇甫谧。《汉魏丛书》本。严可均辑嵇康《高士传》，未刊。）

《古孝子传》一卷。（茆辑《十种》本。）

《襄阳耆旧记》三卷。（晋习凿齿。任兆麟校刻《心斋十种》本，有脱误。）

《唐才子传》十卷。（元辛文房。日本人刻《佚存丛书》足本，《指海》足本。）

《名臣言行录前集》十卷，《后集》十四卷。（宋朱子。顾广圻校。洪莹仿宋刻本，同治戊辰桂氏补刻本。）

《道命录》十卷。（宋李心传。知不足斋本。）

《元名臣事略》十五卷。（元苏天爵。聚珍本，福本。）

《明名臣言行录》九十五卷。（徐开仕。昆山徐氏刻本。）

《嘉靖以来首辅传》八卷。（明王世贞。守山阁本。）

《东林列传》二十四卷。（陈鼎。刻本。）

《国朝满汉名臣传》八十卷。（依国史钞录。通行本。满四十八卷，汉三十二卷。）

《国朝先正事略》六十卷。（今人。长沙刻本。初学便于检阅。）

《从政观法录》三十卷。（朱方增。道光庚寅刻本。梁章钜《国朝臣工言行记》十二卷，未刊。）

《文献征存录》十卷。（钱林。咸丰八年王藻刻本。）

《鹤征录》八卷，（李集、李富孙、李遇孙。）《后录》十二卷。（李富孙。嘉庆刻，同治补本。）

《词科掌录》十七卷，《馀话》七卷。（杭世骏。原刻本。）

——右传记类（止系一隅又非古籍者不录。）

○诏令奏议第九

《雍正朱批谕旨》三百六十卷。（雍正十年敕编。内府本，江宁活字版本。）

《陆宣公奏议》二十二卷。（唐陆贽。通行本。旧题《翰苑集》，实非《翰苑集》元书，从众题奏议。）

《政府奏议》二卷。（宋范仲淹。单行刻本，《范文正公集》本。）

《包孝肃奏议》十卷。（宋包拯。包芳国天禄阁刻本，汉阳活字版本。）

《卢忠肃公奏议》十卷。（明卢象升。刻本。）

《华野疏稿》五卷。（郭琇。家刻本。）

《胡文忠公集》八十六卷。（胡林翼。武昌局本。初刻止十卷，此同治五年重编。奏议之外，书牍皆言政事，故附此类。）

《曾文正公奏议》十卷，《补编》二卷。（薛氏编。苏州刻本。）

《历代名臣奏议》三百五十卷。（明黄淮等编。明经厂足本，通行本不全。共九千七百二十叶。）

《明名臣奏议》二十卷。（乾隆四十六年敕编。聚珍本，福本。）

《皇朝经世文编》一百二十卷。（贺长龄、魏源编。长沙原刻本，翻本多讹。此书最切用。是书不尽奏议，此两体为多。陆燿《切问斋文钞》实开其先，不如此详。）

——右诏令、奏议类

○地理第十

〔今人地理之学，详博可据，前代地理书，特以考经文史事及沿革耳，若为经世之用，断须读今人书，愈后出者愈要。〕

《王隐晋书地道记》一卷，《太康三年地记》一卷。（毕沅辑。经训堂本。）

《阚骃十三州志》二卷。（晋阚骃。张澍辑。二酉堂本。）

《括地志》八卷。（唐魏王泰。孙星衍辑。岱南阁本。）

《元和郡县志》四十卷，（唐李吉甫。）附《拾遗》二卷。（严观。岱南阁本，又聚珍本、福本，无《拾遗》。）

《太平寰宇记》一百九十三卷。（宋乐史。江西乐氏刻本，万廷兰刻本附《一统志表》。）

《元丰九域志》十卷。（宋王存等。聚珍本，福本，冯集梧刻本。）

《舆地广记》三十八卷，《札记》二卷。（宋欧阳忞。士礼居校本，又聚珍本、福本，无《札记》。）

《吴郡志》五十卷，附《校勘记》。（宋范成大。守山阁本，汲古阁本，金壶本。）

《吴郡图经续记》三卷。（宋朱长文。得月簃本，琳琅秘室本，《学津》本。）

《景定建康志》五十卷。（宋周应合。岱南阁别行本。）

《咸淳临安志》九十三卷，《札记》三卷。（宋潜说友。黄士珣校。汪远孙刻本。）

《齐乘》六卷。（元于钦。明刻本，乾隆间周氏刻本。）

《滇略》十卷。（明谢肇淛。《云南备征志》本。）

《武功县志》三卷。（明康海。党金衡重刻本，得月簃续刻本，三长物斋摘本。）

《朝邑县志》二卷。（明韩邦靖。《五泉诗集》附刻本，叶梦龙重刻本，得月簃续刻本，三长物斋摘本。此两志及国朝陆陇其《灵寿县志》十卷，最有名，然已为洪稚存、章实斋所议。）

以上地理类古地志之属（古志举最著而考证常用者。）

《大清一统志》五百卷。（乾隆二十九年敕续编。殿本。乾隆八年本止三百四十二卷。）

《乾隆府厅州县图志》五十卷。（洪亮吉。《卷施阁集》本。《一

687

统志》浩繁，此即其摘本。）

《皇朝一统舆图》三十二卷。（胡林翼等。武昌官本。内府本难得，此本极详。）

《合刻恒星赤道经纬度图》、《一统舆图》各一具。（六严、李兆洛。扬州平山堂刻本。地舆必合星度以为准望，故统于地理。）

《皇朝地舆韵编》，附《舆图》一卷。（李兆洛。江宁局本。）

《长江图》十二卷。（今人。长沙黄氏刻本。以江为纬，以郡县为经，故入地志。）

《航海图》一卷。（武昌局本。）

《海运图说》十五卷。（施彦士。求己堂八种本。附此取便寻览。陶澍编《海运全案》十二卷，江苏官本。）

《天下郡国利病书》一百二十卷。（顾炎武。活字版本不善，湖北新刻本。）

《日下旧闻考》一百二十卷。（乾隆三十九年敕撰。殿本。）

《龙沙纪略》一卷。（方式济。借月山房本，《述本堂诗集》附刻本。）

《广陵通典》十卷。（汪中。扬州局本。）

《蜀典》十二卷。（张澍。自刻本。）

《黔书》二卷。（田雯。《古欢堂集》附刻本，贵阳重刻本。）

《续黔书》八卷。（张澍。自刻本。）

《三省边防备览》十四卷。（严如熤。道光二年刻本。此书虽边防，实是内地，故列此类。）

《平台纪略》十一卷，附《东征集》六卷。（蓝鼎元。雍正癸卯元刻本，壬子广州刻本。详于台湾形势，故附此类。）

《台海使槎录》八卷。（黄叔敬。刻本。与前书同例。）

附录：国朝省志、府州县志善本。（目列后。）

《浙江通志》、《广东通志》（阮元）。

《广西通志》（谢启昆）。

《湖北通志》（章学诚原稿）。

《汾州府志》（戴震）。

《泾县志》《淳化县志》。（洪亮吉）。

《三水县志》（孙星衍）。

《朝邑县志》（钱坫）。

《偃师志》《安阳志》。（武亿）。

《广德州志》（周广业）。

《富顺县志》（段玉裁）

《嘉兴府志》（伊汤安）。

《和州志》《亳州志》《永清县志》《天门县志》（章学诚）。

《凤台县志》（李兆洛）。

《怀远志》（董士锡）。

《长安志》（董祐诚）。

《郯城志》（陆继辂）。

《道光鄢陵志》（洪符孙）。

《遵义府志》（郑珍、莫友芝）。

《桂阳州志》（今人。）

（以上诸志皆有法。）

以上地理类今地志之属（今志除总志外，举切用及雅赡有法者。）

《戴校水经注》四十卷。（魏郦道元。戴震校。聚珍本，杭本，福本，《戴氏遗书》本，《湖北新刻丛书》本。戴校以前，黄刻诸本皆逊，全祖望校《水经注》，灵石杨氏刻本未成，今京师印行者止百馀叶。）

《水经注释》四十卷，《刊误》十二卷。（赵一清。原刻本。）

《水经注释地》四十卷，《水道直指》一卷，《补遗》一卷。（张匡学。嘉庆二年新安张氏刻本。）

《水经注图》一卷。（今人。武昌刻本。）

《水经注图说残稿》四卷。（董祐诚。《董方立遗书》本。）

《水道提纲》二十八卷。（齐召南。原刻本。）

《行水金鉴》一百七十五卷。（郑元庆代傅泽洪撰。通行本。）

《续行水金鉴》一百五十六卷。（黎世㻏。潘锡恩刻本。）

《畿辅河道水利丛书》十五卷，附图。（吴邦庆。道光四年刻本。九种。）

《三吴水利录》四卷。（明归有光。借月山房本，《涉闻梓旧》本。）

《江苏水利图说》二十一卷。（陶澍。江苏官本。七种。）

《浙西水利备考》八卷。（王凤生。道光四年刻本。）

《河工器具图说》四卷。（麟庆。道光丙午刻本。）

《昆仑河源考》一卷。（黄宗羲。《指海》本，守山阁本。）

《西域水道记》五卷。（徐松。原刻本。）

《海塘通志》二十卷。（方观承。乾隆辛未刻本。）

《新译海塘辑要》十卷。（西洋人。上海制造局刻本。）

以上地理类水道之属

《皇舆西域图志》五十二卷。（乾隆二十七年敕撰。殿本。）

《新疆识略》十卷。（徐松代松筠撰。刻本。）

《卫藏图志》五卷。（盛绳祖。刻本。）

《西招图略》一卷。（松筠。自刻本。）

《金川琐记》六卷。（李心衡。《珠尘》本。）

《蛮书》十卷。（唐樊绰。聚珍本，福本，《云南备征志》本，琳琅秘室本。）

《蛮司合志》十五卷。（毛奇龄。《西河集》本。）

《苗防备览》二十二卷。（严如煜。刻本，道光癸卯重刻本。）

《峒溪纤志》三卷，《志馀》一卷。（陆次云。《说铃》本。）

《番社采风图考》一卷。（六十七。《珠尘》本。）

《皇朝藩部要略》十六卷，《表》四卷。（祁韵士。道光丙午家刻本。)

以上地理类边防之属

《宣和奉使高丽图经》四十卷。（宋徐兢。知不足斋本。）

《高丽国史》一百四十卷。（明郑麟趾。朝鲜刻本。）

《琉球国志略》十六卷。（周煌。聚珍本，家刻本。）

《越史略》三卷。（明越南人。守山阁本。）

《从征缅甸日记》一卷。（周裕。借月山房本。此非地志，附此。师范《缅事述略》一卷，在《经世文编》中。）

《日本考略》一卷。（明薛俊。得月簃初刻本。）

《异域录》二卷。（图理琛。借月山房本，《指海》本。多纪俄罗斯地理。）

《北徼汇编》六卷。（何秋涛。京师刻巾箱本。此书稿本浩繁，咸丰间进呈，旋毁。今琉璃厂市有刻本，止四卷，仍题何名，纪述翔实，非出伪托。保定书局刻有《朔方备乘图说》一卷。）

《海国闻见录附图》二卷。（陈伦炯。《珠尘》本。）

《海录》一卷。（杨炳南。海山仙馆本。）

《职方外纪》五卷。（明艾儒略。守山阁本，金壶本，龙威本。）

《坤舆图说》二卷。（明南怀仁。《指海》本。）

《地球图说》一卷。（西洋蒋友仁译。何国宗，钱大昕奉敕润色。文选楼本。）

《瀛寰志略》十卷。（徐继畬。原刻大字、重刻小字两本。）

《海国图志定本》一百卷。（林则徐译，魏源重定。咸丰壬子高邮编刻定本，同治七年广州重刻本，光绪二年魏氏刻本。初刻本止六十卷。）

《新译地理备考》十卷。（西洋玛吉士。海山仙馆本。）

《新译海道图说》十五卷，附《长江图说》一卷。（西洋人。上海制造局刻本。极有用。）

以上地理类外纪之属（古略今详者，录今人书。）

《三辅黄图》一卷。（庄逵吉校。平津馆本，自刻本。）

《长安志》二十卷。（宋宋敏求。经训堂本。）

《长安志图》三卷。（元李好文。经训堂本。）

《唐两京城坊考》五卷。（徐松。《连筠簃》本。）

《两京新记》一卷。（唐韦述。《佚存丛书》本，粤雅堂本。）

《宋东京考》二十卷。（周城。原刻本。）

《汴京遗迹志》二十四卷。（明李濂。国朝人校刻本。）

《历代帝王宅京记》二十卷。（顾炎武。嘉庆戊辰顾氏刻本。）

《历代山陵考》二卷。（借月山房本。钱坫《圣贤冢墓考》十二
卷，未刊。）

《赵岐三辅决录》二卷。（晋挚虞注。张澍辑。二酉堂本，又茆
辑《十种》本。）

《辛氏三秦记》一卷。（二酉堂辑本。张辑《挚虞决疑要注》，
《三辅旧事》，《三辅故事》，刘丙《十三州志》，段龟龙《凉州记》，
《凉州异物志》，《西河旧事》，喻归《西河记》，段国《沙州记》，皆
刻《二酉堂丛书》内，篇叶无多，不别列。）

《雍录》十卷。（宋程大昌。通行本。）

《关中胜迹图志》三十二卷。（毕沅。自刻本。）

《河朔访古记》二卷。（旧题元乃贤。守山阁本。）

《昌平山水记》二卷。（顾炎武。《亭林遗书》本。）

《洛阳伽蓝记》五卷，《集证》一卷。（魏杨衒之。吴若准集证。
校刻本丛书多有，吴本最善。）

《洛阳名园记》一卷。（宋李格非。海山仙馆本，《津逮》本，
《学津》本。）

《渚宫旧事》五卷，《补遗》一卷。（唐余知古。平津馆本。）

《南方草木状》三卷。（晋嵇含。《汉魏丛书》本。）

《荆楚岁时记》一卷。（梁宗懔。《汉魏丛书》本。）

《北户录》三卷。（唐段公路。《说郛》及他丛书本皆不全。）

《岭表录异》三卷。（唐刘恂。聚珍本，杭本，福本。）

《益部方物略记》一卷。（宋宋祁。《津逮》本，《学津》本。）

《桂海虞衡志》一卷。（宋范成大。《古今逸史》本，《唐宋丛书》本，《说海》本。）

《岭外代答》十卷。（宋周去非。知不足斋本。）

《岁华纪丽谱》一卷，附《笺纸谱》一卷，《蜀锦谱》一卷。（元费著。《续百川》本。）

《闽中海错疏》三卷。（明屠本畯。《珠尘》本，《学津》本。）

《舆地纪胜》二百卷。（宋王象之。广州新刻本，阙三十二卷。）

以上地理类杂地志之属（都会、山水、古迹、人物、物产、杂记，录古雅者。）

——右地理类（山志游记如《说嵩》、《岱览》之属，今日通行有版本者凡数十种，以非切要，不录。杂地志如《桂胜》、《楚宝》、《晋乘搜略》之属，止关一方，又非古籍，不录。）

○政书第十一

《通典》二百卷。（唐杜佑。明刻本，殿本《三通》合刻，崇仁谢氏合刻本，广州重刻本。）

《通志》二百卷。（宋郑樵。明刻本，殿本《三通》合刻，谢刻本，广州重刻本。《提要》入别史类，今附于此，以便寻检。）

《通考》三百四十八卷。（元马端临。明刻本，殿本《三通》合刻，谢刻本，广州重刻本。）

《续通典》一百四十四卷。（乾隆三十二年敕撰。殿本。）

《续通志》五百二十七卷。（同上。）

《续通考》二百五十二卷。（乾隆十二年敕撰。殿本。）

《皇朝通典》一百卷。（乾隆三十二年敕撰。殿本。）

《皇朝通志》二百卷。（同上。）

《皇朝通考》二百六十六卷。（乾隆十二年敕撰。殿本。）

《通志略》二十卷。（明刻本，金坛于氏重刻本。止刻其《二十略》，非删节也，读《通志》者，以此为便，与他删本不同。)《文献通考正续合编》三十二卷。（通行本。）

以上政书类历代通制之属（《三通》为体，通贯古今，故别为类。）

《汉制考》四卷。（宋王应麟。《津逮》本，《学津》本，《玉海》附刻本。）

《西汉会要》七十卷。（宋徐天麟。江藩校胡森刻本，聚珍本，福本，苏州活字版本。）

《东汉会要》四十卷。（同上。钱仪吉《三国会要》未刊，《序例》一卷，在《衍石斋记事初稿》中。）

《唐会要》一百卷。（宋王溥。聚珍本，福本。）

《五代会要》三十卷。（宋李攸。聚珍本，福本。）

《宋朝事实》二十卷。（宋李攸。聚珍本，福本。徐松辑《宋会要》百卷，《宋中兴礼书》二百三十一卷，《续礼书》六十四卷，又半卷，未刊。）

《谥法》四卷。（宋苏洵。金壶本，钱熙祚刻《珠丛别录》本。）

《汉官六种》。（《汉官》一卷，《汉官解诂》一卷，汉王隆撰，胡广注。《汉旧仪》二卷，《补遗》二卷，卫宏。《汉官仪》二卷，应劭。《汉官典职仪式选用》一卷，蔡质。《汉仪》一卷，吴丁孚。平津馆本。）

《唐六典》三十卷。（唐玄宗。刻本。《提要》入职官，今附此。）

《明会典》一百八十卷。（明弘治十年官修。原刻本。）

以上政书类古制之属（《唐开元礼》一百五十卷，《宋政和五礼新仪》二百二十卷，《金集礼》四十卷，《明集礼》五十三卷。除《明集礼》外，有传钞本，未见刻本。《开元礼》多采入《通典》内。）

《大清会典图说事例》一千一百三十二卷。（嘉庆二十三年四次敕撰。殿本礼部印行。康熙三十三年、雍正五年、乾隆二十九年本，皆止《会典》一百卷，乾隆本增《则例》一百八十卷，坊行巾箱本单刻《会典》一百卷。）

《大清通礼》五十四卷。（道光四年敕修。殿本，贵阳重刻官本，乾隆二十一年本五十卷。）

《皇朝礼器图式》二十八卷。（乾隆二十四年敕撰，三十年校补。殿本。）

《历代职官表》六十三卷。（乾隆四十五年敕撰。殿本，三长物斋本。《提要》入职官，今附此。因《会要》旧入政书，此亦其类。）《吾学录初编》二十四卷。（吴荣光。广州刻本，武昌局本。）

以上政书类今制之属（今日官书，如品级、处分、赋役、漕运、盐法、税则、学政、科场、枢政、军需、刑案、工程、物料、台规、仪象志、各部则例之属，各有专书，所司掌之，《四库》皆不著录。各省官司，以吏牍编纂成书者尤多，其纲要已具《会典》诸书，并散见《经世文编》中。）

695

——右政书类

○谱录第十二

《崇文总目辑释》五卷，《补遗》一卷。（宋王尧臣等。钱东垣等辑。汗筠斋本，粤雅堂重刻本。）

宋衢州本《郡斋读书志》二十卷。（汪士钟校刻本。此本善。）

宋袁州本《郡斋读书志》四卷，《后志》二卷，（宋晁公武。）《考异》一卷，《附志》一卷。（宋赵希弁。海宁陈氏刻本。）

《子略》四卷，《目录》一卷。（宋高似孙。《学津》本，《百川》本。）

《直斋书录解题》二十二卷。（宋陈振孙。聚珍本，杭本，福本。）

《四库全书总目提要》二百卷。（乾隆四十七年敕撰。殿版大字本，杭州小字本，广州小字本。）

《四库简明目录》二十卷。（同上。翻阅较便，惟《四库》归《存目》者，《简明目录》无之，亦间有与《提要》不合者。）

《四库未收书目提要》五卷。（阮元。即《揅经室外集》。原刻本。一百七十五种。）

《千顷堂书目》三十二卷。（黄虞稷。孙星衍《孙祠书目》，未刊。）

《古今伪书考》一卷。（姚际恒。知不足斋本。）

目录之学，最要者《汉书·艺文志》，《隋书·经籍志》，《经典释文·叙录》，《旧唐书·经籍志》，《新唐书》《宋史》《明史》《艺文志》。

《文献通考》中《经籍考》，虽非专书，尤为纲领。（朱彝尊《经义考》极要，已入经部。）

阮孝绪《七录序目》，（在《广宏明集》内，及《续古文苑》。）

《文选注引书目》（《文选理学权舆》卷二）、《太平御览引用书目》（《卷首》）、《三国志注引书目》（在赵翼《廿二史札记》内），亦要。

其余若遂初堂、明文渊阁、焦竑《经籍志》、菉竹堂、世善堂、绛云楼、述古堂、《敏求记》、天一阁、传是楼、汲古阁、季沧苇、《浙江采进遗书》、文瑞楼、爱日精庐各家书目，或略或误，或别有取义，乃藏书家所贵，非读书家所亟，皆非切要。（坊行《汇刻书目》，《续书目》，亦可备览，但未详核，亦多芜杂，活字本尤劣。）

以上谱录类书目之属（此类各书，为读一切经史子集之途径。）

《姓氏急就篇》二卷。（宋王应麟并自注。《玉海》附刻本。）

《元和姓纂》十八卷。（唐林宝。嘉庆七年洪莹校刻本。）

《古今姓氏书辨证》四十卷，《校勘记》三卷。（宋邓名世。守山阁本，又洪梧刻本。）

《姓氏五书》。（《姓韵》，《辽金元三史姓录·附西夏姓》，《姓名寻源》，《姓氏辨误》，《古今姓氏书目考证》。张澍。止刻《寻源》、

《辨误》两种。)

《史姓韵编》六十四卷。（汪辉祖。家刻本，江宁活字版本。）

《九史同姓名略》七十二卷，《补遗》四卷。（汪辉祖。家刻本。《古今同姓名录》二卷，旧题梁元帝撰，唐陆善经续，元叶森补，《函海》本。）

《辽金元三史同名录》四十卷。（汪辉祖。家刻本。）

《名疑》四卷。（明陈士元。借月山房本。）

《避讳录》五卷。（黄本骥。三长物斋本。此书尚略。周广业《经史避名汇考》四十六卷，未刊。）

《周公年表》一卷。（牟廷相。福山王氏刻本。）

《孔孟年表》二卷。（林春溥。《竹柏山房十一种》本。）

《颐志斋四谱》四卷。（丁晏。六艺堂自刻本。郑君、陈思王、陶靖节、陆宣公。孙星衍、阮元皆有《郑康成年谱》刻本。）

《韩柳年谱》八卷。（宋吕大防《文公集年谱》一卷，宋程俱《韩文公历官纪》一卷，宋洪兴祖《韩子年谱》五卷，宋文安礼《柳先生年谱》一卷。马曰璐合刻本，粤雅堂本。）

697

《朱子年谱》四卷，《考异》四卷，《附录》二卷。（王懋竑。家刻本，粤雅堂本。）

《重编陆象山年谱》二卷。（李绂编。刻本。）

洪文惠、洪文敏、陆放翁、王伯厚、王弇州《年谱》各一卷。（钱大昕。潜研堂本。）

《顾亭林年谱》四卷，《阎潜邱年谱》四卷。（张穆。合刻原本，粤雅堂本。）

《杜工部诗年谱》，（宋鲁訔原本，今为各注家以意更定。）附《集》内。

《苏文忠公年谱总案》，（王文诰。）附《苏诗编注集成》内。

其余前代闻人，国朝人，多为编定年谱，或附集，或单行，不备录。

以上谱录类姓名、年谱之属

《竹谱》一卷。（六朝宋戴凯之。《汉魏丛书》本。）

《茶经》三卷。（唐陆羽。《学津》本，《百川》本。）

《北山酒经》三卷。（宋朱翼中。知不足斋本。）

《广群芳谱》一百卷。（康熙四十七年敕撰。殿本，重刻通行本。）

《奇器图说》一卷。（明邓玉函。）

《诸器图说》一卷。（明王征。守山阁本，通行本。）

以上谱录类名物之属

    ——右谱录类（依《隋书经籍志》入史部。）

○金石第十三

〔金石之学，今为专家，依郑夹漈例，别出一门，无考证者不录，疏舛者不录。〕

《集古录跋尾》十卷。（宋欧阳修。）《目》五卷。（欧阳棐。三长物斋合刻本，《跋尾》附《集》本。）

《金石录》三十卷。（宋赵明诚。雅雨堂本。又三长物斋本，凡欧《录》所有者，旁加墨圈，便于检核。欧、赵二书，其要在《目录》，故列目录之属。）

《金石录补》二十七卷，《续跋》七卷。（叶奕苞。《涉闻梓旧》本。）

《舆地碑记目》四卷。（宋王象之。潘氏滂喜斋刻本。）

《蜀碑记》一卷。（宋王象之。永康胡氏刻《金华丛书》本。《函海》内《蜀碑记补》，不善。）

《宝刻丛编》二十卷。（宋陈思。翁刻本。）

《宝刻类编》八卷。（宋阙名。刘喜海刻本。）

《寰宇访碑录》十二卷。（孙星衍、邢澍。平津馆本。）

《寰宇访碑录补》十二卷。（今人。自刻本。）

《金石萃编》一百二十七卷。（王昶。原刻本。严可均编《平津馆金石萃编正续》三十一卷，未刊。）

《两汉金石记》二十二卷。（翁方纲。《苏斋丛书》本。以上二书，兼目录、文字。）

《潜研堂金石目》八卷。（钱大昕。潜研堂本。）

《金石学》四卷。（国朝人。原刻本。记近人为金石之学者。）

以上金石目录之属

《考古图》十卷，《续图》五卷，《释音》五卷。（宋吕大防。通行本。）

《宣和博古图》三十卷。（宋王黼等。通行本。）

《王复斋钟鼎款识》一卷。（阮刻本，叶氏重刻本。）

《啸堂集古录》二卷。（宋王俅。明刻本。摹篆形，故列此。）

《西清古鉴》四十卷。（乾隆十四年敕撰。殿本。）

《金石经眼录》一卷。（褚峻图，牛运震说。原刻本。即《金石图》上卷。）

《金石苑》。（无卷数。刘喜海。自刻本。）

《钱录》十六卷。（乾隆十六年敕撰。殿本。严可均《古今钱图》三十卷，钱东垣《钱志》二卷，钱侗《历代钱币图考》二十卷、《古钱待访录》二卷：未刊。）

薛、阮、吴诸家《款识》，已入经部小学类。

《小蓬莱阁金石文字》。（无卷数。黄易。自刻本。）

《随轩金石文字八种》。（无卷数。徐渭仁。自刻本。）

以上金石图象之属（缩摹百汉碑砚石刻拓本，较褚图为详，可考汉刻原式，非玩物也。）

《古刻丛钞》一卷。（明陶宗仪。平津馆本，读画斋本。）

《金薤琳琅》二十卷。（明都穆。）

《石墨镌华》六卷，《附录》二卷。（明赵函。知不足斋本。）

《古志石华》三十卷。（黄本骥。三长物斋本。）

《金石存》十六卷。（吴玉搢。道光刻本。）

《金石文字记》六卷。（顾炎武。《亭林遗书》本，借月山房本，《指海》本。）

《潜研堂金石跋尾》二十五卷。（钱大昕。潜研堂本。钱师征《金石文字管见录》二卷，未刊。）

《金石三跋》十卷。（武亿。授经堂本。）

《铁桥金石跋》四卷。（严可均。《铁桥漫稿》内。）

《平津读碑记》八卷。《续记》一卷，《再续》一卷，《三续》二卷。（洪颐煊。传经堂本。）

《古墨斋金石文跋》六卷。（赵绍祖。《续泾川丛书》本。瞿中溶《官印考证》七卷，家刻本，未毕工。）

《秦汉瓦当文字》一卷。（程敦。乾隆丁未刻本。）

《吉金所见录》十六卷。（祁书龄。嘉庆己卯刻本。钱坫《镜铭集录》四卷、钱东垣《丰宫瓦当文考》一卷、钱师征《汉玉刚卯考》一卷，未刊。）

附录：国朝各省金石书精审者。（皆举有刻本者，其止考一碑者不录，目列后。）

700

《京畿金石考》上下卷。（孙星衍。）

《江左石刻文编》十卷。（韩履卿。）

《两浙金石志》十八卷，《补遗》一卷。（阮元。）

《湖北金石诗》一卷。（严观。《连筠簃丛书》。意在考据。）

《中州金石记》五卷。（毕沅。《经训堂丛书》。）

《山左金石志》二十四卷。（毕沅、阮元同撰。《文选楼丛书》。）

《关中金石记》八卷。（毕沅。《经训堂丛书》。）

《关中金石附记》一卷。（焦（案焦当作蔡）汝霖。）

《雍州金石记》十卷。（朱枫。）

《粤东金石略》十二卷。（翁方纲。《苏斋丛书》。）

《粤东金石略》十六卷。（阮元。省志内抽印别行。）

《粤西金石略》十六卷。（谢启昆。省志内抽印别行。）

《滇南古金石录》一卷。（阮福。）

《常山贞石志》二十四卷。（沈涛。）

《江宁金石考》十二卷。（严观。）

《泾川金石记》一卷。（赵良澍。《续泾川丛书》。）

《金石文钞》八卷。（赵绍祖。）

《会稽金石志》六卷。（杜。）

《安阳金石录》十六卷。（武亿。附县志。）

《偃师金石录》二卷。（武亿。附县志。）

《濬县金石录》上下卷。（熊象阶。）

《益都金石记》卷。（段赤亭。）

《南汉金石志》二卷。（吴兰修。《岭南遗书》。赵绍祖《安徽金石文编》八卷、瞿中溶《吴郡金石志》、钱大昭《嘉定金石文字记》四卷，未见传本。）

考石经者，已入经部，石经类《隶释》、《隶续》、《汉隶》、《字原》，已入经部小学类。

以上金石文字之属

《金石例》十卷。（元潘昂霄。）

《墓铭举例》四卷。（明王行。乾隆丙子王颖锐刻本。）

《金石要例》一卷。（黄宗羲。王颖锐刻本，借月山房本。以上通名《金石三例》，雅雨堂合刻本，小玲珑山馆本，嘉庆辛未郝懿行重刻本。）

《志铭广例》二卷。（梁玉绳。《清白士集》本。）

《碑版广例》十卷。（王芑孙。自刻本。）

《金石例补》二卷。（郭麟。《灵芬馆集》本。）

《汉石例》六卷。（刘宝楠。《连筠簃》本，山东单刻本。）

《汉魏六朝墓铭纂例》四卷。（李富孙。别下斋本。）

《金石综例》四卷。（冯登府。自刻本。）

《汉魏六朝志墓金石例》三卷，附《唐人志墓诸例》一卷。（吴镐。道光己酉顾氏刻本。）

以上金石义例之属

——右金石类

○史评第十四

《史通通释》二十卷。（唐刘知几。浦起龙释。原刻本。《黄叔琳史通训故补》二十卷，原刻本，亦可。）

《唐书直笔》四卷。（宋吕夏卿。聚珍本，福本。）

《旧闻证误》四卷。（宋李心传。《函海》本。）

《史纠》六卷。（明朱明镐。《指海》本。）

《文史通义》八卷，《校雠通义》三卷。（章学诚。原刻本，粤雅堂本。以史法为主，间及他文字。）

以上论史法

《涉史随笔》一卷。（宋葛洪。知不足斋本，《金华丛书》本。）

《东莱博议》二十五卷。（宋吕祖谦。道光己亥钱塘瞿氏重刻足本，《金华丛书》重刻瞿本足本，坊本未足。）

《两汉解疑》二卷。（明唐顺之。借月山房本。）

《三国杂事》一卷。（宋唐庚。《函海》本。）

《两晋解疑》一卷。（明唐顺之。借月山房本。）

《唐鉴》二十四卷。（宋范祖禹。吕祖谦注。明刻本，成都局本，武昌局本。）

《唐史论断》三卷。（宋孙甫。聚珍本，福本，粤雅堂本，《珠尘》本，《学津》本。）

《新旧唐书杂论》一卷。（明李东阳。借月山房本。）

《明事断略》一卷。（借月山房本。）

《御批通鉴辑览》一百二十卷。（乾隆三十二年。互见编年类。以下论全史以御批为主，故史评亦恭录。）

《读通鉴论》三十卷，《宋论》十五卷。（王夫之。《船山遗书》本。）

《空山堂十七史论》十五卷。（牛运震。自刻本。）《史林测义》三十八卷。（计大受。自刻本。）

以上论史事（史论最忌空谈苛论，略举博通者数种。宋人《历代名贤确论》一百卷，明刻本，今罕见。）

——右史评类

国学入门书要目及其读法

清·梁启超

【题解】 梁启超（1873～1929），字卓如，一字任甫，号任公，又号饮冰室主人、饮冰子、哀时客、中国之新民、自由斋主人。清朝光绪年间举人，近代思想家、政治家、教育家、史学家、文学家。戊戌变法（百日维新）领袖之一、近代维新派代表人物。梁启超所开书目的对象是当时的清华学校的学生，这些学生是留美预科生，都有留学美国的可能。他希望作为中国留学生，能够了解中国文化，在国外能够代表中国，学成回国之后也能为国家的发展发挥更大作用。梁启超的书目有一定层次性和伸缩性，允许有些书选读，或者涉猎，或者根本不必读。对梁氏书目需提醒的是，这个书目里无从涉及佛教书，因为当然他还准备专门列一份佛学书目。本文选自《饮冰室全集》。

序

两月前《清华周刊》记者以此题相属，蹉跎久未报命。顷居翠微山中，行箧无一书，而记者督责甚急，乃竭三日之力，专凭忆想所及草此篇。漏略自所不免，且容有并书名篇名亦忆错误者，他日当更补正也。

中华民国十二年四月二十六日，启超作于碧摩岩揽翠山房。

（甲）修养应用及思想史关系书类

〇《论语》《孟子》

《论语》为两千年来国人思想之总源泉。《孟子》自宋以后势力亦与相埒。此二书可谓国人内的外的生活之支配者，故吾希望学者熟读成诵。即不能，亦须翻阅多次，务略举其辞，或摘记其身心践履之言以资修养。

《论语》《孟子》之文，并不艰深，宜专读正文，有不解处方看注释。注释之书，朱熹《四书集注》为其生平极矜慎之作，可读。但其中有堕入宋儒理障处，宜分别观之。清儒注本，《论语》则有戴望《论语注》，《孟子》则有焦循《孟子正义》最善。戴氏服膺颜习斋之学，最重实践，所注似近孔门真际，其训诂亦多较朱注为优，其书简洁易读。焦氏服膺戴东原之学，其《孟子正义》清儒诸经新疏中为最佳本，但文颇繁，宜备置案头，遇不解时或有所感时则取供参考。

戴震《孟子字义疏证》，乃戴氏一家哲学，并非专为注释《孟子》而作。但其书极精辟，学者终须一读。最好是于读《孟子》时并读之，既知戴学纲领，亦可以助读《孟子》之兴味。

焦循《论语通释》，乃摹仿《孟子字义疏证》而作，将全部《论语》拆散，标举重要诸义，如言仁，言忠恕……等，列为若干目通观而总诠之，可称治《论语》之一良法，且可应用其法以治他书。

右两书篇页皆甚少，易读。

陈澧《东塾读书记》中读《孟子》之卷，取孟子学说分项爬梳，最为精切。其书不过二三十页，宜一读以观前辈治学方法，宜于修养亦有益。

○《易经》

此书为孔子以前之哲学书。孔子为之注解，虽奥衍难究，然总须一读。吾希望学者将《系辞传》、《文言传》熟读成诵，其《卦象传》六十四条，则用别纸抄出，随时省览。

后世说《易》最近真者，吾独推焦循。其所著《雕菰楼易学》三书（《易通释》、《易图略》、《易章句》），皆称精诣。学者如欲深通此经，可取读之。否则可以不必。

○《礼记》

此书为战国及西汉之"儒家言"丛编，内中有极精纯者，亦有极破碎者。吾希望学者将《中庸》《大学》《礼运》《乐记》四篇熟读成诵。《曲礼》《王制》《檀弓》、《礼器》《学记》《坊记》《表记》《缁衣》《儒衣》《大传》《祭义》《祭法》《乡饮酒义》诸篇多浏览数次，且摘录其精要语。若欲看注解，可看《十三经注疏》内郑注孔疏。《孝经》之性质与《礼记》同，可当《礼记》之一篇读。

○《老子》

道家最精要之书。希望学者将此区区五千言熟读成诵。注释书未有极当意者。专读白文自行寻索为妙。

○《墨子》

孔、墨在先秦时两圣并称，故此书非读不可。除《备城门》以下各篇外，余篇皆宜精读。注释书以孙诒让《墨子间诂》为最善，读《墨子》宜即读此本。《经上下》、《经说上下》四篇，有张惠言《墨子经说解》及梁启超《墨经》两书可参观，但皆有未精惬处。《小取篇》有胡适新诂可参观。梁启超《墨子学案》，属通释体裁，可参观助兴味；但其书为临时讲义，殊未精审。

○《庄子》

《内篇》七篇及《杂篇》中之《天下篇》最当精读。注释书有郭庆藩之《庄子集释》差可。

○《荀子》

《解蔽》《正名》《天论》《正论》《性恶》《礼论》《乐论》诸篇最当精读。余亦须全篇浏览。注释书王先谦《荀子注》甚善。

○《尹文子》《慎子》《公孙龙子》

今存者皆非完书。但三子皆为先秦大哲，虽断简亦宜一读；篇帙甚少，不费力也。《公孙龙子》之真伪尚有问题。三书皆无善注。《尹文子》、《慎子》易解。

○《韩非子》

法家言之精华。须全部浏览。（其特别应精读之诸篇，因手边无原书，胪举恐遗漏，他日补列。）注释书王先慎《韩非子集释》差可。

○《管子》

战国末年人所集著者，性质颇杂博，然古代各家学说存其中者颇多，宜一浏览。注释书戴望《管子校正》甚好。

○《吕氏春秋》

此为中国最古之类书。先秦学说存其中者颇多，宜浏览。

○《淮南子》

此为秦汉间道家言荟萃之书，宜稍精读。注释书闻有刘文典《淮南鸿烈集解》颇好。

○《春秋繁露》

此为西汉儒家代表的著作。宜稍精读。注释书有苏舆《春秋繁露义证》颇好。康有为之《春秋董氏学》，为通释体裁，宜参看。

○《盐铁论》

此书为汉代怀疑派哲学，宜浏览。

○《抱朴子》

此书为晋以后道家言代表作品，宜浏览。

○《列子》

晋人伪书，可作魏晋间玄学书读。

右所列为汉晋以前思想界之重要著作。

六朝隋唐间思想界著光彩者为佛学，其书目当别述。

以下举以后学术之代表书。便为一般学者节啬精力计，不愿多举也。

○《近思录》，朱熹著，江永注。

读此书可见程朱一派之理学其内容何如。

○《朱子年谱》，附朱子《论学要语》，王懋竑著。

此书叙述朱学全面目，最精要有条理。若欲研究程朱学派，宜读《二程遗书》及《朱子语类》。非专门斯业者可置之。南宋时与朱学对峙者尚有吕东莱之文献学一派，陈龙川、叶水心之功利主义一派，及陆象山之心学一派。欲知其详，宜读各人专集。若观大略，可求诸《宋元学案》中。

○《传习录》，王守仁语，徐爱、钱德洪等记。

读此可知王学梗概。欲知其详，宜读《王文成公全书》。因阳明以知行合一为教，要合观学问事功，方能看出其全部人格。而其事功之经过，具见集中各文。故《阳明集》之重要，过于朱、陆诸集。

○《明儒学案》，黄宗羲著。

○《宋元学案》，黄宗羲初稿，全祖望、王梓材两次续成。

此二书为宋、元、明三朝理学之总记录，实为创作的学术史。《明儒学案》中姚江、江右、王门、泰州、东林、蕺山诸案最精善。《宋元学案》中象山案最精善，横渠、二程、东莱、龙川、水心诸案亦好。晦翁案不甚好。百源（邵雍）、涑水（司马光）诸案失之太繁，反不见其真相。末附（王安石）《荆公新学略》最坏。因有门户之见，故为排斥。欲知荆公学术，宜看《王临川集》。

此二书卷帙虽繁，吾总望学者择要浏览，因其为六百年间学术之总汇，影响于近代甚深。且汇诸家为一编，读之不甚费力也。

清代学术史可惜尚无此等佳著。唐鉴之《国朝案小识》以清代最不振之程朱学派为立脚点，褊狭固陋，万不可读。江藩之《国朝汉学师承记》、《国朝宋学渊源记》，亦学案体裁，较好。但江氏学识亦凡庸，殊不能叙出各家独到之处。万不得已，姑以备参考而已。启超方有事于《清儒学案》，汗青尚无期也。

〇《日知录》、《亭林文集》，顾炎武著。

顾亭林为清学开山第一人。其精力集注于《日知录》，宜一浏览。读文集中各信札，可见其立身治学大概。

〇《明夷待访录》，黄宗羲著。

黄梨洲为清初大师之一。其最大贡献在两学案。此小册可见其政治思想之大概。

〇《思问录》，王夫之著。

王船山为清初大师之一。非通观全书，不能见其精深博大。但卷帙太繁，非别为系统的整理，则学者不能读。聊举此书发凡，实不足以代表其学问之全部也。

〇《颜氏学记》，戴望编。

颜习斋为清初大师之一。戴氏所编学记，颇能传其真。徐世昌之《颜李学》，亦可供参考。但其所集《习斋语要》、《恕谷（李塨）语要》，将攻击宋儒语多不录，稍失其真。

顾、黄、王、颜四先生之学术，为学者所必须知，然其著述皆浩博，或散殊，不易寻绎。启超将为系统的整理记述，以饷学者。

〇《东原集》，戴震著。

〇《雕菰楼集》，焦循著。

戴东原、焦理堂为清代经师中有清深之哲学思想者。读其集可知其学，并知其治学方法。启超所拟著之《清儒学案》、《东原理学》两案正在属稿中。

〇《文史通义》，章学诚著。

此书虽以文史标题，实多论学术流别，宜一读。胡适著《章实斋年谱》，可供参考。

〇《大同书》，康有为著。

南海先生独创之思想在此书。曾刊于《不忍杂志》中。

○《国故论衡》，章炳麟著。

可见章太炎思想之一斑。其详当读《章氏遗书》。

○《东西文化及其哲学》，梁漱溟著。

有偏宕处，亦有独到处。

○《中国哲学史大纲》（上卷），胡适著。

○《先秦政治思想史》，梁启超著。

将读先秦经部子部书，宜先读此二书。可引起兴味，并启发自己之判断力。

○《清代学术概论》，梁启超著。

欲略知清代学风，宜读此书。

（乙）政治史及其他文献学书类

○《尚书》

内中惟二十八篇是真书，宜精读。但其文佶屈聱牙，不能成诵亦无妨。余篇属晋人伪撰，一浏览便足。（真伪篇目，看启超所著《古书真伪及其年代》，日内当出版。）此书非看注释不能解，注释书以孙星衍之《尚书今古文注疏》为最好。

○《逸周书》

此书真伪参半。宜一浏览。注释书有朱右曾《逸周书集训校释》颇好。

○《竹书纪年》

此书现通行者为元明人伪撰。其古本，清儒辑出者数家。王国维所辑最善。

○《国语》《春秋左氏传》

此二书或本为一书，由西汉人析出，宜合读之。《左传》宜选出若干篇熟读成诵，于学文甚有益。读《左传》宜参观顾栋高《春秋大事表》，可以得治学方法。

○《战国策》

宜选出若干篇熟读，于学文有益。

○《周礼》

此书西汉末年晚出。何时代人所撰，尚难断定。惟书中制度，当有一部分为周代之旧；其余亦战国秦汉间学者理想的产物。故总宜一读。注释书有孙诒让《周礼正义》最善。

○《考信录》，崔述著。

此书考证三代史事实最严谨，宜一浏览，以为治古史之标准。

○《资治通鉴》

此为编年政治史最有价值之作品。虽卷帙稍繁，总希望学者能全部精读一过。若苦干燥无味，不妨仿《春秋大事表》之例，自立若干门类。标治摘记，作将来著述资料。（吾少时曾用此法，虽无成书，然增长兴味不少。）

王船山《读通鉴论》，批评眼光，颇异流俗，读《通鉴》时取以并读，亦助兴之一法。

○《续资治通鉴》，毕沅著。

此书价值远在司马光原著之下，自无待言；无视彼更优者，姑以备数耳。或不读《正续资治通鉴》，而读《九种纪事本末》亦可。要之非此则彼，必须有一书经目者。

○《文献通考》《续文献通考》《皇朝文献通考》

三书卷帙浩繁。今为学者摘其要目：《田赋考》《户口考》《职役考》《市籴考》、《征榷考》《国用考》《钱币考》《兵考》《刑考》《经籍考》《四裔考》，必须读，《王礼考》《封建考》《象纬考》，……绝对不必读。其余或读或不读随人。（手边无原书，不能具记其目，有漏略当校补。）各人宜因其所嗜，择类读之。例如，欲研究经济史财政史者，则读前七考。余仿此。马氏《文献通考》，本依仿杜氏《通典》而作，若尊创作，应举《通典》。今舍彼取此，取其资料较丰富耳。吾辈读旧史，所贵者惟在原料，炉锤组织，当求之在我也。

《两汉会要》、《唐会要》、《五代会要》可与《通鉴》合读。

○《通志二十略》

郑渔仲学识史才，皆迈寻常。《通志》全书卷帙繁，不必读。《二十略》则其精神所聚，必须浏览。其中与《通考》门类同者或可省。最要者《氏族略》、《六书略》、《七音略》《校雠略》等篇。

○二十四史

《通鉴》《通考》，已浩无涯涘，更语及庞大之《二十四史》，学者几何不望而却步！然而《二十四史》终不可不读。其故有二：（一）现在既无满意之通史，不读《二十四史》，无以知先民活动之遗迹。（二）假令虽有佳的通史出现，然其书自有别裁，《二十四史》之原料，终不能全行收入。以故，《二十四史》终久仍为国民应读之书。

书既应读，而又浩繁难读，则如之何？吾今试为学者拟摘读之法数条。

一曰就书而摘。《史记》、《汉书》、《后汉书》、《三国志》，俗称四史。其书皆大史家一手著述，体例精严；且时代近古，向来学者诵习者众，在学界之势力与六经诸子埒。吾辈为常识计，非一读不可。吾希望学者将此四史之列传，全体浏览一过，仍摘出若干篇稍为熟诵以资学文之助。因四史中佳文最多也。（若欲举其目亦可，但手边无原书，当以异日。）四史之外，则《明史》共认为官修书中之最佳者，且时代最近，亦宜稍为详读。

二曰就事分类而摘读志。例如欲研究经济史财政史，则读《平准书》《食货志》；欲研究音乐，则读《乐书》《乐志》；欲研究兵制，则读《兵志》；欲研究学术史，则读《艺文志》《经籍志》，附以《儒林传》；欲研究宗教史，则读《魏书？释老志》（可惜他史无之）。……每研究一门，则通各史此门之志而读之，且与《文献通考》之此门合读。当其读时，必往往发见许多资料散见于各传者，随即跟踪调查其传以读之。如此引申触类，渐渐便能成为经济史宗教史……等等之长编，将来荟萃而整理之，便成著述矣。

三曰就人分类而摘读传。读名人传记，最能激发人志气，且于应事接物之智慧增长不少，古人所以贵读史者以此。全史各传既不能遍读（且亦不必），则宜择伟大人物之传读之，每史亦不过二三十篇耳，此外又可就其所欲研究者而择读：如欲研究学术史，则读《儒林传》及其他学者之专传；欲研究学术史，则读《文苑传》及其他文学家之专传。……用此法读去，恐只患其少，不患其多矣。

又各史之《外国传》《蛮夷传》《土司传》等，包含种族史及社会学之原料最多，极有趣，吾深望学者一读之。

○《廿二史札记》，赵翼著。

学者读正史之前，吾劝其一浏览此书。《记》称属辞比事，《春秋》之教，此书深得"比事"之诀，每一个题目之下其数据皆从几十篇传中零零碎碎觅出，如采花成蜜，学者能用其法以读史，便可养成著述能力。（内中校勘文字异同之部约占三分之一，不读亦可。）

○《圣武记》，魏源著。

○《国朝先正事略》，李元度著。

清朝一代史迹，至今尚无一完书可读，最为遗憾。姑举此书充数。魏默深有良史之才，《圣武记》为纪事本末体裁，叙述绥服蒙古、戡定金川、抚循西藏……诸役，于一事之原因结果及其中间进行之次序，若指诸掌，实罕见之名著也。李次青之《先正事略》，道光以前人物略具，文亦有法度，宜一浏览，以知最近二三百年史迹大概。日本人稻叶君山所著《清朝全史》尚可读（有译本）。

○《读史方舆纪要》，顾祖禹著。

此为最有组织的地理书。其特长在专论形势，以地域为经，以史迹为纬，读之不感干燥。此书卷帙虽多，专读其叙论（至各府止），亦不甚费力，且可引起地理学兴味。

○《史通》，刘知几著。

此书论作史方法，颇多特识，宜浏览。章氏《文史通义》性质

713

略同，范围较广，已见前。

〇《中国历史研究法》，梁启超著。

读之可增史学兴味，且知治史方法。

（丙）韵文书类

〇《诗经》

希望学者能全部熟读成诵。即不尔，亦须一大部分能举其词。注释书陈奂《诗毛氏传疏》最善。

〇《楚辞》

屈、宋作，宜熟读，能成诵最佳。其余不可读。注释书朱熹《楚辞集注》较可。

〇《文选》

择读。

〇《乐府诗集》，郭茂倩编。

专读其中不知作者姓名之汉古辞，以见魏六朝乐府风格。其他不必读。

魏晋六朝人诗宜读以下各家：曹子建、阮嗣宗、陶渊明、谢康乐、鲍明远、谢玄晖。无单行集者，可用张溥《汉魏百三家集》本或王闿运《八代诗选》本。

〇《李太白集》

〇《杜工部集》

〇《王右丞集》

〇《孟襄阳集》

〇《韦苏州集》

〇《高常侍集》

〇《韩昌黎集》

〇《柳河东集》

〇《白香山集》

〇《李义山集》

○《王临川集》（诗宜用李璧注本）

○《苏东坡集》

○《元遗山集》

○《陆放翁集》

以上唐宋人诗文集。

○《唐百家诗选》，王安石选。

○《宋诗钞》，吕留良抄。

以上唐宋诗选本。

○《清真词》，周美成。

○《醉翁琴趣》，欧阳修。

○《东坡乐府》，苏轼。

○《屯田集》，柳永。

○《淮海词》，秦观。

○《樵歌》，朱敦儒。

○《稼轩词》，辛弃疾。

○《后村词》，刘克庄。

○《白石道人歌曲》，姜夔。

○《碧山词》，王沂孙。

○《梦窗词》，吴文英。

以上宋人词集。

○《西厢记》

○《琵琶记》

○《牡丹亭》

○《桃花扇》

○《长生殿》

以上元明清人曲本。

本门所列书，专资学者课余讽诵陶写情趣之用，既非为文学专家说法，尤非为治文学史者说法，故不曰文学类，而曰韵文类。

　　文学范围，最少应包含古文（骈、散文）及小说。吾以为苟非欲作文学专家，则无专读小说之必要。至于古文，本不必别学。吾辈总须读周秦诸子、《左传》、《国策》《四史》《通鉴》及其关于思想关于记载之著作，苟能多读，自能属文，何必格外举一种名曰古文耶？故专以文鸣之文集不复录（其与学问有关系之文集散见各门）。《文选》及韩柳王集聊附见耳。学者如必欲就文求文，无已，则姚鼐之《古文辞类纂》、李兆洛之《骈体文钞》、曾国藩之《经史百家杂钞》可用也。

　　清人不以韵文见长，故除曲本数部外，其余诗词皆不复列举。无已，则于最初期与最末期各举诗词家一人，吴伟业之《梅村诗集》与黄遵宪之《人境庐诗集》，成德之《饮水词》与文焯之《樵风乐府》也。

　　（丁）小学书及文法书类

　　○《说文解字注》，段玉裁著。

　　○《说文通训定声》，朱骏声著。

　　○《说文释例》，王筠著。

　　段著为《说文》正注。朱注明音与义之关系。王著为《说文》通释。读此三书，略可通《说文》矣。

　　○《经传释词》，王引之著。

　　○《古书疑义举例》，俞樾著。

　　○《文通》，马建忠著。

　　读此三书，可知古人语法文法。

　　○《经籍纂诂》，阮元编。

　　此书汇集各字之义训，宜置备检查。

　　文字音韵，为清儒最擅之学，佳书林立。此仅举入门最要之数种。若非有志研究斯学者，并此诸书不读亦无妨耳。

　　（戊）随意涉览书类

　　学问固贵专精，又须博涉以辅之。况学者读书尚少时，不甚自知其性所近者为何。随意涉猎，初时并无目的，不期而引起问题，发生趣味，从此向某方向深造研究，遂成绝业者，往往而有也。吾故杂举有用或有趣之各书，供学者自由翻阅之娱乐。读此者不必循页次，亦不必求终卷也。（各书亦随忆想所及杂举，无复诠次。）

〇《四库全书总目提要》

清乾隆间四库馆，董其事者皆一时大学者，故所作提要，最称精审，读之可略见各书内容（中多偏至语，自亦不能免）。宜先读各部类之叙录，其各书条下则随意抽阅。有所谓存目者，其书被屏，不收入四库者也。内中颇有怪书，宜稍注意读之。

〇《世说新语》

将晋人谈玄语分类纂录，语多隽妙，课余暑假之良伴侣。

〇《水经注》，郦道元撰，戴震校。

六朝人地理专书。但多描风景，记古迹，文辞华妙，学作小品文最适用。

〇《文心雕龙》，刘勰著。

六朝人论文书。论多精到，文亦雅丽。

〇《大唐三藏慈恩法师传》，慧立撰。

此为玄奘法师详传。玄奘为第一位留学生，为大思想家，读之可以增长志气。

〇《徐霞客游记》

霞客晚明人，实一大探险家，其书极有趣。

〇《梦溪笔谈》，沈括。

宋人笔记中含有科学思想者。

〇《困学纪闻》，王应麟撰，阎若璩注。

宋人始为考证学者，顾亭林《日知录》颇仿其体。

〇《通艺录》，程瑶田撰。

清代考证家之博物书。

〇《癸巳类稿》，俞正燮撰。

717

多为经学之外之考证，如考棉花来历，考妇女缠足历史，辑李易安事迹等。又多新颖之论，如论妒非妇人恶德等。

○《东塾读书记》，陈澧撰。

此书仅五册，十余年乃成。盖合数十条笔记之长编乃成一条笔记之定稿，用力最为精苦，读之可识搜集数据及驾驭数据之方法。书中论郑学、论朱学、论诸子、论三国诸卷最善。

○《庸盦笔记》，薛福成。

多记清咸丰同治间掌故。

○《张太岳集》，张居正。

江陵为明名相，其信札益人神智，文章亦美。

○《王心斋先生全书》，王艮。

吾常名心斋为平民的理学家，其人有生气。

○《朱舜水遗集》，朱之瑜。

舜水为日本文化之开辟人，唯一之国家输出者，读之可见其人格。

○《李恕谷文集》，李塨。

恕谷为习斋门下健将，其文劲达。

○《鲒埼亭集》，全祖望。

集中记晚明掌故甚多。

○《潜研堂集》，钱大昕。

竹汀为清儒中最博洽者，其对伦理问题亦颇有新论。

○《述学》，汪中。

容甫为治诸子学之先登者，其文格在汉晋间，极遒美。

○《洪北江集》，洪亮吉。

北江之学长于地理，其小品骈体文描写景物，美不可言。

○《定盦文集》，龚自珍。

吾少时醉心此集，今颇厌之。

○《曾文正公全集》，曾国藩。

〇《胡文忠公集》，胡林翼

右二集信札最可读，读之见其治理条理及朋友风义。曾涤生文章尤美，集桐城派之大成。

〇《苕溪渔隐丛话》，胡仔。

诗话中资料颇丰富者。

〇《词苑丛谈》，徐釚。

惟一之词话，颇有趣。

〇《语石》，叶昌炽。

以科学方法治金石学，极有价值。

〇《书林清话》，叶德辉。

论刻书源流及藏书掌故，甚好。

〇《广艺舟双辑》，康有为。

论写字，极精博，文章极美。

〇《剧说》，焦循。

〇《宋元戏曲史》，王国维。

二书论戏剧，极好。

即谓之涉览，自然无书不可涉，无书不可览，本不能胪举书目；若举之，非累数十纸不可。右所列不伦不类之寥寥十余种，随杂忆所及当坐谭耳。若绳以义例，则笑绝冠缨矣。

附录一　最低限度之必读书目

右所列五项，倘能依法读之，则国学根柢略立，可以为将来大成之基矣。

惟青年学生校课既繁，所治专门别有在，恐仍不能人人按表而读。今再为拟一真正之最低限度如下：

《四书》《易经》《书经》《诗经》《礼记》《左传》；

《老子》《墨子》《庄子》《荀子》《韩非子》；

《战国策》《史记》《汉书》《后汉书》《三国志》《资治通鉴》（或

《通鉴纪事本末》)《宋元明史纪事本末》;

《楚辞》《文选》《李太白集》《杜工部集》《韩昌黎集》《柳河东集》《白香山集》。其他词曲集随所好选读数种。

以上各书，无论学矿、学工程学……皆须一读。若并此未读，真不能认为中国学人矣。

附录二　治国学杂话

学生做课外学问是最必要的，若只求讲堂上功课及格，便算完事，那么，你进学校，只是求文凭，并不是求学问，你的人格，先已不可问了。再者，此类人一定没有"自发"的能力，不特不能成为一个学者，亦断不能成为社会上治事领袖人才。

课外学问，自然不专指读书，如试验，如观察自然界……都是极好的，但读课外书，至少要算课外学问的主要部分。

一个人总要养成读书兴味。打算做专门学者，固然要如此，打算做事业家，也要如此。因为我们在工厂里、在公司里、在议院里……做完一天的工作出来之后，随时立刻可以得着愉快的伴侣，莫过于书籍，莫便于书籍。

但是将来这种愉快得着得不着，大概是在学校时代已经决定，因为必须养成读书习惯，才能尝着读书趣味。人生一世的习惯，出了学校门限，已经铁铸成了，所以在学校中，不读课外书，以养成自己自动的读书习惯，这个人，简直是自己剥夺自己终身的幸福。

读书自然不限于读中国书，但中国人对于中国书，至少也可和外国书作平等待遇。你这样待遇他，给回你的愉快报酬，最少也和读外国书所得的有同等分量。

中国书没有整理过，十分难读，这是人人公认的，但会做学问的人，觉得趣味就在这一点。吃现成饭，是最没有意思的事，是最没有出息的人才喜欢的。一个问题，被别人做完了四平八正的编成教科书样子给我读，读去自然是毫不费力，但是从这不费力上头结果，便令我的心思不细致不刻入。专门喜欢读这类书的人，久而久之，会把自己创作的才能湮没哩。在纽约、芝加哥笔直的马路崭新的洋房里舒舒服服混一世，这个人一定是过的毫无意味的平庸生活。若要过有意味的生活，须是哥伦布初到美洲时。

中国学问界，是千年未开的矿穴，矿苗异常丰富，但非我们亲自绞脑筋绞汗水，却开不出来。翻过来看，只要你绞一分脑筋一分汗水，当然还你一分成绩，所以有趣。

所谓中国学问界的矿苗，当然不专指书籍，自然界和社论实况，都是极重要的，但书籍为保存过去原料之一种宝库，且可为现在各实测方面之引线，就这点看来，我们对于书籍之浩瀚，应该欢喜谢它，不应该厌恶它。因为我们的事业比方要开工厂，原料的供给，自然是越丰富越好。

读中国书，自然像披沙拣金，沙多金少，但我们若把他作原料看待，有时寻常人认为极无用的书籍和语句，也许有大功用。须知工厂种类多着呢，一个厂里头得有许多副产物哩，何止金有用，沙也有用。

若问读书方法，我想向诸君上一个条陈。这方法是极陈旧的，极笨极麻烦的，然而实在是极必要的。什么方法呢？是抄录或笔记。

我们读一部名著，看见他征引那么繁博，分析那么细密，动辄伸着舌头说道："这个人不知有多大记忆力，记得许多东西，这是他的特别天才，我们不能学步了。"其实那里有这回事。好记性的人不见得便有智慧，有智慧的人比较的倒是记性不甚好。你所看见者是他发表出来的成果，不知他这成果原是从铢积寸累困知勉行得来。大抵凡一个大学者平日用功总是有无数小册子或单纸片，读书看见一段资料觉其有用者即刻抄下（短的抄全文，长的摘要记书名卷数页数）。资料渐渐积得丰富，再用眼光来整理分析他，便成为一篇名著。想看这种痕迹，读赵瓯北的《廿二史札记》、陈兰甫的

721

《东塾读书记》最容易看出来。

这种工作笨是笨极了，苦是苦极了，但真正做学问的人总离不了这条路。做动植物的人懒得采集标本，说他会有新发明，天下怕没有这种便宜事。

发明的最初动机在注意，抄书便是促醒注意及继续保存注意的最好方法。当读一书时，忽然感觉这一段资料可注意，把他抄下，这件资料自然有一微微的印象印入脑中，和滑眼看过不同。经过这一番后，过些时碰着第二个资料和这个有关系的，又把他抄下。那注意便加浓一度。经过几次之后，每翻一书，遇有这项资料，便活跳在纸上，不必劳神费力去找了。这是我多年经验得来的实况。诸君试拿一年工夫去试试，当知我不说谎。

先辈每教人不可轻言著述，因为未成熟的见解公布出来，会自误误人，这原是不错的，但青年学生"斐然当述作之誉"，也是实际上鞭策学问的一种妙用。譬如同是读《文献通考》的《钱币考》，各史《食货志》中钱币项下各文，泛泛读去，没有什么所得，倘若你一面读一面便打主意做一篇中国货币沿革考，这篇考做的好不好另一问题，你所读的自然加几倍受用。

譬如同读一部《荀子》，某甲泛泛读去，某乙一面读一面打主意做部《荀子学案》，读过之后，两个人的印象深浅，自然不同。所以我很奖励青年好著书的习惯，至于所著的书，拿不拿给人看，什么时候才认成功，这还不是你的自由吗？

每日所读之书，最好分两类，一类是精熟的，一类是涉览的。因为我们一面要养成读书心细的习惯，一面要养成读书眼快的习惯。心不细则毫无所得，等于白读；眼不快则时候不够用，不能博搜资料。诸经、诸子、四史、《通鉴》等书，宜入精读之部，每日指定某时刻读他，读时一字不放过，读完一部才读别部，想抄录的随读随抄；另外指出一时刻，随意涉览，觉得有趣，注意细看，觉得无趣，便翻次页，遇有想抄录的，也俟读完再抄，当时勿窒其机。

诸君勿因初读中国书，勤劳大而结果少，便生退悔。因为我们读书，并不是想专向现时所读这一本书里讨现钱现货的，得多少报酬，最要紧的是涵养成好读书的习惯，和磨炼出好记忆的脑力。青年期所读各书，不外借来做达这两个目的的梯子。我所说的前提倘若不错，则读外国书和读中国书当然都各有益处。外国名著，组织得好，易引起兴味，他的研究方法，整整齐齐摆出来，可以做我们模范，这是好处；我们滑眼读去，容易变成享现成福的少爷们，不知甘苦来历，这是坏处。中国书未经整理，一读便是一个闷头棍，每每打断兴味，这是坏处；逼着你披荆斩棘，寻路来走，或者走许多冤枉路（只要走路断无冤枉，走错了回头，便是绝好教训），从甘苦阅历中磨炼出智慧，得苦尽甘来的趣味，那智慧和趣味都最真切，这是好处。

还有一件，我在前项书目表中有好几处写"希望熟读成诵"字样，我想诸君或者以为甚难，也许反对说我顽旧，但我有我的意思。我并不是奖劝人勉强记忆，我所希望熟读成诵的有两种类：一种类是是最有价值的文学作品，一种类是有益身心的格言。好文学是涵养情趣的工具，做一个民族的分子，总须对于本民族的好文学十分领略，能熟读成诵，才在我们的"下意识"里头，得着根柢，不知不觉会"发酵"。有益身心的圣哲格言，一部分久已在我们全社会上形成共同意识，我既做这社会的分子，总要彻底了解他，才不至和共同意识生隔阂，一方面我们应事接物时候，常常仗他给我们的光明，要平日摩得熟，临时才得着用，我所以有些书希望熟读成诵者在此，但亦不过一种格外希望而已，并不谓非如此不可。

最后我还专向清华同学诸君说几句话，我希望诸君对于国学的修养，比旁的学校学生格外加功。诸君受社会恩惠，是比别人独优的，诸群君将来在全社会上一定占势力，是眼看得见的。诸君回国之后，对于中国文化有无贡献，便是诸君功罪的标准。

任你学成一位天字第一号形神毕肖的美国学者，只怕于中国文

723

化没有多少影响。若这样便有影响，我们把美国蓝眼睛的大博士抬一百几十位来便够了，又何必诸君呢？诸君须要牢牢记着你不是美国学生，是中国留学生。如何才配叫做中国留学生，请你自己打主意罢。

附录三　评胡适之的"一个最低限度的国学书目"

胡君这书目，我是不赞成的，因为他文不对题。胡君说："并不为国学有根柢的人着想，只为普通青年人想得一点系统的国学知识的人设想。"依我看，这个书目，为"国学已略有根柢而知识绝无系统"的人说法，或者还有一部分适用。我想，《清华周刊》诸君，所想请教胡君的并不在此，乃是替那些"除欲读商务印书馆教科书之外没有读过一部中国书"的青年们打算。若我所猜不错，那么，胡君答案，相隔太远了。

胡君致误之由，第一在不顾客观的事实，专凭自己主观为立脚点。胡君正在做《中国哲学史》《中国文学史》，这个书目正是表示他自己思想的路径，和所凭的资料（对不对又另是一问题，现在且不讨论）。殊不知一般青年，并不是人人都要做哲学史家、文学史家。不是做哲学史家、文学史家，这里头的书十有七八可以不读。真要做哲学史、文学史家，这些书却又不够了。

胡君第二点误处，在把应读书和应备书混为一谈，结果不是个人读书最低限度，却是私人及公共机关小图书馆之最低限度（但也不对，只好说是哲学史、文学史家私人小图书馆之最低限度）。殊不知青年学生（尤其清华），正苦于跑进图书馆里头不知读什么书才好，不知如何读法，你给他一张图书馆书目，有何用处？何况私人购书，谈何容易？这张书目，如何能人人购置？结果还不是一句废话吗？

我最诧异的：胡君为什么把史部书一概屏绝？一张书目名字叫做"国学最低限度"，里头有什么《三侠五义》《九命奇冤》，却没有

《史记》《汉书》《资治通鉴》，岂非笑话？若说《史》《汉》《通鉴》是要"为国学有根柢的人设想"才列举，恐无此理。若说不读《三侠五义》《九命奇冤》，便够不上国学最低限度，不瞒胡君说，艾区区小子便是没有读过这两部书的人。我虽自知学问浅陋，说我连国学最低限度都没有，我却不服。

平心而论，做文学史（尤其做白话文学史）的人，这些书自然应该读，但胡君如何能因为自己爱做文学史，便强一般青年跟着你走？譬如某人喜欢金石学，尽可将金石类书列出一张系统的研究书目；某人喜欢地理学，尽可以将地理类书列出一张系统的研究书目，虽然只是为本行人说法，不能应用于一般。依我看，胡君所列各书，大半和《金石萃编》《恋斋集古录》《殷墟书契考释》（金石类书），《水道提纲》《朔方备乘》《元史释文证补》（地理类书）等等同一性质，虽不是不应读之书，却断不是人人必应读之书。胡君复《清华周刊》信说："我的意思是要一班留学生，知道《元曲选》等，是应该知道的书。"依着这句话，留学生最少也该知道《殷墟书契考释》、《朔方备乘》……是应该知道的书。那么将一部《四库全书总目》搬字过纸，更列举后出书千数百种便了，何必更开最低限度书目？须知"知道"是一件事，"必读"又别是一件事。

我的主张，很是平淡无奇。我认定史部书为国学最主要部分，除先秦几部经书几部子书之外，最要紧的便是读正史、《通鉴》、宋元明纪事本末和九通中一部分，以及关系史学之笔记文集等，算是国学常识，凡属中国读书人都要读的。有了这种常识之人不自满足，想进一步做专门学者时，你若想做哲学史家、文学史家，你就请教胡君这张书目；你若想做别一项专门家，还有许多门我也可以勉强照胡君样子，替你另开一张书目哩。

胡君对于自己所好的两门学问，研究甚深，别择力甚锐，以为一般青年也该如此，不必再为别择，所以把许多书目胪列出来了。试想一百多册的《正谊堂全集》千篇一律的"理气性命"，叫青年何

725

从读起？何止《正谊堂》，即以浙刻《二十二子》论，告诉青年说这书该读，他又何从读起？至于其文学史之部，所列《全上古三代秦汉三国六朝文》《全汉三国晋南北朝诗》《古文苑》《续古文苑》《唐文粹》《全唐诗》、《宋文鉴》《南宋文范》、《南宋文录》、《宋诗钞》、《宋六十家词》、《四印斋宋元词》《疆村所刻词》《元曲选百种》《金文最》《元文类》《明文类》《列朝诗集》《明诗综》《六十种曲》等书，我大略估计，恐怕总数在一千册以上，叫人从何读起？青年学生因我们是为"老马识途"，虚心请教，最少也应告诉他一个先后次序，例如唐诗该先读某家，后读某家，不能说你去读全唐诗便了。宋词该先读某家，后读某家，不能说请你把王幼霞朱古微所刻的都读。若说你全部读过后自会别择，诚然不错，只怕他索性不读了。何况青年若有这许多精力日力来读胡君指定的一千多册文学书，何如用来读二十四史、九通呢？

还有一层，胡君忘却学生若没最普通的国学常识时，有许多书是不能读的。试问连《史记》没有读过的人，读崔适《史记探源》，懂他说的什么？连《尚书》《史决》《礼记》《国语》没有读过的人，读崔述《考信录》，懂他说的什么？连《史记·儒林传》《汉书·艺文志》没有读过的人，读康有为《新学伪经考》，懂他说的什么？这不过随手举几个例，其他可以类推。假如有一位学生（假定还是专门研究思想史的学生），敬谨遵依胡君之教，顺着他所列书目读去，他的书明明没有《尚书》《史记》、《汉书》这几部书，你想这位学生，读到崔述、康有为、崔适的著述时，该怎么样狈狼呢？

胡君之意，或者以这位学生早已读过《尚书》《史记》《汉书》为前提，以为这样普通书，你当然读过，何必我说？那么，《四书》更普通，何以又列入呢？总而言之，《尚书》《史记》《汉书》《资治通鉴》为国学最低限度不必要之书，《正谊堂全集》《缀白裘》《儿女英雄传》，反是必要之书，真不能不算石破天荒的怪论（思想史之部，连《易经》也没有，什么原故，我也要求胡君答复）。

726

总而言之，胡君这篇书目，从一方面看，嫌他墨漏太多，从别方面看，嫌他博而寡要，我认为是不可用的。

附录四：梁先生致清华周刊记者书

《清华周刊》记者足下：

国学入门书要目及其读法一施展呈上，别属开留美应带书目，颇难着笔。各书内容，拙著中已简单论及，诸君一读后，可择所好者购携。大学普通重要诸书，各校图书馆多有，自不必带，所带者总是为自己随时讽诵或用功时任意批注而设。试择其最普通者：《四书集注》，石印《正续文献通考》，相台本《五经单注》，石印《文选》，石印浙刻《二十二子》《李太白集》《墨子间诂》《杜工部集》《荀子集解》《白香山集》，铅印《四史》《柳柳州集》，铅印《正续资治通鉴》《东坡诗集》。若欲带选本，诗则《古诗源》《唐诗别裁》，勉强可用。欲带选本词，则张皋文《词选》，周止庵《宋四家词选》，谭中修《箧中词》，勉强可用（此五书原目皆未列）。其余涉览书类，择所喜者带数种亦可。因此等书外国图书馆或无有也。

马一浮读书法

马一浮

【题解】 作者简介同前。马一浮在该文中论述和总结了读书的方法和经验。他说："欲读书，先须调心。心气安定，自易领会。若以散心读书，博而寡要，劳而少功，必不能入。以定心读书，事半功倍。随事察识，语语销归自性。然后读得一书，自有一书之用，不是泛泛读过。"他还认为，读书的终极目的，在于明理修德。

明理之旨，终归还是养德。明理践性为历代大儒者所提倡，更为马一浮终生所实践。本文选自《马一浮集》。

前讲学规，乃示学者求端致力之方。趣向既定，可议读书。如人行远，必假舟车。舟车之行，须由轨道，待人驾驶。驾驶之人，既须识途，亦要娴熟。不致迷路，不致颠覆，方可到达。故读书之法，须有训练，存乎其人。书虽多，若不善读，徒耗目力。不得要领，陵杂无序。不能入理，有何裨益？所以《学记》曰："记问之学，不足以为人师也。"古人以牛驾车，有人设问曰："车若不行，打车即是？打牛即是？"此以车喻身，以牛喻心。车不自行，曳之者牛。肢体运用，主之者心。故欲读书，先须调心。心气安定，自易领会。若以散心读书，博而寡要，劳而少功，必不能入。以定心读书，事半功倍。随事察识，语语销归自性。然后读得一书，自有一书之用。不是泛泛读过。须知读书，即是穷理博文之一事。然必资于主敬，必赖于笃行。不然，则只是自欺欺人而已。

《易·系辞》曰："上古结绳而治，后世圣人易之以书契，百官以治，万民以察，盖取诸夬。"夬者，决也。决是分别是非之意，犹今言判断。决去其非，亦名为决。此书名所由始。契乃刻木为之，书则著于竹帛。故《说文》曰："书，箸也。从聿。"所以书者，是别白之词。声亦兼意。孔颖达《尚书正义》曰："道本冲寂，非有名言，既形以道生，物由名举，圣贤阐教，事显于言，言恽群心，书而示法，因号曰书。"名言，皆诠表之辞，犹筌蹄为渔猎之具。书是能诠，理即所诠。《系辞》曰："书不尽言，言不尽意。"故读书在于得意，得意乃可忘言。意者，即所诠之理也。读书而不穷理，譬犹买椟还珠。守此筌蹄，不得鱼兔，安有用处？禅家斥为念言语汉，俚语谓之读死书。贤首曰："微言滞于心首，转为缘虑之场；实际居于目前，翻成名相之境。"此言读书而不穷理之过。记得许多名相，执得少分知解，便傲然自足，顿生狂见。自己无一毫受用，只是增长习气。《圆觉经》云："无令求悟，唯益多闻，增长我见。"此是不治之证。故读书之法，第一要虚心涵泳，切己体察。切不可以成见读书，妄下雌黄，轻言取舍，如时人所言批评态度。南齐王僧虔《诫子书》曰："往年有意于史，后复徙业就玄，犹未近仿佛。曼倩有云：'谈何容易。'见诸玄，志为之逸，肠为之抽。专一书，转通数十家注，自少至老，手不释卷，尚未敢轻言。汝开《老子》卷头五尺许，未知辅嗣何所道？平叔何所说？马、郑何所异？《指例》何所明？而便盛挥麈尾，自呼谈士，此最险事。就如张衡思侔造化，郭象言类悬河，不自劳苦，何由至此？汝曾未窥其题目，未辨其指归。六十四卦，未知何名？庄子众篇，何者内外？《八袠》所载，凡有几家？四本之称，以何为长？而终日欺人，人亦不受汝欺也。"据此文，可知当时玄言之盛，亦如今人之谈哲学、新学。后生承虚接响，腾其口说，骛名无实，其末流之弊有如是者。僧虔见处，犹滞知解。且彼自为玄家，无关儒行。然其言则深为警策，切中时人病痛。故引之以明"知之为知之，不知为不知，是知也"之旨。慎勿以成见读书，轻言批评，此最为穷理之碍，切须诫绝也。

今以书为一切文籍记载之总名，其实古之名书，皆以载道。《左氏传》曰："楚左史倚相，能读《三坟》《五典》《八索》《九丘》。"读书之名始此。《尚书·序》曰："伏羲、神农、黄帝之书，谓之《三坟》，言大道也。少昊、颛顼、高辛、唐、虞之书，谓之《五典》，言常道也。至于夏、商之书，虽设教不伦，雅诰奥义，其归一揆。是故历代宝之，以为大训。八卦之说，谓之《八索》。九州之志，谓之《九丘》。丘，聚也。言九州所有，土地所生，风气所宜，皆聚此书也。"此见上古有书，其来已远。《尚书·序》复云："孔子生于周末，睹史籍之烦文，惧览者之不一，遂乃定《礼》《乐》，明旧章，删《诗》为三百篇，约史记而修《春秋》，赞《易》道以黜《八索》，述《职方》以除《九丘》。疑当时《八索》者，类阴阳方伎之书。故孔子作十翼，以赞《易》道之大，而《八索》遂黜。《职方》，孔颖达以为即指《周礼》。疑上古亦有方志，或不免猥杂，故除之。讨论坟典，断自唐、虞以下，讫于周。芟夷烦乱，翦截浮辞，举其宏纲，撮其机要，足以垂世立教。所以恢弘至道，示人主以轨范也。"此义实通群经言之，不独《尚书》也。《尚书》独专书名者，谓其为帝王遗书，所谓"文武之道，布在方策"者是也。"文王既没，文不在兹乎。"文所以显道，事之见于书者，皆文也。故六艺之文，同谓之书。以常道言，则谓之经。以立教言，则谓之艺。以显道言，则谓之文。以竹帛言，则谓之书。《论语》记"子所雅言，《诗》《书》执礼"，"子不语怪、力、乱、神"，此可对勘。世间传闻古事，多属怪、力、乱、神，如《楚辞·天问》之类。《山海经》疑即九丘之遗。如《竹书纪年》《汲冢周书》《穆天子传》等，固魏晋间人伪书。然六国时人最好伪撰古事，先秦旧籍多有之。故司马迁谓："诸家言黄帝，其言不雅驯，荐绅先生难言之。"可知孔子删《书》，所以断自唐虞者。一切怪、力、乱、神之事，悉从刊落。郑康成《书论》引《尚书纬》云："孔子求书，得黄帝玄孙帝魁之书，迄于秦穆公。凡三千二百四十篇，断远取近，定可以为世法者百二十篇。今伏生所传今文，才二十九篇，益以古文，并计五十八篇。"古文《尚书》虽有依托，并非全伪。据此可见，孔子删后之《书》，决无不可信者。群经以此类推，为其以义理为主也。故曰："述而不作，信而好古，窃比于我老彭。""我非生而知之者，好古，敏以求之者也。"此是孔子之读书法。今人动言创作，动言疑古，岂其圣于孔子乎？不信六经，更信何书？不信孔子，更信何人？"夏礼，吾能言之，杞不足征也。殷礼，吾能言之，宋不足征也。文献不足故也，足则吾能征之矣。""吾犹及史之阙文也，今无矣夫。"此是考据谨严态度。今人治考古学者，往往依据新出土之古物，如殷墟、甲骨、汉简之类，矜为创获。以此推论古制。单文孤证，岂谓足征？即令有当，何堪自诩！此又一蔽也。孔子读《易》，韦编三绝，漆书三灭，铁挝三折，其精勤专久如此。今人读书，不及终篇，便生厌倦，辄易他书，未曾玩味，便言已了，乃至文义未通，即事著述，抄撮剿袭，自矜博闻，缪种流传，每况愈下。孔子曰："盖有不知而作之者，我无是也。"此不独浅陋之甚，亦为妄诞之尤，其害于心术者甚大。今日学子，所最宜深诫者也。

《易》曰："天在山中，大畜，君子以多识前言往行，以畜其德。"伊川曰："天为至大，而在山之中，所畜至大之象。人之蕴畜，由学而大，在多闻前古圣贤之言与行，考迹以观其用，察言以求其心，识而得之，以畜成其德，乃《大畜》之义。"此学之所以贵读书也。"登东山而小鲁，登泰山而小天下"，乃知贵近者必遗远也。河伯见海若而自失，乃知执多者由见少也。读书非徒博文，又以畜德，然后能尽其大。盖前言往行，古人心德之著见者也。畜之于己，则自心之德与之相应。所以言"富有之谓大业，日新之谓盛德"。业者，即言行之发也。君子言而世为天下法，行而世为天下则，故乱德之言，非礼之行，必无取焉。书者何？前言往行之记录是也。今语所谓全部人生，总为言行而已矣。书为大共名，六艺为大别名。古者左史记言，右史记事，言为《尚书》，事为《春秋》，初无经史之分也。尝以六艺统摄九家，统摄四部，闻者颇以为异。（《泰和会语》楷定国学名义。）其实理是如此，并非勉强安排。庄子所谓"道术之裂为方术，各得一察焉以自好"，《汉志》"以九家之言，皆六艺之支与流裔"，亦世所熟闻也。流略之说，犹寻其源。四部之分，遂丰其蔀。今言专门，则封域愈狭。执其一支，以议其全体。有见于别，而无见于通。以是为博，其实则陋。故曰："井蛙不可以语于海，拘于墟也。夏虫不可以语于冰，笃于时也。曲士不可以语于道，束于教也。"守目录校雠之学，而以通博自炫者，不可以语于畜德也。清儒自乾嘉以后，小学一变而为校勘，单辞碎义，犹比窥观。至目录一变而为版本，则唯考论椠刻之久近，行款之异同，纸墨之优劣，岂徒玩物丧志，直类骨董市谈。此又旧习之

731

弊，违于读书之道也。

以上略明，读书所以穷理，亦所以畜德。料简世俗，读书不得其道之弊，大概不出此数端。然则读书之道，毕竟如何始得？约而言之，亦有四门：一曰通而不局；二曰精而不杂；三曰密而不烦；四曰专而不固。局与杂为相违之失。烦与固，为相似之失。执一而废他者，局也。多歧而无统者，杂也。语小而近琐者，烦也。滞迹而遗本者，固也。通，则曲畅旁通而无门户之见。精，则幽微洞彻而无肤廓之言。密，则条理谨严而无疏略之病。专，则宗趣明确而无泛滥之失。不局不杂，知类也。不烦不固，知要也。类者，辨其流别，博之事也。要者，综其指归，约之事也。读书之道尽于此矣。

《学记》曰："一年，视离经辨志。"郑注："离经，断句绝也。辨志，谓别其心意所趋向。"是离经为章句之学，以了解文义，为初学入门之事。继以辨志，即严义利之辨，正其趋向，否则何贵于读书也。下文云："三年，视敬业乐群；五年，视博习亲师；七年，视论学取友，谓之小成；九年，知类通达，强立而不反，谓之大成。"敬业、博习、论学，皆读书渐进功夫。乐群、亲师、取友，则义理日益明，心量日益大。如是积累，犹只谓小成。至于知类通达，则知至之目。"强立而不反"，（郑注云："强立，临事不惑也。不反，不违失师道。"犹《论语》言弗畔。）则学成之效。是以深造自得，然后谓之大成。故学者必有资于读书，而但言读书，实未足以为学。今人读书，但欲了解文义，便谓能事已毕，是只做得离经一事耳。而况文义有未能尽了者乎？

《汉书·艺文志》曰："古之学者耕且养，三年而通一艺，存其大体，玩经文而已，是故用日少而畜德多，三十而五经立也。"后世经传既已乖离，博学者又不思多闻阙疑之义，而务碎义逃难，便辞巧说，破坏形体。说五字之文，至于二三万言。后进弥以驰逐。故幼童而守一艺，白首而后能言。安其所习，毁所不见，终以自蔽。此学者之大患也。此见西汉治经，成为博士之业，末流之弊，已是如此，异乎《学记》之言矣。此正《学记》所谓"呻其占毕，多其讯"者，乃适为教之所由废也。汉初，说《诗》者，或能为雅而不能为颂，其后专主一经，守其师说，各自名家。如《易》有施、孟、梁丘；《书》有欧阳、夏侯；《诗》有齐、鲁、韩，人持一义，各不相通。武帝末，壁中古文已出，而未得立于学官。至平帝时，始立《毛诗》《逸礼》《古文尚书》《左氏春秋》。刘歆《让太常博士书》，极论诸儒博士不肯置对，专己守残，挟恐见破之私意，而亡从善服义之公心。雷同相从，随声是非。此今古文门户相争之由来也。此局过之一例也。及东汉末，郑君承贾、马之后，遍注群经，始今古文并用，庶几能通者，而或讥其坏乱家法。迄于清之季世，今文学复兴，而治古文学者亦并立不相下，各守封疆，仍失之局。而其为说之支离破碎，视说"日若稽古"三万言者犹有过之，则又失之烦。汉、宋之争，亦复类此。为汉学者，诋宋儒为空疏；为宋学者，亦鄙汉儒为锢蔽。此皆门户之见，与经术无关。知以义理为主，则知分今古汉宋为陋矣。然微言绝而大义乖，儒分为八，墨分为三，邹、鲁之间，断断如也，自古已然。荀子《非十二子》，其态度远不如庄子《天下篇》言"古之道术有在于是者，某某闻其风而说之"。故道术裂为方术，斯有异家之称。刘向叙九流，言九家者，皆六艺之支与流裔，礼失而求诸野，彼异家者，犹愈于野已，此最为持平之论。其实末流之争，皆与其所从出者了无干涉。推之儒佛之争、佛老之争，儒者排二氏为异端，佛氏亦判儒家为人天乘，老、庄为自然外道。老佛互诋，则如顾欢《夷夏论》、甄鸾《笑道论》之类。乃至佛氏，亦有大小乘异执，宗教分途。道家亦有南北异派。其实，与佛、老子之道，皆无涉也。儒家既分汉、宋，又分朱、陆。至于近时，则又成东方文化与西方文化之争，玄学与科学之争，唯心与唯物之争，万派千差，莫可究诘，皆局而不通之过也。大抵此病最大，其下三失随之而生。既见为多歧，必失之杂。言为多端，必失之烦。意主攻难，必失之固。欲除其病本，唯在于

733

通。知抑扬只系临时，对治不妨互许，扫荡则当下廓然，建立则异同宛尔。门庭虽别，一性无差。不一不异，所以名如。有疏有亲，在其自得。一坏一切坏，一成一切成。但绝胜心，别无至道。庄子所谓"恢诡谲怪，道通为一"。荀卿所谓"奇物变怪，仓卒起一方，举统类以应之，若辨黑白"。禅家所谓"若有一法出过涅槃，我亦说为如梦如幻"。《中庸》之言最为简要，曰："不诚无物。"孟子之言最为直截，曰："万物皆备于我矣。"《系辞》之言最为透彻，曰："天下同归而殊途，一致而百虑。天下何思何虑。"盖大量者，用之即同；小机者，执之即异。总从一性起用，机见差别，因有多途。若能举体全该，用处自无差忒。读书至此，庶可大而化之矣。

学者观于此，则知天下之书不可胜读，真是若涉大海，茫无津涯。庄子曰："吾生也有涯，而知也无涯。以有涯随无涯，殆已。"然弗患其无涯也，知类斯可矣。盖知类则通，通则无碍也。何言乎知类也？语曰：群言淆乱，折中于圣人，摄之以六艺，而其得失可知也。《汉志》叙九家，各有其长，亦各有其短。《经解》明六艺流失，曰愚，曰诬，曰烦，曰奢，（亦曰《礼》失则离，《乐》失则流。）曰贼，曰乱。《论语》六言六蔽，曰愚，曰荡，曰贼，曰绞，曰乱，曰狂。孟子知言显言之过为诐淫邪遁，知其在心者为蔽陷离穷。皆各从其类也。荀子曰："墨子蔽于用而不知文，宋子蔽于欲而不知得，慎子蔽于法而不知贤，申子蔽于势而不知知，惠子蔽于辞而不知实，庄子蔽于天而不知人。故由用谓之，道尽利矣。由欲谓之，道尽嗛矣。由法谓之，道尽数矣。由势谓之，道尽便矣。由辞谓之，道尽论矣。由天谓之，道尽因矣。此数具者，皆道之一隅也。夫道者，体常而尽变，一隅不足以举之。"荀子此语，亦判得最好。蔽于一隅，即局也。是知古人读书，先须简过知其所从出，而后能知其所流极，抉择无差，始为具眼。凡名言施设，各有分齐。衡诚悬，则不可欺以轻重。绳墨诚陈，则不可欺以曲直，规矩诚设，则不可欺以方圆。以六艺统之，则知其有当于理者，皆六艺之一支也。其有乖违析乱者，执其一隅而失之者也。祛其所执，而任其所长，固皆道之用也。《诗》之失，何以愚？《书》之失，何以诬？《礼》之失，何以离？《乐》之失，何以流？《易》之失，何以贼？《春秋》之失，何以乱？失，在于不学，又学之不以其道也。故判教之宏，莫如《经解》，得失并举，人法双彰。乃知异见纷纭，只是暂时歧路。封执若泯，则一性齐平，寥廓通途，谁为碍塞？所以囊括群言，指归自性。此之谓知类。

何言乎知要也？《洪范》曰："会其有极，归其有极。"老子曰："言有宗，事有君。"荀卿曰："圣人言虽万变，其统类一也。"王辅嗣曰："物无妄然，必由其理，统之有宗，会之有元。"故繁而不乱，众而不惑。自统而寻之，物虽众则知可以执一御也。由本以观之，义虽博则知可以一名举也。故处璇玑以观大运，则天地之动未足怪也。据会要以观方来，则六合辐凑未足多也。此知要之说也。《诗谱序》曰："举一纲而万目张，解一卷而众篇明。"康成可谓善读书者也。试举例以明之。如曰："《诗》以道志，《书》以道事，《礼》以道行，《乐》以道和，《易》以道阴阳，《春秋》以道名分，六艺之总要也。"思无邪，《诗》之要也。毋不敬，《礼》之要也。告诸往而知来者，读《诗》之要也。言忠信，行笃敬，学《礼》之要也。惧以终始，其要无咎，学《易》之要也。君君、臣臣、父父、子子，《春秋》之要也。礼与其奢也宁俭，丧与其易宁戚，此亦《礼》之要也。报本反始，郊社之要也。慎终追远，丧祭之要也。尊尊亲亲，丧服之要也。谨始，冠昏之要也。尊贤养老，燕飨之要也。礼主别异，乐主和同。序为礼，和为乐。礼主减，乐主盈。礼乐只在进反之间，此总言《礼》《乐》之要也。好贤如《缁衣》，恶恶如《巷伯》，将顺其美，匡救其恶，此亦《诗》之要也。《天保》以上治内，《采薇》以下治外，《小雅》尽废，则四夷交侵，中国微矣。《诗》通于政之要也。婚姻之礼废，则淫僻之罪多。乡饮酒之礼废，则争斗之狱繁。丧祭之礼废，则倍死忘生者众。聘觐之礼废，则倍畔侵陵之败起。明乎郊社之礼、禘尝之义，治天下如示诸掌，议礼之要也。"逝者如斯夫"，"四时行，百物生"，读《易》观象之要也。"清斯濯缨，浊斯濯足"，"未之思也，何远之有"，读《诗》耳顺之要也。智者观其《彖辞》，则思过半矣，亦学《易》之要也。"杂物撰德，辨是与非，非其中爻不备"，则六位之要也。六十四卦之大象，用《易》之要也。"齐一变至于鲁，鲁一变至于道"，《春秋》三世之要也。"其或继周者，虽百世可知也"，《尧曰》一篇，皆《书》之要也。《乡党》一篇，皆《礼》之要也。孟子尤长于《诗》《书》，观孟子道性善，言王政，则知《诗》《书》之要也。《论语》，群经之管钥，观于夫子之雅言，则知六艺之要也。他如子夏《诗序》、郑氏《诗谱序》、王辅嗣《易略例》、伊川《易传序》、胡文定《春秋传序》、蔡九峰《书集传序》，皆能举其大。则又一经之要也。如是推之，不可殚述，验之于人伦日用之间，察之于动静云为之际。而后知心性之本，义理之宗，实为读群书之要。欲以辨章学术，究极天人，尽此一生，俟诸百世，舍此无他道也，此之谓知要。

《孔子闲居》曰："天有四时，春秋冬夏，风雨霜露，无非教也。地载神气，神气风霆，风霆流形，庶物露生，无非教也。"观象、观变、观物、观生、观心，皆读书也。六合之内，便是一部大书。孟子曰："观于海者，难为水。游于圣人之门者，难为言。"夫义理无穷，岂言语所能尽。今举读书法，乃是称性而谈，不与世俗同科，欲令合下识得一个规模，办取一副头脑，方免泛滥无归。信得及时，正好用力，一旦打开自己宝藏，运出自己家珍，方知其道不可胜用也。